U0135017

賴錫三◎著

道家型
知識分子論

《莊子》的權力批判與文化更新

自序

一條「道家型知識分子」的荊棘之路

筆者長期投入道家哲學、道教內丹宗教學的現代新詮工作，目前出版著作有三，一是《莊子靈光的當代詮釋》，[1] 二為《丹道與易道——內丹的性命修煉與先天易學》，[2] 三是《當代新道家——多音複調與視域融合》。[3] 回顧一路研究老莊哲學（暫不論內丹學之狀況）的詮釋視域和光譜，涉及多端：如存有論、工夫論、身體觀、美學、神話學、倫理學、語言觀、冥契主義、環境哲學、他者關懷等等。嘗試多音的複調興味來詮解道家新義，再透過多元的視域融合來交織豐饒的道家圖像，並將道家置於當代脈絡來回應時代挑戰，以激發古典新義的創造活力，為「當代新道家」這一荊棘小徑開荒拓路。

所謂「當代新道家」，不同於陳鼓應主編《道家文化研究》第二十輯「道家思想在當代」（2003 年）、《道家文化研究》第二十二輯「道家與現代生活」（2007 年）之作法，筆者關懷不在於考察近現代學者（如章太炎、王國維、宗白華、金岳霖、熊十

1　賴錫三，《莊子靈光的當代詮釋》（新竹：清華大學出版社，2008 年）。

2　賴錫三，《丹道與易道——內丹的性命修煉與先天易學》（臺北：新文豐出版公司，2010 年）。

3　賴錫三，《當代新道家——多音複調與視域融合》（臺北：臺大出版中心，2011年）。

力、馮友蘭、胡適、朱謙之、陳攖寧等等）著作中的道家學術成分，而要回歸老莊哲思自身，尤以《莊子》為模型提出道家式圓教的主張，筆者曾稱其為「不住渾沌」，其特質在於統合「分別」與「無分別」、「差異」與「同一」的綜合結構。尤其《莊子》的體道經驗，並不走向否定差異的形上冥契之同一性，而極端宗教性的超越詮釋進路，亦不利於回應文化世界的豐富現象。《莊子》的圓教立場既可逍遙於錯綜複雜的人間世而遊刃有餘，同時亦能洞曉文化符號的僵化宰控而批判活化它。放在二十一世紀百家爭鳴的新戰國時代，當代新道家必須主動積極地去反思，諸如語言、權力、他者、倫理、生態等等跨文化的普遍性難題，[4] 將《莊子》放入當代的生活世界，開出道家對今日「人間世」的治療藥方與更新活力。

「假使莊子生活在資本主義、文化工業的繁華破碎年代，東西跨文化交流頻繁，他會如何回應眼前更複雜也更豐富的當代世界？」這種想像式的自我詢問，總是徘徊不去。筆者的興味當不在回溯千年去考古《莊子》，而要使《莊子》這一永未完成的開放文本，透過古今、東西視域的經緯交織，說出「活語」而非「死句」。任何一本經典，都可能淪為「死句」，也可能再度訴說「活語」，這是禪宗古德早就洞悉的平常事。筆者多年來的《莊子》詮釋，就一直有這種焦慮，或許是一種動力，或者也可說是對未來的想望。本書就是在這樣的精神辯證之皺折反覆中，迂迴曲折地走向崎嶇小徑、荊棘之路。

本書核心重點在於：透過《莊子》來重建道家型的知識分子

---

4 關於筆者所謂「當代新道家」的一些內涵與描述，參見〈自序：走向當代新道家〉，《當代新道家──多音複調與視域融合》。

性格和內涵。筆者愈來愈拒斥道家被誤讀為消極避禍的逃亡之學，相反地，到處看見《莊子》散發敏銳又深刻的權力批判與文化省察。長年投入《莊子》多元創新詮釋的過程中，一直有一課題懸念未決，待以十字打開，那便是：道家型的知識分子論如何可能？或者說，《莊子》在消極／積極、出世／入世、方外／方內、美學／政治這兩端之間，如何擺放它綜合而圓通的位置？這不僅是學術史問題，更是道家思想要展現當代活力不得不迎向的哲學難題。

　　學術史經常存在一種流行觀點，亦即在儒家（方內）、道家（方外）的「方內方外不相及」對比模式下，[5]「士」的身分主要歸諸儒者，儒士的政治參與成為知識分子的典範作為。在漢代受到「儒家法家化」、「儒者官僚化」的扭曲前，[6]孔、孟所突顯的儒者行動，幾乎樹立了中國知識分子的良知原型。知識分子和儒者參政身影總是名實相連，道家則相對性地成為隱士之代名。而在回應政治的行為上，儒、道似乎也呈現兩端：一者周遊列國、積極問政，另一則超然物外、無用於世。

　　無疑，孔子「至於是邦也，必聞其政」，孟子「說大人，則藐之」、「王何必曰利？亦有仁義而已矣」，這樣的道德使命與道統承擔，表現出顯性而陽剛的知識分子身影；它的結構在於，將道德延伸到政治層面，企圖由內聖通外王，以道德仁心來推導王

5　不過「外內不相及」這句話，典出〈大宗師〉，卻是由孔子口中說出：「彼，遊方之外者也；而丘，遊方之內者也。外內不相及。」〔戰國〕莊周著，〔清〕郭慶藩輯，《莊子集釋》（臺北：華正書局，1985 年），頁 267。

6　余英時指出從此先秦原儒的知識分子性格受到重大扭曲與挫折，參見其〈反智論與中國政治傳統——論儒、道、法三家政治思想的分野與匯流〉，《歷史與思想》（臺北：聯經出版公司，1989 年），頁 1-46。

道仁政，以禮樂教化來調理社會秩序，以免政治權力泛濫為暴道
政治。這是自孔子以來，已然樹立的公共情懷與理想結構：「仁
（道德心性）──禮（社會教化）──政（政治階序）」通而為
一。對比於孔孟的知識分子身影和公共參與，先秦老莊的應世姿
態，似乎總被拉向對角線的另一端，呈現或強或弱的隱士身分和
遁世性格，逸出道德禮教、逃脫政治災難，一派超塵脫俗之美感
情調。人們總是自然而然地浮現如下語句或形象：如《老子》
「太上，不知有之」、「小國寡民」、「失道而後德，失德而後仁，
失仁而後義，失義而後禮，夫禮者，忠信之薄，而亂之首」；《莊
子》的方外神人、藐姑射仙人的脫逸形象、鯤化鵬徙於天池、遊
乎無何有之鄉的逍遙等等。上述這種儒、道的形象對比，似乎是
不爭的既定事實，但也可能是僵化而片面的成心定見。而本書便
想要流變這樣的僵化圖像。

　　學界另有一種流行，若不是強調道家的美學情調（如勞思
光、徐復觀、牟宗三等，偏向強調道家呈現的是美學主體），就
是強調道家的體道經驗之宗教冥契特質（如關永中、張榮明，偏
從宗教經驗描述體道內容）；這兩種詮釋角度差別不小，各有所
據與道理，但一樣不曾考慮道家型的知識分子一課題。宗教詮釋
角度容易遠離政治社會、人間世界，自不逮多言；而採美學藝術
角度者，也有另類的超越傾向，並未能將其與權力批判的人間
向度相連結，甚至主張藝術心靈境界之成立正好在於對政治、社
會、文化的全然否定上。

　　如徐復觀曾細緻而深刻地從《莊子》身上，重建中國藝術精
神主體的風貌，這是徐先生對莊學研究的極大貢獻。至於道家的
政治關懷，徐先生則認定老莊是透過藝術來取代政治：

> 老子要求為而無為，而莊子則連天下而亦忘之，更沒有無
> 為之可言。這是對政治的一種徹底否定……他是在心齋中
> 把政治加以淨化，因而使政治得以藝術化。他所要求的政
> 治，不可能在現實中實現，也只有通過想像而使其在藝術
> 意境中實現。[7]

勞思光也認為道家：

> 只能指純粹生命情趣，此正是「情意我」之境界。至此，
> 老子所肯定之自我境界已可證為「情意我」。自我駐於此
> 境以觀萬象及道之運行，於是乃成純觀賞之自我。此一面
> 生出藝術精神，一面為其文化之否定論之支柱。關於情意
> 我之肯定，及對其他自我境界之否定，在莊子中論解尤
> 明。[8]

而牟宗三則強調道家的主觀境界形上學的心靈觀照之不著：

> 此沖虛玄德之為宗主實非「存有型」，而乃「境界型」者。
> 蓋必本於主觀修證，所證之沖虛之境界，即由此沖虛境
> 界，而起沖虛之觀照。[9]

> 道家重觀照玄覽，這是靜態的，很帶有藝術性的味道，由
> 此開中國的藝術境界。藝術境界是靜態的、觀照的境界。[10]

值得注意的是，牟宗三認為道家並沒有在「實有層」否定仁義禮
智這些道德價值，而是以「作用保存」的間接方式，曲折地肯定

7　徐復觀，〈中國藝術精神主體之呈現〉，《中國藝術精神》（臺北：臺灣學生書局，
　　1988 年），頁 114-115。

8　勞思光，《新編中國哲學史》（一）（臺北：三民書局，1987 年），頁 252。

9　牟宗三，《才性與玄理》（臺北：臺灣學生書局，1985 年），頁 141。

10　牟宗三，《中國哲學十九講》（臺北：臺灣學生書局，1983 年），頁 122。

了儒家的價值。[11] 牟先生這個頗富理趣的說法，雖可為道家去除「文化否定論」之符咒，勉強爭得一線生機，但未必真能保住道家的知識分子性格和文化更新關懷。究其實，他仍以王弼和郭象的玄學調和論為模型，以儒家中心主義為基調，輔以現代哲學的新形式，換湯不換藥地以儒攝道、攝道歸儒。

　　如上觀察，前輩學者多將重點放在道家精神修養的生存美學單向性，卻忽略了生存美學的批判可能性。即《莊子》是否可能兼具權力批判和美學拯救的綜合課題？他們幾乎未曾思考生存美學與政治批判的綜合性，總是認為生存美學的成立正好立基在政治、文化、倫理價值的取消上。將生存美學和權力批判視為二律背反的主張，雖然也有它的理路和根據，但筆者懷疑這會是圓教型的《莊子》風範。筆者認為，綜合型的道家智慧，可以統攝生存美學與權力批判於一身，因為生存美學的本真性獲得，可能同時對政治暴力的異化和意識型態的規訓，產生敏銳覺察和批判力道，否則難以解釋為何老莊會有諸多批判性言論。舉凡文化建制的語言結構、政治暴力對他者的壓迫、道德倫理僵化的宰制、人類價值中心主義的狂妄、文化符碼的二元性、微型權力的無所不在等等，《莊子》幾乎都對它們進行價值重估的批判工作。換言之，《莊子》的生存美學、平淡美學，其中可能發揮的權力批判性，本身就是一項有待當代重估的「即美學即政治」課題，這也是本書寫作的一大因緣。

　　若以儒家對政治參與、文化建構的顯性立場，作為單一檢證的指標，那麼道家不但不容易被檢證出知識分子性格，甚至還容易被冠上反智論、反文化的「反知識分子」性格。如此一來，對

11　牟宗三，《中國哲學十九講》，頁 127-154。

比於儒士的道家，自然要被簡單化地貼上隱士標籤，淪為方外逃兵、消極避禍的代名詞。因此本書也會重估《莊子》哲學和隱士的間距，並重新反省知識分子是否只能有儒家這一類型；倘若可從另類視角發現道家型態的知識分子，那麼或許也可產生換位思考，轉從道家角度來反觀儒家型的知識分子，看看它是否有其限制和困境。換言之，道家型的知識分子之發現與重估，可能重新促進儒、道兩種知識分子的「兩行」對話。

用簡單而籠統的「隱士」大帽，來概括先秦老莊哲學，確實頗成問題，也簡化了問題的豐富性。而《莊子》本身也早意識到有必要對所謂古隱重新解釋或另進一解，例如〈繕性〉篇提到：「雖聖人不在山林之中，其德隱矣。隱，故不自隱。古之所謂隱士者，非伏其身而弗見也，非閉其言而不出也，非藏其知而不發也。」[12]〈刻意〉篇更直接批評「山谷之士」、「江海之士」、「導引之士」這些不同類型的隱者，他們退隱的空間都不是《莊子》所要安身立命的綜合位置。[13]可見就算不能完全排除老莊和隱者的近親關係，但正如〈繕性〉篇所賦予的古隱新義，它既不伏身山谷江海，也不閉言藏知，甚至還要發言用智，那麼《莊子》這種對古隱新詮的批判用心，恐怕有待我們揣摩一番。從本書的立場看來，《莊子》對「隱」的批判性、創造性詮釋，早已直指道家型的知識分子之本心。

隱者在老莊思想的分位到底被放在什麼位置？「隱」之類型和內容也有待檢討。有沒有一種既「隱」又「用」的綜合可能？用《莊子》的話說，「格格不入的鶍鶒」和「入遊其樊的庖

12　莊周著，郭慶藩輯，〈繕性〉，《莊子集釋》，頁 554-555。

13　莊周著，郭慶藩輯，〈刻意〉，《莊子集釋》，頁 535-537。

丁」可否同時成立？若能「出而不出」、「入而不入」，那麼這種「即隱即用」的「隱」，就不宜再用隱者之「隱」去理解，因為它已被轉換為不被權力收編而能保持批判性格的遊牧空間之隱喻，並非退避山林的實際空間之隱退。[14] 澳洲漢學家文青雲（Aat Vervoorn）曾指出，中國隱士傳統是個複雜而豐富的傳統，其中存在各式類型：有真誠的道德理想主義者、不食人間煙火的極端主義者、沽名釣譽者；有與統治者不合作而帶有抗議色彩者，也有融入體制輔助君王類型的隱者；有遁跡山林棲居岩穴者，也有隱於市隱於朝的大隱者。[15] 換言之，先秦老莊和隱者之間的距離到底如何檢定，端視我們心中的隱者內涵而定。倘若我們可以適度承認，道家仍帶有隱之特質，那麼《莊子》這種古「隱」新義所發揮的政治批判和文化關懷，都是本書感興趣而嘗試回應的課題。總之，老莊思想和隱逸關係的間距，已重新被本書放進道家型的知識分子論這一新脈絡來考察。

　　余英時曾將《老子》的政治立場定位為「反智論」。言下之意，《老子》不但不具知識分子性格，反而處處站在統治者立場，提供一套愚民思維和君王統御幫傭術。余先生的觀點大概源於其師錢穆，他們都特別強調韓非〈解老〉、〈喻老〉所開展出的帝王注老傳統。[16] 在筆者看來，這種理解進路雖看似有文獻根據，也可在歷代的老學注解史找到許多同盟，但這種自韓非以來

14　詳見本書第一章，〈《莊子》的生存美學與政治批判——重省道家型的知識分子論〉。

15　〔澳〕文青雲著，徐克謙譯，《岩穴之士——中國早期隱逸傳統》（濟南：山東書報出版社，2009 年），頁 1-58。

16　參見余英時，〈反智論與中國政治傳統——論儒、道、法三家政治思想的分野與匯流〉、〈唐、宋、明三帝老子注中之治術發微〉，《歷史與思想》，頁 1-46、77-86。

的解讀策略，既顯示別有用心，也失之表面。例如牟宗三、勞思光等大家，都不同意這種解老偏方，相對於余英時「反智論」、「心術論」的負面解讀，牟宗三認為那是韓非解老的扭曲，不可倒果為因而將爛帳算在《老子》身上。[17] 就筆者目前觀察，這大抵是將法家化、黃老化的權術謀略另類發展歸諸老子。這等作法雖有中國思想史或政治史的考察意義，但對於《老子》本身卻不見公允，尤其遺忘了《老子》對政治暴力、文明宰控的批判性。

余英時在《中國知識階層史論》中考察古代知識階層的興起與發展，曾探討封建貴族中低級統治階層的「士」（官吏），如何在春秋戰國之際因社會階級上下的激烈流動，漸漸轉變為知識階層、文化身分的「士」；他們一方面帶有士、庶合的身分，更重要的是擁有知識學問能力的獨立性，並且求為出「仕」。余英時一方面分析這些新「士」身分的文化淵源，在於先前的禮樂詩書傳統（即王官學），另一方面他以社會學家韋伯（Max Weber）和派森思（Talcott Parsons）的「哲學（理性）突破」觀點來解釋「文化事務專家」的最初型態和集團，並以他們為「知識分子」的最初型態。余先生將先秦知識分子的起源和基型，大抵定位在：理性的突破／傳統文化的再建構／以人間道統為己任這些觀點的合體上。[18] 一言蔽之，孔、孟、荀這一類的儒士，大體才能合乎他所謂知識分子的典型形象。相對來看，在余先生討論「古代知識階層的興起與發展」中，完全看不到老、莊身影，可想而知，在余先生的界定下，老莊不會具有知識分子性格（余先生雖亦談到墨家對詩書禮樂的批判，但余認為這種激烈批判傳統

17　牟宗三，《中國哲學十九講》，頁 87-175。

18　余英時，《中國知識階層史論》（古代篇）（臺北：聯經出版公司，1993 年），頁 1-92。

者，並非中國哲學突破、較溫和現象下的知識階層之主流和代表，真足以代表者絕對只在儒士）。然而，筆者想重探或質疑的正是這種界定是否是唯一準據？知識分子性格是否唯有積極參與政治、建構文化一途？批判政治暴力、治療文化符號的意識型態，是否也可以成為另一種類型的知識分子？間接性、反思性甚至帶有破壞性的批判治療，可不可能隱含另一種深思熟慮的文化治療和人性關懷？

總之，本書立場一則認為道家絕非枯槁山林的逃亡者。就算老莊面對政治、社會、文化，經常帶有某種意味的「距離感」，但這種「距離感」在筆者看來，反而給出更深刻的反思、洞察的遊牧空間。並由此間距的超然靜觀，找出政治暴力、文化意識型態的內核病癥，一針見血地給予批判。這種批判並非全然的瓦解與摒棄，反而帶給文化更新活化和拯救契機。可見，道家人物可能呈現出「即破壞即創造」、「即治療即更新」的知識分子型態，若不從此善解老莊，那麼我們如何理解那一系列對政治、文化、語言、人性、存在的深刻描繪、批判和治療之道？

用〈天下〉篇的「內聖外王」概念說，老莊的生存美學（修養）可以被視為一種內聖之學，而內聖學也會展現出它自身的外王學（批判）。亦即體道之美除了能逍遙人間世之外，更要對語言符號意識型態的僵化、政治暴力的宰制、地方文化系統的排他化、人類中心主義的獨斷等等，進行批判、解構和再創造。不斷對公共世界、文化現象發出深刻省思和批判睿智。本書認為知識分子性格並非道家哲學的附屬現象，不是可有可無的駢拇枝指，而是老莊人格的內發湧現和圓熟落處。正如筆者再三強調的，倘若無法把道家型的知識分子性格紮實穩立，那麼《老子》、《莊子》這兩個文本中的諸多文獻精華，將難得善解。單看老莊對語

言與權力關係的反省細察，以及對語言的創造性使用，就知道老莊對文化、符號、人性的觀察剖析，屬於先秦時期最複雜而深刻者，從中發出的批判治療之方，恐怕也最為深思熟慮。

或許有人要說，主張老莊擁有內聖外王的綜合智慧，並非新論，至少王弼、郭象的魏晉新道家就曾有過類似主張。對此，筆者並不贊同：王弼強調「名教本自然」，郭象主張「名教即自然」，兩者身處魏晉既衝突又調和的時風，他們在名教與自然的辯證擇抉上，在調和儒、道的綜合努力下，積極強調老莊「用世」、「處廟堂」的必要性。兩人皆反對讓名教／自然處於二律背反的困境，並透過注老、注莊的「寄言出意」方式，一方面收編自然於名教之中，另一方面繼續保障名教的合理性。雖然兩者論證儒道調和的方式有別，如王弼利用「體用論」模式，一則主張《老子》無必用有，再則又以孔子為體無用有的極致典範，故老不及聖。郭象則用「獨化論」、「適性說」模式，取消道為造物主的形上學模式，直接回到萬物自生獨化之道，依此自能適性逍遙，人人安於性分現成即可自在逍遙。換言之，郭象不在名教之外尋找本體，安於名教自身即可逍遙，據此郭象則有冥道必能用迹這一類迹冥圓融主張。如此一來，道家的冥道自然一樣要歸攝於儒家名教。由上可知，王弼、郭象都想把道家自然拉向儒家的方內用世之學，以縮短兩者距離，甚至使其調合為一。王弼與郭象的別有用心，有其理趣，問題在於他們是將道家的內聖學（「無」與「自然」）和儒家的外王學（「有」與「名教」）拼貼起來，其形象猶如道冠而儒服；而不是讓儒、道各以自家的「內聖外王」整體面貌來呈現自身，因此看似突顯了老莊的入世、用世性格，卻也忽略老莊對人間世的批判與治療之初衷。從這一角度說，尤其郭象所理解的《莊子》，仍沒有離開帝王學，這和

《莊子》所突顯的權力批判之外王學,實乃差以毫釐,失之千里。本書觀點反而契同於千里之外的瑞士莊子學家畢來德(Jean François Billeter)對郭象的批判:

> 郭象以及其他注者將一種主張人格獨立與自主、拒絕一切統治與一切奴役的思想,變成了一種對超脫,對放浪不羈、放棄原則的讚頌,使得那個時代的貴胄子弟,即使對當權者滿懷厭惡,還是可以心安理得地為他們服務。他們解除了《莊子》的批判思想,而從中得出他們在權力面前的退卻,即是說他們的「順從」態度的理論根據。[19]

同情來看,王弼和郭象不願老莊成為避世之學,不願老莊成為名教外的玄遠之學,因此要彰顯老莊「不礙於世」、甚至「能用名教」的處世性格(弔詭的是,他們皆認為能圓融體現這種平衡者乃在儒聖,足見立場決定了其詮釋路徑)。王弼和郭象的魏晉新道家帶有濃厚的政治關懷和立場,這多少和出身世族的政治處境有關,兩者雖欲突顯道家對公共領域的參與性,然而是否因此可宣稱王、郭兩人繼承和發揚了道家型的知識分子性格和內涵呢?對筆者言,恐怕這只是「似是而非」的假象。王、郭調和儒道的方式,到底是提高並顯題化了道家的知識分子性格,還是簡化並削弱了道家對政治權力的批判性?王弼的體用論、郭象的迹冥圓,雖然強調了道家用世的必要,也將自然溶解於名教,看似取消了道家被片面解讀為隱者學的偏弊,但他們在以儒攝道的收編過程中,卻也讓道家型知識分子最寶貴的遊牧性、破壞性、不合作性、格格不入等批判特質,在一片和光同塵的調合境界中,消失得無影無蹤。筆者並不主張儒、道之間是絕對衝突或永處矛

---

19 〔瑞士〕畢來德著,宋剛譯,《莊子四講》(臺北:聯經出版公司,2011年),頁102。

盾的兩造，筆者只是強調王弼和郭象的調和方式，過於簡單並預設立場，所以看似緩和了衝突、張揚了道家，實乃在攝道歸儒的拼貼過程中，削弱並扭曲了道家型知識分子的特質與內涵。因此筆者認為與其急著調和儒、道，造成問題的簡化和模糊，不如複雜而整體地思考儒、道兩類知識分子的「差異」。也許只有認清其間不宜輕易調和的差異後，將來會更有助於進入新階段的儒、道「兩行」對話。

延續魏晉王、郭玄學主張的牟宗三，其道家論述在學界仍有相當影響力。細讀《才性與玄理》會發現，牟氏觀點其實是透過王弼注老與郭象注莊，後出轉精地再表達。筆者推測這是因為王、郭攝道歸儒的立場，和牟先生以儒攝道的三教判教立場相呼應。牟氏在晚年圓熟名著《中國哲學十九講》，特別提出「作用的保存」一觀念來試圖調節儒、道，尤其將老莊對儒家道德仁義禮的批判，轉化成以境界作用來保存儒家的道德價值。換言之，牟先生認為老莊對儒家的批評，實以另一種迂迴方式保障或成全了儒家的義理。他堅決主張道家並沒有在「實有層」否定儒家主張，反而是以「作用的保存」方式曲成了儒家。牟先生這種觀點頗富張力，值得深思。但知曉牟氏立場的來源，仍將發現這觀點依然帶有濃烈的王弼、郭象色彩。「作用保存」的提出，仍深受魏晉調和論的影響，看似讓道家不至淪落為價值的純否定論，甚至讓道家的詭辭智慧作用於儒家的道德價值，致使兩造既不衝突又可調和；但他帶有判教立場的作法，美則美矣，看似圓妙，但仍不免囿於魏晉以儒攝道的餘風，不脫儒家中心主義的視域。一樣未曾深刻正視道家型知識分子的權力批判，以及它可能對儒家帶來的創造性挑戰。

特別值得一提的是，近來法國的莊學研究者對《莊子》批判

性的慧眼獨具，他們對《莊子》書中充斥權力批判的「看見」，
和筆者近年來「當代新道家」的「道家型知識分子論」之「重
估」，尤其在權力批判這一點上，可謂不謀而合、莫逆於心。近
年來，由中研院文哲所何乏筆（Fabian Heubel）教授所引介與籌
組的「身體、動物性與自我技術：法語莊子研究工作坊」、[20]「若
莊子說法語：畢來德莊子研究工作坊」，[21] 這兩次別開生面的工作
坊，無疑對國際化的莊學當代研究有重要的里程碑意義。它一方
面將《莊子》和法國漢學、歐陸哲學的「當代性」課題接軌，促
使《莊子》的當代詮釋推進到「跨文化（批判）」境地。這個跨
文化視域大大解放了東方中國、傳統注疏的莊學史視域。將《莊
子》文本放在一個古今交會、東西跨域的開放位置，這與筆者長
年來所從事的「當代新道家」之古典新義、當代詮釋工作，無疑
相當契同。

　　正如何乏筆所強調：

> 畢來德如同樂唯、葛浩南和宋剛強調莊子的批判性，在權
> 力批判方面具有獨樹一格的思想，並反對以莊子為「智慧
> 大師」的刻板形象。對莊子刻板形象的反駁，不僅瞄準于
> 連將中國思想化約為智慧的習慣操作，以及其他西方漢學
> 家相似的觀點，其實也更廣泛地批評自郭象注莊以來莊子
> 被「去勢」，使得《莊子》成為仕途失敗而提倡山林生活
> 之文人的枕邊書……《莊子四講》的幾個核心觀點重點：
> 首先他肯定莊子的權力批判與獨特「主體性的典範」相輔

20　2007 年 12 月，中研院中國文哲研究所主辦「身體、動物性與自我技術：法語
　　莊子研究工作坊」，其成果已集結為《中國文哲研究通訊》第 18 卷第 4 期「自
　　我技術與生命機制：法語莊子研究專輯」（2008 年 12 月），頁 1-141。

21　2009 年 11 月，中研院中國文哲研究所主辦「若莊子說法語：畢來德莊子研究
　　工作坊」，此一工作坊筆者亦參與其中，並發表對畢來德的評論文章。

相成，並擺脫莊子避世去政治的解讀，將之納入批判意識
主體的現代（或後現代）場域中，使之成為對當代歐洲哲
學有意義的文本。[22]

另外，他更強調《莊子》介入法國歐陸思潮後，亦將造成歐陸後
結構主義的再突破之契機。可見法國莊子學不僅推進了莊學的當
代詮釋豐富性，也同時可能促成法國當代思潮的更新活力：

法語莊子研究儼然意味著哲學在歐洲的跨文化突破，至少
初步地擺脫後結構主義思想始終無法跳脫的歐洲中心主義
（後結構主義思想家嚴屬批判現代歐洲的理性與主體性，
但卻對歐美以外的思想毫無所知，而在跨文化方面顯得保
守封閉）。[23]

令筆者驚喜的是，法國莊子學研究和筆者近年來關懷的
「道家型知識分子」，一樣不滿於隱士型（或純智慧型）的道
家詮釋，一樣強烈主張道家對權力的批判屬於核心價值而非附
庸。然而筆者欣賞畢來德、樂唯（Jean Levi）、葛浩南（Romain
Graziani）、宋剛（Song Gang）從「權力批判」來解莊，也完全
同意何乏筆主張抵抗美學可以具有權力批判的力道，順此也可重
新檢討余蓮（François Jullien，或譯「于連」）對嵇康的解讀。[24]
但對於畢來德堅持身體的終極性、主體的必要性，卻排拒氣論的
激進（也可說是保守）觀點，有所保留和批評。筆者認為道家型

---

22 參見「若莊子說法語：畢來德莊子研究工作坊」之計畫書。

23 參見「若莊子說法語：畢來德莊子研究工作坊」之計畫書。

24 〔德〕何乏筆，〈養生的生命政治——由于連莊子研究談起〉，《中國文哲研究
通訊》第 18 卷第 4 期（2008 年 12 月），頁 119-120；〈平淡的勇氣——嵇康與
文人美學的批判性〉，《哲學與文化》第 37 卷第 9 期（2010 年 9 月），頁 141-
153。

的權力批判，需要將氣化流行、存有變化、語言差異、主體解
構、美學治療、文化更新等等面向加以整合。就筆者的思考，
「氣」這一觀念是無法迴避的。因此本書亦嘗試將《莊子》的氣
論與批判哲學統合起來，作為對畢來德的法國莊子學的一種批評
回應。[25]

　　最後，筆者亦特別要提及薩伊德（Edward Said）《知識分子
論》（*Representations of the Intellectual: The 1993 Reith Lectures*）
一名著。前文曾指出余英時對先秦古代知識階層興起的考察，其
所謂知識分子（士）的界定方式是以「儒士」立場為主，因此未
把先秦道家納入考量，甚至將《老子》視為反智論而與權力統治
者共謀。然而我們若轉向薩伊德對知識分子的觀察角度，將發現
一個極有趣的對比和轉向：他重新界定其心中真正的知識分子，
不但不是參與體制者、科層官僚者、專業提供者這一類屬「內部
性」的參與分享者，反而是能夠反思己身所處的語言、傳統、歷
史、國族等情境，並保持「自覺性」、「外部性」的遊牧者，才更
有可能保持反思的批判距離。薩伊德所謂的外部性，並非旁觀他
人痛苦的冷漠，而是以帶有間距、格格不入的遊牧性格去參與公
共事務，所謂參與便在於說真話、不畏權力、不被收編的批判
異議。在筆者看來，薩伊德幾乎重新界定了另一種破壞型、批判
型、遊牧型、獨立型的另類知識分子之可能。[26] 藉由薩伊德的當

25　參見本書第二章，〈《孟子》與《莊子》兩種氣論類型的知識分子與權力批判
　　──「浩然之氣」與「平淡之氣」的存有、倫理、政治性格〉；第三章，〈差
　　異、離心、多元性──《莊子》的物化差異、身體隱喻與政治批判〉；第四章，
　　〈身體、氣化、政治批判──畢來德《莊子四講》與〈莊子九札〉的身體觀與
　　主體論〉。
26　〔巴勒斯坦〕薩伊德著，單德興譯，《知識分子論》（臺北：麥田出版公司，2004
　　年）。

代知識分子視域來重新觀看《莊子》的批判性，將會有另一番理趣。它一方面可擴大並變化余英時對先秦古典的「士」定義，另一方面也會讓我們反思道家型的知識分子性格和內涵時，更具基礎性和當代性。從而展開諸如語言批判、權力批判、他者批判、國族主義批判、人類中心主義批判等等當代知識分子更爲關注的普遍性課題。

賴錫三

2012 寫於　梅雨綿綿　草盛苗稀　荒園漫漫
2013 改寫於　風雨蘭盛開　夏去秋來之際

無名之謝言感辭

　　本書的想法醞釀久矣，最後藉由國科會三年期計畫案「道家型的知識分子論」（NSC99-2410-H-194-114-MY3）之因緣，集中心力將其寫出，並重新定名為「道家型知識分子論──《莊子》的權力批判與文化更新」，在此致上感謝。本書共由八篇環環相扣的系列論文構成，文章都已經正式刊登在 THCI Core 的核心期刊上。

　　本書的付梓，除了對人生各種因緣，有言說不盡的謝意外，最內在的心聲，其實更多的是悼念和疑情。不管是《當代新道家》或者《道家型知識分子論》，都是行者一路崎嶇走來，披荊斬棘的路標印記。就像拓荒者，無路而必得開路的無奈與認命。如今孤行者心境，略有幾分水窮滋味，頓然默坐雲起時，才發現──其行如馳，身心俱疲，青春已老。人生或許是一條永未完成的變化道路，但在眼前這一林中空地的小幽谷，旅人得停下腳步，好好一眠，靜靜回憶。那些人生已然錯過的、辜負的、難追憶的──無以名狀之逝水年華與人事景物。

賴錫三

目　錄

第三章

差異、離心、多元性──
《莊子》的物化差異、身體隱喻與政治批判

第四章

身體、氣化、政治批判──
畢來德《莊子四講》與〈莊子九札〉的身體觀與主體論

第五章
《莊子》的雅俗顛覆與文化更新——
以流動身體和流動話語為中心

第六章

莊子與羅蘭‧巴特的旦暮相遇——
語言、權力、遊戲、歡怡

第七章

《莊子》的文學力量與文本空間——
與羅蘭‧巴特「文之悅／醉」的互文性閱讀

第八章

氣化流行與人文化成——
《莊子》的道體、主體、身體、語言、文化之體的解構閱讀

第一章

《莊子》的生存美學與政治批判——
重省道家型的知識分子論

一、前言：知識分子何必專屬儒者

「士」與「君子」是先秦以來的菁英階層，他們雖代表擁有更多知識的一批人，但擁有更多專業知識卻未必能彰顯本文所謂的「知識分子」，因為他們也可能只是擁有更多統治管理的智識與技能，卻總與統治階層完全站在一起，甚至本身便是統治階層或代言人。而本文所謂「知識分子」須另有一番「價值判斷」的取捨，若以傳統儒家術語來說，「士」與「君子」必須有管理技術、階級利益之外，更高的「道」或「道統」之終極關懷與價值判斷。[1] 如孔子所謂：「士志於道，而恥惡衣惡食者，未足與議也。」（〈里仁〉）、「朝聞道，夕死可矣！」（〈里仁〉）、「道不行，乘桴浮於海。」（〈公冶長〉）、「君子不器。」（〈為政〉）、「君子之於天下也，無適也，無莫也，義之與比。」（〈里仁〉）、「君子去仁，惡乎成名？君子無終食之間違仁，造次必於是，顛沛必於是。」（〈里仁〉）；而曾子亦曰：「士不可以不弘毅，任重而道遠。仁以為己任，不亦重乎？死而後已，不亦遠乎？」（〈泰伯〉）。

---

[1] 關於「士志於道」的古代知識分子傳統，參見余英時，《中國知識階層史論》（古代篇），頁38-56。

　　可見，士、君子這些概念，到了孔子身上，已從貴族統治階級等利益團體之享有者，轉化為一種自覺的理想性身分和性格，那便是：一個士、君子應將自己的存在意義，透過公共化的實踐歷程，將道德情懷（內聖）推擴落實到公共的處境（外王），例如公平正義和幸福安詳的道德理想王國之實現。可見，儒者須有一價值自覺（如仁心之覺醒），並透過公共化的實踐過程（如政治之參與），將價值逐步實現並推擴；這種將自身生命意義公共化的理想性格，便是孔子的知識分子性格之覺醒與實踐。所以，孔子對於自己所認同的人生方向之定位（立志），幾乎都和個人性的利益無關，而和眾人的福祉扣合。例如〈公冶長〉有一段關於孔子之「志」的對話：「顏淵、季路侍。子曰：『盍各言爾志？』子路曰：『願車馬、衣輕裘，與朋友共。敝之而無憾。』顏淵曰：『願無伐善，無施勞。』子路曰：『願聞子之志。』子曰：『老者安之，朋友信之，少者懷之。』」「老者安之，朋友信之，少者懷之」顯然只是舉例來說，但它透顯出孔子心之所之，全在「己立立人，己達達人」的仁德之外王推擴上，亦即公共關懷與理想王國的建立。這也可解釋孔子為何對政治保有高度關懷與參與熱情，其因無他，政治乃涉及最大眾人之事，而秉持著以政治為志業——「政者，正也」——的理想主義立場，孔子不肯也不願坐視政治變成統治階層的利益事業。

　　這也是為何孟子要樹立道統的原因，必須給予政統一價值方向，為統治階層樹立理想典範（如堯、舜等聖王形象），並以此來指導批判政治和君王，而此亦是孟子極為突出而強烈的知識分子性格和身影。他的不動心、浩然之氣，不僅消極上可以面對權力的誘惑，積極上更發揮「說大人，則藐之，勿視其巍巍然」的批判勇氣；而在梁惠王、齊宣王的君王權勢面前，他那直諫不曲

的種種言論，從不內縮與折扣。甚至在齊宣王面前發表推翻暴政有理的大膽主張：「賊仁者謂之賊，賊義者謂之殘，殘賊之人謂之一夫。聞誅一夫紂矣，未聞弒君也。」[2] 孟子這種「惟大人為能格君心之非」、「自反而縮，雖千萬人，吾往矣」的氣魄與承擔，放在中國知識分子歷史來看，確實樹立了巨人身影，成為知識分子的精神典範。

也因如此，中國知識分子幾乎和儒家有不解之緣，孔子與孟子這一類的儒者，幾乎已是中國知識分子的典範，甚至成為知識分子良心的代名詞，孔、孟所樹立的知識分子格局，或者具有歷史性，或者具有當代性的意義。[3] 然相對於孔、孟，老、莊似乎總和隱者身影脫不了干係，甚至只被當成一種隱逸美學，最多只具個人安身立命的養生意義。如此一來，道家便徹底成為「方外之學」，只有當士、君子的從政之路受到挫折時（如遭遇貶謫之失意情境），或者處於黑暗時代而不可有為之際（如「天地閉，賢人隱」之時代），方有道家的用武之地，如提供曠達閒適之清涼劑。

這樣理解道家，雖然其來有自，有一定脈絡可循，而在歷史的發展上，某些被歸為道家人物（如楊朱）也以此實踐為依歸，但這種楊朱式的理解卻未必深得《莊子》本懷，或者只是對它

2　〔宋〕朱熹，〈梁惠王下〉，《孟子》，《四書章句集注》（臺北：大安出版社，1996年），頁306。

3　儒家這種將道德內聖與政治外王連貫為一的主張，有學者認為已不再能適合現代的民主政治，只有其歷史的思想史意義；另有學者認為儒家這種結合道德與政治的知識分子性格，在當代民主政治仍不會失效且有其意義。前者如歷史學者張灝主張，後者如哲學學者李明輝主張。參見張灝，《幽暗意識與民主傳統》（臺北：聯經出版公司，2000年），頁3-78；李明輝，〈性善說與民主政治〉，《孟子重探》（臺北：聯經出版公司，2001年），頁133-168。

的淺讀。這就好比儒家的發展，可以有「君子儒」和「小人儒」的區分般（後來成為統治階層的技術官僚的儒者，便可視為小人儒），本文認為道家的發展也可區分為「外王之道」和「隱者之道」，後者只停留在個人避世的生存美學、養生關懷，前者則對他人甚至整個人文世界有甚深的洞察和批判，而這樣的洞察和批判所反映出的知識分子關懷，卻常常被忽略或正視不足。當然，對道家知識分子性格之遺忘或忽視，可能有諸多理由，筆者認為基本上可從兩方面來說：一是習慣以儒家型的知識分子為主流標準，因此較不容易看出道家型知識分子的特性和特長；二是《莊子》對人世間的關懷和表述方式較為弔詭曲折，相對不易理解，也就容易被淺讀甚或誤讀。因此本文嘗試揭露《莊子》的知識分子性格和關懷。尤其從當代處境來看，對於知識分子內涵之反省，已更為幽微深刻而多元，若能調整觀察視域，或亦有助於發現和詮釋道家型的知識分子性格和內涵。

二、格格不入的鵷鶵形象——《莊子》首先突顯生存美學的抉擇

《莊子》一書的政治態度為何？或者說《莊子》如何回應政治權力？這一問題，大多學者似乎都心有定見、胸有成竹，問題好像從不成問題。面對汙濁惡流的政治爛泥，《莊子》似乎從不涉足，超脫逍遙於天池高空、盡吸天地精氣於藐姑射靈山。若說政治場域是汙濁惡流，《莊子》的理想國似有凌空超拔之意，託付於潔淨光明的高空隱喻：「上者九萬里，絕雲氣，負青天，然後圖南，且適南冥也。」[4] 若說政治暴力總是近身糾纏，《莊子》的

---

4 莊周著，郭慶藩輯，〈逍遙遊〉，《莊子集釋》，頁 14。

樂園似有一股遠方異域之芬芳，以避開政治染汙，如「無何有之鄉，廣漠之野」的無名他鄉。一言蔽之，面對政治權力之暴力支配，尤其春秋戰國以來諸侯國只以富國強兵、權利競奪為目的，《莊子》回應政治的迂迴態度，很容易被單向度地定位為「獨善其身」、「避禍遠害」的隱者之學。隱者，迴避於政亂之外，企圖苟全性命於亂世，不求聞達於世間名利。這種形象，《孟子》曾經將其總歸為楊朱「為我」之私學（如：「拔一毛而利天下，不為也；舉世界而奉一身，不為也」）。

　　以隱者、隱士、隱逸之名，來標籤或範圍《莊子》之學，顯然流於表淺而偏折一枝一葉於全體，未能入莊學甚深根幹；[5] 但深察時勢、保身全真的「不入仕」形象，確實也是莊周經常浮現在《莊子》書中的形象。換言之，考察《莊子》回應政治的態度或方式，觀察文本中所刻描的莊周出處形象（還可包括虛構的理想人物形象），或許也可以找到一些解讀線索。而一般學者容易以隱者學來理解《莊子》，大概也和這個書中的莊周形象（或真人、神人形象）有關。這個迴避政治權力的「不出仕」形象，首先可將其稱為「格格不入的鵷鶵」，這美麗形象典出〈秋水〉，我們就從這裡談起：

　　　　惠子相梁，莊子往見之。或謂惠子曰：「莊子來，欲代子相。」於是惠子恐，搜於國中三日三夜。莊子往見之，曰：「南方有鳥，其名為鵷鶵，子知之乎？夫鵷鶵，發於南海而飛於北海，非梧桐不止，非練實不食，非醴泉不飲。於

5　莊學廣博深宏，不宜單以避禍遠害之隱者身行來限圍其學，甚至莊學可以展開其有別於儒家的道家型知識分子，參見拙文，〈《孟子》與《莊子》兩種氣論類型的知識分子與權力批判——「浩然之氣」與「平淡之氣」的存有、倫理、政治性格〉，《清華學報》新第 43 卷第 1 期（2013 年 3 月）；收入本書第二章。

　　　　是鴟得腐鼠，鵷鶵過之，仰而視之曰：『嚇！』今子欲以
　　　　子之梁國而嚇我邪？」[6]

　　惠施、莊子的友誼之妙、交情之深、對話之巧，向來是《莊
子》一書令人稱道的閱讀快感。《莊子》曾提及妻死而莊周「箕
踞鼓盆而歌」，而唯一出現在這珍貴的敘事場景中，就唯有惠施
一人往弔，足見他們交情匪淺；[7] 而惠施死後，莊周過其墓時，
緬懷之際所詠出的弔唁之言，亦透露惠施友誼在他心中不可被取
代的分量。[8] 而《莊子》一書，更多次出現惠、莊兩人深富理趣的
對話，精采者筆者曾將其歸納為「惠莊三辯」：魚樂之辯、有用
無用之辯、有情無情之辯。[9] 然而上述〈秋水〉篇的文獻，卻反
映出惠、莊二人不只有深厚友誼和智慧交鋒，其實也隱含幽微的
競爭關係，故事雖未必可當作紀實寫真，但它至少反映出一些微
妙的人性消息，值得觀察深思。例如故事反映出惠施在得到重大
的政治權力後（相梁），心中對權力充滿患得患失的高度不安全
感（惠子恐），由於深知好友莊周的高材，因此誤信讒言而將好

6　莊周著，郭慶藩輯，〈秋水〉，《莊子集釋》，頁 605。

7　「莊子妻死，惠子弔之，莊子則方箕踞鼓盆而歌。惠子曰：『與人居，長子老身，
　　死不哭亦足矣，又鼓盆而歌，不亦甚乎！』莊子曰：『不然。是其始死也，我獨
　　何能无慨然！察其始而本无生，非徒无生也而本无形，非徒无形也而本无氣。
　　雜乎芒芴之間，變而有氣，氣變而有形，形變而有生，今又變而之死，是相與
　　為春秋冬夏四時行也。人且偃然寢於巨室，而我噭噭然隨而哭之，自以為不通
　　乎命，故止也。』」莊周著，郭慶藩輯，〈至樂〉，《莊子集釋》，頁 614-615。

8　「莊子送葬，過惠子之墓，顧謂從者曰：『郢人堊慢其鼻端若蠅翼，使匠石斲之。
　　匠石運斤成風，聽而斲之，盡堊而鼻不傷，郢人立不失容。宋元君聞之，召匠
　　石曰：「嘗試為寡人為之。」匠石曰：「臣則嘗能斲之。雖然，臣之質死久矣。」
　　自夫子之死也，吾无以為質矣，吾无與言之矣。』」莊周著，郭慶藩輯，〈徐无
　　鬼〉，《莊子集釋》，頁 843。

9　關於這三個重要論辯內涵的分析，參見拙文，〈論惠施與莊子兩種差異的自然
　　觀〉，《臺灣東亞文明研究學刊》第 8 卷第 2 期（2011 年 12 月），頁 129-176。

友的拜訪，模擬為一場奪權陰謀（欲代子相），結果發動了一場政治白色恐怖（搜於國中三日三夜）。廣搜未得，此時莊周倒是自己送上門來，從容現身而往見好友，並感嘆地為惠施說了一個諷刺意味十足的政治寓言故事。這個「鵷鶵」與「鴟」的政治諷寓故事，正影射莊子和惠施兩人的姿態；而「政治權力」在這個寓言中化身為「腐鼠」，代表的是莊周心中對當時政治的評價，如今惠施「得腐鼠」而以為莊周要和他爭搶腐鼠肉，心中對權力的貪婪與恐失，化為近乎本能性的防衛舉動，「恐嚇」莊周別靠近「我的權力腐鼠」！

　　莊周才氣洋溢，《莊子》不愧為才子書，這個政治諷刺故事實在入木三分，尤其將人性面對巨大權力誘惑時的貪婪與異變，畫龍點睛地傳神刻劃。也許「權力使人腐化，絕對權力使人絕對腐化」（十九世紀英國政治思想史家阿克頓〔John Acton〕名言），乃是千古不變、東西皆同的權力邏輯，惠施只是再次示現了人性與權力糾結的詭譎真實。然而對於人性普遍都難以抵抗的權力誘惑時，莊周似乎擁有比惠施更強的防腐劑——「今子欲以子之梁國而嚇我邪？」——顯然「腐鼠」既恐嚇不了、也沒有誘惑到莊周。因為莊周自認為不同於「鴟」這種掠食者（顯然很少人在面對權力誘惑時，不變成「鴟」這種政治禿鷹），他是另一種高貴自持、品味不凡的鳥類，亦即「非梧桐不止，非練實不食，非醴泉不飲」的「鵷鶵」。莊周自況為「鵷鶵」，他那優雅的生存美學哪肯屈就於啃噬政治腐肉為生，他必得要棲梧桐、食練實、飲醴泉，活得尊貴美麗、自由自在。換言之，這個政治諷寓的解讀之鑰，首先在於莊周用生存美學來對抗政治權力的誘惑。

　　〈秋水〉篇的高貴鵷鶵（喻莊子，也喻在政治場域格格不入的姿態）和庸俗之鴟（喻惠施，也喻視政治權力為美味的腐

化心態），其實可和內篇〈逍遙遊〉合觀。如「鵷鶵」和應於逍
遙於天池高空的「大鵬」，而「鴟」則對應於爭食蓬蒿之間的
「斥鴳」（或蜩與學鳩）。而就具體的內容指涉來說，其中涉及的
「小大之辯」便在於：「斥鴳」爭逐於「知效一官，行比一鄉，
德合一君，而徵一國者，其自視也亦若此矣」，[10] 而「大鵬」則
逍遙乎「乘天地之正，而御六氣之辯，以遊无窮者，彼且惡乎
待哉」。[11] 可見，〈秋水〉之政寓，可放在〈逍遙遊〉上述脈絡來
使其更加清晰化。「鴟」（或「斥鴳」）所貪戀的成就感，幾乎都
和政治權力有關，因為儘管官位高低和權力大小有別，但「知效
一官，行比一鄉，德合一君，而徵一國者」這四者，顯然都「有
待」於外在的政治官祿和名利標籤，因此都被〈逍遙遊〉歸之為
「小」；而莊子所嚮往的生命之「大」，乃在於「無待」之廣大，
暫且先不管乘天地、御六氣、遊無窮這一類的描述到底是何美妙
境界，但它多少強調生存美學的逍遙無待之獲得，需超脫政治腐
肉的有待束縛，生命方能活得廣大自在。這裡似乎再度加強了莊
周隱者之學的立場：政治名利為「小」，生存美學的逍遙自在為
「大」。這種「小／大」之辯，某個意義便涉及政治（名）與超
越政治（無名）的境界辨別。這種斥鴳（鴟）／大鵬（鵷鶵）的
「小大之辯」，若以人物形象來看，可涉及一系列人物的對比，
如〈逍遙遊〉中的「堯／許由」、「堯／藐姑射神人」、「惠施／莊
子」，如〈人間世〉的「孔子／楚狂」等等。

　　〈秋水〉、〈列禦寇〉另有兩則與莊周有關的政治故事，其所
透露的精神契同於「格格不入的鵷鶵」形象，可一併而觀：

10　莊周著，郭慶藩輯，〈逍遙遊〉，《莊子集釋》，頁 16。
11　莊周著，郭慶藩輯，〈逍遙遊〉，《莊子集釋》，頁 17。

> 莊子釣於濮水，楚王使大夫二人往先焉，曰：「願以境內累矣。」莊子持竿不顧，曰：「吾聞楚有神龜，死已三千歲矣，王巾笥而藏之廟堂之上。此龜者，寧其死為留骨而貴乎？寧其生而曳尾於塗中乎？」二大夫曰：「寧生而曳尾塗中。」莊子曰：「往矣！吾將曳尾於塗中。」[12]

> 或聘於莊子。莊子應其使曰：「子見夫犧牛乎？衣以文繡，食以芻叔，及其牽而入於大廟，雖欲為孤犢，其可得乎！」[13]

由「楚王使大夫二人往先焉」推敲，莊周可能曾有好機會出仕，被當政者納入人才庫的考量；以此互文來看〈秋水〉那段文獻描述，惠施擔憂莊周起而代之的疑心，也就並非全無所據了。上述這兩段文獻中的莊周，面對政治權力與名位利益的誘惑，都展現出類似於孟子的「不動心」。莊周拒絕出仕的姿態既優雅又高傲（釣於濮水，持竿不顧），並且以他一貫善用故事的嘲諷技倆，暗喻出政治利益背後的死亡氣息。所謂「廟堂神龜」與「大廟犧牛」，其實在明眼人莊周看來，都只是虛名外飾的華麗犧牲品（衣文繡，食芻叔），它們看似居於廟堂而高高在上，實乃只是充當他人祭品的犧牲物而已。莊周當然是在諷喻出仕為官，其結果早晚便會是神龜、犧牛之下場，早晚成為殉身於名利之祭品。換言之，苛政猛於虎的政治場域無疑猶如弱肉強食、爾虞我詐的森林，[14] 處處充滿爭搶掠奪的殺機，稍一不慎，恐怕隨時都

---

12 莊周著，郭慶藩輯，〈秋水〉，《莊子集釋》，頁 603-604。

13 莊周著，郭慶藩輯，〈列禦寇〉，《莊子集釋》，頁 1062。

14 勞悅強認為《莊子》多將政治視為人間森林，其間充滿爭奪殺機，而虎狼動物一類的政治描述，也是先秦普遍出現的政治書寫，可見戰國政治局勢之險惡。參見氏著，〈人間如森林——《莊子》內篇中的政治辯說〉，《東亞莊學國際學術研討會論文集》（屏東：屏東教育大學中文系，2012 年），頁 189-222。

有成為權力犧牲品的危險。莊子顯然深察政治權勢中的居心與殺機，因此儘管他家貧如洗，寧願借貸而清貧度日，[15] 卻也不願為五斗米太過折腰而淪為政治的犧牲品。「寧生而曳尾塗中」，反映出莊周欲遠離政治森林之殺機，保性全真地過著簡樸卻逍遙的自在生活。莊子家貧而有生活上的苦迫需求，且一身才華而難以自棄，面對執政者奉上權位利祿之誘惑，如何能不動於心？這裡必有莊周面對整體權力局勢的深刻覺察，以及個人對生存美學的真切渴望。上述兩段視獻身權勢名利為「犧牲貢品」的文獻，也是司馬遷在刻寫莊周列傳時，特別採錄並加以改寫的根據所在；而司馬遷對莊周生命情調的觀察，大抵也旨在強調「不仕以快吾志」：

> 楚威王聞莊周賢，使使厚幣迎之，許以為相。莊周笑謂楚使者曰：「千金，重利；卿相，尊位也。子獨不見郊祭之犧牛乎？養食之數歲，衣以文繡，以入大廟。當是之時，雖欲為孤豚，豈可得乎？子亟去，无污我。我寧游戲污瀆之中自快，无為有國者所羈，終身不仕，以快吾志焉。」[16]

「千金，重利；卿相，尊位」，這便是政治權力眩惑人性之所在，也經常是士大夫「出仕」的理想背後，所暗藏在深處的名位利祿之心機。因此「人心」與「權力」的物物交引，常人也就很難逃脫出「郊祭犧牛」的命運。而莊周「終身不仕」，多少有避開充滿殺機的政治華麗舞臺，回歸簡樸而在其自己的淡泊生活

15　莊周家貧、生活辛苦，從〈外物〉、〈山木〉兩段文獻，可見一端：「莊周家貧，故往貸粟於監河侯。」「莊子衣大布而補之，正緳係履而過魏王。魏王曰：『何先生之憊邪？』莊子曰：『貧也，非憊也。』」莊周著，郭慶藩輯，《莊子集釋》，頁 924、687-688。

16　〔漢〕司馬遷著，韓兆琦編著，〈老莊申韓列傳〉，《史記箋證》（江西：江西人民出版社，2004 年），頁 3757。

（寧游戲污瀆之中自快），換來「以快吾志」的逍遙本真。而對於莊周的「快意人生」之逍遙形象，只要看看〈逍遙遊〉和〈秋水〉篇，都結穴在莊周的「無用之樂」與「濠梁之樂」，便可見一斑。[17] 看來，莊周這種「快意」人格形象，從漢代司馬遷開始已有定調傾向。前頭曾言，這種「去國者羈」而「取快吾志」的存在抉擇，也是有文獻根據的，因為《莊子》書中，確實出現一系列「格格不入的鵷鶵」形象群：他們好像一方面避免參與政治，另一方面同時顯示逍遙自在的生存美學。除了上述莊周本人的出處形象外，〈逍遙遊〉中的「許由」（對比於堯），〈人間世〉中的「楚狂」（對比於孔子），也多少顯示出類似莊周「去國者羈」而「取快吾志」的出處結構：

> 堯讓天下於許由曰：「日月出矣而爝火不息，其於光也，不亦難乎！時雨降矣而猶浸灌，其於澤也，不亦勞乎！夫子立而天下治，而我猶尸之，吾自視缺然。請致天下。」許由曰：「子治天下，天下既已治也。而我猶代子，吾將為名乎？名者，實之賓也。吾將為賓乎？鵷鶵巢於深林，不過一枝；偃鼠飲河，不過滿腹。歸休乎君，予无所用天下為！庖人雖不治庖，尸祝不越樽俎而代之矣。」[18]

> 孔子適楚，楚狂接輿遊其門曰：「鳳兮鳳兮，何如德之衰也！來世不可待，往世不可追也。天下有道，聖人成焉；天下無道，聖人生焉。方今之時，僅免刑焉。福輕乎羽，莫之知載；禍重乎地，莫之知避。已乎已乎，臨人以德！殆乎殆乎，畫地而趨！迷陽迷陽，无傷吾行！吾行郤曲，

17　關於《莊子》的生存美學之形象與內涵，請參見拙文對「逍遙」的美學分析，〈論道家的逍遙美學——與羅蘭·巴特的「懶惰哲學」之對話〉，《臺大文史哲學報》第 69 期（2008 年 11 月），頁 1-37。

18　莊周著，郭慶藩輯，〈逍遙遊〉，《莊子集釋》，頁 22-24。

无傷吾足！」山木自寇也，膏火自煎也。桂可食，故伐
之；漆可用，故割之。人皆知有用之用，而莫知無用之用
也。[19]

　　堯與許由的對話，應只是《莊子》虛擬之寓言，但對話內容
顯示出《莊子》對儒家理想政治人物的評判。「庖人」暗喻「堯」
焦頭爛額於政治熱廚房，而高貴如「尸祝」的「許由」，絕不插
手於「越俎代庖」之事，尤其面對「堯」的迷人蜜語、大方讓
位，「許由」並未迷失初衷而掉入「虛名」的貪戀中，一貫不改
其「鷦鷯巢於深林，不過一枝；偃鼠飲河，不過滿腹」的淡泊生
活。而這樣嚮往淡定生活的簡單自在，仍要建立在「無所用天下
為」，亦即要逸出「有用」於國家社會的「名（利）」之迷思，絕
不代換真實自在的生活。[20]「無用」的主題，一直出現在《莊子》
書中，不管是在和惠施的論辯脈絡，還是許由的脈絡，抑或是楚
狂接輿的脈絡，它都或顯或隱地指涉「無所用於政治權力」。例
如從接輿的角度看來，孔子周遊列國而求「有用」於諸國君王，
在那天下無道的政治森林之中，將導致「膏火自煎」的傷害，
而這種政治暴力之傷害（刑），無疑和孔子未能善察當時局勢有
關，因此自求有用於世間，便也同時自招傷害。「方今之時，僅
免刑焉。福輕乎羽，莫之知載；禍重乎地，莫之知避。」顯示出
接輿對當時政治局勢的冷靜旁觀與洞悉，因此能在那滾燙的激情
時代，抽身於政治殺機（免刑）。而「無用之用」，則呼應於〈逍

19　莊周著，郭慶藩輯，〈人間世〉，《莊子集釋》，頁 183-186。
20　有一種弔詭的解讀法是認為，《莊子》以「寄言出意」的方式，其實是肯定堯
　　而非許由，例如郭象便以這種方式來調合儒道，而牟宗三後來亦繼承這種「迹
　　冥圓」模式，筆者並不同意這種解讀，雖然它深富理趣。郭象的觀點，參見莊
　　周著，郭慶藩輯，《莊子集釋》，頁 22-26。牟宗三的詮釋，參見其《才性與玄
　　理》，頁 187-194。

遙遊〉那種生存美學:「今子有大樹,患其无用,何不樹之於无何有之鄉,廣莫之野,彷徨乎无為其側,逍遙乎寢臥其下。不夭斤斧,物无害者,无所可用,安所困苦哉!」[21]

其實從〈秋水〉篇的三段寓言(神龜之喻、鵷鶵之喻、魚樂之喻)之連續性鋪排,已然可看出如下端倪:一則呈現莊周不願主動積極參與政治(遠離政治)的基本態度,二則呈現寧願全身保真於淡泊逍遙的生存美學與生活態度,三則對照於惠施積極於政治名利(求用)的得失心態,莊子呈現出淡定之樂的無待嚮往,亦即惠施得失於政治名利的競奪,莊子追求的則是物我兩忘的無待之樂。再加上許由、接輿這一系列「逍遙」、「無用」的人物形象,《莊子》一書的政治立場或者回應政治權力的方式,幾乎自然而然要被定位為「隱者之學」了。如果再加以考量〈逍遙遊〉藐姑射神人一類描述:

> 肌膚若冰雪,淖約若處子。不食五穀,吸風飲露。乘雲氣,御飛龍,而遊乎四海之外。……孰弊弊焉以天下為事……是其塵垢粃糠,將猶陶鑄堯舜者也,孰肯以物為事!……堯治天下之民,平海內之政,往見四子藐姑射之山,汾水之陽,窅然喪其天下焉。[22]

那麼大部分的學者會認為,《莊子》不但是隱者之學,甚至更要極端地走向或美學或宗教心靈境界之終極追求了。

《莊子》之體道內涵,具有生存美學與冥契主義的意味,筆者向來並不反對,甚至認為必須適度揭露《莊子》生存美學中的

---

21 莊周著,郭慶藩輯,〈逍遙遊〉,《莊子集釋》,頁 40。

22 莊周著,郭慶藩輯,〈逍遙遊〉,《莊子集釋》,頁 28-31。

冥契要素。問題是，若將《莊子》視為純粹走向宗教式的冥契境界並停留其中，而完全對人間世沒有任何觀照與關懷，恐怕就失之片面而低估莊學的綜合智慧了。[23] 不管如何，上述所謂《莊子》「去國者矊」而「取快吾志」的出處結構，確實於文有據，甚至可在莊周身上找到印證。若從這種「去（政治）矊」與「取快（逍遙）」的對比角度看，政治權力和生存美學之間，似乎必然要呈現矛盾背反的擇抉關係，[24] 而選擇前者（如惠施），必入樊籠之累；選擇後者（如莊周），則格格不入而遊牧於政治樊籬之外，方能脫卸樊籠而得逍遙。正如楊國榮先生所指出的：「按莊子的理解，社會政治關係總是意味束縛和限定，唯有擺脫這種限定，才能達到合乎天性的逍遙之境；在政治地位與逍遙的生活之間，莊子毫不猶豫地選擇了後者。這種選擇所體現的是為學、為

---

23 《莊子》的體道文獻可從冥契經驗來加以考察，請參見拙文，〈道家的自然體驗與冥契主義──神祕・悖論・自然・倫理〉，《當代新道家──多音複調與視域融合》，頁 225-288。

24 本節「生存美學」轉用自晚期〔法〕傅柯（Michel Foucault，或譯「福柯」）概念，其基本意義如高宣揚指出：「福柯從瑞士歷史學家、藝術史和文化史專家布爾克哈對於古希臘和文藝復興文化的研究成果中，延伸出『生存美學』概念，強調自古希臘以來一直存在著『一種努力使生活藝術化』的實踐智慧，而貫穿其中的關鍵思想，就是『人們可以使自己的生活變成一部藝術作品的觀念』。福柯為此指出，生存美學的核心，就是『關懷自身』。因此，福柯的生存美學，就是把審美創造當成人生的首要內容，以關懷自身為核心，將自己的生活當成一部藝術作品，通過思想、情感、生活風格、語言表達和運用的藝術化，使生存變成一種不斷逾越、創造和充滿快感的審美享受過程。正因為這樣，福柯的生存美學也是從西方傳統的自身的技術中演變而來的。」高宣揚，《福柯的生存美學》（北京：中國人民大學出版社，2005 年），頁 344。另外，亦可參考何乏筆企圖對傅柯生存美學的「越界創造性」之批判繼承與超越轉化，參見氏著，《修養與批判──跨文化視野中的晚期傅柯》（待出版）。何教授企圖融合修養與批判，並透過平淡美學來超克越界美學，其觀點具啟發性和創造性，而本文觀點與其主張有所交涉，但暫時無法介入其中複雜的細節問題。

道與為人的統一。」[25] 然而，這是否意味《莊子》完全無用於權力批判，並導致《莊子》一書從此與知識分子性格全無干係呢？在筆者看來，這仍然是有待辨析的課題。

三、遊牧於權力之外的道家型知識分子——生存美學隱含的政治批判

毫無疑問，老、莊皆有視政治、社會為束縛的主張，甚至將束縛的關鍵所在，指向「名」對人的身心模塑與規定。亦即老、莊皆看到名言符號對人的權力支配性，若要獲得較徹底的自由，就必得省思語言對人的主體與身體的規範作用。[26] 然而，批判政治社會與名言符號的共構關係對人的束縛，卻不代表《莊子》所渴望的自由是一種完全沒有人間意味、沒有語言符號的純白烏托邦，倘若如此，《莊子》就不會特別刻描人如何在錯綜的「人間世」中來安身立命。而〈天下〉篇也不會宣稱莊周歸宿於統合的圓融智慧：「獨與天地往來而不敖倪於萬物，不譴是非，以與世俗處。」[27] 亦即莊周一方面要「獨與天地往來」、「不譴是非」，另一方面也同時要「不敖倪萬物」、「以與世俗處」。換言之，這並不是「出世間」的抽象逍遙，而是「在世間」的具體逍遙。倘若這種圓教式的莊周身影，可以被理解，那麼我們便可追問：上一節所謂「格格不入的鷦鷯」，是否不宜被過度簡化地視為純粹隔

---

25 楊國榮，《莊子的思想世界》（北京：北京大學出版社，2006 年），頁 5。

26 關於《莊子》對「名」（語言符號）的權力支配之分析與批判，參見拙文，〈莊子與羅蘭・巴特的旦暮相遇——語言、遊戲、權力、歡怡〉，《臺大中文學報》第 37 期（2012 年 6 月），頁 1-50；〈《莊子》身體觀的三維辯證——符號解構、技藝融入、氣化交換〉，《清華學報》新第 42 卷第 1 期（2012 年 3 月），頁 1-43。

27 莊周著，郭慶藩輯，〈天下〉，《莊子集釋》，頁 1098-1099。

離世間的「方外之學」，而更適合理解為「在方內之中保持方外姿態」？或者說「格格不入」的對象，主要是指當時政治權力的場域，尤其莊周身處戰國黑暗政治，「苛政猛於虎」不只是文學修辭而已，而是近乎真實的描寫，所以我們看到〈至樂〉篇嘲諷說，天下至樂之一便是「死，无君於上，无臣於下」，[28] 足見當時政治對人的剝削和危害之深。戰國時代那種爾虞我詐、弱肉強食的叢林政治，確實是《莊子》盡量要格格不入的危地；然而我們卻不必將「格格不入」的對象，擴張到整個人間世的生活世界，以為逍遙唯能精神獨遊於藐姑射仙山之異域，以為真人非得要「不食五穀，吸風飲露」。[29]

　　問題在於，這種「格格不入的鶹鷯」形象，只是過著楊朱般無益無害的個人生活嗎？或者只是不食人間煙火的雲遊仙人？倘若如此，《莊子》一書如何保有眾多對當時種種歷史人物、各國事件、學術思想、人性人心的深刻描述和細膩剖解？而這種對人間世事的深描、嘲諷、評論，不也反映出對政治社會的關懷、省察，乃至批判、抗議嗎？莊周式的「格格不入」姿態所同時帶出的書寫活動，難道不也是對當時不公不義的政治暴力、社會現象，乃至種種成心成見的價值意識型態，進行一種最冷冽、最精準的批判回應嗎？換言之，應該還要追問的是，莊周對政治權力的「格格不入」，和一般隱者的「獨善其身」有何不同？

28　莊周著，郭慶藩輯，〈至樂〉，《莊子集釋》，頁 619。

29　換言之，藐姑射神人的他界喻意，需要一個「人間世」的轉向或落實，而這便可轉化成上述所謂「方內中的方外」之圓融。關於《莊子》的圓教之生命模型，請參見拙文，〈道家的神話哲學之系統詮釋──意識的「起源、發展」與「回歸、圓融」〉、〈神話、《老子》、《莊子》之「同」「異」研究──朝向「當代新道家」的可能性〉，皆收於拙著，《莊子靈光的當代詮釋》（新竹：清華大學出版社，2008 年）。

　　基本上，一般隱者純粹只為了徹底逃離戰國時代的政治之惡，所以選擇徹底避害遠禍，這樣的隱者除了隱沒在平淡生活之中，對政治、社會通常隔漠、冷感，而未能有深刻的觀察與揭露。然而，從《莊子》亦莊亦諧筆觸下的豐富內容來看，例如：冷峻地觀察政治局勢中的權力運作邏輯（如〈人間世〉對政治權力與人性的細膩解剖）、精準地評判諸子百家的學術思潮（如〈天下〉篇對眾多思想流派的深刻評判）、重省周文倫理規範對身心的壓抑與暴力（如〈田子方〉對魯國君子成規成矩的禮教身體之嘲諷）、挖掘底層俗民的生命活力（如〈達生〉篇對百工技藝的勞動創造性之興趣）、關懷被周文禮教社會所歧視的殘疾畸零人（如〈德充符〉對醜惡支離形殘者的重新描寫）、解構巫術文化的禁忌與神祕（如〈應帝王〉對神巫季咸的戲謔），另外還以極富創意的方式去顛覆社會既定的價值成見（如〈逍遙遊〉對有用無用的重新省察，如〈齊物論〉對是非成見的語言分析，如〈大宗師〉對常人悅生惡死的換位思考）。甚至要對各種「自我觀之」的中心主義之定見，進行偏見的掃除以敞開多元思考，例如：對人類中心主義的質疑（〈齊物論〉中王倪對齧缺總是「自我觀之」的人類暴力之批判）、對文化優位主義的質疑（如〈齊物論〉對堯欲討伐南方三小部落的教化暴力之批判[30]）、對實用中心主義的質疑（如〈逍遙遊〉對惠施總以「有蓬之心」來衡量萬物的效用暴力）……。上述琳瑯滿目的剖析與描寫，展現《莊子》對當時人間世的各種文化現象給予全面性的重新省察，這絕非一般隱者近乎隔離的避害心態、躲藏生活，可以擁有的廣大知

30　「故昔者堯問於舜曰：『我欲伐宗、膾、胥敖，南面而不釋然。其故何也？』舜曰：『夫三子者，猶存乎蓬艾之間。若不釋然，何哉？昔者十日並出，萬物皆照，而況德之進乎日者乎！』」莊周著，郭慶藩輯，〈齊物論〉，《莊子集釋》，頁89。

識和深微觀察之能耐。對於筆者而言，《莊子》這種刻描世間百態的微觀能力，和格格不入的鶃鶃形象，其實並不相互矛盾，反而可以在上述所謂「在方內之中保持方外姿態」的綜合智慧中，得到說明。而這種統方內與方外的圓教格局，絕不是郭象那種為統治階層辯護的「迹冥圓」，反而是為了時時刻刻揭露各種權力霸權與價值神話，因此要處處採取格格不入的批判距離。

純粹的隱者不可能對當時的政治、社會、人性，有那樣既廣且深的洞察，並在這些觀察和省思之後，進行諸多深沉的批判與揭露。《莊子》一書所顯示的豐富才學現象（如司馬遷〈老莊申韓列傳〉亦評點莊周為：「其學無所不窺。」[31]），足以說明它是以書寫來嘲諷、抗議、批判時政，可以視為另一種關懷世間、另類介入權力批判的知識分子姿態。若能調整傳統以來對知識分子的固定看法，那麼便可嘗試考察不同類型的知識分子型態，尤其重新發現莊周式的「格格不入」不只純為保身全真，更在保身全真的基礎上，一方面不被政治權力所收編而異化，另一方面則在旁觀者清的權力外邊之游離位置，進行對政治權力最無情的揭露和冷峻批判。[32]

換言之，「格格不入」的姿態，或許有可能成為逃避的隱者，但也可能成為最自由的批判者；許多學者一向以隱逸保身來理解《莊子》的政治立場，但筆者要再三突顯《莊子》的權力批

31　司馬遷著，韓兆琦編著，〈老莊申韓列傳〉，《史記箋證》，頁 3756。

32　《莊子》一書經常有極為冷冽的政治觀察和嘲諷，順手隨舉〈盜跖〉、〈列禦寇〉二例：「小盜者拘，大盜者為諸侯，諸侯之門，義士存焉。昔者桓公小白殺兄入嫂而管仲為臣，田成子常殺君竊國而孔子受幣。」「秦王有病，召醫。破癰潰痤者得車一乘，舐痔者得車五乘，所治愈下，得車愈多。子豈治其痔邪？何車之多也？子行矣。」莊周著，郭慶藩輯，《莊子集釋》，頁 1003、1050。

判向度。一般人似乎很自然地看到「格格不入」的隱退性格，卻少能發現「格格不入」也是發揮批判精神的極佳位置。原因無他，人性一旦進入權力場所，很少不在集體氛圍的交纏下，或多或少彼此妥協，甚至全然墮化為以權力邏輯來操控政治，完全遺忘價值對政治的引導性。由於格格不入者處於共享權力的外遊空間，尚未被權力浸蝕與收編，因此也就可能創造出最純粹、不折扣的觀察與批判空間。由於中國的政治傳統通常以儒者型的出仕參政，作為知識分子的典範或常態，一旦離開出仕的從政脈絡，通常不易被認為具有知識分子的積極意義，也因此較少思考另一種與政權保持遊牧距離的純粹批判型知識分子。[33] 唯筆者認為，《莊子》一開始所突顯的「格格不入的鵷鶵」形象，一則需要重新思考其中所含的批判精神，再則有可能增補中國思想向來對知識分子的片面觀察角度。

若以中國思想長期來從「士」角度觀察，《莊子》似乎很自然被歸為隱者之學，無涉於知識分子的良知與勇氣。然而，倘若轉換觀看視域，從當代學者對知識分子的多元觀察與批判省思，例如從薩伊德（Edward Said）名著《知識分子論》（*Representations of the Intellectual: The 1993 Reith Lectures*）所提出的新角度，來重新觀察《莊子》，那麼我們可以發現一個極其迥然的莊周風

---

33 余英時曾提及中國古代知識階層的發展，到了晚期曾經出現一種君主禮賢之下，不治而議的現象：「士階層中產生了一批以道自負之人，不甘自貶身價入仕。溫和者尚自許為王侯的師友，激烈者則拒斥一切政治權威。這就是公元前四世紀中葉齊國稷下之學興起的一種歷史背景。」《中國知識階層史論》，頁63。可惜的是，余英時從未用「不治而議」、「拒斥一切政治權威」的視角，來觀察《莊子》，卻反而用法家化的「反智論」角度觀察《老子》，參見其〈反智論與中國政治傳統——論儒、道、法三家政治思想的分野與匯流〉，《歷史與思想》，頁 1-46。

貌。薩伊德重新界定他心目中真正的知識分子，不但不是參與體
制者、科層官僚者、專業提供者一類屬於權力「內部性」的參與
者與共享者，反而是能夠自覺和他所身處的語言、傳統、歷史、
國族、政治等集體情境，保持「外部性」的關係者，因而更有可
能保有真正自由的反思與批判。薩伊德所謂的外部性，並非冷漠
旁觀乃至軟弱逃避，而是以另一種帶有間距性、格格不入的遊牧
性格去參與公共事務，所謂的參與便在於說真話、不畏權勢、不
被收編、自主自由地發表批判言論。底下隨手引述薩伊德幾段闡
述遊牧型知識分子的特質，對於《莊子》哲思不太陌生者，大概
不難從中發現它和我上述所描述的《莊子》批判內涵，有許多可
以呼應對話之處：

> 當今世界更充滿了專業人士、專家、顧問，總之，更充滿
> 了知識分子，而這些人的主要角色就是以其心力提供權
> 威，同時獲取鉅利……在我們的時代，這些組織收編知識
> 分子的情況已經到了異乎尋常的程度。結果就像歐文所說
> 的：「律法學者推擠所有的人／大喊效忠國家。」因此，在
> 我看來知識分子的主要責任就是從這些壓力中尋求相當的
> 獨立。因而我把知識分子刻劃成流亡者和邊緣人，業餘
> 者，對權勢說真話的人。[34]

> 既沒有職位要守護，又沒有地盤要鞏固、防衛的知識分
> 子，具有某種根本上更令人不安的特質；因此，自我嘲諷
> 多過於自吹自擂，直言坦率多過於吞吞吐吐。然而，不容
> 迴避的則是無可逃避的現實：知識分子的這種代表既不會
> 使他們成為權貴的朋友，也不會為他贏得官方的榮銜。這
> 的的確確是一種寂寞的處境，卻總是優於集體容忍事物的

34　薩伊德著，單德興譯，〈序言〉，《知識分子論》，頁 33-34。

現況。[35]

根據我的定義，知識分子既不是調解者，也不是建立共識的人，而是全身投注於批評意識，不願意接受簡單的處方、現成的陳腔濫調，或平和、寬容的肯定權勢者或傳統者的說法或作法。不只是被動地不願意，而且是主動地願意在公眾場合這麼說。這並不總是要成為政府政策的批評者，而是把知識分子的職責想成是時時維持著警覺狀態，永遠不讓似是而非的事物或約定俗成的觀念帶著走。[36]

在筆者看來，薩伊德幾乎重新發現了一種：破壞型、批判型、遊牧型、獨立型的另類知識分子。他這種洞見和主張，雖然和當代後結構主義對權力批判的思潮密切相關，但也可用來重新觀察莊子型的知識分子性格。薩伊德這種名為「遊牧型的知識分子」，大大不同於專業型、官僚型的專技、參政人員，他總是遊牧於政權之外，格格不入於體制而未被收編，卻處處散發言論批判的睿智和勇氣，這種特殊類型的知識分子具有遊牧和保持間距的自由精神，任何國族、政權、傳統都不能將其限定在單一、單義的地方文化系統中，因此他具有「離中心」的跨族群、跨文化的觀看能力和批判力道。對薩伊德言，這種知識分子顯然更具當代性的普遍意義和價值。筆者認為薩伊德所闡揚的遊牧型知識分子，可以用來揭露莊周這種「格格不入的鵷鶵」所隱含的道家型知識分子內涵，尤其那種遊離於一切中心主義的跨域精神，《莊子》在〈齊物論〉批判儒、墨各自「以是其所非而非其所是」的偏見，以「照之以天」的「不落兩端」[37]來解構各種成心成見，

35　薩伊德著，單德興譯，〈序言〉，《知識分子論》，頁 36。

36　薩伊德著，單德興譯，〈知識分子的代表〉，《知識分子論》，頁 59-60。

37　莊周著，郭慶藩輯，〈齊物論〉，《莊子集釋》，頁 63-66。

走向「兩行」的跨域對話，展現出對權力批判的遊牧策略。《莊子》這種離心式的批判力道，筆者曾有多篇專文密集探討，[38] 此處不擬重複，只在於強調它和薩伊德所揭露的遊牧型知識分子，具有類似的旨趣。

四、入遊其樊的庖丁形象──「在方內中遊乎方外」的綜合智慧

其實，從莊周行蹤的一些蛛絲馬跡，也大概可看出他從未完全隱退於人間世之外，成為山林江海一類的隱士，亦或宗教修煉一類的巖穴之士。例如司馬遷在《史記‧老莊申韓列傳》就曾考察記載，莊周曾當過「蒙漆園吏」；[39] 而楊寬在《戰國史》據此而稍為更明確地指出：「莊周嘗為蒙漆園吏……這個蒙的漆園當是宋國政府所經營的，所謂漆園吏，當即管理漆園的官吏。」[40] 莊萬壽則又進一步考證漆園官吏，其實就是保育、教養山林鳥獸的「虞人」官職。[41] 暫且不管「漆園吏」的工作細節何指，但莊周曾經當過管理自然鳥獸職屬相關的小官，大概是可以確定的。如研究莊學史的方勇亦言：「莊子也曾經做過漆園吏這樣的小官，

38　關於《莊子》充滿對各種中心主義的顛覆及價值神話的批判，筆者曾在底下諸文有過密集討論，〈莊子與羅蘭‧巴特的且暮相遇──語言、權力、遊戲、歡怡〉，《臺大中文學報》第 37 期，頁 1-50；〈論《莊子》的雅俗顛覆與文化更新──以流動身體和流動話語為中心〉，《臺大文史哲學報》第 77 期（2012 年 11 月），頁 73-113；〈氣化流行與人文化成──《莊子》的道體、主體、身體、語言、文化之體的解構閱讀〉，《文與哲》第 22 期（2013 年 6 月）；收入本書第八章。

39　司馬遷著，韓兆琦編著，〈老莊申韓列傳〉，《史記箋證》，頁 3756。

40　楊寬，〈春秋戰國間農業生產的發展〉，《戰國史》（臺灣：谷風出版社，1986 年），頁 65。

41　莊萬壽，〈虞人與莊子〉，《國文學報》第 20 期（1991 年 6 月），頁 25-38。

但絕非出於他的主動選擇,可能只是為了謀生而不得不做出的退讓。」[42] 可見,莊周亦要在人世間存活,並尋得不那麼違背自己或者盡量適性的一份工作。而以莊周的博學高才並曾擁有出仕的機遇,卻寧願選擇遠離政治權力核心,棲居官方體系中極為邊緣的漆園吏,這其實也可說是一種「格格不入」的遊牧位置了。對於這一點,聞一多也早就看出:「與他同時代的惠施只管被梁王稱為『仲父』,稷下先生們只管『皆列為上大夫』,荀卿只管『三為祭酒』,呂不韋的門下只管『珠履者三千人』——莊周只管窮困了一生,寂寞了一生……我們知道一個人稍有點才智,在當時要交結王侯,賺些名聲利祿,是極平常的事……莊子的博學和才辯並不弱似何人,當時也不是沒人請教他……《史記》又說他做過一晌漆園吏,那多半是為餬口計。吏的職分真是小得可憐,談不上仕宦,可是也有個好處——不致妨害人的身分,剝奪人的自由。莊子一輩子只是不肯作事,大概當一個小吏,在莊子是讓步到最高限度了。」[43]

蒙園莊周這種「遊離於中心外的邊緣」位置,非但不是不食人間煙火,還應該看做是「在方內中遊於方外」的觀照位置。亦可說莊周這隻看似格格不入的高貴鵷鶵,其實仍是「入而不入」地遊歷在人間世的各個角落。若非如此,《莊子》一書也不太可能出現底下種種有關他的行事足跡:楚王派大夫以厚幣求為出仕的說法(〈秋水〉)、莊周與魏王相遇而發生「是貧不是憊」的對話(〈山木〉)、莊周向監河侯借貸米粟(〈外物〉)。上述事跡,都必須建立在莊周仍遊歷在人間世之中,不可能完全逃脫政治社會

---

42 方勇,《莊子學史》第一冊(北京:人民出版社,2008 年),頁 3。

43 聞一多,〈莊子〉,《聞一多全集》第二冊「古典新義」(臺北:里仁書局,1996 年),頁 275-290。

的網絡。我們更別忘了，莊周和惠施的交情與交遊關係，以惠施的入世之深，莊周與之相交相遊，便不可能完全與世隔離，否則莊周妻死而惠施如何往弔？惠施死而莊周又如何過墓慨然呢？同樣地，惠、莊兩人又如何一同遊行濠梁之上而產生「魚樂之辯」？當然，更明確的證據就是《莊子》書中對當時政治社會的各種文化現象，進行它特有的細膩解剖、盡情嘲諷之書寫，這些都必須建立在他對人間世事的親身感受和反身自省上。換言之，上述所謂格格不入的鵁鶄，其實也可以看成是一種心理距離的隱喻，但就現實處境來說，莊周並不曾真正逸出人間世之外。而這種身處人間世卻保有格格不入的鵁鶄心境者，成就了上述一再指出的「在方內中遊於方外」的統合模型，而這種模型正可從《莊子》另一種「入遊其樊」的庖丁形象，來加以揣摩並進一步說明。

　　《莊子》在〈人間世〉這一篇名如其文的重要文獻中，就曾假借仲尼之口深刻地指出：

> 天下大戒二：其一，命也；其一，義也。子之愛親，命也，不可解於心；臣之事君，義也，無適而非君也，無所逃於天地之間。是之謂大戒。是以夫事其親者，不擇地而安之，孝之至也；夫事其君者，不擇事而安之，忠之盛也。[44]

「無所逃於天地之間」一語，已徹底揭露《莊子》並非一套離世之學。其中的「天地」，尤其是指倫理、政治這種「義、命」關係，亦即人完全是活在一個倫理關係、政治網絡之中，這屬於無所逃的存在事實。或者說，逃到哪裡，這樣的階層關係總還是多少會存在的（無適而非君），不然也會糾纏在我們的內心世界中

44　莊周著，郭慶藩輯，〈人間世〉，《莊子集釋》，頁155。

（不可解於心），如人總是被生下而有血緣關係，如人總是要互動而有階層關係，而《莊子》不認為人們可以找到一個完全脫卻這些關係網絡之外的「空白之地」，反而要我們在一切當下時地找到隨遇而安的方式（不擇地而安、不擇事而安）。當然，這是非常不容易的圓熟智慧，因此他要提醒人們戒慎恐懼——「是之謂大戒」。換言之，人活在關係網絡的結構之中是無所逃的存在事實，甚至也是義命的意義感來源，所以無法完全捨棄不顧，一捨棄便也可能帶來生命的空洞與虛無；然而人間世的倫理、政治關係也經常淪於僵化甚至異化，造成人們生命的束縛、痛苦之主要來由，甚至相刃相靡地彼此耗損與折磨。看來，這是一個兩難的問題：人既不可能完全抽離關係網絡，甚至需要這些意義厚度，但它們經常也是造成重重束縛與勞苦重擔的來源。面對兩難的弔詭課題，《莊子》要我們將其視為「天下大戒」般，小心翼翼地回應它們，而回應方式應該不是隱者那種簡化問題的逃離模式，反而是要我們如庖丁解牛一般入遊其間而遊刃有餘，這種回應人間世的中道圓通智慧，便可稱之為「在結構之中活出結構之外」，亦或稱之為「在權勢之中而活出權勢之外」。這便是〈養生主〉庖丁解牛隱含的綜合智慧。

上文曾指出，〈天下〉篇的莊周並不純粹只要「獨與天地精神往來」而已，他同時也要「以與世俗處」，而這種統合「天地精神」和「與世俗處」的出處模式，可說是將「格格不入的鵷鶵」更加具體化地落實為「入遊其樊的庖丁」。也因為這種不離人間世而逍遙的庖丁解牛模式，使得〈外物〉篇要強調：「唯至人乃能遊於世而不僻，順人而不失己。」[45]「遊於世而不僻」、「順

45　莊周著，郭慶藩輯，〈外物〉，《莊子集釋》，頁938。

人而不失己」，完全表現出我們再三強調的綜合智慧：「在方內中
遊於方外」、「在結構中遊離結構外」、「在權勢中活出權勢外」
的自由與活力。另外，在〈刻意〉篇中亦可更明白地看到，《莊
子》不但不特別歌頌帶有出離嫌疑的隱退者、修煉者，反而批判
他們或失之偏執、或落入邊見，完全不足以擔當圓通周轉的聖人
之德：

> 刻意尚行，離世異俗，高論怨誹，為亢而已矣；此山谷之
> 士，非世之人，枯槁赴淵者之所好也。語仁義忠信，恭儉
> 推讓，為修而已矣；此平世之士，教誨之人，游居學者之
> 所好也。語大功，立大名，禮君臣，正上下，為治而已
> 矣；此朝廷之士，尊主強國之人，致功并兼者之所好也。
> 就藪澤，處閒曠，釣魚閒處，无為而已矣；此江海之士，
> 避世之人，閒暇者之所好也。吹呴呼吸，吐故納新，熊經
> 鳥申，為壽而已矣；此道引之士，養形之人，彭祖壽考者
> 之所好也。
> 若夫不刻意而高，无仁義而修，无功名而治，无江海而
> 閒，不道引而壽，无不忘也，无不有也，澹然无極而眾美
> 從之。此天地之道，聖人之德也。[46]

〈刻意〉篇這段文獻，便是對《莊子》並未選擇隱者之路的
最佳證據和說明。其中包含了《莊子》所批評和認同的姿態。它
先列舉五種類型的生命型態，包括有：山谷之士、平世之士、
朝廷之士、江海之士，以及導引之士。這五種類型大約可歸納為
兩個基本對立模型──「入世」與「出世」。如「平世之士」和
「朝廷之士」，這兩者便屬於「入世」模型；而「山谷之士」、
「江海之士」、「導引之士」三者，屬於「出世」模型。而就一般

46　莊周著，郭慶藩輯，〈刻意〉，《莊子集釋》，頁535-537。

人的粗略看法來說，前二者被視為近於儒家，後三者則容易被視為近於道家。但《莊子》所嚮往的「聖人」立場，不但不同於前二者，也別異於後三者；而《莊子》將自己的綜合智慧描述為：「不刻意而高，无仁義而修，无功名而治，无江海而閒，不道引而壽，无不忘也，无不有也，澹然无極而眾美從之。」這顯然就是上述「遊世而不僻，順人不失己」的另一種表述。尤其「不刻意而高、无江海而閒、不道引而壽」，完全表明了《莊子》不離於人間的「在世逍遙」立場；而「无仁義而修、无功名而治」，也表明了《莊子》對儒家外王學的調適上遂之企圖。一言蔽之，《莊子》要在「入世」（結構）、「出世」（非結構）的二邊對立，找到一種「在入世中出世」的圓熟或曲成智慧。換言之，「格格不入」的批判性，將可能進一步轉化為「入遊其樊」的批判性，亦或者說，「入遊其樊」的「遊」之精神，仍然保有「格格不入」的精神，因為莊子的「遊」不是「出而不入」的「出遊」，而是「入而不入」的「入遊」。

五、庖丁解牛的權力解剖——遊刃有餘的微型權力批判

這種〈養生主〉稱之「以無厚入有間」、〈人間世〉稱之「入遊其樊而無感其名」的曲成圓熟智慧，到底只是個人式的獨善養生、生存美感，還是依然具有深刻的權力批判之意義？這是本節所要加以討論的主題。筆者認為，庖丁解牛的曲成藝術，可以被用做權力批判（甚至政治寓意）來解讀，也可和〈人間世〉一起併讀，以便烘托其中回應權力自身，以及回應政治權力的批判、導化性格。

讀者或許會質疑，前文不是一再強調格格不入的距離，正好可以保持對權力進行純粹的批判位置？那麼一旦「入遊其樊」，

不就又被權力收編了嗎？哪裡還能再發揮遊牧型的知識分子之批判力道呢？對此，上一節文末已分析「格格不入」，其實可被理解為「入而不入」、「不入而入」，因此對於促成批判的「距離」之解讀，就不需被簡單理解為空間的隔離，而可更深入地理解為能在權力結構網絡中遊牧、流轉的能力。如此一來，格格不入的批判性便可能進一步轉化為庖丁解牛的批判性。

　　其次，筆者想再從一個問題說起，那便是政治權力與微型權力（或者權力自身）的別異。政治權力可謂是權力支配的最大規模特寫，它通常透過階層統理模型（如君／臣／民之階序性），層層體現上對下的力量支配性，然而政治權力雖強暴而廣大，但最核心的力量鬥爭場域則在政治舞臺。但倘若我們將「政治權力」提煉到更為本質性的「權力自身」來思考，那麼或將發現生活周遭的一切處都可能被權力所滲透過——例如：人倫關係、職場關係、學術社群、宗教團體，甚至流行時尚對個我認同的價值規範，社會眼光對主體身心的調控與規訓，人的語言結構對人的思考活動之決定等等——那些看似遠離政治場域、無涉政治鬥爭的另類生活世界、關係互動，其實也都可能存在權力支配的微型病毒，此即本文所謂的微型權力。[47] 或者也可以這樣說，假使政治特寫了權力支配的本質性，那麼也可採取廣義地說：政治是無所不在的，因為權力支配總是無所不在。如此可說，微型權力揭露了「隱性權力」的幽微周遍，而政治權力則顯露「顯性權力」的強悍直接。因此微型權力看似不直接發生在政治場域，但它的權力支配性依然委婉曲折地作用在一切處，而且更不易被一般人洞察。

47　對於權力的微觀批判這一視域，本文亦受傅柯啟發，可參見高宣揚，第四章〈對權力遊戲的微觀批判〉，《福柯的生存美學》，頁 194-255。

　　筆者做上述區分，是為了強調《莊子》對權力的批判，並不限於「政治權力」，而同時包含對「微型權力」的批判，甚至可說，《莊子》對於「權力自身」的反省批判，使人們對權力的無所不在和幽微曲折，有著更為複雜的觀察思考。所以他對權力的批判並不停留在政治場域，更要進到當時文化現象的各角落，揭露各種價值意識型態對人的支配，因為它們可能滲透著極難消除、或者永不能完全消除的權力病毒在其中，這才是《莊子》融貫微型權力與政治權力的批判全貌。正如法國思想家羅蘭·巴特（Roland Barthes）所洞悉的：

> 如果說權勢在社會空間內是多重性的，那麼在歷史時間中它反過來就是永存的：它在這裡被驅趕或耗盡，又會在別處重新出現，永不會消失；如果為了消滅它而去發動一場革命，不久它又會死灰復燃，會在新的事件中重新發展。它這種無處不在、永久延續的原因是，權勢是一種超社會有機體的寄生物，它和人類的整個歷史，而不只是和政治的和歷史學的歷史聯繫在一起。在人類長存的歷史中，權勢於其中寄寓的東西就是語言，或者再準確些說，是語言必不可少的部分：語言結構。[48]

　　倘若以此全幅向度來解讀「庖丁解牛」之喻，那麼便不必只停留在法國莊子學家葛浩南（Romain Graziani）的政治權力批判之解讀，而可更深入地省視為對權力自身的批判之寓意解讀。葛浩南讀出庖丁解牛隱含一場政治權力的解構設計，[49] 因為〈養生

48　〔法〕羅蘭·巴特著，李幼蒸譯，〈法蘭西學院文學符號學講座就職講演〉，《寫作的零度》（臺北：桂冠圖書，2004 年），頁 5。另參見拙文，〈莊子與羅蘭·巴特的旦暮相遇——語言、權力、遊戲、歡怡〉，《臺大中文學報》第 37 期，頁 1-50。

49　〔法〕葛浩南，〈莊子的哲學虛構〉，《中國文哲研究通訊》第 18 卷第 4 期（2008年 12 月），頁 59-70。

主〉設計的對話者，竟是現實政治權力上最遙遠的兩極，卑賤俗
民的庖丁 VS. 位高權重的文惠君，這在現實政治舞臺是不可能
發生的；然而《莊子》透過寓言方式，不僅化不可能為可能，更
展開一場偷天換日的權力挪移魔法，在這一權力廚房的表演舞臺
中，《莊子》重新允諾給庖丁的是展演「技進於道」的主角，而
文惠君則暫時處於權力解構狀態，亦即他的政治權力暫時無用武
之地。〈養生主〉中的庖丁，當可視為莊子的虛擬化身，或者莊
子借無緣於政治權力的庖丁之刀，在虛擬的權力廚房中，展開一
場解剖權力的遊刃把戲。

其實，不必只把重點全聚焦在文惠君與庖丁這兩人政治身分
的符碼上，因為它只是寓言的部分真理，過度聚焦於此，容易將
其解讀為純粹的政治寓言，[50] 而以為〈養生主〉只停在政治權力
批判。對於筆者而言，文中錯綜複雜的「牛體」隱喻，可從廣、
狹兩義解讀：狹義上是指政治場域中的權力與人性交纏的錯綜複
雜，廣義上則是指無所不在的人際網絡之權力滲透的錯綜複雜。
而前者便可連結到《莊子》對政治權力的批判，後者則涉及《莊
子》對微型權力的批判。

高明的庖丁，需要培養出無厚能遊之刀工，它能讓庖丁在
錯綜複雜的牛體網絡中：「依乎天理，批大郤，導大窾，因其固
然。技經肯綮之未嘗，而況大軱乎！」[51] 換言之，牛體中的筋骨
血肉之交織猶如迷宮般，可象徵廣義的人際網絡之重重角色扮演

---

50 「庖丁解牛」向來有多重解讀的可能，例如一種解讀是從藝術實踐的身體經驗
切入，一種是從內丹修煉的氣經驗切入，也可從人際網絡的社會政治角度來解
讀，甚至可從文本空間的隱喻來解讀。這幾種詮釋角度，筆者在不同文章的論
述脈絡中都曾嘗試。

51 莊周著，郭慶藩輯，〈養生主〉，《莊子集釋》，頁 119。

的複雜性（狹義的政治空間解讀只是取其一環），人在其中，便猶如在一張天羅地網的符號結構中，必須循道而行，否則將自傷又傷人。角色的名實相符之扮演，正如〈人間世〉指出的：「天下有大戒二：其一，命也；其一，義也。子之愛親，命也，不可解於心；臣之事君，義也，無適而非君也，無所逃於天地之間。是之謂大戒。」君臣、父子不過是就種種無所逃的人際關係網絡之例舉，事實上人生所要扮演的角色多矣，而人總在多重身分扮演中展開他的互為主體性之人際活動；而一個身分角色通常被框限在一個名言符號的標籤下，被要求名實相符地呈現恰如其分的舉措，因此也可以說名言符號擁有支配人們行住坐臥的規範權力，而一旦名實不符或逾越了名教規範，那種種違亂之罪名與懲罰，也就相伴而生。正如〈養生主〉所謂：「為善無近名，為惡無近刑。」人們要不就遵循社會價值標準之規範而贏得善名符號，要不就因背離社會價值規範而被貼上惡名甚至遭受責罰。[52] 換言之，牛體所隱喻的人際複雜同時也必會是一個語言符碼的綿密網絡，而且名言符號網絡對身在其中的個人，帶有強制的支配性在，亦即名言已是權力的化身，一切價值系統莫不透過名言來呈現，一不小心價值符碼便淪為價值神話，而對人產生強大的權力支配性。

　　對道家哲理不陌生者，都會注意到老、莊對名言符號的不信任感。相對儒家強調的名實相符之正名觀，道家通常都會強調名

52　王船山也注意牛體結構和名言的共構關係：「大名之所在，大刑之所嬰，大善大惡之爭，大險大阻存焉，皆大軱也。（而非彼有必觸之險阻也，其中必有間矣）」、「名者眾之所會，不遊其間而入其會，則雖不蘄言而必有言，不蘄哭而必有哭之者矣。」〔清〕王夫之，《莊子通・莊子解》（臺北：里仁書局，1984年），頁32、33。

言對人的宰控性，因為人類的整個文明建制是透過《老子》所謂「始制有名」而來，如周文的政治、社會、生活之管理運行模式，正透過龐雜的名言符號來規定與支配；而分工愈細、角色扮演愈繁複的文明社會，所需的名言符號系統就愈加細瑣而綿密，這在老莊看來，對人的身心規範和控制也就愈加無孔不入。因此，《老子》要強調：「名亦既有，夫亦將知止，知止所以不殆。」而〈逍遙遊〉、〈人間世〉則顛覆儒家的名實相符觀，而強調：「吾將為名乎？名者，實之賓也。」[53]「德蕩乎名，知出乎爭。名也者，相札也；知也者，爭之器也。」[54] 而〈人間世〉更要我們做到的是：「能入遊其樊而無感其名。」[55] 而所謂的「入遊其樊」便是上述無所逃於人際錯綜的符號羅網，也就是一個充斥符碼的牛體結構；而「無感其名」便是庖丁解牛的「遊刃」工夫，他能在重重關係網絡、名言系統之中，找到「入而不入」的間隙，以便進行權力解剖與化導的遊戲能力：「彼節者有閒，而刀刃者无厚；以无厚入有閒，恢恢乎其於遊刃必有餘地矣！」[56]

由此可見，〈養生主〉要找到的空隙之道、遊刃路線，並不在於牛體之外、人際之外、符號之外的彼岸（語言消失處），而是在語言結構之中找到自由穿梭的能力。此時的語言便是權力附身或作用的最細微病毒，語言所在之處正是權力所在之處（如羅蘭・巴特言），如此一來，庖丁所要解構的權力批判性便不只是政治權力，而更是語言與人際交織成的微型權力。因此高明的庖

53　莊周著，郭慶藩輯，〈逍遙遊〉，《莊子集釋》，頁 24。
54　莊周著，郭慶藩輯，〈人間世〉，《莊子集釋》，頁 135。
55　莊周著，郭慶藩輯，〈人間世〉，《莊子集釋》，頁 148。
56　莊周著，郭慶藩輯，〈養生主〉，《莊子集釋》，頁 119。關於道家對名言與權力的分析與批判，筆者多篇文章都曾觸及，也有較為深入的分析，此處只能點到為止，不擬重複。

丁要人們「怵然為戒」於人們視之為天經地義的倫常名分：「每
至於族，吾見其難為，怵然為戒，視為止，行為遲」。因為這些
名實關係在《莊子》看來，也都可能被權力滲透而導致支配的僵
直與異化。故事中的庖丁絕不只是個人不受傷害地保全性命之真
（如十九年若新硎之刃），它同時也以藝術性的漂亮姿態（合桑
林之舞、中經首之會）來曲成、化導權力對人們的反控（使牛隻
「謋然已解」）。而這種「入遊其樊而無感其名」的庖丁，在筆者
看來，由於對語言和權力關係的思考更為深刻，因此也就彰顯出
另一種更為精微的權力批判性，而這種在牛體迷宮中穿梭卻不迷
路、不受傷的庖丁姿態，便是本文一再強調的「在方內中遊於方
外」的綜合智慧。這樣的綜合智慧同時展現出一種周轉圓通的迂
迴策略能力，使得知識分子在人間世的關係網絡中，尤其當人們
無所逃於具體的政治權力之場域時，乃能表現出一方面善保其
身，另一方面迂迴回應並導化權力的遊刃策略。對於後者，便是
《莊子・人間世》一文中，所要處理的莫可奈何之難題。對此筆
者已另有專文處理，[57] 而由目前討論所得出的結論，大抵已鋪排
了一條從〈養生主〉到〈人間世〉的具體理路了。

六、結論：洞察局勢之變與遊牧於權力空隙來化導政治暴力——從牟宗三的「察事變」與余蓮的「勢思維」再進一解

從上文庖丁解牛的隱喻解讀中，我們看到庖丁的迂迴能力、
動態策略，如「依乎天理」、「因其固然」，顯示牛體有它客觀的

57　請參見拙文，〈《孟子》與《莊子》兩種氣論類型的知識分子與權力批判——
　　「浩然之氣」與「平淡之氣」的存有、倫理、政治性格〉，《清華學報》新第43
　　卷第1期；收入本書第二章。

結構之理要被理解、尊重，否則那把刀就會隨時割折碰撞，無法
遊刃有餘於通道。牛體看似迷宮，卻可以找到「緣督以為經」的
流動通路，這條夾縫中的空隙之路，並不純是庖丁主體的主觀
意志所硬拚出來的血路，而是（回應）（因）牛體本身就有的結
構局勢（其固然），然後隨著動態情勢的轉變而持續不斷地回應
它，因牛體內部結構隨牛體部位之情境不同而有不同局勢，如此
才能每每在錯綜複雜的危地渦漩中（每至於族，吾見其難為），
以他精微又慎微的解剖工夫（動刀甚微），讓權力結構對人的束
縛和控制，得以被穿越和化解（謋然已解，如土委地）。從上述
對庖丁解剖牛體的動態化描繪中，敏銳的讀者必會發現其中已
涉及對先秦「勢」的思考或回應，用法國哲學家、漢學家余蓮
（François Jullien，或譯「于連」）的話說，其中涉及勢思維或勢
邏輯。[58]

　　簡言之，牛體結構在庖丁解牛的具體運動過程中，示現為不
斷變動的局勢或情勢，而庖丁在這「刀／人／牛」三合一的解牛
實踐中，亦要將其肉身（此時刀身已是肉身的延伸）參與到人牛
共在的運動態勢中。由於這是一個力量辯證的精微過程，其中必
然要經歷──矛盾鬥爭（月更刀）、相互適應（歲更刀），慢慢才
能體合為一（解數千牛，刀刃若新）──這個運動曲線的過程。
可見，庖丁解牛的綜合智慧之表現形式，會是一個動態的有機曲

58　余蓮有兩本「差異的重複」之著作，大談特談勢思維、勢邏輯，尤其好以中
　　西對比的方式來呈現，並將其提升至東西的世界觀差異，來做文化現象的解
　　讀。參見余蓮著，卓立譯，《勢──中國的效力觀》（北京：北京大學出版社，
　　2009 年）；余蓮著，林志明譯，《功效論──在中國與西方思維之間》（臺北：
　　五南圖書，2011 年）。另外亦可參見何乏筆對余蓮的批判反省，〈養生的生命政
　　治──由于連莊子研究談起〉，《中國文哲研究通訊》第 18 卷第 4 期，頁 119-
　　120。

線，因為在一個權力局勢的力量邏輯中，諸方力量之間總在互滲較勁，因此它的空隙通路也將與時俱變而彎延曲折。牛體結構所體現的變動局勢，具體可從庖丁解牛的運動技藝講，若將此隱喻引伸出去，那麼這個生體情境便可能指涉：人際關係網絡的複雜局勢、政治權力場域的鬥爭局勢、乃至戰國七雄的兼併局勢等等。一言蔽之，庖丁若要將「技進於道」的解牛藝術，發揮運用到人際關係、政治場域、國際場域，將不得不考慮具體情境和變動局勢中的力量邏輯，也就是要有「察事變」的「勢」思維和能力。

通常學者並不難發現道家（尤其《老子》）具有「察事變」的勢思維特質，問題在於，一般強調道家勢思維之特質者，卻容易片面性強調底下兩種不同面貌：一是認為道家因深察先秦政治時勢之危，所以走入了獨善其身的隱者學；另一則認為道家因深察時勢之機，所以走向因應時勢的功效論或操控論。換言之，前者容易直接將道家等同於隱遁之學（如牟宗三對道家的總評），後者則容易將道家與法家、兵家、黃老合併齊觀（如余英時對《老子》的評斷）。然而這兩種從勢角度觀察道家思想者，在筆者看來，都未能看到勢思維與道家型知識分子的關係；因此過度單獨突顯道家的察勢與心術，卻未能將其放在權力批判的角度來省察，如上述庖丁解牛在體察局勢之下，「技進於道」、「以道用術」而來導化權力。對此，本節想透過牟宗三和余蓮的觀察來做一些反思，以總結道家型的知識分子和勢思維的辯證關係。

牟宗三曾對儒家、道家思想，各做出一個立場定位與價值判斷，在這種儒、道對比下，牟先生特別突顯儒家的知識分子性格，相較起來，道家只是無能承擔時代責任的隱者學：

我就用「開闢價值之源，挺立道德主體，莫過於儒」這幾句話來講儒家。至於道家呢？「察事變莫過於道」。道家雖然講那麼多的玄理玄思，他實際的作用就是察事變，就是知幾。道家對時代的局勢和事變是看得清清楚楚的，張良就是個典型人物。儒家也並不是不了解事變，但是儒家還有一個基本精神，他不能完全順著事變走，他不能只是知幾，他還有一個是非問題，他有道德判斷。假定沒有道德判斷、沒有是非，那局勢一壞他不就投機了嗎？縱使不投機，他也可以跑到深山去隱遁起來呀，道家不就是這樣的嗎？但是他不。所以在以前的歷史中，在這個地方只有儒家能盡責任、撐得住。在危疑時代，能挺起來作中流砥柱的，只有儒家。光是隱遁起來是不夠的。[59]

相較於牟宗三對儒家知識分子的道德理想化觀點，余蓮則轉從「勢思維」，對儒家「好善而忘勢」的超現實取向，提出「無能回應權勢」的質疑：

> 勢作為效能工具的觀念，在兵法家和君主專制理論家的眼中扮演了極重要的角色，但它在道德至上派（即儒家）的思維裡則毫無重要性（這點可不會使人感到意外）；前者賦予勢正面的定義，而後者當然給予它負面的看法。事實上，崇尚道德原則的態度，基本上便肯定了價值觀絕對優於那些多多少少會受局勢限制的事物，並且認為由主觀所作出的決定總勝過由外在各種力量之牽制而產生的壓力之下所取得的決定……面對道德主義者（也稱作儒家），勢的理論家則被稱作「現實派」。在戰事的平台上，主張道德至上的儒家其實毫不注重軍事兵法，所以不太重視勢……在社會與政治方面，儒家訓誡人民對附於勢的權力要

59　牟宗三，《中國哲學十九講》，頁62。

漢不關心，這麼做是以道德價值勝於其他的價值為名義的
……孟子說：「古之賢王，好善而忘勢，古之賢士，何獨
不然，樂其道而忘人之勢。」……儒士拒絕服從王公，因
此面對權力時，變得無能為力。[60]

　　上述牟宗三、余蓮的觀察，涉及許多有趣的課題，筆者歸納
他們的重點，並略加對比性地展演如下：牟宗三注意到，勢和
時、機、變，有著密切關係。用余蓮的說法，察勢、知機需要隨
時順變，涉及到的是變化邏輯。牟宗三重視的是儒、道的立場區
分，余蓮則企圖將東方的勢邏輯對比於西方的理性邏輯，並將勢
邏輯提升到一種他所謂歷程、力量的世界觀來加以分析。[61] 牟宗
三認為道家的精神在於「察事變」（牟以黃老人物張良為例），儒
家則在「立價值」（余以孟子為例），二者具有對比性；牟宗三樂
觀地認為儒家不是不了解事變，但更堅持是非判斷。他更進一步
站在儒家立場，回過來批判道家的察事變，容易流於投機；只有
穩立道德價值，才能穩立是非，才不會隨勢而見風轉舵。因此牟
宗三認為道家人物會走向隱遁，也可視為察事變的投機結果，顯
示出缺乏知識分子勇氣的重大缺陷，而只有儒家才能成就知識分
子的承當勇氣。

　　相較於牟宗三，余蓮反而從勢觀點對儒家型的知識分子提出
質疑。筆者亦將其歸納並展演如下：余蓮認為兵家、法家，包含
道家（余蓮也以《老子》為例來分析勢思維，並認為《老子》的
水思維，影響了兵、法家的主張）都重視「勢」，並對「勢」給
予正面思考，而儒家則不重視「勢」，對「勢」採取負面看法。

60　余蓮著，卓立譯，《勢——中國的效力觀》，頁 42-43。
61　參見余蓮著，卓立譯，〈引言〉，《勢——中國的效力觀》，頁 1-8。

重勢者（經常被視為現實派）會認為客觀的大勢才是決定性力量，而道德派則認為主體所肯定的價值可以決定並超越外在的勢；亦即勢思維強調情境、局勢的客觀力量的決定性，而道德思維則強調主體意志的超越力量。余蓮認為儒家不僅不關懷軍事用兵的勢，甚至對社會局勢、政治權勢也冷漠以對，由此襯出聖賢道統的純粹價值，突顯儒「士」之批判形象（余蓮以《孟子》「好善忘勢」為例）。但余蓮未必同意純粹的道德理想主義，反而批評儒家這種類型的知識分子，因強調主體而忽略局勢，不能切實際於權力邏輯，是故經常顯現對應現實的無能為力（如孔孟周遊列國而不見用，而最終都退回文化教育）。[62] 其實余蓮在其著作中還特別指出：現實派（察勢派）對人性的看法不同於儒家，它們會認為人性（如以人的「勇」、「怯」為例）總是在各種力量糾纏的氛圍下被影響，甚至被決定，換言之，勢思維者不會肯定或承認一個超越現實情境之外的「本質人性」，[63] 而根據牟宗三對儒家心性論的主張，不管是「天命之謂性」，還是「盡心知性以知天」，人性總具有一先驗而超越的價值之源——「本質善性」（或「善性本質」），而倘若能「覺」其善心（大體）而「立乎其大」，便能超越於一切動物之性（小體）、環境之勢（外誘），亦即「小體不能奪之」。由此可見，勢思維者考察的是具體

---

62 〈天運〉篇曾有一段孔子往見老聃，談及他周遊列國而無所見用的挫折，這亦可看成是《莊子》對儒家型知識分子的質疑反思：「孔子謂老聃曰：『丘治《詩》《書》《禮》《樂》《易》《春秋》六經，自以為久矣，孰知其故矣；以奸者七十二君，論先王之道而明周、召之跡，一君無所鉤用。甚矣夫！人之難說也，道之難明邪？』」莊周著，郭慶藩輯，〈天運〉，《莊子集釋》，頁531。

63 余蓮用兵家為例：「『夫兵得其勢則怯者勇，失其勢則勇者怯。』『勇怯者，勢之變。』……它們暗示著，人類的美德與長處並非他們內在固有的，因為它們既不是由人們主動發明的，人們也無能力掌控它們。人只不過是那完全可被操縱的外在情勢的產物。」參余蓮著，卓立譯，《勢——中國的效力觀》，頁9。

現實情境中的人性變化，而道德思維者肯定一先驗而超然的人性本質。然上述牟宗三和余蓮的觀點，留下一些有待再思考或斟酌的問題，筆者打算從本文所謂道家型知識分子立場（尤其《莊子》）和勢思維關係，對他們各別做出一些回應，以作為本文結論：

第一，儒家是否完全不重視「勢」（現實邏輯、力量邏輯）？尤其「勢」在儒家外王面向的社會、政治實踐，是否完全處於有待超克的負面因素？不同的儒者（如《孟子》和《荀子》）其立場是否有所不同？例如《荀子》在尊君隆禮的脈絡，是否就運用了勢思維？余蓮對儒家的勢思維之觀察，雖有其根據，但還須個別考察，由於本文並不涉及儒家，故只擬點出這個尚有爭議的問題。

第二，道家明顯比儒家更重視「勢思維」，但是否可以簡單地將其歸類為「勢理論家」（或現實派）？道家純粹只是「察事變」而完全不重視「價值」嗎？道家是否只能以隱者學（明哲保身之投機）來概括？張良足以代表道家的人格典範嗎？對於這些問題，從本文所得出的結論來看，答案都是否定的。尤其以《莊子》「在方內中遊乎方外」的綜合智慧，它其實是想統合價值與勢變，既要在勢變的回應中來迂迴實現價值，也要以價值來化導結構性的局勢宰制。

第三，若以牟宗三上述引文為據，它並未特別注意黃老和道家的區別，也未進一步觀察老、莊在「勢思維」上的差異發展。黃老之學是道家被法家化的產物，其將心術修養運用到政治權力、權謀操控的運用上，使得道家本身（不管老或莊）對政治暴力的敏銳批判被模糊化（當然余英時理解的「反智論」則不是，

因為余英時採取的是黃老脈絡的《老子》學）。牟宗三以「察
變」、「隱者」來認定道家的全面立場，並認為這種明哲保身之投
機，完全無能成就知識分子的承擔，牟氏這種觀點，完全排除了
道家型知識分子的空間；就像余英時談及先秦知識階層史論時，
大抵也以儒士為中心，完全看不到道家思想和知識分子的關係。
但從本文立場來反觀他們的判斷，牟、余兩先生對道家的權力批
判性都缺乏積極的肯認。

　　第四，在心性論上，牟宗三站在儒家立場，肯定先驗之性善
本質，並依此而樹立價值以批判並引導時勢；而余蓮指出兵、法
家，從不認為有一完全可超越時勢氛圍的獨立人性，反而認為人
性常被形勢所影響和決定，因此認為對人性和情勢的辯證關係，
應有更複雜而幽微的流變考察。余蓮認為儒家這種道德派也可能
因為固著於道德價值，忽略形勢對人性的重大影響，結果使其道
德立場流於抽象掛空，而無力、無用於現實發展。牟宗三則認為
儒家因為更能堅持價值的超越性，所以才能無視於現實形勢對人
的宰控，反而能樹立一種不沉淪、不妥協的引導性價值，亦即道
統。而老莊對人性的看法如何？道家大抵並不肯定一先驗不變的
本質善性或道德實體，只是強調萬物皆有一股自然流動的生機活
力（德，性），它不必具有固定的本質，卻總是蘊含流動變化的
存在活力與可能，而這股存在的生機，也必然要與環境局勢（氣
化）形成有機的互動效應。如此看來，道家的人性論會將勢的
力量邏輯考慮進來，因為人性在不同的歷史、社會、文化的情境
中，會受到不同局勢的形塑作用，而人性的自由必須對它們做出
理解、反思、治療與批判，如此才有可能在局勢的結構性影響之
中，進行庖丁解牛的自由活動與價值創造。然而兵法家的勢思
維，容易走向余蓮所謂的功效論和操控論，也就是純粹的力量主

義，而這便是牟宗三所擔憂和批判的順勢投機，然而這並非道家的主張，尤其不會是《莊子》庖丁解牛的立場。

第五，《莊子》的勢思維表現在哪裡？《莊子》的勢思維，就宏觀的存有論角度看，乃與氣化流變的世界觀密切相關；就微觀的存在處境角度看，尤其表現在《莊子》對人心（人性）、名言（符號）、權力（力量邏輯）的複雜關係之覺察上。例如人的情境、局勢（在世存有），其存在無所逃於人間世之符碼網絡（名言世界），所謂「君臣父子，無所逃於天地之間」，那些對人心人性之緊緊繫縛、牽動的「義、命」結構，便和名言網絡同時存在。換言之，在《莊子》看來，討論人的存在之安身立命問題，便不可能不涉及肉身的情境與局勢，而人的身心要在人間世逍遙，便須以巧妙的方式穿梭在人與人之間錯綜複雜的名言網絡、關係網絡、權力網絡中，以此而進行一場「庖丁解牛」的遊刃有餘之實踐。換言之，《莊子》當有其生命實踐之價值關懷（如自由之渴望、意識型態之批判、他者之包容、價值之多音接納、文化之多元更新等等），但這些價值的實踐卻必須在名言網絡、權力關係的迷宮中穿梭辯證。「牛體」便可視為「勢」網絡之迷宮隱喻，而庖丁之刀與牛體網絡的綜合作用便是在這個「勢場所」中活動。換言之，庖丁有可能在這一勢場所中，因相刃相靡而折刀傷牛，也可能遊刃有餘而順勢而為。然而割折與遊刃之間，便涉及到「因其固然」的「勢邏輯」。

第六，《莊子・養生主》的牛體隱喻，涉及勢場所、勢邏輯等勢思維，即在人間錯綜複雜的骨肉交接之折衝處，保有流變的彈性、發現間隙的能力；而「無厚入有間」的遊刃能力，其所得之養生主旨（「可以保身，可以全性，可以養親，可以盡年」），只是個人之安養嗎？其中不也存在一種在勢場所之中，了解勢邏

輯，順應勢邏輯，然後趁勢而導勢的回應能力嗎？這種能力若放在人間社會與政治場域中，有沒有可能具有另一種回應權力、批判權力的另類知識分子的實踐可能？[64]筆者認為〈人間世〉便涉及如何在政治權力中安身立命，並同時引導轉化政治權力的批判性課題。這裡，筆者肯定存在著一種所謂道家型的迂迴、策略性的知識分子，有待重新揭露。[65]

（本文發表於《政大中文學報》第 19 期，2013 年 6 月；
後經增補與更名）

64　余蓮認為強調流變的過程思維與順應態度，就必然要與批判立場相違背，其二元性思考顯得僵化。其立場如何乏筆研究所指出的：「于連認為『維持演變』的順應態度是中國過程思維在個人層面上的表現。此觀點貫穿他有關中國文化思想與美學的研究，也作為他在中國文化研究方面的首要直覺。然而，此直覺反應在中國文人缺乏批判性的判斷上，因而逼顯他對整體『中國思想』的詮釋有所偏激。」何乏筆，〈平淡的勇氣──嵇康與文人美學的批判性〉，《哲學與文化》第 37 卷第 9 期，頁 141。

65　對此本人已另有專文討論，〈《孟子》與《莊子》兩種氣論類型的知識分子與權力批判──「浩然之氣」與「平淡之氣」的存有、倫理、政治性格〉；收入本書第二章。

《孟子》與《莊子》兩種氣論類型的知識分子與權力批判——
「浩然之氣」與「平淡之氣」的存有、倫理、政治性格

一、前言：氣論的內聖面與外王面之連結

「氣」在戰國時期，已成先秦諸子公共話題（common discourse）。[1] 舉凡世界觀、身體觀、認識論、心性修養等重要課題，均可透過氣論視域得到說明，課題之間甚至透過「氣」之存有連續特質，亦可達成「道通為一」的融貫。氣論頗可承擔起、發展出解釋中國思想與文化的基礎模型。[2] 先秦孟、莊氣論課題的探討，大多集中在身體觀、心性論、工夫論等，偏向「內聖面」的身心轉化與天人境界，甚少討論氣論的「外王面」。

本文擬先著手釐清孟、莊兩者氣的「存有面」（世界開顯）

---

1 〔美〕史華茲（Benjamin I. Schwartz）著，程鋼譯，《古代中國的思想世界》（南京：江蘇人民出版社，2004 年），頁 186-191；另參見楊儒賓編，〈導論〉，《中國古代思想中的氣論與身體觀》（臺北：巨流圖書公司，1993 年），頁 3-59。

2 杜正勝指出：「氣論影響中國生命科學（如醫療和養生）的知識發展至深且巨，也被文學批評家借來品文，藝術史家借來論書畫。直到宋代理學興起之前，中國哲學本體論的主流都脫離不了氣……總之，我們對氣的理解愈深，對中國文化的特質必愈能掌握。」參見其〈形體、精氣與魂魄——中國傳統對「人」認識的形成〉，《新史學》第 2 卷第 3 期（1991 年 9 月），頁 61。

和「內聖面」（身心融合的動能氣象）等基礎，再進一步延伸探討兩者氣論所隱含的公共關懷之可能。就筆者言，「氣」的共融、交換、互滲之連續性特質，在存有論層次，本隱含一種物與我、你與我「共在於世」的「倫理」本質。不管《孟子》的「上下與天地同流」（〈盡心上〉），還是《莊子》「天地與我並生，而萬物與我為一」（〈齊物論〉），都蘊含著（或者豁顯出）最基源性的倫理關懷，是故孟、莊皆強調「不忍人之心」、「泛愛萬物」這一類普遍倫理關懷（亦即人的親密關係與關懷必然要「及人」、「及物」地推擴出去）。然而這種由人而擴及關愛天地萬物的無量心懷，並非建立在一套思辨的世界觀所推論出的抽象之理（如惠施一類的說法），而和氣之交融的身心感通之「體知」（embody）有關，因此才能真正導向泛愛萬物的倫理實踐。所以，本文所欲探討的第一個面向便關涉：氣的存有論如何通向倫理實踐？

其次，本文欲進一步討論，孟與莊雖然同在內聖面的身心融合之動能氣象，各自展開物我通感而澤人潤物，故發展出儒、道各自的倫理實踐，但另一方面，孟、莊兩者面對人在政治社會遭遇不公不義的權力暴力現象時，這兩股由內而發的身心感通之氣化動能，又可發展出各自的批判潛能，呈現知識分子的關懷與勇氣，由此便可能將氣論連接到儒、道公共關懷的權力批判來。

對此，本文將著手比較《孟子》的「浩然之氣」與《莊子》的「平淡之氣」這兩種看似相當不同的氣論類型與人格動能所帶出的批判可能性。簡言之，這兩種都帶有批判性格卻走向不同向度的知識分子類型，可能建立在兩者各自對人文符號價值之理的差異觀照上。它們對名言價值之理的差異判斷各有理據，也各自引導淵深浩然的動能之氣，以直接摧破或迂迴疏通的方式，示現

出不同面對權力膨脹與政治暴力的態度。然不管如何，兩者都各有其「以理導氣」、「以氣踐理」的批判潛力和知識分子性格。筆者希望藉由孟、莊這兩類型的氣之倫理學與批判性等公共關懷的異同，突顯儒、道這兩種知識分子類型的可互補性。

二、「氣」在《孟子》中的「存有」位階

　　《孟子》雖然不像《老子》、《莊子》明顯將「氣」用來解釋萬物的存在根據，但依然隱含著氣的世界觀，或者說，氣仍然被《孟子》視為萬物的「存有」動能。因為《孟子》亦主張：氣乃「體之充也」、「塞於天地之間」。只是《孟子》的立場，並非將氣純然視為解釋萬物形體的客觀實在論，他著重的毋寧是：氣在道德實踐中的身心體驗之實存感受和價值意義。如《孟子》所強調的：「其為氣也，配義與道」。

　　藉〈公孫丑〉，孟、告論辯「不動心」的話說，《孟子》強調的是：「夫志，氣之帥也；氣，體之充也。夫志至焉，氣次焉。」[3]這段有關「知言」、「浩然之氣」等課題的重要文獻，筆者會在另一脈絡來探討，這裡先要強調的是：「氣，體之充也」便隱含以「氣」解釋萬物存在的訊息，只是《孟子》顯然志不在此，也不以此見精采。《孟子》重心在於將「氣」的力量收攝在「志」（心之所之）的價值引導上，所謂「志，氣之帥也」，便透露《孟子》希望給予氣之能量一種價值趣向、倫理性格。因為《孟子》所強調的心志，當不在於「食色，性也」的小體官能之無方向性的率氣而動，而在異於禽獸者幾希的大體之「本心」。[4]

3　朱熹，〈公孫丑〉，《孟子》，《四書章句集注》，頁318。
4　大體、小體之說，參見《孟子・告子上》：「從其大體為大人，從其小體為小

　　然「本心」對《孟子》言，既是即存有即活動的義理自覺
（良知），而且也是帶有價值方向的實踐動能之宏大生命力（良
能）。[5] 這種生命力不同於食色之性的盲動，它是能給予價值方向
的生命力，正所謂：「仁，人心也；義，人路也。」《孟子》的仁
義本心便是它最注重的生命力所在，它給予價值之光，也引導人
生之路。對《孟子》言，「食色之性（小體）」是一種容易被誘引
的盲動生命力，而「仁義本心（大體）」則是一種自覺以意義感
引導自身的生命力。而這兩種生命力在人的身心具體情境上，到
底是何關係？

　　《孟子》根據人的身心經驗之實踐與照察，認為兩者並非理
論式的靜態單純關係，而是在動態的生命實踐中，兩者既可能
「衝突」、也可能「合作」的辯證關係，如〈公孫丑〉言：「志壹
則動氣，氣壹則動志也」。對《孟子》言，理想的人格實踐，應
當一路走向「志壹則動氣」的「以理導氣」之義理方向走，而非
「氣壹則動志」的「率氣而動」之無理盲動去。然而，看似理、
氣辯證狀態的兩股生命力，其實可以昇入理氣交融的境界，而非
理／氣二元的對立。一般來說，《孟子》最為顯題的當是「天命
流行」的義理世界觀，而這種價值世界的信念，未必和氣的世界
觀相衝突，倘若生命動能（氣）和價值信念（理）能結合，那麼
理世界和氣世界就未必是二邊事。

　　《孟子》的道德實踐理境，大抵隱含「形——氣——心」終
可通而為一的理路。可以說，形體官能和道德心志其實都不能外

人。」朱熹，《四書章句集注》，頁 469。

5　「人之所不學而能者，其良能也；所不慮而知者，其良知也。」朱熹，〈盡心上〉，
　　《孟子》，《四書章句集注》，頁 495。

乎「氣」的生命動能之表現渠道。不但「形體」是「氣」之充盈表徵，其實「本心」也不離「氣」之充盈朗現，只是本心對價值方向的堅持，可以將生命氣力專注地引導到它所認同的義理事物上去實現。也由於《孟子》堅持以道德本心去引導生命氣力的實踐方式，使得《孟子》的氣論一開始就不走向實在論式的知識解釋，卻一路深入氣的價值實踐之體驗向度。因此《孟子》的氣論文獻，雖從客觀的存有面看不太顯題，然而若轉從氣的實踐所帶出的價值、倫理性格看，卻可發現《孟子》其實隱含一套氣的實踐哲學。並且從其道德實踐的體驗形上學來看，則藏身著「存有論」（ontological）的訊息。由此一來，《孟子》的氣便可能具有「存有論」開顯的位階，而非只是「氣者，體之充也」的「存有物」（ontic）位階。

氣的「存有」位階之朗現，《孟子》一再透過道德實踐的身心氣象來揭露。如《孟子》自述其道德實踐，所帶出強大而有方向性之生命動能時的「浩然之氣」，由於能夠「配義與道」，於是這種「直養無害」、「至大至剛」的浩然之氣，乃能「充塞於天地之間」。可以說，原本只是「幾希」的「本心」靈光，一旦醒豁便猶如活水源頭而流淌不息的生命力動，如所謂：「凡有四端於我者，知皆擴而充之，若火之始然，泉之始達」般的擴充流通性。而且它可以將生命氣力不斷引導到該有的價值方向去，如所謂：「人性之善也，猶水之就下也。」[6] 這種以本心來貫通大體與小體之隔，並以大體引導小體的生命勢能，便涉及《孟子》所謂「踐形」的生命體驗：「形色，天性也；惟聖人，然後可以踐

---

6 這個文獻的解讀重點，與其將它視為：孟子像告子那樣是透過水之譬喻來代替論證，不如看成是：孟子體驗並起信人的良知具有如泉水滾滾、勢不可擋的沛然動能。

形。」[7]

　　形色本屬自然天性的感官勢能，然一旦被心性之誠的義理勢
能所貫通引導，那麼聖人便呈現出底下的身心氣象：一是形體轉
化成德性的象徵，此可稱之為精神化的身體：「君子所性，仁義
禮智根於心。其生色也，睟然見於面，盎於背，施於四體，四體
不言而喻。」[8] 此時心性德誠之光輝完全具體肉身化在舉手投足的
四體容光上。可見這股源源不絕而有價值方向感的生命動能（有
理之氣），它由內湧發而貫通了身心內外。再則，這種德性身體
的光輝與動能，並非只停留在「見面」、「盎背」這些四體生色的
精神化身體氣象；對《孟子》言，踐形的氣象不只打通個我身心
的兩股生命氣力，同時也打通了人我、物我，使道德主體層層推
擴而導致聖者生命的不斷綿延，使肉身主體的邊界不斷感通、推
擴出去，終將通達到浩瀚的化境或神境：

> 可欲之謂善，有諸己之謂信。充實之謂美，充實而有光輝
> 之謂大，大而化之之謂聖，聖而不可知之之謂神。[9]

> 夫君子所過者化，所存者神，上下與天地同流，豈曰小補
> 之哉？[10]

　　聖者所達的神、化之境，一般都注意到它的倫理性格，卻較
少注意其中的存有開顯性格。神化之境的倫理效果，不只在於對
人的關愛情懷，它更擴及對萬物的感通遍潤，所謂「親親而仁

7　朱熹，〈盡心上〉，《孟子》，《四書章句集注》，頁 506。

8　朱熹，〈盡心上〉，《孟子》，《四書章句集注》，頁 497。

9　朱熹，〈盡心下〉，《孟子》，《四書章句集注》，頁 520。

10　朱熹，〈盡心上〉，《孟子》，《四書章句集注》，頁 494。

民，仁民而愛物」，[11]而這是一種身心覺受的興發，不只是一套應然之理的預設。也由於這種由內湧發、無盡推擴的道德感通之情的流溢不息，《孟子》強調萬物皆備之樂：「萬物皆備於我矣。反身而誠，樂莫大焉。」[12]「萬物皆備於我」可視為倫理關懷的恢宏表現。然而這種「一體之仁」、「仁者與萬物一體」的泛愛倫理，同時也建立在或彰顯出「價值存有論」，這尤其可從「上下與天地同流」解讀出來。這個「上下與天地同流」的說法，其實便是「我善養吾浩然之氣」而使其「塞於天地之間」的另一種表述。只是「善養浩然之氣」偏向從工夫說，而當聖者身心感受到浩然之氣充塞天地之間時，其身心融合、內外貫通的生命動能，便可體驗到「上下與天地同流」的存有開顯境界。這種天地同流、所過者化、所存者神的境界，對《孟子》言，便屬「存有」與「倫理」通而為一的感受，而其中「氣」之體驗也是關鍵一環。如此一來，氣論在《孟子》的道德形上體驗中，便具有價值存有論的位階，只是有待闡釋揭露。一言以蔽之，氣在《孟子》踐形的體驗中，實扮演著溝通身／心、人／我、物／我的連續性活力，也是藉由心／氣的生命動能所帶來的通透無礙，才使得氣的存有開顯與倫理實踐繫合為一。[13]

《孟子》的大化神聖之境，契同於「上下與天地同流」之境，亦為浩然之氣「塞於天地之間」的境界。可見，這是一種人的食色主體被道德主體所攝、所導、所化，然後通貫為「踐形」

11　朱熹，〈盡心上〉，《孟子》，《四書章句集注》，頁 509。

12　朱熹，〈盡心上〉，《孟子》，《四書章句集注》，頁 491。

13　關於《孟子》「氣」並非只是生理血氣，還具有存有意涵和價值意涵，可參見黃俊傑，〈我知言，我善養吾浩然之氣〉，《孟子》（臺北：東大圖書公司，1993年），頁 41-84；楊儒賓，〈論孟子的踐形觀〉，《儒家身體觀》（臺北：中央研究院中國文哲研究所籌備處，1998 年），頁 129-172。

的身心氣象。這種身心氣化為一的踐形體驗，乃能不斷感通、擴充而及人及物，遂與天地萬物參合契同為一「天地同流」。「天地同流」之說，並非只是描述一純粹外在的客觀實有宇宙，而是由我道德心志與踐形體知所興發的價值感受，因此這個「天地同流」的氣化宇宙，實亦被體驗為價值宇宙。因此，我們說《孟子》這種道德實踐境界所蘊含的氣論世界觀，存在著價值義理和倫理意味的感受，而非純是解釋萬物起源的氣化能量論。[14]

　　上述對聖者神化之境的描述，熟悉先秦儒學內聖義理者，必然知道它關涉著孔子以來的「天命」感受。亦即《孟子》「知天」、「事天」的另一種體驗表達：「盡其心者，知其性也。知其性，則知天矣。存其心，養其性，所以事天也。夭壽不貳，修身以俟之，所以立命也。」[15] 在中國思想史上，《孟子》對心性論述有十字打開之重大意義，然《孟子》並非純理抽象地提出本心本性之良善預設，而是承繼孔子的踐仁實踐傳統。於「乍見孺子將入於井」的生活情境中，發現人可以當下湧現興發「不忍人之心」，並逆覺反思且當下肯定：「人之所不學而能者，其良能也；所不慮而知者，其良知也。」[16] 可見，其價值倫理的肯定乃有其實踐與體驗的實感基礎在。也因為這種有動能（良能能好善惡惡）、有方向（良知能知善知惡）的實踐擴充，乃能在「存心」「養性」的工夫中，不斷邁向「盡心」「知性」的境界，而最後終於使聖者達至「雖有限而無限」的「事天」「知天」感受。也

14　《荀子》便相當不同於《孟子》的系統，如〈王制〉篇主張：「水火有氣而無生，草木有生而無知，禽獸有知而無義，人有氣、有生、有知、亦且有義，故最為天下貴。」可見《荀子》反對將氣與義混為一談，而《孟子》的精義正好在於將氣給配義與道。

15　朱熹，〈盡心上〉，《孟子》，《四書章句集注》，頁 489。

16　朱熹，〈盡心上〉，《孟子》，《四書章句集注》，頁 495。

唯有這種上達天命、天道的浩瀚感，使得聖者在命限的渺小中，體驗到敞開於無限的存有奧祕而與之冥合相契。孔、孟這種盡心知性而冥契於天命存有以「安身立命」的知天境界，其實便被《孟子》顯題化而成為進入「聖而不可知之」的神化之境，亦即「上下與天地（浩然之氣）同流」的冥契之境。

　　如果將：「可欲之謂善，有諸己之謂信。充實之謂美，充實而有光輝之謂大，大而化之之謂聖，聖而不可知之之謂神。」這一道德實踐的內聖歷程，做出暫時的次第性解說，或許可以這樣來看：從本心本性、良知良能的發端開始（從逆覺反思即可當下朗現開始，並使其如源泉滾滾流出，如本性朗現之自然實現一般可親可欲）；然後一步步地實踐而及於親親而推擴至仁民，如此乃能有良能充實、良知光明的德性美大之境界，然此「美」「大」境界，大抵還只是及於人與人的道德關懷、倫理實踐。但儒者的德性動能與光輝，當不止於此、限於此，它還要進入「化」境，乃至「聖」境：「化」者，可視之為將德性光輝繼續推擴到萬物的潤澤上，使人與物的隔閡亦能化除；而「神」者，可視之為人的德性生氣能無窮盡地感通天地萬物，使其身心產生與天地冥合相契的浩瀚感，這種與天命契合的浩瀚感，可謂進入「不可知」的存有開顯之參贊中。

　　參化境與知天命，隱含一種「有限通向無限」的天地參贊、存有開顯性格。而對於參贊存有開顯的境界描述，《孟子》其實是通過兩種看似不同、實為契通的概念來描繪：一是盡心知性以知天的立命感，二是與浩然之氣同流共振的冥契感。然而二者，從本文的分析看來，實為一事。據此，浩然之氣、道德踐履、存有開顯，三者又可融貫為一。可見，「至大至剛」的浩然正氣，在《孟子》「配義與道」的價值系統中，已被提升至「存有論」

（ontological）的天理位階，而非只是形下物論式（ontic）的氣質勢能而已。

三、「氣」在《莊子》中的「存有」位階

氣在《孟子》，開始並不突顯存有論脈絡，更多是和倫理實踐關聯，然後才漸漸豁顯兩者的相干性。氣在《莊子》，開始便和存有論密切相關，然後漸顯存有開顯與倫理實踐的一體性。雖然表現次第有別，但孟、莊實都涉及存有與倫理的關懷，而筆者認為兩人對二者的關懷，都可從氣的角度重新說明。

「氣」在《莊子》具關鍵性角色，它可讓「道」和「物」的關係定位，得到更完整而精確的理解。道、物關係，一向是道家哲學最核心的課題，它既說明萬物的存在源由，也給予萬物存在以價值。因此一般便以道作為物的形上根據、價值依歸。然而若採西方形上學（meta-physics）的洋格義理解模式，將道視為先於、超於、外在於物，便掉入道／物分離的二元斷裂性；如此一來，道的形上性、超越性超絕於物的形下性、現實性，而這種形上學式的理解也造就了類似西方本體／現象二元區分的結構。依此，道作為源由、價值的依據，便傾向一個沒有內在性、唯有超越性的形上烏托邦世界。這種方式是西方形上學與神學的思維系統，而海德格（Martin Heidegger，或譯「海德格爾」）便批判它為「存有──神──邏輯學」的構成（onto-theo-logical constitution）。[17] 然而這種道／物二元斷裂的模型，無法與《老子》「無有同出而異名謂之玄」相應，更無法與《莊子》「道在屎

17　〔德〕海德格著，孫周興選編，〈形而上學的存在──神──邏輯學機制〉，《海德格爾選集》（下）（上海：生活・讀書・新知三聯書店，1996 年），頁 829。

溺」、「道無逃乎物」相容。[18] 道家的道實乃肉身化在萬物之中，沒有純粹外部性、超驗性的道體先存在，作為根源實體再生化萬物；亦即道不適宜被理解為一超絕的本體，而道之「生」亦不適宜被理解為本體自生自化後逐漸產生宇宙萬象。

道家之道不過是對運動不息的流變歷程之詠嘆。或者說，道便是指眼前這一流變不息、循環反覆的力量世界而言，它並非外在於眼前這一力量世界的推動者。如《老子》：「字之曰道，強為之名曰大，大曰逝，逝曰遠，遠曰反。」指出大、逝、遠、反的相續不已之運動歷程便是道。若從空間的類比隱喻來說明，與其將道／物的關係視為上／下兩層的異質空間關係，不如重新轉換為相即不二的「即物即道」來理解。本文認為道家之道的非實體性、非外部性、非斷裂性、非同一性等性格，正好透過「氣」的流動性、交融性、連續性、差異性等性格，而可被落實下來。對於《老子》「萬物負陰而抱陽，沖氣以為和」的表述，《莊子》進一步將《老子》看似形上學的姿態語句，完全消化落實為「氣化存有論」或「物化宇宙論」來呈現。[19] 所以「氣」在《莊子》的功能，理論上可以先從解釋萬物來說明，亦即「氣」既可說明宇宙萬物的運動變化與交換現象，又可說明事物形體的構成與生死變化現象。如〈知北遊〉和〈至樂〉篇提及：

> 人之生，氣之聚也；聚則為生，散則為死。若死生為徒，吾又何患！故萬物一也，是其所美者為神奇，其所惡者為

---

18 關於用西方形上學的洋格義理解老莊道論的弊病，請參見拙文，〈當代學者對《老子》形上學詮釋的評論與重塑——朝向存有論、美學、神話學、冥契主義的四重道路〉，《清華學報》新第 38 卷第 1 期（2008 年 3 月），頁 35-84。

19 參見拙文，〈論先秦道家的自然觀——重建一門具體、活力、差異的物化美學〉，《文與哲》第 16 期（2010 年 6 月），頁 1-44。

> 臭腐；臭腐復化為神奇，神奇復化為臭腐。故曰「通天下一氣耳。」聖人故貴一。[20]

> 雜乎芒芴之間，變而有氣，氣變而有形，形變而有生，今又變而之死，是相與為春秋冬夏四時行也。[21]

　　不管是人或物等萬有生命現象，莫不因「氣變而有形」，由於氣聚而變現出可見性的形態，使生命可依憑而活動，所謂「氣之聚也，聚則為生」。然而氣變、形變的活動，並不只有氣聚運動徹向，它同時還有氣散、形解的運動，而這便屬於「（氣）散則為死」的徹向。然而生、死的榮枯現象，對《莊子》並非二元斷裂的兩隔世界，它們就如春夏秋冬四時循環般，實乃同一氣化流行的運動世界之不同表現姿態。因此《莊子》要強調，儘管生、死在感官樣相上呈現神奇之美與臭腐之醜的差異，但兩者在本質上仍可說「萬物一也」。為何如此？因為這是從氣的「一」和「同」的角度來超然審視生命現象，所謂「通天下一氣耳」。不只《莊子》外篇這樣表述，內篇一樣存在氣化通達的世界觀。如〈逍遙遊〉「乘天地之正，御六氣之辯」、〈人間世〉「無聽之以耳而聽之以心，無聽之以心而聽之以氣。氣也者，虛而待物也」、〈大宗師〉「彼方且與造物者為人，而遊乎天地之一氣」、「陰陽之氣有沴」、〈人間世〉「德厚信矼，未達人氣」等，這些文獻雖然談論氣的脈絡不盡相同（從中大抵看出氣可從境界、工夫、病癥、氣氛等不同面向來敘述），然而由氣而來或與氣相關聯的「一」、「通」、「達」、「同」、「化」等概念，其所帶出的存有世界觀，還是內篇的重要課題，例如〈齊物論〉：「舉莛與楹，厲

20　莊周著，郭慶藩輯，〈知北遊〉，《莊子集釋》，頁733。
21　莊周著，郭慶藩輯，〈至樂〉，《莊子集釋》，頁615。

與西施，恢恑憰怪，道通為一。其分也，成也；其成也，毀也。凡物无成與毀，復通為一。唯達者知通為一。」「天地與我並生，而萬物與我為一。」[22]〈德充符〉：「自其異者視之，肝膽楚越也；自其同者視之，萬物皆一也。……遊心乎德之和，物視其所一而不見其所喪。」「胡不直使彼以死生為一條，以可不可為一貫者，解其桎梏。」[23]〈大宗師〉：「故其好之也一，其弗好之也一。其一也一，其不一也一。其一與天為徒，其不一與人為徒。」「彼方且與造物者為人，而遊乎天地之一氣。」「造適不及笑，獻笑不及排，安排而去化，乃入於寥天一。」[24]

　　可見氣或者由氣衍生出來的觀念群，可以解釋生命萬象的共通性、交換性、流變性、循環性。而「氣」和「化」也指涉相關聯的內涵，都表述了萬物的非實體性和可交換性。只是「氣」比較偏向「不可見性」的動能來說，「化」比較偏向「可見性」的形變來看，然而兩者似乎相互蘊含，故可以用「氣化」與「物化」來總合其說。而〈齊物論〉便總結在「物化」之說。〈齊物論〉涉及「天地並生，萬物為一」的「齊物」、「通一」，而其中貫通天地萬物的差異形式，並使其交融連續為一整體者，實乃由於「氣」之力量所致。然而〈齊物論〉之「齊」並未停留在絕對同一，它仍有「齊而不齊」的差異面，這便表現在「莊周夢蝶」最後由「不知周之夢為胡蝶與，胡蝶之夢為周與」，進入到「周與胡蝶，則必有分矣，此之謂物化」。[25]換言之，氣化的不可見性之力量流通，同時表現在「胡蝶還是胡蝶，莊周還是莊周」的

22　莊周著，郭慶藩輯，〈齊物論〉，《莊子集釋》，頁 70、79。

23　莊周著，郭慶藩輯，〈德充符〉，《莊子集釋》，頁 190-191、205。

24　莊周著，郭慶藩輯，〈大宗師〉，《莊子集釋》，頁 234、268、275。

25　莊周著，郭慶藩輯，〈齊物論〉，《莊子集釋》，頁 112。

差異可見性之上。如此一來，我們說「氣」在《莊子》雖具有存
有論的首出義，但存有意義的氣（不可見性之「無」）並不離開
存有物（可見性之「有」），它就在存有物的聚散生滅中不斷進行
其力量交換的遊戲。氣一概念，可以讓《莊子》之「道」完全落
實為力量運動的變化歷程，而非形而上的超驗實體。由氣所帶出
的「物化」，更可將《莊子》「道在屎溺」、「道無逃乎物」完全落
實。然而「氣化」還是作為「物化」的宗主，而使得「萬變」能
不離「一宗」，所以〈德充符〉強調：「死生亦大矣，而不得與之
變，雖天地覆墜，亦將不與之遺。審乎无假，而不與物遷，命物
之化而守其宗也……自其同者視之，萬物皆一也……物視其所一
而不見其所喪，視喪其足猶如遺土也。」[26]

　　或者可說，「氣」乃「物」之流動、精微，「物」乃氣之場
所、現身。這樣說，可以突顯氣、物之間沒有斷層，每一差異的
形式風格之物（如蝶、周）既是在其自己（封），同時也走出自
己（通）。而氣便是不斷造成萬物互滲相通的力量之流，如〈齊
物論〉一再強調「夫道未始有封」、「以為有物矣，而未始有
封」。由於「道無逃乎物」，氣化終是表現為「物化」，然而「有
物」難免多少「有封」，而這裡的「封」在未經人的語言「名以
定形」之前，它實乃「封而未封」，亦即雖封而仍「通」，如此萬
物之間才有可能祕響旁通。對於這種「封而能通」、「分而無分」
的「一多相即」之氣化、物化世界觀，〈齊物論〉曾透過「天
籟」這一音樂交響共鳴來隱喻。天籟可謂由不可見之氣化力量，
表現在千差萬別的「吹萬不同」身上。而萬物一方面自發鼓動其
氣機（使其自己，咸其自取），另一方面卻又眾聲喧譁而共成物

26　莊周著，郭慶藩輯，〈德充符〉，《莊子集釋》，頁 189-191。

化交響曲。[27]

「氣」雖可將《莊子》存有之道落實在具體的物化運動歷程中，但不可誤認《莊子》的氣論只是一套有關實然世界的客觀描述系統。大多數學者已有共識，道家之道並非一套抽象的思辨、實有形上學，同樣地，《莊子》氣論也並非一套純為描述萬物聚散轉換的能量論。正如道家之道涉及體道與體驗之知，氣也同樣必須進到工夫與境界的主體修養來加以觀察，才能窺得全貌。氣化存有論必須和主體的身心轉化扣合，才能打破實然／應然、事實／價值的二元窠臼，以體證「天地並生，萬物為一」的冥契一元。例如上述〈人間世〉的「心齋」修養，便涉及「聽之以氣」的工夫。它使得顏回能將主體的封閉性，透過「氣也者，虛而待物」的特性，將主體的遮蔽、阻塞給予不斷地敞開、沖刷（類似《老子》「致虛極，守靜篤」、「專氣致柔，滌除玄覽」的工夫般），以促使身心「虛室生白」一般，透亮流通而充滿生機活力。換言之，從「實自回也」的主體封閉，到「未始回也」的主體虛通，「聽之以氣」便是關鍵工夫。

也就是這種打開主體的「聽氣」工夫，使得真人能從社會化禮教所習染而內化的身心規訓，漸漸柔軟而找回原初流動的生機，這對《莊子》來說便是規訓化身心死而再甦的過程。例如〈齊物論〉的「喪我」便涉及「形槁木」「心死灰」，而〈大宗師〉的「坐忘」也涉及「墮肢體，黜聰明，離形去知，同於大通」。唯有將規訓化而已無生機的「行屍走肉」重新「解離」，將成心知見所堵塞的「有蓬之心」重新「疏通」，真人主體才能

---

27 關於天籟的物化、自然觀，參見拙文，〈莊子的死生隱喻與自然變化〉，《漢學研究》第 29 卷第 4 期（2011 年 12 月），頁 1-36。

「喪我」、「忘我」,而「同於大通」。這種「同於大通」的新主體
狀態,《莊子》最常以「神」說之。例如〈養生主〉說「『官』
『知』止而『神』欲行」,亦即當被規訓的感官知覺與意識型態
化的成見,能被墮黜去離而「止」息下來,那麼真人的身心便重
新被整合在「神」的狀態中。其實,「神」並非玄虛超離如遊魂
一般,它只是身心復歸本真而整合的活力狀態。對於這種新主體
的「神人」狀態,《莊子》內、外篇,都曾以「氣」來加以描繪。

　　例如〈逍遙遊〉的真人在超越了「己」「功」「名」的有待
捆束後,其所達至的逍遙之境,便曾被表述為:「乘天地之正,
而御六氣之辯,以遊無窮者,彼且惡乎待哉!」可見,逍遙於
無待、無窮,實和「御氣」相通。而〈大宗師〉也將這種逍遙無
為、同於大通的神人境界,描述為「遊乎天地之一氣」:

> 彼方且與造物者為人,而遊乎天地之一氣。彼以生為附贅
> 縣疣,以死為決疣潰癰,夫若然者,又惡知死生先後之所
> 在!假於異物,託於同體;忘其肝膽,遺其耳目;反覆終
> 始,不知端倪;芒然彷徨乎塵垢之外,逍遙乎无為之業。[28]

　　由上約略可知,《莊子》實可組織一幅與氣相關的工夫、境
界圖像,如類似〈應帝王〉「遊心於淡,合氣於漠」(遊於物初)
的工夫、境界等文獻。由於本文重點志不在此,且筆者先前已曾
討論,[29] 為避免枝蔓太多,只引述幾段文獻,顯示「神」、「氣」
之間的緊密關係:

> 是純氣之守也……游乎萬物之所終始,壹其性,養其氣,

28　莊周著,郭慶藩輯,〈大宗師〉,《莊子集釋》,頁 268。

29　參見拙文,〈《莊子》精、氣、神的工夫和境界——身體的精神化與形上化之實
　　現〉,《莊子靈光的當代詮釋》,頁 119-166。

> 合其德，以通乎物之所造。夫若是者，其天守全，其神无郤，物奚自入焉！[30]

> 臣將為鐻，未嘗敢以耗氣也，必齊以靜心。齊三日，而不敢懷慶賞爵祿；齊五日，不敢懷非譽巧拙；齊七日，輒然忘吾有四枝形體也。當是時也，无公朝，其巧專而外骨消；然後入山林，觀天性；形軀至矣，然後成見鐻，然後加手焉；不然則已。則以天合天，器之所以疑神者，其是與！[31]

　　《莊子》的氣除了與「形」密切相關，是作為可見形體的力量基礎外；氣也和「精」、「神」相關，三者有時可以相互代換或重組。相對於形體來說，精、神可謂都屬氣之精微的生命力，故有精氣、神氣等複合詞。尤其神更是氣之最精微，常被用來描述真人身心最有活力而美妙的境界。甚至精神也經常成為複合詞。然而在《莊子》，不管是形體、精氣、神氣、精神，它們都不適合以西方身心二元、心物二元的斷裂模式來理解。這是因為氣作為存有連續性的力量綿延，它讓形／精／氣／神之間沒有絕對裂縫間隙可言。而透過專氣致柔、聽之以氣、合氣於漠、純氣之守、未敢耗氣等工夫，身心之間終將調合成形神一如、精氣飽滿，甚至達致與天地萬物「並生為一」的冥契之境。換言之，身體精力的氣之積聚，消極上可防止形損精虧之病，積極上可達成「形全精復」之效，然後形神步步整合、力量逐漸積養、身心通而不封，如此便能上達與天地同流、與萬物交感的神人之境。此如〈達生〉篇所謂：「棄事則形不勞，遺生則精不虧。夫形全精復，與天為一……形精不虧，是謂能移，精而又精，反以相

30　莊周著，郭慶藩輯，〈達生〉，《莊子集釋》，頁 634。
31　莊周著，郭慶藩輯，〈達生〉，《莊子集釋》，頁 658-659。

天。」[32] 可見對《莊子》言,身體(形)本是由精氣流布所成,它並非無法轉化的唯物實體、生理現象,它的本質既在於氣,就表示它具有流動變化的可能性。所以當人們透過氣之積聚工夫而能「形精不虧」甚至「形全精復」時,那同時也就代表著身心情狀朝向更理想化的狀態而昇進,故曰「能移」。而且一旦身體的精氣能移到一定狀態,它便能轉移封閉機制,而調適上遂於通達的存有境界。這便是所謂「與天為一」、「反以相天」。而此時充滿精氣活力的身體,也可說是一種流動性的身體或精神化的身體。這裡的「精神」並非西方身心二元、主體主義意義下的「精神」,而是形神一如、氣化通暢的身體。這種精神化的流動身體,不只個人的身心已趨整合,它更因敞開而與天地萬物之間有著能感能應的契合流通關係。此如〈大宗師〉所謂「喜怒通四時,與物有宜而莫知其極」,[33]〈刻意〉篇亦提及「天地一體」的交流現象:「精神四達並流,无所不極,上際於天,下蟠於地。」[34] 在此神人狀態,我們看到「形——氣——神」(或者「形——精——氣——神」)之間是一連續性的整體。它們之間可以隨著氣機狀態而產生機制的調整,一旦氣能溝通形、神,那麼便能入於身心一如之境;相反地,一旦氣的流動受到阻礙則容易落入形神相隔、身心為仇的困境。可見身體的轉換機制是可以回到氣化這一存有連續性來總攝。

氣的修養所帶出的身體氣象與精神通達,朗現出一幅天人參合、物我交融的存有開顯之境界。〈刻意〉篇底下的描述甚為精采,值得詳引為證。其中完全可以看出,「氣」在《莊子》可涵

32　莊周著,郭慶藩輯,〈達生〉,《莊子集釋》,頁 632。
33　莊周著,郭慶藩輯,〈大宗師〉,《莊子集釋》,頁 230-231。
34　莊周著,郭慶藩輯,〈刻意〉,《莊子集釋》,頁 544。

攝存有論、身體觀、心性論、工夫論等面向而一以貫之：

> 夫恬惔寂漠虛无无為，此天地之平而道德之質也。故曰，
> 聖人休休焉則平易矣，平易則恬惔矣。平易恬惔，則憂患
> 不能入，邪氣不能襲，故其德全而神不虧。……去知與
> 故，循天之理。故无天災，无物累，无人非，无鬼責。其
> 生若浮，其死若休。不思慮，不豫謀。……其寢不夢，其
> 覺无憂。其神純粹，其魂不罷。虛无恬惔，乃合天德。故
> 曰，悲樂者，德之邪；喜怒者，道之過；好惡者，德之
> 失。故心不憂樂，德之至也；一而不變，靜之至也；无所
> 於忤，虛之至也；不與物交，惔之至也；无所於逆，粹之
> 至也。故曰，形勞而不休則弊，精用而不已則勞，勞則
> 竭。水之性，不雜則清，莫動則平；鬱閉而不流，亦不能
> 清；天德之象也。故曰，純粹而不雜，靜一而不變，惔而
> 无為，動以天行，此養神之道也……精神四達並流，无所
> 不極，上際於天，下蟠於地，化育萬物，不可為象，其名
> 為同帝。純素之道，唯神是守；守而勿失，與神為一；一
> 之精通，合於天倫。[35]

　　上述文獻，將一系列核心觀念交織為一。如：「恬惔寂漠」、
「虛無無為」、「道德之質」、「邪氣不入」、「德全」、「神不虧」、
「去知與故」、「循天之理」、「其神純粹」、「乃合天德」、「形勞不
休則弊、精用不已則勞」、「動以天行」、「養神之道」等等。以上
這些觀念，可再分出個別偏重的範疇，有的是從工夫修養的角度
說，其中包含偏向身體面向的「邪氣不襲」、「形勞不休」、「精用
不已」；也有偏向心性面向的「虛无恬惔」、「去知與故」、「不思
慮不豫謀」、「心不憂樂，德之至也」；或兩者通為一說，如「德
全而神不虧」、「純一不雜，靜一不變」；有的則是從身心所達致

---

35 莊周著，郭慶藩輯，〈刻意〉，《莊子集釋》，頁 538-544。

的境界說，如「无天災，无物累，无人非，无鬼責」、「其寢不
夢，其覺无憂，其神純粹、其魂不罷」、「精神四達並流，无所不
極，上際於天，下蟠於地」。然而真人的身心修養和境界，最後
必然都會契及天道、天理、天德、天行、同帝、天倫這一存有開
顯的浩瀚境界。換言之，真人的主體並非只限個人性、社會性的
關係存在，他還會敞開、通達於「化育萬物」這一超個我的、宇
宙性的世界關懷。

四、「氣」在《孟子》與《莊子》中的存有論與倫理學的 統合：冥契體驗、存有開顯、倫理實踐的三位一體性

（一）從冥契主義論老莊的倫理關懷

　　第二節的討論中，可看到《孟子》「氣──神──天」的三
位一體結構，亦即「浩然之氣」、「聖而不可知之之謂神」、「盡心
知性以知天」的貫通性。這個貫通使得《孟子》的道德、倫理關
懷，從「不忍人之心」推擴到「萬物皆備於我」、「上下與天地
同流」的浩瀚胸襟，這便上承自孔子「踐仁知天」，下開出理學
「民吾同胞，物吾與也」、「吾心即宇宙」、「一體之仁」的普遍泛
愛觀。在第三節的討論中，我們也看到《莊子》「氣──神──
天」的三位一體結構，實比《孟子》更清晰而完整。亦即《莊
子》充斥「遊乎天地之一氣」、「精神四達並流，無所不極，上際
於天，下蟠於地，化育萬物」、「純粹之道，唯神是神，守而勿
失，與神為一；一之精通，合於天倫」的融貫主張。從中我們看
到《莊子》的身體轉化、心性工夫、存有境界交織為一，而氣便
是溝通統合這些向度的關鍵元素。

　　《莊子》對氣的論述要比《孟子》更為周遍而深刻，《孟

子》雖已大體隱含氣論，《莊子》則真正將氣論內涵給予十字打開，從此氣在存有論上的位階意義，將無所隱遁。《孟子》和《莊子》的氣論都不是為了解釋外部世界的客觀存有論，「浩然之氣」和「遊乎一氣」都和身心實踐密切相關，而最後上達天地同流、動以天行之存有開顯，則都和主體對宇宙的冥契合一有關。對於這種由主體身心轉化所參贊的存有開顯，可以透過冥契主義（mysticism）的經驗來詮釋，而可稱之為「冥契存有論」（mystical ontology）。本文認為孟、莊皆具冥契主義的特性，皆可從冥契主義來加以考察。而孟、莊雖都同時觸及「萬物皆備於我」、「化育萬物」的倫理關懷，但相較而言，《孟子》在儒學系統中突顯親親、仁民的倫理實踐，萬物關懷在次第上屬於漸次擴及之倫。而《莊子》更突顯的是非人類中心主義的齊物關懷，並沒有明顯的親疏漸次推擴的主張，所以更容易將倫理放到普遍性、非分別的角度來思考。暫且不管孟、莊的倫理實踐的細節差別，兩者皆有將存有論與倫理學通而為一的特性，從兩者冥契存有論的身心體證中，很自然興發出對其他生命的感通關懷。本文認為這和氣感體驗是相關的。因為在氣的存有連續性的參贊帶動下，不管是《孟子》的踐形主體、還是《莊子》的形氣主體，都具有「神」的敞開特性，此時物我之間跨越了主客二元，人我、物我之間的冥合共感之氣機非常精微，使得人對其他生命產生無法旁觀的「一體感受」，本文認為這可作為解釋孟、莊倫理關懷的基礎。本文主張孟、莊由心氣、神氣體驗而來的冥契存有論，蘊含一套泛愛萬物的倫理態度。以下試圖溝通孟、莊的冥契存有論和泛愛倫理學。

　　學者多注意儒家的道德倫理關懷，不太認為道家具有積極的倫理思維。例如牟宗三主張道家的倫理概念都是透過批評儒家才

出現，儒家有仁、義、禮、智、聖等道德人格、倫理實踐的積極
建立，爾後才出現道家：絕聖去智、絕仁去義、禮者忠信之薄而
亂之首這一類後出的對立批判。牟宗三雖不認為道家完全否定道
德倫理，而以「作用保存」的「無之智慧」來曲折地體現倫理價
值。[36] 但熟悉牟先生的道家詮釋，會看出他的主張不離王弼、郭
象式的儒道調和模式。其中雖自有理趣，卻不離儒家中心主義的
視域，結果雖讓道家不必掉入廢黜倫理的反人文主義，但也錯過
以道家解道家的另類倫理關懷。而本文對《孟子》與《莊子》的
考察，或可突顯出一條另類可能進路，亦即儒、道都各有它的倫
理關懷，而且可從冥契經驗來考察兩者的倫理關懷之基源。

　　史泰司（Walter Terence Stace）經典之作《冥契主義與哲
學》的最後一章，非常有洞察力地處理了冥契主義與倫理學的關
係。他有一項重要主張：冥契者認為一切倫理價值的真正根源實
來自冥契經驗本身，因為真正的道德情感是從冥契經驗（或準冥
契經驗）中所流出。相對其他倫理學派立場，如功利主義、快樂
主義、義務論、直覺主義等，它們都只擁有相對或部分真理。他
強調冥契經驗所引發的道德情感是經驗性的，因此冥契倫理學既
非理論預設也無關邏輯推論，而屬於深度情感經驗之流露與召
喚。這一類情感經驗不管是自覺湧出或不自覺流露，不管帶著激
情強度或者淡泊寧靜，發生時通常會伴隨一股感同身受、心有
戚戚的一體共感。[37] 他反對康德的道德行動來自義務原則的理性
說，強調道德實踐行動只能根基道德情感的躍動而發。而足以興
發感通、同情、慈愛、關懷等等「非此非彼」的感受，其源泉只

36　參見牟宗三，《中國哲學十九講》，頁 127-155。
37　〔美〕史泰司著，楊儒賓譯，《冥契主義與哲學》（臺北：正中書局，1998 年），
　　頁 444-445。

能是冥契（或類冥契）經驗。為何如此？其中最關鍵因素，便涉及威廉‧詹姆斯（William James）指出的：冥契經驗反映出「宇宙意識」和「一元論洞悟」；亦即史泰司堅決主張的：「倫理價值源自冥契經驗，這種經驗的根源位於宇宙根本的一」。[38]

　　上述的「一」落實為冥契經驗中的宇宙意識，涉及一系列體驗。如：主體消融、主客界限模糊、知覺擴大、一體融合的互滲。這些體驗也進一步帶給冥契者超主客的真實感、安寧法樂感、神聖尊崇感。史泰司從冥契者的紀錄中，進一步看到這些體驗伴隨著：愛、感應、同情等道德情感的湧現。而這種感同身受、一體如親的包容情感，一方面源自一元論的形上洞悟，另一方面也湧發了倫理關懷的情感動能。簡言之，倫理關係的親密基礎源自於無分別的「一體感」。而詹姆斯也注意到冥契經驗與道德意識的相容一體性，亦即在冥契狀態中會自然興發出一體之愛、包容之德。[39] 這類特殊意味的愛之德，不只限於人類，也同時遍潤萬有。冥契者擁有萬有合一的神聖家族感，它超脫人我、物我一切二元分別後，在非分別性的融合意識中，會噴湧出知覺極度擴張的跨界感受。也就是這種你中有我、我中有你的切身同感，使人對世界由衷生出「最初的愛」、「唯一的善」。

　　從這個角度來看老、莊的倫理關懷，便會有另類新視域。例如上述談到，《莊子》的身體、心性工夫修養，終究會來到存有開顯的浩瀚之境，它必然要涉及天、道等宇宙性的參贊。此時真人的主體已超出個人式的封閉，而融入「天地並生，萬物為一」

38　史泰司著，楊儒賓譯，《冥契主義與哲學》，頁 447。
39　〔美〕威廉‧詹姆斯著，蔡怡佳、劉宏信譯，《宗教經驗之種種》（臺北：立緒文化，2001 年），頁 492-493。

的「精神四達並流，無所不極，上際於天，下蟠於地，化育萬物」的境界。這種「遊乎天地之一氣」的「動以天行」、「合於天倫」，便和詹姆斯、史泰司的宇宙意識、一元論洞悟、宇宙根本的一等等冥契經驗頗為相類。[40] 而《孟子》「盡心知性以知天」、「所過者化，所存者神，上下與天地同流」、「萬物皆備於我，反身而誠，樂莫大焉」等說法，也多少和冥契經驗的核心特質具有家族類似性。[41] 假使我們改從冥契角度來觀察《孟子》與《莊子》的存有體驗，按照詹姆斯和史泰司的研究發現，這類冥契存有論通常會興發「最初的愛」這類原初情感，而且這種情感不限於作用在人類關係上，實可擴及浩瀚宇宙。換言之，天地萬物都是冥契者「最初的愛」之發用對象。果然在道家和儒家身上，確實都發現了這一類泛愛萬物的遍潤情感。

　　例如《老子》六十七章強調「我有三寶」，便將「慈」放在第一位。而「慈」之作用方式，便可和冥契主義「最初之愛」相比擬。因為《老子》強調的慈愛不同於周文「善／惡」二元對立下的道德規範，而是超越二元裁判的「上德」之包容與泛愛，如《老子》第三十八章所言：「上德不德，是以有德，下德不失德，是以無德……故失道而後德，失德而後仁，失仁而後義，失義而後禮。夫禮者，忠信之薄而亂之首。」

40　關於《老子》和《莊子》的體道文獻可從冥契經驗來加以考察，請參見拙文，〈道家的自然體驗與冥契主義──神祕‧悖論‧自然‧倫理〉，《當代新道家──多音複調與視域融合》，頁 225-288。

41　關於《孟子》、理學家、甚至新儒家，都可以從冥契經驗來加以考察，如馮友蘭認為孟子具有神祕主義傾向，氏著，《中國哲學史》（香港：開明出版社，1963 年），頁 164-165；楊儒賓，〈新儒家與冥契主義〉，《當代新儒學的關懷與超越》（臺北：文津出版社，1997 年）；陳來，《有無之境》（北京：人民出版社，1991 年）。

　　上德和下德的區分，既是道家冥契倫理和周文倫理規訓的區別，也暗含道家對儒家可能流於德目教條的批判。區分關鍵便在一元與二元的差異。二元就是《老子》第二章所指出，在語言二元作用下「中心／邊緣」的「相反相成」的價值結構：「天下皆知美之為美，斯惡已；皆知善之為善，斯不善已。故有無相生，難易相成，長短相較，高下相傾，音聲相和，前後相隨。是以聖人處無為之事，行不言之教。」在《老子》看來，以某一歷史性、地方性的語言來標籤善之框架，作為倫理實踐的善行指導，必然導致某種排他性，即某些事物或行為便相對被拒斥為「惡」。這樣規格化的善名善行，被《老子》斥為「下德」，並發現其中含有道德暴力，遠非「上德」所示現的最初慈愛。《老子》心中最初的上德、慈愛，必須超越肯定此端／排除彼端的二元對立，進入「無棄」的全部包容愛納。此即《老子》四十九章和二十七章所謂：「聖人無常心，以百姓心為心。善者吾善之，不善者吾亦善之，德善矣。信者吾信之，不信者吾亦信之，德信矣。」及「是以聖人常善救人，故無棄人；常善救物，故無棄物。」

　　「無常心」就是不固執個我價值意識型態，不用外在那一套善名善行的標準規範，強加在事物身上。他只是回歸最初感同身受的共感同體之心，所謂「以百姓心為心」。如此一來，社會規範下的對立人物或事行（如善者、信者／不善者、不信者），都得到他的體諒和關愛，這便是《老子》嚮往的上德之善、上德之信。在此最初慈愛的倫理關懷中，沒有一人一物被「放棄」，全都可被遍愛滋潤。《老子》這種上德、無棄的倫理學，便是立基在冥契主義所強調的宇宙意識、宇宙根本的一之體悟上。此可證諸《老子》對「一」的體證和歌頌，如第三十九章：「昔之得一者：天得一以清，地得一以寧，神得一以靈，谷得一以盈，萬

物得一以生，侯王得一以為天下貞。」其中，「侯王」便是這種上德、無棄的倫理實踐者，也就是「以百姓心為心」的慈愛實踐者。其倫理實踐的基礎，則是以冥契體驗的「得一」、「抱一」、「致一」來「為天下式」、「為天下貞」。

而《莊子》不管在「一」的冥契體驗上，或者泛愛、化育萬物的倫理關懷上，都和《老子》相續不斷。例如〈大宗師〉亦批判「譽堯非桀」的二元舊道德：「與其譽堯而非桀，不如兩忘而化其道」。「兩忘而化其道」，便是以渾沌之道來超越「此亦一是非，彼亦一是非」的善惡對立。因為「成心」偏執一端之善，將掉入「成／毀」傾軋，所以不如回歸全部肯定的「一」之初心。此如〈齊物論〉所謂：「物固有所然，物固有所可。无物不然，无物不可。故為是舉莛與楹，厲與西施，恢恑憰怪，道通為一。其分也，成也；其成也，毀也。凡物无成與毀，復通為一。」[42] 這個「一」便是「天地與我並生，而萬物與我為一」的冥契共感狀態。此種非分別性（「以物觀物」）的感通容納，取代了分別計慮的有蓬之心，因此超越了「自我觀之」而來的小／大、美／醜、善／惡等標籤，興發出一種如道樞、環中般的全然肯定胸懷，萬物不落兩端，而是圓心般地在其自己，故謂「無物不然，無物不可」。此又可以「渾沌之善」來說：

> 南海之帝為儵，北海之帝為忽，中央之帝為渾沌。儵與忽時相與遇於渾沌之地，渾沌待之甚善。儵與忽謀報渾沌之德，曰：「人皆有七竅以視聽食息，此獨无有，嘗試鑿之。」日鑿一竅，七日而渾沌死。[43]

42　莊周著，郭慶藩輯，〈齊物論〉，《莊子集釋》，頁 69-70。
43　莊周著，郭慶藩輯，〈應帝王〉，《莊子集釋》，頁 309。

　　細讀寓言，可發現其中隱含一項倫理關懷的墮落批判。渾沌之善所以能同時滋潤南帝與北帝，是因為它能讓南／北二元對立，放下鬥爭而休息於「中央」這個象徵烏托邦之地。渾沌之德便屬《老子》的「上德」，而渾沌之善便是「無棄人」、「無棄物」的「上德之善」。而渾沌鑿七竅而死，便隱含「原初之愛」的冥契倫理學之失落。南帝／北帝各自以「支離之德」、「一端之善」來「謀報」渾沌，而「渾沌死」，便猶如「上德」被「下德」所取代的悲哀。

　　這也是為何〈大宗師〉要一再以「堯」為批判對象，因為「譽堯非桀」只能掉入下德的支離之善：「夫堯既已黥汝以仁義，而劓汝以是非矣，汝將可以遊夫遙蕩恣睢轉徙之塗乎？」[44]帶有強制性的規範之善，不免割裂了最初的愛，讓人的善行不能免於「黥汝」、「劓汝」的道德暴力。一般讀者多注意這種二元性的分別支離，傷害了真人上達「遨遊自得、逍遙放蕩、從容自適於變化之道」。[45]殊不知其中失去的豈只是個人逍遙，更包含著失去了以渾沌之善、最初之愛來對待世界萬物的原初倫理關懷。所以〈大宗師〉的坐忘工夫，透過顏回角色而層層「忘仁義」、「忘禮樂」，最後才上達「同於大通，此謂坐忘」的冥契之境。而這種超越二元之個我封閉，走向「同於大通」的一元敞開，自然也會讓真人興起一股泛愛萬物的情懷。此可從〈秋水〉篇「北海若」所示現的「大海」胸懷，看到它浩瀚的包容之愛：

　　　　北海若曰：「以道觀之，何貴何賤，是謂反衍；无拘而志，

44　莊周著，郭慶藩輯，〈大宗師〉，《莊子集釋》，頁279。
45　成玄英疏：「恣睢，縱任也。轉徙，變化也……汝既被堯黥劓，拘束性情，如何復能遨遊自得、逍遙放蕩、從容自適於變化之道乎？」莊周著，郭慶藩輯，〈大宗師〉，《莊子集釋》，頁279。

與道大蹇。何少何多，是謂謝施；无一而行，與道參差。嚴乎若國之有君，其无私德；繇繇乎若祭之有社，其无私福；泛泛乎其若四方之无窮，其无所畛域。兼懷萬物，其孰承翼？是謂无方。」[46]

換言之，《老子》和《莊子》對周文舊式倫理之批判，其實隱含一項新道德的主張。這種新道德便是從冥契一體心境而來的包容、廣納之胸懷。這樣的「德」不是「私德」，它所帶來的「福」不是「私福」。因為它的愛沒有畛域之限制、沒有對象之限制，它要「兼懷萬物」，並且無盡地將關懷「泛泛乎其若四方之无窮」。道家這種冥契倫理學取象於海納百川，而不是支離眾多的河泊支流，它示現出容納萬有、肯定差異的廣大倫理態度。

雖然老、莊經常批判一般二元性倫理所隱藏的道德暴力，並以周文和儒家作為批評檢討的歷史對象，因此容易被簡單地理解為反人文或超人文的非倫理立場。然經由本文重新檢視，道家批評舊道德其實是為了重建新倫理。假使本文的說法可備為一說，那麼牟宗三以「作用保存」來理解道家的倫理立場，就只能依附於儒家而略有曲成效果，並不真能積極肯定道家倫理關懷的必然性。若換由冥契主義與倫理學的根源關係來重解，那麼道家的倫理向度便有它自家的根源性和必然性。

（二）從冥契主義論《孟子》的倫理關懷

若從冥契主義角度來重讀《孟子》，「善端之心」的呈現狀態，也可能具有冥契經驗和倫理關懷通達為一的特質。上文曾從氣的角度談《孟子》「萬物皆備於我」、「上下與天地同流」的冥

46　莊周著，郭慶藩輯，〈秋水〉，《莊子集釋》，頁584。

契意味，《孟子》道德實踐的「知天」、「事天」之「化境」，其實可從極為平常的生活事件說起，「非此非彼」的一體共感，並非只存在聖人的神化之境，它甚至時時刻刻可朗現在生活事件的當下處。《孟子》便似以日常生活的冥契感通情境，來論證道德之善端：

> 孟子曰：「人皆有不忍人之心。先王有不忍人之心，斯有不忍人之政矣。以不忍人之心，行不忍人之政，治天下可運之掌上。所以謂人皆有不忍人之心者，今人乍見孺子將入於井，皆有怵惕惻隱之心。非所以內交於孺子之父母也，非所以要譽於鄉黨朋友也，非惡其聲而然也。由是觀之，無惻隱之心，非人也；無羞惡之心，非人也；無辭讓之心，非人也；無是非之心，非人也。惻隱之心，仁之端也；羞惡之心，義之端也；辭讓之心，禮之端也；是非之心，智之端也。人之有是四端也，猶其有四體也。有是四端而自謂不能者，自賊者也；謂其君不能者，賊其君者也。凡有四端於我者，知皆擴而充之矣，若火之始然，泉之始達；苟能充之，足以保四海，苟不充之，不足以事父母。」[47]

上述文獻是《孟子》對「性善論」的指證，最耐人尋味也最重要的事例。一般學者經常質疑《孟子》並未能真正證成性善說，與告子的論辯只是以譬喻代替論證，充其量只是再三宣示自身信念。目前已有學者透過隱喻認知的研究方式指出，儘管隱喻未必可替代論證，但隱喻實亦具認知意義，甚至足以興發人們對情理的嚮往效果。[48] 本文認為《孟子》在運用隱喻興發鼓舞人

47　朱熹，〈公孫丑上〉，《孟子》，《四書章句集注》，頁328。

48　鄧育仁，〈隱喻與情理——孟學論辯放到當代西方哲學時〉，《清華學報》新第38卷第3期（2008年9月），頁485-504。

們認取性善信念之前，有一前提應是真實存在的，這便是孟子自身強烈的存在感，以及他對這真切實感的覺察與確認。暫不論「不忍人之心」到「不忍人之政」的推擴，因為它涉及道德倫理對政治倫理（外王）的延伸，而目前重點在於倫理關懷的基礎（內聖）問題。《孟子》由惻隱、羞惡、辭讓、是非等「心」的朗現作用，來確認仁、義、禮、智等倫理行為的「端苗」，換言之《孟子》主張倫理行為發自心之基源。暫且不管仁、義、禮、智這些具體事相的區分和判斷（這個層次，較容易掉入倫理具體規範之框限，亦即老莊所批評的下德），筆者認為《孟子》無非強調一切倫理善行、價值事業都有一個更為真實、更有力量的源頭。這樣的源頭，《中庸》從「天（命）」說下來，先天便肯定人有一超驗的性善本質。但《孟子》並非這種「天命之謂性」（形上來源說）的愛好者，《孟子》反而是在日常生活的類冥契情境中，體會人和人、人和萬物、甚至人和世界的無分別感、一體共命感。這種感受對《孟子》而言，被覺察並加以確信為最真實的價值感、意義感。這一肯定便是「善端」的信念，也是一切倫理「善行」的活水源頭。

這種「若火始燃」、「若泉始達」的動能，並非來自任何抽象的先驗本體，反而來自日常生活的類冥契體驗。如表現在他所例舉的「乍見孺子將入於井」的身心感受。這種通感呈現為「怵惕惻隱之心」，這種感受是使人「再也無法旁觀他人痛苦」的身心振動。正是這種與他人苦難體合為一的氣氛，讓人們身心內在湧現一股「與之共命」的趨動力，如此才能跨越自然之性的趨利避害，毫無顧慮地共赴苦難。《孟子》強調的無非在於：人在見孺子將入於井的「乍見」當下，來不及任何條件計慮考量的當下（如內交孺子父母與否、可要譽鄉黨、惡其聲等等功利或本能考量），為何人能在這一當下，完全「感同身受」於苦難者的苦

難？並由感同身受之悸動興發，直接表現出理性難以計算和理解的「犧牲行為」。這種與他人苦難同命共感的情感狀態，便是孟子體會、覺察、確信的「不忍人之心」，這才是他肯認做為一切倫理行為的「善端」之經驗基礎。

本文認為「怵惕惻隱」的「不忍人」之身心情狀，已擬似一種冥契情境或類比於準冥契經驗。因為冥契經驗發生的當下，核心特質便在於「非此非彼」的一元狀態，也就是跨越人我、物我的冥合一體感。假使我們可以考慮將「乍見孺子將入於井」視為某種意味的冥契情境，那麼「不忍人之心」便類似冥契主義者所感受的「最初之愛」。這種最初的愛，其實只是一種「無法旁觀」、「不能迴避」他人苦難的身心感，而這種情感被《孟子》視為真正而絕對的「善端」。嚴格講，「不忍人之心」的「善端」，並非社會外在規範的標籤善行，而是由內而發、通感一切、遍潤一切的「初心」。這種初心狀態，若視之為一種冥契感受，而這種「不忍人之心」的冥契經驗，也正是倫理行為（親親、仁民、愛物）的真正基礎。如此一來，仁義禮智這些具體倫理事相才有了內在的必然動能。

上述對《孟子》「善端」的詮釋，和日哲西田幾多郎對「善」的詮釋，頗為契合。而他的詮釋正好也受到冥契主義的影響，也和陽明心學的啟發有關，底下略加援引以為佐證。西田幾多郎指出：「所謂真正的善行，既不是使客觀服從主觀，也不是主觀服從客觀。只有達到主客相沒、物我相忘、天地間只有一個實在的活動時才能達到善行的頂峰。……這是天地同根，萬物一體。」[49]

---

49 〔日〕西田幾多郎著，何倩譯，《善的研究》（北京：商務印書館，1997 年），頁116-117。

西田以物我相忘、天地同根的冥契心靈來突顯最高實在（存有）
和真正善行（倫理）的合一。這與一般從人與人之間的社會倫
理規範來界定道德行為的作法大相逕庭，也和康德（Immanuel
Kant）從理性主體自發義務法則而來的定言令式、自律倫理學差
別甚遠。但若從冥契倫理學的角度看，則自有理路。西田認為人
可以擁有最高善行（如冥契主義的「最初之愛」），而最高善行也
是認識最真實的自己。在這種主客相沒的絕對善行中，超越了康
德所謂道德命令與感性衝動的緊張關係，也超越了知識論的主客
區分，來到「天地間只有一個實在」的狀態（如冥契主義的「一
元性洞悟」）。西田幾多郎認為這種根源之善也是一種根源之美，
由此既能由衷興發本性力量，也能湧現寬容之情。[50]

　　從西田幾多郎看來，康德的道德自律倫理學停留在主體理性
之中，困在事實與價值二分、知情意三分的認識論架構下，無法
揭露更為基礎的存有經驗。而西田從冥契主義角度不但克服了情
感／理性的緊張、跳脫了實然／應然的對立，且回歸道德之善與
藝術之美的統合。因為對西田來說，道德和藝術的根源皆要涉及
「天地同根，萬物一體」的唯一實在經驗，也就是獻身於世界的
存有開顯體驗。就在存有開顯的原始統一之中，萬物以其本性力
量來綻放自身之美，且彼此交融為「天地同流」的共感狀態，這
種感通之情便是善行的源流。類似情況，《孟子》「不忍人之心」
的倫理善端正源自本性所發的寬容體諒之情，而且此時不僅只以
人為溫潤寬容之對象，萬物莫不皆為我的體諒所遍潤。此亦即孟
子「萬物皆備於我」、象山「吾心即宇宙」的情懷流淌。

　　西田強調的善不只通於美，更達於真，是在「實在」（存

50　西田幾多郎著，何倩譯，《善的研究》，頁 109。

有）的根源統一觀點下，所完成的真、善、美合一論。而合一
基礎便出自冥契經驗。西田的存有實在之統一，其中最核心重
點就是：超個體性、超分別性的同體義，這種形上同體義的冥契
正足以解釋「寬容之情」的由來。寬容之情正是指道德上的同
體之心、感通之情，也是西田後來所強調的宗教之「愛」。寬容
之情在西田倫理學中有它特殊的重要性，一則它標舉出西田所
重者在於道德情感而非康德的道德理性，因此不會有舍勒（Max
Scheler）批判康德的形式主義之危機。[51] 二則突顯出道德情感的
形上向度，因為在超越主客二元而洞悟形上一元的真實感受中，
我們無法旁觀他人痛苦，自然在感同身受之中愛人如己、泛愛萬
物。同理，當人們能以同體之心而及人及物時，此時已打破人
我、物我之區隔，進入形上一元的存在感受中，而這種感受便被
冥契者視為最真實的存在感（如詹姆斯的「知悟性」，史泰司的
「真實客觀之感」）。因此西田在談道德人格時，就特別重視是否
出自同體心的至誠道德動機，並由此觸及同體之情的形上深度：

> 現在先來談談善行為中的主觀性質，即其動機。所謂善行
> 為必須是從自我的內在必然產生出來的行為。……所謂人
> 格就是在這種情況下從內心深處出現，逐漸包含整個心靈
> 的一種內在要求的聲音。所謂以人格本身為目的的善行必
> 須是服從這種要求的行為。違背了它就等於否定自我的人
> 格。……然而人格的內在必然，即所謂至誠，是建立在
> 知、情、意合一之上的要求，並不意味著違反知識的判斷

51　關於舍勒的道德情感說，以及他對康德道德理性說的形式主義之批判，參見
　　〔德〕馬克斯・舍勒著，倪梁康譯，《倫理學中的形式主義與質料的價值倫理
　　學》（北京：生活・讀書・新知三聯書店，2004 年）；氏著，陳仁華譯，《情感
　　現象學》（臺北：遠流出版公司，1991 年）。另參見李明輝，《儒家與康德》（臺
　　北：聯經出版公司，1990 年）。

和人情的要求而單純地服從盲目的衝動。只有充分發揮自
己的知和情以後，才能出現真正的人格的要求，即至誠。
只有在自我的全部力量用盡，自我的意識消失殆盡和自我
已經不能意識自我的時候，才能看到真正的人格的活動。[52]

所謂服從自己的真摯的內在要求，即所謂實現自我的真正
人格，並不意味著要樹立與客觀相對立的主觀，或使外界
事物服從自我。而是意味著當自我的主觀空想消磨殆盡，
完全與外物相一致的時候，才能滿足自我的真正要求，看
見真正的自我。……從這一點上來看，可以說善行為一定
就是愛。所謂愛就是自他完全一致的感情，是主客合一的
感情。[53]

　　所謂「善行動機」並非主體的主觀意志所發，而是自我意識
消融在「整體關係」之中時，由衷湧現的「知情意」統一的「至
誠」狀態。這種至誠狀態，西田明白說它是「自他一致」、「主
客合一」的感情，也就是真正的愛。顯然地，西田這個至誠動機
所通向的感情，類似冥契主義所謂「最初之愛」。「主客合一的感
情」便是同體之情，它讓人們打破區別和隔閡以融入無分別的一
體之真實情境中。西田的同體之情不是康德意義下不具普遍性的
（感性的）道德情感，事實上西田的道德人格就建立在這種同體
之情上，而且同體之情契映於形上之真、本性之善。相較來說，
康德認為道德情感不足以建立普遍道德法則，而他那來自道德理
性的道德法則也不足以真正開顯形上真實。西田則透過冥契經驗
所理解的道德（同體）之情，將道德人格之理給具體落實，同時
也是形上之理的落實處。西田上述的觀點，筆者認為或可和《孟

52　西田幾多郎著，何倩譯，《善的研究》，頁 115。
53　西田幾多郎著，何倩譯，《善的研究》，頁 116。

子》「不忍人之心」的經驗相互闡發。

　　除了西田幾多郎之外，叔本華（Arthur Schopenhauer）亦強調同情可透顯出形上體驗。在西方他以獨樹一格的姿態強調倫理學上的同情主義，他這種以「同情」來超越時空的個體化限制，進而躍入形上生命的一體性原理，亦可和《孟子》「不忍人之心」、「上下與天地同流」的「情感遍潤」觀點相互發明。叔本華底下觀點，完全呼應了本文將冥契與倫理通貫為一的主張，也讓上述西田與孟子的詮釋對話，得到更清晰的呈現：

> 只有這施捨者知道或理解，站在他面前的，被痛苦外衣遮蓋著的，正是他的自我，換句話說，只要他能在一種並非他自己的形式下辨認出他自己存有的本質部分，這種行為才是可想像的，才是可能的。現在可以清楚了，為什麼在前一部分我曾經稱同情乃倫理學一大奧祕。[54]

> 我們每天都可見到的同情的現象，換句話說，不以一切隱祕不明的考慮為轉移，直接分擔另一人的患難痛苦，遂為努力阻止或排除這些痛苦而給予同情支援……只有這種同情才是一切自發的公正和一切真誠的仁愛之真正基礎。只有發自於同情的行為才有其道德價值；而源自於任何其他動機的所有行為則沒有什麼價值。當一旦另一人的痛苦不幸激動我內心的同情時，於是他的福與禍立刻牽動我心，雖然不總是達到同一程度，但我感覺就像我自己的禍福一樣。因此我自己和他之間的差距便不再是絕對的了。毫無疑問，這種作用令人驚訝，確實難以理解。事實上，它才是倫理學的真正神祕性所在……在這裡我們看到，根據自

54　〔德〕叔本華著，任立、孟慶時譯，《倫理學的兩個基本問題》（北京：商務印書館，1996 年），頁 302。

然之光徹底把存在物與存在物分開的界牆，已經坍塌，非
自我和自我已在一定程度上融為一體。[55]

所以，我認為同情就是倫理學的基礎，並且願意把它說成
是一種認為自我和非我一樣的感覺能力，這樣，這個人便
直接在另一個人內認出他本人，他的真實的真正存在就在
那裡……道德高尚的人，雖然智力不夠敏銳，但以其行為
揭示最深刻的洞見，最真的智慧；並使最有成就和有學問
的天才相形見絀，如果後者的行為暴露他的心還是不懂得
這一偉大原則──生命之形而上學的統一性。……這種高
尚知識，以同情的形式從人性的深處湧溢而出，所以是一
切真正的，即無私的德行的泉源，也可以說是體現在一切
善行之中。這就是每當我們要求和善、要求仁愛時；每當
我們祈求慈悲而不是祈求公正時，作為最後一招我們希求
的同情。因為這種要求，這種祈求實際上是努力提醒人類
認識到，我們乃同一實體這一終極真理。[56]

由西田和叔本華對同體之情的優位性、神祕性、一體性之揭
露，我們找到了詮釋《孟子》「不忍人之心」、陽明「一體之仁」
的另一種可能性。因為他們都將這一類的道德情感，擴深到存有
論、形上學的高度。如《孟子》「乍見孺子將入於井」一類的極
端情境經驗，當下因「不忍人之心」而來的拯救行動，其實就由
打破人我區分的道德情感之湧現所推動。而且由道德同情所開顯
的本真善性（以情著心），所契悟的人我感通（惻隱之心），所體
證的形上一體（知天事天），正契合《孟子》「盡心知性知天」、
「上下與天地同流」的道德形上向度。[57] 這也是史泰司強調冥契

55　叔本華著，任立、孟慶時譯，《倫理學的兩個基本問題》，頁 234-235。
56　叔本華著，任立、孟慶時譯，《倫理學的兩個基本問題》，頁 300。
57　神話學家坎伯（Joseph Campbell）曾提及一個極為有趣的例子，完全可視為

主義比康德更能給根源倫理經驗一個更相應的詮釋，而史泰司、詹姆斯所理解的冥契倫理學之形上真理、一元洞悟，正好也相應於西田和叔本華的觀點。西田和叔本華透過冥契經驗的同體感通之情出發，建立道德人格與實踐，並由此通達於形上一體的格局，相較於康德，更能相契儒家那種「盡心知性以知天」的融貫格局。由活生生的冥契經驗所湧現的道德感通之情，比較忠於即存有即活動的心體、性體、道體通而為一的道德形上體驗。最後西田強調「要認識物就必須愛物」的體會，幾乎讓我們看到王陽明「知行合一」、「致良知於事事物物」的身影。陽明那種致吾心之良知的感通之心、遍潤之情於事事物物，而在泛愛萬物中成就一體之仁的作法，在上述西田和叔本華的觀點中，也可以找到極為相契的理論說明，而這些觀點都一再輻輳到冥契經驗這一活水源頭上。

《孟子》「乍見孺子將入於井」的現代翻版。而坎伯給予的叔本華詮釋，也完全相應本文的主張：「四、五年前，在夏威夷一個非比尋常的事件可以代表這個問題。在一個叫帕里（Pali）的地方，自北吹來的貿易風會穿越山間的一個大山脊。人們喜歡爬上去讓風吹散頭髮，或是去自殺，就像從金門大橋跳下去那樣。有一天，兩個警察開車上帕里時，看到欄干邊有一輛車要滾下去，上面有個年輕人準備往下跳。警車立即停下來，右座上的警察衝出去抓那個人時，正好是年輕人要跳出去的時候，警察差點也被拖下去，幸好第二個警察及時趕上來，才把他們兩個拉了上來。你能夠了解那個警察為什麼能夠突然為一個從未謀面的年輕人犧牲生命嗎？他拋下生命裡所有其他的東西——他對家庭的責任、他對工作的責任，他對自己生命的責任——所有他對生命的期許和願望都消失了。他幾乎要去送死。後來一個記者問他：『你為什麼不放手？你可能因此而死掉。』他的回答是：『我不能放棄，假如我放掉那個男孩的手，我沒有辦法再多活一天。』為什麼呢？叔本華的回答是，這種心理上的危機，代表突破一種形而上的理解。也就是了解到與他人是一體的，你們是一個生命的兩面，現下的分隔，只不過是在時空條件下，經驗形體的方式結果罷了。我們的真實在於與所有的生命結合一致。這個形而上的真理，可以在危機下立刻體認到。叔本華說，因為它就是你生命的真理。」〔美〕坎伯、莫伊爾（Bill Moyers）著，朱侃如譯，《神話》（臺北：立緒文化，1995年），頁192-193。

（三）由「氣」來溝通《孟子》與《莊子》的冥契經驗和
　　倫理關懷

　　以冥契主義詮釋儒家道德境界者，已有一些學者嘗試之，如早期的馮友蘭、後來的楊儒賓、陳來等先生。但著重儒家冥契經驗和倫理關懷的根源一致性，或者將儒家的道德哲學、倫理關懷建基在冥契經驗來立論者，似乎仍然未見。本文認為從冥契主義來為《孟子》倫理學奠基，可備為一說，並由此可將《孟子》氣論統合進來。其實馮友蘭（受叔本華影響）早就注意到孟、莊皆具神祕主義傾向，並指出這兩種冥契境界的差異：

> 中國哲學中，孟子派之儒家，及莊子派之道家，皆以神祕境界為最高境界，以神祕經驗為個人修養之最高成就。但兩家之所用以達此最高境界，最高目的之方法不同。道家所用之方法，乃以純粹經驗忘我；儒家所用之方法，乃以「愛之事業」去私（叔本華所用名詞）。無我無私，而個人乃與宇宙合一。如孟子哲學果有神祕主義在內，則萬物皆備於我，即我與萬物本為一體也。我與萬物本為一體，而乃以有隔閡之故，我與萬物，似乎分離，此即不「誠」。若「反身而誠」，回復與萬物為一體之境界，則「樂莫大焉」。如欲回復與萬物一體之境界，則用「愛之事業」之方法，所謂「強恕而行，求仁莫近焉」。以恕求仁，以仁來誠。蓋恕與仁皆注重在取消人我之界限；人我之界限消，則我與萬物為一體矣。此解釋果合孟子之本意否不可知，要之宋儒之哲學，則皆推衍此意也。[58]

　　馮友蘭將冥契體驗視為孟、莊最高境界，這一點洞察頗具前瞻，因為兩者終究都觸及無分別的天地同流、宇宙合一之浩瀚經

58　馮友蘭，《中國哲學史》，頁165。

驗。雖然馮氏對《孟子》本意是否必是冥契體驗還不敢完全斷定，但他相信宋明理學的本體經驗確定是朝此方向推衍。而本文的詮釋，《孟子》「盡心知性知天」的「天地同流」描述，可視為一種冥契體驗，而且「萬物一體」（冥契經驗）與「愛的事業」（倫理關懷）根本就是同一經驗，因此將《孟子》視為一套「冥契倫理學」。馮友蘭並未意識到冥契與倫理的同源性，所以他既未將《孟子》的冥契倫理學結構和盤托出，也將《孟子》、《莊子》視為兩種完全不同的冥契進路。他透過「純粹忘我」與「愛之事業」來區分孟、莊之冥契差異。雖然看似有跡可尋、不無道理，但從本文立場看，仍然將這個問題看得過於表面，癥結所在便是未能將冥契與倫理通而為一的限制。如照馮氏說法：《孟子》透過「愛的事業」而逐漸上達於冥契經驗，而《莊子》則以純粹喪我而頓入冥契並無涉「愛的事業」。其病在於，一則陷《莊子》無涉於倫理關懷，二則讓《孟子》的冥契與倫理共生並現結構，落入漸次的二元結構。然而經由本文的分析，《莊子》的冥契經驗實亦通向根源性的新倫理關懷，而《孟子》的「不忍人之心」亦在當下呈現「人我一體」的冥契共感。

雖然如此，馮氏的前瞻方向依然可觀，[59] 尤其他將《孟子》

59　牟宗三，《中國哲學十九講》曾批評：「馮友蘭的《中國哲學史》即以神祕主義來概括孟子、莊子與《中庸》、《易傳》之思想；當時我們看到這裡就覺得很不妥當。因為孟子的思想有頭有尾、有始有終，思想很清楚地呈現出來，怎麼可以用『神祕主義』一句話就把它給定住了呢？這種說法是很不妥當的。所以西方的 mysticism 一詞，並不適合於中國哲學。」（頁 333-334）但本文認為牟先生對冥契主義的批評和擔憂，過於簡單而片面，事實上冥契主義雖強調體驗不可言說，但有此體驗者卻未必停留在沉默狀態，若果真如此，冥契體驗則因無從表述，將造成不存在冥契主義的弔詭。況且冥契體驗的表述，也未必都是無頭無尾、無始無終、不清不楚的，事實上有冥契體驗並反思此體驗，又透過語言將此體驗給予適度明晰地展示出來，不一定相衝突。就如牟先生自己也承認：

知天、事天的形上經驗和浩然之氣的體驗，連貫相通為一事。並認為其中都含有神祕主義的意味，可同視為《孟子》道德實踐的最高精神境界，實在洞燭機先：

> 此性善說之形上學的根據也。孟子云：「盡其心者，知其性也。知其性則知天矣。存其心，養其性，所以事天也。天壽不貳，修身以俟之，所以立命也。」心為人之「大體」，故「盡其心者」「知其性」，此乃「天之所與我者」；故「盡其心」「知其性」，亦「知天」矣。孟子又云：「夫君子過者化，所存者神，上下與天地同流，豈曰小補之哉？」又云「萬物皆備於我矣。反身而誠，樂莫大焉。強恕而行，求仁莫近焉」、「萬物皆備於我」、「上下與天地同流」等語，頗有神祕主義之傾向。其本意如何，孟子所言簡略，不能詳也。……如孟子哲學中果有神祕主義，則孟子所謂浩然之氣，即個人在最高境界中之精神狀態。故曰：「其為氣也，至大至剛，以直養而無害，則塞於天地之間。」至於養此氣之方法，孟子云：「……告子未嘗知義，以其外之也。必有事焉而勿正，心勿忘，勿助長也。……」此所謂義，大概包括吾人性中所有善「端」。是在內本有，故曰「告子未嘗知義，以其外之也。」此諸善「端」皆傾向於取消人我界限。即將此逐漸推擴，亦勿急

「本來神祕主義是不可說的，但當我們問什麼是神祕主義時，康德亦可以分別地解說什麼是神祕主義，這就是分別說的神祕主義。」（頁337）牟先生認為冥契主義不能成就一正式系統，但史泰司《冥契主義與哲學》已頗具系統性地證成冥契主義的哲學內涵；而牟先生擔心冥契主義有流於神祕、反理性傾向，而和儒家的理性傳統有隔，但牟先生也強調東方肯定智的直覺對超越界有直覺能力，認為無執境界能在東方得到正視並被展示出來，那麼冥契主義者也強調對真理之直觀，為何必然不能備為一說。筆者認為牟先生對冥契主義的疑惑，隨著目前研究的進展，應該可以漸被解除。總之冥契主義未必都不成系統，未必都神神祕祕、不可言說，相反地，本文認為冥契主義的理路、工夫、境界、倫理關懷等多重意義，都有待闡述和開發成一種系統說明。

躁求速，亦勿停止不進，「集義」既久，則行無「不慊於
心」，而「塞乎天地之間」之精神狀態，可得到矣。[60]

　　馮友蘭也注意到《莊子》的冥契主義和氣相關，並區分它和
《孟子》在冥契進路上的差異：

> 有名言區別即有成，有成即有毀。若純粹經驗，則無成與
> 毀也。故達人不用區別，而止於純粹經驗，則庶幾矣。其
> 極境雖止而又不知其為止。至此則物雖萬殊，而於吾之知
> 識上實已無區別。至此則真可覺「天地與我並生，而萬物
> 與我為一」矣。莊子書中所謂「心齋」「坐忘」，蓋即指此
> 境界……所謂「心齋」「坐忘」，皆主除去思慮知識，使
> 心虛而「同於大通」，在此情形中所有之經驗，即純粹經
> 驗也。上節所講「外天下」、「外物」，意亦同此……若夫
> 「心齋」「坐忘」之人，既已「以死生為一條，可不可為
> 一貫」，其逍遙即無所待，為無限制的，絕對的。〈逍遙〉
> 篇曰：「若夫乘天地之正，御六氣之辯，以游無窮者，彼
> 且惡乎待哉？故曰：至人無己；神人無功；聖人無名。」
> 「乘天地之正，御六氣之辯，以游無窮者」，即與宇宙合
> 一者也。……如孟子哲學中有神祕主義，其所用以達到神
> 祕主義的境界之方法，為以「強恕」「求仁」，以至於「萬
> 物皆備於我矣，反身而誠，樂莫大焉」之境界。莊學所用
> 之方法，乃在知識方面取消一切分別，而至於「天地與我
> 並生，而萬物與我為一」之境界。此二方法，在中國哲學
> 史中，分流並峙，頗呈奇觀。不過莊學之方法，自魏晉而
> 後，即無人再講。而孟子之方法，則有宋明諸哲學家，為
> 之發揮提倡，此其際遇之不同也。[61]

60　馮友蘭，《中國哲學史》，頁 164-166。
61　馮友蘭，《中國哲學史》，頁 300-304。

　　馮友蘭說宋明諸儒紹繼《孟子》冥契主義，並大加發揮提倡，這一點是有根據的。如陳來後來便針對宋明儒的冥契現象加以詮釋，可謂順著馮氏洞見而加以證成。然而他說莊學之冥契體驗自魏晉起便後繼無人，便不甚精確了。事實上後來道教內丹大大發揮這種冥契經驗，甚至可視為《莊子》冥契體驗的宗教型之極端化發展。[62] 進一步值得注意的是，馮氏在談及孟、莊不同類型的冥契進路時（愛之推擴與知之虛損），都提到它們和「氣」的體驗有關，只是他並未對此多加發揮。如上所說，他只注意到孟、莊（表面）的不同，並未注意兩者皆有冥契體驗和倫理關懷結合為一的傾向。他只注意到《孟子》的神祕體驗和倫理擴充的關係，並未注意老莊的去知虛損，終究導向與萬物相感相通的無棄、兼懷的新倫理。尤為可惜的是，他雖注意二者的冥契皆與氣體驗相互交涉，但並未意識到氣體驗可作為統貫冥契描述和倫理描述的橋梁。另外他亦未能透過氣體驗來超越唯心與唯物的二元區分，反而將《孟子》視為唯心論的冥契主義，又將《莊子》視為傾向非唯心論的冥契主義。[63] 他這種唯心／唯物的分裂景觀，關鍵還是在於錯失氣論的存有連續性之解釋契機。

　　前文曾經申論，孟、莊氣論都不是為了建立純粹說明客觀世界的一套實在存有論，氣在兩者都和身心的實踐轉化有關，甚至都擴及人和天地萬物的存有體驗。換言之，人我之間、物我之間，甚至人和天地宇宙之間的共感交流，都和氣的體驗密切相關。因此氣感不只和冥契狀態的身心經驗相關，又因為這種冥契狀態必然湧現出親密共感，而這種親密便是倫理關懷的土壤所在。如此一來，孟、莊的氣體驗是否要進一步和倫理關懷扣合起

62　參見拙著，《丹道與易道──內丹的性命修煉與先天易學》。
63　馮友蘭，《中國哲學史》，頁 164-165。

來？本文的立場認同這一進路：氣可為親密的倫理關係找到解釋基礎。如和西田幾多郎大約同時的日哲和辻哲郎也曾特別關懷倫理學的重建，他提出「間柄」（之間）之說來為倫理學建基。[64]簡單說，也就是你我之間的「關係」先存在於你／我的「個別主體」，而關係的必然先在可保障倫理學的必然性。然而本文認為「間柄」之說，可以透過氣論來深化它：一則若不透過具體身心的實感，「間柄」之說亦將流於抽象，而身心共感交通的氣體驗，可使「間柄」的倫理觀點落實為倫理實感。亦即連繫彌合人我之道便在於同情共感的綿延氣氛，若缺乏這一身心氣感的興發與流通，那麼人與人之間的倫理關係，就很難不依賴於你我主體之外的第三公共物（如法律之契約）來跨界連結。如此一來，倫理關係便容易流於外在性和強制性。

倫理學若要踏實建立起來，必然要有內在性、實存性做基礎，甚至要將倫理關係溯源到最原初的現象事實來體驗，方有活水源頭。其次，氣體驗還可將人我之間的關係，推擴到人物關係，甚至人和天地宇宙的冥契關係。如此一來，人與人的道德情感之流淌，便能進一步推及天地萬物，而成就最為浩瀚的倫理關懷。從氣的角度來看，最原初的倫理事件其實便是最原初的存有經驗，可見倫理學應溯源回存有論，而存有論亦應興發出倫理學。也就是說，和辻哲郎的間柄倫理學應可追根於西田的冥契存有論（同理，海德格的存有論亦應發展出列維納斯〔Emmanuel Lévinas〕的第一倫理哲學）。而這種冥契體驗、倫理關懷的融貫性，若透過《孟子》和《莊子》來看，則都和氣的體驗密切相關。

64　楊儒賓，〈和辻哲郎論間柄〉，儒學思想在現代東亞國際研討會（臺北：中央研究院中國文哲所籌備處，1999 年），後收入楊儒賓，《異議的意義──近世東亞的反理學思潮》（臺北：臺大出版中心，2012 年），頁 401-426。

　　筆者認為，存有學與倫理學的通貫為一，正是「氣論」哲學可以發展出的解釋模型。亦即，存有開顯正可透過氣化流行的運動來說明，各種情感的感通亦可透過氣機感應來說明，物我、人我、身心的種種二元關係都可透過氣的存有連續來連結。換言之，氣的動力性、流通性、交融性、連續性，正可解釋存有與倫理為同一事件。如日本學者小川侃透過《孟子》氣體驗，亦指出倫理學和存在論合而為一：

> 氣的思想源頭是孟子。孟子有所謂「浩然之氣」的思想，這是非常深奧的思想，這個思想不僅只是深奧，更充斥於整個世界中……孟子對於想用「浩然之氣」這個字來闡述兩件事，即氣與道。氣無法以語言形容，並充滿於世界和「身」當中。人們說氣無所不在。要養此正氣必須要做到兩件事，第一件事是時時刻刻行為正直，並有自信只做正直的事，而不做傷天害理之事。另一方面，氣可說是充斥於天地間的虛無之道。氣是充滿於人的「身」內的活力、精力、氣力、精神力，人們更說這種氣滿溢於天地之中。由此看來，氣充斥於世界，也就是天地之間的同時，也充斥於我們「身」的內部。氣在意味著行為正直的同時，也意味著世界以真理而呈現。用比較艱澀的講法來表現的話我們可說，在氣當中，倫理學和存在論合而為一。[65]

　　雖然小川侃以《孟子》為氣論源頭的說法並不精確，而《孟子》對氣的討論也不及《莊子》的全面與複雜。但孟、莊兩者對「氣」的觀點確實有其相似性：一方面氣既深入了人的主體身心之內在而有其深奧性，另一方面氣又是擴及世界一切處而有著浩

65　〔日〕小川侃，〈氣與吟唱——「身」的收縮與舒張〉，《臺灣東亞文明研究學刊》第 5 卷第 1 期（2008 年 6 月），頁 243-244。

瀚性。前者與最內在的身心互滲為一，後者又與最超越的天道同流為一。氣這種既內在（主體性）又超越（超主體性），並使內外貫通為一的力量，可以說既是存有的天理開顯，也是倫理實踐的泛愛動能。這便是小川侃所提及「在氣當中，倫理學和存在論合而為一」的洞見。可見，氣將導致人與世界之間那「無內無外」的原初性倫理關係的恢復。氣既處域內又處域外，它雖看似來自域外，實乃不斷將人這一暫時封閉的主體（域內）給打通，即不斷將域外力量穿透主體之牆，將主體帶向域外之浩瀚，使主體和世界不再有域內、域外的絕對二分，而是綿延連續的親密狀態。因此人無法旁觀他人的痛苦（正如列維納斯所謂：人無法迴避他者的臉龐），因為我們早已共在親密的氣感關係中。如此一來，倫理學便成為最根源的第一哲學，它如同存有論一般亙古長存，如同氣之力量生機湧現不已、感通不息。

身心與他人甚至世界的感同身受，如果用梅洛龐蒂（Maurice Merleau-Ponty）的肉身主體觀點來說，便是「感覺端與被感覺端持續未分狀態」。而梅氏也認為透過身體交纏的實感才能真正建立具體的倫理關係，並且由肉身視覺所顯現的「能見」與「被見」同時成立的感通交織狀態，才能顯現活生生的「人性」。換言之，人性只能在即存有即活動的感通中呈現與作用。梅氏強調倘若沒有視野的彼此交錯，我的身體也不會在「感覺與被感覺持續未分狀態」中來反映自身，那麼人的身心便將成為近乎鐵石心腸、麻木不仁，因此也就不會有感同身受的人性能力。梅氏這個由肉身視覺相互看見而交織成有感有應的人性，可謂透過身體描述來為倫理行為建立體驗基礎。[66] 從這個角度看《孟子》的不忍

---

66 〔法〕梅洛龐蒂著，龔卓軍譯，《眼與心》（臺北：典藏藝術家庭股份有限公司，

人之心，又可說它實與身體敞開的氣感交流同時呈現，亦即「乍見孺子將入於井」的「乍見」當下，我們之所以自然湧現出「怵惕惻隱之心」，那是因為我們的肉身和世界緊密交纏所產生的共振（氣體驗），而其中原由當與氣的存有連續性（充塞天地之間）之綿延共振密切相干。

五、「氣」在《孟子》與《莊子》中的公共倫理之「外王」意義：浩然之氣與平淡之氣的批判性

（一）《孟子》的浩然之氣與政治批判

　　若回到《孟子》「浩然之氣」的文脈，會發現它一開始是在公孫丑問孟子「動心與否」的脈絡下被提出的：「夫子加齊之卿相，得行道焉，雖由此霸王不異矣。如此，則動心否乎？」而動心與不動心的關鍵，孟子則將它歸結到對「勇（氣）」的內容和基礎來討論。首先要指出，「浩然之氣」是和孟子在談論面對「政治權力」（加齊卿相而近乎霸王）的誘惑考驗時，他的出處心境和態度密切相關。由此，本文認為「浩然之氣」與孟子的外王實踐實相連繫。前面曾闡述「氣」在《孟子》「盡心知性知天」的「上下與天地同流」之存有開顯意義，也論證「氣」能為存有開顯與倫理關懷通而為一提供說明。這一節則要將存有與倫理的身心體會和倫理擴充，進一步放到外王學的政治場域與公共

2007 年），頁 82-83。而梅洛龐蒂所謂肉身與世界的交纏不分，亦可能相通於氣論的詮釋，對此可參見〔德〕宋灝（Mathias Obert），〈生活世界、肉身與藝術──梅洛龐蒂、華登菲與當代現象學〉，《臺大文史哲學報》第 63 期（2005 年 11 月），頁 231、234。宋灝亦注意到梅氏所觸及的「原樸存有」（etre brut）和本雅明（Walter Benjamin）的「Aura」，可透過中國古代美學的氣韻、氣場來譯解。

關懷來考察，也就是有關孟子所呈現的知識分子良知與勇氣風範。孟子希望將「不忍人之心」推擴為「不忍人之政」，這是繼承孔子將政治視為道德延伸之理想主義立場。暫且不管其道德理想主義的政治主張是否落入泛道德主義的限制，但它突顯了儒者面對政治的良知動機。而孟子正希望由不忍人之心的良知來推動王道之政的落實，可視為孔子「必聞其政」、「為政以德」的外王志業之繼承與承擔。而它也表現在孔、孟都相當主動積極關懷施政方針與措施，例如教育文化、經濟民生、軍事外交，甚至權力統領方式等等。[67] 儒者面對外王志業時，雖然希望能在積極面上的政策施為有所承擔實踐，但從政治權力的實際場域與運作邏輯來看，儒者「為政以德」的根本立場卻經常被君王視為不切實際而無所可用。因此孔孟的周遊列國，幾乎都不太見用而最後也經常退回：人格培育、著書立說的教育、文化層面，來穩立儒者基本的道統傳承。換言之，道統與政統之間，經常存在理、事相違的鴻溝。

　　面對這種政治事實，儒者身為知識分子的政治實踐，除了堅持良知從政以突顯德治人格外，還有另一面向也很吸引我們注意，那便是知識分子「說真話」和「權力批判」的勇氣。當儒者面對實際權力邏輯而毫無間隙實行道德理想時，其理想性格便可能從積極參與轉向為權力批判，這便突顯了儒者身為良知型知識分子的勇氣。本文認為孟子是第一個將儒家型知識分子的「批判性格」給予十字打開的典範，《孟子》一書，不只將孔子的心性論給予十字打開，也將孔子的知識分子性格給予全幅彰顯。孟子

67　例如「為政以德，譬如北辰，居其所眾星共之」、「道之以政，齊之以刑，民免而無恥；道之以德，齊以之禮，有恥且格」，便涉及對權力施為的態度。朱熹，〈為政〉，《論語》，《四書章句集注》，頁 69、70。

自身示現了以道德理想（道統）批判政治權力（政統）的風範，為先秦儒家奠立了良知型知識分子的典範。尤其表現在「說真話」和「權力批判」的內涵上，而兩者的實踐一樣需有堅毅而強韌的生命力，也就是所謂「勇氣」。因此本文發現將《孟子》不動心、勇、浩然之氣等討論，放在知識分子的外王實踐脈絡，能夠得到更貼切的理解。

〈公孫丑〉中，孟子將自己的「不動心」區分於北宮黝、孟施舍、告子這三者的「不動心」。在孟子看來，前三者的「不動心」之勇，儘管各有不同，但都未能真正進入「不動心」的「深層理據」，結果使得「不動心」的勇氣：或流於血氣強力的當下衝撞橫掃（如北宮黝），[68] 或只是不讓內心恐懼消耗氣力而盡量讓理性計慮於當下情境（如孟施舍），[69] 又或者只是讓自我封閉保守住一己的意念心思，堅持將外在他人（言語辭氣）可能對我的影響和帶動（心、氣）阻隔在外（如告子）。[70] 本文主要不在討論這幾種「勇氣」的內涵和差別，只在於探究孟子的「不動心」之「理據」。[71] 因為就筆者看來，孟子這種將「真理」與「勇氣」合而為一的境界，才能真正彰顯出他心中知識分子的力量與勇

68　「北宮黝之養勇也，不膚撓，不目逃，思以一豪挫於人，若撻之於市朝。不受於褐寬博，亦不受於萬乘之君。視刺萬乘之君，若刺褐夫。無嚴諸侯。惡聲至，必反之。」朱熹，〈公孫丑上〉，《孟子》，《四書章句集注》，頁 318。

69　「視不勝猶勝也。量敵而後進，慮勝而後會，是畏三軍者也。舍豈能為必勝哉？能無懼而已矣。」朱熹，〈公孫丑上〉，《孟子》，《四書章句集注》，頁 318。

70　「不得於言，勿求於心；不得於心，勿求於氣。」朱熹，〈公孫丑上〉，《孟子》，《四書章句集注》，頁 318。

71　關於〈知言養氣〉章幾種勇氣之內涵區分，可參見李明輝，〈《孟子》知言養氣章的義理結構〉一文，不過李先生將曾子之勇歸為與氣無關的守心之說，和本文採取心氣合一的角度有所不同，而關鍵就在對氣的理解角度有所不同。李文收入氏著，《孟子重探》，頁 1-40。

氣。他這種理氣合一、以理導氣，甚至以理生氣的理路，才真能將孔子「仁者之勇」的內涵給十字打開。孟子的不動心具有「浩然之氣」的充沛動能，這種源源不絕的動能不是來自純血氣的當下衝動，而是一種「充塞天地之間」的存有開顯之力。這種「浩然之氣」乃是存有層次的「理氣」，而非氣質層次的「血氣」而已。

孟子認為「血肉之氣」的當下原始生命氣力，若要被轉化、昇華為「浩然之氣」，關鍵便是要「配義與道」。「義與道」是孟子所謂的義理或天道。孟子強調氣之所以能被轉化而提升為至大至剛的浩瀚生命力，一方面是因為它乃「集義所生」，因此能源源不絕地被「理」（價值信念）持續性地引動出來，而不會流於淺層血氣的當下暴走和容易枯竭。這裡可看出孟子堅信並體會：理可以生氣（價值信念可以創造生命力）。他通過對良知真理的真切體會和專注（集義），身心底層自然源源不絕地湧動浩大的生命力，而身心底層的生命力又和宇宙天地的浩瀚之流貫通為一。所以他能將「上下與天地同流」的浩瀚生命力，和身心底層的生命力融貫契接為一，使自身深信並體會與天地同在、與真理同在，就是這種「配義與道」的既敞開又凝斂的身心狀態，使得孟子體會到理氣合一的浩然能量。這種能量不是當下性、淺層性、暴發性，因為有底蘊、有方向、有來自四面八方的支援，故能雄渾無匹。

這種不動心深具動能而非死寂，它的專注隨時可發用為批判的大勇氣（「千萬人，吾往矣」）。而且這種動能有著價值方向在引導疏通，因此不會盲目和枯竭。而倘若行為動機不能呼應良知天理的確信，那麼浩然之氣便會失去源流而堵塞不出，正所謂「行有不慊於心，則餒矣」。可見，「浩然之氣」並非理所當然的

事實存在，它是在應然與實然合一、價值與事實不二的「理氣合一」之身心狀態下，才可能被如實體驗。倘若離開了公義、真理的道路，那麼個人性的生命便與浩瀚天理的價值活力不再相應，那便是「餒矣」的狀態（疲軟如消氣的氣球般）。因為至大至剛的充沛活力已不再從我們生命底層直湧而來（「以直養而無害」），也不再感受四面八方而推擴綿延出去（「則塞於天地之間」）。而倘若我們能與真理信念站在一起，那麼就可「以理生氣」而達至「理氣合一」的暢通狀態。這種狀態一方面可以呈現「不動心」的無畏氣象（「自反而縮，雖千萬人，吾往矣」），另一方面這種凝宇宙天地理氣於一身的專注收斂，當它發用在對政治霸道的權力批判上，也能呈現至大至剛而無餒的批判力道。而這便是孟子說真話、敢批判（「說大人則藐之」）的知識分子之勇氣來源。

　　一切具體的實踐行為（言與行），都要涉及生命動能的參與（氣）。而孟子心中可大、可久、可貴的價值信念（理也、義也），既要通過主體的自覺（心、志）來落實踐履，也要利用主體的價值信念來引導生命動能（「夫志，氣之帥也」、「志壹則動氣」），甚至透過主體的真理信念來引發生命動能（「夫志至焉，氣次焉」），最後達至義理生命和感性生命的互滲參贊（「其為氣也，配義與道」）。這種生命氣力與價值理想統合為一，才是孟子所歌頌的「不動心」，前者涉及「氣」，後者便涉及「理」，而理氣合一才成就了仁者之勇。倘若只有當下的衝撞動能而缺乏真理信念的覺醒與奉持，那麼其作為便可能因挾私欲與偽正義之故，或者流於淺層氣力而暴起暴落，或者容易產生矛盾衝突、曲折隱蔽而耗弱生命動能。另一方面，唯有「理」而缺乏生命動能的灌注，此理將成為抽象、旁觀的空理，未能真正在實踐中成就價值關懷的落實。因此《孟子》要我們在消極面上養成「持其志，

勿暴其氣」的工夫，積極面則要「善養浩然之氣」。如此以理生氣、以氣踐理、理氣一如，才真能成就頂天立地、至大至剛、沛然莫禦的大勇儒者。

對孟子言，「理」非來自於外在知識之理，而是根源道德情感（本心）的覺醒（能思）。並由「不忍人之心」感同身受於人事物的倫理關係中，如此推己及人及物的感通、遍潤之情，乃為個我行為找到可公共化的倫理關懷，如此便能超越個我私欲而確立普遍化的價值信念。如此道德情感（以情著心）便涵攝著可普遍化的「理」。也由於此理來自於本心之活水源頭，並由本心之實踐而照亮人之異於禽獸的超越之性、價值之性，甚至由此而使人雖有限而融入無限的一體倫理關係之中，產生遙契浩瀚的知天、事天感。這種盡心、知性以知天、事天的崇高人格，對孟子而言，同時是最有氣力、氣象的宏偉生命，這便呈現出「上下與天地同流」的「浩然之氣」。可見，「以理生氣」在《孟子》系統中，其實便表現在「志，氣之帥」、「志至焉，氣次焉」、「持其志，勿暴其氣」。其中的「志」不只是心理學一類的意識意志泛說，更該以《孟子》的道德情感來攝收。此「心志」實乃蘊含道德情理的價值感受和信念，也因如此，它才能作為「氣」的價值引導者，不讓「氣」凌駕道德心性（「氣壹，則動志」）。這種不斷以「理」（價值）來引導、滲透「氣」（動能）的過程，將使得生命動能被價值化，終至「理氣一如」，而一方面擁有價值信念的覺醒與堅持，另一方面具有實踐價值的勇氣與批判精神。這便是孟子的知識分子性格之勇氣底蘊。秉持著高貴的價值信念與豐沛的生命動能，對他所相信的價值（道與理）能任重道遠地推擴下去，對於違反或破壞其所相信的價值（異端、背理）者，則興發強度而直率的辯難精神、批判力道。

　　所以我們看到孟子不只強調「自反而縮，雖千萬人，吾往矣」的「大勇」議論，實際的行動上，孟子本人更是將這股由理所生的勇氣，發用在各種具體的權力場景中，顯出他說真話、大無畏的知識分子高度與強悍。所謂的高度便是他心中擁有良知和道統信念，因此可據此來批駁異端思想（如他批判楊墨的邪說橫行[72]），也據此來批判濫用權力的霸道政治（如他批判並想導正梁惠王、齊宣王[73]）等等。而所謂強悍則表現在面對最有權勢的統治階級時，所表現出來的「浩然正氣」之直接性、徹底性。正如上述所論，理之高度與氣之強度，這兩者在孟子身上乃統合為一。所以我們看到孟子見梁惠王的情景，孟子開口就直接反駁梁惠王以利凌駕仁義的霸道思維，從中完全可見到孟子確實實踐了「說大人則藐之，勿視其巍巍然」[74]的勇氣。這種勇氣就表現出面對最有權勢者，如何還能不畏權力、勇說真話，而這種說真話的勇氣，便在於孟子有其真理信念的依憑，那便是以仁義治國，才真正符合公義與公利的道德理念。[75]

　　《孟子》一書，開篇於上述〈梁惠王〉篇的「孟子見梁惠王」，並展開所謂義利之辯的有名課題，然筆者認為其中除了義利論辯的內容外，它更突顯出孟子做為知識分子的巨大身影。因為他體現「浩然正氣」的仁者之勇，完全就在於最具壓迫性、利誘性的政權舞臺，而孟子竟能入權力之室、操理想之戈，以理生氣地發揮批判權勢、導正權力的諍言。類似孟子見梁惠王的權力

72　朱熹，〈滕文公下〉，《孟子》，《四書章句集注》，頁 379。

73　朱熹，〈梁惠王〉，《孟子》，《四書章句集注》，頁 279-313。

74　朱熹，〈盡心下〉，《孟子》，《四書章句集注》，頁 524。

75　「苟為後義而先利，不奪不饜。未有仁而遺其親者也，未有義而後其君者也。王亦曰仁義而已矣，何必曰利？」朱熹，〈梁惠王上〉，《孟子》，《四書章句集注》，頁 279。

批判場景還真不少，〈梁惠王〉緊接著一連串孟子對梁惠王的各種行政態度和措施的再三批駁、多番導正，都可以看到孟子以理想邏輯批判現實邏輯的理想性格和大人身影。而為後來的儒者樹立了最鮮明的知識分子典範。

另外，孟子見齊宣王更是令人極為驚嘆之例，其中更表現出孟子無畏生死的大勇，其敢說真話的程度，無疑達到捨生取義而在所不惜的程度。從他對齊宣王的對話內容看來，孟子一次又一次地企圖導正齊王，不管從循循善誘，到直諫忤逆，最後甚至大言「革命有理」的主張，真是浩然正氣的徹底展現。關於孟子對梁惠王和齊宣王的權力場景和批判內容（包括政治、軍事、經濟民生、教育、外交等等），其細節無法在本節中多加討論。本文要結晶在他對齊宣王所發出的「革命有理」主張，其中對獨裁政權、對獨裁者可取而代之甚至誅之的言論，可為古今知識分子立下「惟大人為能格君心之非」，[76] 這一「說真話」之極致典範：

> 齊宣王問曰：「湯放桀，武王伐紂，有諸？」孟子對曰：「於傳有之。」曰：「臣弒其君可乎？」曰：「賊仁者謂之賊，賊義者謂之殘，殘賊之人謂之一夫。聞誅一夫紂矣，未聞弒君也。」[77]

> 孟子告齊宣王曰：「君之視臣如手足，則臣之視君如腹心；君之視臣如犬馬，則臣視君如國人；君之視臣如土芥，則臣視君如寇讎。」[78]

---

76 「惟大人為能格君心之非。君仁莫不仁，君義莫不義，君正莫不正。一正君而國定矣。」朱熹，〈離婁上〉，《孟子》，《四書章句集注》，頁 399。

77 朱熹，〈梁惠王下〉，《孟子》，《四書章句集注》，頁 306。

78 朱熹，〈離婁下〉，《孟子》，《四書章句集注》，頁 406。

　　上述言論，體現出「民為貴，社稷次之，君為輕」[79]的政治主張。但重點不只在孟子這種主張的內涵，是否深具民本或民主的理想崇高性。更因為孟子這樣的主張並非私下閒談、著書空論，而是表現在他周遊列國，面對權貴的權力誘惑、甚至死亡威脅的權力場景之中，所呈現出「威武不屈」的真信念、大勇氣。可以說，孟子這種知識分子性格顯然有隨時準備殉道、為真理信念「捨生取義」的犧牲準備。而這種勇氣到底何來？從本節的分析，它既來自於天理流行的真理高度之支持，也來自浩然之氣的勇氣強度之灌溉。顯然孟子能將真理與勇氣體合為一，發出獅子吼般振聾發聵之辭氣。

　　總言之，「配義與道」所成就的「浩然之氣」，結合了真理與勇氣，表現出《孟子》諫諍性格。而這種秉受真理而來的諫諍態度與辭氣氛圍，亦使《孟子》呈現出「知言」的敏銳性，因為人的說話態度和辭氣密切相關。因此《孟子》強調：「我知言，我善養吾浩然之氣」。亦即「知言」和「善養浩然之氣」被放在一個脈絡來說，為何如此？這大概是因為浩然之氣終究要表現在諫諍的話語情境中，而在面對政治權力這一誘惑人心的舞臺時，各種虛矯不實的話語騙術，必然充斥其間並迷惑人心，因此《孟子》一方面要善養浩然之氣而表現出諫諍的勇猛辭氣，另一方面也可透過正直剛正的浩然辭氣，照見並對治各種扭曲虛假的話語辭氣。所以在回答公孫丑：「何謂知言？」一問時，他答曰：「詖辭知其所蔽，淫辭知其所陷，邪辭知其所離，遁辭知其所窮。生於其心，害於其政；發於其政，害於其事。」[80]詖辭、淫辭、邪辭、遁辭，並不只是各種怪謬悖理的話術內容而已，它們同時也

79　朱熹，〈盡心下〉，《孟子》，《四書章句集注》，頁 515。
80　朱熹，〈公孫丑上〉，《孟子》，《四書章句集注》，頁 319。

會呈現出各種迷惑人心的辭氣氛圍。正如：不動心／浩然氣／說真話，「心——氣——言」三者之間具有其連續性。同理，不純正的動機／迷惑人心的辭氣氛圍／偏頗邪僻的話術內容，也具有它們的「心——氣——言」連續性。而《孟子》正是要透過他的浩然辭氣來對治各種不純不正的政治話術與淫邪辭氣。

（二）《莊子》的平淡之氣與權力批判

　　《莊子》亦有外王向度關懷，只是一般學者偏重真人身心氣象之內聖境界探究，好像道家只成就一套「方外」之學。一般將真人體驗朝向宗教式詮釋（如內丹修煉），或者美學式詮釋（如文人美學），都沒有超出隱逸傳統。[81] 好像道家的精采只能彰顯「超人文」的隔離意義。[82] 本文認為這種「方內方外不相及」的解莊視域，實將《莊子》「道通為一」的豐富向度，給支離而偏取了單向度，造成《莊子》的豐富活力受到遮蔽。因此本文要順著前文氣論脈絡，略為揭露《莊子》的人間關懷、人文省思，尤其集中在對權力批判所突顯的道家型知識分子之關懷。希望透過它對人間世的名言符號、二元倫理、微觀權力等洞察和批判，揭露《莊子》對人文世界的治療、批判與活化。以對比出另一種有別於《孟子》的另類知識分子。事實上，「內聖外王之道」一名出自〈天下〉篇，它暗示《莊子》內、外通貫的整體關懷：

> 天下大亂，聖賢不明，道德不一，天下多得一察焉以自好。譬如耳目口鼻，皆有所明，不能相通。猶百家眾技也，皆有所長，時有所用。雖然，不該不偏，一曲之士

81　如徐復觀所主張，參見《中國藝術精神》，頁 216-217、307-323。

82　如方東美、唐君毅所主張，參見唐君毅，《中國人文精神之發展》（臺北：臺灣學生書局，1988 年），頁 9-18。

也。判天地之美，析萬物之理，察古人之全，寡能備於天
地之美，稱神明之容。是故內聖外王之道，闇而不明，鬱
而不發，天下之人各為其所欲焉以自為方。悲夫，百家往
而不反，必不合矣！後世之學者，不幸不見天地之純，古
人之大體，道術將為天下裂。[83]

　　《莊子》亦感慨並憂心真正的內聖外王之道「闇而不明，
鬱而不發」。關於《莊子》的內聖之學，第三節已透過《莊子》
的氣之存有體驗和冥契境界略加說明。也在第四節第（一）子
題中，將《莊子》遊乎天地一氣的神人體驗，和它所隱含的「無
棄」、「泛愛」之倫理關懷連結起來，其間已開啟《莊子》對世間
倫理關懷的基本精神。然而正如《孟子》在世間總要面對不公不
義的權力暴力之惡處境，儒者亦不得不將道德承擔發用為浩然正
氣的批判勇氣。同樣道理，《莊子》的泛愛倫理關懷，也一樣不
得不遭逢惡處境，而《莊子》的回應方式，雖不同於《孟子》式
的直接強度批判，但也不能被狹窄化為隱逸避禍。在筆者看來，
《莊子》更曲折而幽微地示現了另一種知識分子，它以迂迴而細
微、複雜而富有策略的方式，思考、回應、批判了權力暴力的無
所不在。

　　若說《孟子》的浩然之氣發用在對「政治權力」的批判，相
較來看，《莊子》的平淡之氣則發用在對「權力自身」的批判，
以及迂迴而策略地批判了政治權力。可以說，《孟子》和《莊
子》各自宏偉而浩大的生命精力和氣象，當兩者轉而面對異化處
境的權力濫用時，由於它們對權力異化的觀察與省思角度不同，
因此也就導向了不同的批判精神，呈現出不同類型的知識分子。

83　莊周著，郭慶藩輯，〈天下〉，《莊子集釋》，頁 1069。

首先回顧《莊子》平淡之氣的內涵：

> 夫恬惔寂漠虛无无為，此天地之平而道德之質也。故曰，聖人休休焉則平易矣，平易則恬惔矣。平易恬惔，則憂患不能入，邪氣不能襲，故其德全而神不虧。……去知與故，循天之理。故无天災，无物累，无人非，无鬼責。其生若浮，其死若休。不思慮，不豫謀。……其寢不夢，其覺无憂。其神純粹，其魂不罷。虛无恬惔，乃合天德。故曰，悲樂者，德之邪；喜怒者，道之過；好惡者，德之失。故心不憂樂，德之至也；一而不變，靜之至也；无所於忤，虛之至也；不與物交，惔之至也；无所於逆，粹之至也。故曰，形勞而不休則弊，精用而不已則勞，勞則竭。水之性，不雜則清，莫動則平；鬱閉而不流，亦不能清；天德之象也。故曰，純粹而不雜，靜一而不變，惔而无為，動而以天行，此養神之道也……精神四達並流，无所不極，上際於天，下蟠於地，化育萬物，不可為象，其名為同帝。純素之道，唯神是守；守而勿失，與神為一；一之精通，合於天倫。……故素也者，謂其无所與雜也；純也者，謂其不虧其神也。能體純素，謂之真人。[84]

〈刻意〉篇這段文字，一開始便點出：天地之道和真人之德，在遊乎一氣的冥合契通狀態，由於自我的造作與阻隔已被寂漠無為的工夫所轉化，因此身心的氣機質地乃呈現為平易恬惔。而真人「德全而神不虧」的平易恬惔之氣，消極上可讓「憂患不能入，邪氣不能襲」，積極上更能生死與天地萬物同行共化、與陰陽氣機同拍共振。真人已淘空個我機心與成見（去知與故），將身心完全敞開並信託給氣化流行的大宇宙（循天之理），而任隨氣化之流、參贊物化之變，不喜不懼地任運自在。故曰：「感

而後應，迫而後動，不得已而後起。」就在這種完全敞開的感通回應狀態，個我偏執的得失計慮被放下（「不思慮，不豫謀」），而淡化在浩瀚的宇宙生機之流轉中（「其生若浮，其死若休」）。因此不再捆綁在個我式的利害得失、憂虞悔吝之中，故曰：「無天災，無物累，無人非，無鬼責。」就是這種以更廣大的宇宙氣機，來作為生命的歸宿並淡泊我之喜怒、寧靜我之悲樂（「悲樂者，德之邪；喜怒者，道之過」），被《莊子》視為精神淨化、精氣充沛的不二法門（「其神純粹，其魂不罷」），也是身心修養的極致境界：德之至、靜之至、虛之至、恬之至、粹之至。真人生命的精氣、神明的「四達並流」狀態，是多麼純粹、平淡、流通，而又富有生機。用水流來比擬，那便好像平靜無波、清明透亮、淡定悠緩的活水般，既平淡又充沛地在其自己，又能滋潤化育萬物。

上述這種處於純素、純粹、精微、清澈、恬淡、流通的生命氣機狀態的真人，他會對權力暴力向生命所加諸的干擾、阻礙、駁雜、分裂、傷害、耗損，有著多麼敏銳的覺察感受力。他的身心狀態猶如一座最靈敏的天秤般，身心稍有失衡或異化，都將立即有所「感而應」。本文認為《莊子》所以能對權力進行微觀的反思，並將權力批判從政治的直接暴力，細敏地延伸到觀察細微權力對人們無所不在的侵襲滲透，以進行最精微而徹底的全面對抗，這應該和《莊子》對平淡之氣的精微體會相關。平淡之氣就是暴力之氣的最佳檢測劑，而暴力氣氛絕不只出現在政治場域的橫行處，它甚至就在人人自己的起心動念上（如上述「悲樂喜怒」之流轉中），就在人們的思想和見解中（如上述的「知」與「故」）。這種像病毒般無所不在、細微潛伏而又千變萬化的微型權力，正是《莊子》所要進行的權力對抗，由此便呈現筆者所謂道家型的知識分子之獨特性。底下先從〈養生主〉所隱含的權力

批判，這一庖丁解牛的隱喻說起。

　　法國莊子學家葛浩南，也看出庖丁解牛隱含一場權力解構的設計。[85] 對話者竟是權力極不對等（現實上不可能發生）的庖丁和文惠君（梁惠王）。[86] 而寓言中的庖丁或可視為莊子的虛擬化身，或者莊子借無緣於權力的下層階級庖丁，在虛擬的廚房屠宰空間中，展開一場調換權力（庖丁才是展演技藝的主角，文惠君處於權力無用武之地），而迂迴善巧地轉化權力之寓言敘事。其重點更在：如何於錯綜複雜的人際網絡中（牛體骨肉交錯為象徵）「遊刃有餘」，一方面不受傷害地保全性命之真（以十九年若新硎之刃為象徵），另一方面又以藝術性的和諧姿態（合桑林之舞、中經首之會）來曲成對象之理（以牛隻「謋然已解」象徵）。寓言中牛隻體內筋骨交錯如迷宮般的危境，可謂象徵人在世間關係網絡中多重角色扮演之繫縛，如〈人間世〉所謂：「天下有大戒二：其一，命也；其一，義也。子之愛親，命也，不可解於心；臣之事君，義也，無適而非君也，無所逃於天地之間。是之謂大戒。」[87] 此處該戒慎憂患以對的義命倫理關係之「大戒」，便可應於庖丁解牛「每至於族，吾見其難為，怵然為戒，視為止，行為遲」的「怵然為戒」。因為它涉及人與人之間無所逃的倫理關係，而多重關係網絡既親密也複雜，因為關係背後還有種種名分上的責任、期待等等自我和他人的責全與要求。甚至這些關係

85　葛浩南，〈莊子的哲學虛構〉，《中國文哲研究通訊》第 18 卷第 4 期，頁 59-70。

86　文惠君，歷來有一種說法便是指「梁惠王」。參見莊周著，王叔岷，《莊子校詮》（北京：中華書局，2007 年），頁 102。有趣的是，《莊子》庖丁解牛，讓我們聯想到《孟子‧梁惠王》中孟子和齊宣王，有關不忍見牛之觳觫而易之的對話，而孟子最後歸結為「君子遠庖廚」，但《莊子》居然特寫庖廚中的血腥事件，並由此轉化出豐盈意蘊，可謂有重寫故事之大想像力。

87　莊周著，郭慶藩輯，〈人間世〉，《莊子集釋》，頁 155。

在《莊子》看來，也都難逃權力的摻雜，很容易造成權力支配的異化。

　　前文曾論證：倫理關懷也是《莊子》所要肯定的。但世俗化的倫理關係也可能失去原初感同身受的冥契基礎，淪落為外在強加的教條規範，其背後經常存在著階級的權力宰控。對於《莊子》，世間的君臣、父子等等代表血緣、社會倫理，既是人無所逃於天地間的事實、也有它不該逃的義命之理，又為何要強調「大戒」以對的「怵然」態度？這些倫理關係不正是要帶來生命的滋潤與理序嗎？

　　《莊子》顯然不是無條件而直接地擁抱現實各種倫理規範，因為倫理關係既可是真實的親密關係，但也可能墮化為相刃相靡、彼此耗損的倫理鐵籠。而墮化原因便涉及細微權力的滲入而導致異化。異化是指原本出自第一序的原初倫理，被權力滲透而導致僵化與反控。這裡所謂權力除了政治場域的顯性暴力外，更涉及權力內化在人性中甚難被察覺的微細權力。這種潛伏於人性自我而無所不在的權力寄生，更是《莊子》所要戒慎以對、長期奮戰的變異病毒。因為這種微型權力透過語言（名）與思維（知）在自我形塑的過程，微妙甚深地鑽伏變形在自我認同（自戀）的角色扮演、思維型態之中，而令人難以反觀自身，因為主體自我早已慣習於它的同一性思維模式。

　　對此，可以透過〈逍遙遊〉所謂「至人無己，神人無功，聖人無名」的「己」、「功」、「名」來略加說明。己者，自我的同一性之感受與認同；功者，自我認同與被認同所交織成的社會我之成就感；名者，自我形塑與他人認同莫不透過名言符號的內化與強化來完型一個人的種種實體感。己、功、名三者，實乃三位一體、一氣三清地組構了「常人」的存在狀態。而這種社會文化脈

絡下的倫理處境，也可能同時將人與自己、他人、世界的「感同身受」（遊乎一氣）的原初氣氛，建構為層層網絡、成規成矩的繩墨倫理（如禮儀三百、威儀三千的周禮）。換言之，繩墨倫理必不離名言符號所確立的規矩準繩，它在開顯穩定禮文秩序的同時，多少導致原初冥契倫理的共通感逐漸減殺甚至遺忘，再則導致活潑而質樸的原初倫理被名分固著而逐漸僵化為教條、甚至加乘權力支配（所謂「禮不下庶人，刑不上大夫」）。如此一來，原本一體感通、氣氛融洽的原初倫理（如魚相忘於江湖），便被擱淺在錯綜複雜的倫理框架中（如魚相處於陸而只能相濡以沫）。這就類同於庖丁所要面對的筋肉骨節交錯迷離的危境，亦即〈人間世〉「入遊其樊而無感其名」的「樊（籠）」。從親密感通墮化為關係樊籠，這個樊籠般的倫理規訓，便由「名言」構作而成，而名言在開顯並節制生命之流為秩序條理時，一不小心也就將生命之流給堵塞了。此正如〈馬蹄〉篇所謂馬蹄、牛環之烙印強逼。

　　而如何在理序關係之名言網絡中，保有真實的性情和親密關係，「聖人無名」、「無感其名」便是關鍵。也就是要能對「名」所變形滲透的權力支配，有著「無」或「忘」的覺察與調整能力。而道家所批判的倫理牢籠，尤其以僵化的禮文教條為首要（因為禮最容易成為權力象徵的守護神）。故《老子》批判：「失道而後德，失德而後仁，失仁而後義，失義而後禮，夫禮者，忠信之薄而亂之首。」〈馬蹄〉篇嘲諷：「同乎无知，其德不離；同乎无欲，是謂素樸。……道德不廢，安取仁義！性情不離，安用禮樂！……屈折禮樂以匡天下之形，縣跂仁義以慰天下之心，而民乃始踶跂好知，爭歸於利，不可止也。」[88] 換言之，《老子》和

88　莊周著，郭慶藩輯，〈馬蹄〉，《莊子集釋》，頁 336-341。

《莊子》都看出一幅弔詭的禮文全景：原本為安立匡正秩序，結果卻帶來爭名奪利的混亂局面而難以控制。也就是說，看似成規成矩的禮文設計，它同時帶來始料未及的權力鬥爭邏輯。

　　老、莊所要復歸的便是原初道德所呈現的原初倫理，那是以感同身受為活水源頭的共感倫理（素樸、不離），那是名言雕琢還未過分反控自然而然的性情之真，也是存有論（道）與倫理學（德）合一的狀態。從原初倫理到牢籠倫理的轉化，關鍵便在於「名」。可以說《莊子》對微觀權力的反思與批判，結穴在語言符號的特權上。所以〈人間世〉對比於《荀子》對「名」和「知」的歌頌，一針見血地指出「好名」、「偏知」常是爭權奪利的矛盾來源：「名也者，相軋也；知也者，爭之器也。」不管「小知」或「大知」，從〈齊物論〉的分析，人都因受限我之觀看角度（以我觀之）而偏於一端知見（成心之見），總是被名言符號的模式給建構著。透過名言來指涉事物、認識世界的方式，正展現人以語言這一權柄來建構種種分類的秩序圖像，事物便被語言網絡給一網打盡在各式範疇中，而得到定性與定位。〈齊物論〉認為人類這種「自我觀之」的權力擴張，其中飽含人類中心主義的暴力。

　　而語言權力的運作模式，〈齊物論〉認為在於它的二元結構性：「彼出於是，是亦因彼。……是亦彼也，彼亦是也。彼亦一是非，此亦一是非，……是亦一無窮，非亦一無窮。」《莊子》並非完全否定語言帶來的照明意義，而是要我們覺察語言照明方式，其實是一種即開顯即遮蔽的結構。這是因為名言的二元結構必然帶出價值中心與邊緣的等級區分（如「天下皆知美之為美，斯惡已；皆知善之為善，斯不善已」），並順此「善／惡」名言區分而指涉兩種近乎本質化的價值階級（如「譽堯而非桀」），順理

成章地引導人們對價值中心的符號爭奪，因為符號已成為權力資本（名利）。其結果：一方面人們以此價值標籤來獲得自我成就感（功名），另一方面則不自覺地造成了「自是非他」的符號暴力（惡名）。甚至容易形塑階級複製的權力支配族群（名士、名媛、名門）。

這種透過二元名言規範所強制建立的倫理框架，割裂了道家原初嚮往的「無棄人」、「無棄物」的一體包容之倫理關懷，迫使人們被納入「得之若驚，失之若驚，是謂寵辱若驚」的患得（得名、有權、獲利）、患失（無名、無權、失利）處境。這種名言強制規範的倫理系統，它在肯定價值秩序的神聖性時，也必然排他性地劃出染汙秩序的賤斥面。所以《老子》第十八章揭露這種強制倫理的「光之暴力」，它在光明照射的同時留下了陰影世界的弔詭景觀：「大道廢，有仁義；智慧出，有大偽；六親不和有孝慈，國家昏亂有忠臣。」智慧、孝慈、忠臣這些看似純粹光明的真理界，它們同時孕育出陰影鬼魅的反真理界──大偽、六親不和、國家昏亂。或者說，需要特別宣揚神聖真理的救贖性時，同時也證明了汙穢不潔的旺盛存在。在道家看來，這兩種既相對又相立的倫理「鬥爭」結構，正來自語言二元結構的複製與再生產。所以，〈人間世〉經常指出看似社會理想人格的修身典範人物，總是掉入不得善終的惡果，原因何在？因為他們將自己放在高高在上的祭臺，但《莊子》卻指出這也是最容易被鬥爭、被倒臺的不祥之地。因為他們超我（super ego）般的存在對照出他人的難堪，結果關龍逢、比干這些有名的賢德人士，終不免權力反撲而不得善終：「且昔者桀殺關龍逢，紂殺王子比干，是皆修其身以下傴拊人之民，以下拂其上者也，故其君因其修以擠之。是

好名者也。」[89] 用法國社會學家布爾迪厄（Pierre Bourdieu）的「資本」術語說，比干一等人顯然想利用文化資本（賢德之名）去與社會資本（君王之權）相競爭，[90] 結果被紂王用更直接的權力暴力給反撲終結。這裡便一再顯示出權力透過名言來進行對倫理行為的細微滲透，因此關龍逄、比干這些看似潔白無瑕之名士，常人或許會感慨珍惜他們掉入「福德不一致」的悲壯，似屬無辜之命也！但《莊子》卻認為他們的無辜不只是命的問題，更涉及對「己、功、名」三位一體所糾纏繫縛的權力邏輯，沒有給予細察所自遭的殺身之禍。換言之，面對政治暴力的權力對抗，並非徒有自認為的理想和德性，就能成其大志、立下大業，從《莊子》看來，若不能於諦觀細審權力的無所不在和微細甚深，那麼不只無法撼動政治的權力邏輯，就連自身也要成為無辜的犧牲者，最後終究只博得身後美名而已。

從《莊子》看來，有能力反省細微權力，才有可能迂迴而策略性地治療、引導政治權力的濫用。〈人間世〉整篇文章的精神，便都扣緊在如何：通人性、懂權力而在「自保其身」的善巧前提下，進一步有謀略、能迂迴地治療、引導政治權力之走向。一者，若未能「自保其身」，那麼接下來的權力轉化都屬空談；二者，若不能有迂迴策略，則無能與細微權力進行複雜的戰鬥；三者，根據上述兩點，〈人間世〉批判權力的姿態，顯示出大不同於《孟子》式的另類道家型知識分子。底下以〈人間世〉顏回和顏闔為例說之。

89　莊周著，郭慶藩輯，〈人間世〉，《莊子集釋》，頁 139。

90　「文化資本」是指：「語言、意義、思想、行為模式、價值與稟性，它是屬於語言學的、風格學，與知識特質的。」「社會資本」是指：「借助於所占據的持續性的社會關係網絡而把握到的資源或財富。」參見邱天助，《布爾迪厄文化再製理論》（臺北：桂冠圖書，2002 年），頁 131。

〈人間世〉一開始所設計的顏回形象和態度，顯然十足展現救亡圖存、博施濟眾的儒者氣象。他義無反顧地告別孔子，正欲隻身前往亂國以導正獨裁者衛君，臨別前莊嚴十足地說：「回聞衛君，其年壯，其行獨，輕用其國，而不見其過。輕用民死，死者以國量乎澤若蕉。民其无如矣。回嘗聞之夫子曰：『治國去之，亂國就之。醫門多疾。』願以所聞思其則，庶幾其國有瘳乎！」[91] 顏回這個英勇風姿，足以擔當起《孟子》「自反而縮，雖千萬人吾往矣」的浩然氣勢。因為他心中持著直理，以理生氣，何懼之有。在這個虛擬的顏回身上，似乎可看到孟子遊說梁惠王、齊宣王的重疊影子。《莊子》在這裡，可能就是要和儒家型的知識分子進行一場虛擬的對話，以突顯道家型知識分子在面對政治權力時的另類思考與姿態。令顏回很意外的是，孔子不但沒有嘉賞他的理想和勇氣，反而潑他冷水並澆熄他滿腔熱血。他警告顏回：「若殆往而刑耳。」亦即以顏回現在的見識前往，必然慘遭權力的傷害，結果什麼理想都沒實現，只有白白犧牲。然後孔子才娓娓道來，其中所說內容，當然不同於《論語》的政治觀點，也迥異於《孟子》主張：

> 古之至人，先存諸己，而後存諸人。所存於己者未定，何暇至於暴人之所行！且若亦知夫德之所蕩而知之所為出乎哉？德蕩乎名，知出乎爭。名也者，相軋也；知也者，爭之器也。二者凶器，非所以盡行也。且德厚信矼，未達人氣，名聞不爭，未達人心。而強以仁義繩墨之言術暴人之前者，是以人惡有其美也，命之曰菑人。菑人者，人必反菑之，若殆為人菑夫！且苟為悅賢而惡不肖，惡用而求有以異？若唯无詔，王公必將乘人而鬥其捷。而目將熒之，

---

91 莊周著，郭慶藩輯，〈人間世〉，《莊子集釋》，頁 132。

> 而色將平之，口將營之，容將形之，心且成之。是以火救
> 火，以水救水，名之曰益多。順始无窮，若殆以不信厚
> 言，必死於暴人之前矣！[92]

　　上述假孔子所講述的從政之理，不折不扣表現出對細微權力
的省察。他一再要顏回好好想想：自以為的救國理想和見識（德
和知），其間是否挾雜著自己好名、爭利的權力欲望在潛伏而不
自知？他首先要顏回更加細微地面對所謂理想實現（存諸人）
背後的內心世界（先存諸己）。倘若自己也只是權力所裝扮的假
理想傀儡，那麼終將圖窮匕現，淪為權力競奪權力的工具而已。
更進一步說，就算自認理想純正、也抵擋得了名利誘惑（德厚
信矼、名聞不爭），還是可能不了解：權力滲透人性所造成的變
異扭曲（未達人心），權力在集體氣氛下對人的催眠控制（未達
人氣）。因此你這番前行，只有兩種（卻一樣糟糕）後果：一是
「菑人」，另一則是「益多」。前者是在突顯自己仁義美行善名的
同時，也特寫了國君的昏庸與群臣的佞惡（以人惡而有其美），
而在突顯別人都是害蟲的同時，在利益分贓的邏輯下，他反倒成
為大家心中最痛恨的壞事分子（菑人），結果便掉入「好人老是
被壞人所害」的濫劇情（菑人者，人必反菑之）。最終的後果很
明白：唯有一死報君王（殆為人菑夫）！

　　另一個更常出現的現象是，孔子先教顏回冷靜想想，假使衛
君果真是個「悅賢而惡不肖」的賢王，又哪裡會攪到這般田地才
需要你來突顯賢良（以反襯他的昏庸）呢？莊子此處假孔子之
言，當然是要揭露一個事實：面對濫用政治權力而無能自我節制
的暴君，是無法再用簡單的仁義道德理想來說服他的。這中間必

92　莊周著，郭慶藩輯，〈人間世〉，《莊子集釋》，頁 134-136。

須對權力和人性的深層糾纏有更複雜的掌握，才有可能與虎謀皮。不然的話，等到顏回一上朝堂，面對王公百官的集體利益思維之權力氣氛，他要不成了唯唯諾諾的啞巴（若唯无詔），不然就是在群體鬥爭的權力壓境下，意識到隨時將有被鬥爭的殺身之禍而開始轉向。對於從理想漸漸偷渡到現實的難堪嘴臉，莊子描述得實在傳神，好像曾經身歷其境似的：從目熒、色平、口營、容形的偷天換日，到最後心甘情願、理所當然地墮落到合情合理（心且成之）。結果便是在一群政客中再加上一個「益多」的利益分子，而這不就更令百姓陷入水深火熱之中嗎？

底下故事還頗長，那些對話都值得加以深描，在我看來，〈人間世〉娓娓呈現了《莊子》對微觀權力的細膩解剖。但為了不掉入漫漫故事的分解，我總結它的精神如下：雖然顏回底下也提出若干面對權力的方法（如「端而虛，勉而一」、「內直而外曲，成而上比」等等），孔子都認為那都只是技術層面的小技，若不能真正探察權力與主體自我的共構關係，那麼最多或能「無罪」，但也不可能「及化」。可想而知，到頭來若只為了或只能求得「無罪」之保身，那麼當初深入龍潭虎穴便顯得荒謬而無意義。可見「可以及化」才是面對政治權力的真正要務。所以接下來，才真正進入孔子要顏回深刻面對自我「成心」中的權力病毒，而這便接續到有名的「心齋」工夫。心齋的工夫重點便結穴在一連串極為重要的新主體狀態：「聽之以氣」、「氣也者，虛而待物」、「未始有回」、「入遊其樊而無感其名」、「以無知知」、「瞻彼闋者，虛室生白，吉祥止止」。[93]

93　以上一連串有關顏回和孔子的對話，以及心齋的工夫描述，參見莊周著，郭慶藩輯，〈人間世〉，《莊子集釋》，頁 131-150。

　　顯然《莊子》認為只有在這種新主體狀態（無己、無功、無名），亦即敞開、虛空、寧靜的自我覺察狀態，同時「聽之以氣」也符應於平淡之氣的精微狀態，他才可能時時照見細微權力病毒對自己心態的影響，和對集體氛圍的形塑，然後戒慎恐懼、迂迴謀略地從中不斷找到庖丁解牛的「遊刃有餘之地」。也就是說，只有當人們有能力細察權力的微伏與錯綜的實相，才可能找到回應權力的空隙。《莊子》這裡顯示的，絕不是完全逃避於權力之外的隱逸避禍之學，否則他不必這麼大費周章談論如何與權力角力的曲折過程。如能善讀此言：「若能入遊其樊而無感其名，入則鳴，不入則止。無門無毒，一宅而寓於不得已，則幾矣。」或許便能善解《莊子》要我們在政治權力中善保己身的前提下，迂迴而有策略性地尋求回應權力、引導權力的最佳時機、最佳方式。而顏回終是「入遊其樊」，庖丁也要在錯綜複雜的牛體網絡中「遊刃有餘」，這都一再顯示出莊子面對權力的「入室操戈」姿態。〈人間世〉另有一段顏闔「將傅衛靈公太子」故事，可以印證並補充上述顏回欲救衛君故事：

> 顏闔將傅衛靈公太子，而問於蘧伯玉曰：「有人於此，其德天殺。與之為无方則危吾國，與之為有方，則危吾身。其知適足以知人之過，而不知其所以過。若然者，吾奈之何？」蘧伯玉曰：「善哉問乎！戒之，慎之，正女身哉！形莫若就，心莫若和。雖然，之二者有患，就不欲入，和不欲出。形就而入，且為顛為滅，為崩為蹶。心和而出，且為聲為名，為妖為孽。彼且為嬰兒，亦與之為嬰兒；彼且為無町畦，亦與之為無町畦；彼且為無崖，亦與之為無崖。達之，入於无疵。」[94]

94　莊周著，郭慶藩輯，〈人間世〉，《莊子集釋》，頁 164-165。

這段故事傳神有趣,它完全彰顯出道家型的知識分子,在面對權力時的圓通、靈巧、迂迴、周轉之策略性能力。一般讀者總只是讀到如何善保其身的避禍之學,卻忽略最為核心的精華:「達之,入於无疵。」也就是,《莊子》認為唯有深明於權力的幽微與魔魅,戒慎恐懼於權力令人腐化的危險,迂迴謀略於伴君如伴虎的權力虎口,通達圓融於權力運動之變化莫測,這樣才能不誤犯「螳臂擋車」、「激怒虎心」、「錯拍馬屁」[95] 等等危險的殺禍之機。但是上述這些看似明哲保身之道,終究是為了讓原本習於濫用權力者,在不知不覺中被轉化(達之)而導向權力的適度而合理之重新運作(无疵)。

六、結論:《孟子》與《莊子》兩種知識分子的批判性比較

《莊子》面對權力、治療權力的回應方式,相當不同於《孟子》所展現的知識分子形象。而本文便總結在孟、莊兩類氣論所開啟的不同面對權力的姿態,亦即:「浩然之氣」與「平淡之氣」這兩種不同類型的知識分子的差異景觀。

《孟子》既強調「志壹可動氣」、「氣壹可動志」,可見形──氣──心之間是相互作用的連續整體。而《孟子》的「本心」由於可立定理義、可透過義理而攝顯本心,那麼這種「心即理」的義理動能,也能同時帶動形氣的動能,使得形氣動能被「理」所化所導,甚至被集中化、增強化。此時的「氣」也被

---

95 這三個隱喻,正都是緊接著「達之,入於无疵」底下的三個寓言,為免引文過長,暫捨這三個極為巧妙而發人深省的「政治權力寓言」。參見莊周著,郭慶藩輯,〈人間世〉,《莊子集釋》,頁 167-168。

「存有」化、「天理」化，而不再只是感官小體的盲動欲力。這種「心──氣──天」交融為一的「上下與天地同流」之浩瀚生命，既表現出內聖的踐形、知天氣象，也可將此「浩然之氣」轉而發用在外王的公共關懷上。例如表現在面對政治權力的直諫與抵抗，如此便呈現出《孟子》式的「良知」與「勇氣」，而孟軻本人便完全體現出這種敢說真話（孟子見梁惠王、齊宣王）、批判權力（如主張革命論）的知識分子之巨人典範。

我們亦可看到《孟子》對權力批判的另一理據，亦即它的「以理生氣」，乃是建立在對「道統」這一宏大敘事的信念上。然後以「道統」來引導「政統」、以「王道」對抗「霸道」，推擴出由內聖延伸至外王的義理事業，此即由不忍人之心而推至不忍人之政，而有所謂天理、王道之落實。可見《孟子》對政治權力的批判，所以顯出那樣「以理生氣」的直接性、強度性、波瀾壯闊性，乃和它所信念的「直理」有關。不管是天理「直貫」性命而下，還是心性「直通」天理而上，又或者不忍人之心「直推」於不忍人之政，它們都具有著無曲的直接性格。因此當《孟子》的浩然之氣面對著權力暴力時，也就那麼理所當然地突顯出「剛猛」的碰撞「威儀」，這便顯示出不太有妥協餘地的純粹理想類型的知識分子。這是《孟子》為後來嚮往知識分子道路，最吸引人們、也最鼓動人心的熱血沸騰之處。它彰顯出知識分子「捨我其誰」的勇猛性甚至悲壯性。

相對來看，《莊子》在面對政治權力時，顯現老靈魂性格，甚至狐狸狡獪能耐。但這種老練、通達、圓轉的辯證能力，並不僅是出於權變。它既不純是獨善其身的心術，更不是爭權奪利的手段，而是本於對微觀權力的深刻洞察，以及為了在複雜的鬥爭場所中，終能得到「達之，入於无疵」的權力轉化效果，所不得

不採取的迂迴道路。因此在《莊子》身上，看到的是：異於浩然之氣的平淡之氣，異於理直氣壯的迂迴徑路。從《莊子》看來，已「入遊其樊」的知識分子，要對權力有著更細微的省察和通變能力，而權力病毒絕不只存在政治暴力的場域中，它也滲入知識分子所自以為的良善動機和純粹理想之中。使得批判者成為權力傀儡下的理想偽裝者，而這種看不清自己的狀態，也必有危險隱伏其間。其次，《莊子》認為面對權力和人性的糾纏、政治權力和集體墮落的共構，其中的運作邏輯自有它們的弔詭理路，因此知識分子若要導正政治、治療權力，就不得不理解權力、政治、人性、符號之間，曲折複雜、幽微變形般的迷宮世界。換言之，權力早已生長出它自身的結構和理路，無法用簡單的理想和勇氣就足以扳倒或矯正。面對權力的詭異變化、快速生長，《莊子》採取了微觀、曲折的回應方式。這便使《莊子》呈現戒慎恐懼、迂迴宛轉、深謀遠慮的姿態。以往《莊子》這種身影大都被理解為明哲保身的避害之學，完全不足承擔起知識分子之名，但在本文看來，它可能呈現出另一種極成熟、富策略性的知識分子。

前文說過，《莊子》所體會的平淡之氣，乃極為精微的身心狀態。這種「遊乎一氣」的精微生命之證得，同時必須對規訓、固著生命的種種粗暴，進行層層的覺察、治療、解放，如此才能在喪我、心齋、坐忘等主體轉化下，足以面對自己內在心性與語言權力的共構連結之細微習性，並進而練就精微細察能力（聽之以氣），超然而冷靜地發用在政治場域的複雜邏輯中（虛而待物），戒懼恐懼面對政治權力的誘惑、變形、壓迫等集體暴力。一方面在危險中保持旁觀的姿態（入遊其樊而無感其名），另一方面在曲折複雜中找出可能運作的空隙（以無厚入有間），如此一來才可能使權力受到「及化」而轉向。然而《莊子》這種「吾見其難為，怵然為戒，視為止，行為遲。動刀甚微」的庖丁手

勢，雖大異其趣於《孟子》「千萬人吾往矣」的浩然氣勢，但是否終究較可能發揮「謋然已解，如土委地」的解牛功效，實耐人尋味。換言之，文惠君的政治權力已被「恢恢乎其於遊刃必有餘地」的庖丁給化解，而這種「善刀而藏之」的庖丁，正是《莊子》渴望呼喚的知識分子身影之隱喻。庖丁說：「臣之所好者道也，進乎技矣。」同理，《莊子》型的知識分子在面對權力時的策略性技藝，也絕不只是權謀技術，而是本之於「道」的體會。然而放在政治場域的權力邏輯來說，此時的道便是深明權力網絡的複雜道理，並進而在錯綜繁複的權力迷宮中，發揮解剖密碼、曲折遊戲的能力。《莊子》型的知識分子，可謂善將精微之氣用在曲折的理路中，發揮他微型手術、解剖權力的精微能耐。

　　最後，本文透過《孟子》與《莊子》這兩種氣論的互文討論，一方面突顯兩者氣論皆具有存有開顯的面向，並由此通達於彼此各自的倫理關懷，最後又結晶在兩者對政治權力的批判與公共參與上。換言之，本文讓孟、莊兩者的氣論，流通於各自的存有學、倫理學、政治學這三個向度之間，並使其通貫為一。尤其最後結晶在兩種知識分子的類型比較，不管是《孟子》式的浩然之氣（剛猛型知識分子），還是《莊子》式的平淡之氣（精微型知識分子），兩者所體驗的「天地之氣」，都不曾像法國莊子學專家畢來德（Jean François Billeter）所擔憂的，氣化論將讓主體的創造性動能，被氣化宇宙的根源給吞噬吸納，而退墮為貧瘠無力的空洞主體，甚至走向為集體大一統的國家神話來效力。[96]（而

96　參見《莊子四講》、〈莊子九札〉、《駁于連——目睹中國研究之怪現狀》等對「氣論」採取一貫的批判主張。畢來德著，宋剛譯，《莊子四講》（臺北：聯經出版公司，2011 年），頁 131-133；畢來德著，周丹穎譯，《駁于連——目睹中國研究之怪現狀》（高雄：無境文化，2011 年），頁 55-58。相較言，〈莊子九札〉更多觸及氣論問題。筆者在讀完〈莊子九札〉後，於 2011 年 11 月底邀請

《莊子》式的生存美學與權力批判的綜合性，也不曾像法國漢學家余蓮所質疑的，落入個人與宇宙能量調合所產生的目的性空缺與批判性無能。）[97] 正好相反，孟、莊兩者的「上下與天地同流」、「遊乎天地之一氣」，都表現出將宇宙能量的貫通而收攝到主體身上，並轉化它為源源不絕的創造力，只是《孟子》將其表現為理直氣壯的剛猛之力，而《莊子》則表現為理微氣和的柔道之力。[98]

（本文發表於《清華學報》新第 43 卷第 1 期，2013 年 3 月；
後經增補改寫）

畢來德在臺灣埔里民宿密集兩天討論〈莊子九札〉的回應稿，其中並安排楊儒賓與畢來德兩位先生就氣論一課題，進行深入的交流對話。本人亦將這次埔里民宿聚會的討論內容寫成評論稿，〈身體、氣化、政治批判——畢來德《莊子四講》與〈莊子九札〉的身體觀與主體論〉，收入本書第四章。

97 參見何乏筆對余蓮的評論與批評，〈平淡的勇氣——嵇康與文人美學的批判性〉，《哲學與文化》第 37 卷第 9 期，頁 142-153。

98 本文結論在「浩然正氣」的剛直批判，與「平淡之氣」的迂迴轉化，主要是就孟、莊二者在面對政治權力這一場域時所表現出來的差異特徵。但不能完全否認的是，孟子在面對齊宣王時，似乎偶有循循善誘的引導企圖，然站在本文立場看，就算如此，這和《莊子》因深曉權力、人心的複雜糾纏而來的迂迴策略仍有本質性不同。因為孟子只是偶爾表現出辭氣較為平和的溝通努力，但其所呈現的方式主要還是直理而行、直理而言，稱不上策略性。另外，我們除了看到〈人間世〉那種「入遊其樊」的庖丁解牛式的姿態外，亦看到《莊子》一書時常出現格格不入的鶤鶼形象（如許由、接輿等），亦即對政治權力採取高傲不居的遠離姿態。然而《莊子》這兩種回應政治的姿態——「遊刃有餘的庖丁」與「格格不入的鶤鶼」，筆者認為並不矛盾，而且一樣都具有批判精神，對此筆者已有專文討論。參見拙文，〈《莊子》的生存美學與政治批判——重省道家型的知識分子論〉，收入本書第一章。

第三章

差異、離心、多元性——
《莊子》的物化差異、身體隱喻與政治批判

一、身體觀研究視域的辯證複雜性

黃俊傑先生曾對近來有關中國思想史的「身體觀」研究風潮與突破，做出首度的書評與觀察，並總結身體觀的研究新視域表現在三個向度：

> 本文提出中國「身體觀」研究的三個視野：作為思維方法的「身體」、作為精神修養呈現的「身體」、作為權力展現場所的「身體」，這三種「身體」在未來的中國人文研究中，哪一種「身體」較為重要或較有研究上的發展潛力呢？針對這個問題，我想提出「內外交輝」四字作為「身體」研究的整合性觀點……中國思想系統的諸多面向，皆有其「身體之基礎」。這種「體驗之學」，不僅是一種具有中國文化特色的思維方式，也是一種個人的修養工夫論，更是一種政治學理論……。這種將「體知」、「體驗」、「體治」融於一爐而治之的中國思想與哲學傳統，潛藏可觀的文化資源。[1]

黃先生此文的意義，筆者認為主要有二：一者在於首度評論

1　黃俊傑，〈中國思想史中「身體觀」研究的新視野〉，《中國文哲研究集刊》第 20 期（2002 年 3 月），頁 562-563。

近來身體觀研究的風潮，並透過評論與觀察，為身體觀的典範轉移和研究趨勢，給出歷史性的描述和未來性的前瞻，讓身體觀研究的學術意義得到初次的宏觀貞定。再者他提出的身體觀研究三視野，大抵上寬廣地涵蓋了中國文化身體觀研究的三個核心向度，[2] 並意識到三面向「內外交輝」的複雜性，點出三向度之間可能存在的競爭與合作關係。

　　黃先生此文言簡意賅，大抵盡到評論者微談言中的旨趣，但也因為點到為止，許多複雜性難以在評稿中詳加發揮。例如，三向度在黃文的評稿看來，傾向平行介紹的方式來呈現：他主要透過吳光明 *On Chinese Body Thinking: A Cultural Hermeneutics* 一書對《莊子》的觀點，來介紹「作為思維方法的身體」這一向度（亦即「體知」面向）。又透過楊儒賓《儒家身體觀》一經典力作的儒家觀點，來介紹「作為精神修養呈現的身體」一向度（所謂「體驗」面向）。最後又透過 *Body, Subject and Power in China* 一書觀點，來呈現「作為權力展現場所的身體」向度（和「體治」面向相關）。就評述的形式看來，三向度在黃文的描述次第下，容易被認為它們分屬各個不同的思想家派或文化範疇（當然黃先生的意思並非如此，例如他也意識到儒家的身體觀既有精神修養的踐形層面，也有社會禮學的體治層面），而忽略或低估其中交涉的複雜性。其實，中國文化的個別思想流派或者文化現象，都可能同時蘊涵兩或三個向度於一身，只是它們聚集在一思想經典或文化現象之中，到底是交光輝映、還是彼此存在著緊張

2　後來黃先生這三個向度的考察，大抵上也被大陸學者繼續用來觀察臺灣和大陸的身體研究趨勢，如燕連福便由此轉為「作為表達主體的身體」、「作為哲學本體的身體」、「作為展現場所的身體」，參見氏著，〈中國哲學身體觀研究的三個向度〉，《哲學動態》2007 年第 11 期，頁 51-54。

關係，則必須被個別分析與考察，否則便容易簡化思想文化的豐富性和複雜性。例如楊儒賓先生在《儒家身體觀》一書，主張儒家身體觀的「四體一體」現象，便已指出儒家身體現象的豐厚性。換言之，楊先生企圖彰顯並統合儒家身體觀的：「意識向度」、「形氣向度」、「社會向度」、「宇宙向度」。[3]

　　而筆者也認為，《莊子》所呈現的身體觀內涵頗為豐富複雜，並不能單以吳光明所謂「作為思維方式的身體」來涵蓋，它同時也具備了黃俊傑所謂的三向度，而且三向度在《莊子》中，呈現出它不同於儒家身體觀的獨特辯證關係。例如，筆者在過去的研究中，曾指出《莊子》身體觀的三維辯證，一是有關文化符碼對社會身體的規訓與銘刻，二是百工技藝的勞動實踐所展現的身體思維，三是真人宇宙氣象的精神化身體。[4] 在筆者的考察裡，《莊子》透過百工技藝的身體操作現象（最有名者如「庖丁解牛」），突顯出人具有非由意識主宰的另類身體運動與知覺能力，而這一「技進於道」、「官知止而神欲行」的「全身是神」狀態，高度顯現《莊子》肯定身體主體本身就具有它的活力機制和身體思維。然而，《莊子》亦經常流露對儒家禮教身體落入「進退一成規一成矩」的規訓批判，所以刻意形塑另類於社會有用符碼之外的「支離身體」，來突顯社會象徵價值的意識型態對身體過分銘刻的暴力，並提醒我們對邊緣性的他者之身體群像（如醜者、殘者、畸零者等等），保持關懷與重新評估的態度。[5] 另外，

3　楊儒賓，《儒家身體觀》，頁 1-26。

4　參見拙文，〈《莊子》身體觀的三維辯證──符號解構、技藝融入、氣化交換〉，《清華學報》新第 42 卷第 1 期，頁 1-43。

5　關於《莊子》一書對他者的身體群像之關懷與重估，參見拙文，〈論《莊子》的雅俗顛覆與文化更新──以流動身體和流動話語為中心〉，《臺大文史哲學報》第 77 期，頁 229-264。

《莊子》亦充滿對真人身體的宇宙性氣象之描述，那種「天地與我並生，萬物與我為一」、「遊乎天地之一氣」的精神四達並流現象，《莊子》便透過「體盡無窮」的精神化身體來描述。甚至可以說，楊儒賓所描述的《孟子》踐形「與天地同流」之宇宙化身體，在《莊子》顯然被呈現得更為清晰也更有理路。[6]

　　筆者所分析的《莊子》身體觀之三向度，大抵上呈現出的辯證結構在於：批判社會身體的過度規訓，提倡百工技藝的身體與物質在情境中的直接遇合運動，並歌頌真人身體與自然世界的氣化交換與感通連結。換言之，若以黃俊傑的身體觀三視域來考察，《莊子》的立場大抵表現為：對「作為權力展現場所的身體」面向的解構與批判，對「作為思維方式的身體」面向之肯定與提倡，並透過對社會符碼與權力交纏的身體場所進行超越，以突顯出身體最深層的深度自由，這便是宇宙性的精神化身體之宏觀氣象。若對比於儒家的身體觀來說，儒家可謂一開始便企圖結合身體的社會面與超越面，而道家基本上不會輕易主張二者的體合無間，反而多突顯兩者的緊張關係，並在最後的圓教層次上，才會再度考慮身體的超越性與社會性的辯證統合。換言之，對於禮教化的社會身體面向，儒家傾向於看出它的文化認同之積極意義，道家則傾向於看出它的權力支配之消極意義。由此可知，身體觀的將來研究，需更加細緻地考察這三個（或更多）面向之間的交纏辯證關係。

6　楊先生雖然認為《孟子》的踐形觀，已大體具備，但亦不得不承認《孟子》在理論上的雛型，有待思孟後學和《管子‧內業》、〈心術下〉的發展，來補充其理路的清晰與完備，參見《儒家身體觀》，頁 54-66。關於《莊子》式的宇宙化身體氣象，參見拙文，〈《莊子》精、氣、神的工夫和境界——身體的精神化與形上化之實現〉，《莊子靈光的當代詮釋》，頁 119-166。

二、將《莊子》放入中國古代「身體政治論」脈絡的考察意義

　　筆者雖曾處理過《莊子》如何對權力展現的身體場所進行揭露，但大抵從身體的社會規訓面向著手，比較沒有從身體的政治論這一視角對《莊子》進行考察。為補充筆者以往的研究論述，本文打算考察《莊子》的身體政治論，亦即《莊子》的政治批判立場如何表現在身體隱喻這一現象上。本文會從這一特殊向度來繼續豐富《莊子》身體觀的多元意蘊，除了有筆者近來對道家型知識分子的權力批判之關懷外，也和黃俊傑底下的判斷所引發的興味有關。對臺灣身體觀研究不陌生的學者，必然會注意到黃先生除了對近來流行的身體觀風潮有過評述外，他自己亦投入身體相關的研究課題，尤其著力在「作為權力展現場所的身體」一向度，並特別喜愛從身體與國家的關係角度來具體考察身體政治論。[7]因為從他的觀察看來：

> 「身體」作為人文研究的議題近年來廣獲國內外學界的重視。從已發表的論著看來，在身體的諸多面向之中，較受到學者注意的是（a）作為與「大宇宙」（自然）互動的「小宇宙」的身體；（b）作為精神修養境界之體顯場所的身體，以及作為符號的身體。在現有研究文獻中，「身體的政治性及其涵義」尚未獲得充分的研究，值得我們努力以赴。[8]

7　主要文章如：〈中國古代思想史中的「身體政治論」──特質與涵義〉、〈古代儒家政治論中的「身體隱喻思維」〉等，二文俱收入《東亞儒學史的新視野》（臺北：臺大出版中心，2004 年）。

8　黃俊傑，《東亞儒學史的新視野》，頁 343。

　　他認為身體的政治性也是中國身體觀的一大特色，但從目前的研究資料看來，相對不夠充分。所以他投身古代與儒家的身體政治學之考察，並得出底下值得注意的結論——而他的結論正和本文寫作的興味產生了連結性。先將他的重要結論引述如下，再進一步說明它和本文相關的問題意識：

> 古代政治思想史所見的身體隱喻思維，大約表現而為以下兩種方式：1. 心體之喻：第一種常見的身體隱喻，是將國君比喻為心，將臣下比喻為身體的五官或四肢。……作為「心」的國君，比作為四肢的臣下，更具有優先性。因為四肢受心的指揮，所以臣下也應受國君的統御。……2. 元首股肱之喻：第二種常見的隱喻，是將國君喻為身體的元首，而將臣下喻為股肱。……並以為前者較後者更具有優先性，而應支配後者。不論是第一種方式的「心體之喻」，或是第二種方式的「元首股肱之喻」，我們都可以發現：古代中國的政治論中的身體隱喻，都隱涵一個有機體論的立場——將政治體系視為如身體一般的有機體。……從這種有機體論（organism）的立場出發，所進行的身體隱喻思維，必然牽涉到有機體中的「部分」與「全體」之間的關係這個問題。有機體中「部分」與「全體」的關係，有兩種可能的思考立場：1. 站在整體論者的態度，可能認為在身體這個有機體中，「部分」（如耳、目、口、鼻、手、足）的意義和功能，只有置於身體這個「整體」中才能發揮作用。……從這個觀點來看，身體中的「部分」欠缺自主性，「部分」只有在「整體」的脈絡中才有意義。因為「部分」欠缺自主性，所以「部分」應為「整體」而存在。2. 站在個體論者的立場，可能認為所謂「整體」是由無數的「部分」所組合而成的，因此，所謂「整體」是一個虛名，只有構成「整體」的各個「部分」才是實體。因此，如果沒有了「部分」，即無所謂「整體」可言。所以，

「部分」較「整體」更具優先性。就其大趨勢來說，傳統中國的思想家基本上傾向於整體論的立場，認為「部分」為「整體」而存在，後者對前者具有優先性。[9]

黃先生的古代與儒學身體政治論之分析，由於和他關懷的中國具體性思維的身體基礎這一背景有關，[10] 所以將身體思維和具體性、有機性、聯繫性、隱喻性思維合併而觀。認為中國文化透過身體隱喻所類比展開的政治主張，並非僅在建構一套抽象的政治理論，更為了維持長治久安的政治管理和運作模式。而最常見的身體隱喻便是：「心（君）」和「（元）首」對比於五官四肢等次級身體器官的優位性，並由此類比論證一套主／從、上／下的政治管理模型，也實際主宰了中國政治運作的國家組織。與本文更為關聯的部分是，黃先生根據所謂「部分」與「全體」的有機論，雖在邏輯上推想出兩種可能，但大抵上這只是就邏輯可能性而言，若就歷史的實況來看，他認為這種帶有形上學意味的有機論現象，對中國政治思想有深刻影響，就大趨勢而言，大都傾向「整體論」的優位立場。亦即「部分」為「整體」而存在，國君所代表的國體（整體之一），相對於群臣（百姓）的個體（差異之多），顯然更具有形上整體的優先性。換言之，這種由整體論出發的身體隱喻之政治學立場，背後藏身著一套同一性、階層性的形上學論述。朕即國家（統攝著百官群臣）這個大

9　黃俊傑，〈古代儒家政治論中的「身體隱喻思維」〉，收入《東亞儒學史的新視野》，頁 371-375。

10　參見黃俊傑，〈傳統中國的思維方式及其價值觀——歷史回顧與現代啟示〉、〈「身體隱喻」與古代儒家的修養工夫〉，俱收入《東亞儒學史的新視野》，頁 313-340、397-424。另可參見其〈中國古代儒家歷史思維的方法及其運用〉，收入楊儒賓、黃俊傑編，《中國古代思維方式探索》（臺北：正中書局，1996 年），頁 1-34。

寫存有（Being）的宏大機體，吞噬掉了百姓這些小寫的存有者（beings），或者說小寫存有者猶如螺絲釘般，唯有縫合在君國一體這部大機體之中，才獲得了它的存在和角色。

　　黃先生對身體隱喻與政治體制的連結觀察，確實有憑有據。[11] 但筆者要強調的是，他上述的整體論優位，大抵環繞於和儒家較為相關的政治現象來考察，倘若改從道家角度，尤其從《莊子》的立場來觀察，答案可能很不一樣。筆者先概述本旨，以下再慢慢進行論證：我認為《莊子》的政治立場具有跳出上述整體論的政治思維大趨勢，甚至有意解構了集權式的整體論，呼籲個體差異的必然性和必要性。就《莊子》的存有論立場看，雖然依舊可從「部分」（多）與「全體」（一）的有機論來觀察，但在思考群臣百姓與君王國體的關係時，它不但不主張「部分為整體而存在」（整體具優先性）的一統立場，反而傾向尊重個體差異的立場。換言之，《莊子》具有解構大一統宏大敘述之政治意識型態，朝向個體論而發展的傾向。然而由於中國政治一統的思維既是主流趨勢、也根深柢固，因此《莊子》開出的這個另類批判思維，便經常隱沒未顯。本文的寫作緣起，便嘗試復顯《莊子》這個非主流的批判性觀點，尤其透過身體隱喻和形上解構這兩個相關脈絡進行分析。底下，我先從存有論的形上解構角度談起；其次，嘗試從《莊子》的身體隱喻現象來論析。

11　黃先生這些觀察和主張，也和〔英〕李約瑟相應，參見《中國之科學與文明》第二冊（臺北：臺灣商務印書館，1989 年），頁 462-506。

三、同一性形上學與大一統政治論的合謀共構：畢來德對中國整體論的疑慮

中國政治領域的思想模型與管理運作，傾向「大一統」的整體論模式，是個極為顯著的政治文化現象。但是政治的一統現象，經常建立在更深微的形上學理據上面，亦即所謂的整體有機論。可以說，形上學的「同一性」思維，提供了身體論的「有機體」思維，而身體有機體的隱喻又發揮其類比作用到政治的統一性思維方面。如此一來，「形上學（大宇宙）＝身體觀（小宇宙）＝政治論（結合大宇宙與小宇宙於君王一身）」，這三者，在中國政治文化傳統經常發揮著三位一體的功能。它們在整體論、有機論的宏觀視域下，經常預設政治一統的神聖秩序，因為它本身就被視為天經地義，反映出天地理序的統一性原理。然而，本文要強調，東方這種建立在「同一性形上學」的政治一統主張，的確為集權統一的政治宰制提供了形上的溫床。從《莊子》看來，這種政治神話學和同一形上學的合謀共構，無疑壓抑了千差萬別的具體個體生命，讓政治權勢合理化了暴力。而《莊子》對政治權勢的巨大擴張，無疑是戒慎恐懼，為此而展開它的解構批判性。在筆者看來，它解構的策略，一者涉及對同一性形上學的解構，二者涉及對「心統百官」的階層式身體隱喻的解構。最後由二者的解構效果，瓦解了政治一統的形上基礎，顛覆了君王領袖的國家神話。底下，筆者先從《莊子》對同一性形上學的解構談起。

一般而言，對比於西方形上（本體）／形下（現象）的二元論結構，東方的世界觀具有「道器不離」、「道物相即」、「無有玄同」的結構。東方這種「即物而道」、「觸物履真」的模式，表

現為：自然即超自然，可見性的萬物（多）即為不可見性的道（一）之體現。這種非二元論的「存有連續性」之氣化世界觀，也同時表現出打破西方層層二元鴻溝（心／物、身／心、主／客），讓一切存在事物之間充滿著有機的連結。[12] 籠統而言，中國的主流世界觀，大都展現出前文所謂「有機體」的宇宙觀特質。

不管是杜維明所謂「存有連續性」的東方文明觀，[13] 安樂哲所謂「關聯性宇宙論」，[14] 湯淺泰雄所謂「共時性的感應世界觀」，[15] 李約瑟所謂「關聯式思考的宇宙有機體」[16] 等等，東方這種透過「氣」的流動性所融貫互滲的有機宇宙，通常會強調天地的整體同質性。如楊儒賓指出的：「無論陰陽二氣也罷，陰陽風雨晦明六氣也罷，都是從氣引申出來的，而其作用都是用以解釋『天地為一同質性、交相融釋的有機體』此一事實。」[17] 換言之，這種氣化交融的宇宙，大抵上都有強調整體性、連續性的「一元論」特質。用「一」、「多」這組形上學語彙來說，「部分」（差異之多）不能是孤立的個體，部分與部分實乃交相互滲為存有連續的有機「整體」（整體之一）。而東方這種體驗形上學的有機原型（一多相即的宇宙觀），通常也會類比地表現在身體觀、政治觀等具體的文化向度上，提供身體與國體的整體性理序。

12　參見〔日〕湯淺泰雄，〈「氣之身體觀」在東亞哲學與科學中的探討〉，收於楊儒賓主編，《中國古代思想中的氣論及身體觀》（臺北：巨流圖書公司，1997年），頁 63-99。

13　杜維明，〈試談中國哲學中的三個基調〉，《中國哲學史研究》1981 年第 1 期。

14　安樂哲、郝大維著，彭國翔譯，〈《道德經》與關聯性的宇宙──一種詮釋性的語脈〉，《求是學刊》2003 年第 2 期。

15　湯淺泰雄此觀點來自榮格的「同時性原理」，參見其〈「氣之身體觀」在東亞哲學與科學中的探討〉，《中國古代思想中的氣論及身體觀》，頁 63-99。

16　李約瑟，《中國之科學與文明》第二冊，頁 483-506。

17　楊儒賓主編，〈導論〉，《中國古代思想中的氣論及身體觀》，頁 6-7。

問題在於，一多相即的有機宇宙，其中「一多關係」（同一與差異的關係）該如何進一步確認？其實是一個尚有爭議的未決難題，甚至也可能還是未及深思的誤區。就東方的存有連續世界觀而言，「一」「多」關係，首先不會是西方模式的形上／形下兩層存有論的斷裂關係。換言之，「一」並非超驗的創生本體、第一因實體，而「多」並非後天的受造物、客體物，即東方式的體驗形上學並不在萬物（多）之外、之上，另尋一超越的外部根據。東方的「道／物」、「一／多」、「無／有」關係，既不適宜用希臘以來的 meta-physics 方式理解，也不宜用希伯來的上帝造物說理解。它自本自根地從其內部湧發出生生不息的動能，並且自我循環往復地進行重複差異的變化。而這個自我湧現的變化歷程，便表現出：既交融而又差異的「即同一即差異」的有機關係。

東方的有機世界觀可以克服西方二元論的形上學難題，大抵已被諸多學者接受。然而這種一多相即的有機宇宙觀，在作為中國眾多文化現象的價值原型時，是否也同時產生一些錯置，甚至弊病？例如深為當代人所垢病的，它在政治立場上容易傾向整體論的統一觀，容易替集權思想提供國家神話的認同來源。面對當代西方民主制度的個體主義立場，東方這種大一統的政治走向，經常被認定無法為個體的自由與權利，提供一種必然保障。例如日本學者坂出祥伸就認為中國在「世界一氣」的整體論觀念下，很難出現近代歐洲的個體主張：

> 在這種「氣」互相交感的社會中，人與人之間的關係是永遠牽連的。此與近代歐洲的趨勢大相逕庭。在歐洲，他們是由個體所集成的社會，彼此之間的關係，不用說身體方面了，連精神方面也是各自獨立的，而經常有敵對之意。……中國話把兩人互通鼻息，不知在搞什麼鬼稱為「沆瀣一氣」，氣是貶意，但人與人之間的關係確是「一氣」。而

君──臣──民之間氣脈既能相通，要統治、要濟眾也才
有所可能。這種「一氣相通」的人際關係，不管怎麼說，
到底還是妨礙了個人的獨立、分離。[18]

換言之，有機論的宇宙觀既提供了中國醫學、社會人際的整
體論基礎，也為政治學的「君臣民一體」的國家一統主義提供了
基礎。如此一來，「世界一氣」的宇宙觀是否必然要墮化為國家
神話的形上學溫床？這種同一性形上學與主之以太一的國家神
話，不正需要加以批判反思嗎？類似坂出祥伸的質疑，瑞士漢學
家畢來德也有近似的批判觀點，他也對中國「主之太一」模式的
根源形上學與政治大一統，兩者「沆瀣一氣」地緊密交織，深表
疑慮甚至強烈批判：[19]

中國的帝王不僅成功地「讓人民習慣服從和奴役，還讓他
們為自己犧牲奉獻」，使他們「為『一』（un）之名目眩神
迷，換言之，受到蠱惑」。……這些宇宙論到後來歷經變
化，被改動、重塑或轉化成宗教或形上學的體系，但始終
起了同樣的作用：將權力的具體實踐合理化，並同時將它
隱藏起來。從帝國初期以降，整個中國思想史是在這樣的
框架中發展出來的。[20]

像傳統觀念那樣，把創造性的源頭放到宇宙當中，也就是
讓個人面臨這樣一個選擇：要麼把自己看成是一個在本質

18　坂出祥伸著，盧瑞容譯，〈貫通天地人之「一氣」──其自然觀與社會秩序
　　觀〉，收入《中國古代思想中的氣論及身體觀》，頁 146。
19　事實上，畢來德的這個立場也是他批駁余蓮的核心來源，亦即他認為余蓮對中
　　國所謂歷程的宇宙觀給予過度的美化，完全無視於它和帝國集權的共構性，因
　　此缺乏批判性。參見畢來德著，周丹穎譯，《駁于連──目睹中國研究之怪現
　　狀》，頁 54-55。
20　畢來德著，周丹穎譯，《駁于連──目睹中國研究之怪現狀》，頁 57-58。

上就被來自本源的宇宙秩序所規定的存在，因此是完全受制於這一秩序的，要麼把自己看成是一個能夠在自己身上捕捉到來自本源的創造性能量的存在。在這第二種情況下，要捕捉這種能量，就只能構想一種後退的過程，返回萬事萬物的不可捉摸的源頭。這是一種修煉，要求個人變得透明、順從，也就是以另一種方式去否定自我。而在兩種情況下，他都不能把自己構想為一種動因，一種新事物出現的場域。帝國時代的中國思想史印證了這一論點。[21]

　　畢來德是近來法國莊子學熱潮的核心人物，然而他對東方形上學與政治學高度合謀的意識型態之憂心，連帶使他不願接受《莊子》與氣論有太密切的關係。在他看來，「世界一氣」的氣論觀點，必然走向整體對個體的吞沒、個體對整體的順服，如此一來，人（個體）必然無法為自身挺立出一創造活動的主體。而畢來德所以在中國思想經典中，特別看重《莊子》，正好因為他認為《莊子》是中國文化中少數能跳出集權同一思維，發展出嶄新主體的創造性與批判性代表作。因此他在〈莊子九札〉這一回應臺灣學者的長文中，再三拒絕臺灣學者對《莊子》的氣論詮釋，[22] 他認為這將造成《莊子》再度迷航於東方整體論的濃霧中：「氣的概念在《莊子》當中的確出現過，但是不能因此把全部莊子哲學歸結為氣論，因為第一，《莊子》沒有整體性，可以

21　畢來德著，宋剛譯，〈莊子九札〉，《中國文哲研究通訊》第 22 卷第 3 期「畢來德與跨文化視野中的莊子研究專輯」（上）（2012 年 9 月），頁 19。

22　關於畢來德反對氣論立場，以及支持氣論的臺灣學者立場（諸如楊儒賓、何乏筆、賴錫三等）等相關討論，請參見拙文對畢來德的批判回應，〈身體、氣化、政治批判——畢來德《莊子四講》與〈莊子九札〉的身體觀與主體論〉，《中國文哲研究通訊》第 22 卷第 3 期「畢來德與跨文化視野中的莊子研究專輯」（上），頁 59-102。

從這一角度加以闡釋的段落也不多。」[23]

筆者雖然讚賞並契同畢來德對《莊子》批判性的洞察,也對中國帝制文化中形上學與政治論的合謀抱持批判,更反對《莊子》被錯解為同一性形上學。但對畢來德將《莊子》氣論給予淡漠、消逝的作法,卻不能贊同。再則筆者認為畢來德所謂「《莊子》沒有整體性」這一判斷,並不夠精確,有必要再加以釐清。其實,《莊子》也一定程度承繼了《老子》有關「一」的觀點,[24]如〈齊物論〉也強調「天地一指也,萬物一馬也」、「天地與我並生,而萬物與我為一」[25] 的領會。而老、莊既然都強調「一」,便不能完全否定它具有整體性的意味。換言之,有機的連續整體性世界觀,大抵仍然是東方思維共享的宇宙觀原型,老莊並沒有完全獨立而外隔於這個「非二元論」的氣化世界觀。真正關鍵性的問題在於,我們必須要進一步追問,《莊子》所強調的「一」在存有論的層次上,是否走向否定差異的「同一性形上學」?還是同時肯定同一與差異共在的「具體存有論」?再則,《莊子》是否同意並主張政治的集權一統?還是批判並解構政治的集權暴力?上述這兩組問題,其實也可說是同一錢幣的兩面。簡言之,假使《莊子》是完全否定差異的「同一性形上學」立場,那麼幾乎可以合理推論它在政治上大抵會傾向大一統的政權模型,甚

---

23 畢來德著,宋剛譯,〈莊子九札〉,《中國文哲研究通訊》第 22 卷第 3 期「畢來德與跨文化視野中的莊子研究專輯」(上),頁 13。

24 《老子》經常出現「一」的強調,如三十九章:「昔之得一者,天得一以清,地得一以寧,神得一以靈,谷得一以盈,萬物得一以生,侯王得一以天下貞。」因此《莊子》曾論斷老聃的哲學精神歸宿在「建之以常無有,主之以太一」。莊周著,郭慶藩輯,〈天下〉,《莊子集釋》,頁 1093。

25 莊周著,郭慶藩輯,〈齊物論〉,《莊子集釋》,頁 66、79。

至要以同一性形上學來為大一統政治學做理論背書。[26] 假使《莊子》是肯定差異的「具體存有論」立場，那麼似乎也可以合理推斷它在政治上便不容易走向大一統模式，更不可能為大一統政治提供同一形上學的論據。然而，從筆者看來，《莊子》遠離同一性形上學與大一統政治學的掛勾模式，它明顯採取了肯定差異的具體存有論立場，並由此強調每一生命的具體差異和在其自己，因而批判政治權勢的宰控暴力。

然而上述主張，只是觀點的提出並建立在間接推論上，筆者有必要回到《莊子》文獻本身，來證明它雖然也是一種有機整體論，但並不是同一性的整體論，而是肯定豐盈差異的整體論。而這種「即同一即差異」的具體存有論，就表現在《莊子》的氣化觀與物化觀的統合上，以下試論之。

四、《莊子》對同一性形上學的返下解構：「氣化」（一）與「物化」（多）的相即

〈天下〉篇曾表明莊周和「主之於太一」的老聃，細微而重要的差別在於他不但要「獨與天地精神往來」，也同時要「不敖倪於萬物……應於化而解於物」。[27]〈天下〉篇對老聃的評點暫且不議，而它對莊周的評論，確實非常精準地將《莊子》一書的存有論立場給指點出來。若以「道」和「物」這組概念來說，它強調了「道不離物」，也可說「體道不離世間」。若以「一」和「多」這組概念來說，它主張的是「一多相即」，也可說「即同一即差異」。換言之，《莊子》並不否定「太一之道」的整體性，

---

26 用畢來德的話來說便是：「帝國的秩序完全合乎宇宙的法則。」畢來德著，周丹穎譯，《駁于連——目睹中國研究之怪現狀》，頁 22。

27 莊周著，郭慶藩輯，〈天下〉，《莊子集釋》，頁 1098-1099。

但它同時也強調「萬有物化」的差異豐盈。由此可知，要精準把握《莊子》的「一」（精神獨立）之內涵，需同時把握《莊子》的「多」（應化解物）之內涵，也唯有同時關照同一與差異的並行共存，才有可能周延理解《莊子》的具體存有論之全幅義蘊。

　　回到〈齊物論〉來看，一般學者容易單向度地解讀「齊物」的「齊」為「同一性」，以為《莊子》要徹底取消萬物的差別相，回歸大寫之道的整齊劃一之中。如此解讀〈齊物論〉的「一」與「齊」，看似有一定的文獻根據，但卻簡化了文獻與問題的豐富性。因為〈齊物論〉在談及「天地與我並生，而萬物與我為一」時，並非取消天地萬物的差異之多而證取超絕而抽象的同一，反而應該解讀為「並生為一」與「天地萬物」的共在。同理，「天地一指，萬物一馬」亦應該同時關照到「一」與「萬」的共榮。換言之，當〈齊物論〉說「恢恑憰怪，道通為一」[28] 時，它雖然突顯了「道通為一」，但它同時也觸及了「恢恑憰怪」（亦即千差萬別的「具體物」、「風格物」）。

　　假使我們不如此理解，不由此突出《莊子》同時對「同一」與「差異」的雙重肯定，甚至單向度地將其理解為「同一性形上學」，那麼我們將和〈齊物論〉的核心精神產生矛盾衝突。如何說？眾所周知，〈齊物論〉不斷在進行解構「人類中心主義」的單一視角暴力，尤其以齧缺和王倪的對話為典型。王倪要解構齧缺的正是那種「以我觀之」的單一片面與中心固著視角，而要我們調整成「以道觀之」的去中心之遊移視角。所謂「以道觀之」的「遊觀」內涵，王倪其實正是透過「以物觀物」來呈現與落實：

28　莊周著，郭慶藩輯，〈齊物論〉，《莊子集釋》，頁 70。

且吾嘗試問乎女：民溼寢則腰疾偏死，鰌然乎哉？木處則
惴慄恂懼，猨猴然乎哉？三者孰知正處？民食芻豢，麋鹿
食薦，蝍且甘帶，鴟鴉耆鼠，四者孰知正味？猨猵狙以為
雌，麋與鹿交，鰌與魚游，毛嬙麗姬，人之所美也；魚見
之深入，鳥見之高飛，麋鹿見之決驟。四者孰知天下之正
色哉？[29]

換言之，「以道觀之」的「道」並非抽象的形上同一性視
角，反而要迴向於具體的千差萬別之「物之在其自己」，尊重
「人」、「鰌」、「猨」、「麋鹿」、「蝍且」、「鴟鴉」等等，不同物類
的存在性格與生活風格。由此可見，《莊子》的「道」乃不離於
「物」，「一」乃迴向於「多」。事實上，《莊子》一書充斥著多
元物類豐富而生動的描繪，其中緣由當不止是文學修辭的興味而
已，而應是《莊子》對「物化」的差異性之肯定，自然表現出對
「恢恑憰怪」的多元物類之生命，處處感受「目擊而道存」的
驚嘆。

「物化」一概念，不斷出現在《莊子》書中。其中最具典範
意味並引人遐思的，莫過於「莊周夢蝶」這一美寓：

昔者莊周夢為胡蝶，栩栩然胡蝶也，自喻適志與！不知周
也。俄然覺，則蘧蘧然周也。不知周之夢為胡蝶與，胡蝶
之夢為周與？周與胡蝶，則必有分矣。此之謂物化。[30]

莊周夢蝶或蝴蝶夢周的寓言，正是放在〈齊物論〉的結語
處。某個意義說，它可視為〈齊物論〉的觀點總結或歸宿，筆者
認為它是對「齊物」的綜合回答。假使這個推斷不致全然無據的

29　莊周著，郭慶藩輯，〈齊物論〉，《莊子集釋》，頁93。
30　莊周著，郭慶藩輯，〈齊物論〉，《莊子集釋》，頁112。

話，那麼莊周夢蝶寓言其實也是對《莊子》「物化」觀最好的註
腳。寓言中的「夢」與「覺」，其實對應的正是「周蝶不分」與
「周蝶有分」的兩種處境。而它顯然透過夢與覺的辯證過程，同
時肯定了莊周與蝴蝶之間的：既「同一」、又「差異」的詭譎關
係。而「物化」一概念所以重要，是因為它在「即同一即差異」
的結構中，特別突出了「必有分」的「差異」面向，[31] 而「分」的
基礎正是建立在「物（相）」的恢恑憰怪之多元變化上。〈齊物
論〉終結於莊周夢蝶寓言的「必有分」之「物化」觀，很可能是
擔憂「齊物」被單向度地理解為「主之太一」的同一性形上學，
這樣一來，《莊子》之「道」便要流於抽象與超絕。然而正如
〈知北遊〉寓言所示：

> 東郭子問於莊子曰：「所謂道，惡乎在？」莊子曰：「无所
> 不在。」
> 東郭子曰：「期而後可。」莊子曰：「在螻蟻。」
> 曰：「何其下邪？」曰：「在稊稗。」
> 曰：「何其愈下邪？」曰：「在瓦甓。」
> 曰：「何其愈甚邪？」曰：「在屎溺。」
> 東郭子不應。莊子曰：「夫子之問也，固不及質。正獲之
> 問於監市履狶也，每下愈況。汝唯莫必，无乎逃物。至道
> 若是，大言亦然。」[32]

　　這段寓言對話，既精采絕倫，也精確無比。莊子要打破東郭
子的意識型態，正在於他對「道」具有過度神聖性的超絕想望，
可以推想東郭子心中的道猶如彼岸般的彩虹，它高超而渺遠地

31　關於莊周夢蝶的「物化」內涵，涉及「無分別」（一）與「分別」（多）的統
　　合，更細節的討論參見拙文，〈論先秦道家的自然觀——重建一門具體、活力、
　　差異的物化美學〉，《文與哲》第 16 期，頁 1-44。
32　莊周著，郭慶藩輯，〈知北遊〉，《莊子集釋》，頁 749-750。

掛空在雲深不知處。而莊子則要將東郭子對道的虛幻投擲，導回具體而當下的「物」之存有。「下邪」、「愈下邪」、「愈甚邪」，正是為將崇高的超絕之道，步步落實在螻蟻、稊稗、瓦甓之中，甚至可以落在看似卑汙的屎溺中。莊子的「返下」其實便是「道」向「物」的轉向與回歸，因此每當他對東郭子進行「每下愈況」的棒喝，便逐步在進行著對超絕形上學的瓦解動作。若用「一／多」這組概念來說，莊子要讓東郭子明瞭「道」乃「无乎逃物」，亦即道必須彰顯在具體的存有物之中，「一」必須與「多」詭譎相依。如此一來，又可說「道在屎溺」的寓言，實有解構「同一性形上學」而轉向「具體存有論」的用意。螻蟻、稊稗、瓦甓、屎溺等等，一切具體差異的存在物，都要獲得存有開顯的地位，它們並沒有被同一性給吞噬而消融於虛無之道中，反而道之開顯必得「无乎逃物」地彰顯為千差萬別的「物化」世界。這一「道物相即」的物化世界，必乃是花紅柳綠、眼橫鼻直的多元差異的「有分」世界。只是這一「有分」，因為「通天下一氣」的共融共在，因此「分而無分」地「共在於世」，如此便成就了所謂「一多相即」、「無分別的分別」之天地大美。

再回到〈齊物論〉來。相對於莊周夢蝶的結語，〈齊物論〉起始於南郭子綦的「吾喪我」與「聞天籟」。簡單說，喪我涉及主體我的身（形槁）心（心死）雙譴工夫，而天籟便屬於聞道境界。耐人尋味的是，南郭子綦對聞道的描述，雖在名相上屬於音樂隱喻，但就實質體驗的內涵來看，他指出的則是和「物（化）」體驗有關，如所謂「夫吹萬不同，而使其自己也，咸其自取，怒者其誰邪！」[33]

---

33 莊周著，郭慶藩輯，〈齊物論〉，《莊子集釋》，頁 50。

「吹萬不同」，其實和「道无逃乎物」、「周與蝶必有分」的表述，具有理路的一致性，它們皆表明體道必然要在「目擊道存」的當下具體物相中來展開。而此時「恢恑憰怪」的多元萬物，各自生機活潑地由內唱出自身的韻律，每一殊異有別的存在物就像吹出自身的樂音般，盡情地表現出自身生命的力與美，此正是南郭子綦所聞的「吹萬不同」之具體存有之道。而所謂「使其自己」、「咸其自取」，正突顯了萬物「由內而發」、「由衷而出」的在其自己之生命力。因此天籟的歌頌乃結晶在「怒者其誰邪」，換言之，南郭子綦要提醒我們的，其實和莊子所要告誡東郭子的一樣，即不要在吹萬的物化之外、之上，別覓一超離的外部「怒者」（推動者或創造者）。《莊子》精心安排東郭和南郭的二子寓言，顯然都要解構一種抽象而同一的形上學，並逆轉地「返回下界（返回大地）」而肯定眼前「吹萬不同」的物化世界，而要我們不要在「物化」之外，另立任何「造物主」來作為推動的第一因。「怒者其誰邪」，可視為解構了「造物主」作為形上根據的形上學思維，而萬物「咸其自取」、「使其自己」，其實也就宣告了郭象所以為的「造物無主」。[34]「造物無主」便消極地否定了一個足以吞噬萬有差異的「大寫存有」、「絕對他者」、「同一存在」，而「吹萬不同」則積極肯定了千差萬別的多元、具體之物化世界。而南郭子綦對這種具體物化之道的體驗，並不會像畢來德前文所擔憂的：

34　郭象：「請問：夫造物者，有耶無耶？無也？則胡能造物哉？有也？則不足以物眾形。故明眾形之自物而後始可與言造物耳。是以涉有物之域，雖復罔兩，未有不獨化於玄冥者也。故造物者無主，而物各自造，物各自造而無所待焉，此天地之正也。」莊周著，郭慶藩輯，《莊子集釋》，頁 111-112。我們暫且不論郭象「造物無主」的獨化玄冥說背後的一整套注莊觀點，但他至少點出了《莊子》拒絕了超離形上學的第一因思維。

把創造性的源頭放到宇宙當中，也就是讓個人面臨這樣一個選擇：要麼把自己看成是一個在本質上就被來自本源的宇宙秩序所規定的存在，因此是完全受制於這一秩序的，要麼把自己看成是一個能夠在自己身上捕捉到來自本源的創造性能量的存在。在這第二種情況下，要捕捉這種能量，就只能構想一種後退的過程，返回萬事萬物的不可捉摸的源頭。這是一種修煉，要求個人變得透明、順從，也就是以另一種方式去否定自我。而在兩種情況下，他都不能把自己構想為一種動因，一種新事物出現的場域。[35]

換言之，《莊子》「一多相即」的物化體驗，並不會讓人退回純粹同一的大渾沌之根源狀態中。好像個我差異的生命力全都被吞噬而消融在一「造物主」的初始「渾沌」「太一」中。它反而要顛覆這種返始本源的同一性形上學，徹底走向不斷流出而持續產生「差異」的變化、物化歷程。[36]

　　畢來德不太注意《莊子》的「物化」概念，他著力反對的是「氣化」主張。順此，筆者轉而討論《莊子》的氣化觀，以便和物化觀相互補充與證成，並對畢來德的質疑做出更完整的回應。如上云，〈齊物論〉的「形槁木，心死灰」之「喪我」工夫，所聞證的天籟境界，乃是一種萬物「咸其自取，使其自己」的「物化」體驗。而我們無須在「物化」之後、之外，另覓任何推動「物化」的創物主（怒者），而所謂的道即體現為「无乎逃物」的「即物即道」。然而對《莊子》不陌生者，自然會立刻想到《莊子》還有和「物化」概念頗為相關的「氣化」，難道「氣

35　畢來德著，宋剛譯，〈莊子九札〉，《中國文哲研究通訊》第 22 卷第 3 期「畢來德與跨文化視野中的莊子研究專輯」（上），頁 19。

36　對此，筆者曾將《莊子》這種走向氣化流行的立場，稱之為「不住渾沌」。參見拙著，《莊子靈光的當代詮釋》，頁 229-271。

化」不可理解為物化的怒者（即造物者）嗎？氣化和物化的關係為何？

〈齊物論〉中南郭子綦的「今者吾喪我」，被〈人間世〉透過顏回表達為：「回之未始得使，實自回也；得使之也，未始有回也。」亦即「心齋」工夫能使顏回從「有我」（實自回也）虛損為「無我」（未始有回）狀態。而喪我的身心雙譴，則被〈人間世〉表述為「无聽之以耳」與「无聽之以心」。而〈齊物論〉的聆聞天籟境界，則被〈人間世〉稱之為「聽之以氣」。關於耳、心、氣這三者的辯證關係，〈人間世〉將其分析為：「聽止於耳，心止於符。氣也者，虛而待物者也。唯道集虛。虛者，心齋也。」[37]

由上可知，天籟的物化經驗，也可以透過「氣（化）」來體驗與描述。一般感官知覺活動（如耳聽）和認識表象活動（如心符），大都焦點化地指向一特定客觀對象，並因而著泥在對象化的固定本質上打轉。然而透過心齋對「耳」與「心」的雙重去執（「無之」）工夫，使得顏回的身心處於「聽氣」的「虛」之狀態。而且，更重要的是，〈人間世〉也強調心齋的身心雙虛，並不讓人走向純粹的虛無，而是走向「虛而待物」。換言之，「聽之以氣」便也就能「虛而待物」，甚至就是「虛而待物」。如此一來，「聽之以氣」、「唯道集虛」、「虛而待物」實乃三位一體，密切相關，而關鍵概念便在於：氣、道、物三者。而前面已論證，《莊子》的道乃「无乎逃物」，從即物即道的角度說，物化其實便是道的具體化之流變歷程。因此，關鍵核心仍在於物化和氣化的關係講明。

---

37 莊周著，郭慶藩輯，〈人間世〉，《莊子集釋》，頁147。

　　首先我們可以確定的是，「聽之以氣」並沒有離開「物」體驗，它和一般耳聽／心符的差別，主要在於：後者不能「虛」，因而焦點化地固著在「以我觀物」的自我中心之待物模式。前者則能「虛」，因而敞開了「以我觀物」的固我中心，轉而讓「物之在其自己」去呈現自身。可以說「虛而待物」便契合「以物觀物」的精神，也和天籟所謂「萬物咸其自取，使其自己」相契。

　　〈人間世〉「虛而待物」的體驗，也讓人想到〈逍遙遊〉的「無待」體驗。能以「虛」的方式待物，某個意義便就是與物無所對待：

　　　　若夫乘天地之正，而御六氣之辯，以遊无窮者，彼且惡乎待哉！故曰，至人无己，神人无功，聖人无名。[38]

　　「惡乎待」便可說是「與物無待」。同樣值得我們注意的是，〈逍遙遊〉在描寫真人喪我（无己、无功、无名）的逍遙無待時，亦提及到「御六氣之辯」，這同樣間接暗示了物化與氣化（六氣之辯即為六氣之交融變化）的密切相關性。如成玄英疏解所言：

　　　　言無待聖人，虛懷體道，故能乘兩儀之正理，順萬物之自然，御六氣以逍遙，混群靈以變化。苟無物而不順，亦何往而不通哉！[39]

可見，「御六氣之辯」的氣化體驗，亦不能離開物體驗，只是這是一種「通順」而不是「固滯」的「虛而待物」體驗。

38　莊周著，郭慶藩輯，〈逍遙遊〉，《莊子集釋》，頁 17。
39　莊周著，郭慶藩輯，〈逍遙遊〉，《莊子集釋》，頁 20。

　　〈逍遙遊〉的「乘天地之正，御六氣之辯」的體驗，又被
〈大宗師〉描述為：「彼方且與造物者為人，而遊乎天地之一
氣。」[40] 這兩條文獻對比來看，值得注意與討論的重點有二：一是
〈逍遙遊〉的「天地六氣」，被〈大宗師〉表述為「天地一氣」，
至於乘御、遊戲則一樣都在描述對天地氣化流行的參贊體合。二
是〈大宗師〉提到了「造物者」一觀念，亦即「天地一氣」似乎
可視為「造物」運動，而這和前文所論述的「造物無主」，似乎
有所扞格。

　　就第一個重點而言，對《莊子》文獻熟悉者，自然會注意
到：「氣」一概念在《莊子》書中，大概透過「一氣」、「二氣」、
「六氣」這三種方式來表述。如〈大宗師〉「遊乎天地一氣」便
屬於「一氣說」，而〈逍遙遊〉的「御六氣之辯」便屬於「六氣
說」，而〈則陽〉篇的「陰陽者，氣之大者也」[41] 則屬「二氣說」。
筆者認為六氣、二氣、一氣這些看似差異的說法，大抵反映了
《莊子》受到戰國時代各種氣論主張的影響，然而不管是天地一
氣、陰陽二氣、抑或天地六氣，它們皆是由「氣」之流行變化所
延伸出來的不同側面之描述。一氣傾向於從存有連續性的整體角
度說，二氣傾向從天地變化的相反相成之運動結構說，而六氣則
傾向從更分殊性的角度解釋更具體而差異的變化現象。換言之，
這三者的描述差異，正好也可以互補地呈現《莊子》氣論的風貌。

　　然而，由於《莊子》極其重視「氣」的非實體性之流變、力
量特質，以及它所必然帶出的「通」、「達」、「化」之效果，因此
筆者認為學者較容易注意《莊子》的「一氣」說之重要性。例

40　莊周著，郭慶藩輯，〈大宗師〉，《莊子集釋》，頁 268。
41　莊周著，郭慶藩輯，〈則陽〉，《莊子集釋》，頁 913。

如，〈知北遊〉便直接以「氣」來作為宇宙萬物所以能交換相通的存有基礎，甚至人的生死變化亦不外乎天下一氣的聚散之理：

> 人之生，氣之聚也；聚則為生，散則為死。若死生為徒，吾又何患！故萬物一也，是其所美者為神奇，其所惡者為臭腐；臭腐復化為神奇，神奇復化為臭腐。故曰「通天下一氣耳」。[42]

換言之，「一氣」說的重點在於，它突顯了氣化宇宙觀的連續性、整體性的一元論特徵。因為所有物相的差異都只是氣的聚散變化之表現形式，物物之間並沒有絕對邊界，都可以「化」而相「通」。

也因為「氣化」交換相通的精神，前文會強調《莊子》仍具有「一」的整體論意味。不管是「天地並生，萬物為一」、還是「通天下一氣」，這樣的宇宙觀自然會帶出具有一元論的「通達」、「無分別」效果。但《莊子》的氣化論是否停留在強調「同一」而全然取消「差異」的「主之太一」境界？其實從二氣說、六氣說，我們便可間接推想《莊子》必然會肯定萬物的具體性和差異性。因為二氣和六氣本來就和解釋萬物的分殊性相關。加上前文一再強調，《莊子》的「聽之以氣」、「御六氣之辯」等遊乎氣化的體驗，都沒有離開「虛而待物」、「以物觀物」的情境。可見《莊子》的氣化說和物化說，基本上是同一種具體存有論的差異描述而已。基本上，氣化一觀念較突顯的是存有連續性的整體一元面向，而物化一觀念則較突顯「萬物咸其自取，使其自己」的多元豐盈面向。用一多概念說，「氣化」更著重「同一性」來立言，「物化」較偏向「差異性」來立言。然而正如蝴蝶夢寓言

42　莊周著，郭慶藩輯，〈知北遊〉，《莊子集釋》，頁 733。

所示的「夢覺統一」、「無分與有分相即」，氣化與物化實乃相即
不二。

　　可見，《莊子》的氣化整體性並非取消差異的同一性，而是
與物化的差異共融共在，而成為一、多相即的變化流行。總之，
《莊子》的氣化宇宙觀依然保有它的有機性、整體性特質，只是
這種整體性建立在差異性的共鳴合喙之上。由此，筆者認為《莊
子》的氣化（一）與物化（多）相即的特殊有機論，並不主張個
體差異只能為全體統一而存在，尤其不提供政治大一統任何的形
上根據。[43] 筆者反而要主張，根據《莊子》這種差異與同一並行
的氣化流行觀，自然要反對任何壓抑差異的同一性統治。可見，
存有論方面的「一／多」問題，依然是需要仔細辨別的誤區，
而畢來德對《莊子》的一與多、氣化與物化的課題，並不特別著
意，使得他在急於為《莊子》驅趕整體論的政治幽靈時，同時也
將《莊子》氣化論的豐富而複雜內容，給予簡化和弱化了。

　　另外，就「氣化」與「造物者」的關係，首先只要扣緊〈知
北遊〉「每下愈況」、「道无乎逃物」之基本精神，我們就立刻可
以先釐清，《莊子》在若干處的「造物者」說法，[44] 既不是西方宗

43　宋灝曾透過雲門《行草》舞蹈為例，指出那種透過身體與世界的既任隨、又自
　　然的雙重關係，人的身體主體不但回應了無中心的變化流行之整體，同時也還
　　保有自發湧動的自由或自然特質，不會落入整體的集權控制：「這部舞作所展
　　示的活動樣式，很可能被視為屬於非主體亦非個體，被視為無自律行動，而只
　　有在一整體流變中突顯他動、被動現象。此豈非反人文精神、極端虐待人性
　　之集權模樣？這樣的質疑，忽視了『自然回應』模式裡含藏之自由成分，亦
　　即『自然』這個關鍵要素。」宋灝，〈當代文化與實踐──以雲門舞集為例〉，
　　《思想》第 9 期「中國哲學──危機與出路」（臺北：聯經出版公司，2008 年
　　5 月），頁 9。
44　〈大宗師〉數次提及「造物者」，但都只是隱喻的方便說法。參見莊周著，郭慶
　　藩輯，〈大宗師〉，《莊子集釋》，頁 262、268。

教的人格神，也不是西方形上學的第一因實體。因為這兩種概念（造物主上帝或形上實體）基本上都可以「逃乎物」，它們都可以在萬物之上、之前、之外而存在，而這背離了《莊子》「即物而道」的具體存有論立場。既然如此，為何《莊子》還要用「造物（者）」來描述「氣化」呢？「氣化」不可以被視為比「物化」更基源的形上根據嗎？

如以上述〈知北遊〉「通天下一氣」的說法，「氣化」的聚散，乃是萬物流變交換的動力，物之站出而有可見性形式乃因「氣聚」，物之隱沒而返歸不可見性乃因「氣散」。那麼我們不正好由此而可說：氣化的聚散正是萬物背後的推動者嗎？或者說氣化正是萬物的造物者嗎？倘若我們這樣來理解氣化，就算避開將氣化流變視為位格神與實體物，氣化似乎還是可以獨立超然於物化，成為物化的純粹外部動力因。如此一來，我們前面在詮解天籟時所強調的「萬物咸其自取，使其自己」的觀點，是否還穩立得住？

天籟之說，解構了「道」作為「物（化）」的外部推動者，對於這個「沒有怒者」的天籟境界，〈齊物論〉就以「萬物咸其自取，使其自己」來表述。而郭象將之推演為「造物無主」，它幾乎表示萬物自身便有「自發湧現」的生機活力，無須依傍外者的力量。換言之，天籟的物化說，似乎肯定了萬物「自賓自化」、「自然而然」的內在生機。然而，問題在於，倘若萬物都只是自賓自化、自生自長，那麼是否意味萬物之間可以完全互為獨立而不必相干？如此一來，萬物之間的「通」、「達」交換，如何可能？可見，肯定萬物具有「咸其自取，使其自己」的「自化」能力，必然不能落入封閉的單子論或獨我論，它必然還要呼應於物與物之間的「敞開」與「交換」。亦即「自化」不能隔離於

「互化」，否則就無法解釋「腐朽化為神奇，神奇化為腐朽」的
「通氣」現象。

　　就完整理解《莊子》的氣論而言，筆者認為底下這雙重肯定
是必要的。亦即同時肯定萬物既各各「自化」，同時物物之間又
不斷在「互化」。而這種自化與互化的同時肯定與同時成立，或
許也就可解答上述「氣化造物」的難題。原來，氣化與物化本是
一體之兩面，氣化主要是就「不可見性」這一面來講，而物化主
要是就「可見性」一面來講，然而二者並非絕對的前／後、內／
外的二元關係，氣化可說同時既在物化之內、也在物化之外。如
何說？當我們說，氣化就在物化之中時，主要是就萬物自身皆具
有自使自取的開顯生機而言；當我們說氣化就在物化之外時，並
不是真指物化之外別有一超絕的氣化推動者，而是指萬物之間存
在著力量的互滲交換，因此每一物雖具有自然湧現的生機，但同
時也被他物影響與影響他物。至此，說「氣化」為「造物者」，
亦必非絕對不可說。事實上，萬物之間正不斷地進行著「氣化通
達」的醞釀與影響，而物物之間又正因此而顯得深奧與微妙。由
此而可說，每一物皆在宏大的氣化交換的互滲脈絡中共振共鳴，
而這一宏大的氣化交換便可被視為一種造物運動。然而上述脈絡
肯定的「造物者」，一者並不取消「吹萬不同」、「自使自取」的
自化說，再者它也不是在「物化」之外肯定一個絕對先在與絕對
外部的推動者，它反而是要取消這種「道先於物」、「物外之道」
的「怒者」。因此「造物無主」的說法亦於理有據，它建立在
「每下愈況」對超絕之道的解構態度上。

　　但平實而論，將氣化視為造物者，此說容易被誤解，也較容
易使《莊子》對超絕形上學的解構意義被隱沒化。因此，就哲理
的反思角度說，筆者更願意強調《莊子》「無怒者」的深義，以

及由此而展開的具體存有論之差異的風格物世界。而經由上面的論述，大抵指出了氣化（不可見）與物化（可見）的一體兩面，而兩者的並生共構也可解釋「一多相即」、「道物不離」的模式。

五、《莊子》對心君和國君的身體解構和國體解構

《莊子》主張「造物無主」的具體存有論走向，將使得「道通為一」的整體論，必須轉向而向下落實為「道在屎溺」的物化多元風格。整體之「一」必須具體化為差異中的交融連續，而不是抽象化的絕對同一性。這樣的「一」已是「群龍無首」的多元之一，甚至可以說只是差異的共融互滲之隱喻，並不真有絕對太一的推動者或主宰者。在這樣的理解基礎上，本文強調《莊子》式的「一」，不可被錯置為漢代以後，同一性形上學與大一統政治論的共構模式，更不為大一統國家神話提供形上學奠基。[45] 以上大抵從存有論的層面來分析，《莊子》式的「一多相即」有機論，並不主張「自使自取」的風格物只能為整體之道而存在，反而「道通為一」必須讓位於具體的「物化之多」。如此一來，《莊子》便可回應黃俊傑認為中國政治思想的主流傾向於：「整體論的立場，認為『部分』為『整體』而存在。」因為《莊子》雖仍具有整體論意味，但它的整體既不是指萬有差異被同化為鐵板一塊，也不主張部分只為整體而存在。

45　畢來德所理解的漢代《淮南子》才是這種模型：「《淮南子》的論述體系只能單從意識形態的觀點來理解。『道』是王權向宇宙的投射，指的不是實際的王權，而是王權的抽象概念。貫串《淮南子》全書的『道』的論述，是對萬物『本一』和『均一』不輟的禮讚，以『影射』的方式形塑了君王的聖人形象。……這『內聖性』實將君王的形象理想化了，王權支配人民的事實隨之被掩蓋。我們所面對的是以宗教語言來表述的王權意識形態。」畢來德著，周丹穎譯，〈評《淮南子》法譯本〉，《駁于連——目睹中國研究之怪現狀》，頁84。

上述討論仍然只就具體存有論的理緒上講，底下還要就《莊子》的身體隱喻來論證。就如黃俊傑所觀察的，整體論形上學在和大一統政治論結合時，通常會透過身體隱喻這一中介物，在身體與國體的共構模型中，尋找一個類似「主之太一」的統御中心，來行使中央管控的政治模型。順著身體中心的隱喻圖示，便可嘗試考察《莊子》是否也保有這種身體政治學的類比特徵。

前文曾論證《莊子》仍共享了東方整體有機論這一大傳統，只是「道通為一」並不能離開「恢恑憰怪」，「氣化」之連續無分並不取消「物化」之殊異風格。《莊子》「一多相即」的具體存有論，若用身體意象來類比，〈德充符〉曾將其表述為：「自其異者視之，肝膽楚越也；自其同者視之，萬物皆一也。」[46] 就身體存有這一小宇宙來說，它和世界存有這一大宇宙類似，都具有「同一」與「差異」並生共在的現象。而身體這一活動現象，既應從「一」的有機活動整體來看待，也應同時尊重「肝膽楚越」的個別殊性。

熟悉《莊子》的學者，自會注意《莊子》也有出現身體和道的類比關係。例如〈天下〉篇就曾以身體感官的四分五裂，比擬戰國諸子的「多得一察焉以自好」，導致「道術將為天下裂」的偏執：

> 天下大亂，聖賢不明，道德不一，天下多得一察焉以自好。譬如耳目口鼻，皆有所明，不能相通。猶百家眾技也，皆有所長，時有所用。雖然，不該不偏，一曲之士也。判天地之美，析萬物之理，察古人之全，寡能備於天地之美，稱神明之容。是故內聖外王之道，闇而不明，鬱

---

46 莊周著，郭慶藩輯，〈德充符〉，《莊子集釋》，頁190。

而不發，天下之人各為其所欲焉以自為方。悲夫，百家往
而不反，必不合矣！後世之學者，不幸不見天地之純，古
人之大體，道術將為天下裂。[47]

　　身體感官的各自為政和道術被諸子百家所裂解，具有類比
性。亦即可用身體的析、合來隱喻道術的裂、合狀態。由上述身
體隱喻可知，《莊子》反對諸子百家各自站在「此亦一是非，彼
亦一是非」的偏執立場，各以自我中心的視域為領地，只顧擴張
權力領土，失去相互傾聽、彼此尊重的協合能力。戰國諸子這種
「以我觀之」所造成的「道術裂」，〈天下〉篇類比地說，就好像
人的耳目口鼻等身體官能各自為政、各唱各調，雖「皆有所明」
卻「不能相通」。而《莊子》對「天地之純」、「古人大體」的懷
想，呈現出對道的渾圓整體有一嚮往。這就好像人的身體官能之
間唯有保持協調合作關係，才能順暢地進行有機活動。從身體隱
喻與道術類比的角度看，可再度印證《莊子》具有有機整體論的
特徵。問題重點在於：一者，《莊子》這種身體整體觀所要反對
的只是感官各自為政，但它並沒有完全否定感官仍各有其分殊作
用，只是更強調它們之間應有協合相通的共感能力。二者，《莊
子》並沒有在各種官能之間分出主／從的優次關係，更沒有將主
從優次的官能位階類比到政治管控的階層模式中。後面這一點，
尤其是本節所要申論的。

　　〈天下〉篇對人身小體與道術大體的類比，其所突顯的有機
身體現象，自然讓我們聯想到〈應帝王〉中渾沌的生／死寓言：

　　　　南海之帝為儵，北海之帝為忽，中央之帝為渾沌。儵與忽
　　　　時相與遇於渾沌之地，渾沌待之甚善。儵與忽謀報渾沌

<hr>

47　莊周著，郭慶藩輯，〈天下〉，《莊子集釋》，頁1069。

之德，曰：「人皆有七竅以視聽食息，此獨无有，嘗試鑿之。」日鑿一竅，七日而渾沌死。[48]

可以說，渾沌意象亦有身體隱喻特徵。它是指人的感官功能（如七竅）不宜走向獨立而封閉的碎裂活動，彼此間應具有「無分別」的互滲支援關係，才不會造成官能之間的扞格。《莊子》透過渾沌寓言所要傳遞的，不可能是要取消人的感官知覺，[49] 而是強調人的感官分殊作用不可因欲望牽引而極端不返，以致無法協合相感、渾然流通。渾沌乃源自水融意象，因此渾沌之身體乃意味官能之間能交融互滲，而不只是「肝膽楚越」的獨立器官之總合。簡單地說，《莊子》的渾沌式身體乃是一種流動的身體，官能之間透過氣的流動而能「分而無分」地共在於一身中，進行其協合無間的有機活動。要再三強調的是，渾沌的身體隱喻並不真要取消各種官能（多）的感官特質，而是官能之間能流通無隔。這就好像四肢七竅、五臟六腑，若從「五臟六腑圖」的官能形象看來各各有別，但從「明堂流注圖」的氣脈流通看來則整體連續。[50] 又如《列子》所曾描述過的渾沌身體經驗：「眼如耳，耳如鼻，鼻如口，無不同也，心凝形釋，骨肉都融。」[51] 所謂「心凝形釋，骨肉都融」，只是強調個別感官能互滲在一有機狀態，使得眼、耳、口、鼻之間能聯覺共感，既不是完全毀棄了眼、

48　莊周著，郭慶藩輯，〈應帝王〉，《莊子集釋》，頁 309。

49　這就好像《老子》十二章：「五色令人目盲，五音令人耳聾，五味令人口爽，馳騁畋獵令人發狂。」並不是真要取消目、耳、口、心的官能成用，而是要欲望與官能找回返樸歸真的關係。

50　關於中國醫學的「五臟六腑圖」和「明堂流注圖」，兩者所涉及的「場所身體」與「流動身體」的關係，可參見〔日〕石田秀實著，楊宇譯，《氣‧流動的身體》（臺北：武陵出版有限公司，1996 年），頁 14-109。

51　〔戰國〕列子著，楊伯峻，〈仲尼〉，《列子集釋》（臺北：華正書局，1987 年），頁 127。

耳、口、鼻，也非完全否定它們各自仍有官能作用。因此所謂
「眼如耳，耳如鼻，鼻如口，無不同也」，其中的「同」仍然不
宜理解為純粹的同一性，它仍然要建立在官能分殊的差異上，然
後再強調彼此間的共感聯覺。[52]《莊子》的渾沌身體隱喻，仍然
和存有論層次所談的「物化」（官能分殊）與「氣化」（聯覺為
一）並生共在，一樣具有「一多相即」的共通模式。

　　本文更關心的課題，還在於《莊子》是否曾將渾沌身體所帶
有的整體論意味，直接類比到政治一統的整體論模型中，成為為
國家神話做辯護的身體隱喻。換言之，「道體＝身體＝國體」三
者間的同一性、統一性類比，是否也出現在《莊子》？抑或者正
好相反，《莊子》具有解構上述三位一體的批判效果？

　　據筆者的理解，《莊子》採取的是後者這種解構批判立場。
《莊子》在早期思想家的著作中，可能是極少數不在感官之間建
立等級次序，並從優次順序擇取一「中心」或「領袖」官能，一
方面類比於國家機器的階層式運作模型，另一方面樹立絕對的君
權中心或聖王中心。這種身體官能階序與政治統一階序的類比符
應思維，從底下引文，可看出它從先秦到漢初，已普遍性地建立
起來甚至被視為先驗之理。如黃俊傑所指出：

　　　春秋時代各國的君臣對話中，就一再出現以「股肱」比

52　「在不同種類的感覺中有共同活動的感覺能力。統一各種感覺並充分發揮作用
　　的這種根源性感覺能力就是『共同感覺』（Common Sense）。……原始意義是，
　　連貫各種感覺加以統合的共同感覺。」、「共同感覺相對於五種特殊感覺，有時
　　被稱為第六感覺或第六感，但這不是和五種感覺並列，再加上去的第六感，如
　　平常所使用的第六感，是與五種感覺不同層次的整體性直覺。」〔日〕中村雄二
　　郎著，吳神添譯，〈感覺與想像的作用〉，《哲學的現代觀》（臺北：財團法人群
　　策會，2004年），頁53、54。

喻臣下的言談（《左傳》僖公九年、文公七年、襄公十四
年），而以《左傳》昭公九年屠蒯所說的「君之卿佐，是
謂股肱。股肱或虧，何痛如之？」這段話，最具代表性。
戰國時代的孟子以手足腹心等具體的身體器官，比喻君臣
關係（《孟子·離婁下》），更是人所周知。《管子·心術
上》云：「心之在體，君之位也，九竅之有職，官之分也。
心處其道，九竅循理。」以「心」指國君，以其他器官指
群臣百官，這幾乎是古代政治思想家的共識。這種共識綿
延至於西漢時代，在董仲舒的《春秋繁露》，以及古代醫
書《黃帝內經素問》中，也一再出現。[53]

　　先秦至漢代，正是古代政治正在醞釀帝國一統的歷史階段，
因此有關「君國一體」、「身國一體」、「心君一體」類似的思維方
式或大同小異的主張，頗為流行。如《尚書·益稷謨》言：「元
首明哉，股肱良哉，庶事康哉！」[54]《春秋公羊傳》莊公四年曾提
及：「國君何以為一體？國君以國為體，諸侯世，故國君為一體
也。」[55]《禮記·緇衣》記載孔子說：「民以君為心，君以民為體。
心莊則體舒，心肅則容敬。心好之，身必安之；君好之，民必欲
之。」[56]《荀子·君道》也強調：「故天子不視而見，不聽而聰，不
慮而知，不動而功，塊然獨坐而天下從之。如一體，如四肢之從
心。」[57]《呂氏春秋》亦同樣主張：「治身與治國，一理之術也。」[58]

53　黃俊傑，《東亞儒學史的新視野》，頁 346-347。

54　孔穎達，〈益稷謨〉，《尚書》，《十三經注疏》（臺北：藝文印書館，1982 年），
　　頁 74。

55　徐彥，《公羊傳》，《十三經注疏》，頁 77。

56　〔漢〕戴聖編，〔漢〕鄭玄注，孔穎達疏，〈緇衣〉，《禮記》，《十三經注疏》，頁
　　933。

57　王先謙，《荀子集解》（北京：中華書局，1996 年），頁 239。

58　伊仲容，〈審分覽〉，《呂氏春秋校譯》（臺北：國立編譯館中華叢書編審委員

「昔者先聖王，成其身而天下成，治其身而天下治。」[59]

　　本文不再重複討論中國古代政治思想中的「身體隱喻」現象，這個課題，黃俊傑已有相當具體的研究結論。本文重點在於從《莊子》的角度，反思並回應黃先生研究中國古代「身體政治論」所得出的重要結論，是否一樣適用在《莊子》身上？例如他曾結論出：

> 從「身體政治論」論述中各器官的互相依賴性，卻也可以引申出另一項命題：身體中各器官雖交互作用，但是身體中有一個（如「心」）或多個器官（如耳目）是「身」之本，所以這個器官對「身」具有支配力。同理，國家之中君先於臣並應支配臣。這項命題的導出，建立在一項前提之上：身體的所有器官固然互相依賴交互影響，但是，有一個器官是主要而基本的──心。[60]

　　黃先生的結論，呼應上述先秦兩漢文獻，是相當有說服力的。「心」對「身」的優位性，在中國古代的身體／國體符應的身體政治學脈絡下，幾乎是普遍的共識。不管是「心」或「首領」，它相對於軀體、股肱、九竅，都更具中心性和優位性，同時也就具有領導、支配、管控的合理合法性。而在「君國一體」、「修身即治國」的推擴下，天子、國君、君心，在所謂「道體／身體／國體」三位一體架構下，可以說是位於：宇宙中心、身體中心、政權中心。值得注意的是，此類型的政治統御模式，雖偶亦談及「無為而治」，但它其實是建立在國君或聖王的絕對中心論而來的權力階序之波紋型運作，而並非道家「去權力中心」的

會，1979 年），頁 57。
59　伊仲容，〈先己〉，《呂氏春秋校譯》，頁 186。
60　黃俊傑，《東亞儒學史的新視野》，頁 359。

真正「無為」。用上述的「一」之概念來說，國君在國家權力的
機制中，便屬於「主之以太一」的「絕對中心」。國君身體的狀
態便象徵著國體狀態，而君心便是體中之體、中心之中心，因此
國君的身心狀態便可以感應宇宙福禍而影響國體之安危，這種思
維方式到了漢代董仲舒身上，表現得尤為徹底。[61] 另外，作為中
心與首領的國君之權力，亦不得不透過如耳目九竅或四肢股肱的
群臣們，來擴延他的權力支配，因此君上與臣下雖屬於權力階序
的中心與邊緣，但相對於完全被排除於權力外而僅能被操控的百
姓們，君臣卻又共享了權力的行使，所以君臣相對百姓又可說是
共屬權力核心圈。唯有黎民百姓完全落入邊緣的邊緣，甚至在
「身體政治論」的權力隱喻中，完全缺席而被隱沒化。由此可
見，中國古代政治思想的身體隱喻，其實是建立在權力運作的基
礎上來考量，而「以一御多」、「以靜制動」、「以心控身」、「元首
領導股肱」等等思維，皆建構在一個權力「中心點」或「核心
圈」之上。

　　然而正如本文所論證過的，《莊子》在具體存有論的層面
上，已解構了同一性形上學，「道」之「一」，既不再是絕對的推
動者、同一性，它必須具體化為「物」之「多」。因此「主之以
太一」的模型被《莊子》改造為「虛而待物」、「以物觀物」。從
《莊子》「一多相即」的具體存有論來看，宇宙氣化的中心與其
說是在於「道」，不如說已被解放到「物化」之中。這正是〈齊

61　董仲舒《春秋繁露・天地之行》：「一國之君，其猶一體之心也。隱居深宮，若
　　心之藏於胸；至貴無與敵，若心之神無與雙也，其官人上士，高清明而下重
　　濁，若身之貴目而賤足也；……是故君臣之禮，若心之與體；心不可以不堅，
　　君不可以不賢；體之不可以不順，臣不可以不忠。心所以全者，體之力也；君
　　所以安者，臣之功也。」〔漢〕董仲舒著，〔清〕蘇輿義證，鍾哲點校，《春秋繁
　　露義證》（北京：中華書局，2007 年），頁 460-461。

物論〉天籟境界所宣揚的「吹萬不同」、「咸其自取，使其自己」
的「造物無主」精神。可以說，在氣化與物化相即的變化流行
之下，宇宙根本沒有一個不變動的中心在作為唯一的「能產
來源」。若勉強要運用「中心」隱喻到《莊子》身上，筆者認為
《莊子》會主張「環中」無所不在，每一千差萬別的個體自身，
既自發湧現又敞開自身，如此一來，「環中」便成為不斷變化而
敞開的「非中心之中心」。[62]

　　善解《莊子》，便可看出它對同一形上學、道體中心主義的
解構，並由此導向多元差異的萬物風采。如此一來，《莊子》便
不可能為「君國一體」的身體政治學，提供任何形上學的憑證，
甚至要反過來強烈批判大一統集權政治和君權中心論。不僅在存
有論的道體層面，《莊子》解構了「主之太一」的中心性與同一
性；在身體論的層面，《莊子》亦不曾主張「以心控身」、「以首
領身」的身體觀，更不可能由此產生「朕體即國體」的權力統御
模式。

　　對《莊子》不陌生者，會注意到它不但不強調「以心控身」，
反而經常出現對「心」的批判。以《莊子》而言，「心」大半時

62　類似筆者的觀點，宋灝曾透過雲門《行草》舞蹈系列實踐的具體藝術案例來加
　　以揭露：「換句話說，因為舞者個體全然跟從超越了其個人存在之宇宙，亦即
　　無名無相生化大流，所以可以斷定，這種奇妙的舞蹈操作方式，擁有整個周遭
　　時空框架，它等於是藉由『任運同轉』方式所發揮的一個『回應活動』。這種
　　舞蹈彷彿是《老子》所提出以水為榜樣的理想，展現『柔勝剛、弱勝強、流動
　　勝過穩固』。進一步說，暗示水之權勢的同時，舞者的動作風範好像真的成就
　　了避免有權和無權之間的權力鬥爭。也許剛好是因為每個舞者都憑藉自然回應
　　式的任運，擔負整個流變發生，而且還全然浸淫其中，所以此流動『整體』的
　　中央核心也就消失了。運行之宇宙『整體』所指涉的，已不再像存有論視域中
　　的物體一般；此『整體』分散而不集中。」宋灝，〈當代文化與實踐──以雲門
　　舞集為例〉，《思想》第 9 期「中國哲學──危機與出路」，頁 7-8。

候都和「知」意義相類，屬於有待批判的成見之知、成心之知。例如〈逍遙遊〉中的莊子曾嘲諷惠施不能領會無用之用，乃因為「則夫子猶有蓬之心也夫」；[63] 而〈齊物論〉則批評「成心」的普遍性造成無所不在的是非偏執現象：「夫隨其成心而師之，誰獨且无師乎？奚必知代而心自取者有之？愚者與有焉。未成乎心而有是非，是今日適越而昔至也，是以無有為有。」[64] 我們一再看到《莊子》的工夫論重點，幾乎都提及對「心」的清掃或解離。例如〈齊物論〉南郭子綦的喪我便涉及「心死灰」，而〈人間世〉的顏回坐忘工夫亦涉及「无聽之以心」。〈齊物論〉的「形槁木，心死灰」的身心雙譴工夫，也不斷出現在《莊子》中：

> 墮肢體，黜聰明，離形去知，同於大通，此謂坐忘。[65]

> 墮爾形體，吐爾聰明，倫與物忘，大同乎涬溟。解心釋神……[66]

> 汝齋戒，疏瀹而心，澡雪而精神，掊擊而知！[67]

> 若正汝形，一汝視，天和將至；攝汝知，一汝度，神將來舍。……形若槁骸，心若死灰，真其實知，不以故自持。媒媒晦晦，无心而不可與謀。[68]

「形槁木」、「墮肢體」、「墮爾形體」、「形若槁骸」，是指對身體官能欲望外馳的調節收回。而「心死灰」、「黜聰明」、「吐爾

63　莊周著，郭慶藩輯，〈逍遙遊〉，《莊子集釋》，頁 37。

64　莊周著，郭慶藩輯，〈齊物論〉，《莊子集釋》，頁 56。

65　莊周著，郭慶藩輯，〈大宗師〉，《莊子集釋》，頁 284。

66　莊周著，郭慶藩輯，〈在宥〉，《莊子集釋》，頁 390。

67　莊周著，郭慶藩輯，〈知北遊〉，《莊子集釋》，頁 741。

68　莊周著，郭慶藩輯，〈知北遊〉，《莊子集釋》，頁 737-738。

聰明」、「疏瀹而心」、「掊擊而知」、「攝汝知」、「心若死灰」，則是對心知成見的掃除清空。所以《莊子》的工夫，總同時落在「離形去知」這兩方面。可見，主體之「心」在《莊子》的身體思維的脈絡中，並不特別具有主控地位或中心階級，甚至它經常是要被「虛」的對象。[69] 如〈人間世〉心齋工夫所強調的，唯有「徇耳目內通而外於心知」，方才能「虛室生白，吉祥止止」。關鍵處便是要能對被堵塞的「心」，給予清空打掃而讓它回歸「虛」之狀態：「氣也者，虛而待物者也。唯道集虛。虛者，心齋也。」[70] 換言之，「虛心」便是「心」的讓位，將主體自以為的主見與控制，釋放清空以便能容納與傾聽，使其潔淨光明、空無一物而猶如「虛室」一般。「心」的退位（無心而不與謀），又被《莊子》重新描述為「神」的來舍。所謂「解心釋神」，便是「心」的退位解離，「神」的復位安居。上述文獻強調「神將來舍」，因此「虛室」便又可名之為「神室」。問題在於，當「心」不再取得「以心控身」的主導和中心位置後，它退位而讓位給所謂的「神」，這是不是另一種換湯不換藥的「以神控身」之「神絕對中心論」呢？這裡便涉及如何理解《莊子》的「神」。

對《莊子》的身體思維不陌生者，自然會對所謂的「神」另外有解。亦即《莊子》的「神」已不再是意識哲學、主體主義脈絡下的心靈、意志概念，它乃是身心一如的「全身是神」狀態。可以說，「心」不離於主體主義，而「神」則是解構「主體中心」後的「精復神全」狀態。如〈養生主〉在談論庖丁解牛

69　《莊子》雖然曾提及「以其心得其常心」這一說法，但這種特殊意味的「常心」實乃指「心」被「虛」後的虛室、靈臺狀態，換言之，它仍不宜被理解為實體之心。

70　莊周著，郭慶藩輯，〈人間世〉，《莊子集釋》，頁 147。

「技進於道」的神妙技藝時，所謂「官知止而神欲行」，也同樣涉及「官止」（離形骸）、「知止」（去心知）後，才能身心重新整合為「神」的狀態。此時的「神」不宜再被視為主體意識，反而比較接近身心一如的身體自發運動狀態。這種「全身是神」的狀態，非但不處於「以心控身」的主體意志狀態，反而要反轉為「無心」的「全身體」狀態。《莊子》對「心讓位身」的「全身狀態」，經常透過技藝實踐的描述來呈現，如輪扁斲輪的關鍵在於「不徐不疾，得之於手而應於心」，[71] 工倕畫規矩的關鍵在於「指與物化而不以心稽」。[72] 而這種身心相忘、物我相忘的投入與參合狀態，也經常被描述為「神」。此時的「神」不是孤立的精神，而是「全身是神」的「精神化身體」。這種技藝身體的「神」采，在〈達生〉篇最常出現，例如他描述酒醉者居然偶爾會出現墜車不死的奇蹟，那是因為「其神全，乘亦不知也，墜亦不知」的特殊身體狀態。又如歌頌技藝超凡的渡口船夫為「津人操舟若神」，形容捕蟬老人的技藝為「用志不分，乃凝於神」，讚嘆梓慶製作樂器的工夫已進入「以天合天，器之所以疑（凝）神者」。[73]

由上可見，《莊子》的「神」一概念，在其身體思維或身體主體的重要性，它早已不是身／心二元論之下，以「心」（意

71　莊周著，郭慶藩輯，〈天道〉，《莊子集釋》，頁 491。

72　莊周著，郭慶藩輯，〈達生〉，《莊子集釋》，頁 662。宋灝喜從技進於道的身體現象學面向，揭露《莊子》身體主體優位於意識主體，以及它對後來書法與山水畫的身體模擬實踐轉化之影響，其徑路雖與筆者不同，但對於解放「心」的優位性與中心性，觀點則相契。參見宋灝，〈書法與身體模擬〉，書法與當代哲學／美學學術研討會（高雄：明宗書法藝術館，2012 年 5 月），頁肆 1- 肆 60。

73　以上關於技藝之神之身體描述，參見莊周著，郭慶藩輯，〈達生〉，《莊子集釋》，頁 636-659。

識）具有優位性的意識哲學的主體主義思維模式，然後「以心御身」來從事實踐活動。對於《莊子》，理想的實踐行為要是一種身心一如的身體實踐，這種「全身是神」的「神」狀態，並不在於強調有一個比「心」還更高級的「（精）神」之意識，[74] 位於真正的身體中心來再度作為首領地位，反而是指全身處於氣之流通的均和至柔狀態。[75] 「全身是神」並非要以獨立於「身」之上的「神」為中心，而是當身心處於一如的「全身流通」之氣化周行狀態，這時可說「神」無所不在於全身之中。如此一來，並沒有任何一個意識統御中心，或者說身體整體本身就是中心，或者也可說這種全身流暢的精氣化身體或精神化身體，具有無所不在的中心。石田秀實曾將《莊子》之「虛」、「神」理解如下，它們一再呈現身體的「去焦點化」狀態：

> 其一，要使志專一，如此，氣以及寄附於其中的精神就能遍布於身體的所有部位。其二，排除主動故意的認識。其

---

74 《莊子》所謂的「神」或「精神」不是西方的主體意識、認知功能，而是一種身心、心物的氣化交融與流通的「全身體」狀態，例如：「去知與故，循天之理。故无天災，无物累，无人非，无鬼責。其生若浮，其死若休。不思慮，不豫謀。……其寢不夢，其覺無憂。其神純粹，其魂不罷。虛无恬惔，乃合天德。故曰，悲樂者，德之邪；喜怒者，道之過；好惡者，德之失。故心不憂樂，德之至也；一而不變，靜之至也；无所於忤，虛之至也；不與物交，惔之至也；无所於逆，粹之至也。故曰，形勞而不休則弊，精用而不已則勞，勞則竭。水之性，不雜則清，莫動則平；鬱閉而不流，亦不能清；天德之象也。故曰，純粹而不雜，靜一而不變，惔而无為，動以天行，此養神之道也……精神四達並流，无所不極，上際於天，下蟠於地，化育萬物，不可為象，其名為同帝。純素之道，唯神是守；守而勿失，與神為一；一之精通，合於天倫。」莊周著，郭慶藩輯，〈刻意〉，《莊子集釋》，頁 539-546。

75 關於《莊子》「全身是神」的身體氣化狀態，請參見拙文，〈《莊子》精、氣、神的工夫和境界——身體的精神化與形上化之實現〉，《莊子靈光的當代詮釋》，頁 119-166。

> 三，通過氣自然而然地去認識。[76]

> 流動「精神」，遍布於身體各部位。所謂精神無欲而無為
> 的狀態，也就是心志專一，精神充沛於身體所有部位的狀
> 態。由此，通過精神的無欲，含在氣之中的精神就能在體
> 內無所不在，並且不主動地發揮其作用。這就是前述「庖
> 丁解牛」中所謂的「神欲」的自然而然的功能。[77]

由此可見，《莊子》心齋的「聽之以氣」、庖丁的「官知止而神欲
行」，其中身體不再被區隔為優次，也沒有中心與邊緣之分，甚
至可被視為中心無所不在。

　　筆者上述對《莊子》「全身是神」的身體主體之理解，不僅
解放了「以心控身」的意識論、中心論的普遍流行觀點；而「虛
心」、「解心」之後的「釋神」、「神舍」狀態，也不宜再理解為新
的中心論。因為「全身是神」並非「以神控身」，而是當身心處
於一如的氣化連續性狀態，身心不再有任何階序與內外之分，而
身體由於解放了心意識的焦點化之有為干預，使得全身處在柔軟
流通之境。或亦可說身體處在精氣神遍布而均和狀態，身體的每
一部分都是中心，卻不是各自為政的中心，而是與其他部分處於
彼此互滲連結的通達狀態，因此部分之間又共構為一有機的身體
整體。筆者這裡對「全身是神」的身體描述，既意指身體的每一
官能部位或部分，就像存有論層面的「物化之多」一般，既有它
「自取自使」的功能，同時又彼此互化相通而共融為「氣化之
一」。換言之，「物化之多」的身體各部位官能，共同成就了氣化

76　石田秀實著，楊宇譯，《氣‧流動的身體》，頁155。

77　石田秀實著，楊宇譯，《氣‧流動的身體》，頁158。要特別提醒的是，這裡的
　　「精神」不是西方與身體相對的精神意識，而是《莊子‧刻意》描述真人身心
　　一如的「精神四流並達」之「精神」。

流行、全身是神這一有機整體。如此看來，《莊子》的身體觀和存有論也有類似結構，都強調「同一」與「差異」並生的綜合狀態。

這種「全身是神」的有機身體經驗，使《莊子》自覺地走向「離心化」，尤其要將先秦思想普遍流行的「心」之主導權給予解放，走向「去中心」的全身性思維。順著類比性思維特性，強調心君對身體的主導性，容易賦予心意識獨特的權柄，也較容易造成意識中心的慣性思維。而上述的「去中心化」主張，似乎也可在〈齊物論〉底下的身體描述中，得到落實：

> 百骸，九竅，六藏，賅而存焉，吾誰與為親？汝皆說之乎？其有私焉？如是皆有為臣妾乎？其臣妾不足以相治乎？其遞相為君臣乎？其有真君存焉？如求得其情與不得，無益損乎其真。[78]

這段文獻，到底是肯定真君（真宰）？還是否定真君（真宰）？歷來有兩極爭辯。然筆者認為，由於這段文獻後面同時就是對「成心」的批判與解離，[79] 加上與《莊子》時代前後的思想觀點，普遍存在以「心」為「身」之君宰的主張，因此筆者推斷上述文獻的「真君」，可能就是指涉「心君」，並對比於百骸、九竅、六臟。而《莊子》獨創之處正在於，它跳出了當時「以心控身」的心君說，反而質疑心作為真君的絕對性與必要性。如上所述，對主張「全身是神」的《莊子》立場，「心」反而是要被

78　莊周著，郭慶藩輯，〈齊物論〉，《莊子集釋》，頁 55-56。

79　這段有關真君存在與否的討論，後面緊接著便涉及「心」的批評：「其形化，其心與之然，可不謂大哀乎？人之生也，固若是芒乎？其我獨芒，而人亦有不芒者乎？夫隨其成心而師之，誰獨且无師乎？」莊周著，郭慶藩輯，〈齊物論〉，《莊子集釋》，頁 56。

「虛」的，身體每一部分（如百骸、九竅、六臟）皆不是次級部位，其間也不必刻意劃分優次順序（既不是臣妾關係，也不是君臣關係），更不必肯定心君作為統御的管控中心。對《莊子》「全身是神」的「離心」立場而言，「虛心」並不會導致身體有機活動的停擺，反而可能減少「心使氣曰強」的有為干擾。

《莊子》這種「虛心」、「離心」的身體觀，並非只有身體論層面的反思意義，它很可能還具有批判「君體＝國體」的權力中心論之用意。因為肯定「心」在「身」中的領導位階，以當時身體政治學的類比潮流來看，幾乎同時都被用來類比論證國君統御地位的合法性。而當《莊子》刻意反抗這種「以心控身」的中心論，而改採「離心論」主張時，它多少都將帶出解構或反動效果。因此筆者強烈地認為：《莊子》在存有論層面解構「主之太一」而傾向「造物無主」，和它在身體論層面解構「以心控身」而傾向「沒有真君」，兩者具有《莊子》內在理路的一致性。尤其當它同時解構道體與身體這雙重「中心論」時，原本先秦到漢代那種「道體＝身體＝國體」三位一體的中心統御鷹架，勢必一起跟著倒塌。因為中國大一統與集權式的國家神話，就是建基在同一性形上學與身體政治論的雙重隱喻上，一旦失去了這兩大圖騰柱，大一統神話與君權神話便將頓失聖地根據。另外，筆者也認為以「心君」為身體中心之隱喻，類比地運用在政治場域上，[80] 很容易結晶出「尊君」思想的珠胎。而這種心君與國君匹配的尊貴血統主張，也確實普遍出現在《左傳》、《管子》、《荀子》、《春秋繁露》、《黃帝內經素問》等等先秦兩漢典籍中。[81]

80　如《管子・君臣下》言：「君之在國郡也，若心之在身體也。」

81　有意思的是，《孟子》雖然也有以「心」為「大體」，以耳目之官為「小體」的說法，甚至也有「君之視臣如手足，則臣視君如腹心」的比擬，但《孟子》並

合理推測，如果《莊子》自覺解構了道體中心與身體中心，那麼依理而論，它很可能也會對君權中心有所質疑，至少它應該不太容易出現「尊君」主張。[82] 果然，我們在《莊子》中找不到擁護「尊君」的言論，甚至《莊子》反其道而行，歷史上有名的君王、聖賢等尊貴形象，在《莊子》書中幾乎都被用來「脫冕」與「戲仿」。不可思議地，他們皆已不再位高權重，反而經常被剝除權位外衣，或以極謙恭的姿態重新求道，或以無知的姿態要求啟蒙，又或者處於權力無用武之地而受教於醜者、刖者、畸零人（如兀者王駘、兀者申徒嘉、兀者叔山無趾、醜人哀駘它、殘疾者闉跂支離無脤、甕㼜大癭等醜怪人物）。《莊子》書中的政治書寫，當然不合乎政治權力史的鬥爭事實，相對地，它甚至要與實際政治運作的支配模式完全顛倒：君王（當然也包括他身旁一起分享權力的權貴們）走下權力高臺轉為聽眾與受教者，而原本被權力排除在外的俗層庶民，反倒站上舞臺中心而翻轉為高超智慧或迷人技藝的主角。

〈逍遙遊〉曾指斥那些自滿於權位競逐的政治動物們，猶如斥鷃蜩鳩一般小見小識：「故夫知效一官，行比一鄉，德合一君，而徵一國者，其自視也亦若此矣。」[83] 所以《莊子》要我們翻轉視角，不要習慣以政治權力的「上尊下卑」思維，來低視豐富而多元的庶民生活、以及千嬌百媚的勞動姿采。由此《莊子》要不斷拆除以君王為中心的政治舞臺和權力視域，不斷重設各種

未因此走向「尊君」說，甚至強調要「格君心之非」，主張「民為貴，社稷次之，君為輕」。

82　如王先謙，《荀子集解・議兵》，頁 267 言：「臣之於君也，下之於上也，若子之事父，弟之事兄，若手臂之扞頭目而覆胸腹也。」

83　莊周著，郭慶藩輯，〈逍遙遊〉，《莊子集釋》，頁 16。

「恑恑憰怪」的多元性舞臺。在這種去權力、離心化的非單一舞臺上面，新型的主角剛好都是「君臣一體」的權力統治圈圈之外的邊緣人物，原本長期被剝削或被低視的庶人與賤民，現在改由他們粉墨上場，重新啟蒙那些長期占據權力中心的雅層階級。如此一來，《莊子》的政治重寫非但不再演出「尊君」「隆禮」排場，反而顛倒了上／下，調換了中心／邊緣，原本屬於邊緣的他者，現在總算可以當家做主地活出自身風采。

　　《莊子》這種顛倒「君貴民輕」的烏托邦式書寫，是極為突出的批判筆法。歷來出現在儒家道統中的聖王典範人物，如黃帝、堯、舜、禹、湯、文、武、周公等聖王明君，以及春秋戰國不管賢或不肖的有名君王，如魯哀公、衛靈公、齊桓公、文惠君等等，他們在《莊子》書中的形象，非但沒有特別尊崇的權位，幾乎都是被戲謔與嘲諷的對象。他們已不再身處權力「中心位置」，反而「虛心」求教於有道者或有術者。而《莊子》這種脫冕國君、加冕庶民的戲仿手法，無疑展現高度的顛覆策略，甚至可視為政治批判、權力解構的魔術手法。[84] 由於筆者已有數篇專文處理《莊子》一書，如何對歷史的君王與聖賢給予戲擬的文學手法，以及當中顯示的顛覆策略和權力批判，在此不擬重複討論。[85] 筆者想再三強調的無非是，相對於先秦兩漢那種普遍出現

84　隨舉黃帝一例，便可見《莊子》如何將當時流行的聖明君王之典範象徵給予脫冕：「黃帝遊乎赤水之北，登乎崑崙之丘而南望，還歸，遺其玄珠。使知索之而不得，使離朱索之而不得，使喫詬索之而不得也。乃使象罔，象罔得之。黃帝曰：『異哉，象罔乃可以得之乎？』」莊周著，郭慶藩輯，〈天地〉，《莊子集釋》，頁414。另外畢來德對這一寓言所隱含的帝王統治之權威批判，與筆者的觀察相當一致，參見畢來德著，宋剛譯，《莊子四講》，頁54-57。

85　參見拙文，〈道家的神話哲學之系統詮釋——意識的「起源、發展」與「回歸、圓融」〉，《莊子靈光的當代詮釋》，頁167-228；另參見拙文，〈論《莊子》的雅俗顛覆與文化更新——以流動身體和流動話語為中心〉，《臺大文史哲學報》第

的:「道體＝身體＝國體」三位一體的權力中心化論調,《莊子》正好在這三個層面上,都進行了「離心化」、「去中心」的解構策略,結果便出現新的三位一體景觀:造物無主(解構道體)、沒有真君(解構心體)、君王脫冕(解構尊君)。而就在道體中心論和心體中心論等魔咒被解除後,離心化所帶來的便會是差異化與多元化的流動生機,而它呈現在政治思維上便是對同一性集權的批判,[86] 以及對多元差異與個體自主的呼喚。[87]

六、結論:「後形上學、後傳統、重視差異、重視身體」的《莊子》當代性

何乏筆曾在評論楊儒賓《儒家身體觀》這一經典力作時,從西方當代的哲學發展,提出他對東方修養論的批判性省察,尤其對儒家修身傳統的當代性發展,可能面對的挑戰提出建言。在筆

---

77 期,頁 229-268。

86 對於《莊子》的批判性,畢來德曾經很有自信地強調說:「而莊子,卻從來也不曾在政治上,或是宗教上能夠被任何人加以利用。」畢來德著,宋剛譯,《莊子四講》,頁 104。筆者上述論述既和畢來德這一主張相應,也大抵論證了其中原由。但筆者並不總是如此樂觀,例如郭象就以寄言出意的方式將《莊子》的政治批判性轉向為維護政治體制。

87 宋灝透過對雲門舞蹈《行草貳》的政治社會學詮釋,其觀點與本文相當契合:「如果從社會學與政治學的角度來觀察雲門這一系列舞作,其所呈現之『自然回應』、『任運同轉』的身體模式便另有意義。假若將之視為標榜某種行政統治模型,它有兩項獨特的優點:與中央主義、聽從他力的管轄方式相較,這種模式一方面潛藏著民主主義非中央式之平等、自律的可能性;另一方面,它也在時間過程中回應周遭環境之流變,是以輾轉形成、步步更新之機變彈性的裁制權力,來代換固定不變、也無法適應條件遷變的支配權力。……這樣一個流動集體並無核心自我,集體『秩序』來自所有舞者一起在回應歷程當中連綿組成的動態順序,而非由現成的中央管轄權勢來統制……此一集中運動體態卻呈露著極其個體性的個人主義。」宋灝,〈當代文化與實踐——以雲門舞集為例〉,《思想》第 9 期「中國哲學——危機與出路」,頁 24。

者看來，他揀擇出來的四個挑戰，至今依舊值得重視，仍然可能
是東方實踐傳統要走向當代性，可以自我檢視一番的試金石：

> 在我看來，當代歐美哲學中開展的「修養論」有四個相互
> 交錯的特點：它是後形上學的、後傳統的、重視個人的、
> 重視身體的。強調了這些前提後，我兩年來在臺灣研究儒
> 家修身論（當然多少涉及道家、佛教）所感到的挫折和幻
> 滅乃顯而易見，因為儒家修身觀完全不符合以上的標準：
> 它是形上學的（人性是種先驗的、沒有歷史性及社會性的
> 本體）、傳統的（尊重長輩及教師權威）、重視群性（不允
> 許表現個人差異）、尊重精神與心靈（認為心是大體，身是
> 小體，就是以心主身）。事實的情況並非如此簡單（……）
> 我所提到的四個問題，每項都有待進一步地討論。[88]

筆者上述引文所省略的括弧部分（……），乃是何乏筆對儒
家能否或如何面對這四個挑戰的初步觀察與簡要建議。大抵上，
他雖未斷然否定儒家系統內部有回應這四個問題的能力，但相當
程度仍有所疑慮與保留，並認為這些問題的複雜性還待進一步探
討。本文無力涉及儒家對這四個當代性挑戰，能否與如何回應這
一延伸性課題，但從本文的《莊子》討論脈絡來自我檢視一番，
倒是可以嘗試。在此，筆者順著前文討論所得出的《莊子》思想
圖像，結論式地指出《莊子》如何可能回應這四個挑戰，以作為
《莊子》哲學的當代性潛力之回響。

首先，從「後形上學」的挑戰來看，當代西方思想雖解構了
超絕形上學，但並不因此完全否定形上學，例如何乏筆醉心的阿
多諾（Theodor Adorno）觀點，便試圖在絕對超越性的形上學與

88　何乏筆，〈修身・個人・身體——對楊儒賓《儒家身體觀》之反省〉，《中國文
　　哲研究通訊》第 10 卷第 3 期（2000 年 9 月），頁 301-302。

絕對內在性的後形上學之間，尋求一種平衡統合。[89] 換言之，超越性實無法被放棄，只是超越性不應再被投擲到絕對的他者或超絕的彼岸那邊，應該將超越性轉向具體的物之世界，並使形上與形下成為雙重否定辯證下所打開的雙向開放與交流。從這個角度來回看筆者對《莊子》的道／物、一／多、同一／差異的關係解讀，以及對氣化／物化的相即不二解讀，都顯示出《莊子》亦對超絕形上學有所批判（主張「道无乎逃物」、「造物無主」），並對同一性形上學給予解構（肯定「物化的多元有別」）；然儘管《莊子》批判了超絕形上學，並使「道」「每下愈況」地落實到「物化」之中，但《莊子》並沒有取消道的存有開顯性（亦即沒有完全取消形上學），只是將其轉成「道物相即」的具體存有論模式（亦可說是存有與美學的統合模式）。[90] 換言之，「氣化」仍然是存有開顯的「不可見性」之動能，只是它不再與「物化」的「可見性」形式，分裂為二。《莊子》統合氣化與物化的具體存有論，本來就建立在對超絕形上學的批判基礎上，因此可以經歷西方當代的「後形上學」挑戰，[91] 並保有具體存有論與平淡美學統合的精微義蘊。

另外，從重視個人的角度來看，它涉及如何肯定「差異」的重要課題。眾所周知，東方社會生活傾向社群主義，表現在政治上則慣性主張大一統，而它們通常又和東方的「整體論」世界觀相互交織。而本文的討論緣起和焦點，便是要透過《莊子》對

---

89 參見何乏筆，〈（不）可能的平淡——試探山水畫與修養論〉，《藝術觀點》第 52 期（2012 年 9 月），頁 28。至於阿多諾的嘗試是否成功，則非筆者能參贊一辭。

90 參見拙文，〈牟宗三對道家形上學詮釋的反省與轉向——通向「存有論」與「美學」的整合道路〉，《當代新道家——多音複調與視域融合》，頁 107-171。

91 亦請參見拙文，〈《莊子》對形上學思考的批判與存有論進路的指點〉，《莊子靈光的當代詮釋》，頁 1-22。

「道體／身體／國體」的中心統御模式，給予解構。因為在這種
以形上同一性所論證的身體圖式和國家圖式，極容易走向「以心
控身」和「君主集權」的主宰模型。它們大抵上都將「部分」附
屬於「整體」，或以「整體」吞噬「部分」。本文雖不否定《莊
子》具有整體論意涵，但《莊子》式的整體（一）實建立在不可
被取消的多元差異之個體上（多）。筆者認為《莊子》對天籟物
化的多元差異之風格化肯定，使得「主之以太一」被調整為「萬
物咸其自取，使其自己」。亦是在「氣化之一」與「物化之多」
的調合平衡之中，《莊子》既不將同一性形上學與大一統政治學
給予勾連，甚至還要批判形上學與政治學合謀所複製出的國家暴
力和君王神話。同時也可以從「物化」的多元差異，開顯出對個
體生命的尊重與欣賞。正如筆者一再強調的，《莊子》仍然具有
整體論意味，尤其從氣化之一的「通達交融」來看，只是這樣的
有機整體同時保障了差異多元。《莊子》這種氣化同一與物化差
異並生共在的世界觀、身體觀，筆者認為也可能為當代思考如
何在「個體主義」與「社群主義」的兩難夾縫與惡性擺盪中，[92]
走向一條「無分別的分別」、「分別的無分別」之圓通模型。簡言
之，《莊子》肯定的個體，不會只是西方個人主義的個體，它仍
然與他人、萬物共在於「氣化交流」的世界之中，所以不應落入
封閉式的單子個體；而《莊子》所肯定的整體，也不再是畢來德
所擔憂的「氣一元論」、「氣根源論」的吞噬整體，而是萬有生命
既是「自發湧現」，同時「相互敞開」的「一多相即」狀態。換
言之，多元個體的風格既離不開不斷流變的氣化運動，也不斷在

92　如何乏筆指出的：「為何要尋求個人主義與集體主義之外的可能性呢？對此，
　　阿多諾早已表達得很清楚：『集體主義和個人主義錯誤地互相補充。』〈修身‧
　　個人‧身體──對楊儒賓《儒家身體觀》之反省〉，《中國文哲研究通訊》第 10
　　卷第 3 期，頁 296。

促使有機整體持續性地變化生長。[93] 如此一來，《莊子》的氣化與物化並生共在的模式，或許也可能為當代人思考個我與社群的兩難關係，[94] 提供一種雙重否定辯證的思想資源。

　　至於《莊子》的「後傳統」性格亦極為明顯。因為《莊子》不輕易接受流傳的歷史價值與流行的時俗價值，反而處處揭露其中暗藏的意識型態與價值神話。筆者不認為《莊子》完全反對傳統、否定文化，而是主張只有經過不斷自我批判質疑後的再肯定，才是另一種保障價值的深刻作法。或許可說，《莊子》是以批判傳統來活化傳統，以治療文化來更新文化。[95] 所以我們一再

93　極為有趣的是，宋灝在透過雲門舞蹈的藝術實踐案例，反思美學與倫理、藝術與批判的連結性時，亦幾乎觸及相類似的課題：「（雲門《行草》）這一系列舞作對於可稱之為『自然的社會制度』，表現出一種烏托邦構想。舞蹈表演所展示的是，某社群若居處在一個成熟的文化水準上，所有的人原則上如何能憑藉一種自然互應的方式，具體應付權力分配問題，克服暴力衝突危機。……舞中『個體』剛好不是由物質身體與外在世界之間的分界造成，反而是藉著每每當下移變之處境重新反應周遭環境的方式，藉運動過程實現『個體』存在。在舞中若仍然有個體化發生，乃源自身體執行之操作本身，並不是原來就有一些堅固不變之存在的主體來充當此『個體身體』。這種動態性的個體化現象，跟歐洲哲學古典觀點甚為不同。這裡個體化歸結於一定的場所，且擁有角度性，與周遭環境一直展開具體關係，所以雲門這一系列舞作對於在『去主體化』、『個人主義』籠罩下之當代哲學思考有所啟發，針對具體社會教育甚至於『社會治療』，亦有相當意義與價值。」宋灝，〈當代文化與實踐──以雲門舞集為例〉，《思想》第 9 期「中國哲學──危機與出路」，頁 5。

94　何乏筆：「人是『關係的存在』，但是『關係』的意義不再是指傳統的價值系統（如五倫），而是指對『個人』、『自我』、『認同』的某種後形上學的、後傳統的、非認知主義的反思。因此，人能夠肯定『關係』，並走出個人為關係所淹沒的情況，而避免陷入個人主義與集體主義對立的陷阱。」〈修身・個人・身體──對楊儒賓《儒家身體觀》之反省〉，《中國文哲研究通訊》第 10 卷第 3 期，頁 297。

95　參見拙文，〈氣化流行與人文化成──《莊子》的道體、主體、身體、語言、文化之體的解構閱讀〉，《文與哲》第 22 期；收入本書第八章。

看到《莊子》處處出現對周代禮樂封建制度與價值規範的問難與顛覆，例如對「尊君」的政治傳統之顛覆，便是一個很好的「後傳統」典例。總之，《莊子》的批判精神極其深刻而徹底，傳統遺產的正負價值，在他的眼光下，都有待價值重估，而非天經地義般理所當然。因此也可明確肯定《莊子》具有「後傳統」（而非只是「反傳統」）的批判性格。

　　最後則是「重視身體」這一課題。何乏筆雖頗為認同東方「身心合一」的修身觀，但卻也更細微地注意到，儒家儘管在踐形的果地會上達「身心一如」，但在工夫踐履過程中卻仍然不免具有「以心主身」的「精神優先論」傾向。例如《孟子》的「心之大體」（貴體）與「身之小體」（賤體），仍不免要以心體為宗主。暫且不論區分儒家與《孟子》的修身論是否難逃「精神優先」的困難，筆者認為《莊子》的身體思維則可以回應上述挑戰。因為《莊子》一開始就不掉入「心優先」或「身優先」的二元兩難中來討論實踐，反而是在身（形槁木）心（心死灰）雙修的脈絡下，讓身心重新回復一如。換言之，《莊子》強烈意識到「以心控身」的工夫論造作，它要同時釋放身、心在社會文化的規訓框架中，已然內化甚深的習癖，然後回歸「全身是神」的身體主體狀態。大抵來說，與其說《莊子》是重意識、重心靈的主體哲學，不如說它重視的是「身＝心＝物」遇合不二的身體思維。由於《莊子》的身體哲學之內涵，近來已有不少優質的研究成果，其結論大抵都共同指向《莊子》不僅在果境上，甚至在工夫過程中，都完全超越了主體哲學「以心主身」的模式，[96] 全然

96　例如楊儒賓、方萬全、畢來德、宋灝以及筆者等，均透過討論《莊子》的技藝與道的關係，來鋪展《莊子》的身體思維，甚至宋灝不再使用具有「意識哲學」殘餘的「思維」一詞，而改用現象學的「身體模擬」之說。總之，這些學

表現出身體哲學的「身心一如」特質。因此,強調《莊子》思想是重身體的,無疑也是極其順當的。

從上述四重自我檢視中,筆者肯定《莊子》在面對「後形上學、後傳統、重視差異、重視身體」,這四個挑戰與回應的課題,都具有當代性的可能意義,而將其放在臺灣的民主化脈絡(個體與社群、傳統與現代的交織)來思考,也可能具有一些啟發性。

(本文發表於《臺大中文學報》第 40 期,2013 年 3 月;
後經增補潤修)

者的討論,很有說服力地彰顯《莊子》徹底超越了「以心主身」。參見楊儒賓,〈技藝與道──道家的思考〉,《王叔岷先生學術成就與薪傳論文集》(臺北:臺灣大學中文系,2001 年);方萬全,〈莊子論技與道〉,《中國哲學與文化》第六輯「簡帛文獻與新啟示」(桂林:廣西師範大學出版社,2009 年);畢來德,《莊子四講》;宋灝,〈書法與身體模擬〉,書法與當代哲學╱美學學術研討會,頁肆 1- 肆 60。

第四章

身體、氣化、政治批判——
畢來德《莊子四講》與〈莊子九札〉的身體觀與主體論[1]

一、道家的美學體驗是純粹「心知」？還是身心一如的「體知」？

在老莊的體道經驗中，身體所扮演的角色到底是消極還是積極意義？這個身體課題，便是本文透過對畢來德的法國莊子學之分析、評論，所要進一步探問和釐清的核心意識。而在評論畢來德將體道與身體緊密連結這種觀點的意義之前，筆者先簡單地回顧並檢視牟宗三和徐復觀的主張。

牟宗三極強調工夫修養、經驗體證，但深入他所謂實踐形上學、主觀境界形上學脈絡，真人「沖虛玄德」所體證的「道」乃被理解為純粹「心靈」經驗，幾乎完全不涉及「身體」的參與。

1　筆者曾參與「若莊子說法語：畢來德莊子研究工作坊」，要特別對畢來德帶給筆者的一種人格情調表示敬意，他高度專注力和生生不息的好學、論學、講學之全力以赴，確實讓人印象深刻。亦要特別感謝何乏筆教授，法國莊子學目前所以受到臺灣學界注目，主要是由何教授的眼光和推動所促成，其對臺灣學界的漢語國際化有重要意義。另外，筆者在 2011 年 11 月底邀畢來德在臺灣埔里民宿密集兩天討論〈莊子九札〉的回應稿，其中參與者除了筆者，還包括畢來德、楊儒賓、黃冠閔、宋灝、劉滄龍、龔卓軍、鍾振宇、林素娟等教授，亦一併致謝。而本文便是應埔里民宿聚會寫成的評論新稿。

對比於杜維明所提出的「體知」概念，[2] 牟宗三所描述的道家體驗可謂屬於純粹的「心知」。用牟先生慣用的康德術語來說，那是一種傾向美學心靈的智的直覺，而這種無限妙用的心智之知，完全抖落了身體駁雜的有為造作。牟先生只將身體視為「自然生命的紛馳」這一類有為躁動，而虛靈妙用的觀照心之起用，正好要超克身體障礙以遊出「沖虛玄德」，老莊體道之知的身心狀態，牟先生完全以純粹心靈的無限作用視之，其間幾乎沒有身體的位置和痕跡。大抵上，牟宗三所詮釋的體道性格完全屬於心靈意識的明覺，身體對他似乎只是有待被超克的消極雜籽，一旦透過工夫修養沖刷盡淨，便唯留純粹無染的心之明覺。正如他將王弼注老的「沖虛玄德」詮解為「主觀境界的形上學」，那幾乎只是主體一心之逍遙、純心之靜觀、唯神之朗照。隱喻來說，此時真人玄德之心就好像明鏡一般，虛靜不動地朗照萬物之自身。[3]

　　牟宗三的實踐形上學雖扭轉了思辨形上學空洞化的危機，並回歸實踐和體驗的基礎與優位；但將道家的體驗理解為主觀境界、純粹虛靜之「心知」意識，是否遺忘了身體在體道狀態中的參與性？或者說，從牟宗三所理解的「心知」，到杜維明所強調的「體知」，這中間是否還需有一番「體驗」的「具體化」還原之落實？這一具體化的轉進，將使得純粹心靈找回身體的隱默向度，讓看似日用而不知的身體參與，被覺察為身心一如的整體

2　「體知」一詞由杜維明提出，用來說明許多前概念的身心體驗。參見杜維明，〈身體與體知〉，《當代》第 35 期（1989 年 3 月），頁 46-52。

3　「此沖虛玄德之為宗主實非『存有型』，而乃『境界型』者。蓋必本於主觀修證，所證之沖虛之境界，即由此沖虛境界，而起沖虛之觀照……此沖虛玄德之『內容的意義』完全由主觀修證而證實，非是客觀地對於一實體之理論的觀想……以自己主體之虛明而虛明一切。一虛明，一切虛明。而主體虛明之圓證中，實亦無主亦無客，而為一玄冥之絕對。」牟宗三，《才性與玄理》，頁 141。

經驗。

　　大體上，牟宗三將道家的體道心靈詮解為一種靜態觀照的藝術心靈。[4] 筆者曾專文檢討牟宗三所理解的道家自然觀只觸及「任其自然」之「道心」（主體觀照），卻減殺了「自然而然」的「道行」（存有開顯）層面，因此有流於靜態式觀照美學之嫌。牟先生對自然之道的理解所以會傾向靜態性格的觀照美學，最重要的原因在於：首先他遺忘了「自然而然」的存有活力，其次將「自然而然」片面簡化為「任其自然」的「道心」，又偏重從虛靜的心知觀照面來說，結果「道行」的流動性、開顯面一旦遺落了，萬物便容易在虛靜照鑑下呈現靜態特性，而且「道心」在缺乏「道行」的流動性充實下，身體動能與物化動能皆不能突顯。一旦將「道心」放回「道行」的氣化流行之開顯脈絡，將「任其自然」放回「自然而然」的存有開顯脈絡，那麼道家的自然之道將會是：「道行」與「道心」不二，「自然而然」與「任其自然」相即。如此一來，體道美學必會是氣化流行的動態美學，也會是身心一如的聆聽參與之活力美學，而不是偏向純觀照、唯心靈的靜態美學。可見，檢討牟先生對道家的體驗形上學、物化美學的詮釋貢獻與不足，身體這一向度的參與整合，也是關鍵要素之一。[5]

---

4 「道家重觀照玄覽，這是靜態的，很帶有藝術性的味道，由此開中國的藝術境界。藝術境界是靜態的、觀照的境界。……在靜的工夫之下才能『觀復』。由虛一靜的工夫使得生命虛而靈、純一無雜、不浮動，這時主觀的心境就呈現無限心的作用，無限心呈現可以『觀復』，即所謂：『夫物芸芸，各復歸其根，歸根曰靜，是謂復命。』這些都是靜態的話頭，主觀的心境一靜下來，天地萬物都靜下來了。」牟宗三，《中國哲學十九講》，頁122。

5 參見拙文，〈牟宗三對道家形上學詮釋的反省與轉向——通向「存有論」與「美學」的整合道路〉，收入拙著，《當代新道家——多音複調與視域融合》，頁107-171；〈論先秦道家的自然觀——重建一門具體、活力、差異的物化美學〉，《文與

　　牟宗三對道家之道的基本性格之詮釋重心放在《老子》，而徐復觀則轉而針對《莊子》。而且徐復觀所詮釋的《莊子》體道之知，紮紮實實地將形上體驗落實為藝術體驗。不過他所詮釋的《莊子》仍強烈帶有觀念論式、現象學式的純粹意識、靜態主體的心靈哲學傾向，身體在這種美學經驗中仍然處於被遺忘狀態。[6] 若說牟宗三著重在《老子》「沖虛玄德」的虛靜心之觀照，徐復觀著重的則是《莊子》「心齋之心」的純粹意識（虛靜明）之神遊。[7] 雖然徐復觀對道家藝術精神的詮釋比牟宗三全面而深入得多，但同樣有類似的缺憾，那便是身體向度的缺席，使得道家的藝術體驗只突顯無限心的神遊。而這種狀態的神遊似乎是可以脫離身體、不需身體的一抹輕煙。

　　將道家的形上之道落實為美學、藝術體驗，這已是道家詮釋的主流途徑之一。如果說牟先生只是約略以「藝術」發明《老子》斯道，徐復觀顯然透過《莊子》而將道家藝術精神給十字打開了。對徐先生言，道家之道絕非思辨所能窮盡，真正核心在於「體道」，而由工夫實踐得來的體道經驗，更可進一步將其落實為藝術人生。雖然詳略不一，但兩位當代大儒的道家見解都認為思辨形上學非道家本色。牟先生所謂實踐、境界形上學的經驗內涵，更被徐先生結晶在以《莊子》為典範的藝術人生，而成就了最高的藝術精神。徐先生透過《莊子》體道境界而來的道之人生觀，並由此企圖為中國藝術精神的主體內容給予徹底建立，可謂

哲》第 16 期，頁 1-44。

6　龔卓軍從法國莊子學研究者葛浩南的對話反省中出發，特別檢視了徐復觀的觀念論式、現象學式的特質，並指出其忽略身體向度的限制。參見氏著，〈庖丁手藝與生命政治──評介葛浩南《莊子的哲學虛構》〉，《中國文哲研究通訊》第 18 卷第 4 期（2008 年 12 月），頁 80-86。

7　徐復觀，〈中國藝術精神主體之呈現〉，《中國藝術精神》，頁 75-86。

見地深宏而貢獻重大。他那由藝解莊的代表作，亦成為重要經典文本，代表著道家藝術詮釋進路的一座里程碑。後來若干採取美學藝術進路理解道家體驗的學者，儘管未必完全認同徐先生觀點，但幾乎都在他所建立的基礎上，繼續吸收消化並嘗試增刪損益；例如顏崑陽、[8] 何乏筆、[9] 龔卓軍等等；至於其他採取美學詮釋進路的學者還有葉維廉、[10] 陳榮灼[11]等等。筆者亦曾有論文涉及道家美學藝術內涵的探討，[12] 但不同於徐先生的進路，筆者認為道家美學的詮釋只有將存有與身體的參與考慮進去，才會是一個完整而深刻的具體藝道體驗。

臺灣近年來的中國思想研究興起一股回歸身體，落實於身體的轉向或轉進的學術運動。[13] 這個運動可視為承續從思辨到體驗

8　顏崑陽，《莊子藝術精神析論》（臺北：華正書局，2005 年）。

9　何乏筆，〈（不）可能的平淡——試論徐復觀《中國藝術精神》的當代性〉，徐復觀學術思想中的傳統與當代國際學術研討會（臺北：臺灣大學人文社會高等研究院，2009 年 12 月 6 日）。

10　葉維廉主要是將道家美學詮釋和中國山水詩畫傳統結合起來，另外也透過和海德格的對話企圖將道家的美學和存有連結起來。參見氏著，《道家美學與西方文化》（北京：北京大學出版社，2002 年）；〈語言與真實世界〉，《比較詩學》（臺北：東大圖書公司，1988 年）；〈言無言——道家知識論〉，《歷史、傳釋與美學》（臺北：東大圖書公司，2002 年）；〈道家美學・山水詩・海德格〉，《現象學與文學批評》（臺北：東大圖書公司，1991 年）。

11　陳榮灼也將晚期海德格的詩歌存有美學和道家對話，參見氏著，*Heidegger And Chinese Philosophy*（臺北：雙葉出版社，1986 年）。

12　參見拙文，〈牟宗三對道家形上學詮釋的反省與轉向——通向「存有論」與「美學」的整合道路〉、〈後牟宗三時代對《老子》形上學詮釋的評論與重塑——朝向存有論、美學、神話學、冥契主義的四重道路〉、〈道家的逍遙美學與倫理關懷——與羅蘭・巴特的「懶惰哲學」之對話〉，以上三篇收入拙著，《當代新道家——多音複調與視域融合》，頁 107-171、1-105、173-223；〈論先秦道家的自然觀——重建一門具體、活力、差異的物化美學〉，《文與哲》第 16 期，頁 1-44。

13　臺灣近年來在中國思想範疇的研究領域中，最為重要的學術突破和影響，恐怕

的實踐形上學回歸運動後，第二次的再回歸運動。而回歸的旨要便在：從純粹心靈到身心一如的具體性落實。例如杜維明曾提出生命實踐的學問都必然具有「體知」性格：

> 體知概念籠罩下的「身體」涵著「以身體之」的意思。凡是真有實感的內在經驗，都與體知有關：體驗、體會、體察、體究和體證，都是體知的面向。美感經驗、道德實踐和宗教見證，無非體知的體現。[14]

而日本學者湯淺泰雄也主張東方形上哲學背後涉及身心變化的修行實踐：

> 東方身心觀著重探討下述問題，如「（通過修行）身與心之間的關係將變得怎樣？」或者「身心關係將成為什麼？」等。而在西方哲學中，傳統的問題是「身心之間的關係是什麼？」換言之，在東方經驗上就假定一個人通過身心修行可使身心關係產生變化。只有肯定這一假定，才能提問身心之間的關係是什麼這一問題。也就是說，身心問題不是一個簡單的理論推測，而是一個實踐的、生存體驗的、涉及整個身心的問題。身心理論僅僅是對這種生存體驗的一種反映而已。因此，我們必須認為，身心理論須以實踐經驗為前提。這一理論研究的基本內容並不僅僅由理性推測而獲得，它須包括經驗的證明。[15]

非身體議題莫屬，對這個議題的復活和推擴的重要貢獻者，要首推楊儒賓先生。參見楊儒賓，《儒家身體觀》（臺北：中央研究院中國文哲研究所籌備處，1996 年）；另外，亦請參考黃俊傑，〈中國思想史中「身體觀」研究的新視野〉，《中國文哲研究集刊》第 20 期。

14　杜維明，〈身體與體知〉，《當代》第 35 期，頁 52。

15　湯淺泰雄著，馬超等編譯，《靈肉探微──神祕的東方身心觀》（北京：中國友誼出版公司，1990 年），頁 2。

　　杜維明、湯淺泰雄這種強調，既反應當代東方生命實踐／體驗的純粹心靈詮釋的瓶頸，另一方面也是東方體驗性格的身體落實和回歸。不過，杜維明對體知的洞察主要放在儒家的道德實踐來考察，[16] 而湯淺泰雄主要是從佛教解脫實踐來考察，雖然兩者皆觸及若干生活技藝和美感經驗的身體基礎，但並未涉及道家體道經驗、藝術體驗和身體的關係。而本文重點則循著道家的身體與美學的整合之路來考察。尤其以近來法國莊子學的傑出研究者畢來德為例，考察並評論他的美學詮釋和牟、徐兩先生的重要差異，在於重新將體道經驗轉化為技藝面向的身體經驗來理解，因此將牟、徐心靈式的美學之道，完全落實為身心一如的藝道經驗。

二、畢氏解《莊》方法的體驗與覺知性格

　　瑞士漢學家畢來德的《莊子四講》（以及〈莊子九札〉回應稿），[17] 讀來有趣、親切，別有新意，確實和目前臺灣學界的莊學語境不太相同。有趣是因為新鮮活力，本書引用和討論的《莊子》文獻，大都屬寓言故事，尤其帶有公案式的對話效果，一則帶領讀者感同身受於主人公的情境，也避開理論性的抽象枯瑣。

16　關於儒家的道德實踐和身體的深刻複雜關係，目前學界已有一本經典著作，參見楊儒賓，《儒家身體觀》。

17　畢來德著，宋剛譯，《莊子四講》。〈莊子九札〉是畢來德在「若莊子說法語：畢來德莊子研究工作坊」後，先以法文小書發表對工作坊參與者提問之回應，由於筆者亦參與工作坊並有評論稿，而畢先生亦曾在〈莊子九札〉的法文書中對筆者提出回應，如今中文版的《莊子四講》、〈莊子九札〉（都是宋剛翻譯），皆以中文版在臺灣新出，筆者乃大量增修先前工作坊的評論稿，再度回應畢來德的回應。參見畢來德著，宋剛譯，〈莊子九札〉，《中國文哲研究通訊》第22卷第3期「畢來德與跨文化視野中的莊子研究專輯」（上）。

在「若莊子說法語：畢來德莊子研究工作坊」的兩天密集對話期間，[18] 不管從畢來德公開主張的觀點（如他所親身實踐的催眠引導），或私下交流的對話（他私下一再強調故事敘述和聆聽話語可能帶來存在的深度轉化），都可看出他非常注意話語和覺知的關係。他強調像莊周這樣的智者，本身就不斷透過話語實踐之策略和氛圍，企圖帶給聽者身心的啟悟感。因此，他會特別注意莊書寓言的經驗性格和對話契機，是很可以理解的。簡單說，畢來德的解莊之道，一開始就帶有頗濃厚的「體驗性格」。當然這種體驗性格也不可忽略其中的「反思性格」，甚至「批判性格」。《莊子四講》這種說講、書寫策略是自覺的，[19] 因為他認為此種手段較接近《莊子》重戲劇效果、敘事藝術的文學本色和力量特質。他曾舉阿爾特（Robert Alter）的聖經敘述藝術之研究為類比：

> 阿爾特在他二十多年前發表的《聖經敘事藝術》中曾經分析過最古老的《聖經》作者們嫻熟的敘述技巧。他說，他們的敘述是如此密實，又如此簡練……同時還因為我們今天閱讀的速度很快，而這些文本卻要求一種慢速的、一種接納性的、注意細節的讀法。而這，我們需要重新去學習。我們讀《莊子》也是這樣。阿爾特同時還指出，文學分析往往比歷史學、考古學以及批判考據學都更能準確地解讀這些古代文本，結論更可靠。他的研究顯示：敘述，

18　工作坊於 2009 年 11 月 30 日至 12 月 1 日，由中研院中國文哲所主辦，是何乏筆先生一系列有關「跨文化批判研究」的關懷之一；此會延續 2007 年 12 月 19 日「身體、動物性與自我技術：法語莊子研究工作坊」（成果已集結在《中國文哲研究通訊》第 18 卷第 4 期「自我技術與生命機制：法語莊子研究專輯」）。

19　此書緣起於 2000 年秋，畢來德在巴黎法蘭西學院的四場講座，然後再修改成書。換言之，此書具有口說講談的氣氛脈絡，優點在於活潑而富啟發性，缺點則是有些觀點不及深論。

尤其是對話式敘述，乃是表達我們對人生的看法最有力的
一種方法，因此，文學創作才是一種高層次的認識方法。
莊子之所以如此頻繁地使用對話式敘述，並非偶然現象。
實際上，與其說他對觀念感興趣，不如說他對觀念的作
用，對觀念所產生的效果，對充滿活力，能夠引發變化的
有效話語感興趣——比如說，那種能夠引起從不理解過渡
到理解的，或是反向過渡的話語。之所以會發生這樣一個
戲劇性變化，往往是因為，那些人物不是處於同一行動機
制之中，或是因為，其中一個對某種行動機制有過親身體
驗，而另一個卻沒有。[20]

因此，《莊子四講》在順著一個個寓言故事的譯解和詮釋過
程中，便顯得活潑而親切。尤其當作者不斷將寓言情境迴向自身
「經驗」來觀察印證，使《莊子》的經驗「描述」和人們日常生
活的身體經驗相扣合。這樣一來便使讀者拉近自己和故事主人公
之間的距離，大大增進理解文本的切身性（即《莊子》、畢來德
和讀者都因為回歸親身體會的具體或共通經驗的基礎，而有了平
等關係的理解對話可能）。換言之，此書的有趣、親切、活力，
是因它為讀者開啟或復活了一條理解《莊子》的經驗性道路，[21]
而其中的戲劇效果、敘述藝術，又交織結晶出文學空間和力量效
果。這裡，作者似乎渴望一種無間距的閱讀空間形成：遙想當年

20　畢來德著，宋剛譯，《莊子四講》，頁 61-62。畢來德此觀察和筆者極為接近，
　　筆者亦認為莊書的寓言可看成是中國最早的求道、體道、說道之公案起源，其
　　中的話語敘事情境充滿暗示，有待讀者細細地品味參究，參見拙文，〈從《老
　　子》的道體隱喻到《莊子》的體道敘事——由本雅明的說書人詮釋莊周的寓言
　　藝術〉，《清華學報》新第 40 卷第 1 期（2010 年 1 月），頁 67-111；後收入拙
　　著，《當代新道家——多音複調與視域融合》。

21　關於畢來德對「經驗」與「描述」的強調和說明，可參見畢來德著，宋剛譯，
　　《莊子四講》，頁 4-5、9。

莊子對來者閱讀《莊子》的期待一般（閱讀是為了道的經驗能重複再現）。畢來德也期待現代讀者在閱讀《莊子四講》時，其理解不再只是抽象概念的排列組合，而是能啟動感同身受的覺知感。[22]

　　而這種著重感知啟發而非概念分析的方式，後來在〈莊子九札〉中他又以「想像力的綜合」來說明。他強調要理解一創新概念的豐富內涵（如他所提出的解莊核心概念 "régime"），最好需有具體經驗來幫助讀者完成自身的想像綜合，而產生活生生、有血肉的整體化直覺領會。其中，他也批評了只試圖以概念堆疊概念、對論述加以論述的抽象方式，將遠離日常語言、遺忘想像基礎，使真正的理解成為了無感的幻象。所以他希望將較鮮活的「對話」加入純粹書面文字，而所謂對話既可指書寫中的對談情節場景設計，亦可廣指能引發讀者綜合想像的感同身受之書寫內容（如加入傳記式的生活經歷鋪陳，或直寫生活實踐的具體技藝，兩者都可能引發讀者切身回應）。[23] 這些無疑都和畢來德心中所認同的哲學方法（來自經驗的觀察與描述），以及他所認定的《莊子》思想性格（來自身體的切身實踐和觀照），有密切

22　也是這種重實踐體驗和覺知描述的特質，使畢來德在西方漢學界的社群中，似乎顯出孤獨與特異，他在方法論上不滿意於下列漢學界流行的四種方式：一是憑藉古註的翻譯與評解，二是思想或宗教的學術史詮釋，三是文獻版本的考辨，四是帶有洋格義的現代哲學詮釋。畢來德著，宋剛譯，《莊子四講》，頁2-3。

23　以上所述，參見畢來德著，宋剛譯，〈莊子九札〉，《中國文哲研究通訊》第22卷第3期「畢來德與跨文化視野中的莊子研究專輯」（上），頁10。不過，畢來德將書寫和對話的關係拉開了距離，似乎主張對話必然優於文字書寫，而這正好是德希達（Jacques Derrida）所要解構的。從《莊子》文本看來，書寫本身也可以呈現高度的對話效果，也可以引發高度的想像綜合，所以文字書寫與對話，未必不能綜合。

關係。

要特別注意的是，畢來德所強調的「經驗」，雖不離開日常生活的親近性，但絕不是百姓日用而不知的渾淪經驗，而是能在經驗當中帶著高度的專注力、覺知性。他以維根斯坦（Ludwig Wittgenstein）的話說，只有當高度的注意力作用於「無限親近」、「幾乎當下」時，人們才可能進行真正的「描述」（對比於「解釋」）。若用東方的話語說，寓言的敘事背後具有「觀（照）」的洞察。這也是為什麼筆者會強調，畢來德所理解的經驗體知帶有反思性格。因為「觀」雖非概念性思維的認知推理活動，但卻也不是空洞無思無想的散漫無覺狀態，而是清明統一的專注覺知，故能反觀照見當下身心的現前活動。特別是對著正在活動變化的當下「運作」，進行一種歷程性的覺知反思，從而再描述活動歷程的現象本身。[24] 這也就解釋了為何《莊子四講》開宗要以〈運作〉為名，而在第一個講題中，更一再強調對於《莊子》之「道」的翻譯，要回到文本脈絡中所描述的具體事物之運作當下，才能確認「具體之道」的意義。換言之，他反對西方人那種對道的抽象、虛玄之東方異文化想像。[25]

24　畢來德批評現象學的描述並不真契於《莊子》之描述，因為前者傾向於靜的關係描述，而不如《莊子》能融入活動中而描述之，才真能觸及「事物本身」。畢來德著，宋剛譯，《莊子四講》，頁28。我們可以更進一步說，其實「事物本身」就《莊子》言便是「變化」（道）自身，而人們生活一切處的活動莫不展現變化流行的現象，只是人們不易正觀與深描而已。而《莊子》變化之道又必然呈現在具體事物與人的當下經驗之運作中，故不必落入靜態、虛玄與超絕。

25　這一點畢來德相當堅持，也和他對余蓮的批判密切相關。簡言之，畢來德認為《莊子》之道具有學習經驗的共通普遍意義，無須被放在東／西文化的絕對異質性來看待。畢來德著，宋剛譯，《莊子四講》，頁22-23。

三、畢氏的身體思維突破牟宗三與徐復觀的心靈思維

　　據筆者目前觀察，將道家體道經驗視為技藝身體體驗，卻又與徐復觀心靈美感式的詮釋形成對比，畢來德《莊子四講》可為代表。此書放在目前臺灣漢語學界的莊學研究中有其新意，最突出者在於身體向度的徹底顯題化。畢來德解釋《莊子》技藝之道的關鍵，在於身體而不是心靈。而這種主客相忘、物我一如的身體場所，不會是希臘解剖學或笛卡兒（René Descartes）身心二元論的身體客體：

> 而是說一切支撐著我們的活動，為我們察知或覺察不到的能力、潛能與力量的總和——這樣定義下的身體，才是我們真正的宗師。[26]

> 要進入莊子的思想，必須先把身體構想為我們所有的已知和未知的官能與潛力共同組成的集合，也就是說，把它看作是一種沒有確鑿可辨的邊界的世界，而意識在其中時而消失，時而依據不同的活動機制，在不同的程度上解脫開來。[27]

這種作為發生總體經驗的身體場所，乃是主客未分、身心一如的具體活動之當下潛能整體。畢來德解釋，這種狀態的核心不在意向性的精神或意識，反而在於身體之自發。[28] 就此而言，

26　畢來德著，宋剛譯，《莊子四講》，頁 34。

27　畢來德著，宋剛譯，《莊子四講》，頁 90。

28　畢來德這種以身體解莊的進路，幾乎和楊儒賓與方萬全相當契合，參見楊儒賓，〈技藝與道——道家的思考〉，《王叔岷先生學術成就與薪傳論文集》，頁165-191；方萬全，〈莊子論技與道〉，《中國哲學與文化》第六輯「簡帛文獻與新啟示」，頁 259-286。

畢氏顯然和牟、徐很不一樣，雖然彼此都認為道家的體道經驗可以從藝術美感向度來加以詮釋，但一者將重點全放在心靈，一者認為身體才是歸依。《莊子四講》亦由此而旁涉諸如語言、[29] 主體、[30] 權力，[31] 甚至文本 [32] 等課題。但由於此書的來源是演講

29　例如畢來德強調莊子對語言陷阱有敏銳的感悟，同時也十分謹慎地運用語言。畢來德著，宋剛譯，《莊子四講》，頁 3。可惜的是，他雖隨處提點語言的問題，但並未有章節來專文集中討論，其實語言問題和他所關心的身體、主體、權力、文本、敘事等課題緊密相關。

30　《莊子四講》中的第四講就名為〈主體〉，此講承續第三講〈渾沌〉對（西方）主體性的批判，展開了另類「嶄新的主體」。簡言之，畢來德反對的只是以意識為中心這一類的主體性概念，並不反對或取消「主體」，事實上他認為莊子所描述的人與萬物之間能來回往復的「活性虛空」，既可以從「統合已知或未知的官能潛力之總合」的身體角度說，也可以將它理解為「嶄新的主體」。

31　這一次工作坊的對話焦點之一在於莊子的權力批判性，這一特點也是當代法國莊子學的精采處，而畢來德亦因此對郭象將莊子權力批判性解消而感到不滿。畢來德著，宋剛譯，《莊子四講》，頁 102。當代法國莊子學研究中對批判思想的再發現，其實只是將莊子原本的批判思想予以正視與復歸而已。對此，筆者多年來關懷所謂「當代新道家」，其中核心精神也正為復原與開創老、莊的知識分子性格和權力批判性。然而，筆者所著意揭露的道家型知識分子和法國後現代、後結構主義思潮可對話者頗多，較看不出畢來德所理解的莊子批判性和法國後結構主義的密切性。

32　畢來德注意到，《莊子》並非一并然有序的系統之作，其中充滿差異、雜音的多元開放性組合，更有意思的是，他甚至以巴哈音樂的多聲部複調形式，來理解《莊子》這一文本特質，更主張這一文本形式本身就具有「批判的功能」。畢來德著，宋剛譯，《莊子四講》，頁 98-100。很可惜的是，他這個想法僅點到為止，未及深論；筆者曾私下和畢來德討論到他這個看法，一則可以和俄國巴赫金（Mikhail Mikhailovich Bakhtin）的「多音複調」狂歡理論相併觀，再則可以透過法國思想家羅蘭‧巴特「歡怡的文本」與「陶醉的文本」（即巴特提及之 "Jouissance"，屠友祥譯為「醉」，筆者順此譯為「陶醉」），兩種主張相混討論以深化。總之，《莊子》文本特質的重新思考，確實隱含著莊子對語言和權力批判的反思關係。參見拙文，〈莊子與羅蘭‧巴特的旦暮相遇——語言、遊戲、權力、歡怡〉，《臺大中文學報》第 37 期，頁 1-50；〈《莊子》的文學力量與文本空間——與羅蘭‧巴特「文之悅／醉」相對話〉，《文與哲》第 20 期（2012 年 6 月），頁 42-94；亦收入本書第七章。

稿，許多議題都僅能點到為止，加上作者自覺刻意不願掉入系統性的分析討論，因此雖有靈光洞見令人驚喜，卻也不禁讓人有難闚究竟之憾。由於《莊子四講》的身體論述既是主旋律，也幾乎貫通全書首尾，因此筆者就試從這一角度，提出觀察和反省。

畢來德採取身體技藝、藝術實踐角度來觀察身體的轉換「機制」（régime）。機制借用引擎發動機因轉速高低而產生功率強弱這一隱喻，強調主體因不同的身體活動方式可產生不同的狀態和意義。[33] 機制的可調整轉化，說明了畢來德透過《莊子》所理解的主體、身體，都不是定性不可轉動的本質物，而是蘊涵變化的可能性。這完全契合湯淺泰雄所強調的，重點不在於客觀地探問身體「是」什麼，而在於親身實踐地體味到身體「可以成為」什麼。以《莊子》的概念說，人這一身體主體既可處於「知」的狀態，也可處於「神」的狀態，關鍵在於「知」、「神」之間的「機制」如何調整。值得一提的是，此書譯者宋剛也參與工作坊，他表示曾經認真考慮過使用「境界」一辭翻譯 "régime" 的可行性。可見宋剛一開始也把握到畢來德所理解的《莊子》，帶有牟宗三所謂實踐的性格，而實踐工夫便隱含境界。[34] 筆者認為最後仍採取「機制」而沒有採用「境界」一譯名，有著更深的哲學判斷考慮在。首先，因為牟先生的「境界形上學」雖建立在實踐基礎，但他著重的是心靈的觀照（從佛教境由心轉而來）；[35] 然而畢來德

33　畢來德著，宋剛譯，《莊子四講》，頁 28。

34　關於牟宗三的境界形上學內容和意義，參見拙文，〈牟宗三對道家形上學詮釋的反省與轉向——通向「存有論」與「美學」的整合道路〉，《當代新道家——多音複調與視域融合》，頁 107-171。

35　正如日人鈴木大拙指出：「『境』這個字源於梵語中的 Gocara 或 Vishaya 或 Gati，這三個梵語字的意義多少有點相同，都指可以產生任何活動的一種『領域』或『場地』……人也有其內心生活的場地或領域。智者有其藉以看整個世

強調的卻是身體而不是心靈，畢來德認為這個轉換工夫和變化後的狀態，身體才是經驗發生的具體場所，而不是沒有物質基礎的純粹思考或心靈轉換：

> 西方哲學家一般都不考慮這些機制的轉換……莊子是另一種類型的哲學家。他這樣關注活動機制的變化，關注意識的不連續性以及隨之而來的諸種悖論，乃是在探求一種我們可稱之為「主體性的基礎物理學」的學問。[36]

「機制」一語是自覺考慮到主體性的基礎物理學的，亦即身體性。正如劉紀蕙對 "régime" 法文字源的分析和觀察所指出：「畢來德對於引擎裝置與調節的能量運作，已經透露了他試圖將活動能量的轉換放置於具有物質性的基礎之上。」[37]物質性、身體性的堅持，使畢來德扣住東方的實踐原則（他會同意身體不是絕對定性的，而是可轉化的），卻不落入飄渺的虛玄化、形上化。他不同意有超離於身體之上、之外的形上實體或超絕經驗，反而要以身體經驗取代形上思維。就此而言，他掌握了東方修身傳統之實踐性格，更透過身體的轉換機制，收攝《莊子》的藝術心靈、人格美學。臺灣學界的莊學研究者都知道，《莊子》的體道人格可

界的世界觀，而這個世界觀也成為他的境的一部分。境是他意識的模式或架構或景況，他的一切反應都來自於此，而一切外來的刺激也都含於此。我們總以為自己都活在同一客觀世界並以同一方式從事活動。其實，沒有兩個人具有同一的境。因為我們每個人都活在自己的內心的聖堂，這是他的主體性，別人是無法分享的。這種嚴格屬於個人意識的內在結構就是他的境。」參見氏著，劉大悲譯，〈自然在禪學中所占的地位〉，《禪與生活》（臺北：志文出版社，1971年），頁 246-247。

36　畢來德著，宋剛譯，《莊子四講》，頁 43-44。

37　劉紀蕙，〈虛空：作為心靈機制穿越的拓樸空間——思考畢來德的莊子〉，若莊子說法語：畢來德莊子研究工作坊（臺北：中央研究院中國文哲研究所，2009年 12 月 1 日），頁 2。

從藝術美學的角度來詮釋；問題是，到底所謂道家的藝術人格、美學心靈的內涵該如何理解？這裡便顯出畢來德身體詮釋進路的特殊性。

　　牟宗三「主觀境界形上學」和徐復觀「中國藝術精神的主體」的詮釋進路，都偏向心靈的純粹性。他們認為老莊的人格之美在超越主客、物我對立後呈現出玄冥心境，一種不著於物、自由自在的心靈狀態。[38] 用《莊子》經常使用的概念說，牟、徐理解的道家藝境是一種「神」的狀態，超然物外的逍遙、神遊境界，並且只有同時支離身體感官和意識認知的雙重束縛，方可達至純粹意識之虛照、神遊。正如庖丁解牛之「技進於道」的關鍵在於「官」（身體）、「知」（成心）「止」（形槁木、心死灰地解離而不作用），才能釋放「神」（欲行）。用畢來德的術語說，牟、徐會認為當身體感官和主體意識的「機制」被調整了，「神」的自由「機制」才得以釋放出來。

　　然而導致兩方的差異正在於對「神」的理解和體會不同。牟、徐詮釋系統下的「形」（身）、「知」（心），除了和「神」分屬不同的機制狀態，兩者幾處於斷裂而沒有連續性的關係。相對於牟、徐超然物外、不著於物的心靈美學主張，畢來德強調身體實踐技藝：從克服物的慣性，到不受物的限制，再到與物渾整狀態的身心一如、物我渾然。[39] 其中，身體與物質從來都沒有消

38　龔卓軍曾分析徐復觀所理解的莊子美學帶有濃厚的觀念論／現象學式的主體論，缺陷便在身體向度的不介入，參見氏著，〈庖丁手藝與生命政治──評介葛浩南《莊子的哲學虛構》〉，《中國文哲研究通訊》第 18 卷第 4 期，頁 80-86；而筆者亦曾分析牟宗三所理解的道家美學傾向於靜態式的觀照，無法揭露道家那充滿活力、差異的物化美學向度，參見拙文，〈論先秦道家的自然觀──重建一門具體、活力、差異的物化美學〉，《文與哲》第 16 期，頁 1-44。

39　畢來德著，宋剛譯，《莊子四講》，頁 8。

失不見，更積極地說，形、神之間有其默會契合的關係在。這種
詮釋位置的調動，可以看成是杜維明「體知」觀點在道家經驗上
的落實，它展示了如何在牟、徐的心靈美學詮釋系統下，重新帶
來「體知」的典範轉移。可見畢來德在牟、徐的詮釋系統下，帶
有一種典範轉移的可能性，這便是將重點重新放置在「身體」與
「物質」的具體遇合上。

其次，關於 "régime" 為何選擇活動機制來翻譯，而堅持不
用心靈境界這一頗容易引發東方讀者共鳴的譯名，畢來德在後來
〈莊子九札〉的回應稿中，給出更為深刻而明確的說明。他強烈
地表明不希望《莊子》被視為一套修養論而已，若採取東方式慣
有的工夫思維，那麼從「知」向「神」的活動機制轉化，便幾乎
只能被說成是一套自我完善的精神修煉而達成生命境界、冥契體
驗。然而這正是畢來德所要避開的詮釋進路，他認為這種生命向
上超拔於完美的「工夫＝境界」說，其實延續著中國歷來莊學詮
釋史的錯愛誤解（他特別提到可以陸西星為典例）。[40] 所以他不
用「境界」來對譯 "régime"，是因為這個譯名帶出的東方慣性理
解模式，正是一條歧路。不管是偏於宗教的心靈境界，或偏於美
學的詩意靈感，它們皆歧出於畢來德心中真正的《莊子》。[41] 如

---

40 陸西星的內丹式身心修煉，確實走向純粹自我完善式的精神境界，這種解莊道
路，明顯擴張《莊子》的宗教體驗性一面，卻同時減殺《莊子》的哲學反思
性，畢來德相當反對這種作法。筆者雖贊同陸西星的解莊絕不能窮究《莊子》，
甚至在不覺中捨棄了寶藏，但也不贊同將其視為全無深意。參見拙文，〈陸西
星的男女雙修觀與身體心性論──內丹男女雙修的批判性反思〉、〈陸西星的丹
道與易道〉，皆收入《丹道與易道──內丹的性命修煉與先天易學》，頁 361-
412、413-472。

41 「境界這一詞或許會讓中國讀者感到親切，但是也必然造成誤會。因為『境界』
指的是精神在其修養過程當中，所進入的不同『世界』或者不同『狀態』，或
者是指詩意靈感的不同體會。我們選擇『機制』這樣一個詞，就是要避免讀者

188 道家型知識分子論——《莊子》的權力批判與文化更新

何說？畢來德認為《莊子》儘管在文獻中也保有工夫論痕跡，似乎顯示《莊子》對自我完善的身心技藝並不陌生，但重點更在於《莊子》深刻而豐富的哲學內涵，絕非一般東方的宗教式心靈境界所能窮究和比擬。畢來德這個觀察相當深刻敏銳，令筆者想起日哲西田幾多郎的例子，西田年輕時有長期坐禪甚至被印證開悟的經驗，卻不願他的哲學被歸類等同於禪，或禪經驗的再詮釋而已。顯然西田會認為自身的哲學關懷比禪的空靈境界要複雜、豐富很多，雖然西田對於禪的工夫和境界都不陌生，但並不能同意將其哲學化約為禪。[42] 同理，畢來德雖然可能不完全反對《莊子》有其工夫修養和冥契體悟，但絕不願接受這是《莊子》全貌，甚至更強調這絕非《莊子》精華所在。故疾呼：「所以像中國古今諸多論者那樣，僅從修養論的角度來詮釋莊子的思想，是比較狹隘的。」[43]

為要細部地說明並評估畢來德的最核心關懷，必須進到他對「主體」的思考。在此，筆者先預告他的主張，底下將進一步討論。畢來德認為若將《莊子》視為一套純粹的精神修煉、自我完善的境界說，除了容易流於形上虛玄之外，也恐將促使主體空洞化而造就了「貧乏的主體」。亦即，東方所嚮往的空靈境界對他而言，恐怕只是弱化、單薄的主體，這絕非是《莊子》所展現的

把莊子所描繪的動能狀態輕易地劃歸於修養的不同階段。」畢來德著，宋剛譯，〈莊子九札〉，《中國文哲研究通訊》第 22 卷第 3 期「畢來德與跨文化視野中的莊子研究專輯」（上），頁 22 註 33。

42　參見拙文，〈西田幾多郎《善的研究》之存有論詮釋——認識之真、倫理之善、藝術之美、宗教之神的一體觀〉，《中正大學中文學術年刊》第 8 期（2006 年 12 月），頁 183-222。

43　畢來德著，宋剛譯，〈莊子九札〉，《中國文哲研究通訊》第 22 卷第 3 期「畢來德與跨文化視野中的莊子研究專輯」（上），頁 22。

充滿創造動能、擁有語言厚度的「嶄新主體」。一言以蔽之，畢
來德所要揭露的嶄新主體，非形上主體、非心靈主體、非空靈主
體，而是迴旋降落於肉身、語言之中的身體主體。

四、畢氏著重在技藝層面的身體經驗

　　畢來德將道家的體道經驗收納歸約為技藝向度的身體體驗，
從《莊子四講》所引用的文獻即可清楚看出。他所討論的文獻，
諸如：庖丁解牛（〈養生主〉）、輪扁斲輪（〈天道〉）、呂梁游水
（〈達生〉）、津人操舟若神（〈達生〉）等等，皆具有人們日常生
活的熟悉性，如一般從事百工行業而達至出神入化的技藝之人，
他們的身心參與上達「技進於道」的層次。然而這類型的技藝之
道是否能窮盡道家體道的內涵？其展示的身體向度是否足以涵蓋
《莊子》的身體經驗？這也是本文所要檢討的課題。

　　畢來德所以特別著重身體，和他著重技藝向度來理解道家的
體道內容有密切關係，對他而言，道家的體道經驗似乎完全可以
收攝為技藝之道。當然，畢來德理解的技藝並不僅止於技術，而
有「技進於道」的特性。所謂技藝之「道」，畢氏大抵通過「忘」
和「覺」來說。首先，在進入高級的技藝狀態之前，必須能夠將
意識心知的主宰給予釋放、遺忘，超越「以心控身」的低級機制
狀態，進入身心物一如的自動自發、自然天然的高級機制狀態。
其次，畢來德又強調要能在身體自發的潛能運作上達至「遊」之
狀態（身心物融合與無礙便是遊）的同時，進行靜觀覺察。換言
之，畢來德認為《莊子》所體察、描述的百工技藝之道，並非只
是日用不知的默會之道，事實上是可以、也應該對之加以覺察。

　　對畢來德而言，庖丁解牛這一類的技藝之所以能技進於道，

是因為庖丁能夠從「官、知」的機制轉化為「神」的機制。而他將《莊子》的「神」譯解為「自發的活動能力」，它相通於《莊子》的「天」、「道」這一類（看似純形上學）的概念，其實都只是指心知意識和身體感官之間的扞格被重新整合後，身心一如的總體潛能發揮到最佳的狀態。可見，畢來德所理解的高級活動機制的「神」並非純粹的心知作用，而是形神一如的體知作用。[44]

　　這個高級活動機制的形神一如之體知作用，畢來德又通過「天」這個概念來說明。而「天」正對比於「人」這一較低級的活動機制：前者是一種無為而自發的必然活動，後者是一種有為而刻意的操作。[45]而如何從「人」向「天」轉換，便涉及意識心知的刻意操控能否被放棄，這一放棄便是所謂的「忘」。如果就具體的技藝實踐過程來說，「忘」之所以可能是因為身體技藝的重複操作以至於熟練到自動發用的地步。亦即原本身心分裂狀態下，以心控身的有為，透過技術的具體實踐而使意識內化為身體記憶，以至達到身體自動自發的無礙流行。[46]當然，就實質的技藝操作而言，這裡還不只是身心的互滲一如，還有身體和物質世

44　畢來德指出：「『神』不是外在於庖丁的某種力量，也不是在他身上行動的某個殊異力量。這個『神』只能是行動者本身那種完全整合的動能狀態……精神只按它自己的願望行動，自然依從牛的肌理而行。」畢來德著，宋剛譯，《莊子四講》，頁 7-8。筆者要強調的，「神」或「精神」對《莊子》言，都無法脫離身體的在場性，甚至只有與身體無礙地合和運作，才能上達「神」之運作機制。可見，神乃是「全身是神」之整合狀態，而非單獨的心靈境界。

45　「『人』是指故意的、有意識的活動，要低一級；而『天』是指必然的、自發的活動，在某種意義上也是非意識的，要高一級。」畢來德著，宋剛譯，《莊子四講》，頁 33。

46　「莊子在描述從低級機制向高級機制過渡的時候，有好幾處都使用到了『忘』這個字。……遺忘是熟練的結果。當深層的力量已開始起主導作用的時候，這種遺忘才會發生，意識才會放棄它的主管的角色而忘記自己。」畢來德著，宋剛譯，《莊子四講》，頁 41-42。

界的互滲遇合（如以庖丁為例，除了身心一如，還有身心與刀、牛等物質的遇合，總言之，便是身心物三者間的體合無間，方能達至技進於道的藝境）。

換言之，「人」向「天」的機制轉變，涉及的是意識的肉身化過程。而當意識真正肉身化的同時，意識也就被遺忘了，此時反倒呈現身體和物質的交融無礙，這便是「遊」的狀態。就此而言，意識反而隱沒了，而這種肉身化的無意識之自動狀態（也可說，肉身有了它自身的意識，但這樣的肉身意識卻不容易被覺察），很弔詭地，卻能達至技藝的化境。

然而，一般所謂的技藝之道大都停留在默會之知的狀態，亦即以身體的自發狀態作為究竟，此時人的意識心知被超越了、被肉身化為潛狀態，所以從事這項技藝者當他達至高級機制的「神」、「遊」時，他是近乎純然無知的「忘」之境地。然而，畢來德卻認為《莊子》所描述的技藝之道，並不只停在此「純身體作為」而不覺的渾然狀態。他認為假使只是如此，那麼庖丁解牛這個對技藝過程和身心狀態之深度描述，便不可能。對此，畢來德主張，我們必須對所謂高級的「神」之機制狀態，再加上覺知觀照的成分。換言之，「神」既是形神一如的自發狀態，但心知的有為刻意操控雖被超越、遺忘，但不代表我們在這種自發的身心物遇合的無礙狀態中，不能培養出一種「無知之知」。所謂的「無知」是指對一般心知意識的解離（解心），而解離心知之後所產生的洞察（釋神），乃是一種形神合一的狀態，它既是一種身體自發狀態，也可以同時從中培養出覺照的洞察力。此正如畢來德所說的：

這一高級的活動形式又是可以認識的，因為把技藝推到一

個極致，可以讓意識隨意地成為活動的觀察者，變成一個靜觀的意識。這時，意識感知達到統一，既包括身體內的活動，又在同一視角下，看到與身體互動的外界。[47]

意識必定是以某種方式在這種機制的轉換中繼續存在，我們才能從內部認識這些高級活動的形式，才能對之加以敘述。否則庖丁他們怎麼能夠如此精準地向我們談論他們探索過的「事物之運作」呢？在此，我們觸及到了一個新的經驗層面。我們把這一層面考慮進來，才能深入地理解莊子的思想。在庖丁解牛的學習過程的三個階段之後，必須加上一個第四階段。當我們將一個動作或一系列的動作完全整合起來以後，在執行過程中，我們對之只是施以很有限的控制，基本上只是監督而已。意識將行動的責任交給身體以後，便脫身出來，有些像是居於其上了。……當意識這樣信任身體，它自己便獲得了一種自由，可以轉向別處，而行動卻不會因此中斷。……但在這些時刻，意識也可以回頭來顧盼正在進行的、由身體執行的活動，可以觀察它。……對於我自己的動作，逐漸培養了一種越來越精微、越來越準確而完整的感知。[48]

畢來德這個忘與覺的合一，相當深刻。既超越一般技藝實踐落入日用而不知的隱默之知的限制，也忠於《莊子》統合技藝實踐與反思技藝實踐的「行／知」合一。筆者順著畢來德所要強調的是，「庖丁解牛」的描述與評論，經常不是由「日用不知」的庖丁所寫出，而是「忘」而能「覺」的莊周所寫出。可見這種哲學描述的語言反思能力，也必須被強調。即覺察反思可將語言的描述能力帶出，這便使得《莊子》能對技藝實踐有深描和評論的哲

47　畢來德著，宋剛譯，《莊子四講》，頁 51。

48　畢來德著，宋剛譯，《莊子四講》，頁 47-48。

學能力。[49] 在此又和牟宗三、徐復觀將道視為純粹心靈的觀照活
動，似乎又可以會合在一起，只是畢來德這個觀點已通過身體觀
的洗禮，在論述的層次上辯證得更為完整。

五、畢氏以身體思維取代形上思維

從畢來德的角度看，不只神遊的作用有身體的基礎，應該說
神遊就是一種特殊的身體狀態。因此他將身體和神、遊、觀、
虛、渾沌等看似純指心靈的觀念鏈結起來，透過身體的體驗和描
述來重新整合這些觀念。畢來德也反對將它們視為形上學的觀念
群，那些看似虛玄的理念，其實都可落實在身體脈絡被切實體驗
和重新描述。例如，「神」是一種對身體自主自發之天然狀態的
「自發的活動能力」之描述；[50]「遊」與「觀」則是身體在進入
渾然天成的「忘」境中，一方面任隨帶動而飄浮，另一方面又
能興發一種超然的靜觀，而前者傾向於所謂「遊」、後者則傾向
於「觀」。或可說遊、觀一體，因畢氏強調：意識的忘與靜觀的
遊，同時存在於莊周的身體經驗，[51] 但兩者依然是在身體的基礎
上而來的經驗，而非去除身體。[52]

49　就此而言，筆者和畢來德以下的看法完全一致：「觀察的精緻化，離不開語言
　　的精緻化。」畢來德著，宋剛譯，《莊子四講》，頁 106。

50　畢來德著，宋剛譯，《莊子四講》，頁 30。

51　值得一提的是，畢來德注意到《莊子》之「遊」可能來自薩滿文化的出神影
　　響，但他更強調「遊」所帶有的哲學意涵。畢來德著，宋剛譯，《莊子四講》，
　　頁 57。畢來德雖未對其所謂哲學意涵有更進一步的說明，但筆者認為其關鍵
　　正在於「觀」的覺照反思性格。總之，畢來德這裡似已略為觸及《莊子》與神
　　話的連續和斷裂關係了，關於神話與道家的複雜關係，參見拙文〈神話、《老
　　子》、《莊子》之「同」「異」研究——朝向「當代新道家」的可能性〉，《莊子
　　靈光的當代詮釋》，頁 229-271。

52　如畢來德以騎單車為例，等達到由生而熟，由熟而忘的「必然性」境地時，我

　　至於「虛」、「渾沌」則是指身體能將未知的官能與潛力，整合為一沒有邊界的狀態。可見，畢來德所理解的「活性的虛空」（un vide fecond）、[53] 退化於融合的渾沌狀態，其實還是涉及「敞開的身體」而非取消身體。如畢來德將〈達生〉呂梁遊水中的「始於故，長乎性，成乎命」譯解為「始於本然，發展出自然，而最終達到必然」。此中所以能達到「必然」，是因為泳者能將身體敞開而融入更大的力量之流中，並與之完全融合，如此一來，泳者的身體乃與水流漩渦幾無邊界地合為「既自然又必然」的運動本身。[54]

　　畢來德將《莊子》的藝術美學境界，帶回到身體這一具體場所來落實，當然這個身體場所是可以隨著機制的調整而升降轉換的。如此一來，身體便可不妨礙自由，甚至是自由的具體而差異化的表現場所。畢來德將身體視為一種「通道」，主體不同「機制」間的轉換不得不透過它，否則莊子經驗的親切性便失之虛玄。畢來德新意所在，一方面是他的詮釋系統對比於牟宗三和徐復觀，確實將視域做了相當大的調動，甚至具有對純心靈式的詮釋典範加以轉移的效果。另一方面也企圖由此達到他所渴望的「無限親近」、「幾乎當下」的現象落實。就他而言，莊子的體驗所以能不落虛玄而返回當下，親近之關鍵便在身體。就筆者觀察，畢來德將莊子體道的經驗描述一一落實於身體，應該和他「解形上學」的用心一起搭配來看。由於畢來德認為老、莊在形

們便可做到一方面自由自在地騎戲，同時靜觀這自由自在的身體與單車的活動關係，而這一切的活動都發生在身體的運動場域中。畢來德著，宋剛譯，《莊子四講》，頁 47-48。

53　畢來德著，宋剛譯，《莊子四講》，頁 75。

54　畢來德著，宋剛譯，《莊子四講》，頁 16-18。

上學的立場上有重大差異，即《老子》有明顯的形上本體起源之追溯，《莊子》則無，因此主張不一定要把《莊子》理所當然地視為道家學派。[55] 如此一來，莊子體道經驗便不再虛玄難解，反而呈現出一幅「當下親近」的景觀，而這些都是身體詮釋進路所帶來的新意和效果。

六、畢氏的身體思維缺乏氣論支援：從何乏筆看畢來德與余蓮的異同

其實，畢來德這個身體向度的詮釋進路，是可以透過「氣」來加以釐清說明的，只可惜《莊子四講》很少深入這一核心概念，而筆者以為對氣論脈絡的忽略，將可能造成文獻詮釋上的片面和化約。例如他極少討論到氣的文獻，而當他提到諸如「聽之以氣」的例子時，畢氏的理解重點還是在於「用他的身體聆聽」，而非在於浸泡身體、穿透身體的「氣」。如此一來，畢來德的詮釋，便可能淺化了「聽之以氣」的底蘊。[56] 在筆者的理解裡，對莊子言，「氣」既可說明宇宙萬物的運動變化與交換現象，如〈知北遊〉所言：「故萬物一也，是其所美者為神奇，其所惡者為臭腐；臭腐復化為神奇，神奇復化為臭腐。故曰：『通天下一氣耳。』」[57]「氣」也可說明形體的構成與生死變化現象，如〈至樂〉指出的：「雜乎芒芴之間，變而有氣，氣變而有形，形

55　畢來德著，宋剛譯，《莊子四講》，頁 103-105。畢氏對老、莊的形上學立場之差異的看法，則和徐復觀相近（徐認為《莊子》將《老子》的本體、宇宙論的形上學轉向為人生美學體驗），和牟宗三較遠（牟認為老、莊的形上立場只是表述的差異，而非立場之異）。

56　畢來德著，宋剛譯，《莊子四講》，頁 73。

57　莊周著，郭慶藩輯，〈知北遊〉，《莊子集釋》，頁 733。

變而有生，今又變而之死，是相與為春秋冬夏四時行也。」[58] 更可說明身體精力的積聚所造成的生命機制的轉化昇華，如〈達生〉所謂：「棄事則形不勞，遺生則精不虧。夫形全精復，與天為一……形精不虧，是謂能移；精而又精，反以相天。」[59]

可見，身體（形）對莊子言，本是由精氣流布所構成，它並非只是無法轉化的唯物實體、生理現象。事實上它的本質既在於氣，那就表示它具有流動變化的可能性，故曰「能移」（「能移」這一概念，正可用來證成畢來德的「機制」說，尤其它可以讓「人」移向「天」）。而且，一旦身體的精氣調整修養到一定狀態（所謂「形全精復」），它便能轉換機制而調適上遂於另一種存有境界，所謂「與天為一」、「反以相天」。換言之，此時的身體是一種「精神化的身體」，而這裡的「精神」並非西方身心二元、主體主義意義下的「精神」，而是〈刻意〉篇所提到的：「精神四達並流，无所不極，上際於天，下蟠於地。」[60] 這樣的「精神」確實不必被理解為純粹空靈的意識活動，它更適合被解讀為「形神合一」。《莊子》的「神」也是透過「形」、「氣」機制的轉換所達至，所以有「聽之以氣」、「純氣之守」等說法。「形──氣──神」之間是一個連續性的整體，它們之間可以隨著氣機狀態而產生機制的調整，一旦氣能溝通形、神，那麼便能入於身心一如之境。相反地，一旦氣的流動受到阻礙則容易落入形神相隔、身心為仇的困境。可見身體的轉換機制，是可以回到氣化這一存有連續性來總攝。「氣」在《莊子》可含攝存有論、身體觀、心性論、工夫論等面向而連貫之。基本上畢來德的討論大抵或深

58　莊周著，郭慶藩輯，〈至樂〉，《莊子集釋》，頁 615。
59　莊周著，郭慶藩輯，〈達生〉，《莊子集釋》，頁 632。
60　莊周著，郭慶藩輯，〈刻意〉，《莊子集釋》，頁 544。

或淺地觸及後三個層面,但幾乎完全忽略或否定了存有論的層面。[61]

然而從後來〈莊子九札〉的回應稿看來,畢來德對筆者上述將《莊子》的身體與氣論結合起來的作法,顯然不願接受,他強烈排拒使用氣論解莊,認為這是一條錯解《莊子》之路。而研討會上許多朋友(如楊儒賓、何乏筆、宋灝,和筆者)對他的身體詮釋進路的認同,正是從這裡產生不易調合的分叉路口:

> 在歐洲讀者心目中,corps 的原有理解阻礙了他們對新的定義的理解。相反地,這種新的定義,中國讀者卻很容易就接受了。他們把它看成是中國傳統思想一種無所不在的觀念,一種至今仍然為人熟知的概念。但這種自發的認同卻是一種誤會。
>
> 我在研討會之前,閱讀部分與會同仁的發言稿時便已經意識到了這一點,尤其注意到了賴錫三先生的文稿。他採納了我所提出的身體概念,並做出了細緻明晰的闡述。之後再論證這一概念完全符合中國傳統「氣論」。在他看來,我的這一想法也都屬於「氣論」。與會其他幾位同仁也都採取了這種詮釋,比如楊儒賓先生。在研討會之前,我閱讀過他所發表的一篇論文。他在其中以與我非常接近的用語討論莊子的身體觀和行動觀,並且像其他與會者一樣,也認為這是屬於「氣論」。會上他也認為,我只是以我自己的方式重新發掘了莊子當中的氣論思想。這種歸納理解方式,顯然對他和其他人來講都是極其自然的。而我恰恰

---

61 以上關於莊子的形、精、氣、神之間的關係,以及氣同時觸及存有論、身體觀、心性論、工夫論等面向而統合之,參見拙文,〈《莊子》精、氣、神的工夫和境界──身體的精神化與形上化之實現〉,《莊子靈光的當代詮釋》,頁119-166。

反對這樣的劃歸作法。[62]

筆者所謂《莊子》「氣論」可含攝存有論、身體觀、心性論、工夫論等面向而連貫之的主張，畢來德顯然反對，且在〈莊子九札〉中將立場和理由表達得比《莊子四講》更為明確。大抵上他只願認同《莊子》身體論的獨立性和特殊性，既反對用「修養論」思維來解莊，堅持不用「境界」來對譯身體可轉化的 "régime"；更不願將帶有形上意味（存有論世界觀）之氣概念給挾帶進來。他認為一旦將氣論帶進，《莊子》便要被捲入「整體論」的同一形上學魔咒中（他認為《莊子》並沒有整體性思維）。[63] 而他認為經由氣論帶出的同一形上學的危機，大抵表現在兩個面向上：一是將理想生命收納在不斷退回宇宙根源整體的同一性氣化流行中，以便在其中成就自我完滿的和諧空靈境界；此時的主體為求融入整體氣化之道，只好去除主體內容以致空虛化的去主體狀態（畢來德評斥為空乏貧瘠的主體），在他看來，這大概多少流於近乎宗教式的神祕心靈原鄉之想望。第二個更糟且危害更大的是，這個由氣論所涵攝的整體性同一形上學，亦將

62　畢來德著，宋剛譯，〈莊子九札〉，《中國文哲研究通訊》第 22 卷第 3 期「畢來德與跨文化視野中的莊子研究專輯」（上），頁 12-13。

63　「氣的概念在《莊子》當中的確出現過，但是不能因此把全部莊子哲學歸結為氣論。因為第一，《莊子》沒有整體性，可以從這一角度加以闡釋的段落也不多。」畢來德著，宋剛譯，〈莊子九札〉，《中國文哲研究通訊》第 22 卷第 3 期「畢來德與跨文化視野中的莊子研究專輯」（上），頁 13。畢來德這個說法未必準確，至少《莊子》也有大量承繼《老子》關於「一」的文獻，而「天地並生，萬物為一」的體會不能說完全不具整體性的意味，只是《莊子》的存有連續性之「一」，到底是什麼意義的整體性？是否必然否定了差異性？這才是更為細緻要辨別的課題，而畢來德對《莊子》的「一」、「多」課題，似乎不太注意。而他對《莊子》的非整體性判斷，主要似乎來自《莊子》的非系統性之書寫風格和文本特質。

由宗教式的形上一元論心靈倒影地烙印在人間世界的政治體制上，而呈現出大一統國家體制的中國皇權統治。在畢來德看來，氣論的形上哲學與中國實際的集體主義、皇權政治，完全是共生合謀的同一結構之理：

> 像傳統觀念那樣，把創造性的源頭放到宇宙當中，也就是讓個人面臨這樣一個選擇：要麼把自己看成是一個在本質上就被來自本源的宇宙秩序所規定的存在，因此是完全受制於這一秩序的，要麼把自己看成是一個能夠在自己身上捕捉到來自本源的創造性能量的存在。在這第二種情況下，要捕捉這種能量，就只能構想一種後退的過程，返回萬事萬物的不可捉摸的源頭。這是一種修煉，要求個人變得透明、順從，也就是以另一種方式去否定自我。而在兩種情況下，他都不能把自己構想為一種動因，一種新事物出現的場域。帝國時代的中國思想史印證了這一論點。[64]

上述（形上）哲學與（集體）政治的二合一之弊病與危機，同時都涉及一個核心問題，那便是它們都閹割了個體性、多元性、差異性，而這也導致畢來德心目中真正而豐富的主體性無法被確立起來。因為就個人生命而言，當空靈主體被吸納到浩瀚的氣化宇宙根源中，就不能有真正的差異性、創造性的個我突出可言；而就政治向度的生命而言，人民都為皇權國家的大一統而存在，百姓的獨立性、自主性的公民主體亦從不曾存在過。對畢來德而言，不管是氣論所帶來的形上哲學或政治哲學，結果都一樣弱化了主體甚至取消了主體。而他一方面深信《莊子》非但不是這種同一性、整體性的形上學系統，也絕不曾站在維護集權政治

64　畢來德著，宋剛譯，〈莊子九札〉，《中國文哲研究通訊》第 22 卷第 3 期「畢來德與跨文化視野中的莊子研究專輯」（上），頁 19。

的權力壓迫之一端；另一方面他更相信《莊子》是中國極少數能走出同一整體性而肯定差異多元性，從而展開批判與創新的異議獨唱者。所以他為了捍衛《莊子》的別開生面，同時也就要堅持抗拒氣論的汙染。

畢來德這樣的觀點有其一致性，從他在 2006 年以法文發表的《駁于連——目睹中國研究之怪現狀》一書中，雖未提及氣論，但從其對宇宙論、一元論和政治大一統掛勾的批判，即明顯表達這種解構立場：

> 中國的帝王不僅成功地「讓人民習慣服從和奴役，還讓他們為自己奉獻犧牲」，使他們「為『一』(un) 之名目眩神迷，換言之，受到蠱惑」。……這些宇宙論到後來歷經變化，被改動、重塑或轉化成宗教或形上學的體系，但始終起了同樣的作用：將權力的具體實踐合理化，並同時將它隱藏起來。從帝國初期以降，整個中國思想史是在這樣的框架中發展出來的。[65]

有關氣論修養與政治無能的同盟共生的惡性結構，畢來德的立場其實和余蓮具有耐人尋味的可比較性。據何乏筆對余蓮的研究評論顯示，余蓮雖然對《莊子》的養生論（和身心能量的調整有關，並將其融入哲學反省）和畢來德有明顯的差異，尤其強調《莊子》有與氣論相關的修養工夫之自我技藝（如在詮解〈養生主〉的庖丁解牛時，余蓮便襲用王夫之的內丹精氣能量的經營轉化觀點）；亦即畢來德只願將庖丁解牛技藝收攝在身體主體的活動來說，而余蓮卻認為它還和精氣調養昇華的氣感相關，甚至由此兩人走向不同的主體態度。畢來德強調新主體典範的批判性，

65　畢來德著，周丹穎譯，《駁于連——目睹中國研究之怪現狀》，頁 57-58。

余蓮則認為《莊子》已走向非主體的智慧境界。若就《莊子》身體經驗是否與氣論能量相干這一點來看，何乏筆的立場較傾向余蓮（也和本文立場一致），他雖然欣賞畢來德從中國書法經驗所描述的「既能調節，又能開發」的完美活動，但也對「畢來德深受身體現象學啟發的觀點是有疑慮，過於突顯『身體』的重要性，而輕忽能量（氣）的關鍵意義，在氣論與創造性的關聯上，將造成不必要的限制」。[66] 換言之，何乏筆認為畢來德的身體現象學立場依然沒有完全跳開身體與精神的二元論。而中國的氣論能量生命觀則可以完全避開這個割裂困局，甚至使身體向度和精神向度產生精微溝通。

畢來德將《莊子》的「神」給予徹底的身體化解釋，雖不同於余蓮仍保留「（精）神」與「氣」的密切關係，而從感官知覺走向能量知覺。但兩者卻仍然有頗為相似的主張，亦即他們都強調中國偏愛氣論修養所達到合一協調的智慧之道，最後都極不利於政治批判，甚至一味走向政治順從。換言之，他們兩者對《莊子》是否帶有氣論思維的主張雖不相同，但兩者卻一致認為氣論一旦落到政治領域，其影響無疑是負面的。[67] 這裡或許顯示出，畢來德和余蓮仍然有一種歐洲對比視域在觀看這個問題，而氣論與修養工夫論的勾搭，便形成東方人偏愛和諧、拒絕衝突，喜

66　何乏筆，〈養生的生命政治——由于連莊子研究談起〉，《中國文哲研究通訊》第 18 卷第 4 期，頁 119-120。

67　不過若從《駁于連——目睹中國研究之怪現狀》的立場看來，畢來德強烈認為余蓮並未真能批判中國宇宙原理和帝國秩序共謀的政治形上學陰影，一味地強調中國思想的內在性和西方思維的超越性之對比，卻缺乏對內在性於歷史實際過程中所產生的政治集權支配之批判。見氏著，周丹穎譯，《駁于連——目睹中國研究之怪現狀》。這裡只是指出畢來德對余蓮的批判觀點，至於其批判是否客觀公允等問題，本文暫時無力涉及這一專業性的爭議。

愛連續、不愛斷裂的「非批判立場」。而這對畢來德來說便屬於
「貧瘠的主體」之境界病，而對余蓮這便是東方智慧傳統的大限
制。正如何乏筆所指出的：

> 于連在《養生》最後一章對養生觀的批判潛力提出質疑：
> 將生命視為過程，而且強調生命、人類與宇宙能量的和諧
> 關聯，恰好阻礙道家非策略性的養生理想朝向批判和異議
> 表態的發展。他認為，批判要求的是一種能夠面對權力，
> 甚至站在權力對立面的「立場」；因此，批判的立場必定意
> 味著停頓、凝滯和偏執。……嵇康拒絕思考「衝突」。于
> 連進一步推論，「中國文人」二千多年歷史脫離不了「進
> 入君王服務或退居人格發展（或譯人格完成、人格修養）
> 之間」的選擇，為了使文人成為批判性知識分子，不得不
> 與過程的「功能性」，以及「偉大的自然調節」切斷關
> 係，並展開「理想性的局面」。然而，面對國家機器，
> 「中國文人」並沒有為自己建構辯護、對抗甚至批判的權
> 利……依此于連主張，中國文人「被囚禁在永恆過程的寧
> 靜之中」。[68]

　　在他們看來，氣論修養涉及與宇宙之道相諧和，反而讓傳統
文人麻醉在去目的化、去主體化的內在境界中，因此不斷耗弱自
身的反抗意識、批判動能。然而正又在這個最危險的地方，我們
再度看到畢來德和余蓮的分歧：畢來德因此不但要回歸《莊子》
自身，並且要積極證明《莊子》與氣論的低相干性，以保留住
《莊子》作為中國少數有自覺、有批判力的異議思維。而余蓮則
通過對嵇康〈養生論〉的批判，再度證明他一向主張的中國智慧
傳統對比於西方知識傳統的本質限制。而這也是何乏筆不滿意於

68　何乏筆，〈養生的生命政治──由于連莊子研究談起〉，《中國文哲研究通訊》
　　第 18 卷第 4 期，頁 124。

余蓮的地方，一則停留在東西對比詮釋學的方法限制，更重要的是，完全將哲學／智慧、認識論／修養論、異議／和諧、主體／無主體等等，視為無法過度的二元對立，將很不利於跨文化對話的持續生長。因此何乏筆不掩飾他對余蓮期待後的失望，其中原因不只因為余蓮對嵇康的理解過於表面，完全看不出嵇康養生和批判的共融性（他認為這本來就源於《莊子》自身的氣論修養與政治批判的一致性）。更重要的是，他看出余蓮存在著未能解開的矛盾：

> 《養生》前後有關道家養生觀的評價明顯不一致：一開始莊子仍作為批判受限於能量經濟學之「人格發展」的人證；但探討嵇康時，中國文人傳統內部的「人格發展」又被認為過於強調過程與和諧，而成為毫無烏托邦價值的生命態度。儘管于連透過《莊子》所描繪的生存美學與某種完美的「生機性機制」相連接，但在其中他總看到「目的性空缺」或「生存的去目的化」。因此，「道」與調節宇宙能量的「龐大中國傳統」受限於個人生命及其管理的內在性關注。[69]

若何乏筆對余蓮上述的評論是可靠的話，那麼在筆者看來，畢來德對《莊子》的理解和評價，則要比余蓮一致而統一。而這個矛盾與統一的差異關鍵，還是和「氣」的主張密切相關。因為他們兩者對氣論修養會偏向境界、智慧的「非批判性」這一理解契近，但兩者對《莊子》擁不擁有、走不走向氣論修養的立場卻頗有差異。而余蓮既肯定了《莊子》的氣論修養，卻又無法在《莊子》的氣論和批判之間找到溝通之道，因此便呈現出他

69　何乏筆，〈養生的生命政治──由于連莊子研究談起〉，《中國文哲研究通訊》第 18 卷第 4 期，頁 125。

對《莊子》評價的不一致性；而畢來德由於一貫地堅持捨掉《莊子》的氣論，因此便可由此全心一致地開發《莊子》的批判思維和主體典範，而呈現出理論系統的一致性。

　　然而問題是，《莊子》真缺乏氣論文獻的證據嗎？《莊子》的身體思維真有辦法完全割裂氣論思維嗎？畢來德所理解的氣論真是《莊子》文獻中所呈現的氣論風貌？《莊子》氣論等於否定差異的同一性形上學嗎？《莊子》的氣論必然導致主體的貧乏嗎？《莊子》的氣論真無法容受或開發不出批判性嗎？《莊子》的氣論將必然導致大一統的國家神話嗎？對畢來德而言，這些答案幾乎都是肯定的，所以他要費盡心力避開《莊子》的氣論文獻與思維。然而對筆者來說，答案卻都是否定的，因此筆者的立場在於正視《莊子》的氣論文獻，並對它們進行適切的理解詮釋，以促使《莊子》的氣論在存有論、身體觀、心性論、工夫論（甚至批判性）等面向的詮釋融貫。並說明它們可以導向具體而差異的存有論，而工夫修養並不必然偏向主體貧乏的心靈境界，一樣可以迴向語言主體之中，來進行豐富性和批判性的活動機制。[70]

七、畢氏缺乏梅洛龐蒂「獻身於世界而存有」的「世界」向度

　　畢來德只願回到身體自身來談，這個身體完全不是笛卡兒的擴延物（解剖學對象的死屍般），甚至已進入「沒有邊界」的身體主體，而帶有他所謂能力／潛力、已知／未知、意識／無意識

70　關於《莊子》的氣論不僅不必妨礙批判性，甚至可以開發出批判力道，請參見拙文，〈《孟子》與《莊子》兩種氣論類型的知識分子與權力批判──「浩然之氣」與「平淡之氣」的存有、倫理、政治性格〉，《清華學報》新第 43 卷第 1 期；收入本書第二章。

的力量總合可能性。雖然畢來德時而將身體領會為「沒有確鑿可辨的邊界的世界」,[71] 看似與梅洛龐蒂的肉身主體極為契近。但深入其中,似乎仍有重要差異必須被指出(和上述的氣論課題也相關),這個差異既是畢來德自覺要做出的辨別,也是本文立場較契近梅洛龐蒂而遠離畢來德的原因所在。這個重要差異便涉及「沒有確鑿可辨的邊界的世界」這一說法中的「世界」意義。筆者認為畢來德上述觀點中的「世界」實為虛說,他並不願真將身體主體敞開到所謂的「世界」中去(這就類似他不願將《莊子》的身體敞開到「道」、「天」、「氣」來解釋,反而是要以身體來消化這些帶有形上學嫌疑的概念)。因為他擔憂這將導致身體被形上學化,或者被虛位化而失去自身特殊而主動的創造動能,所以他的身體觀之世界說,最多只隱含身體在當下的狹義情境狀態(環境),絕不願將身體敞開於所謂「存有開顯」意義下的世界。換言之,畢來德的世界並不關聯於海德格的「大寫存有」,甚至他最擔憂這種大寫存有的形上本源論,必然要和政治的大一統集權式思維狼狽為害。[72]

　　然而若回到梅洛龐蒂的肉身主體之全幅觀點來看,人的身體確實要放回世界的脈絡來體會才完整而深刻。而他對世界的體會和說法,大抵承繼自海德格的大寫存有之說,只是將海德格的「在世界中存有」更落實為「獻身於世界而存有」(etre au monde)和「世界在我肉身的中心」(le monde est au coeur de ma

---

71 畢來德著,宋剛譯,《莊子四講》,頁90。
72 耐人尋味的是,畢來德在〈莊子九札〉的後半部不斷提及漢娜‧鄂蘭(Hannah Arendt)對集權的批判與多元性的驚奇,其實不無間接批判海德格的存有思維和同一性國家神話的糾葛。換言之,大寫存有的形上哲學結果落實為納粹集權的國家神話。

chair）。[73] 他同時將世界完全肉身化，也將肉身完全世界化，而這個肉身與世界通而為一、感覺端與被感覺端交纏未分狀態下的「肉身運動投現的世界」，卻比畢來德所意味的身體情境更為深廣，而且它並非形上學式的超驗抽離之虛玄，而是身體敞開於存有物的存有整體之中，身體與世界當下共在並生的綿延。此如梅氏自己所強調的：

> 應該讓科學的思維──凌越式的思維、對象一般的思維──重回對人的身體來說已先行的「有」處，重回其位所，亦即在生命中可感的、已成形的世界土壤裡。而我們的身體，指的不是那種可能的身體──亦即可以視之為一具訊息機器的身體，而是被我稱之為「我的」身體……透過我的身體，必須與相連的身體相互喚醒，所謂「他人」，不僅是動物學者所稱的我的同類，而是纏繞著我、被我所纏繞的他人，我與他們又一同交纏出一個單一、當下和現實的大寫存有。[74]

可見梅洛龐蒂所謂「我的身體」中的「我的」，雖具有當下、個我的風格特質，但它同時又敞開於我與他人的身體之間，甚至與萬物的身體之間，而共在一大寫存有的連續性中交織互滲、混搭侵越：

> 可見的世界和我運動投現的世界，兩者都是同一個大寫存有的完整局部。……能見者藉其身體浸潤於可見者之中，其身體雖自身可見，能見者卻不將其所見者挪為私有，他

73　對此可參見宋灝，〈生活世界、肉身與藝術──梅洛龐蒂、華登菲與當代現象學〉，《臺大文史哲學報》第 63 期，頁 231、234。宋灝亦注意到梅氏所觸及的「原樸存有」（etre brut）和本雅明的 "Aura"，可透過中國古代美學的氣韻、氣場來譯解。

74　梅洛龐蒂著，龔卓軍譯，《眼與心》，頁 74。

只是通過注視來貼近它，將自身向世界開放。……我的身體自己會運動，我的運動會自行展開。它從不無視於自身，從不盲目向著自身，它由自我向外放射。[75]

我的身體可見亦可動，它處於事物之列，是諸事物當中之一物；被凝結在世界的織構中，它的內聚力就是一個事物的內聚力。但由於我的身體運動自身並望外看，所以它讓諸事物環列其四周，事物成了我的身體本身的附件或延伸，被鑲嵌進身體的肉當中，成為其完整定義的一部分，而世界也是由身體的相同質料製成。[76]

　　換言之，梅氏的身體（觀）不可離開世界（觀），而這一由大寫存有所湧現的世界情境、局勢便和身體深度密不可分。這就如梅洛龐蒂深信繪畫的空間深度，與畫面的景深處理等技術手法無關，深度的祕密只在於能否獻出「肉身之我」來「參贊存有」：「我要不然認為根本沒有深度這回事，要不然深度就是我對於無限大寫存有的參與分享。」[77]然而畢來德顯然對梅洛龐蒂這種大寫存有湧現的世界觀，也有疑慮，例如他在〈莊子九札〉回應稿中的第三十一個注腳，便擔心這會是一種退回、轉入「本原徒勞的追尋」：

我甚至認為，當代現象學日益明顯的某種衰竭，正是由於它未曾轉向經驗中的這些不同向度，以及相互之間複雜弔詭的關係。Michel Henry 的思想到了最後，停留在一種對「生命」的理想化，就是一個很明顯的例子。Dominique Janicaud 所批評的那種法國現象學「神學轉折」，在我

75　梅洛龐蒂著，龔卓軍譯，《眼與心》，頁 80-81。
76　梅洛龐蒂著，龔卓軍譯，《眼與心》，頁 82。
77　梅洛龐蒂著，龔卓軍譯，《眼與心》，頁 105。

看來，就是思想衰弱的一種徵兆。有時我會想，如果
Merleau-Ponty 不曾早逝，他的思想會有怎樣的發展。他
是否會為現象學打開新的領域，還是說他也只是轉入一種
對本原徒勞的追尋。[78]

　　畢來德似乎總是認為，一旦身體敞開於大寫存有的世界（或
者整體世界觀的氣論），那麼身體主體便會被世界給吞沒，雖然
人在其中找到某種本源式、神祕式的懷鄉滿足（如神學式的理想
生命之回歸，如氣論式的天人合一之冥契境界），但勢必導致身
體主體的豐富性貧乏化，同時也是生命實踐動能的弱化。畢來德
認為這種與存有冥契（超語言）的生命理想境界之追求，使得生
命創造的動能被挪移到虛無縹緲的宇宙本源去，而非在個人主體
身上。而他則要顛倒此顛倒，重新將創造性迴轉於個人的身體主
體，而非世界本源。[79] 而筆者則認為：強調《莊子》將創造力放
在個人主體身上的說法，確實重要也毫無問題，《莊子》在文獻
上也曾明白表示。例如〈齊物論〉南郭子綦「喪我」後而融於
「天籟」的存有交響中，便已將存有之道的開顯力量收回萬物自
身的「咸其自取，使其自己」，並沒有在萬物身上之外有一超越
的存有大道在生化或推動萬物，而是萬物使其自己而多音交響共
成一眾聲喧譁的共鳴，這便是所謂的天籟存有。[80] 所以《莊子》

78　畢來德著，宋剛譯，〈莊子九札〉，《中國文哲研究通訊》第 22 卷第 3 期「畢來
　　德與跨文化視野中的莊子研究專輯」（上），頁 21。

79　「按照中國傳統的觀念，認為這一源頭無所不在，而我認為這一源頭應該放在
　　『個人主體』上。這一點之所以重要，原因有二。一是因為我認為莊子雖然未
　　曾如此表達，但有這種想法；二是因為事實正是如此，創造性的源頭總是在於
　　『個人主體』之上，這一點一定得予以承認。」畢來德著，宋剛譯，〈莊子九
　　札〉，《中國文哲研究通訊》第 22 卷第 3 期「畢來德與跨文化視野中的莊子研
　　究專輯」（上），頁 15。

80　參見拙文，〈論先秦道家的自然觀──重建一門具體、活力、差異的物化美

不會反對個人是創造動能的主體，甚至它主張萬物莫不都是創造
力的風格物；然而更重要的問題在於，肯定人自身擁有創造力，
和融入存有連續的天籟交響中，筆者認為這在《莊子》不必是矛
盾的兩件事，但畢來德顯然認為這兩者必定是背反關係。

　　再回到梅洛龐蒂的脈絡來。筆者認為上述梅氏所描述的肉身
主體與存有世界的深度交纏關係，並不虛玄，也絲毫沒有超驗形
上學的意味，它反而是身體獻身於世界的當下切近經驗。如以畢
來德所嚮往的觀察和描述來作為最終哲學行為的話，筆者以為梅
氏正是在對身體與環境世界的關係進行觀察和描述的現象表述，
而無涉任何抽象的形上學預設。然而，梅氏認為身體與世界的
「切近」關係，其實也同時可被描述成「深度」關係，這便是所
謂「當下切近」與「無限深淵」的相即不二。其實無限深淵只是
大寫存有的另一種描述，它只是就我的身體與萬物身體處在難分
難解的親密狀態中，[81]而這種狀態讓「空間」成為無盡力量交纏
的「場所」，這種綿綿交織的空間場所一直在眾有肉身的運動交
射中持續地湧現出「永未完成性」，這便又是所謂「無限深淵」
的說法。這說法根本無涉於肉身世界之外、之上、之後的任何形
上本源，無限深淵只在於描述人的肉身和萬物肉身，彼此互為內
在地交換之差異運動。筆者認為這便是梅洛龐蒂透過塞尚（Paul
Cézanne）所謂「自然，就在內部」，而強調西方當代繪畫對空
間的探討具有形上學意涵的來源。[82]這裡所謂深度空間所具有的

___

學〉，《文與哲》第 16 期，頁 1-44。

[81]　而梅氏亦一再批判笛卡兒的透視視覺思維讓物的深度和祕密都失落了。梅洛龐
　　　蒂著，龔卓軍譯，《眼與心》，頁 111-112。

[82]　梅洛龐蒂著，龔卓軍譯，《眼與心》，頁 83、120。事實上，晚期海德格也一直
　　　強調大寫存有不是作為存有者的本原、根據，反而主張萬物乃自然湧現自身
　　　（Er-eignis），換言之，海德格的存有思維不可以本原式的形上學思維視之。

「形上學意涵」，並不同於畢來德所擔憂、反對的本源、起源式的超驗形上學。因為它從未離開肉身視覺的具體性世界，反而必得通過肉身視覺的可見性觀看，才能擁有具體化的大寫存有之體驗，而不可見性的大寫存有也只能通過各色差異的可見性之存有者而朗現。所以當畫家的視覺在看似遠距離觀看這個世界時，他其實正揭露著一個可見性而與不可見性相擁的世界。他說這是「透過視覺之力，個別的世界揭露了一個共通的世界」[83]、「觀看即遠距離擁有，繪畫將這奇異的擁有伸展到大寫存有的所有面相，這種種面向必須以某種方式變得可見，以便進入到大寫存有之中」。[84]

　　「透過視覺之力，個別的世界揭露了一個共通的世界」，就「可見性」而可言「差異」，就「不可見性」而可言「共通」。而梅氏並不因強調大寫存有的不可見性和共通性，就取消可見性的差異，事實上他一再主張：「繪畫所歌頌的不是別的謎樣事物，而是可見性。」[85] 若扣合於《莊子》來說，「差異」便相應「萬物咸其自取，使其自己」，「共通」則相應天籟交響的存有共鳴。若再呼應於〈德充符〉：「自其異者視之，肝膽楚越也；自其同者視之，萬物皆一也。」[86]「肝膽楚越」便是從「可見性」的具體差異視之，故呈現萬有個體性的風格多元；「萬物一也」便是從「不可見性」視之，這又呈現出個體彼此跨界而共通於「遊乎一氣」

　　參見陳榮灼，〈王弼與郭象玄學思想之異同〉，《東海學報》第 33 卷（1992 年 6 月），頁 123-138；〈道家之「自然」與海德格之「Er-eignis」〉，《清華學報》新第 34 卷第 12 期（2004 年 12 月），頁 245-269。

83　梅洛龐蒂著，龔卓軍譯，《眼與心》，頁 86。

84　梅洛龐蒂著，龔卓軍譯，《眼與心》，頁 86-87。

85　梅洛龐蒂著，龔卓軍譯，《眼與心》，頁 86。

86　莊周著，郭慶藩輯，〈德充符〉，《莊子集釋》，頁 190。

的大寫存有世界。然而我們若仔細思考這個大寫存有與物化差異並生共在的現象，我們會發現畢來德對大寫存有、氣化流行的所謂整體論思維，看得過於片面而簡化。他認為氣論整體必取消差異多元，而筆者則認為《莊子》的氣化流行（不可見性）和物化差異（可見性）是同時成立的。

　　梅氏自己也意識到差異多元的重要性。而當代繪畫這種透過可見性肉身而與不可見性相擁的經驗，使得梅氏主張西方現代繪畫具有的形上學意涵。認為這種不同於西方傳統形上學的繪畫存有論，既不離開具體的肉身性，也能保有差異的多元性：

> 整個現代繪畫史致力與幻術脫鉤、以求得屬於它自己的維度所做的努力，具有某種形上學的意涵……我們思考中的形上學，不是一堆由經驗領域中歸納證出的斷離觀念體，而是在偶然匯集的肉身中，具有某種事件結構，某種藍圖式的固有效能，這種事件結構與藍圖效能無礙於詮釋上的多元性，而它們其實正是多元詮釋的深層理由所在，它們使得多元性成為歷史生命的持續主題，從而有權獲得其哲學地位。[87]

　　筆者認為梅洛龐蒂透過塞尚等當代畫家所描繪的身體與存有世界的經驗，其實比畢來德所描繪的身體經驗，更貼近於道家的身體與氣化的關係。因為梅氏和《莊子》的身體向度都涉及物我交融的存有連續感，而畢來德則不願將身體和存有打通為一。然而類似《莊子》「莊周夢蝶」的物化體驗，周與蝶「分而無分」、「無分而分」的身體，「既跨出自己又在其自己」的感知，梅洛龐蒂亦強調：

87　梅洛龐蒂著，龔卓軍譯，《眼與心》，頁120。

這種奇異的交換體系一旦確立，繪畫的問題就全盤朗現。
這種交換揭開了身體之謎，而身體之謎又證成了這種種交
換。既然萬物和我的身體由同樣的質料構成，身體的視覺
就必然以某種方式在萬物當中形成，或者，萬物的明顯
可見性必然以一種私密的可見性在我的身體中複本化（se
double），塞尚說：「自然，就在內部。」展現在眼前的性
質、光線、色彩、深度（profondeur），它們的展現，只因
為它們在身體中喚起迴響，只因為身體迎接了它們。[88]

梅氏這種「你中有我，我中有你」、「外部在內部，內部在外
部」的交換描述、[89]「萬物在身體中的祕密而狂躁的生產狀態」,[90]
筆者認為和《莊子》「天地並生，萬物為一」的氣化、物化通達
為一的交換共感，幾乎可說是在講述類似的身體經驗、自然體
驗。兩者對物我關係的描述，至少具有經驗的家族類似性。

我們再看梅洛龐蒂底下的說法，幾乎可以完全印證筆者上述
的主張：

在畫家與可見物之間，不可避免地出現了角色的互換。因
此，許多畫家都說事物在注視他們，繼克利之後，馬爾
相（André Marchand）說：「在一片森林裡，有好幾次我
覺得注視森林的不是我。有好幾天，我覺得樹群在注視
著我，在對我說話……而我，我在那兒傾聽著……我認
為，畫家應該被宇宙所穿透，而不要指望穿透宇宙……我
靜靜等著由內部被浸透、埋藏。也許，我畫畫就是為了
突然湧現（surgir）。」人們稱為「靈感」（inspiration）的

88　梅洛龐蒂著，龔卓軍譯，《眼與心》，頁83。
89　梅洛龐蒂著，龔卓軍譯，《眼與心》，頁87。
90　梅洛龐蒂著，龔卓軍譯，《眼與心》，頁89。

東西，應該就其字面來看：確實存在著大寫存有的吸納
（inspiration）和呼出（expiration），存在著大寫存有中的
呼吸（respiration），也確實存在著行動和熱情，如此難以
確認，以致我們再也難以區分是誰在看、誰被看，是誰在
畫、又是誰被畫。[91]

梅氏這種一切都在大寫存有的吸納和呼出中交換為一，可
以和《莊子》「遊乎天地之一氣」、「通天下一氣耳」的說法是相
呼應的。而《莊子》「氣化」流行的存有連續與通達雖看似不可
見，但並不虛玄、也不那麼形上掛空，它其實就完全表現在「物
化」這一可見性的風格差異之上。亦即「氣化」是就「一」的共
通性而言，「物化」是就「多」的差異性而言。而兩者關係猶如
《老子》首章的「常無」與「常有」關係：「常無欲以觀其妙，
常有欲以觀其徼，此兩者同出而異名，同謂之玄，玄之又玄，眾
妙之門。」而「常無」與「常有」同出異名的關係，便似梅洛龐
蒂的不可見性與可見性的相擁關係。而這在《莊子》便表現為氣
化和物化的相擁關係。而身體的可見性一方面突顯了物化的差異
多元，而身體（物化）的無邊界性和跨域性則敞開於氣化流行的
交融共通。

梅氏有時又以第三維度去說明繪畫的深度：

我看見這第三維度，它卻又不可見，因為，它出現在我身
體到事物之間，因為，我們與它緊緊揉合在一起。
我要不然認為根本沒有深度這回事，要不然深度就是我對
於無限大寫存有的參與分享，這種參與分享，主要是超越
所有特定視點空間之存有狀態。事物彼此混搭侵越，「因

91　梅洛龐蒂著，龔卓軍譯，《眼與心》，頁 90-91。

為每件事物都在其他事物之外」。[92]

這第三維度或深度，其實就隱身在可見性與不可見性「之間」，卻又使得可見性得以現身，並讓可見物與可見物之間如氣化流行般地相互通達。對此海德格乃以「物的物化」、「世界的世界化」（或「物化的物」、「世界化的世界」）說之。[93] 而《莊子》〈齊物論〉、〈大宗師〉亦一再強調物化「通達」與「道」的關係：

> 故為是舉莛與楹，厲與西施，恢恑憰怪，道通為一。其分也，成也；其成也，毀也。凡物无成與毀，復通為一。惟達者知通為一，為是不用而寓諸庸。庸也者，用也；用也者，通也；通也者，得也；適得而幾矣。[94]

> 墮肢體，黜聰明，離形去知，同於大通，此謂坐忘。[95]

而〈知北遊〉便直接以「氣」來作為「通」的存有基礎：

> 人之生，氣之聚也；聚則為生，散則為死。若死生為徒，吾又何患！故萬物一也，是其所美者為神奇，其所惡者為臭腐；臭腐復化為神奇，神奇復化為臭腐。故曰：「通天下一氣耳。」[96]

若讀者懷疑〈知北遊〉屬外篇文獻，未必可據之以論莊周本旨，那麼我們也可以直接回到內篇文獻來看看。如〈逍遙遊〉的逍遙自由之境必須超越物我相待，而物我無待的逍遙也和御氣的體驗有關：「若夫乘天地之正，而御六氣之辯，以遊無窮者，彼且惡

92　梅洛龐蒂著，龔卓軍譯，《眼與心》，頁 105。

93　海德格著，孫周興選編，〈物〉，《海德格爾選集》（上），頁 1165-1187。

94　莊周著，郭慶藩輯，〈齊物論〉，《莊子集釋》，頁 70。

95　莊周著，郭慶藩輯，〈大宗師〉，《莊子集釋》，頁 284。

96　莊周著，郭慶藩輯，〈知北遊〉，《莊子集釋》，頁 733。

乎待哉！」而這也和〈人間世〉的「聽之以氣」相符合：「无聽之以耳而聽之以心，无聽之以心而聽之以氣！聽止於耳，心止於符。氣也者，虛而待物者也。唯道集虛。虛者，心齋也。」[97]〈人間世〉的「虛而待物」其實便是〈逍遙遊〉的「惡乎待哉」的正面表達而已，而重點在於兩者都涉及聽氣、御氣的「氣」之經驗。而這樣的氣體驗，也被〈大宗師〉描述為：「彼方且與造物者為人，而遊乎天地之一氣。」[98] 亦即這是「遊氣」的身體經驗。由上可知，就文獻來說，《莊子》內篇已有足夠的氣論文獻可組織出一幅身體氣化交換的經驗，而且彼此間是互相補充印證的。而畢來德單要將〈人間世〉的「心齋」之氣給解構掉，恐怕不容易說服讀者，就算他的解釋有其深刻的用意，但其他內篇的氣論文獻，又該如何化解？更不要說連著外雜篇的文獻一起看。所以與其將氣論給全部消解掉，不如認真思考《莊子》的身體與氣論之間如何達成詮釋循環的效果。而後者則是筆者一貫的立場。

八、畢氏嚮往的嶄新主體（語言主體）未必與氣論相衝突

　　梅氏的身體觀必須和世界、存有接連一起，才是完整的經驗描述，同樣地，筆者認為《莊子》的身體觀也須和道、氣連在一起，才是完整的經驗描述，否則我們無法理解與說明《莊子》諸多的身體現象。但這並不說梅氏或《莊子》的身體描述要建立在一套形上學的理論基礎上，而是說他們二者對身體的經驗都和「在世存有」、「獻身於世而存有」這一浩瀚而深度的空間境域有關。對他們言，這是存在的基本處境和生活事實。

97　莊周著，郭慶藩輯，〈人間世〉，《莊子集釋》，頁147。
98　莊周著，郭慶藩輯，〈大宗師〉，《莊子集釋》，頁268。

　　筆者所強調的《莊子》是一種氣論體驗（氣化之一與物化之多同時成立），一則有文本依據，二則不會產生畢來德所擔心的同一性形上學危機。事實上，就算能完全摒棄《莊子》的氣論文獻不談，《莊子》仍有與「一」相關的可觀文獻，[99] 容易被解釋成「同一性形上學」。就算不被視為思辨性的（同一）形上學，也可能被視為實踐體驗的同一性形上境界。假若畢來德更為激進而徹底，他或許也應該考慮不只將氣的文獻消解，也要一併將《莊子》與「一」相關的文獻都給予消解轉化，否則同一性形上學的幽靈似乎難以根除，但這恐怕是不太可能的工程。《莊子》不管內外雜篇都充斥著與「天地並生，萬物為一」相類似的「整體性」、「一元論」之體會描述，那是從《老子》以來便極為顯題化的超主客物我經驗；但強調《莊子》的「一」之體會（亦即氣化共融的存有連續之體會），是否代表《莊子》必是「只肯定同一，完全否定差異」的同一形上學或形上體驗？上述已論證過，筆者認為這是對《莊子》的「一」論、「氣」論的片面理解。事實上，《莊子》的「一」之體驗的完整說法乃是：一多相即、連通與差異共屬。這就像「氣化」必然會呈現出「物化」的多元差異豐盈，而物化的多元交響又會共鳴為連續交融的「氣化」天

99　只要查索《莊子》「一」這個關鍵字，便可搜羅為數可觀的「得一」境界，如隨手舉例，〈德充符〉：「自其異者視之，肝膽楚越也；自其同者視之，萬物皆一也。……遊心乎德之和，物視其所一而不見其所喪。」「胡不直使彼以死生為一條，以可不可為一貫者，解其桎梏。」〈大宗師〉：「故其好之也一，其弗好之也一。其一也一，其不一也一。其一與天為徒，其不一與人為徒。」「彼方且與造物者為人，而遊乎天地之一氣。」「造適不及笑，獻笑不及排，安排而去化，乃入於寥天一。」〈知北遊〉：「故萬物一也……臭腐復化為神奇，神奇復化為臭腐。故曰：『通天下一氣耳。』聖人故貴一。」莊周著，郭慶藩輯，《莊子集釋》，頁 190-191、205、234、268、275、733。其他相應於「一」之境界者，如「通」、「同」、「達」等關鍵字，亦有助於理解《莊子》的體一內涵。

籍。即氣化主要是從萬物的「連通性（一）」來說，而物化則主
要是就萬物的「差異性（多）」來說，而《莊子》一再強調不可
見之道、變化流行之氣，一定作用而表現在物化的差異風格之
中。換言之，我們不適合將《莊子》的「一」視為吞噬「多」的
形上根源，反而應將「一」視為物化差異的豐盈交響之並生共
在。甚至筆者要說《莊子》的「一」，其實只是「物化」交融的
隱喻，它只是多音複調的共鳴互滲之隱喻而已。正如〈齊物論〉
的「天地一指也，萬物一馬也」、「天地與我並生，而萬物與我為
一」，[100] 從來都是萬物（差異）與整體（同一）同時共講，而不
是以「同一」來單向取消「差異」。

　　換言之，筆者雖極為同情畢來德不願讓《莊子》被理解為同
一性形上學的努力，但他以《莊子》的氣論為同一性形上學的毒
樹來源，筆者認為這可能是將漢代以後那種氣化宇宙論與國家
神話合謀為一的爛帳，誤算在《莊子》身上。事實上，氣論可以
有不同的類型，這就像東方所謂的天人合一之說有多種類型一
樣。[101] 筆者雖也同意有些氣論類型（如漢代的陰陽五行氣化宇宙
論）和工夫修養類型（如內丹對先天本體境界的嚮往），確實可
能產生畢來德所指出的弊端（前者為國家集權提供形上保證，[102]
後者為貧乏主體提供心靈原鄉），但不必因此而將氣論視為鐵板
一塊而全盤否定。筆者剛好認為《莊子》式的氣論，不但不提供

100　莊周著，郭慶藩輯，〈齊物論〉，《莊子集釋》，頁 66、79。

101　參見張亨，〈「天人合一」的原始及其轉化〉，《思文之際論集——儒道思想的
　　　現代詮釋》（臺北：允晨文化出版公司，1997 年），頁 249-284。

102　事實上，畢來德一直提到的例子便是《淮南子》道與一統的關係，然而漢代
　　　已然黃老化的《淮南子》，並不適合與先秦的《莊子》氣論混為一談，亦即不
　　　必將《淮南子》的問題類比到《莊子》身上。參見畢來德著，周丹穎譯，《駁
　　　于連——目睹中國研究之怪現狀》，頁 48、84。

同一性形上學、不支持國家神話、不走向貧乏主體，反而認為《莊子》型的氣論可以提供畢來德所嚮往的養分：多元性、批判性和豐富性。如何說？

因為氣化與物化並生共現的多元風格世界，一方面使得《莊子》要批判人類中心主義將單一分類標準強加在萬物身上；[103] 也使得《莊子》反對話語權勢的爭奪與擴張所造成的觀點獨斷或言論統一，期待走向彼此尊重甚至可以交換觀看位置的差異包容。[104] 同時《莊子》對國家暴力、道德暴力、文化暴力都特別敏感，因為這些賤斥他者的價值中心之暴力，多少都和單語主義、單向視域等等「同一性思維」有關。[105] 以筆者的觀察，《莊子》極早便欣賞各種人事物的差異姿態，所以《莊子》有大量人、物的風格書寫。筆者認為這種欣賞差異的態度不但沒有和氣論矛盾衝突，甚至就是建立在以氣論作為基礎所延伸出來的物化世界觀。如前所說，《莊子》的氣論並非在萬物之後、之上的究極根源，它其實就在萬物自身中，而且也在萬物彼此之間互滲交換，故可謂萬物既是「自化」，且又彼此「互化」，最後雖共融為存

103　此可以〈齊物論〉為例：「民溼寢則腰疾偏死，鰌然乎哉？木處則惴慄恂懼，猨猴然乎哉？三者孰知正處？民食芻豢，麋鹿食薦，蝍且甘帶，鴟鴉耆鼠，四者孰知正味？猨猵狙以為雌，麋與鹿交，鰌與魚游。毛嬙麗姬，人之所美也；魚見之深入，鳥見之高飛，麋鹿見之決驟。四者孰知天下之正色哉？自我觀之，仁義之端，是非之塗，樊然殽亂，吾惡能知其辯！」莊周著，郭慶藩輯，〈齊物論〉，《莊子集釋》，頁93。

104　此如〈齊物論〉所謂的「兩行之道」：「是以聖人和之以是非而休乎天鈞，是之謂兩行。」莊周著，郭慶藩輯，〈齊物論〉，《莊子集釋》，頁70。

105　關於《莊子》的氣論與批判性，以及《莊子》如何將氣論修養轉化為說真話的知識分子勇氣和內涵，參見拙文〈《孟子》與《莊子》兩種氣論類型的知識分子與權力批判——「浩然之氣」與「平淡之氣」的存有、倫理、政治性格〉，《清華學報》新第43卷第1期；收入本書第二章。

有連通的「氣化」，但從來也沒有取消萬物在其自己的差異「物化」。可見，主張《莊子》的氣化思維，未必就是將差異消解為鐵板一塊的同一，它反而在各種不同的物化脈絡下呈現出差異的豐盈。事實上，這便是「莊周夢蝶」要在周蝶氣化為一的身體無邊界氛圍中，最後仍要強調「周與蝶必有分矣，此之謂物化」的原因。可見這個「無分而分」的「分」，就是《莊子》在氣化存有論中，仍保有物化的個體殊異性。由上可見，畢來德底下對氣論的擔憂，未必適合強加在《莊子》身上：

> 「氣」的概念，宋代以後就成為了整個中國傳統思想的基礎理論。而在我看來，它有一大缺陷，「氣」被看成是一切現象的本原，客觀與主觀的都不例外，這就意味著一切現象之間具有一種根本的連續性。氣的千變萬化使現象相互轉化，客觀變成主觀，主觀變成客觀。在這樣構想的一個世界中，什麼都是可逆轉的。不可能發生徹底的斷裂、真正的開端。主體不可能被構想為新事物發生的場域。[106]

> 我的臺灣朋友們認定「氣論」是可以說明主體的自由性的。然而，他們為說明自己的想法而提出的例證，無一例外，都屬於同一類經驗，即對我們自己和外部世界連續、一體，甚至融合的經驗感覺。具體說，是禪坐對外界的詩意體驗或高超的技藝，像工夫練習那一類的例子。在他們看來，這些就是明證，就已經證明了主體與氣是分不開的，假如分開也只是一種幻覺。這種主體的概念，在我看來，是一個貧瘠的綜合。[107]

---

106 畢來德著，宋剛譯，〈莊子九札〉，《中國文哲研究通訊》第 22 卷第 3 期「畢來德與跨文化視野中的莊子研究專輯」（上），頁 13。

107 畢來德著，宋剛譯，〈莊子九札〉，《中國文哲研究通訊》第 22 卷第 3 期「畢來德與跨文化視野中的莊子研究專輯」（上），頁 13。

我研究莊子的一個動機就在於此。他的思想可以為一種新的主體觀念提供資源。他的思想也可以證實，在中國後來被普遍接受的主體觀念並不一直都有，而中國也是有過別的，可能更值得注意的觀念。莊子這種觀念甚至可以作為一理論支點，來顛覆那種建立在「氣」論基礎上的貧乏的主體概念。[108]

敏感的讀者必然會意識到，畢來德所以這麼排斥氣論的核心關鍵，最後幾乎都聚焦在主體的內涵上。他認為氣化主體便等於宣告一個貧乏、弱化，甚至被氣化本原吞噬掉主體性。而他認為這種氣化主體既不可能作為嶄新創造動能的主體，而這種狀態的自由也是一種幻覺。其實我們若深入地同情了解畢來德的主張，將會發現畢來德這樣的主張，實有其深刻的洞見和用心所在。因為他心中真正的主體必然要和語言活動發生密切關係，可以說他認定的《莊子》實歸結在語言主體的豐厚性和創造性上面，絕不是超越或取消了語言的空虛主體。這在〈莊子九札〉中，他透過孟德斯鳩（Montesquieu）而討論何謂人性，以及社會創造的契機在於想像力的整合這一點時，再度明白地呈現出來：

> 認識到想像力的根本作用是有用的，因為我們能夠進而思考自己賦予詞彙的意義，即是說這些詞彙所實現的整合。……這可以讓我們不再為詞義所支配，而是能自己決定我們賦予詞彙的意義，這一決定過程需要與他人協商，與他們一同思考我們的選擇對我們自己、我們與他人的關係以及社會整體會引起什麼樣的後果。這種協商本身就有意義。一個詞彙有不同的意義就要求我們去思考它的意義，

---

108 畢來德著，宋剛譯，〈莊子九札〉，《中國文哲研究通訊》第 22 卷第 3 期「畢來德與跨文化視野中的莊子研究專輯」（上），頁 14。

並且清楚地認識到一個詞彙只不過是一個詞彙，是我們在自由地賦予我們希望它表達的意義。這種多元狀態是不可或缺的。但是同時也應該不斷地在任何時間、任何地點爭取實現最合理準確的，最能產生行動力的那種整合。一個精準的主體概念應當能夠盡可能涵蓋我們全部的經驗，包括我們自我更新、重新定義與自我、他人及事物的聯繫的能力。換句話說，這一概念在核心上必須包括想像力這一根本現象。我試圖形成的就是這樣一種觀念，所以在研討會上，我反對將《四講》當中所勾勒的身體與主體的概念納為一種「氣」的哲學。也是因此，我才同時反對把莊子的思想看成一種氣論，因為這樣一來就無法把握其思想的獨特性。[109]

筆者非常同意並激賞畢來德上述引文的前半部想法，事實上，筆者也認為莊子雖曾體驗過超語言的冥契之境，但從來就不迷戀而留守在這種前語言的「空靈主體」之中。筆者也曾經一再論證《莊子》實走向「隱喻大開」的創造與遊戲，換言之，《莊子》的哲學姿態終究歸結在語言主體的批判治療與活化創造之上。[110] 可以說，《莊子》的自由是在語言結構的網絡中位移交換與綜合新義的自由，而創造也涉及意識型態的治療活化與意義的更新創造，而這樣的語言主體才不會成為反智而貧乏的主體。而畢來德也一再強調《莊子》非形上學意義的「虛空」和「渾沌」，

109　畢來德著，宋剛譯，〈莊子九札〉，《中國文哲研究通訊》第 22 卷第 3 期「畢來德與跨文化視野中的莊子研究專輯」（上），頁 17-18。

110　參見拙文，〈神話・變形・冥契・隱喻——老莊的肉身之道與隱喻之道〉，原刊載《臺大中文學報》第 33 期（2010 年 12 月），頁 1-44，後收於拙著，《當代新道家——多音複調與視域融合》，頁 289-336；另參見拙文，〈莊子與羅蘭・巴特的旦暮相遇——語言、權力、遊戲、歡怡〉，《臺大中文學報》第 37 期，頁 39-88；〈《莊子》的文學力量與文本空間——與羅蘭・巴特「文之悅／醉」相對話〉，《文與哲》第 20 期，頁 42-94。

可以讓人在語言重複、僵化的過程中，重啟反思和創造的活化功能，可見他的新主體是可以在語言結構中遊刃有餘的語言主體，而不是取消語言的純粹空靈之去主體。[111] 從這一核心角度看，這也是畢來德反駁、反對余蓮的關鍵所在，畢氏一方面批判余蓮未能揭露東方形上學（對「一」的崇拜）和帝國大一統之間的共構，有將道的歷程宇宙觀給完美化、玄妙化傾向，忽略其與政治宰制的合謀。更重要的是，他反對余蓮對《莊子》採「智慧」的理解，結果傾向於解消主體、解消語言，認為余蓮那種透過郭象偏見所理解的《莊子》，是帝國式的解釋模式，不能真正打開《莊子》肯定語言、個體、差異的批判性。[112]

　　然而筆者卻反對畢來德上述的後半段主張，亦即筆者認為《莊子》的氣化論與物化論不但不會取消語言主體的豐富與遊戲，反而可以支持它。而關鍵原因如筆者上述已論證過的，假使能承認《莊子》的氣化之「一」與物化之「多」本來就互相貫融，那麼氣化流動與物化豐盈的世界觀，就和《莊子》所肯定的流變而不斷遊戲的卮言觀，是可以呼應甚至互相證成的。亦即氣化流行所造就的物化差異之運動，也正是《莊子》心中理想的語言主體應該參贊的運動變化，而這便是語言主體可以變化不已、日新又新的原動力。[113] 所以筆者不同意畢來德對〈人間世〉所謂「心齋」的扭轉解釋（他只願將「聽之以氣」的「氣」解成與萬物無關的自身能量，將「唯道集虛」的「道」譯作「行為」）。「心齋」的文獻是有整體脈絡的，並不適合這樣切割，尤其「聽

111　畢來德著，宋剛譯，《莊子四講》，頁 108-110。

112　畢來德著，周丹穎譯，《駁于連——目睹中國研究之怪現狀》，頁 54-69、112-119。

113　參見拙文，〈氣化流行與人文化成——《莊子》的道體、主體、身體、語言、文化之體的解構閱讀〉，《文與哲》第 22 期。亦收入本書第八章。

之以氣」既關涉自身身體的能量也和世界能量通而為一。而「聽之以氣」也和「虛而待物」密切相關，只有以「氣聽」來取代「耳聽」、「心聽」，才能真正與物遇合而無衝突。而「氣」便是決定人可否能「虛」的關鍵，故曰：「氣也者，虛而待物者也。」而文脈中也特別提到就是這種「聽氣」與「集虛」，才使顏回能進行語言主體的遊戲無礙。所謂「入遊其樊而無感其名」，[114]正暗示出人的主體在語言結構的重重樊籬中，若能不執取名言的僵固性，甚至能不斷進行「虛而能構」的活動，那便猶如庖丁解牛般一樣遊刃有餘。最後，這段文獻的精華便結在所謂：「夫徇耳目內通而外於心知，鬼神將來舍，而況人乎！是萬物之化也。」[115]這幾乎可以完全證明「聽之以氣」的身體，並不限於顏回一己的能量而已，而是和世界的整體存有（萬物之化）相互共振。《莊子》所描述的身體經驗，與氣化、物化密切相干者，其實所在多有，畢來德對「心齋」的「氣」給予的狹義解讀，所要面對的其他文獻挑戰，絕對少不了。[116]

九、畢氏缺乏傅柯、德勒茲式的域外思考，拒絕海德格的存有思維

就筆者的理解，氣的存有面向或存有論意義還是第一義的，不可解消，否則《莊子》的身體觀、心性論、工夫論的理解，便

114　莊周著，郭慶藩輯，〈人間世〉，《莊子集釋》，頁 148。

115　莊周著，郭慶藩輯，〈人間世〉，《莊子集釋》，頁 150。

116　信手再舉一重要例子，如〈天下〉篇中莊周自述的身體經驗，絕對還是和世界、萬物密切相干：「獨與天地精神往來而敖倪於萬物，不譴是非，以與世俗處。……彼其充實不可以已，上與造物者遊，而下與外死生无終始者為友……雖然，其應於化而解於物也，其理不竭其來不蛻，芒乎昧乎，未之盡者。」莊周著，郭慶藩輯，〈天下〉，《莊子集釋》，頁 1098-1099。

難以充盡或被淺化。如果套用法國當代後結構哲人傅柯（Michel Foucault，或譯「福柯」）和德勒茲（Gilles Deleuze）的一個極核心又難解的概念說，《莊子》氣化的存有開顯和流變，正如那看似「絕對外在」卻又「極內無外」的「域外」（Dehors）般：是一種動態、無法定位、無法再現、不具形式、無可名狀的「不可思考者」。[117] 它既突顯了形體與性命的有限之殘酷事實（隨時將被「域外」入侵），卻也彰顯了其深度與奧藏（因敞開於域外的變化莫測，才促使生命跳脫線性邏輯的轄域化管制，方能產生差異、偶然的力量邏輯）。正如德勒茲所言：「存在模式必然開敞於域外」，[118] 畢來德所理解的身體經驗，放在《莊子》的文脈來看，其存在模式同樣也得敞開於氣化流行之大力。如上，《莊子》的「氣化」與身體的關係，或可透過「域外」與身體的關係來理解，其「域外」之「外」非純指外在於身體的外部空間之某物，只是強調身體因敞開而隨時可被莫名難測的力量大流滲透穿刺（造成德勒茲所謂無器官身體的力量漲滿[119]）。所以「域

117　楊凱麟，〈從傅柯到德勒茲〉，收於〔法〕德勒茲著，楊凱麟譯，〈譯序〉，《德勒茲論傅柯》（臺北：麥田出版公司，2003 年），頁 14。另參見〔法〕傅柯著，洪維信譯，《外邊思維》（臺北：行人出版社，2006 年）。

118　楊凱麟，〈從傅柯到德勒茲〉，《德勒茲論傅柯》，頁 21。

119　「這一大背景，這一感覺的節奏統一，只有在超越了有機組織之後才能發現。現象學的假設可能是不夠的，因為它只涉及有體驗的身體，而有體驗的身體相對於一個更為深層的、幾乎不可體驗的力量而言，是遠遠不夠的。事實上，節奏的統一體，我們只有看到節奏本身投入混沌、投入黑夜之處去尋找，在那裡，各個不同的層次被永恆地、帶著狂野的力量席捲在一起。在有機組織之外，但同時也作為體驗的身體的界限，有著被阿爾托發現並命名的東西：沒有器官的身體。『身體是身體／它是獨一的／而且不需要器官／身體永遠也不是一個有機組織／有機組織是身體的敵人』。……感覺是一種震顫。我們知道，蛋卵最能夠代表身體在有機再現『之前』的狀態……『沒有嘴巴，沒有舌頭，沒有牙齒，沒有喉，沒有食道，沒有胃，沒有肚子，沒有肛門。』」參見德勒茲著，董強譯，《感覺的邏輯》（桂林：廣西師範大學出版社，2007

外」大力更強調非內、非外的互滲遊戲，此一遊戲既包括死亡侵入的「殘酷景觀」（如《老子》第五章：「天地不仁，以萬物為芻狗。」），也證成了身體融入活性虛空的「浩瀚景觀」（如《莊子》：「天地與我並生，萬物與我為一。」）。域外氣化對身體的包圍滲透之必然性，亦可說明老莊對死亡的超然接納之順命安然感（因為人不管是從主體或形體來定位，它總是來自於域外氣化，又要回歸於氣化域外，所以不必心知計慮、朝三暮四於那原是無內無外、不增不減、不來不去的域外氣化之循環）。[120] 當然，筆者上述的詮釋是畢來德沒有的、也不會輕易接受的。因為，對他來說，這樣的詮釋只怕已是一種形上學的玄遠了。但是，或許正因為他的形上學焦慮限制了他的身體觀之考察向度和深度。而這樣的氣化深度在筆者看來，並不虛渺玄遠，它甚為平實，甚至就是畢來德一直嚮往的無限親切之當下。[121]

由上分析，已呈現出畢來德的身體詮釋角度，有待一項批判式的反省。亦即《莊子四講》雖突出身體面向而帶出新意，但它似乎全然止息在身體向度為滿足，所有一切的解釋皆收攝到身體來統攝。但也由於過度突出了身體，或未能再將身體敞開於「氣」這一更深更廣的力量綿延，以至產生詮釋上的限制或不足。所以筆者建議應該要將身體之敞開推至存有的開顯，將身體經驗放回更大的力量氛圍脈絡，亦即將身體通向域外的力量。如以畢來德喜用的〈達生〉呂梁泳水之例來看，泳者身體與水流的

年），頁 54-55。

120　參見拙文，〈《莊子》的死生隱喻與自然變化〉，《漢學研究》第 29 卷第 4 期，頁 1-34。

121　用海德格的體驗語講，存有開顯深遠宏偉的「無」，同時也即為切近於一切「物」，總之「存有」總已是「存有物的存有」。

關係，便是身體與氣化關係的好隱喻，亦即只有身體和域外水流之脈動共振合拍時，身體與水流近乎無內無外、內外交融時，才有真正的必然與自由的相即。其實畢來德幾乎在這裡就要觸及到「氣」的氛圍了，但他卻也過門而不入地停在此處：「很顯然，這裡的激流漩渦指的不只是水，而是指在不斷變化的現實當中，所有外在和內在於我們的一同運作的所有力量。」[122] 筆者上述對畢來德的反省，相應於日本學者小川侃的觀察，他也極重視技藝和身體之間的關係，尤其在吟唱一類的聲響共振的身體經驗上，他特別由此強調：「『氣』代表了人的身體和周遭環境所發揮的整體作用。」「在氣當中，倫理學和存在論合而為一。」「在那一瞬間確實化為一體，在這個時候，人的『身』的擴張、『氣』的擴張，以及氣氛的擴張都合而為一體。」[123]

再回到「心齋」這一爭論焦點的文獻來，畢來德幾乎都將重點放在「虛」這一概念上，對其中出現兩次關鍵性的「氣」都輕輕略過（一是「聽之以氣」，另一是「氣也者，虛而待物者也」），只滿足於強調「氣是一種完全開放的虛空」。倘若畢來德更注意《莊子》一書與「氣」有關的文獻，那麼他對「心齋」的解釋將可能更飽滿充盈。在筆者看來，所謂「聽之以氣」的工夫，是建立在對兩個命題的超越而來，一是對「聽之以耳」的超越，一是對「聽之以心」的超越。對應於庖丁解牛的手足舞蹈公

122　畢來德著，宋剛譯，《莊子四講》，頁 19-20。《老子》不斷用「水」來隱喻道，後來《莊子》則愛用「氣化」來擴深這個隱喻。關於水的隱喻到氣之變化的討論，參見拙文，〈從《老子》的道體隱喻到《莊子》的體道敘事──由本雅明的說書人詮釋莊周的寓言藝術〉，《清華學報》新第 40 卷第 1 期，頁 67-111；後收入拙著，《當代新道家──多音複調與視域融合》。

123　參見小川侃，〈氣與吟唱──「身」的收縮與舒張〉，《臺灣東亞文明研究學刊》第 5 卷第 1 期，頁 240、244、246。

案,「無聽之以耳」涉及「官止」,而「無聽之以心」則涉及「知止」;若對應於南郭子綦的天籟音樂公案,則是──對應於「形槁木」和「心死灰」。如此一來,「聽之以氣」其實就是「神欲行」的另類說法。[124] 但要特別解釋的是,官止、形槁木、無聽之以耳,只是強調解放感官的片面性之對象化使用(如《老子》所謂五音耳聾、五色目盲、五味口爽的相賊),並非真要取消身體(《老子》第十三章:「吾所以有大患者,為吾有身,及吾無身,吾有何患!」所謂「無身」,正是解放身體的偏執化、對象化之使用方式,而非身體的實質取消,否則將不可理解,甚至落入虛無);反而是在身體對象化外馳作用的止息狀態下,全身體才能處於氣化流行的敞開狀態(〈應帝王〉謂之為「體盡无窮,而遊无朕」[125]),此狀態《莊子》有時透過「虛而待物」一類來描述,有時則透過「精神四流並達」一類來描述。然而這兩種描述方式,其實是通而為一的,或者說是同一件事。如何說?

「虛而待物」主要較偏向「內通」這個角度說,所謂「循耳目內通而外於心知」,此時的身心確實渾沌交融為「形神相通」的狀態,因此身體便成為一個流行不息、內通暢然的通道;至於「精神四流並達」主要偏向「外通」這個角度說,而這也便是南郭子綦所謂的聆聽「天籟」、「物化」。而內通與外通,實為相達。因為,形神相忘時全身的氣化流行,不會只停留在「內通」的身體層面,它更要打通內外、交流物我,所以心齋才會強調「虛而待物者也」。可見,身體的內通、敞開之虛,是為了能

124　此詮釋正好相應於《文子・道德》的「上學以神聽,中學以心聽,下學以耳聽」。〔戰國〕文子著,王利器,《文子疏義》(北京:中華書局,2000年),頁218。

125　莊周著,郭慶藩輯,〈應帝王〉,《莊子集釋》,頁307。

「待物」，亦即為了與物相遊、為了遊於物初。

　　可以注意的是，畢來德雖不喜愛形上學的摻雜，但他卻使用了「在萬物本源附近」來譯解「物之初」，如此似乎又多少沾上了形上學的味道，只是他並未對此多加說明。[126] 在筆者看來，遊於物初便是遊於「通天下一氣」的物化，也就是和「天地並生，萬物為一」的氣化流行相感通互滲為一連續。如此一來，透過「氣」、「通」、「達」、「化」這些觀念群的介入，便會將《莊子》的身體觀拉到一更廣大、更深層的存有開顯之變化脈絡來。用《莊子》的概念說，這裡總是要觸及「道」、「天」層次的課題。然而，由於畢來德的解形上學立場，一方面要將《莊子》從《老子》的陰影中別異出來，另一方面也擔心《莊子》的道、天被理解為本源論式的形上學，[127] 因此他透過身體的詮釋角度而將它們理解為身體參與事物的運作，或是身體活動的最高機制、必然的活動方式。[128] 總之，畢來德很努力地要將道與天之形上學意味去除，要讓虛玄回歸於無限親切的當下現前，關鍵便在迴向身體的經驗和描述。[129]

　　從長處看，畢來德確實是讓我們對《莊子》的理解清通許

126　畢來德著，宋剛譯，《莊子四講》，頁 70-71。

127　畢氏重視「天」甚於「道」，認為前者比後者更是《莊子》思想的核心概念，而他仍然將「天」純粹理解為身體「活動的一種機制」。畢來德著，宋剛譯，《莊子四講》，頁 31。另外，畢氏亦強調他不給「道」特定譯解，更不認為它在《莊子》中有任何神聖化的權威意義，因此他只在不同文脈給予「具體之道」譯解，如庖丁解牛的「臣之所好者道也」，其中之「道」便被解為「事物之運作」，可見其去形上學、存有論之努力。

128　畢來德著，宋剛譯，《莊子四講》，頁 5-6、31、33。

129　此一態度，他在《駁于連──目睹中國研究之怪現狀》一書中，也早就呈現出來。

多、平易近人。但可不可能也因此遺忘了極為深廣的向度？就筆者的理解，《莊子》「形——氣——神」所造成的內通、外通之相達經驗，應會觸及參與宇宙萬物力量運動變化的層面，正所謂「天地與我並生，萬物與我為一」。身體這個通道是可以導向人與世界的交換效果，因此，天和道不應只被收縮或化約到身體來理解，也應該將身體擴大延伸到天和道的宇宙性層面來對待。亦即身體氣化、虛化的過程，將導致身體和世界萬物的交感互滲。如此一來，身體的論述便同時涉及存有物的參與，亦即身體的根源性和究竟處都離不開存有開顯的課題（當然存有開顯乃具體化在存有物之中）。這裡所謂存有論和存有物的開顯，當然不會是西方式的形上學，因為《莊子》確實明白否定「造物主」一類的起源式思維（就這一點言，郭象的注解有相當價值；但關於政治哲學方面，筆者同意畢來德對郭象的權力角度之批判）；但拒絕《莊子》是一種（西方式）形上學思維，並不代表它沒有一種存有開顯的世界觀。有相當多文獻可以支持這個變化流行的氣化世界觀是存在的，而氣化流行的變化總名便是「道」，因此畢來德對《莊子》道、天的理解需要再檢討。用海德格的話說，畢來德在反形上學的過程中，似乎也落入另類的「遺忘存有」。

　　畢來德大概不熟悉漢語學界目前對道家的兩個極為重要的研究走向：一是從牟宗三開始，相當多東方的學者就不再將《老子》的道論文獻理解為本體、宇宙論式的形上學系統，二是後牟宗三時代的道家詮釋的主流之一，正在於透過海德格的存有論和美學的統合，來重新詮釋道、天、自然一類的概念，也因此超越了牟宗三的主觀境界形上學。[130] 若從目前漢語學界這兩個重要的

130　參見拙文，〈後牟宗三時代對《老子》形上學詮釋的評論與重塑——朝向存有

研究趨向看，畢來德要將老、莊視為兩家，更要將《莊子》從
《老子》的形上學泥沼中拯救出來的努力，便會失去著力點。換
言之，老、莊的存有論差異可能主要在於語言的表述策略上，而
未必是形上學與反形上學的本質差距；其次，從海德格的存有論
詮釋角度切入，則《莊子》的身體觀便可以和存有論、美學統合
為一。從這一角度來反省《莊子四講》，畢來德所詮釋的身體內
涵便需要再進一步擴大加深。而「氣」一概念和它所隱含的存有
活力、域外穿刺，便是關鍵。

　　同情來理解，或許畢來德本身並非完全沒有意識到這種詮釋
的方向和可能，但或許是因為他太擔心《莊子》掉入形上學、宇
宙論的牢籠，所以他還是認為《莊子》的總精神，應停泊在他所
謂「嶄新的主體」（既為嶄新，就當然不同於西方主客對立的主
體），並終究將這一新的主體性範式落實在──所有已知或未知
官能、潛力之總合──「身體」上：

> 一言以蔽之，《莊子》當中突顯了一種嶄新的主體以及主
> 體性的概念範式……我們所謂的「主體」和「主體性」，
> 在其中呈現為一種在虛空與萬物之間來回往復的過程。而
> 在二者之間，是前者──虛空或是混沌──居於根本的位
> 置。我們是憑藉這一虛空才具備了變化和自我更新的能
> 力，使得我們能夠在必要的時候重新定義我們與自我、他
> 人及事物的關係；我們也是從那裡萃取了賦予意義的根本
> 能力。……我相信，進一步研究這些文本，就會證明，莊
> 子論述到虛空與萬物之間來回往復的過程時，描寫的是我

論、美學、神話學、冥契主義的四重道路〉、〈牟宗三對道家形上學詮釋的反
省與轉向──通向「存有論」與「美學」的整合道路〉，收入《當代新道家
──多音複調與視域融合》，頁 1-105、107-171。

們主體的運作。我們之所以不容易看出這一點，是因為這些文本，在後世被詮釋成了一種宇宙的運作。虛空與萬物之間的往復，被理解為對世界之運作的描寫，而主體的運作只是其中一個特殊的、衍生的、下屬的形式。這一理論視角的變化，其實在《莊子》的某些部分便已經出現了一些徵兆。其後來，這種宇宙論或是形而上學的詮釋更是主導了整部《莊子》的解讀。這一概念範式還有一種含意：莊子所說的「虛」或是「混沌」之所在，不是別的，而是身體。[131]

筆者之所以引用畢來德自己的主張做結論，一則因為它很具代表性地總結了《莊子四講》的主張，並且剛好對比於筆者上述所提出的反省觀點。二者並列而觀，或者可提供學者進一步反思其中的差異。對此，本文的批評點出了：畢氏所謂的嶄新的主體和身體既然需要涉及與物的交流和敞開，那麼使這整個活動得以開顯的存有經驗，雖不會是西方式的形上學，但未必不能隱含著一套東方式、非本體起源論式的氣化宇宙論。否則我們如何理解《莊子》遺留下來為數可觀的文獻和經驗。而這個《莊子》式的氣化宇宙論，一樣可以善巧地解釋畢來德所描述的主體和身體，甚至深化之。畢來德一再強調具體經驗的描述、現實當中的奧祕，因為這裡有著他受維根斯坦啟發的最高指導原則：「無限親近」的當下和描述。但是就筆者的看法而言，他就在幾乎要契及無限親近的當下時，遺忘了無限親近同時通向的是「無限深淵」。而這一無限深淵便是海德格晚期念茲在茲的，正如海氏要從無限親近的「物」之切近中（如水壺的承容與傾倒），體驗出天地人神的共同棲居之神聖深淵。[132] 然而，由於《莊子四講》拒絕了傅柯和

131　畢來德著，宋剛譯，《莊子四講》，頁 109-111。
132　海德格著，孫周興選編，〈物〉，《海德格爾選集》（上），頁 1165-1183。

德勒茲一類的域外思考，因此也正與海德格無限深淵的親近性失之交臂。但是，看來這是畢來德自覺的立場擇抉，但筆者仍然要強調，假使他對《莊子》氣論的理解更為多元與同情，那麼立場或許仍有再度挪移的空間。

十、結論：道家身體觀的三面向——禮教規訓、技藝融入、氣化交換

　　從上面對畢來德的評論中，已反映出畢來德的身體思維，主要在扣緊技藝層面的身體經驗來觀察和詮解，然而技藝層面的身體觀只是《莊子》身體經驗中的一個重要面向，並不能取代其他面向，不能僅透過這一面向將《莊子》的身體經驗給予窮盡。畢來德對《莊子》的身體詮釋進路，雖超克了牟宗三和徐復觀的心靈美學之片面化危機，但他集中討論技藝層面的身體經驗，而使《莊子》對身體經驗的多元文獻走向單向度解釋，卻也可能因此產生化約的危機。

　　畢來德雖然精采地將「神」落實於「形體」之中，一方面既克服了牟、徐純粹心靈的肉身遺忘，另一方面將可能流於虛玄的形上體驗，落實為日常生活中當下的技藝美感經驗。然而就筆者的觀察而言，畢來德雖大大突出了道家體驗的身體參與之重要性，卻也弱化了道家身體觀的多元向度之豐富性。如果以筆者所理解的《莊子》身體觀的基本三向度：

　　（一）符號化的身體規訓；
　　（二）技藝化的身體參與；
　　（三）精氣化的身體交換。

　　畢來德較少關注第一個面向的身體觀，亦即老莊對身體處在

社會文化脈絡下，被語言框架所形塑的規矩身體，亦即禮教的身體、規訓的身體；畢來德主要從中間第二個技藝環節來描述身體技藝與物質工具之間的辯證融合關係，但由於缺乏「氣論」視域，遂使百工技藝之道和真人逍遙之道的區分漸趨模糊，由此而造成第三層次的氣化交換、遊乎一氣的真人身體氣象，幾乎被第二層面給取代或解釋掉了。[133]

　　畢來德隱約注意到符號化、人文化、禮教化身體對技藝實踐在發揮其最高潛能時的限制，[134] 但並未由此深入討論其中隱含著《莊子》對身體、語言、權力的共構關係之批判。畢來德對技藝身體的正視遠超過禮教符號化的身體，他強調身心一如的轉換過程，「心」和「身」的同步轉化。但是對《莊子》而言，人是無所逃於「君臣父子之間」的社會符號網絡關係的，不管是「技進於道」的技藝之人、還是體道逍遙真人，他們也都要面臨著禮教規矩對人的模式化限定，而如何可能從這些規矩結構中「遊刃有餘」便呈現出百工技藝的自由，而如何可能從這些規矩結構中「遊乎一氣」則呈現真人氣化的自由。

133　相較來說，法國莊子學的研究新秀葛浩南，似乎已注意到這兩者的區分：「除了那些技藝絕倫的能工巧匠所表現的動態生命典範，在《莊子》當中還可以找出許多內容迥異，但都指向同一種理想狀態的敘事：當我們不再按照語言的範疇去劃分我們看到的事物時，視覺上的呆滯、徹底的休息、沉思者的靜止、無夢的深沉睡眠，都是通往這一帶動宇宙能量洪流之混然一體的路徑。」參見氏著，〈莊子的哲學虛構〉，《中國文哲研究通訊》第 18 卷第 4 期，頁61。熟悉《莊子》者必曉得葛浩南說的便是真人的身心氣象，尤其值得觀察的是，他所謂「通往這一帶動宇宙能量洪流之混然一體」之說，實已和氣論相當接近了。

134　「人是一個自然的存在，卻必須對自己施加暴力，才能夠把自己社會化，而等他做到了，又很難再將他自身身上運作的自然的各種力量整合在一起。」畢來德著，宋剛譯，《莊子四講》，頁 46-47。

　　所以儘管畢來德在《莊子四講》中並未真正處理社會框架對身體的符號控制，但是他在討論技藝之身的「忘」之工夫時，實可說已隱含著對符號化、規訓化身體的柔軟化、流動化，以便能重新調適於物質對象的新遇合。換言之，在身體技藝的重複錘鍊中，舊的符號身體模態必須淡化而重新再和新的物質進行互滲調合，在此技藝身體的重新融入過程中，原先僵化的模式化身體多少已被柔化而敞開了新的契機，由此技藝之身藉由與某物的融合無礙而取得其自由。只是這樣的自由是透過特定的物質媒介來敞開，因此其自由乃限於與某物融合無礙的技藝自由，並非真人那種「天地並生，萬物為一」而融入宇宙整體之逍遙自由，這兩種自由仍有其差異。對於上述《莊子》身體觀的三維向度之複雜辯證關係，必須更加細緻來加以說明，對此筆者已另有專文加以深論。[135]

　　　　　（本文發表於《中國文哲研究通訊》第 22 卷第 3 期，
　　　　　　　　　　2012 年 9 月；後經增補潤修）

135　參見拙文，〈《莊子》身體觀的三維辯證——符號解構、技藝融入、氣化交
　　　換〉，《清華學報》新第 42 卷第 1 期，頁 1-43。

第五章

《莊子》的雅俗顛覆與文化更新——
以流動身體和流動話語為中心

一、商代之「神話身體」與周代之「禮教身體」的雅／俗
轉變

　　《莊子》奇美瑰麗的思維方式，親於南方楚系的神話思維，已成學術通見。莊周故鄉（宋國）源自商代後裔文化，而商文明則性屬典型巫術世界。追索《莊子》思維源流的家族關係，會一再加乘它與神話思維的親緣性。道家哲學和神話思維的異同關係釐清，已是當代道家學術研究中的一項突出成果。神話和《莊子》之間的連續性，近來已被學者充分證成，原始神話作為道家哲學的思想史源頭，逐漸已從新知轉為共識。[1] 道家向來不僅被認為和南楚文化有密切關係，又據考古人類學家張光直說法，殷商巫術神話正好在楚文化中保留最多；[2] 而聞一多亦強調莊子思

1　張亨，〈莊子哲學與神話思維——道家思想溯源〉，收於《思文之際論集——儒道思想的現代詮釋》。從神話角度研究《老子》和《莊子》的海外相關資料和狀況，可參見楊儒賓，〈道與玄牝〉，《臺灣哲學研究》第 2 期（1999 年 3 月），頁163-195；葉舒憲，〈莊子與神話——20 世紀莊學研究新視點〉，收於氏著，《莊子的文化解析》（武漢：湖北人民出版社，1997 年），頁 1-34。

2　「保存巫師巫術資料最多的文獻史料，常常是春秋戰國時代楚國遺存下來的，如《楚辭》、〈楚語〉等。楚與殷商文化的關係特別密切，有不少學者相信楚文化是殷商文化的一脈相傳。」張光直，〈商代的巫與巫術〉，《中國青銅時代》第二集（臺北：聯經出版公司，1994 年），頁 42。

想有一古道教（原始巫教）的源頭。[3] 如此一來，殷商神話（古巫）——南楚巫系文學 [4]——莊子思想之間，其文化氣質的家族類似性與血脈流向，已不含糊。

　　神話思維，一般對比於理性思維，所突顯尤在情感性與想像力。如哲學家卡西勒（Ernst Cassirer）一再指出，原始思維並非全然無能於理性算計，而是理性計算能力未曾獨立於強烈情感和豐富想像之外，從未躍升為優位而獨立的思維方式。神話思維不曾將世界視為一客體對象，然後以理性主體去表象客觀真理；神話思維總活在主客難分、情景互滲、物我交感的「前知識論」之存有狀態中。原始人總是強烈感受到「生命的一體性」，在死生連環為一的宇宙共同體的信念與情感下，對不同物類間的變形轉化之可能，充滿奇異而無限的想像，表現出圖騰式崇拜（totemistic creed）的綜合思維。神話世界沒有純粹的孤立部分，部分總在整體中被湧現，因此看似不同名相的物類範疇，都可以相即相入地產生神祕互滲，由此連類、拼貼，進而跨域綜合。神話人總帶著高度情感的想像，相信萬物都共享瑪納（mana）一類的泛靈力量，由此人可以交通物類，可以出神遠遊，可以死生若環地變形而再續來生。[5] 卡西勒對神話思維的研究，可謂洞見深而貢獻多，卻甚少提及「身體」這一環節，儘管他的變形神話法則多少已關涉身體向度，但仍有蘊珠未發之憾。本文認為神話思維對比於理性思維，也可看成是「身體思維」對比於「我思

3　聞一多，〈道教的精神〉，《聞一多全集》第一冊「神話與詩」（臺北：里仁書局，2000 年），頁 143-152。

4　〔日〕藤野岩友著，韓基國編譯，《巫系文學論》（四川：重慶出版社，2005 年）。

5　關於上述一連串對神話思維的描述，詳細內涵參見〔德〕卡西勒著，甘陽譯，《人論》（臺北：桂冠圖書，1994 年），頁 107-160。

故我在」的「意識思維」，因此打算轉從身體角度來勾勒神話和
《莊子》的親近性。

神話思維表現出強烈情感和豐富想像，正可透過身體來說明
或描述。若要以更具體、有血肉的方式來描述神話思維，則須將
神話連接到「儀式思維」。正如人類學家馬林諾斯基（Bronisław
Malinowski）強調「活的神話」，主要不存在於後世傳文紀錄的
神話文本之中，而是具體地存活在儀式情節中的跳神、舞神、
入神、出神裡。[6] 若說書面文字有可能流於經驗之糟粕，那麼神
話文本也可能流於只是「活的神話」之糟粕。因為文字若抽離
情境血肉，那麼乾燥的文字表象便遺漏了使存在得以轉化的過
渡效力。活神話的「能趨疲」之死亡關鍵，就在「過渡儀式」
（rite of passage）的情境消逝。一旦儀式所創設的象徵空間不
再，那瞬間足以帶動人們情感投入、啟發想像的熱力動能，也就
冷卻熄滅了，進而造成知覺轉換的身體感被架空。[7] 如此一來，
活的神話（儀式空間與身體知覺的統合）之能動性，也就弱化為
乾癟貧瘠（如無汁液的糟粕）的文本空間。因此神話思維可視為
儀式思維，其中情感與想像在儀式情節的參與中，被能動性地激
活出來。而參與一場神話儀式，無疑等於參贊了人神交流的神聖
事件，其中人的話語、面容、身體，異質性地被轉化為神的話語
（口頌神語）、神的面容（帶神面具）、神的身體（跳神姿態）。
而參與神話儀式劇的巫者（通神、通天者），已然透過「能動性

---

6 〔波蘭〕馬林諾斯基著，朱岑樓譯，《巫術、科學與宗教》（臺北：協志工業出版
　公司，1996 年），頁 79-90。

7 關於過渡儀式與象徵空間，參見〔英〕維克多‧特納（Victor Turner）著，黃劍
　波、柳博贇譯，《儀式過程──結構與反結構》（北京：中國人民大學出版社，
　2006 年）。特納也特別強調儀式象徵著重在存在性的身體體驗，而非客觀認知分
　類，因此儀式能扮演對異常事物的治療意義。

想像」（active imagination）而將強烈情感投射到不可思議的神聖情境中，從此凡人身體脫胎換骨為神的身體。人在神話儀式中，跳神、舞神、入神、出神，全都透過身體的演出來成就轉化，亦即人在儀式中出凡入聖的意識（出入神）蛻變，實透過全身性的知覺轉換所達致，而非純粹意識主體的孤立現象。可見，神話思維／儀式思維／身體思維，可以找到互相解釋的環節。

　　由於神聖情感太強烈、出神想像太活躍，原本凡俗之身必然被神聖力量給盈滿而舞動，因此巫師在儀式中的身體現象，一方面呈現解離的脫出樣貌，另一面則呈現震顫而流動的力量狀態。這也是為何舉行神話儀式的聖地空間（如岩洞），大都可看到一幅幅沛然莫之能禦的舞動姿態。這種原始神話的身體現象學，普遍可以在原始藝術的物質遺跡中（岩畫），找到強勁有力的身體風格之印證。岩畫所在地，通常就是儀式舉行的洞穴聖地，那是創造神人溝通的神聖靈臺。巫者在此曾經由人而神地變身、遠遊，因此各種人獸神合體的姿態，依然充滿靈光（aura）地刻痕在永恆的聖地壁崖上。[8] 那種動、植、人、神合一的交合身體，因力量充盈而跨越天（上界）／地（下界），而遠遊翱翔的身體則呈現高度的流動性。若問岩畫藝術在什麼地方動人最深，無非就是那股足以強烈撞擊現代理性單面人已然僵化、壓抑、分裂、甚至虛無的身體感。岩畫中人、獸、神交感互滲的身體姿態，總顯出那麼飽滿、流動、活力、歡怡，這種跨界的身體變形與活力，最足以重新騷動理性人的身體感受和新鮮想像。這種從理性文明返向原始野性求援的情況，弔詭性地經常出現在二十世

8　靈光概念，取用自德哲本雅明，然本雅明此概念亦受原始神話儀式之啟發。〈機械複製時代的藝術作品〉，收於氏著，許綺玲譯，《迎向靈光消逝的年代》（臺北：臺灣攝影工作室，1998 年），頁 67。

紀的西方文明人身上，如畢卡索（Pablo Picasso）到非洲、高更（Paul Gauguin）到大溪地去尋求靈感，[9] 而迷戀神話的心理學家榮格（Carl Jung），則遠遊非洲而重獲新生。這一股逆返原始的尋根現象，正如榮格自傳中自述，其前往黑暗非洲乃欲「重尋文明底下的生命潛力」。[10]

《莊子》所承傳的商代文明，據張光直研究成果所示，乃屬巫術神話特別發達的古文明末尾階段。商代熱衷與鬼神交通一事可從甲骨卜辭的宗教占錄得到明證，張光直更從商代考古器物證成卜辭求神問鬼的文字驗錄，實不離整體儀式情境氛圍。考古發現的大量祭器、酒器、玉器、法器，可證明商人就如伊利亞德（Mircea Eliade）所說的無事不祭、活在鬼神空間裡的宗教人。[11] 張光直曾從宗教儀式的帶領者（巫師）入手，揭露商巫不斷從事繁複儀式的文明氣質：

> 殷代巫師溝通上下的具體手段，顯然是一套套的儀式。卜辭裡面看得到的儀式名稱很多，有彡、壴、叠、耏、勺、福、歲、御、匚、冊、帝、校、告、求、祝等等，其中最重要的有彡、翌、祭、壴、叠、五種：「彡為鼓樂之祀，翌為舞羽之祀，祭則用肉，壴則用食（黍稷），而叠則為合祭。……五種祀典皆同時用酒致祭，樂、舞、酒、肉、黍

---

9 參見史作檉，《聆聽原始的畢卡索》（臺北：典藏藝術家庭股份有限公司，2006年）。〔法〕保羅·高更著，郭安定譯，《諾阿·諾阿——芳香的土地：畫家高更在塔希提島的土著生活》（北京：中國人民出版社，2004年）。

10 〔瑞士〕榮格著，劉國彬、楊德友合譯，《榮格自傳》（臺北：張老師文化出版社，2001年），頁310-347。

11 宗教人的時空總是異質時空，而如何從同質性的時空頓入非均質的時空，便是宗教人處處依賴儀式之原由，參見〔羅馬尼亞〕伊利亞德著，楊素娥譯，《聖與俗——宗教的本質》（臺北：桂冠圖書，2001年），頁71-114。

稷具備。」……但在舉行儀式過程中有一項重要的手續，
值得特別提出來的，便是血在儀式中的作用。[12]

張光直也指出可從巫者地位的轉變（商巫遠比周巫靈通、興盛）、
酒器的多寡（商代出土的青銅器，尤以酒器數量和種類最繁多，
而這些都是為了巫師祭祀的出神之用），證明商、周的文明氣質
之重要差異。[13] 而關於「血（祭）」，也必須和儀式扣合來看，因
為薩滿巫師通常透過神奇動物的血氣靈力，來幫助他進行上天／
下地的能動性飛躍來遠遊。至於血和酒、鼓樂、舞蹈在儀式空間
中，則透過身體感而融為一，這都是為了助成巫師解離凡軀、顯
現神體。

　　然而被儒家（孔子）所承續的周代文明，據徐復觀的研究成
果所示，則屬於脫出商代神權支配，開始覺醒道德主體的人文精
神躍動之萌發期：

> 從甲骨文中，可以看出殷人的精神生活，還未脫離原始狀
> 態；他們的宗教，還是原始性的宗教。當時他們的行為，
> 似乎是通過卜辭而完全決定於外在的神——祖宗神、自然
> 神及上帝。周人的貢獻，便是在傳統的宗教生活中，注入
> 了自覺的精神；把文化在器物方面的成就，提升而為觀念
> 方面的展開，以啟發中國道德的人文精神的建立。[14]

若將上述張光直和徐復觀的研究成果連接併觀，確實符應《禮
記‧表記》所載的商、周對比觀點：「殷人尊神，率民以事神，

12　張光直，〈商代的巫與巫術〉，《中國青銅時代》第二集，頁 59。

13　張光直，〈商代的巫與巫術〉，《中國青銅時代》第二集，頁 46-47、61-63。

14　徐復觀，《中國人性論史》（先秦篇）（臺北：臺灣商務印書館，1988 年），頁
　　15-16。

先鬼而後禮。……周人尊禮尚施，事鬼敬神而遠之。」[15] 也符合王
國維透過「禮」的有無來區分商、周文化制度差異這一文化事
實。[16]

　　據王國維、徐復觀研究，周代的「禮」已逐漸從商代的巫教
儀式（事鬼神），轉向並調整為禮樂文化的封建制度，和上層統
治階級的身分象徵與倫序定位密切相關。禮義轉變一說，並非完
全否定周禮依然挾纏有宗教痕跡，而是更強調「禮儀三百，威儀
三千」的身分規範與象徵，突顯了周「文」的合理化、條理化特
徵。換言之，禮從通神儀式的古義漸漸轉向人文建制的新義，可
視為某種意味的「理性突破」，因此學者既以「禮制」之有無來
論斷商、周文明氣質的區分，也由此區別了兩類文明之間的理性
演化程度。《禮記》「先事鬼神」與「尊禮尚施」的商／周對比觀
點，據孔穎達疏的說法：「尊禮尚施者，謂尊重禮之往來之法，
貴尚施惠之事也。……唯用爵列尊卑，或賞或罰也。」[17] 可見周人
禮制一則與身分象徵的往來交換之社群活動有關，再則也和尊卑
賞罰的秩序穩定有關。周禮既是身分認同、標幟的原則，也是管
理、統治原則。周初禮制的設定，無疑宣告了一種更合理而有效
的統治模式，這尤其表現在周人「尊尊」和「親親」這兩組不同
關係模型的倫序中。[18] 但不管尊尊系列或者親親系列，它們皆透
過「禮」的「別異」原則來規範模塑，於是從這裡延伸出「禮儀

15　戴聖編，鄭玄注，孔穎達疏，〈表記〉，《禮記》，《十三經注疏》（臺北：藝文印
　　書館印行，1982 年），頁 915-916。

16　王國維，〈殷周制度論〉，收入《觀堂集林》（臺北：河洛圖書，1975 年），卷
　　10。

17　戴聖編，鄭玄注，孔穎達疏，〈表記〉，《禮記》，《十三經注疏》，頁 916。

18　關於親親、尊尊與周代禮制的國族宗法關係，參見牟宗三精要的說明。牟宗
　　三，《中國哲學十九講》，頁 57-60。

三百，威儀三千」等等細項的繁文縟節、禮文條目。如此一來，貴族與貴族之間的縱橫往來，便有了「可措其手足」的矩度規範。而這也多少顯示在孔子因繼承周文禮序，故多強調從人的出生到死亡，從入孝出悌到君臣忠義，無一不需透過禮文來安排、調節。

　　從商代到周代的文明氣質之重大轉變，可從思想史的意義來考察（如徐復觀）；可從制度史的意義來考察（如王國維）；亦可從世界文明史的「理性突破」之意義來考察（如余英時）；[19] 亦可從占卜史角度考察商代的龜甲獸骨之卜（圖像思維）和周代五十筮占（數序演算）的思維意義之差異；[20] 而本文則要從身體觀這一角度來略加觀察。前文曾將商代文明界定為神話思維，又透過活神話和儀式的關係，最後將神話思維／儀式思維／身體思維統貫為一。而商人神話、儀式世界的身體狀態，呈現出一幅幅人獸神交通的歡怡、流動之身，這樣的身體已在周人禮制的模塑中逐漸化為禮教之身，不僅在身體服飾的樣式、配戴上各有身分象徵，身分象徵更要內化為一種身體威儀。可見從商代到周代的文明性質之轉變，既是從神話思維向理性思維的合理化演變，而這種思維轉向也要銘刻在身體這一更具體的向度上，使得身體的流動野性漸被規矩理性給收編。即原本具有狂歡而怡悅的流動之

19　近來有許多學者喜歡從世界文明史的角度，談所謂「軸心時代」的哲學突破、理性突破之意義；而先秦諸子作為中國文明的軸心突破，其源頭正可溯自周初文明。參見余英時，〈軸心突破和禮樂傳統〉，《二十一世紀》第 58 期（2000 年 4 月），頁 17-28。

20　商象、周數兩概念的對比陳述，可見之於《左傳》僖公十五年的記載：「龜，象也；筮，數也。物生而後有象，象而後有滋，滋而後有數。」杜預注曰：「言龜以象示，筮以數告；象數相因而生，然後有占。」〔春秋〕左丘明著，〔晉〕杜預注，孔穎達疏，《春秋左傳正義》，《十三經注疏》（臺北：藝文印書館印行，1982 年），頁 234。

身，逐漸收斂為進退有據的禮教之身。而這種新式的身體氣象便被重新估價為上流雅層的美身典範，此即周代的「威儀觀」之身體論述。然而就在舊新交替、改朝換代之間，商巫神話式的狂歡流動之身，原本屬於上層政教中通天巫者的解離出神之身，反而逐漸被視為危險與禁忌。甚至在周代文明的理性化過程，改以德行、德性的新方式來交通天地鬼神的演變，也逐漸造成巫術與巫師的地位轉變，它們慢慢被驅逐出上流的雅層階級，隨而降落、潛伏在民間的巫術、方士活動、神話遺跡中。[21] 這種巫術神話從雅到俗的貶謫過程，其間正好對應著：從流動、狂歡之身到規矩、禮教之身的身體轉變與價值重估。

二、《山海經》的「怪誕身體」與春秋時期君子的「威儀身體」

　　商代神話思維的巫師與巫術，隨周代人文理性化的遷變走向，逐漸從政治、宗教圈的雅層中心，被調離放逐到邊緣，最後轉入俗文化的民間宗教與想像活動中。從後來搜錄、編纂的《山海經》這一神話文本來看，它雖已失去不少儀式情境的血肉，但殘留下來的文字跡象，依然可看出古代巫術神話世界的遺傳。《山海經》所反映的身體思維，強烈對比於周代官方雅層的身體儀態，便是重要跡證之一。若以後者（源自周文禮制）雅層的禮

21　呂錫琛也指出：「在周代以前，巫祝具有崇高的地位，他們主持祭祀禮儀，恪守前代遺制，以協調社會各階層的關係，又是君主的參謀和重臣。進入周代以後，隨著禮制的確定，社會文明程度的提高，神權思想漸次微末，巫與祝、史逐漸分家。巫者逐漸失去尊貴的地位而淪落於民間，戰國時期興起來的方士，有一部分即其遺緒。」呂錫琛，《道家道教與中國古代政治》（湖南：人民出版社，2002 年），頁 80-81。

教威儀之身看來，前者（承自商巫神話）的身體形象近乎荒謬、怪誕。本節將陸續對底下這兩種身體現象加以對照分析：一是有關《山海經》不倫不類的怪誕身體，二是周人君子成規成矩、類序分明的禮教身體。

（一）《山海經》的怪誕身體是商代巫術神話身體的遺跡

首先從《山海經》的祭儀陳跡說起。以山經為例，《山海經》每每依序介紹某一山系的山脈分布、豐產珍寶、奇物異象後，總要終結在如何祭祀山神的儀式描述上。如以開篇的〈南山經〉、〈南次二經〉、〈南次三經〉為例，描述的結語總一再指向如何與山神交通的祭神儀式：

> 凡䧿山之首，自招搖之山，以至箕尾之山，凡十山，二千九百五十里。其神狀皆鳥身而龍首，其祠之禮：毛用一璋玉瘞，糈用稌米，一璧，稻米、白菅為席。[22]

> 凡南次二經之首，自柜山至于漆吳之山，凡十七山，七千二百里。其神狀皆龍身而鳥首。其祠：毛用一璧瘞，糈用稌。[23]

> 凡南次三經之首，自天虞之山以至南禺之山，凡一十四山，六千五百三十里。其神皆龍身而人面。其祠皆一白狗祈，糈用稌。[24]

不僅〈南山經〉的山系如此，〈西山經〉、〈北山經〉、〈東山經〉、〈中山經〉幾乎也都完全結束在山神祭儀的敘述模式。此現

22　袁珂校注，〈南山經〉，《山海經校注》（臺北：里仁書局，1982 年），頁 8。

23　袁珂校注，〈南次二經〉，《山海經校注》，頁 15。

24　袁珂校注，〈南次三經〉，《山海經校注》，頁 19。

象除了說明《山海經》反映出原始宗教對聖山的敬畏與崇拜外，也突顯了神話思維和儀式思維的親密性。[25] 本文重點不在對《山海經》的山神崇拜進行細節討論，所以不便排列重複的祭儀文獻，否則我們將看到更為連綿的山神祭祀現象群。這裡僅再隨舉〈中次五經〉、〈中次九經〉為例，以突顯這類祭儀的特點：

> 凡薄山之首，自苟林之山至于陽虛之山，凡十六山，二千九百八十二里。升山家也，其祠禮：太牢，嬰用吉玉。首山也魅，其祠用稌、黑犧、太牢之具，糵釀；干儛，置鼓；嬰用一璧。尸水，合天也，肥牲祠之，用一黑犬于上，用一雌雞于下，刉一牝羊，獻血。嬰用吉玉，采之，饗之。[26]

> 凡岷山之首，自女几山至于賈超之山，凡十六山，三千五百里。其神狀皆馬身而龍首。其祠：毛用一雄雞瘞，糈用稌。文山、勾禰、風雨、騩之山，是皆冢也，其祠之：羞酒，少牢具，嬰毛一吉玉。熊山，席也，其祠：羞酒，太牢具，嬰毛一璧。干儛，用兵以禳；祈，璆冕舞。[27]

　　本文關注焦點在於，不管各山系的山神位階有別、祭祀方式繁簡不同，但從祭祀的描述重點看來：如獻玉通神、動物犧牲、穀物獻神、鼓樂舞神、血祭通靈、酒迷出神、佩玉持兵器舞神等等，《山海經》的祭儀著重在巫術性地交通山神，以撫慰神靈而避禍賜福。這類原始祭儀通常配合巫祝舞神，屬於共生之宗教

25　關於《山海經》的山岳崇拜與祭儀，可參見〔日〕森鹿三著，鮑維湘譯，〈中國古代的山岳信仰〉，收入游琪、劉錫誠主編，《山岳與象徵》（北京：商務印書館，2004年），頁1-11。

26　袁珂校注，〈中次五經〉，《山海經校注》，頁135。

27　袁珂校注，〈中次九經〉，《山海經校注》，頁160-161。

現象：「騩山，帝也，其祠羞酒，太牢具，合巫祝二人儛，嬰一璧。」[28] 而《山海經》也多處強調巫師憑藉聖山以通神的記載：「有靈山，巫咸、巫即、巫盼、巫彭、巫姑、巫真、巫禮、巫抵、巫謝、巫羅十巫，從此升降，百藥爰在。」[29] 最為著名的昆侖山也是聚集群巫待交通神人的聖地：「（昆侖山）開明東有巫彭、巫抵、巫陽、巫履、巫凡、巫相，夾窫窳之尸，皆操不死之藥以距之。窫窳者，蛇身人面，貳負臣所殺也。」[30]「巫咸國在女丑北，右手操青蛇，左手操赤蛇，在登葆山，群巫所從上下也。」[31] 神聖靈山作為貫通天地、交通鬼神之「宇宙中心軸」，[32] 因此群巫聚集於此（舉行儀式）以利「升降」「上下」，再藉由玉、蛇等靈物靈力而舞神通神，從而渴求靈藥以能不死。由此可見，〈山經〉所謂「祀禮」之「禮」，應該近於商代巫術的通神儀式之古義，遠於周代封建制度的人文禮制。

其次，《山海經》的山神不曾出現人格神形象，幾乎也沒有任何單一形體的神貌，其神格完全呈現人／獸合體拼貼的綜合形象。從（周代）較理性化的人文眼光看去，《山海經》的神格體態，顯然怪誕不經、倫類混淆。不管是人首鳥身，或鳥首人身，還是人面龍身，山神之「神狀」完全呈現出不同物類的拼貼疊合現象。這種怪誕的神體現象，絕不僅止山神一類，幾乎《山海經》所有神格體態莫不如此怪誕。例如有名的西王母神態為：

28　袁珂校注，〈中次十經〉，《山海經校注》，頁163。
29　袁珂校注，〈大荒西經〉，《山海經校注》，頁396。
30　袁珂校注，〈海內西經〉，《山海經校注》，頁301。
31　袁珂校注，〈海外西經〉，《山海經校注》，頁219。
32　關於聖山作為宇宙中心的象徵，以能貫通：天上／人間／地下這三界存在，參見伊利亞德著，楊儒賓譯，《宇宙與歷史——永恆回歸的神話》（臺北：聯經出版公司，2000年），頁9-13。

「西王母其狀如人，豹尾虎齒而善嘯，蓬髮戴勝，是司天之厲及五殘。」[33] 北海海神禺彊的體態則是：「北海之渚中，有神，人面鳥身，珥兩青蛇，踐兩赤蛇，名曰禺彊。」[34] 火神祝融的樣貌為：「南方祝融，獸身人面，乘兩龍。」[35] 雷神則為：「雷澤中有雷神，龍身而人頭，鼓其腹，在吳西。」[36] 而身為黃帝原始形象的帝江（帝鴻、渾沌）體態則怪得更加離譜而難以辨識：「有神焉，其狀如黃囊，赤如丹火，六足四翼，渾敦無面目，是識歌舞，實為帝江也。」[37] 又如為天帝（黃帝）把守下都昆侖山的陸吾神之體態則為：「西南四百里，曰昆侖之丘，是實惟帝之下都，神陸吾司之。其神狀虎身而九尾，人面而虎爪；是神也，司天之九部及帝之囿時。」[38]

可見，《山海經》中的神格體態，幾乎都是各種人獸的想像綜合體，其身體形象可一字蔽之，就是「怪」。正如〈南山經〉曾如此重複「怪」物描述：「又東三百八十里，曰猨翼之山，其中多怪獸，水多怪魚，多白玉，多蝮虫，多怪蛇，多怪木，不可以上。」[39] 其實何止猨翼之山多怪獸、怪魚、怪蛇、怪木，假使我們說整部《山海經》呈現的萬物體貌現象，就是猨翼之山「怪物」版圖的擴展，一點也不誇張。不只動、植、鳥獸皆有可怪之

33　袁珂校注，〈西次三經〉，《山海經校注》，頁 50。

34　袁珂校注，〈大荒北經〉，《山海經校注》，頁 425。根據袁珂考證，禺彊同時兼具海神與風神身分，並且認為《莊子》鯤化鵬徙的魚鳥變形神話，實轉化自禺彊（海／風）神話，參見《山海經校注》，頁 248-249。

35　袁珂校注，〈海外南經〉，《山海經校注》，頁 206。

36　袁珂校注，〈海內東經〉，《山海經校注》，頁 329。

37　袁珂校注，〈西山經〉，《山海經校注》，頁 55。關於帝江即為帝鴻、渾沌，乃是黃帝（中央帝）之原始形象，可參見袁珂之考證，《山海經校注》，頁 56。

38　袁珂校注，〈西山經〉，《山海經校注》，頁 47。

39　袁珂校注，〈南山經〉，《山海經校注》，頁 3。

處，甚至怪人、怪神[40]也是處處可見。又以「怪人」的身體形象為例，單舉〈海外南經〉一篇為例，就可以看到底下諸多怪誕不經的身體想像：「羽民國在其東南，其為人長頭，身生羽。」「讙頭國在其南，其為人面有翼，鳥喙，方捕魚。」「貫匈國在其東，其為人匈有竅。」「交脛國在其東，其為人交脛。」「岐舌國在其東。」「三首國在其東，其為人一身三首。」[41]

遍讀《山海經》，就會發現神話想像世界的形體樣貌幾乎都是怪誕的，甚至因此成為了「見怪不怪」，或者說神話世界的怪誕其實才真正展現出神話身體的常貌。[42] 何謂「怪」？郭璞在注解〈南山經〉的怪物經文時，說的平實卻也中肯：「凡言怪者，皆謂狀貌倔奇不常也。」[43] 然何謂「倔奇不常」的身體狀貌？除了指身體某部位的增多（三首）或減少（貫胸），尤其更是指不同物類的混淆合體（人面鳥喙羽身）。因為它跨越了一般視覺現象的物類常態之範疇區分（如動植可合體，神人可合體，人獸可合體），而物類之間也可以進行多重體態的組合（如魚鳥人獸的合

---

40 「是多怪神，狀如人而載蛇，左右手操蛇。多怪鳥。」袁珂校注，〈中次十二經〉，《山海經校注》，頁176。

41 袁珂校注，〈海外南經〉，《山海經校注》，頁187-199。

42 如《山海經校注‧海外南經》所說：「神靈所生，其物異形，或夭或壽，唯聖人能通其道。」（頁184）其中的「其物異形」就完全顯現在怪誕的身體形象上，其中的「聖人」應是指神巫，而「通其道」則屬鬼神交通、物我交感一類的巫儀。巫為古聖者之說：「古者民神不雜。民之精爽不攜貳者，而又能齊肅衷正，其智能上下比義，其聖能光遠宣朗，其明能光照之，其聰能聽徹之，如是則明神降之，在男曰覡，在女曰巫。」〔三國吳〕韋昭注，上海師範大學古籍整理組校點，〈觀射父論絕地天通〉，〈楚語下〉，《國語》（臺北：里仁書局，1981年），頁559。張光直也認為巫「是當時最重要的知識分子，能知天知地，是智者也是聖者」。參見張光直，〈商代的巫與巫術〉，《中國青銅時代》第二集，頁45。

43 袁珂校注，〈南山經〉，《山海經校注》，頁3。

體，獸人神的合體），結果便出現諸多「不常」的倔奇狀貌，也就是「變形」的怪誕身體風格。

「變形」除了指死後的物類轉變，而可以用另一種身體繼續生命之流，如炎帝少女（女娃）死後化為文首、白喙、赤足之精衛鳥。[44] 又如炎帝季女（女尸）死後化為服之能媚人的蘁草。[45] 巨人國夸父在逐日渴死後化為桃花鄧林。[46] 戰神刑天被黃帝斷首死後，仍能以乳為目、以臍為口的怪物體態而繼續操干戚以威舞。[47]「變形」其實主要表現在人獸神合體重組的「圖騰」思維上面，也就是在萬物有靈、世界一體、神聖家族的信念下，神話思維會具體化為身體思維，其形象便是物類間的跨域拼貼，以整合出更有力量的生命機體，這便是圖騰思維看似怪誕，卻展現它另類神話邏輯之所在。由此可見，《山海經》的怪誕身體風格，完全落實了變形神話的想像世界觀。「倔奇」原來是這個遠古神話世界的「常態」，郭璞的說法雖沒錯，卻已然用後世非神話的眼光去說它，才會認為《山海經》充滿「不常」之奇倔怪狀。若以《山海經》看《山海經》，它顯然和岩畫藝術的流動身體、商代巫儀的身體思維，屬於同一類強烈情感與豐富想像的身體表現模式。其中的「怪」，只是對充滿力量、物我交感、世界一體等身體感知，所做出的一種超寫實之藝術表現手法。怪誕身體其實和變形神話乃表裡為一，都是為了呈現萬物之間可以交感共振，而非孤立在人為強分的名言範疇下，成為客觀而有固定內容的本質物類。

44　袁珂校注，〈北山經〉，《山海經校注》，頁 92。

45　袁珂校注，〈中山經〉，《山海經校注》，頁 142。

46　袁珂校注，〈海外北經〉，《山海經校注》，頁 238。

47　袁珂校注，〈海外西經〉，《山海經校注》，頁 214。

　　雖然《山海經》的怪誕身體形象，極為豐富，但它背後的世界觀和思維方式，大抵如上所述，本文不再贅述。僅以〈南山經〉單篇文獻為例，將其中的怪物形象，列表呈現，以讓讀者想見其怪物之奇異多元：

物類名稱	出處	跨類特徵	巫術意義
鹿蜀（獸）	〈南山經〉（杻陽之山）	狀如馬 文如虎 音如謠（人）	佩之宜子孫
玄龜	〈南山經〉（杻陽之山）	狀如龜 鳥首 虺尾 音如判木	佩之不聾 可以為底
鯥（魚）	〈南山經〉（柢山）	狀如牛 陵居 蛇尾 有翼羽 音如牛 冬死夏生	食之無腫疾
類（獸）	〈南山經〉（亶爰之山）	狀如貍 有髦 自為牝牡	食者不妒
猼訑（獸）	〈南山經〉（基山）	狀如羊 九尾四耳 其目在背	佩之不畏
鶘鵂（鳥）	〈南山經〉（基山）	狀如雞 三首六目 六足三翼	食之無臥

九尾狐（獸）	〈南山經〉 （青丘之山）	狀如狐 九尾 音如嬰兒（擬人聲）	能食人 食者不惑
灌灌（鳥）	〈南山經〉 （青丘之山）	狀如鳩 音若呵（擬人聲）	佩之不惑
赤鱬（魚）	〈南山經〉 （青丘之山）	狀如魚 人面 音如鴛鴦	食之不疥
山神（神）	〈南山經〉 （十山之神）	神狀鳥身龍首	祭祀以禮

（二）春秋時代的威儀觀是周代禮教身體的體現

世界文明的發生或起源，近來流行所謂「軸心時代」的「哲學突破」或者「理性突破」的說法。而作為中國思想的軸心時代之諸子百家學說之哲學突破，其源頭正起自於徐復觀所謂「周初人文精神的躍動」。換言之，「哲學突破」在中國區域乃可溯源自周朝初年的德性（憂患）意識。周代這種道德理性的突破說，逐漸取代商代以神話解釋世界的想像觀點，且逐漸發展出一套更有效率、更具客觀化的禮制管理模式。

而戰國諸子大規模的禮崩樂壞之前，據徐復觀的研究，春秋時代精神主要則可標誌為「以禮為中心的人文世紀」。此時的「禮」首先已從商代純為祀神致福的「豐」字，轉出更著重行為儀節的人文義之「禮」。從商「豐」到周「禮」，是首度從宗教到人文的進展。其次，到了春秋時代的周禮，則更包括政治制度和行為原則，它是由周初具有法典、規範意義的「彝」繼續深化而來，這也反映宗教向人文的轉移。因此，徐先生在《左傳》中舉出為數可觀的證據，說明當時的「禮」幾乎已完全沒有宗教味，

可謂純是人文世紀。[48]只要看看底下文獻，大概可思之過半：

> 禮，經國家、定社稷、序民人、利後嗣者也。(《左傳》隱公十一年)

> 古之治民者，勸賞而畏刑，恤民不倦。……三者禮之大節也；有禮無敗。(《左傳》襄公二十六年)

> 禮，上下之紀，天地之經緯也，民之所以生也。(《左傳》昭公二十五年)

> 禮以紀政，國之常也。(《國語‧晉語四》)

> 禮，國之幹也。敬，禮之輿也；不敬則禮不行。(《左傳》僖公十一年)

> 君令，臣共，父慈，子孝，兄愛，弟敬，夫和，妻柔，姑慈，婦聽，禮也。(《左傳》昭公二十六年)

> 禮，身之幹也。敬，身之基也。(《左傳》成公十三年)

> 信以守禮，禮以庇身。(《左傳》成公十五年)

　　上述的「禮」，從宏大敘述的管理角度說，幾乎都被說成是維繫國家社稷大政的關鍵所在。我們從它對「禮」所達致的效果之關鍵描述，就可見其重要特徵：經、定、序、利、治、節、紀、經、緯、常、幹。這些用詞，無疑都在強調禮才可以帶來穩定性的常軌運行，在它的軌範下方能有秩序條理可循。所以大至家國綱紀的運行規模，具體而微至：君令、臣共、父慈、子孝、兄愛、弟敬、夫和、妻柔、姑慈、婦聽等等細節舉措，都應該透

48　徐復觀，〈以禮為中心的人文世紀之出現，及宗教之人文化〉，《中國人性論史》（先秦篇），頁41-48。

過禮來行其大體、措其手足。甚至《左傳》中的禮乃擴張至「天地」般的形上原則，天地有它的經緯理序，人間也要有國常綱紀，而這都是透過禮之大節來疏導別異、調理整飭。《左傳》甚至由此揭露了禮教身體的課題，所謂「禮，身之幹也」、「禮以庇身」等說法，已暗示出禮文制度的實踐，終要落實到身體的具體化脈絡來，亦即要將「信守」禮文的「持敬」態度，表現在身體的進退容止上面。如此方能促使社會身分、自我認同等等人文象徵意義，高度化地被體現在身體風貌上。而此即當時盛行的「威儀觀」之身體美學。威儀觀必須和當時禮教對身體的收斂規約，合併而觀，試看《左傳》底下所載：

> 民受天地之中以生，所謂命也，是以有動作禮義威儀之則，以定命也。能者養之以福，不能者敗以取禍。是故君子勤禮，小人盡力。勤禮莫如致敬，盡力莫如敦篤。敬在養神，篤在守業。[49]

> 有威而可畏謂之威，有儀而可象謂之儀。君有君之威儀……臣有臣之威儀……衛詩曰：「威儀棣棣，不可選也。」言君臣、上下、父子、兄弟、內外、大小皆有威儀也。周詩曰：「朋友攸攝，攝以威儀。」言朋友之道必相教訓以威儀也……故君子在位可畏，施舍可愛，進退可度，周旋可則，容止可觀，作事可法，德行可象，聲氣可樂，動作有文，言語有章，以臨其下，謂之有威儀也。[50]

上述《左傳》觀點，一改商巫祀神以祈福避禍，認為人可以

---

49 左丘明著，杜預注，孔穎達疏，《左傳》成公十三年，《十三經注疏》（臺北：藝文印書館，1955 年），卷 27，頁 10。

50 左丘明著，杜預注，孔穎達疏，《左傳》襄公三十一年，《十三經注疏》，卷 40，頁 23。

透過一己的行為態度，來安立自己的「命」。而這樣的態度表現
在雅層貴族的君子身上，就是勤敬於「禮」的行為準則，如此以
禮來養身，使人精神敬肅而收斂在身行儀態上，而有所謂「動作
禮儀」的「威儀之則」。其實「動作禮儀」便是「禮教身體」的
動態化，透過這種禮儀動作的身體活動，自然會呈現出一幅幅
「威儀」氣象。對於禮教身體的威儀氣象，第二則文獻講的尤其
精要透徹，「有儀而可象」是指這種建立在貴族雅層的禮教身體
之呈現，其服飾穿著、行為矩度，都有它具體化的形式要被體現
出來，因此具有典範的象徵性意涵，如君有君的儀容，臣有臣的
儀態。而「有威可畏」，是指當禮教身體的外部象徵，被行禮者
一再透過身體活動而貫穿其精神認同於其中，使得身／心、內／
外，逐漸體合為一時，這時的身體便散發出一種令觀者肅然起敬
的精神氣象，如此則能達成君有君威，臣有臣儀。甚至要將這樣
的禮文一一落實貫通在雅層貴族的各種倫序行為中，如此使得
「君臣、上下、父子、兄弟、內外、大小皆有威儀」。何止朋友
的相處往來之道，要彼此責求以禮教威儀來「相教訓」，其實一
切的倫常都要盡最大可能以禮相待，如此才會有後來《中庸》對
周文「優優大哉！禮儀三百，威儀三千」[51] 的讚頌。春秋時代雅
層貴族（君子）的所有行為矩度，都要在這些「禮儀三百」的具
體條目之規約下，開顯出「威儀三千」的各色身體氣象。而所謂
「在位可畏，施舍可愛，進退可度，周旋可則，容止可觀，作事
可法，德行可象，聲氣可樂，動作有文，言語有章」，主要也是
綜攝「（禮）儀」和「威（儀）」這兩面的總和描述，而亦可用
「威儀」一辭來總攝這兩方面：一是可見性的「儀」，另一是可
感知到的「威」。

51　朱熹，《中庸》，《四書章句集注》，頁 47。

　　上述春秋時代的禮教身體、威儀觀，[52] 顯然和商代巫術神話的怪誕身體、出神觀，大異其趣。相較來說，商巫的身體是一種流動的身體，周禮的身體則是一種穩定的身體。商代巫術和《山海經》的神話世界，充斥著物類跨域拼貼的怪誕身體，周代禮教的身體則是將人的關係互動模式安立在倫序常規之分定中。因此前者允許高度的變形身體之想像空間，後者則呈現出進退有度、周旋有則的威儀空間。商巫與《山海經》神話世界的身體力量，是直接而強度性地輻射出來，因此身體呈現出擴張、流動、交感、互滲的變形狀態。而禮教身體的力量則是經過修整、調理而規矩化，這種力量經過迂迴內折的方式，使得禮教身體的力量以威儀的象徵方式來展現。可以說，周文禮制的人文化過程，用逐漸較為合理化的方式將生命那股原始而自然的衝創力、想像力，給漸漸馴化了。從此，原來在商代屬於雅層的巫術世界之變形身體，一方面被周代新立的雅層模式之禮教身體給取代，另一方面它則潛伏在民俗底層之中，亦或者人性的潛意識之中，而《山海經》便是這個底層世界的浮冰。

三、《莊子》的流動身體與流動語言之支離策略：醜怪、技藝、厄言

（一）醜陋、殘疾、怪誕的支離身體：美／醜顛覆

　　《莊子》時而出現威儀容止、君子形象的禮教身體，但是這些體現周文禮制的貴族、儒門人物姿態，卻經常被加以嘲諷。《莊子》可謂善用戲仿（parody）策略的高手，它經常透過兩個對話人物、兩種身體形象的對比，埋下批判與解放的線索。底下

52　關於先秦威儀觀的身體論內涵，參見楊儒賓，《儒家身體觀》，頁 15-21。

先從〈田子方〉這則寓言故事看起：

> 溫伯雪子適齊，舍於魯。魯人有請見之者，溫伯雪子曰：
> 「不可，吾聞中國之君子，明乎禮義而陋於知人心，吾不
> 欲見也。」至於齊，反舍於魯，是人也又請見。溫伯雪子
> 曰：「往也蘄見我，今也又蘄見我；是必有以振我也。」出
> 而見客，入而嘆。明日見客，又入而嘆。其僕曰：「每見
> 之客也，必入而嘆，何耶？」曰：「吾固告子矣：『中國之
> 民，明乎禮義而陋乎知人心。』昔之見我者，進退一成規，
> 一成矩，從容一若龍，一若虎，其諫我也似子，其道我也
> 似父，是以嘆也。」仲尼見之而不言。子路曰：「吾子欲見
> 溫伯雪子久矣，見之而不言，何邪？」仲尼曰：「若夫人
> 者，目擊而道存矣，亦不可以容聲矣。」[53]

這故事不離杜撰成分，但虛構卻未必虛妄，反而別有用心深
藏其間。故事背景設在魯國，顯然精心設計，因為魯國是周公
封地所在，而周公傳聞是「制禮作樂」的推手，也是孔子歌頌
「郁郁乎文哉！吾從周」、[54]感嘆「甚矣吾衰也！久矣吾不復夢見
周公」[55]的靈魂人物。可以說，魯國最足以代表體現周文精神的
禮儀之邦，孔子也一直以紹承文王、周公為天命所在。[56]而主人
公溫伯雪子則代表道家型的真人，與他相見的「中國之君子」的
「中國」就指魯國，而「君子」泛指雅層的儒士。有趣的是，文
獻重點完全沒有提及雙方對話內容，卻集中在溫伯雪子對魯國君

53　莊周著，郭慶藩輯，《莊子集釋》，頁 704-706。
54　朱熹，〈八佾〉，《論語》，《四書章句集注》，頁 87。
55　朱熹，〈述而〉，《論語》，《四書章句集注》，頁 126。
56　孔子被陽虎暴於匡，對天感嘆說：「文王既沒，文不在茲乎？天之將喪斯文也，
　　後死者不得與於斯文也；天之未喪斯文也，匡人其如予何？」朱熹，〈子罕〉，
　　《論語》，《四書章句集注》，頁 148。

子的身體現象之品鑑上，而譏評對象就鎖定在魯國君子所體現的身體威儀。在溫伯雪子的道眼底下，魯國君子的身體姿態不再是《左傳》威儀觀標準下的真理、美學典範，[57] 反而成為迂腐和形式主義的代言人。「明乎禮義而陋知人心」是對魯國君子（周文禮教中人）的總評，批評重點在於，他過於著重外部的禮義規範，勝於對人心人性細膩而幽微的洞察。溫伯雪子對魯國那些行止從容、威儀棣棣的君子，其描述可謂傳神：「進退一成規，一成矩，從容一若龍，一若虎，其諫我也似子，其道我也似父。」進退成規成矩，便應合《左傳》的「可象之儀」；而從容若龍若虎，則契合《左傳》的「可畏之威」；至於諫我似子、道我似父，則相應《左傳》「朋友之道必相教訓以威儀」，亦即人我相處須以禮儀攝身而往來交通的規範觀點。而溫伯雪子則大嘆，這位魯國君子精勤於嚴密的禮教塑身，卻也恐將造成人性質樸的破裂與機巧洞開。[58]

　　「仲尼見之而不言」，也值得推敲。雪子之嘆，仲尼之默，是頗耐人尋味的對照姿態。它反映出兩者似乎不太投機，因為儀態距離象徵著兩人的觀點距離。翻閱《論語》中的孔子形象，確實也足以擔當「進退成規成矩，從容若龍若虎」的禮身儀態。強調「仁」是「禮之本」的孔子，一生最突顯的身體姿態還是以禮攝身，從學禮、知禮、執禮、克己復禮，甚至到「從心所欲」的七十化境，也仍然要不逾禮之矩度。《論語》不只抽象地

57　《墨子·非樂》亦曾提及：「食飲不美，面目顏色不足視也；衣服不美，身體從容不足觀也。」可見飲食、衣服、顏色、身體等容止儀威，是當時觀賞人格美學的一環。〔戰國〕墨翟著，〔清〕孫詒讓，《墨子閒詁》（北京：中華書局，2001 年），頁 256。

58　這類對禮教規訓的批判質疑，道家向來不缺，如《老子》三十八章；莊周著，郭慶藩輯，〈馬蹄〉，《莊子集釋》，頁 336-341。

認同周文之道在於：「禮之用，和為貴。先王之道斯為美，小大由之。」[59] 更要徹底將「小大由之」的禮文滲透到行為活動甚至德行修養來，如強調孝行必要透過禮的形式來表現：「生，事之以禮；死，葬之以禮，祭之以禮。」[60] 甚至任何好的德行舉止都不能離開禮：「恭而無禮則勞，慎而無禮則葸，勇而無禮則亂，直而無禮則絞。」[61] 另外，對於孔子更為具體的容止儀態之身體語言，〈鄉黨〉篇還有更生動記載，完全體現出以禮攝身的威儀氣象、進退矩度：

> 君召使擯，色勃如也，足躩如也。揖所與立，左右手。衣前後，襜如也。趨進，翼如也。賓退，必復命曰：「賓不顧矣。」

> 入公門，鞠躬如也，如不容。立不中門，行不履閾。過位，色勃如也，足躩如也，其言似不足者。攝齊升堂，鞠躬如也，屏氣似不息者。出，降一等，逞顏色，怡怡如也。沒階趨，翼如也。復其位，踧踖如也。

> 執圭，鞠躬如也，如不勝。上如揖，下如授。勃如戰色，足蹜蹜，如有循。享禮，有容色。私覿，愉愉如也。

> 升車，必正立執綏，車中，不內顧，不疾言，不親指。[62]

可以想見，孔子邀見溫伯雪子時的恭謹有禮，投身舉足大概也類似〈鄉黨〉篇所載的體態威儀，所以才會令溫伯雪子有「進

59　朱熹，〈學而〉，《論語》，《四書章句集注》，頁 67。

60　朱熹，〈為政〉，《論語》，《四書章句集注》，頁 72。

61　朱熹，〈泰伯〉，《論語》，《四書章句集注》，頁 138。

62　以上四則分別引自朱熹，〈鄉黨〉第三、四、五、十六則，《論語》，《四書章句集注》，頁 158-160、166。

退成規成矩，從容若龍若虎」的感嘆。而孔子見了溫伯雪子後，大概也對他的真人體態有所感觸，因此才會回答子路：「夫人者，目擊而道存！」想必孔子目擊的真人之道，多少就體現在雪子的身體風貌上。換言之，真人必體現出另類有別於禮教威儀的身體風格，想必也就是這另類身體風格導致孔子心中若有所感。也可說，孔子與雪子的會面，是兩種身體氣氛的遭遇，可惜文獻對溫伯雪子的身體容止，並未多加描寫。但〈田子方〉下一則描寫孔子與老聃相會的文獻，卻正好反過來對真人老聃的身體風貌多所描繪，而這正好可以補充我們對溫伯雪子的真人體態之想像：

> 孔子見老聃，老聃新沐，方將被髮而乾，慹然似非人。孔子便而待之，少焉見，曰：「丘也眩與，其信然與？向者先生形體掘若槁木，似遺物離人而立於獨也。」老聃曰：「吾游於心物之初。」[63]

這一則文獻，將重點放在孔子眼中的真人體態。顯示出它與禮教身體的威儀觀大異其趣，甚至頗有對反意味，它比較像鉛華落盡、雕飾盡除後的質樸體貌。《莊子》如是鋪排，顯示老聃見客並不照禮數來，因此才會不避新沐、被髮見之。而「慹然似非人」則透露老聃體態無法以禮教儀態來規矩揣度，才會使人產生一種怪異的陌生感。因此孔子疑問自己眼前所見，並嘆曰：「先生形體掘若槁木，似遺物離人而立於獨。」老聃真人的陌異體態，大概類似〈齊物論〉顏成子游見到老師南郭子綦「槁木死灰」、「苔焉喪耦」的形象。[64] 它們一再顯示，道家真人的身體風貌若就外相來說，一開始就呈現出與禮教身體的對比性，因為它

63　莊周著，郭慶藩輯，〈田子方〉，《莊子集釋》，頁 711-712。

64　莊周著，郭慶藩輯，〈齊物論〉，《莊子集釋》，頁 43-45。

正是鬆綁了禮教塑身的嚴密管控後，所展現的另類柔軟而質樸的身體氣象。槁木死灰、非人之身，可視為禮身規訓被解離後，給人產生的陌生突兀感。可見道家「喪我」工夫，其中也涉及對禮教身體的規矩框限之解放。此可印證〈大宗師〉談真人達到「同於大通」的坐忘境界前，必須先有「忘仁義」、「忘禮樂」這一類「墮肢體，黜聰明，離形去知」的虛損工夫。[65] 道家工夫並不走一條「以禮攝身」、「敬身養神」、「禮義相訓」的修身之路，反而認為只有鬆綁禮義法度的規訓和壓抑，才能解放出「遊乎天地之一氣」、「聽之以氣」的流動而柔軟的氣化身體。因此《老子》喜用「專氣致柔，能嬰兒乎」這一類嬰兒般柔軟而流動的身體來擬象。

典型化的君子體現出禮教身體的威儀氣象，而禮教身體則不離社會化的身體，它高度承載著社會價值於身體象徵中，身體成為積聚文化符碼的象徵載體。甚至將象徵內化到肉身中，使肉身習慣於體現文化價值的趣向，這便是威儀觀進一步內在化的精神所在。然而對《莊子》而言，禮教身體的嚴格訓練除了可能割裂、壓抑渾樸整全的情性外，也經常鈍化為形式的虛矯和模仿。如〈田子方〉另一則莊子戲哀公的嘲諷劇所示：

> 莊子見魯哀公。哀公曰：「魯多儒士，少為先生方者。」莊子曰：「魯少儒。」哀公曰：「舉魯國而儒服，何謂少乎？」莊子曰：「周聞之，儒者冠圜冠者，知天時；履句屨者，知地形；緩佩玦者，事至而斷。君子有其道者，未必為其服也；為其服者，未必知其道也。公固以為不然，何不號於國中曰：『无此道而為此服者，其罪死！』」於是哀公號

65　莊周著，郭慶藩輯，〈大宗師〉，《莊子集釋》，頁284。

之五日，而魯國无敢儒服者，獨有一丈夫儒服而立乎公門。公即召而問以國事，千轉萬變而不窮。莊子曰：「以魯國而儒者一人耳，可謂多乎？」[66]

　　故事位址一樣放在以禮治聞名的魯國，而設計莊子面見魯哀公，則具有入室操戈的挑戰意味。莊子故意以違反常識的「魯少儒」來挑釁哀公的「魯多儒」，以便鋪排出兩者見識的深淺。顯然魯哀公所主張的「舉魯國而儒服，何謂少乎？」的觀點，在莊子看來，就是「明於禮義而陋知人心」的表象之見，因為魯哀公以為穿儒服而進退容止像儒士威儀者，就是標準的儒士。然在莊子看來，儒士之為儒士並不全在於服飾象徵、容止儀態上，況且它們都是可以被模仿的，有了這些形諸於外的文化符碼並不一定真正表裡如一。顯然莊子提醒魯哀公要看得更深入，不要被這些象徵價值所欺瞞：「儒者冠圜冠者，知天時；履句屨者，知地形；緩佩玦者，事至而斷。」儒士頭帶圓帽只是象徵「知天時」，腳穿方鞋只是象徵「知地形」，而衣飾佩玉則為提醒自己行事要果斷。這些禮服穿著和禮儀身體，一方面象徵著君子的社會身分，一方面也提醒自己進退出處該有的儀態。但擁有這些象徵形式的所謂儒士們，也可能只是形式主義的偽君子，正所謂「君子有其道者，未必為其服也；為其服者，未必知其道也。」可見莊子上述正是針對威儀觀而有的批判和顛覆。結果在莊子所設計的嘲諷劇碼下，魯國居然只剩下一位「名實相符」的真儒士（莊子似乎暗示唯有孔子一人為真儒，如尼采〔Friedrich Nietzsche〕強調唯有耶穌一人為真基督徒）。可見對莊子而言，禮教身體的威儀觀少有不流於「臺前表演」的「面具」性質，而既然帶著面具就難以通達「真人」的真實面目。

66　莊周著，郭慶藩輯，〈田子方〉，《莊子集釋》，頁 717-718。

　　其次，《莊子》對禮教身體的表演性質之批判，尤其顯示在對於喪禮的顛覆上。因為喪禮場合充滿最繁複、最嚴密的身分象徵和行為禁忌，從《禮記》所記載的喪葬儀式過程中，不同身分的服孝穿著、佩戴、情緒表達，不同禮儀過渡階段的祭祀用物、行為舉度，都建立在嚴密的身分區隔和象徵體系上。[67] 然而《莊子》卻不斷出現簡化禮數、不合禮數、甚至自創喪禮情境等等非禮、亂禮、無禮的寓言。如〈養生主〉設計老聃死，好友秦失往弔，卻只是簡單地「三號而出」之素樸態度。[68] 又如〈大宗師〉設計子桑戶死，孔子派子貢往弔，卻看到他的兩位好友們正在「或編曲，或鼓琴，相和而歌」，而興發「敢問臨尸而歌，禮乎」的焦慮困惑，而這種亂禮態度，正是子貢所不能接受的。[69] 又如〈列禦寇〉設計莊子將死，弟子本來打算為他厚葬，而莊子卻要自行創設一套「吾以天地為棺槨，以日月為連璧，星辰為珠璣，萬物為齎送」的天葬儀式，而毫不畏懼鳶食。[70]《莊子》如此一再以非禮的身體姿態面對喪禮，其用意無疑在突顯當時的喪禮體制和人的真實情感，兩者已出現嚴重背反危機，所以才一再挑戰喪禮禁忌，藉由另類的身體行動藝術，來警醒人們重新反思

67　林素娟，〈喪禮飲食的象徵、通過意涵及教化功能——以禮書及漢代為論述核心〉，《漢學研究》第 27 卷第 4 期（2009 年 12 月），頁 1-34。

68　莊周著，郭慶藩輯，〈養生主〉，《莊子集釋》，頁 127-128。林順夫注意到古時喪禮的「三踊而出」，有它繁複的哭喪情境，但是：「莊子筆下的秦失則只是『三號』就出來了。也許『三號而出』一句，是莊子從『三踊而出』這個古禮俗轉化而來。果真如此，作為道家典型人物的秦失之忽視哭喪禮儀，就更一清二楚了。」林順夫，〈解構生死——試論《莊子・內篇》對於主題之變奏的表達方式〉，收於《透過夢之窗口》（新竹：清華大學出版社，2009 年），頁 55。可見，《莊子》有意對哭喪之禮進行簡樸化書寫。

69　莊周著，郭慶藩輯，〈大宗師〉，《莊子集釋》，頁 266-267。

70　莊周著，郭慶藩輯，〈列禦寇〉，《莊子集釋》，頁 1063-1064。

禮儀流於表演可能產生的反控、失真之謬害。[71]

　　真人面目或者真人身體，要將過分於「臺前表演」的戲劇化身體給予解放，以使身體從框框格格的禮教矩度中，回歸於更為自然流動的氣化身體。所謂「立獨」、「遊於物初」，都表示出要從社會化的符碼硬殼中遊離出來，以讓真人身體能參入「天地並生，萬物為一」的「大通」之境。真人與物冥合相遊的身體，主要在於強調宇宙性的身體而非社會化的身體。此時身體乃敞開於天地萬物，產生與萬物冥合感通的交流，比如〈大宗師〉、〈刻意〉篇提及真人各種身心氣象時，核心特徵之一便在：

> 其心志，其容寂，其顙頯；淒然似秋，煖然若春，喜怒通四時，與物有宜而莫知其極。[72]

> 精神四達並流，无所不極，上際於天，下蟠於地，化育萬物，不可為象，其名為同帝。純素之道，唯神是守，守而勿失，與神為一，一之精通，合於天倫。[73]

　　本文目前重點不在真人氣化身體的細節探討，只在於強調《莊子》真人的宇宙性氣化身體，其內涵較遠於禮教身體而近於神話身體。因為真人的氣化身體著重在「氣」之流動、交感，因此人我之間、物我之間，乃至我與天地之間，自然可以跨域而交感互滲，也就是萬物共同敞開於「大通」之境。而禮教身體多著重在人我身分關係的象徵交換上，因此更在乎身體的穩定性、秩

71　林順夫亦注意到：「從孔門遵守喪禮之嚴謹這一點來看，上引〈大宗師〉篇一段，是對孔門喪禮之實習作了極大的變奏……這個變奏已經是把孔門的禮教拿來作一個英文所謂的 parody 了——parody 就是一種同時模仿與諷刺的文體。」林順夫，《透過夢之窗口》，頁 58。

72　莊周著，郭慶藩輯，〈大宗師〉，《莊子集釋》，頁 230-231。

73　莊周著，郭慶藩輯，〈刻意〉，《莊子集釋》，頁 544-546。

序性、條理性。而神話身體著重在情感交流與生命一體，因此大大突顯了身體的流變性、跨域性、疊合性。

　　《莊子》對真人身體的描述和神話身體有其近親性，雖然二者不可等量齊觀，但它們共具家族類似性卻也顯見。《莊子》對神話意象的繼承和轉化處處可見，內七篇三個最重要的神話寓言，都是古神話的創造新編。如〈逍遙遊〉開宗於「鯤化鵬徙」，〈齊物論〉、〈應帝王〉則結尾在「莊周夢蝶」和「渾沌鑿竅」，前兩者運用了魚／鳥變形神話，人／蝶變形神話，而第三個則是渾沌創世神話的改編。《山海經》經常出現擁有鳥羽翅膀的怪魚（如前表所列〈南山經〉的「鯥魚」便有羽翼），而《莊子》或許正由此興發想像，借鯤魚「化」鵬鳥的形體轉變、深海到藍天的空間轉換，以傳達真人由工夫之深厚積累而上達自由無礙境界。即魚鳥之間的身體、空間變形，被轉化為真人生命的質變蛻化。而莊周夢蝶也利用神話所賦予夢之神祕力量，將之轉為恍兮惚兮的融合空間之隱喻，讓莊周和蝴蝶在夢域的流動世界中，跨越物類範疇地遇合為一。所謂「不知蝶也，不知周也」，可視為周身與蝶身重組為一，猶如神話世界常見的物類拼貼現象。而〈齊物論〉正是運用變形神話的「生命一體」思維，傳達出「萬物為一」的「齊物」觀點。至於〈應帝王〉「渾沌鑿竅」的中央帝，也是轉用自《山海經》那圓球狀、無面目、無識無知卻樂在自己的帝江之神（「有神焉，其狀如黃囊，赤如丹火，六足四翼，渾敦無面目，是識歌舞，實為帝江」）。而渾沌從「無面目」到「鑿七竅」，則象徵樸實原真的生命整體，從此「天下多得一察焉以自好。譬如耳目鼻口，皆有所明，不能相通。……道術將為天下裂」。[74] 可看出老莊運用了《山海經》的渾沌意象來隱喻

74　莊周著，郭慶藩輯，〈天下〉，《莊子集釋》，頁 1069。

整全未割之道，來象徵身心合一的質樸天真原貌，而文明禮教化的割裂過程，便猶如「肝膽楚越」各自為政的感官支離過程。所以復全身心之道，便被視為再次將「皆有所明，不能相通」的破裂身體，修復為「遊乎一氣」的「共通感覺」（common sense）之渾沌狀態。

　　《莊子》對變形神話的身體思維之承續與轉化，絕對不止於此。例如《莊子》在闡述死生為一時，也經常使用神話的連續不斷裂之變形意象，來呈現死生一條、始卒若環的圓型循環。如〈大宗師〉子輿和子犁在面對死亡侵逼身體時，認為面對死亡應該猶如接納身體將順隨不可知的變化一樣：

> 亡，予何惡！浸假而化予之左臂以為雞，予因以求時夜，浸假而化予之右臂以為彈，予因以求鴞炙；浸假而化予之尻以為輪，以神為馬，予因以乘之，豈更駕哉！[75]

人之左臂化雞，右臂化彈，尻化為輪，由此而可以用它們來求時夜、求鴞炙、駕神馬。《莊子》這種超現實的身體拼貼之漫畫想象，正是典型的變形神話之活用。《莊子》甚至要將神話的變形法則，提升為宇宙氣化運動的總樞紐或第一原理，此即所謂「造化大鑪」的煉丹意象：

> 偉哉造化！又將奚以汝為，將奚以汝適？以汝為鼠肝手？以汝為蟲臂手？⋯⋯夫大塊載我以形，勞我以生，佚我以老，息我以死。故善吾生者，乃所以善吾死也。今大冶鑄金，金踊躍曰：「我且必為鏌鋣。」大冶必以為不祥之金。今一犯人之形，而曰「人耳人耳」，夫造化者必以為不祥之人。今一以天地為大鑪，以造化為大冶，惡乎往而不可

75　莊周著，郭慶藩輯，〈大宗師〉，《莊子集釋》，頁 260。

哉！[76]

造化冶金之大鑪意象，正是從形變而有生、形變而有死，生死死生皆是形體流轉之變化遊戲。如我化為鼠肝、蟲臂一般，全體宇宙運動之物化流變，猶如造化大鑪不斷融鑄金液為新形，而舊形又將溶解為金液。可見《莊子》烘鑪冶煉之隱喻，也和神話的變形法則有所關聯。[77]

　　另一更為突出的身體群象，乃是〈德充符〉所鋪排的一系列醜怪人物群像，他們一樣可視為《山海經》怪誕身體的創造轉用。不僅如此，《莊子》還刻意調轉周代以來：雅（上層）、俗（下層）的高低價值階序，反而顛倒「雅／俗」為「俗／雅」，重新令庶民世界的卑賤人物登上舞臺中央，上演一齣齣價值革命的狂歡劇。早期書寫權力掌握在官方、雅層等知識精英手裡，書寫眼光自然反映出精英觀點，然而《莊子》卻驚人地展現出對俗民庶人的關注，可謂先秦最早且少有的「他者」（the other）關懷。《莊子》對「他者」的重新書寫，最精采者莫過於〈德充符〉特寫一系列殘疾醜怪人物，在他筆下，刑殘醜怪居然被轉化為：「以醜為美」、「以怪為常」、「以刑為德」的新景觀。《莊子》既棄絕雅層施暴於俗層的賤斥眼光，亦不採取同情弱者的道德口吻說之，反而改採幽默反諷的顛覆策略，直接彰顯殘疾醜者在

76　莊周著，郭慶藩輯，〈大宗師〉，《莊子集釋》，頁 261-262。

77　關於烘鑪冶煉意象和古代鍛鐵神話，參見 Mircea Eliade, *The Forge and the Crucible: The Origins and Structure of Alchemy* (Chicago: University Of Chicago Press, 1979)。本文脈絡在於強調《莊子》變化觀和神話的變形世界之相關性，至於〈大宗師〉大鑪、大冶的隱喻，其中深含《莊子》對死生無變於己的曠視達觀，拙文亦曾有較為深入的分析，〈《莊子》的死生隱喻與自然變化〉，《漢學研究》第 29 卷第 4 期，頁 1-34。

其自身的智慧與活力。〈德充符〉利用反轉兩種身體姿態（雅／俗）的辯證策略，鬆動了常識定見下的雅層中心主義，反而呈現以俗層賤民的醜怪形象來體現動人心魄的人格魅力。底下試分析之。

〈德充符〉安排一系列對比人物：兀者王駘對照仲尼，兀者申徒嘉對照子產，兀者叔山無趾對照於仲尼，醜人哀駘它對照魯哀公，殘疾者闉跂支離無脤對照衛靈公，甕盎大癭對照於齊桓公。這六個對照組，前方都是長期被社會所賤斥的陰影人格者（shadow：不是受刑者，就是醜惡者，還有殘疾者），後方則是被社會所推崇、人人欽羨的超我者（super ego，不是有德君子，就是官高位重，甚至萬人之上的寡人君王）。[78]「兀者」乃斷足之人，即受刑者。周制有「禮不下庶人，刑不上大夫」之慣例，因此王駘、申徒嘉、叔山無趾等人，無疑都是庶民且遭受刑罰。而這一類肉刑之人的身上總是烙有罪惡印記，殘敗的形體直接象徵社會汙穢，他們被剝奪諸多權力而尤為雅層大夫所不齒。[79]而〈德充符〉竟刻意安排他們與德旺名盛的孔子、子產同臺演出，而且還是主角。而子產一開始就表現出不樂與申徒嘉「合堂同席而坐」的鄙棄立場，而孔子開始也表現出對叔山無趾的質疑態

78　本文所謂「陰影」（shadow）和「超我」（super ego）的轉用，啟發自佛洛依德（Sigmund Freud），尤其是榮格；請參見榮格主編，龔卓軍譯，〈個體化的過程〉，《人及其象徵——榮格思想精華的總結》（臺北：立緒文化，2000 年），頁185-277。另參見深受榮格影響的日本心理學家河合隼雄著，羅珮甄譯，《如影隨形——影子現象學》（臺北：揚智文化，2000 年）。

79　甚至那種天生殘缺而非遭肉刑之人，也被先入為主地視為罪犯，所以《莊子》要批露這種無所不在的暴力，平反他們的冤屈，如〈養生主〉提及右師天生殘疾卻被視為犯罪的人為印記：「公文軒見右師而驚曰：『是何人也？惡乎介也？天與，其人與？』曰：『天也，非人也。天之生是使獨也，人之貌有與也。以是知其天也，非人也。』」莊周著，郭慶藩輯，〈養生主〉，《莊子集釋》，頁 124。

度。然而〈德充符〉卻透過申徒嘉來反襯子產傲慢下的膚淺，兀者甚至棒喝官人：「今子與我遊於形骸之內，而子索我於形骸之外，不亦過乎！」最後終於讓子產慚愧而悔悟地「蹵然改容更貌」。[80]

而叔山無趾踵見仲尼，未開口就先受到孔子先入為主的訓斥，但無趾者一開口便展現超凡的智慧與風範，才令孔子一改前態，而邀他登堂入室「請講以所聞」，結束後，反而告誡弟子要以叔山無趾為學習對象。[81] 至於兀者王駘雖未與孔子直接照面，但透過常季對孔子的描述，卻也呈現極具張力的對比景觀，受刑者王駘的學生人數居然與孔子平起平坐，甚至他的「身教不言」還比孔夫子更有魅力：「王駘，兀者也，從之遊者與夫子中分魯。立不教，坐不議，虛而往，實而歸。固有不言之教，無形而心成者邪？」最後，孔子居然還心悅誠服地想拜他為師，激動地說要帶領天下人以他為師：「夫子，聖人也，丘也直後而未往耳。丘將以為師，而況不若丘者乎！奚假魯國！丘將引天下而與從之。」[82]

至於哀駘它、闉跂支離無脤、甕㼜大癭這三人，則是另一種陰影人格，他們都是醜陋無比或殘疾怪人，而《莊子》居然讓這三位臭皮匠和最有權勢的國君近身遭逢，甚至相處一室。結果真是出人意料之外：「闉跂支離无脤說衛靈公，靈公說之；而視全人，其脰肩肩。甕㼜大癭說齊桓公，桓公說之；而視全人，其

80　莊周著，郭慶藩輯，〈德充符〉，《莊子集釋》，頁 199-201。
81　莊周著，郭慶藩輯，〈德充符〉，《莊子集釋》，頁 202-205。
82　莊周著，郭慶藩輯，〈德充符〉，《莊子集釋》，頁 187-188。

脰肩肩。」[83] 衛靈公與齊桓公，和兩位身形扭曲的畸零人相處一陣後，居然從此改變了以往看人習慣，兩位國君從此帶上另一副眼鏡，一反常態地「以怪為常，以常為怪」。《莊子》言下之意，當是指兩位殘疾人的內在人格魅力非凡，相較起來，一般正常體貌的儒雅君子們則反倒平庸無味了。更驚人而不可思議的則是魯哀公的體會：

> 衛有惡人焉，曰哀駘它。丈夫與之處者，思而不能去也。婦人見之，請於父母曰「與為人妻寧為夫子妾」者，十數而未止也……寡人召而觀之，果以惡駭天下。與寡人處，不至以月數，而寡人有意乎其為人也；不至乎期年，而寡人信之。國无宰，寡人傳國焉。悶然而後應，氾而若辭。寡人醜乎，卒授之國。無幾何也，去寡人而行，寡人卹焉若有亡也，若無與樂是國也。是何人者也？[84]

第一才子書的《莊子》，果有顛倒世界的書寫才華，一個外形醜惡無比之人，居然有迷倒眾生能耐，男人女人都各有所迷。更誇張的是，哀駘它的魅力就像迷藥一般，令婦人「與為人妻寧為夫子妾」，令哀公信之、愛之甚至願將國家大位奉送給他。而哀駘它最後卻淡泊離去，留下魯哀公自慚形穢、悶悶不樂，失魂落魄地困惑在冷宮中。

　　由上觀之，《莊子》可謂有顛倒雌雄、玩虛弄假的魔術能力，它透過虛構的寓言手段，重新將上位雅層對下位俗層的慣性偏見給卸除。這還不夠，它還要反過來以俗層的智慧與魅力，來啟悟並解放雅層階級的規訓與僵化。顯然地，《莊子》透過這些

83　莊周著，郭慶藩輯，〈德充符〉，《莊子集釋》，頁216。

84　莊周著，郭慶藩輯，〈德充符〉，《莊子集釋》，頁206。

看似荒誕的怪異書寫，無非要對某些已然固著甚深的價值意識型態，進行摧枯拉朽的批判解放。當周代統治階層的雅層價值透過權力支配，形成想當然爾的先驗真理觀時，如何再進行價值重估，會是相當艱難的治療工作。而《莊子》採取的重估策略，是深入向來被遺棄的「他者」領地，將燈光重新打入陰暗世界，正視它、特寫它、重寫它，最後發揮「無用之大用」的弔詭手段，開顯出黑暗之光。

　　《莊子》經常出現各色殘疾人物，隨處可見諸多種怪異的身體現象群：如無趾或缺腳的刑殘現象；如駢拇枝指的多指現象；如少了嘴唇的殘疾現象；如脖子扭曲腫脹的變形現象等等。而〈人間世〉的支離疏，則代表著綜合各種醜怪現象於一身的醜中之醜，可謂身體扭曲變形之大特寫：「頤隱於臍，肩高於頂，會撮指天，五管在上，兩髀為脅。」支離疏的整個身體，幾乎完全扭曲到上下位移、不成人形，但是《莊子》卻讚許他最能體現「支離其形者，猶足以養其身」的顛覆效果。[85] 這些目不暇給的身體變形群像，一方面反映了《莊子》關懷底層受刑者、殘疾者的民生實況，但從《莊子》的書寫策略來看，其中也可看出對《山海經》的怪誕身體之襲用與轉化。而《莊子》果然善用變形神話的魔法力量，在它故事新編的文學妙手下，禮教身體的舊價值被貶值了，而怪誕身體卻能體現出新價值。重新宣揚真福音：「非愛其形也，愛使其形者也」、[86]「德有所長而形有所忘，人不忘其所忘而忘其所不忘，此謂誠忘」[87] 的真價值。而這些轉化自神話思維的怪誕身體，多少都具有批判禮教身體和禮教價值的教

85　莊周著，郭慶藩輯，〈人間世〉，《莊子集釋》，頁 180。
86　莊周著，郭慶藩輯，〈德充符〉，《莊子集釋》，頁 209。
87　莊周著，郭慶藩輯，〈德充符〉，《莊子集釋》，頁 216-217。

條化傾向，而支離疏寓言也正結語在：「夫支離其形者，猶足以
養其身，終其天年，又況支離其德者乎！」[88] 所謂「支離其形」
便是藉禮教身體之「支離」，而躍出「無用之大用」的養身效
果；而「支離其德」則更進一步暗示禮教僵化價值的「支離」，
或可釋放出價值重估的另類創意思維。

　　最後，《莊子》善用變形神話的身體素材，還不止上述的怪
誕人體，其他還有種種扭曲變形的怪物，或者異形超常之物，其
中最常見的是身體擴張的巨大形象。如單以〈逍遙遊〉為例，就
出現：其大不知幾千里的巨鯤、其翼若垂天之雲的巨鵬、以八千
歲為一春的大椿、樹成而實五石的大瓠、其大若垂天之雲的大㹗
牛。[89] 這些巨大變形體的怪誕形象，也多借用《山海經》的巨物
素材，又或者運用神話想像思維來重新塑造。但它們在《莊子》
借用下，卻也從怪異、怪誕的奇幻想像脈絡，被轉化為常態／非
常態、常軌／非常軌、有用／無用的辯證性思考，並終而昇華出
「無用之大用」的弔詭哲思。[90]

88　莊周著，郭慶藩輯，〈人間世〉，《莊子集釋》，頁 180。

89　美國學者愛蓮心（Robert E. Allinson）也特別注意到《莊子》的怪物隱喻，並
　　看出它們對神話的援引與吸收，而這種怪物隱喻所要傳達的神話、童真、圖像
　　思維方式，一則具有中止慣性的邏輯思維，再則也打翻了社會既有的成規定見
　　之意識型態，並在偏離正常的過程中轉化出新鮮與活義。愛蓮心的觀點正可和
　　本文互相補充。愛蓮心著，周熾成譯，《嚮往心靈轉化的莊子》（南京：江蘇人
　　民出版社，2004 年），頁 56-76。

90　值得注意的是，《莊子》在談及「無用之大用」時，似乎也觸及另一種對「刑」
　　的反諷觀點。因為「非常」而「無用」之人，經常因不合用之標準而遭賤棄，
　　故可謂遭受「人刑」；然《莊子》似乎也從這種「禮刑互用」的「人文之刑」
　　（人刑），轉化為一種「遁天之刑」（天刑）的奇特說法，如〈養生主〉、〈德充
　　符〉皆提及孔子乃「遁天之刑」、「天刑之，安可解」，而〈大宗師〉亦提及孔
　　子自稱「丘，天之戮民也」。而在《莊子》的文脈中，「天刑」乃指過分符合社
　　會有用價值，結果多為名累、身累所縛，故反而落入了「有用之害」，以對比

（二）俗層庶民的百工技藝之活力身體：雅／俗顛覆

　　《莊子》也關注另外一種來自庶民階層，雖非殘疾卻也醒目的身體群像，此即百工技藝的勞動身體。《莊子》一樣著迷於他們的生動活力，甚至許之為「技進於道」。這一類庶民身體雖不像醜怪畸人，常令士大夫潛意識地排斥厭惡，但一樣不登大雅之堂。《莊子》中出場的百工技藝頗為豐富，如庖丁解牛、呂梁游水、梓慶削木、痀僂承蜩、輪扁斲輪、大馬捶鉤等等。《莊子》喜愛從這些民間討生活的工匠行為中，發現未被雅層禮教馴服的身體活力，甚至反過來，以俗層之潑刺野性來挑戰雅層漸趨疲軟的生命力。例如《莊子》策略性地安排他們在權貴、德望者面前，上演一齣齣「技藝身體」出神入化的活力演出，結果一再讓執守禮教身體的雅士們，驚乎其技而若有所悟。由於筆者已有專文探討過《莊子》技藝身體的細節內容，這裡的重點將放在雅／俗顛覆的策略上來加以考察。

　　如〈養生主〉中的屠夫庖丁，對照的是文惠君。而原本極為血腥汙穢的屠宰犧牲之現場，卻被《莊子》以美學的距離眼光重新賞析一遍，結果從中刻劃出「技進於道」的技藝身體觀。〈養生主〉對庖丁種種身體運動過程進行細部深描，卻突顯出完全無關於禮教表演的另類活力身體：「手之所觸，肩之所倚，足之所履，膝之所踦，砉然嚮然，奏刀騞然，莫不中音。合於桑林之舞，乃中經首之會。」[91] 隨後〈養生主〉更描述庖丁以無厚之刃，深入骨肉交錯的牛體迷宮中，卻彷彿行雲流水般地自由無礙，高

於「無用之大用」。換言之，《莊子》「天刑」之說，亦可視為對「人刑」的顛覆。莊周著，郭慶藩輯，《莊子集釋》，頁 128、205、271。

91　莊周著，郭慶藩輯，〈養生主〉，《莊子集釋》，頁 117-118。

度呈現出身體、刀體、牛體三合一的完美運動。相對於「君子遠
庖廚」的雅儒們，庖丁解牛之寓有嘲諷與挑戰的意味。套用〈知
北遊〉「道在屎溺」的觀點，「道」似乎也可能在庖廚之中，而非
必然遠在庖廚之外。果然《莊子》許諾庖丁之藝為「技進於道」，
而文惠君也在親眼看見庖丁的身體表演之後，深深領悟「養生」
之道。可以想像，庖丁同時擁有俗層（野性）與技藝（鍛練）的
身體活力，所以具有未被禮教完全馴化與逾越禮教格套的創造
力。

　　因為技藝活動所要達到的境地在於人的身體、工具與表現的
物質形式之間，如何融合無間而彷若鬼斧神工般地自由流露。
在具體操作過程中，人的意識要從支配身體的優位性，反轉為
以身體自身運動為優位，也就是要以「身體思維」取代「主體
（意識）思維」，如所謂「指與物化而不以心稽」。[92] 而身體活動
（指）又要與物質載體（物）之間體合無間（化），要順隨物質
載體的自然特性（觀天性），然後在身體和物體之間自然發現冥
合的運動理路（以天合天），如此方有可能出現「技進於道」的
「無為」技藝。可見，這種身體活力大都直接在某種自然物質、
生活環境中，經由身體重複實踐中所淬煉出來的「隱默之知」
（tacit knowing），[93] 它建立在身體與環境的直接撞擊、調整而慢
慢遇合的力量運動過程。[94] 因此，它通常也要求從事技藝之人的

92　「工倕旋而蓋規矩，指與物化而不以心稽，故其靈臺一而不桎。忘足，屨之適
　　也；忘要，帶之適也。」莊周著，郭慶藩輯，〈達生〉，《莊子集釋》，頁 662。

93　「默會致知」或「隱默之知」由博藍尼（Michael Polanyi）所提出，頗適合解
　　釋技藝實踐這一類的身體活動的「個人知識」，參見博藍尼、浦洛施（Harry
　　Prosch）著，彭淮棟譯，《意義》（臺北：聯經出版公司，1986 年），頁 23-51。

94　如孔子驚見呂梁男子在湍水中載浮載沉卻自由自在，不禁要請教其蹈水之方，
　　沒想到呂梁男子的回答，則只強調要融入水流韻律，而這種能力則和長久與自

創作當下，必須純粹無雜地專注於技藝運動本身，完全將多餘的掛礙、負擔、貪戀都卸下，只有回到身體自身與（物質）環境自身進行純粹力量的遇合遊戲，如此才可能將完美而具活力的身體創造性自然地展演出來。以上所言，可證諸〈達生〉篇削木為鐻的工匠梓慶與魯侯相見場景時所說：

> 臣工人，何術之有！雖然，有一焉。臣將為鐻，未嘗敢以耗氣也，必齊以靜心。齊三日，而不敢懷慶賞爵祿；齊五日，不敢懷非譽巧拙；齊七日，輒然忘吾有四肢形體也。當是時也，无公朝，其巧專而外骨消；然後入山林，觀天性；形軀至矣，然後成見鐻，然後加手焉；不然則已。則以天合天，器之所以疑神者，其是與！[95]

工匠梓慶從他長期的勞動經驗累積下來，體驗到看似平凡不過的「削木為鐻」之技藝操作，若要做得好，便不能將任何生命力耗費在與眼前創作毫不相干的貪戀上。任何一切妄想，如榮華富貴的奢望（慶賞爵祿）、肯定與否定的外在評價（非譽巧拙）、朝庭貴族的權勢干預（無公朝）等等「外在滑亂」都要被「消去」。只有層層剝除那些對身體精氣的混亂與損耗（未嘗敢以耗氣也），最後才能「以心合體」進而「忘吾有四肢形體」，然後完全將身體融入到山林的自然環境裡，與之做最純粹的共鳴對話（以天合天），如此才得到出神入化的「巧專」技藝，才能器我合一地創造出神品之器。梓慶對技藝活動的工夫描述，顯然也

然環境融合有關：「亡，吾無道，吾始乎故，長乎性，成乎命。與齊俱入，與汩偕出，從水之道而不為私焉。此吾所以蹈之也……吾生於陵而安於陵，故也；長於水而安於水，性也；不知吾所以然而然，命也。」莊周著，郭慶藩輯，〈達生〉，《莊子集釋》，頁 657-658。

95　莊周著，郭慶藩輯，〈達生〉，《莊子集釋》，頁 658-659。

有對魯侯起暗示作用，亦即禮教身體、禮教價值的承載，也必須在技藝活動中被層層掃落，才有可能回復最純粹、真摯、活力的身體創造活動。其他如孔子周遊列國時，在山林中遇到「用志不分乃凝於神」的承蜩丈人，或是顏淵在河濱遇見「操舟若神」的渡口津人，關鍵在於「專注（於當下）」與「忘卻（不相干）」，因為只有如此才能找回身體內在的密碼，否則身體將分神而掛礙於外物：「而有所矜，則重外也。」而孔子也因此在庶民津人身上，終於體會到：「其巧一也，而有所矜，則重外也。凡外重者內拙。」[96] 亦即技進於道的關鍵所在，只在於我們是否能夠從「重外」迴返於「重內」。

相較來說，以魯侯和孔子的禮教身體，對比於梓慶、承蜩丈人、津人的技藝身體，前者顯然有更多「外重」的成分，因為他們承載了更為豐厚的文化價值與符碼象徵在心中、在身上。而這些庶民技匠因為較少禮教規矩的負擔，故常能在一技一藝的專注中直接回歸身體的「內在」活力。可想而知，《莊子》是要告誡這些雅層縉紳之士，倘若過分「外重」於禮文表演與規範，那麼將可能付出以身體活力的「內拙」為代價。由於大部分的禮教中人漸漸不太需要為生活勞動而操作，再則承載過多文化符碼而令身體鎖入「成規成矩」的表演中。如〈達生〉篇所謂：「東野稷以御見莊公，進退中繩，左右旋中規。」[97] 這種禮教式的御馬，便從原始的騎馬技藝轉化為禮教的御馬威儀，故失去人馬合一技藝的身體活力，終將漸漸失去運用身體與環境直接打交道的力量遊戲，結果使得生命力走向耗弱的危機。這也是為何《莊子》要運

---

96 莊周著，郭慶藩輯，〈達生〉，《莊子集釋》，頁642。

97 莊周著，郭慶藩輯，〈達生〉，《莊子集釋》，頁660。

用庶民手工藝者的美妙身體運動，來啟發漸失野性生命的王宮貴族們有關實踐之知、身體之知。例如〈天道〉篇中的斲輪工匠之輪扁，《莊子》安排他和齊桓公在堂中遭遇，而桓公也是在看完輪扁「徐則甘而不固，疾則苦而不入。不徐不疾，得之於手而應於心」的斲輪技藝後，才被輪扁打動而接受：「君之所讀者，古人之糟魄已夫！」從此領悟身體行動的實踐重要性。[98]

（三）卮言的荒唐、謬悠、無端崖：話語流動與顛覆策略

相較於禮教中人「成規成矩」的「穩定」身體狀態，《莊子》所刻劃的逍遙真人、殘疾怪人、百工技匠們，這幾種類型的身體都有「流動」的通性。一言以蔽之，《莊子》渴望用氣化、流通的身體內部活力，來治療、激活那些過於表演性、象徵性的符碼化身體。而禮教身體所以容易形成條理秩序，源自語言符碼對身體的規訓，這也是為何主張以禮攝身者，自然也會特別強調正名的重要，如孔子和荀子都是如此。而周文禮制演化成繁文縟節，也必須透過各種名相範疇來進行同異區分，並要求名實相符，只要看看《周禮》、《儀禮》、《禮記》，便可看出繁文縟節和華麗符碼之間的匹配現象。試想，人們一生的行住坐臥、生老病死，若要配合這些名相來循名責實地落實於身體舉措中，無乃是相當龐大的學習工程，這或也可以解釋為何孔子要「入太廟，每事問。」

然而條理秩序與框架窠臼，容易成為一體兩面之事，利之所在與病之所由，時常同根而生。孔、荀見禮文可以條理秩序的價值，老、莊則憂心繁文縟節會反傷情性。因此老莊一反儒家「名

以定形」的繁雜與嚴密，走向流動的話語以解放流動的身體。
這也是為何《老子》以反向思考而說：「禮者，忠信之薄而亂之
首。」又強調：「復歸於樸……大制不割。」而〈齊物論〉也說：
「道隱於小成，言隱於榮華。」又諷刺：「有左，有右，有倫，有
義，有分，有辯，有競，有爭，此之謂八德。」[99] 相對於老莊，儒
家單向度地看到禮義法度的倫序優點，卻未必深究它同時帶來的
競爭、壓迫等暴力。更核心的關鍵在於，儒家對於語言符碼的相
信顯得樂觀，而老莊則對語言的開顯與遮蔽之雙重性，有著更為
複雜的思考。因此道家乃特別著力揭露語言的權力與暴力的陰暗
性質。此如〈人間世〉指出：「德蕩乎名，知出乎爭。名也者，
相札也；知也者，爭之器也。二者凶器，非所以盡行也。」[100] 令
人驚訝的是，儒家心中的德與名，在道家眼下居然成為了「凶
器」，儒家以為可以盡行於天下的利器，道家卻認為它絕非無往
而不利。

　　儒道立場的不同，不只是選擇位置的不同，更是兩者對於語
言本質的淺深見識不同所導致。老莊洞察語言本身就帶有權力本
質，它透過二元對立的結構，劃分出一組組美／醜、善／惡等
等中心／邊緣、常／非常的價值次序，而它的分類方式是一種強
勢作為，因為它設定了種種難以逆轉的「中心」／「邊緣」的價
值階級。此如《老子》第二章所謂：「天下皆知美之為美，斯惡
已；皆知善之為善，斯不善已。故有無相生，難易相成，長短相
較，高下相傾，音聲相和，前後相隨。」而〈齊物論〉亦指斥：
「故有儒墨之是非，以是其所非而非其所是……物无非彼，物无

99　莊周著，郭慶藩輯，〈齊物論〉，《莊子集釋》，頁 63、83。

100　莊周著，郭慶藩輯，〈人間世〉，《莊子集釋》，頁 135。

非是。自彼則不見，自知則知之。故曰彼出於是，是亦因彼。彼是方生之說也。……是亦彼也，彼亦是也。彼亦一是非，此亦一是非。」[101]

　　在老莊看來，一套名言符碼系統所建立的「左／右」、「彼／是」等倫序，就是一套劃分是／非等價值的標準化作業。一般人通常只著重是／非內容的競奪與爭辯，卻少能反思是／非這一標準化的前提預設是怎麼產生的。對道家而言，這一套套價值系統顯然只是語言約定俗成作用所生，並非語言指涉於先天而客觀的價值本質。一旦符碼所虛構而創設的約定價值，被視為形上的真理，那麼價值便成為價值神話，成為宰控人們思維的意識型態。所以與其說老莊徹底反對禮教，不如說老莊反對將一種歷史時空產生的禮教符碼無限度地神話化。因為這種禮教形上學化的神學式作為，將可能導致遺忘了禮之本意，也失卻了因革損益的重設功能。因此《莊子》認為若要打破並更新禮教固化不通的弊病，最好的策略便是顛覆禮教神話的話語系統，這也是為何《莊子》在解構禮教身體的作法上，採取了流動性的話語策略。因為禮教身體背後有一套套禮教符碼的意識型態，而意識型態正藏身在「名實相符」的固定話語模式中。因此唯有打亂、破壞已有的固態話語，才能重新活化創意思維與身體動能。

　　而《莊子》所採取的流動話語，總原則就是卮言的精神，而其形式則有寓言與重言。總體來說，三言皆具有顛覆的流動性質，亦即〈天下〉篇所謂：

> 莊周聞其風而悅之，以謬悠之說，荒唐之言，无端崖之辭，時恣縱而不儻，不以觭見之也。以天下為沈濁，不可

101　莊周著，郭慶藩輯，〈齊物論〉，《莊子集釋》，頁 63-66。

與莊語，以巵言為曼衍，以重言為真，以寓言為廣。[102]

《莊子》「巵言日出」便是指不斷使用圓轉無礙的流動話語，[103]而重言和寓言只是巵言流動精神所延伸出去的流動形式。三者都同樣具有謬悠、荒唐、無端崖的語言特性，而這都是為了挑戰名實相符的正名觀點。而這也可以解釋為何《莊子》思維近於神話思維，因為神話思維完全就表現出謬悠、荒唐、無端崖的浩瀚想像力。《莊子》顯然吸收並轉化了神話的想像思維，既用它來顛覆已然僵化的話言分類系統，另一方面由此作為重設語言系統的動力來源。〈天下〉篇說的「以巵言為曼衍」，成玄英疏解為：「巵言，不定也。」[104]而「曼衍」大抵是指：「散漫流行，不拘常規。」[105]可見巵言屬於流動不定、隨物應變、變化常新、逸出常規的語言遊戲。而〈寓言〉篇進一步說：

> 巵言日出，和以天倪，因以曼衍，所以窮年。……非巵言日出，和以天倪，孰得其久！萬物皆種也，以不同形相禪，始卒若環，莫得其倫，是謂天均。天均者天倪也。[106]

「日出」，成玄英疏：「猶日新也。」[107]這可解釋成不斷日新又新地運用巵言，也可解釋為巵言可以帶來日新又新的效果，二義皆可也相通。至於「天倪」，成疏則曰：「自然之分也。」然何謂自

---

102 莊周著，郭慶藩輯，〈天下〉，《莊子集釋》，頁1098。
103 「巵言」的內涵，參見楊儒賓，〈有沒有「道的語言」——莊子論「巵言」〉，楊儒賓等，《中國文學新境界——反思與觀照》（臺北：立緒文化，2005年），頁299-340。
104 莊周著，郭慶藩輯，〈天下〉，《莊子集釋》，頁1100。
105 莊周著，陳鼓應註譯，《莊子今註今譯》（臺北：臺灣商務印書館，1998年），頁904。
106 莊周著，郭慶藩輯，〈寓言〉，《莊子集釋》，頁949-950。
107 莊周著，郭慶藩輯，〈寓言〉，《莊子集釋》，頁947。

然之分？成疏則語焉不詳。其實「天倪」便是指變化無常的力量
運動與和諧韻律。唯有當人的話語活動隨物應變而曼衍流行，才
可應合萬物變化無常的自然韻律，如此真人也才可能在語言遊戲
之中逍遙一生，也使得語言活力可保歷久彌新。卮言這種循環無
端、變化不定的變形語言、語言變形，其實就是為了呼應萬物之
間，總在「物化」交換中不斷地循環流轉（以不同形相禪，始卒
若環），其間沒有固定不變的關係（莫得其倫），這種循環往覆而
進行著「差異重複」的和諧運動歷程，便是所謂天均或天倪。總
而言之，卮言完全是為了呼應天均或天倪之道，兩者可以連結起
來，關鍵都在流變。

　　〈齊物論〉主要在於分析語言命名、分類、指涉時，必然無
所逃於二元結構。而具體的表現方式，則必然要以「此端」（如
右手書寫）為中心價值，同時相反相成地樹立「彼端」，其結果
便會產生自我中心的常態思維，並且無視他方的立場與觀點，這
便造成了「自彼則不見，自知則知之」的單向思維盲點（故要矯
正左手書寫）。〈齊物論〉花了不少篇幅來解剖這種語言二元結構
背後的權力模式，並希望透過「莫若以明」、「照之於天」、「休
乎天鈞」、「得其環中」的「兩行」方式，來「以應無窮」。簡單
說，〈齊物論〉要我們不要被放在一套既定的符碼設定系統中，
便想當然爾地遵從慣性的中心思維為唯一，應該要能跳出「方生
／方死」、「方可／方不可」、「朝三／暮四」的兩端鬥爭之惡性循
環，去反思兩端位置的設定模式實為「其分也，成也；其成也，
毀也」的兩端一體性。如此才有可能「換位思考」，暫時懸擱自
己的中心主義，改從對方的位置去從事另類觀看。而這種超拔固
我陷溺立場的觀照高度，就猶如從高空位置（以天）、或中心位
置（環中），才更能看清楚（以明）你我各自所在的位置，從此

才比別人具有破除意識型態、重新融合新價值的能耐，這便是所謂的「兩行」。因此，「兩行」之說，從消極面看它具有破壞、崩解舊式價值神話的顛覆力，從積極面看它則具有創生、重設、活化新價值的創造力。

而《莊子》動人之處、有趣至極之處，並不只有透過〈齊物論〉以理說理的方式來談論「兩行」。它更要將「兩行」理論，具體化為價值顛覆與重設的文學策略，如此才能在書寫技藝上達到謬悠、荒唐、無端崖的流變效果。如此看來，上述曾經分析過的種種神話變形身體的運用、醜怪荒誕身體的運用、俗層庶民的百工技藝身體之運用，無一不是為了崩解周文以來所設定而已然僵化的雅層價值、禮教身體。《莊子》要我們重新正視長期被壓制、賤斥、忽視（如神話思維、庶民生活、殘疾醜怪、荒誕不經）的一端，並且將光和舞臺重新打在他們身上，一方面恢復他們自身的莊嚴與活力，另一方面對照出長期被抬舉、高估、重視（如理性思維、貴族生活、禮教身體、規矩繩墨）的僵化與暴力，如此一來，達到了價值重估的流動效果。換言之，《莊子》透過寓言、重言等文學書寫策略，將僵化的周文價值、禮教身體，給予規矩框架的遊戲變形，以造成價值的流動和重設。可以說，這是利用顛倒「雅上／俗下」的階級僵化價值，來重新讓我們思考「雅＝俗」之間的價值關係，可以再次地「兩行」流動。倘若可以如此善用流動的話語，不停地創發流動的思考，那麼便能生生不息地活化價值、重設價值，便是所謂「得其環中，以應無窮」的真諦。另外，透過反諷的幽默顛覆策略，將光打在這些所謂醜怪卑俗的賤民庶人身上，一方面可以找回黑暗之光、拯救陰影人格中的生命能量，另一方面也可以釋放理性之光的暴力，治療已然蒼白乏力的雅層規訓。

四、巴赫金的雅俗顛覆之狂歡文化理論：廣場空間中怪誕身體與流動話語

　　學界注意巴赫金（Mikhail Mikhailovich Bakhtin，或譯「巴克定」、「巴赫汀」）和《莊子》的可對話性，較早如廖炳惠先生〈兩種體現〉一文。但據筆者所知，到目前為止，似乎也只有廖教授這篇文章稍有觸及。[108] 本文將順著廖教授這一敏銳的觀察方向持續發揮，尤其以跨文化批判方式，進一步溝通《莊子》和巴赫金對文化反思的類似性，並希望促成《莊子》的古典新義之詮釋效果。筆者打算以《莊子》和《拉伯雷研究》（*Rabelais and His World*，巴氏經典之作）所呈現的語言觀和身體觀為核心視域：一方面突顯這兩個文本同時都選擇以流動的話語和流動的身體，來作為顛覆雅上（中心）／俗下（邊緣）的價值暴力、權力支配之僵局；另一方面亦將儘可能追溯這兩個顛覆技藝背後的「世界觀」。換言之，在筆者看來，《莊子》和巴赫金之所以樂此不疲地瓦解、遊戲二元符號的僵滯性，背後的動能和洞見，都植根在變化不已的存有開顯之世界觀的信念和體驗上。而這樣的世界觀和遠古的變形神話、民俗的狂歡儀式，密切相關。如此一來，莊子和巴赫金之所以一樣能在當代的權力批判和文化治療的關懷場域中相遇，其實並不令人意外，因為他們很可能共享了一個原初的存有體驗。而這一存有體驗的力量流變之差異活力，正可以對治二元符號的同一性價值和中心暴力。本文希望透過兩造的跨文化對話，彰顯出兩者類似的文化批判與價值重估的關懷。這一節，我們先分析巴赫金的基本觀點。

108　廖教授一文，收入楊儒賓主編，《中國古代思想中的氣論與身體觀》，頁215-226。另外亦可參見廖炳惠，〈巴克定與德希達〉，《解構批評論集》（臺北：東大圖書公司，1995年），頁235-258。

　　巴赫金的學說，向來以「眾聲喧譁」的對話理論（dialogism）為人所知。然其學說內涵，不能只以文論批評範圍之，更該深入他的文化理論。據研究顯示，巴赫金對小說敘述中的主體與話語研究，雖是他證成學說的主要切入面，但關懷所在則企圖提出一種理解文化遷變的理論觀點。如劉康將巴赫金定位為：提出一套轉型期的文化理論。所謂「轉型期」是指文化變遷過程的劇變階段，原本穩定、單一的價值意識和話語型態，逐漸鬆垮而再也無法牢固地統一思想與言論，使得思想與話語解放出流變而多元的喧譁狀態。而巴赫金卻從中看出文化崩解轉型中的創造活力，並由此歌頌思想多元解放與多音複調的話語流動。[109] 可見，其文化理論涉及文化批判，批判重心則集中在對意識型態的威權化、一統化之批判，同時由此關涉到對定型、單一話語的語言批判。然巴氏並非全然止於純粹的批判，其批判並非要導向價值無神論的虛無主義，而是要從固著走向流動、單一走向對話、同一性貧乏走向差異性豐盈。換言之，不論就個人的主體或者文化的整體之創造與再生，巴赫金都主張差異、多元、流變才是活力的源頭。而這些「非結構」（非系統）所帶來的不確性、未完成性力量，既顛覆既定「結構」的價值封閉系統，同時也促成新價值、新話語的交換與創生。由此一來，其文化理論的批判性絕不導向文化否定論，而是在批判治療中開出「結構」與「非結構」辯證往來的文化更新理論。

　　巴赫金的文化理論，雖以觀察文化轉型期的話語現象為基礎而提出，但並不意味巴氏只為觀察與描述文化變動現象。筆者認為巴氏的企圖當不只為解釋轉型期的文化現象，更在於提供一套

109　劉康，《對話的喧聲——巴赫汀文化理論述評》（臺北：麥田出版公司，1998年），頁16。

有關批判與生長的文化更新理論。巴氏雖以轉型期的文化特徵為例證（如希臘羅馬，文藝復興，十九、二十世紀，是他特別著意的三個文化轉型期之高峰），但他所提出的多音複調與文化創造的關係，則暗示出：任何類型、任何階段的文化狀態，若要維持創造的內元活力，便應該使自身在業已穩定的封閉結構中，允許帶出轉化與變形的非結構之流動力。換言之，文化創造應記取文化轉型期的經驗，將非結構的破壞與創造之流動模式，帶入結構的穩定模式中，以綜合出結構（系統）與非結構（反系統）的動態平衡。相對而言，一般處於文化穩定期的話語狀態極容易從流動走向固定、從差異走向一統，而逐漸令眾聲喧譁的對話活力銷聲匿跡，甚至再度走向極權話語之同一性重複。因此文化轉型期的喧譁狀態，可謂大規模地實現了巴氏想望的暫時性烏托邦。

本文認為巴赫金的文化／語言關懷，與《莊子》頗有類似而可進行對話。因為莊周身處戰國時期百家爭鳴的諸子年代，彼時正是文化大規模轉型的異變階段，也是周代禮樂封建文化的價值系統與話語權威，其中心性與統一性受到挑戰而逐漸禮崩樂壞的離心化階段。諸子百家爭鳴現象，既象徵周文禮制價值的單一神話之失效，同時諸子思想也從中競流出差異多元的話語活力，幾乎符應了巴赫金所謂眾聲喧譁的現象。然而《莊子》卻批評諸子百家們「各得一察焉以自好」，他們只急著從剛崩解的中心權力與統一話語手中爭搶寶座，渴望使自身的話語系統重新躍上新價值舞臺的中心。換言之，《莊子》也看到百家思想的話語權之鬥爭，如〈齊物論〉批判：「故有儒墨之是非，以是其所非而非其所是。」從《莊子》看來，百家爭鳴的現象還只能算是表面的眾聲喧譁，因為諸子間仍然渴望搶奪話語權的中心位置，並由此掉入相互否定、是非鬥爭的話語戰爭中。顯然諸子百家都想脫穎而出，並終結這種價值混亂局面，重新一統思想與話語，以建立一

套他們自身所認定的價值典範系統。例如《墨子》在思想言論的終極立場上主張「尚同」，而《孟子》也樹立一套道統典範而強烈批駁異端思想與言論。[110]

　　諸子之中幾乎唯有《莊子》，能在這眾聲喧譁的文化轉型年代，試圖提煉出近似巴赫金「對話性」的文化批判與更新觀點。因為《莊子》並不企圖以另一套價值系統來補充或取代周文，也不以自身的話語觀點為中心而排斥其他諸子思想。《莊子》的關懷與其說是在於重建一套新價值系統，毋寧說是在於反思價值系統本身是如何被建立，尤其著重在分析語言與價值之間的構成關係。由於任何價值階序的建立都得透過語言符碼，而語言的分類模式必然呈現中心／邊緣的二元結構，由於人們無法逃離語言結構的分類網絡，通常也就不自覺地繼承了某種分類模式，並將其中心化、實體化為固定的思考模式，順此便容易滋生出價值神話。如此一來，倘若未能深思並批判語言與文化的結構內涵，並從中反思價值系統的封閉性危機，那麼便會錯過文化轉型期所帶給我們的反省契機，使得眾聲喧譁現象淪為大一統言論再度到來之前，暫時性的紛亂局面而已，而未能真正從中提煉出普遍性的文化更新理論。而《莊子》在〈齊物論〉的兩行觀點，才真正隱含「對話理論」的多元性、差異性主張，它促使人們善於反思自身話語的固定位置與單一視域，並同時走向：自我中心的擱置與換位，對他者的傾聽與敞開。

110　墨子為平齊是非的統一語言之尚同觀點，參見墨翟著，孫詒讓，《墨子閒詁》，頁 74-98。而孟子雖沒有統一思想與言論的主張，但他對所謂異端的批判排斥性也極強烈：「我亦欲正人心，息邪說，距詖行，放淫辭，以承三聖者；豈好辯哉？予不得已也。能言距楊墨者，聖人之徒也。」朱熹，〈滕文公下〉，《孟子》，《四書章句集注》，頁 379。

　　牟宗三曾以「周文疲弊」解釋諸子起源，並認為儒家走向肯定周文禮制，並重新注入「仁」這一主體性的內在活力，因此仍守住（道德）人文主義的立場。相對地，他認為道家將周文視為純粹的外飾虛文，走向取消禮制對生命桎梏的自然立場，因此不能算是肯定文化的立場。[111] 其實周文疲弊一說，多少也有文化轉型意味，但牟先生並未看出道家在面對文化轉型時的深沉省思。而筆者認為他所理解的道家文化觀點，大都不離儒家中心主義的視域。本文認為道家（尤其《莊子》）並非反對人文與價值，它對周文的批判既非要以另一中心價值來取代之，更不是要走向價值無神論的虛無主義，而是藉由批判周文的價值神話與單一話語，來反思人文（結構）與自然（非結構）之間的辯證關係，以提出批判治療與創造更新並行的文化觀點。由於本文無法細部詳論《莊子》式的人文化成觀點，[112] 也無法較全面性地進行《莊子》與巴赫金的文化理論之對話，目前只能選擇巴氏「狂歡文化」這一核心觀點，尤其從經典作品《拉伯雷研究》中，選擇「流動身體」與「流動話語」這兩個核心主題，來說明他如何呈現價值顛覆的策略。即他藉由民間文化的狂歡節慶之廣場形象與語言的精闢洞見，彰顯出：雅／俗、官方／民間、教會／世俗等等價值次序的顛倒位移，一方面釋放封閉性結構系統所造就的壓抑與暴力，另一方面促使人們重新思考非結構性的民間活力，以推動雅／俗之間的動態平衡與交換生長。而對於巴氏狂歡觀點的描述，將可看到它和本文上述所呈現的《莊子》顛覆策略，有諸多異曲同工之妙，同時，亦有助於我們解讀《莊子》的嘲諷戲仿

111　牟宗三，《中國哲學十九講》，頁 60-68。

112　關於《莊子》式的「人文化成」觀點，請參見拙文，〈氣化流行與人文化成──《莊子》的道體、主體、身體、語言、文化之體的解構閱讀〉，《文與哲》第 22 期；收入本書第八章。

策略。

　　巴赫金的多音複調之說，較早發軔於他對杜斯妥也夫斯基
（Fyodor Dostoevsky，或譯「陀思妥耶夫斯基」）的小說敘事之
研究，亦即杜氏小說中的作者與主角之間，構成自我與他者間的
多重對話關係。而「主體」在這裡並不意味單一、固定、封閉的
意識主體，而是意味著經由多重話語之間的對話、交流、融合、
生長的差異化歷程。因此主體既是由多音複調的話語之流所共鳴
而成，也就暗示出它具有永未完成性與不確定性。[113] 這種由杜氏
小說敘事所提煉出的語言觀、主體觀，已為巴氏往後的文化理論
提供了基本雛形。[114] 隨後，巴氏又發現杜氏的小說觀點可上溯自
文藝復興的拉伯雷（François Rabelais）著作，因此他以《拉伯
雷研究》一書，大大地深化並補充了他對杜斯妥也夫斯基的研究
觀點，尤其整體性地烘托出他的文化理論之全貌。此書乃透過對
拉伯雷著作中所保留的民間狂歡節（carnival）的儀式慶典之具
體描述，從其中琳瑯滿目的眾多廣場現象，提煉出巴赫金對「狂
文化」的世界觀之分析，令人們以新眼光看待俗民大眾文化所保
有的顛覆趣味與創造活力。巴赫金發現拉伯雷所描述的狂歡節
慶的廣場空間裡，原本重複再三的日常生活所遵行的正典價值常
軌，幾乎完全被打破甚至是顛倒過來。原本高高在上的教會、牧
師、國王、貴族等雅層高階人物與價值，完全淪落為被嘲諷、戲

113　如巴赫金言：「任何教條主義、任何專橫性、任何片面的嚴肅性都不可能與拉
　　伯雷的形象共融，這些形象與一切完成性和穩定性、一切狹隘的嚴肅性、與
　　思想和世界觀領域裡的一切現成性和確定性都是相敵對的。」〔俄〕巴赫金著，
　　李兆林、夏忠憲譯，《拉伯雷研究》（石家莊：河北教育出版社，1998 年），頁
　　2-3。另參見劉康，《對話的喧聲──巴赫汀文化理論述評》，頁 13-14。
114　參見巴赫金著，白春仁、顧亞鈴等譯，〈陀思妥耶夫斯基詩學問題〉，《詩學與
　　訪談》（石家莊：河北教育出版社，1998 年），頁 1-363。

仿、遊戲的對象；反倒那些不入流的庶人賤民，甚至殘疾與變形之人（如侏儒與巨人）才成為狂歡節的主角人物。原本那些神聖不可褻玩的教會話語、威儀不可侵犯的官方話語，不是被束之高閣，就是成為嘲諷與玩柄。一時之間，廣場空間充斥著毫無禁忌、自由自在，甚至淫言穢語的話語流動。正是這種容許雅／俗顛覆與交換的另類空間，讓巴赫金深刻地反思了文化生長與話語流動之間的密切關係。總之，狂歡節慶的廣場世界所呈現的流動身體與流動話語，一再突顯出文化轉型期的非結構、反系統活力。[115]

底下來看看，被巴赫金稱之為「怪誕現實主義」的拉伯雷著作，其廣場世界所呈現的流動身體與話語之怪誕圖像。首先巴赫金認為，拉伯雷所揭露的廣場形象和語言，來自一個長期被壓抑的民間源頭，那個被教會、官方，甚至正宗文學視為不登大雅之堂的「民間詼諧文化」，現在徹底反映在狂歡節慶的廣場生活中，而巴赫金更將之提高到世界觀來進行研究。巴赫金認為只有進行典範視域的轉變，鬆動先前預設的正典價值、正宗文藝等意識型態，才能以新視域進入此一「價值顛倒」的怪誕世界：

> 這種文化的規模和意義在中世紀和文藝復興時期都是巨大的。那時整個詼諧形式和表現的廣袤世界與教會和封建中世紀的官方和嚴肅文化相抗衡。這些多種多樣的詼諧形式和表現──狂歡節類型的廣場節慶活動、某些詼諧儀式和祭祀活動、小丑和傻瓜、巨人、侏儒和殘疾人、各種各樣

---

115 「狂歡節是一個沒有觀眾、沒有導演的自由平等的烏托邦，它嘲笑一切等級差異，頌揚平等、反常規、逆俗的婚姻和神靈的褻瀆。很顯然，在社會危機和文化斷裂的轉型期，狂歡節作為一種文化現象，以歡樂和創造性的盛大節慶的形式，來實現不同話語在權威話語遁隱的時刻的平等對話與交流。」劉康，《對話的喧聲──巴赫汀文化理論述評》，頁 17。

的江湖藝人、種類和數量繁多的戲仿體文學等等，它們都
具有一種共同的風格，都是統一而完整的民間詼諧文化、
狂歡節文化的一部分和一分子。[116]

　　從巴赫金將民間詼諧、狂歡文化的特質，歸納為：「各種儀
式演出形式」、「各種詼諧的語言作品」、「各種形式和體裁不拘的
廣場言語」這三點看來，[117] 最能體現狂歡文化的重點正在於：狂
歡儀式中的身體展演之形象，以及廣場話語現象和相關的詼諧文
字作品。前者便涉及本文所謂的「流動身體」，而後二者則都可
收納在「流動話語」的範圍。這裡所謂的「流動」至少有二義，
一是指它將官方／民間、教會（神聖）／庶人（俗世）、正典／
非正典等等雅上／俗下、中心／邊緣的價值階序，給予轉變、
位移甚至顛倒了；二是指它反映了一個流變不已的世界觀，在這
裡，一切人為設立的價值確定性都將被沖刷而生變化。由此可
見，所謂怪誕是因為它將既定穩固的身體型態和意識型態，給扭
曲和位移了。例如在嘉年華儀式的廣場空間中，真正的舞臺主角
是一連串平常被視為卑賤醜陋者、殘疾畸零人、浪遊藝人，如小
丑、傻瓜、巨人、侏儒、殘疾人、江湖藝人等等。而他們的儀態
與體貌大抵被視為「不入正典」，具有標準以外的變形特徵，現
在他們卻是啟動並帶來狂歡效（笑）果的主角，取代了象徵官方
威權與教會神聖的嚴肅樣板人物。同樣地，狂歡廣場的話語活
動，充斥各式罵話、賭咒、穢語，原本神聖而嚴肅的官方與教會
話語系統，不是被擱置了，就是淪為被嘲諷、戲仿的對象，一時
之間，節慶廣場盈滿了眾聲喧譁、不加修飾的俗言穢語。非常弔
詭地，狂歡文化和日常生活幾乎屬於兩個世界，而且彼此間還具

116　巴赫金著，李兆林、夏忠憲譯，《拉伯雷研究》，頁 4-5。
117　巴赫金著，李兆林、夏忠憲譯，《拉伯雷研究》，頁 5。

有顛倒效果，也正因為這種顛倒，所以更帶來荒謬與歡笑的釋放效果。而原本在日常世界諸多歸屬禁忌的話語和行為，卻在第二個另類的怪異空間裡得以大行其道。[118]

　　巴赫金藉研究拉伯雷之作，看出日常世界與節慶世界的文化異質性。因為前者屬於結構性的秩序世界，其系統的分類與安排方式，乃由官方與教會等權力機構所把持，並透過語言（二元）符碼來建立種種規則矩度，讓話語與身體在固定的活動空間中循規蹈矩。可見，日常生活是個井然有序的結構空間，人的話語和身體活動都有它成文或不成文、自覺或不自覺的矩度在規範，而人們的行住坐臥、言談語默之間，也會將這些規矩繩墨內化到身體與語言的潛行活動中，以便正常地和人們進行正軌的象徵交換。相對於日常空間的狂歡空間，它刻意顛倒了前者的結構網絡，使其暫時失效而釋放出原本被圈禁的身體與語言之禁忌能量，結果呈現出百無禁忌的轟然力道。可見，狂歡文化的核心特徵就在於超越「結構」後的「非結構性」。也由於「結構」帶來上／下、美／醜、聖／俗、官方／民間等等區分系統，因此「非結構」便具有解放後的一體、平等、交換、非分別等等烏托邦性質。[119] 換言之，狂歡文化的表面呈現劇烈的雅／俗價值顛倒之策

118　巴赫金甚至將這兩種不同看待世界、對待人與人的關係的雙重觀點，上溯自原始（宗教神話）人的經驗。巴赫金著，李兆林、夏忠憲譯，《拉伯雷研究》，頁 6-7。

119　「在狂歡節廣場上，支配一切的是人們之間不拘形迹地自由接觸的特殊形式，而在日常的，即非狂歡節的生活中，人們被不可逾越的等級、財產、職位、家庭和年齡差異的屏障所分割開來。在中世紀封建制度等級森嚴和人們日常生活中的階層、行會隔閡的背景下，人們之間這種不拘形迹的自由接觸，給人以格外強烈的感覺，它成為整個狂歡節世界感受的本質部分。人彷彿為了新型的、純綷的人類關係而再生。暫時不再相互疏遠。人回歸到了自身，並在人們之中感到自己是人。人類關係這種真正的人性，不只是想像或抽象思

略性，然而內核裡則企圖上達非二元性的一體、遊戲與自由。而這個非秩序、一體化、恍兮惚兮的廣場氣氛，則透露出流變的世界觀。

拉伯雷筆下的廣場狂歡，背後所示現的流變世界觀，巴赫金特別將其溯源回早期的農神節儀式，並指出其中具有「宇宙更新」的意涵：

> 狂歡節具有宇宙的性質，這是整個世界的一種特殊狀態，這是人人參與的世界的再生和更新。……人們把農神節想像成現實地和完全地（但也是暫時地）回到農神黃金時代的大地。農神節的傳統一直沒有中斷，並且保存在中世紀的狂歡節上。[120]

巴赫金將中世紀民間所遺留的狂歡文化，溯源自古代的農神節神話和儀式，也就是根源於春夏秋冬自然循環的宇宙大地。這便暗示出狂歡文化本不是出自基督宗教的世界觀，而是植根於原始多神宗教的自然循環、變形世界觀。[121] 而巴赫金這裡的說法，

考的對象，而是為現實所實現，並在活生生的感性物質的接觸中體驗到的。烏托邦理想的東西與現實的東西，在這種絕無僅有的狂歡節世界感受中暫時融為一體。人們之間的等級關係的這種理想上和現實上的暫時取消，在狂歡節廣場上形成一種在日常生活中不可能有的特殊類型的交往。在此也形成了廣場言語和廣場姿態的特殊形式，一種坦率和自由，不承認交往者之間的任何距離，擺脫了日常的禮儀規範的形式。形成了狂歡節廣場言語的特殊風格。」巴赫金著，李兆林、夏忠憲譯，《拉伯雷研究》，頁 12。

120 巴赫金著，李兆林、夏忠憲譯，《拉伯雷研究》，頁 8。

121 「這些形式，與儀式中含有詼諧成分的古代多神教農事型節慶活動，在起源上有著更為本質的聯繫……節慶活動永遠與時間有著本質性的關係。一定的和具體的自然（宇宙）時間、生物時間和歷史時間觀念永遠是它的基礎。同時，節慶活動在其歷史發展的所有階段上，都是與自然、社會和人生的危機、轉折關頭相聯繫的。死亡與再生、交替和更新的因素永遠是節慶世界感受的主

其實和伊利亞德看出上古原始宗教關於「年」的「永恆回歸」之神話儀式，其中農神祭的狂歡特點之「渾沌」性格，完全如出一轍。[122] 所謂宇宙更新便呈現出死亡與再生的循環一體性，而這種世界觀也就具現在廣場中的「正反同體性」的身體形象和話語活動上。例如廣場空間經常出現的毆打（身體展演）與辱罵（話語展演）等儀式性行為，巴赫金極有洞見地指出其中都蘊含有「死亡與新生」、「辱罵與讚美」這一體並生的怪誕現象：

> 在這裡，所有的毆打都具有廣義象徵的和雙重的意義：毆打同時既是殺害的，又是贈與新生命的；既是結束舊事物的，又是開始新事物的。因此整個情節滲透著如此放縱狂歡化的和狂熱的氣氛。[123]

> 辱罵，就是死亡，就是逝去的青春走向衰老，就是變成僵屍卻還活著的肉體。辱罵，這是擺在舊生活面前、擺在歷史上理應死去的事物面前的一面「喜劇的鏡子」。然而就在這個形象體系裡，緊跟著死亡之後的卻是復活，是新的一年，是新的青春、是新的春天。因此報答辱罵的是讚美。因此，辱罵跟讚美，這是兩位一體世界的兩面。[124]

> 拉伯雷的諸形象恰恰是定位於這樣一種在自身中包含著兩極的轉化時刻。施於舊世界的每一下打擊，都在幫助著新

導因素。」巴赫金著，李兆林、夏忠憲譯，《拉伯雷研究》，頁 10-11。

122　「它們仍保持了掃除規範的特點，而且以劇烈的方式演出價值顛倒（如主僕關係改變、如人被視同娼婦）與全面放縱，社會集體狂恣，總之，所有的形式都顛倒了，一切都返回源濛未判的一體。由初民狂恣的跡象看來，尤其在農耕時期的關鍵時刻（種子埋入土中時），我們更可確認『形式』（此處以種子表示）解體於土壤之中，與『社會形式』解體於放恣、渾沌中，兩者頗為一致。」伊利亞德著，楊儒賓譯，《宇宙與歷史——永恆回歸的神話》，頁 61。

123　巴赫金著，李兆林、夏忠憲譯，《拉伯雷研究》，頁 235。

124　巴赫金著，李兆林、夏忠憲譯，《拉伯雷研究》，頁 226。

世界的誕生；這就像是實行剖腹產，母親死了，而孩子得
救了。人們毆打和辱罵著正在生育著的舊世界。因此，辱
罵跟毆打就轉變成了節日的滑稽演出。[125]

狂歡儀式中的毆打與辱罵等活動情節，用巴赫金的概念說便
是「脫冕」動作，若用哲學概念說則近乎「解構」。不管是概念
或者動作，它們都象徵著舊事物、舊秩序的死亡，也就是重複再
三後的老套「結構」之崩毀。然而為了催動再生與更新，就必須
有顛覆、破壞舊結構的創造性暴力，而廣場上的儀式性毆打與辱
罵便象徵著創造性暴力。一般人多看到毆打與辱罵的荒誕與暴
力，卻少能從中看出它所孕育的創造與更新。[126] 而這種破壞與創
生的共構並生，才是巴赫金所以要歌頌狂歡文化的整體性：脫冕
與加冕、破壞與創造、死亡與新生等等「正反同體性」之連綿運
動，才能構成流動不已、生生不息的宇宙更新。

對巴赫金言，農神節背後的自然宇宙脈絡，本循著死亡
（冬）與再生（春）交互更替的圓型韻律，而圓型意象既代表流
動循環，也代表對立雙方的過渡融合，如此才造就了流動不息的
宇宙更生之大地狂歡。[127] 然而巴赫金卻能從農神節、狂歡節的宇

---

125 巴赫金著，李兆林、夏忠憲譯，《拉伯雷研究》，頁 236。

126 對巴赫金言，狂歡節中的行為與語言幾乎都具有兩面共在意義，可謂不勝枚
舉，隨意再提一例，如狂歡節普遍出現的「笑」，巴氏亦如此看：「這種笑是
雙重性的：它既是歡樂的、興奮的，同時也是譏笑的、冷嘲熱諷的，它既是
否定又肯定，既埋葬又再生。這就是狂歡式的笑。」巴赫金著，李兆林、夏忠
憲譯，《拉伯雷研究》，頁 14。

127 巴赫金注意到狂文化與羅馬農神節的關係，而哈里森更將農神節儀式的冬天
死亡／春天復活儀式，上溯自古希臘；並指出古希臘悲劇就是由促進農作
物增殖的春天節慶儀式之農神祭演變來的。參見〔英〕哈里森（Jane Ellen
Harrison）著，劉宗迪譯，《古代藝術與儀式》（北京：生活‧讀書‧新知三聯
書店，2008 年）。

宙更新模式中，體會出人文更新模式：只有對文化既定的結構，
進行「暫時性」的破壞與解構（脫冕），以釋放非結構的渾沌活
力（加冕），才能再度更新結構而帶來文化的持續生長與創造。
在巴赫金看來，狂文化之所以值得深入研究，正因為它透過廣場
儀式這一非日常空間，同時將「脫冕與加冕」的「正反同體性」
表現到淋漓盡致。

　　由此一來，才較能理解為何狂歡文化會出現那麼多所謂怪誕
形象與現象，因為在儀式期間，原本結構網絡所規定的分類關
係、範疇區分、價值階序，都暫時性地被解除。從而容許類別之
間的跨域拼貼、對話交融，結果便產生各式各樣恢恑憰怪的顛倒
舉措、荒唐言語：

> 這種世界感受與一切現成的、完成性的東西相敵對，與一
> 切妄想具有不可動搖性和永恆性的東西相敵對，為了表現
> 自己，它所要求的是動態的和變易的、閃爍不定的、變幻
> 無常的形式。狂歡節語言的一切形式和象徵都洋溢著交替
> 和更新的激情，充溢著對占統治地位的真理和權力的可笑
> 的相對性的意識。獨特的「逆向」、「相反」、「顛倒」的邏
> 輯，上下不斷易位、面部和臀部不斷易位的邏輯，各種形
> 式的戲仿和滑稽改編、降格、褻瀆、打諢式的加冕和脫
> 冕，對狂歡節語言說來，是很有代表性的。在一定程度上
> 來說，民間文化的第二種生活、第二個世界是作為對日常
> 生活，即非狂歡節生活的戲仿，是作為「顛倒的世界」而
> 建立的。[128]

　　也因為狂歡文化、廣場空間所開顯的是個「顛倒的世界」，
因此廣場舞臺充斥著非日常的主角與行為。例如各種侏儒、巨

128　巴赫金著，李兆林、夏忠憲譯，《拉伯雷研究》，頁 13。

人、愚人跛子等怪誕人物、拋糞澆尿等脫序行為、身體下部的突出現象、開生殖器玩笑、肉山酒海的宴飲、罵人賭咒發誓吆喝等直率語言、吹捧嘲諷戲謔等誇張話語。[129] 一連串低賤卑俗的價值居然取代了高貴雅正的教會與官方世界，可謂以最具戲劇性張力地表演出：脫冕神聖、精神、正典，加冕俗世、肉身、他者。也可說這是一個以「他者」為主角的新世界，原本被放逐在結構邊緣的次級事物，現在終於在這一「非結構性」的渾沌空間裡（沒有中心與邊緣）都浮遊出來。由這些怪誕人事物所重新組構的第二種「暫時性」生活，便是一個「破壞與創造」異體同生的流動、變形世界。然而對巴赫金而言，正如狂歡儀式的更新精神可上溯自希臘羅馬的春耕農神節慶，而狂歡文化的身體怪誕風格，也可再上溯於原初神話的變形世界觀：

> 怪誕這個術語，首先是在文藝復興時期出現的，但最初僅取其狹義。十五世紀末，在羅馬發掘狄圖公共浴室的地下部分時，發現了一種前所未見的羅馬時期的繪畫裝飾圖案。這種裝飾圖案，意大利語稱為 "La grottesca"，出自意大利語 "grotta" 一詞，即岩洞、地下之義。……新發現的這種羅馬裝飾圖案以其植物、動物和人的形體的奇異、荒誕和自由的組合變化而使當時的人們震驚，這些形體相互轉化，彷彿相互產生似的。沒有一般圖畫世界裡把這些「自然王國」分隔開的那些明顯的、因循的界限：在這裡，在怪誕風格中，這些界限都被大膽打破了。在對現實的描繪中也沒有習見的靜止感：運動不再是現成的、穩定的世界上植物和動物的現成的形式的運動，而變成了存在本身的內在運動，這種運動表現了在存在的永遠非現成性中一種形式向另一種形式的轉化。在這種裝飾圖案的組合

---

129 巴赫金著，李兆林、夏忠憲譯，《拉伯雷研究》，頁 164-224。

變化中，可以感覺到藝術想像力的異常自由和輕靈，而且
這種自由使人感覺到是一種快活的、幾近嬉笑的隨心所
欲。[130]

巴赫金這裡的追溯：從文藝復興時期的怪誕說，追溯到羅馬
浴堂挖掘的飾畫，而飾畫的意大利語 La grottesca，乃是穴洞地
下之義。再加上這種飾圖的形象為「植物、動物、人體的奇異、
荒誕、自由的組合變化」看來，它無疑就是指上古神話儀式場景
中的岩畫，或者至少和岩畫類似之圖騰形象。由本文第一節討論
可知，岩畫中的巫術神話之身體觀，乃呈現動植神人拼貼疊合的
變形世界，即神話那一交感與流動世界觀，直接彰顯在充滿力量
而歡怡的變形身體上。因此巴赫金極為精準地看出這種洞穴岩畫
中的體態，其怪誕正在於它跨越了一般（科學式）的自然分類學
之因果知識綱目，形體之間彷彿有一種更大更內在的力量，將不
同物類之形體統合為一，甚至使其彼此間產生互相轉化，而構成
一沒有界限的流動世界。而這種身體拼貼、變形所運動而成的流
動感，除了帶給人們感官知覺的怡悅外，也興發人們自由想像的
創造力。由巴赫金見來，民間狂歡文化的怪誕身體風格，正是原
始宗教的變形神話之流風遺俗。[131]

130　巴赫金著，李兆林、夏忠憲譯，《拉伯雷研究》，頁 38。

131　巴赫金的這個主張實和宗教史家伊利亞德看法一致，伊利亞德亦注意到文藝
復興時期對煉金術的興趣，實揭示出他們對「原始」啟示的渴望，亦即對神
話般宗教的渴望；而他亦指出這種異教式、巫術式、神話式思維，在基督教
成為主導宗教時，也一直保存在民間習俗之中。參見伊利亞德著，宋立道、
魯奇譯，《神祕主義、巫術與文化風尚》（北京：光明日報出版社，1990 年），
頁 75-78、97-107。而伊利亞德在《聖與俗──宗教的本質》也提到歐洲上層
的基督教傳統之下，農村社會的民間傳說、習俗、信仰還保留了上古時期的
宗教神話遺產，甚至部分融入到基督教中。參見伊利亞德著，楊素娥譯，《聖
與俗──宗教的本質》，頁 204-205。

五、結論：《莊子》與巴赫金對文化的批判與更新——脫冕與加冕的帽子戲法

　　巴赫金上述對洞穴岩畫的身體形象之觀察，和本文第一節對巫術神話的流動身體與變形世界之分析，頗為契合。而本章第二節亦曾分析《山海經》的泛靈世界和怪誕身體，實為《莊子》氣化流行與支離身體的思想源頭。而巴赫金則以異於基督教的巫術神話之岩畫變形，來作為拉伯雷狂歡文化與怪誕身體的活水源頭。本文還指出商代神話、巫術活動，在周代理性化、禮制化過程中，逐漸邊緣化而潛伏在俗民生活中，這股相對較少受到雅層貴族的禮教規訓之質樸率真，《莊子》透過百工技藝的庶民身體而重新揭露它們的活力。而巴赫金藉由拉伯雷所發現的狂歡文化，正是源自底層庶民的民間文化，它也是早期農神節神話儀式在民俗生活中的遺緒。看來，莊周和巴赫金都曾在原始神話與庶民生活中，汲取靈感與活力，原因無它，神話與庶民相對處於禮文規訓的邊緣，因此保有更多踰越結構、超越系統的野性思維與身體動力。

　　然而《莊子》和巴赫金的雅／俗顛覆，只是策略而不是目的，兩者都不主張以「非結構」（非分別）來直接取代「結構」（分別），而是要以「非結構」來批判、治療、調節、活化「結構」。因此「非結構」所帶來的混沌無序、一體難分，終是「暫時性」的。若以《莊子》的莊周夢蝶這一襲用變形神話的寓言來解說，周夢蝶時的：「不知周」（我中有你）、「不知蝶」（你中有我）的一體無分狀態，乃是「夢空間」（類似狂歡儀式的另類空間）所造就的「暫時性」冥合狀態；然而莊周畢竟要回到「俄然覺」的日常空間，此時便又回歸物我有分的「物化」之境：「周

與胡蝶，則必有分矣。此之謂物化。」[132] 然而「物化」雖是已回歸物我有分的分別界，但此時卻已然將「非分別」、「非結構」的一體感通之活力，給重新融入人我有分、物我有別的日常世界中，使其統貫為「非分別的分別」、「分別的無分別」之綜合狀態。換言之，「非分別」之踰越結構的活力，已融入有物、有別的結構之中，使其雖有結構卻能保持轉動與變化。因此，關鍵所在便在於「化」。同樣地，巴赫金的文化理論本不在以廣場狂歡直接取代日常生活，它旨在強調狂文化那種「死亡與再生」同體並生的更新活力，所以狂歡節慶帶來的顛覆與解放，終究是「暫時性」的，人們終要從廣場的非常空間，再度回歸到日常空間來生活。然而巴赫金卻從這種異教遺俗、民間生活的儀式實踐中，看出日常世界與狂歡世界這兩重文化體驗的張力，同時也看到其間的調節與互補，因此特別從轉型期的眾聲喧譁現象，提煉出綜合狂歡文化與日常生活的文化理論，並將此文化更新理論溯源於宇宙更新的世界觀。在筆者看來，莊周與巴赫金無疑都認為文化的生長，必得不斷進行更新變化，而這個力量通常不會來自結構的「同一性重複」，反而來自越出結構外的混沌之力。正是這股非形式、無秩序的混沌之流，才能重新注入活水，讓已然擱淺在結構網絡中的陸魚，重得潤澤。[133]

　　他們兩者都強調，文化要重新復得自由活力之道，必得循環性地解構網羅，使得海闊天空而鳶飛魚躍。然而人類文化既不能離開語言符碼，便意味著不可能完全沒有網絡，因此拆除網羅

132　莊周著，郭慶藩輯，〈齊物論〉，《莊子集釋》，頁 112。

133　這個說法轉譯自「魚相忘於江湖」的隱喻：「泉涸，魚相與處於陸，相呴以濕，相濡以沫，不如相忘於江湖。與其譽堯而非桀也，不如兩忘而化其道。」莊周著，郭慶藩輯，〈大宗師〉，《莊子集釋》，頁 242。

之說，並不是、也不可能永久性地否定結構秩序，而只能是暫時性的儀式調節，或者內在性的自我平衡。暫時性調節就如狂歡儀式之設計乃屬於循環性、季節性，藉此來調和、釋放日常網絡的僵化與暴力。內在性平衡才是莊周與巴赫金所企圖採取的文化更新主張，即將混沌之流融入形式網絡中，將非結構融入結構，將無分別融入分別，如此才能達到結構與非結構互為內元的動態平衡。若以〈養生主〉的隱喻來說，那便是庖丁解牛的身體姿態，那種在錯綜複雜的牛體結構和系統之中，依然能進行「無厚入有閒」的「遊刃有餘」之自由與活力，以完成「入遊其樊而無感其名」的創造性綜合。

就是上述那種流變世界觀所帶出的「死亡與再生」之宇宙更新模式，使得巴赫金從拉伯雷著作中，找到極為豐富的顛覆策略。由於篇幅限制，本文無法詳述巴赫金筆下琳瑯滿目的戲仿手段，但其近乎百科全書式的狂文化現象鋪排中，可以歸納出底下的關鍵形象和基本語彙，以作為總覽巴氏文化理論的基本櫥窗。這些顛覆策略表現出下述這一系列的精神風貌：

非官方、非宗教、非雅正、詼諧、嘲諷、戲擬、吹噓誇大。戲仿神聖、顛倒神聖、肢解神聖、貶低陰森的威嚴、滑稽改編福音書、對《聖經》教條的狂歡化脫冕、解構世界末日的嚴肅預言為諷刺摹擬預言的歡快輕盈。非二元性、正反同體、罵人與讚美的一體性、脫冕與加冕的一體性、吞食與誕生的大地之腹、狂歡化的死生一體性、宰牲和生育的戲劇性結合。坦白的、發笑的、顛倒的、喜劇的、自由的、不拘形式。口語化敘述、變動不居的動感言語、不存在客觀的中性詞。真理歡快的肉體化、歡笑的治療、下體形象、宴飲形象、烏托邦盛宴、世界盛宴、無拘無束的宴席話語、性器身體、深刻的樂觀主義、世界物質化和肉體化。

破壞規則等級、狂歡化的逆轉、五花八門的遊戲、回歸渾沌無序之自由、隨心所欲、娛樂胡鬧。一系列滑稽性、怪誕性的他者型人事物，如妓女、瘋子、小丑、魔鬼、異教諸神、穢物尿屎等等，層出不窮。上述層層疊疊的狂文化現象，其實萬變不離其宗，都是為了顛覆「雅／俗」二元對立的僵化意識型態，再則彰顯「破壞與創造」的同體性、流動性原理。

類似巴赫金的顛覆形象，《莊子》對周文的批判反思，也和流動身體與流動話語的解放有關。因為周文結構的意識型態之僵化最容易具體化在身體與語言的活動上，因此對周文的價值神話之解構，便也要歷經一番身體與語言的雅／俗顛覆策略，這也使得《莊子》出現可觀的「他者」書寫。那些卑賤者（醜者、兀者、殘疾人、臭皮匠）居然都躍上舞臺中央，並將君王、高官、雅士給一一比了下去，成為新價值、新福音（老莊之道）的體現者、傳道者。若從巴赫金的眼光看來，《莊子》顯然也充斥著嘲諷戲仿的策略，處處進行著「脫冕／加冕」的戲法。

例如容易被視為高高在上的形上、神聖之道，在《莊子》筆下，亦被層層下降為「在螻蟻」、「在稊稗」、「在瓦甓」之中，最後甚至「在屎溺」之中。[134] 這可視為「道（形上）」的脫冕與「物（形下）」的加冕，而使得老莊之「道」「無乎逃物」，以達致「即物即道」的肉身化效果，這可視為《莊子》將超越之道落實（脫冕）為自然大地的顛倒戲法（加冕）。又如《莊子》一再出現向來被歸為儒家道統的文化英雄，如黃帝、堯、舜、禹、湯、文、武、周公、孔子、顏回等等重要典範人物，但他們在《莊子》這一帶有狂歡性質的文本世界裡，卻不再以儒家聖王與

134　莊周著，郭慶藩輯，〈知北遊〉，《莊子集釋》，頁 749-750。

聖者的正典形象出現，反而或轉為被戲諷的對象，或呈現謙卑的求道者形象，而重新問道於「無為謂」、「老聃」這一類或虛或實的道家真人，此舉亦表現出：脫冕儒家／加冕道家的帽子戲法，以便重新打開儒／道文化論述的新式對話空間。又如我們也一再看到《莊子》文本出現一系列「雅／俗」對照的人物群組，其中一組如：齊桓公、魯哀公、文惠君、子產一系列位高權重、雅正君子，另外一組如：甕𦪝大癭、哀駘它、庖丁、申徒嘉這一類醜陋、畸零、支離、百工等低賤俗民；《莊子》通過這種雅／俗的二元對照，卻呈現出價值反轉、活力對調的意外效果，此舉也可視為操作了：脫冕雅正／加冕通俗、脫冕禮文／加冕質樸的顛倒策略。至於類似這種解構禮制規訓的普遍有效性之神話，〈逍遙遊〉曾透過一則極簡要的寓言：「宋人資章甫而適諸越，越人斷髮文身，無所用之」，[135] 便加以顛覆了。宋人原以為他的禮教冠帽適用於普天之下，無奈「斷髮文身」的原始越人，完全不適用於這套文化結構，反而令這個文化商人虧了一筆。《莊子》運用這個冠帽寓言，無疑精采地表演了脫冕禮教身體／加冕野性身體的幽默戲法。

　　同樣地，價值的顛覆與重估，也是《莊子》最常見的手法。例如〈人間世〉記載顏回義正嚴辭地欲前往救衛，行前往見孔子。而《莊子》虛擬孔子之口所說的內容，無疑對顏回心中所想、口中所說的「理想正義」打了很大折扣（本承繼歷史中的孔子思想而來），這亦可視為《莊子》對儒家外王實踐的「理想正義」之脫冕。然《莊子》雖意不在全盤否定儒家的政治關懷，但卻也要反思理想背後的「複雜性」，因為理想心態、正義口號，

135　莊周著，郭慶藩輯，〈逍遙遊〉，《莊子集釋》，頁 31。

也可能挾藏著名利、權位的私心於其中而難察。何況不通人性幽微與權力邏輯的糾纏，也只會惹來災人之名、殺身之禍。換言之，《莊子》假扮的孔子來潑顏回一盆冷水，無疑是要對自以為純粹理想卻不通人心人氣的儒者型知識分子，進行絕對正義的脫冕。其後，《莊子》又假戲仿孔子之口，要顏回一步步進行「虛心」「聽氣」的心齋工夫（此類似〈大宗師〉忘仁義，忘禮樂的坐忘工夫），以找回「虛室生白，吉祥止止」的照見之心。這乃可視為：對自居正義的想當然爾心態之脫冕，對冷靜觀照人心、善察時勢的加冕。由此看來，這也是為了在儒家型的知識分子之外，思考另類知識分子之姿態，而如此一脫冕、一加冕之間，儒道對話又重新設定了新模式。

其他諸如，《莊子》出現一系列顛覆「悅生／惡死」的常人定見，有時故意將其顛倒為「生是苦役，死是安息」的新景觀，而最後則要揭露「死生一條」、「死生一貫」的新價值。它這種脫冕「貪生怕死」、加冕「死生無變於己」的主張，無疑是要超越死生斷裂的二元論，以契入死生連環無端的一元整體。然這可視為回應神話變形世界背後的宇宙更新、自然循環的世界觀。又如《莊子》雖在概念上繼承《老子》「美之為美，斯惡已」的觀點，但更要將這組二元概念之辯證化為顛覆策略，所以它既大開傳聞中歷史美女們的玩笑，而有所謂「沉魚落雁」之譏：「毛嬙麗姬，人之所美也；魚見之深入，鳥見之高飛，麋鹿見之決驟」，[136] 又要逆行倒施地吹捧那些支離疏式的醜怪人物之無窮魅力。最後，更在這種脫冕美麗／加冕醜怪的反轉策略下，進一步宣揚「厲與西施，恢恑憰怪，道通為一」的新福音，亦即我們

136　莊周著，郭慶藩輯，〈齊物論〉，《莊子集釋》，頁 93。

必須在二元對立的美／醜標籤之外，試著欣賞萬有體態的自身之美。在〈齊物論〉筆下，美未必真美，醜未必真醜，甚至美可以是醜，醜可以是美；〈齊物論〉也以同樣的弔詭手法，讓空間的小／大、時間的長／短，也被倒轉為相對論，因此小可以是大，大可以是小：「天下莫大於秋毫之末，而大山為小；莫壽於殤子，而彭祖為夭。」[137] 而如此脫冕大小、長短的絕對論成見，《莊子》無非要我們培養「天地與我並生，而萬物與我為一」的「非二元論」胸襟。所謂非二元論胸襟，是指所有觀點都預設著背後視角，而語言視角向來被成心成見所規定，因此要善於反思「自我觀之」的一端偏見，然後暫時擱置中心主義的絕對自我視域，才能設身處地站在他者觀點想像另外視域和感受，如此感同身受於他者的傾聽（虛）狀態，便是能和天地萬物相親近、相貼合的「齊物」胸襟。由此看來，《莊子》無非是要人們對「人類中心主義」進行脫冕，對「自然萬物平齊」進行加冕。

　　由上可知，莊周和巴赫金在「脫冕與加冕」的帽子戲法中，樂此不疲地進行其顛覆與創造之流動，而宇宙更新如是，文化更新依然。而莊周與巴赫金兩人正在這「結構與非結構」同體並生、互為內元的文化更新中，超越古今地旦暮相遇了。

（本文發表於《臺大文史哲學報》第 77 期，2012 年 11 月；
　　　　　　　　　　　　　　　　　　後經增補改寫）

137　莊周著，郭慶藩輯，〈齊物論〉，《莊子集釋》，頁 79。

第六章

莊子與羅蘭・巴特的旦暮相遇——
語言、權力、遊戲、歡怡

一、前言:巴特〈法蘭西就職講演〉與莊子〈齊物論〉的旦暮之遇

　　1977 年羅蘭・巴特(Roland Barthes)因傅柯的推薦,接下法國最高學術桂冠的榮譽講座,曾發表一場〈法蘭西學院文學符號學講座就職講演〉(以下簡稱〈法蘭西就職講演〉)。[1] 這篇講稿意義非凡,因巴特死於 1980 年一場「偶發事件」,[2] 三、四年前這場學術聖殿的演講,是他晚期一連串最重要的文本(texte)實踐都近乎完成後,[3] 既站在個人智慧的頂峰,又被推向公共榮

1　巴特於 1976 年擔任講座,而 1977 年發表〈法蘭西學院文學符號學講座就職講演〉,法文版於 1978 年正式刊於巴黎色伊出版社。本文使用的中文譯本收於羅蘭・巴特著,李幼蒸譯,《寫作的零度》,頁 3-23。

2　1980 年 2 月某日午後,巴特穿越法蘭西學院大街時,車禍而逝。斯人也,斯疾也,帶給人們頗為斷裂破碎的荒謬感,然又應驗了巴特所歌頌的「偶發事件」,那俳句式的片段人生:「成為在人生之頁、語言之網上面飛快一觸而留下的一個淡淡的皺痕。」看似荒謬的死亡印證了生命不可預期的非邏輯。關於巴特的死與生平簡介,參見羅蘭・巴特著,莫渝譯,〈冰冷解剖刀下的香芬〉,《偶發事件》(臺北:桂冠圖書,2004 年),頁 i-xvii。另參見羅蘭・巴特著,孫乃修譯,〈偶發事件〉,《符號禪意東洋風》(臺北:臺灣商務印書館,1994 年),頁 114。

3　《S/Z》(*S/Z*)完成於 1970 年,《符號禪意東洋風》(*L'Empire des Signes*)1970 年,《文之悅》(*Le Plaisir du Texte*)1973 年,《羅蘭・巴特論羅蘭・巴特》(*Roland Barthes par Roland Barthes*)1975 年,《戀人絮語》(*Fragments d'un*

耀的殿堂，所發表的一場圓熟思想的夫子自道、晚年定論。對巴
特學思歷程不陌生者都知道，他歷經從結構主義到後結構主義
的根本轉向，⁴ 晚期時時批評結構主義所依恃的二元對立原則，徹
底轉入「歡怡／陶醉」（plaisir / jouissance）這一存在性的欲望寫
作，轉向帶給他的寫作實踐朝向格言、片斷、即興式、非連續性
的書寫風格，其中既保持最真實的歡怡流動，也為了對語言結構
的權力支配進行永不休歇的抗拒。因此在晚期著作中，除了某些
訪問稿外，不容易看到夫子自道，⁵ 而訪問稿對話也大都點到為
止、刻意不落剖析；⁶ 因此，〈法蘭西就職講演〉這種現身自道、
採用分析方式娓娓道來的文稿，在後期著作中便顯珍貴，它讓我
們得以較精確地來把握晚年巴特神龍首尾難見的主張。

　　因此本文將以〈法蘭西就職講演〉作為論述骨幹，由此來收
攝巴特那片斷紛紛、靈光閃閃的思想；另外將對照〈齊物論〉觀
點，並契會於《莊子》的哲思精華，希望經由東西哲人、古今文
本的互文性（intertextuality）會面，產生創造性的對話效果。正
如〈齊物論〉期許：「萬世之後而遇一大聖，知其解者，是旦暮

---

discours amoureux）1977 年。這些都是他晚期成熟思想落實為文本實踐的代表
著作。

4　以作品來說，《S/Z》正是巴特轉向的關鍵時期之著作，開啟一個從全面科學到
　　全面質疑的轉向。參見〔美〕卡勒爾（Jonathan Culler）著，方謙譯，《羅蘭‧
　　巴特》（臺北：桂冠圖書，2001 年），頁 65-73。

5　《羅蘭‧巴特論羅蘭‧巴特》這一看似自傳式的夫子自道著作，實為解構主體的
　　片段書寫，巴特在書中的形象，恍兮惚兮、流動漂浮而不定於一尊。參見林志
　　明，〈書寫‧想像‧自我：有關 RB〉，收在羅蘭‧巴特著，劉森堯譯，《羅蘭‧
　　巴特論羅蘭‧巴特》（臺北：桂冠圖書，2002 年），頁 i-xviii。

6　巴特的訪問稿內容琳瑯滿目，是理解巴特思想極好的參考資料，參見羅蘭‧巴
　　特著，劉森堯譯，《羅蘭‧巴特訪談錄》（臺北：桂冠圖書，2004 年）。

遇之也。」[7] 莊周可謂透過書寫期待來日的知音。而作為莊周文本
和巴特文本的讀者之我，從中看到兩人超越時空而「旦暮遇之」
的相契之美、歡怡之樂，因此嘗試為文呈現此默會契合的內容。
在筆者看來，〈法蘭西就職講演〉和〈齊物論〉之相會，交光互
映，大有莫逆於心、相視而笑的古今中法的互文效果。底下嘗試
一一分解，然為盡量達到對話效果，本文採巴特與莊子觀點層疊
互見的方式來進行。

二、巴特要的是快樂而非榮譽：語言、權力、主體的網羅與逃逸

　　〈法蘭西就職講演〉一開場，巴特真誠、自信又具挑釁性地
點出，他接受講座主要理由不在「榮譽」而在於「快樂」；且這
座由科學嚴格性要求所建造的學術大廈，和自己向來的隨筆文
字、含混文體、反常規寫作，似乎顯得格格不入。講座雖有「符
號學」之名，但已非先前結構主義階段的意義，因此重新正名為
「文學符號學」。[8] 巴特曾極度著迷科學符號學，但很快便轉向後
結構主義階段的文學符號學，並終其一生將熱情傾注其中，或者
說，投入文學符號學才帶給他不斷更新的活力，這源泉滾滾的
活力便是他極為在乎的快樂洋溢。[9] 於是他敢於當著滿座碩學鴻

7　莊周著，郭慶藩輯，〈齊物論〉，《莊子集釋》，頁 105。

8　前期結構主義階段以底下著作為代表：《符號學原理》（*Éléments de sémiologie*）
　　1965 年，《批評與真實》（*Critique et Verite*）1966 年，《流行體系》（*Système de
　　la mode*）1967 年。又如蘇珊‧桑塔格（Susan Sontag）一針見血的評論：「儘
　　管他對有關記號和結構主義的這門未來可能成立的學科有過突出貢獻，他一生
　　活動的精華所在仍然是文學性的。」蘇珊‧桑塔格，〈寫作本身──論羅蘭‧巴
　　特〉，羅蘭‧巴特著，李幼蒸譯，《寫作的零度》，頁 216。

9　〈愛上一個概念〉提到：「有一陣子，他對二元對立很著迷；二元對立成為他熱

儒，直見性命地宣言：「榮譽可以名實不符，快樂則表裡如一。」[10]

　　巴特是快樂（享樂）主義者，追求純粹的快樂、偶發的樂趣、寫作的歡醉。[11]正如他曾以夫子自道的口吻說：「享樂主義者（他自認為如此）想要全然的舒適狀態……這種舒適純屬個人，我們稱之為：愜意。愜意有其理論上的尊貴，而且亦有其倫理學上的力量：甚至在歡悅之中，也自願放棄英雄主義。」[12]英雄主義的自願放棄便是對榮譽的超然，而愜意歡悅之樂既是純粹忠於自己的享樂，又具有理論上的尊貴和倫理學的力量。所謂理論的尊貴、倫理的力量，一言以蔽之，便是對於語言、權力、主體的網羅之逃逸，以從中生發出自由與快樂的統合。底下便來分析其深刻的快樂內涵，以及它是如何可能。

　　然而，快樂容易被淺讀為物欲享樂而聲名狼藉：「享樂主義，一般人認為是『不好的』，這當然是一種誤解，大家以貶

愛的對象。他不眠不休一頭栽進這個概念裡頭。……把他帶離符號學的，首先是愉悅（jouissance）的原則：放棄二元對立的符號學再也引不起他的興趣。」收在羅蘭‧巴特著，劉森堯譯，《羅蘭‧巴特論羅蘭‧巴特》，頁61-62。劉森堯大多時候是將Jouissance譯為「享受」，而屠友祥則將其譯為「醉」，筆者暫時順此而將其譯解為「陶醉」，以對比於Plaisir譯為「歡怡」。

10　羅蘭‧巴特著，李幼蒸譯，〈法蘭西就職講演〉，《寫作的零度》，頁3。

11　巴特在法蘭西學院就職講演所提及的「快樂」，不僅止於憶起米歇萊、瓦萊里、梅洛龐蒂、傅柯等人而有的單純快樂，雖然憶念這些風範人物確實也帶給他快樂，但更深層的快樂在於「權勢」的批判與踰越。因為「榮譽」、「權勢」的滿足，來自於主體我的自戀，巴特又稱之形容詞的定名迷戀，而他真正要的快樂（有時又稱為享樂、愜意、歡悅）乃涉及權力、語言的解放踰越，換言之，這種快樂確實隱含一種既是美學又是批判的「另類主體」，這種「另類主體」（非同一性主體）乃可能統合自由和快樂。正如巴特所言：「有關『歡愉』這個字的重新再現，我將之歸諸於人類主體之再探索的可能性。」羅蘭‧巴特著，劉森堯譯，《羅蘭‧巴特訪談錄》，頁262。對此底下將申論細節。

12　羅蘭‧巴特著，劉森堯譯，〈愜意〉，《羅蘭‧巴特論羅蘭‧巴特》，頁50。

義的方式來看待這個字眼，真是不幸！」。[13] 就像他曾喊出「我們要敢於懶惰」，其「懶惰」也容易被淺讀為一般的偷懶。事實上，巴特意味的懶惰帶有高度的自覺和哲學性，是面對西方現代性文明的強迫症而轉向東方式「無為」的美學身心，它淡化了自戀、驕傲、造作、有為的強力意志，走向淡泊寧靜的悠閒、任運的無我狀態，所以巴特將他所謂最高哲學意義的懶惰，視為契於禪宗的任運、道家的無為逍遙心地。[14]

　　同樣，巴特嚮往的快樂也不可等閒視之。[15] 榮譽常常名實不符，因為它來自外在他人的肯定，是社會性自我（social ego）的滿足，甚至是超我（super ego）的競逐，而虛榮的實現卻常常犧

13　羅蘭‧巴特著，劉森堯譯，《羅蘭‧巴特訪談錄》，頁 333。

14　「有一首禪詩，很簡單，卻令我著迷不已，這首詩說明了我所嚮往的懶惰境界：靜靜坐著什麼都不做，看著春天來了，草慢慢長了出來。這首詩譯成法文之後，形成為很有味道的一種錯格形式，一種語法結構上的斷裂，這裡的主體並不是靜靜坐著的人，也不是春天，這種結構上的斷裂指出了懶惰的狀態，主體的位置被剝奪了，我們看不到『我』的位置，這是真正的懶惰，在這樣的時刻裡，已經沒必要說出『我』的存在了。」「我說過『做什麼才好』，這正是形成我們生活中思慮重重的經緯，好比佛家所說的『業障』，也就是說，有許多的因會不斷促使我們去行動和去反應，煩惱因此而孳生。『業障』的相反是『涅槃』，一個人如果不時為『業障』所苦，那麼他可以期待並追求『涅槃』，懶惰因此也可以說採取了一種空無的姿態。真正的懶惰在本質上是一種『不作決定』的懶惰，是一種『在那裡』的懶惰……既不參與，也不離開，就是『在那裡』。……我認為道家思想中即存在有一種『什麼都不做』的懶惰哲學，亦即所謂的無為。」羅蘭‧巴特著，劉森堯譯，〈我們敢於疏懶〉，收在《羅蘭‧巴特訪談錄》，頁 436、437。另參見拙文，〈論道家的逍遙美學——與羅蘭‧巴特的懶惰哲學之對話〉，《當代新道家——多音複調與視域融合》，頁 173-223。

15　蘇珊‧桑塔格對巴特的研究中，亦一再注意到巴特對快樂的熱情關注、對藝術具有的快樂性之強調，並看出巴特用業餘愛好來對治專業偏執的快樂用心：「巴特在自己晚期的著作中不斷否認人們強加於他的體系建立者、權威、導師、專家等等似是而非的庸俗稱號，以便為自己保留享受歡娛的特權和自由。」蘇珊‧桑塔格，〈巴特研究〉，羅蘭‧巴特著，李幼蒸譯，《寫作的零度》，頁 218。

牲本真的生命律動。用巴特的概念說，榮譽是一種「形容詞」的滿足，挾帶太多自戀成分，人在其中總被定名所限、虛名所掩，苦而不覺。能高度自我覺察的巴特則相當不同：

> 他無法忍受自己的意象，他為被定名所苦。他認為人類之間的完美關係，定位在這個意象的空隙之間：抹除人與人之間的形容詞。受形容作用的關係來自意象、來自統馭、以及死亡。（在摩洛哥，他們顯然對我一無所知，我以一個好西方人的姿態做這個或做那個，他們卻毫無反應：這個或那個完全沒有形容詞的修飾，他們不知如何來評論我，他們拒絕餵養我或誇獎我的想像。）[16]

「他」之代名，表示巴特能使自戀之「我」成為被觀照的客體，照見為名所苦的社會性自我。人莫不熱衷於追求榮譽、搜集種種形容詞標籤，巴特卻在這裡看到語言的控制（定名所苦）和主體的膨脹（我的想像）。一旦脫離社會性眼光的評判枷鎖，來到異文化的摩洛哥，反而得其本真的樸實與自由。離開窺視之眼來到摩洛哥的無名之「我」，由於暫時抖落符號支配，反而比較能以自身本然（The Self）的姿態現身。換言之，對比於名實不符的榮譽，表裡如一的快樂是一種特殊的（非）主體狀態，它和語言的關係解放了定名占有而餘下「空隙」，這種「留白」的快樂便同時具有「本真」（表裡如一）和「自由」（超越評價）意味。

看來，要深度理解巴特的快樂，必得和他對主體、語言的批判連接起來（兩者又和權力批判鏈結為一）。身為後結構主義潮流的巨匠，可想而知，他對西方現代性預設「主體」具同一

16　羅蘭・巴特著，劉森堯譯，〈形容詞〉，《羅蘭・巴特論羅蘭・巴特》，頁49。

性、穩定性的本質主義（essentialism），必然懷疑甚深，[17] 晚年名著《羅蘭・巴特論羅蘭・巴特》便是明證。這本精采絕倫的怪異之書，書名看似一般自傳體文本，實剛好相反，它是一本徹底解構自傳的另類「非我」之片段文本；在這裡，看不到直線型的時間敘事和因果線索，看不到作者自我的統一名稱，只是不斷上演「唯名無實」的片片意象，四種主詞不斷代換——他、您、我、R. B.——而敘事的觀看視域也就隨之不停轉換，彷彿「我」不斷分裂成不連續又不可名狀的偶發片斷之流。於此看到的只是「羅蘭・巴特」這個符號不斷分裂延異成一個特異的文本。文本的斷裂、片段式書寫，讓我們看到多重意象的巴特身影，某一方面

17　本文所使用的主體同一性，是在後結構主義的脈絡下使用，換言之，晚期巴特作為後結構主義者，由於洞識到主體是透過語言的歷史所構作出來的效果，因此主體雖有其歷史系譜性和作用效果，卻從來不存在一種先驗本質的主體。在流變與差異的原則之下，主體最多只能是「差異的重複」之裂變現象：「我們今天談到一個分裂的主體時……這是一種繞射，在投擲中散落開來，不再存在主要核心部分，亦不再存在意義的結構：我並不自我矛盾，我是離散。」羅蘭・巴特著，劉森堯譯，〈分裂人格〉，《羅蘭・巴特論羅蘭・巴特》，頁182。換言之，「同一」是對比著「差異」來說的，肯定主體的差異之流，便不可能主張有所謂主體的同一性或同一性的主體。而後結構主義的另類主體觀，確實也可以和佛教「五蘊無我」、「緣起性空」的「去我執」併觀對話，因為佛教也認為在無常變化的緣起觀之下，所謂實體自性的我見根本是被「名言種子」、「隨名起執」所構作出來的虛妄，亦即佛教破除主體自性以趨向滅苦解脫。但是後結構主義和佛教雖有類似的主體觀點，然並不意味兩者是同一種價值思維，而本文亦不涉及後結構主義和佛教的關係討論。雖然巴特對禪宗與東方一再表示心領神會的欣賞：「在西方，鏡子從其本質來說乃是一個自戀之物：人們只是為了端詳自己才想出要製造出一面鏡子；但是在東方，鏡子顯然是空靈的，它是那些符號的那種空靈性的象徵（一位道家大師說道：『聖人之心有如鏡，不攝物亦不斥物，它受而不留。』）：這面鏡子只是截取其他鏡子的影像，而且這種無限反射本身就是空（我們知道空即是色）。因此俳句把我們從未碰到過的那種事物提示給我們；我們從中認出一個沒有來源的複製品，一個沒有原因的事件，一個沒有主體的回憶，一種沒有憑藉物的語言。」羅蘭・巴特著，孫乃修譯，《符號禪意東洋風》，頁115-116。

看，巴特意象乃千處祈求千處現，另一方面巴特實如水月空花般唯名無實，「我」融化為各式差異的情緒之流、回憶之流、觀念之流。

《羅蘭‧巴特論羅蘭‧巴特》實為自我解構、解構自我的拼貼文本，正是後結構主義者巴特對自我、主體觀的典型反映。一言蔽之，主體並非穩定不變的實體，不可能具有同一性本質，自我注定在不斷流變的交換中，走向分裂和差異。然而對巴特言，這樣的主體自我觀並不墮入虛無主義，反而引發了自由和創造的可能。

而語言呢？語言面對流動不息的生命之流，為使它暫立而給予命名，結果卻因「名以定形」的慣習和權力，終於湮沒「一切皆流」的實相，產生出實體自性的同一、本質之錯覺與虛妄。換言之，主體（我）是由語言（名）所構造出來的：「他自己覺得和某一類寫作緊緊結合在一起，它原則是把主體看成只是語言的一種效果。」[18]語言具有一種魔力，使得流動穩立為固定，使非連續性的無我變成連續性的自我，使主體的分裂增生成為封閉的本質同一性。這種語言魔力便是巴特終其一生都在和它奮戰的「權力」。巴特和莊子一樣善用譬喻，他曾如是描述主體和語言的關係：

> 這個意象經常浮現：亞哥號艦艇，金光閃閃地，古希臘時代亞哥號航員不斷一點一滴改裝這艘艦艇，不斷加以翻新，最後產生了一艘全新艦艇卻從未想要改變其名稱或其形狀。這艘亞哥號艦艇象徵一種有著永恆不變結構的物

18　羅蘭‧巴特著，劉森堯譯，〈新主體，新科學〉，《羅蘭‧巴特論羅蘭‧巴特》，頁 95-96。

體，而創造這種東西的不是天才，不是靈感，也不是決心或進化，而是兩種平凡的行為：更替和定名。內部不斷變動，但名號永遠不改變；亞哥號艦艇除了名字不改，除了形狀不變，其他部位早已不是原貌了。[19]

亞哥號艦艇正是人的自我主體之隱喻，而看似永恆不變的結構體（即自我同一性本質），乃由語言名號所建構出來；事實上，它不曾一刻停止內部的變動，它不斷生成變化地移易著，但名以定形的語言魔力卻製造永恆不變的假象，其實唯一不變者只有名稱而已。同理，「巴特」這個名稱、「我」這個主詞，實挾帶飢渴的性質，一連串形容詞續以餵養「巴特」，讓原本不斷翻新更替的巴特之流，閉鎖在自戀而膨脹的「固我」狀態中。

可見巴特所以強調不為榮譽而為快樂，批判榮譽表裡不一，乃因榮譽包裹著如糖似蜜的語言支配權力，主體在此總有自戀膨脹的虛妄成分。換言之，榮譽是語言（形容詞）的產物，同時也在語言二元結構下，產生對他者（甚或自我）的壓迫，因為另一端必是屈辱，追求榮譽的過程將同時造成自我狂妄（中心）和他人屈辱（邊緣）。因此巴特討厭這種妄大自己、賤斥他人的二元邏輯：「他不喜歡勝利的論述。他討厭任何人的屈辱。當勝利來臨之時，他會想找地方躲起來。從論述的觀點看，最正當的勝利常會淪為語言上最壞的形容：狂妄自大。」[20]

19　羅蘭‧巴特著，劉森堯譯，〈亞哥號艦艇〉，《羅蘭‧巴特論羅蘭‧巴特》，頁53-54。

20　羅蘭‧巴特著，劉森堯譯，〈狂妄自大〉，《羅蘭‧巴特論羅蘭‧巴特》，頁54。

三、莊子的「逍遙之樂」與老子的「寵辱若驚」

　　莊子愛好快樂不亞於巴特，而快樂在《莊子》哲思中一樣重要而突出。可以說，《莊子》開篇的〈逍遙遊〉便是「快樂哲學」宣言：「消搖者，調暢逸豫之意。夫至理內足，無時不適；止懷應物，何往不通。以斯而遊天下，故曰消搖……〈逍遙遊〉者，篇名，義取閒放不拘，怡適自得。」[21]暫且不管郭象的適性說和支道林的明心說爭議，逍遙之遊肯定是一種特殊而深刻的快樂，是大家所共許的。[22]這樣的調暢逸豫、怡適自得，以魚鳥變形神話中「鵬」（自由之鳥）的原型意象，展現遨遊「天池」的姿態，形象化地呈現出來。毫無阻礙遮掩的天池，便是超然、自由和快意的空間。

　　這樣的逍遙之樂得來不易，它必得三月聚糧、怒飛而上九萬里，才得以一遊天池之境，得到飄浮覽觀之樂。這種快樂，不會是淺碟的飽暖之樂，否則寓言不必安排「蜩與學鳩」二蟲為對比，二蟲之樂正是「三餐而反，腹猶果然」[23]的物欲小體之樂；對揚於大鵬之樂，莊子毫不客氣地說：「之二蟲又何知！」[24]逍

21　《經典釋文》引〔唐〕王叡夜語，收在莊周著，郭慶藩輯，《莊子集釋》，頁2。

22　〈逍遙遊〉最後便結穴在「無用之大用」的逸出之樂，這是對人類名言中心、實用主義的框架解離，而回歸純然無為、與物相遊的樂土美境：「今子有大樹，患其无用，何不樹之於无何有之鄉，廣莫之野，彷徨乎无為其側，逍遙乎寢臥其下。不夭斤斧，物无害者，无所可用，安所困苦哉！」莊周著，郭慶藩輯，〈逍遙遊〉，《莊子集釋》，頁40。另外，關於莊子的深度意義之快樂，常常在與惠施的不同思維之對照下被呈現出來，尤其是在惠莊三辯下（有用無用之辯、魚樂與否之辯、有情無情之辯），特別顯出趣味和深義，參見拙文，〈論惠施與莊子兩種思維差異的自然觀〉，《臺灣東亞文明研究學刊》第8卷第2期。

23　莊周著，郭慶藩輯，〈逍遙遊〉，《莊子集釋》，頁9。

24　莊周著，郭慶藩輯，〈逍遙遊〉，《莊子集釋》，頁9。

遙之樂在寓言中，是一層層翻越而來的境界之樂，它超越一般人都渴望的「知效一官，行比一鄉，德合一君，而徵一國」[25]（外在榮譽的競逐），甚至超越宋榮子「定乎內外之分，辯乎榮辱之境」（內在自我的堅執），也超越列子「御風而行，泠然善也」[26]（身壽之福的私養）；莊子真正揭露的快樂高度在於：「乘天地之正，而御六氣之辯，以遊无窮者，彼且惡乎待哉！故曰：至人无己，神人无功，聖人无名。」[27]

　　莊子對逍遙快樂的描述，比巴特過之而無不及，甚至可詮釋或深化巴特所夢寐以求的歡醉。暫且不急著討論天地、六氣、無窮這些帶有體道超越意蘊的修辭到底何義，關鍵詞其實在於「待」，亦即「有待」還是「無待」。「待」者，依傍也；如一般人依恃外在社會價值肯定而滿足社會自我，宋榮子依恃內在的自我堅執而抵擋外在價值侵犯，列子也同樣依恃養身的生理、物理條件來累積福壽。總之，三者看似形式不一，但「有待」一也。一旦「有待」，就不可能遊於天池逍遙樂境，而解「待」之鑰，便在對「己、功、名」給予「无」化的能力。至人、神人、聖人可視為大快樂者的異名，而無己、無功、無名正是超越有待所不得不走的道路。在這裡，我們看到莊子和巴特在深度快樂的渴求上，走上同一條艱難的默契之路。

　　「功」者，價值肯定和實現，不管小成就的自我實現（知效一官、行比一鄉），還是大成就的超我滿足（德合一君、而徵一國），都不離巴特所謂的榮譽。這些來自外在肯定的功成榮耀感，正是由符號標榜所拼貼起來，亦即「功」是由「名」所構築

25　莊周著，郭慶藩輯，〈逍遙遊〉，《莊子集釋》，頁16。

26　莊周著，郭慶藩輯，〈逍遙遊〉，《莊子集釋》，頁17。

27　莊周著，郭慶藩輯，〈逍遙遊〉，《莊子集釋》，頁16-17。

而成。就社會價值的競逐來說，「無名」幾乎就是無功無成，而功成連帶著「有名」，大成功大榮譽也自然名滿天下（「名譽」一詞，正呈現名聲與榮譽的共構性）。這完全呼應了巴特的省察，榮譽（功）透過「形容詞」（名）的餵養而滿足甚至膨脹。而當「功」、「名」彼此循環地交纏增生，便逐漸產生中心性、同一性的實體感，此種自我感覺良好便導致主體、自我的內核固化（己）。

莊子精確而深刻地指出，外在虛榮、名言標籤、自我實感，三位一體又交織互滲成天羅地網。位居羅網中心正是語言拼貼而成、感覺良好的自大狂，其快樂不是來自生命自身，而是來自符號所牽引的虛榮快感。然而正如巴特所洞察的：虛榮架空了歡樂，莊子也指斥己、功、名阻礙了逍遙之樂。而重返表裡如一的逍遙遊樂，也意味著走上一條解纏之路，其所達至的「無己、無功、無名」境地，才能再返自由快樂的天池空間。

對「功」和「名」的戒慎，一直是道家哲人的實存切感，這裡有著真實與虛妄的覺知要奮鬥。因為名號和成功所構築的自我（「己」），常流於固持中心的膨脹，這種自戀自大感，有其僵固性、虛妄性，遠離道家所謂「真人」的自然生命力動。因此渴望真誠、真實的道家實踐者，必然十分敏感於己、功、名的增生邏輯、連環鎖鏈，於是總要為自己保留空隙、斷裂的逃逸生機，以重獲調暢逸豫、怡然自樂。

《老子》不斷以「正言若反」的方式強調：「功成而弗居。」（第二章）「功遂身退，天之道。」（第九章）「功成事遂，百姓皆謂我自然。」（第十七章）「功成不名有。」（第三十四章）「是以聖人為而不恃，功成而不處，其不欲見賢。」（第七十七章）「不自見，故明；不自是，故彰；不自伐，故有功；不自矜，故長。」

（第二十二章）「自見者不明；自是者不彰；自伐者無功；自矜者不長。」（第二十四章）「多言數窮，不如守中。」（第五章）「名亦既有，夫亦將知止，知止所以不殆。」（第三十二章）「無名之樸，夫亦將無欲。」（第三十七章）「道隱無名。」（第四十一章）「名與身孰親。」（第四十四章）「知我者希，則我者貴，是以聖人被褐懷玉。」（第七十章）「和其光，同其塵。」（第四章）

　　一般而言，「功成」必「居功」，隨之「名有」，也因此落入「爭先」、「恐後」的虛榮競逐中，並以「功成」、「名就」來滿足以「我」為中心的自見、自是、自伐、自矜。然而《老子》卻要我們反其道而行，要對功成的後果戒慎恐懼（弗居、不恃、不現、不處），並且要有燕然淡泊的能力，所謂「雖有榮觀，燕處超然」（第二十六章）。想要不被虛榮占據，保有超然逍遙的餘閒，考驗我們對「名」「言」符號的擱置能力：能對「名」的擴張「知止」，方不被形容詞填滿，保留一線「不殆」生機；若能更進一步抖落「名」的爭奪欲望，超入「無名」的渾樸之地，那將是《老子》認為去除自我中心（不自見、不自是、不自伐、不自矜）才能呈現的「披褐懷玉」、「和光同塵」的高貴生命型態。因為破除了己、功、名的競逐邏輯，《老子》轉而歌頌：「不爭之德。」（第六十八章）「夫唯不爭，故無尤。」（第八章）「聖人之道，為而不爭。」（第八十一章）「不敢為天下先。」（第六十七章）總之，「爭先恐後」是虛榮虛名必然帶來的邏輯，而「不爭不先」則為燕然之樂留下生機。

　　如巴特所發現的，榮譽競逐容易掉入妄大自己、賤斥他人的二元邏輯，因為榮譽藉由名言拼貼而成，而語言符號的結構就在二元性，沒有單純的榮譽自身這回事。榮譽的肯定性價值（《老子》所謂聖智、仁義、孝慈等名相）必然伴隨陰影之犧牲，亦即

屈辱的否定性同時也被製造出來。老莊深知，這種榮辱禍福彼此潛伏的邏輯，「自我」的成就建立在「他者」的賤斥，今日得榮受福，來日亦可能受辱遭禍：「禍兮福之所倚，福兮禍之所伏。」（第五十八章）巴特曾以觀照的第三人稱方式說：「他不喜歡勝利的論述。他討厭任何人的屈辱。」[28] 這樣的心情和老莊的體悟可謂莫逆於心：「寵為下，得之若驚，失之若驚，是謂寵辱若驚。」（第十三章）「故不可得而親，不可得而疏；不可得而利，不可得而害；不可得而貴，不可得而賤。」（第五十六章）榮耀之寵在《老子》看來並非一味好事，因為看似好事的表相，底層卻挾帶失寵受辱的潛流，所以不可被榮寵的形容詞沖昏頭，應該對寵辱的二元得失邏輯保持敏銳、戒慎的觸覺（驚），如此才得以超出親／疏、利／害、貴／賤都「不可得」而沾身的境地。

　　《莊子》更以魚水之歡寓言傳達歡怡的隱喻：「泉涸，魚相與處於陸，相呴以濕，相濡以沫，不如相忘於江湖。與其譽堯而非桀，不如兩忘而化其道。」[29] 眾人皆擱淺在「譽堯非桀」的乾涸之陸，莫不為堯桀之名而爭先恐後，這一幅「相呴以濕，相濡以沫」的爭搶畫面，在《莊子》看來，斯有何樂！倒不如「兩忘而化其道」，回到二元溶解、彼此恍惚的江湖之道，忘了名言、忘了虛榮，甚至忘了自己是條爭先恐後的魚。「魚相忘於江湖」是個藏有快樂的隱喻，那是回到真實、無名、自由的快樂。《莊子》一再提到「無用之大用」的快樂，例如與惠施一連串對話，無一不涉及快意與否這一主題。此外如有名的濠梁「魚樂之辯」（〈秋水〉）、[30] 以大瓠為樽而浮遊江湖之樂（〈逍遙遊〉）、放牛吃

28　羅蘭・巴特著，劉森堯譯，〈狂妄自大〉，《羅蘭・巴特論羅蘭・巴特》，頁54。
29　莊周著，郭慶藩輯，〈大宗師〉，《莊子集釋》，頁242。
30　關於「魚樂之辯」所涉及的兩種不同思維方式，即惠施偏向主客對立的知識論

草於無何有之鄉而寢臥其下之樂（〈逍遙遊〉）。[31] 這些魚水相歡、人牛相忘的無為無名之樂，正是《莊子》一再詠唱的歡樂頌。

四、生命之流（不斷流變的內容）與我之虛構（不變的亞哥號艦艇之名）

　　虛榮導致狂妄自大，快樂來自無己、無功、無名。功與名不斷往核心的漩渦匯聚，如此一再以：自是、自見、自矜的中心固著習性來活動，終將建構出似有實體內核而不化的「我（己）」。[32] 對於這個強而有力的自我中心慣習，巴特曾以亞哥號艦艇為喻，告訴我們主體同一性實乃「名以定形」所虛構出來的，事實上，主體的內容為不斷生成變化之流。對此，我們來看看《莊子》怎麼說。雖然〈逍遙遊〉的「至人无己」、〈齊物論〉南郭子綦的「今者吾喪我」已經傳達出道家對解中心、去主體的立場，但真正可以彰顯道家對自我內容的細微觀點，最好根據底下的文獻來審察：

　　認知，莊子傾向主客合一的存有論體驗，請參見拙文，〈論惠施與莊子兩種思維差異的自然觀〉，《臺灣東亞文明研究學刊》第 8 卷第 2 期。

31　關於這三個《莊子》有名的快樂隱喻之公案，筆者有專文仔細分析，並與巴特相對話，在此不再重複分析，參見拙文，〈論道家的逍遙美學——與羅蘭・巴特的懶惰哲學之對話〉，《臺大文史哲學報》第 69 期；〈論惠施與莊子兩種思維差異的自然觀〉，《臺灣東亞文明研究學刊》第 8 卷第 2 期。

32　我們可以從南伯子綦的自我徹底反省的過程中，看到要超越已內化甚深的虛榮愛名之艱難：「南伯子綦隱几而坐，仰天而噓。顏成子入見曰：『夫子，物之尤也。形固可使若槁骸，心固可使若死灰乎？』曰：『吾嘗居山穴之中矣。當是時也，田禾一覩我，而齊國之眾三賀。我必先之，彼故知之；我必賣之，彼故鬻之。若我而不有之，彼惡得而知之？若我而不賣之，彼惡得而鬻之？嗟乎！我悲人之自喪者，吾又悲夫悲人者，吾又悲夫悲人之悲者，其後而日遠矣。』」莊周著，郭慶藩輯，〈徐无鬼〉，《莊子集釋》，頁 848-849。

> 大知閑閑，小知閒閒；大言炎炎，小言詹詹。其寐也魂
> 交，其覺也形開，與接為搆，日以心鬥。縵者，窖者，密
> 者。小恐惴惴，大恐縵縵。其發若機栝，其司是非之謂
> 也；其留如詛盟，其守勝之謂也；其殺若秋冬，以言其日
> 消也；其溺之所為之，不可使復之也；其厭也如緘，以言
> 其老洫也；近死之心，莫使復陽也。喜怒哀樂，慮嘆變
> 慹，姚佚啟態；樂出虛，蒸成菌。日夜相代乎前，而莫知
> 其所萌。已乎，已乎！旦暮得此，其所由以生乎！非彼无
> 我，非我无所取。是亦近矣，而不知其所為使。若有真
> 宰，而特不得其眹。[33]

整段文獻以「非彼无我，非我无所取」為核心。〈齊物論〉這段
文獻的前文是在講「天籟之樂」，後文脈絡則是揭露「人生之
哀」，[34] 更後的脈絡則是分析「彼是方生」的語言二元結構，而這
段文獻便夾在天籟之樂與人生大悲之間。因此可以這樣看，文獻
隱含著人們可以昇入天籟之樂、也可以沉淪人生悲哀的轉動之
機，關鍵在於能否洞悉「我」的「本質」為何？怎麼被「構成」
的？「我」有無轉化的可能？

　　〈齊物論〉這段文獻明白告訴我們：「我」的本質特性在於
「取」，也就是自我中心性的固著、占有、擴張的一連串成心知
見的執取活動（「夫隨其成心而師之，誰獨且无師乎」）。「我」有
無被轉化的可能，道家當然認為是可能的，而且逍遙快樂正好建
立在從「我（己）」到「無我（喪我）」的轉動。如果主體自我的

33　莊周著，郭慶藩輯，〈齊物論〉，《莊子集釋》，頁51-55。

34　這一段文獻，是《莊子》一書中少有的悲調敘事，「不亦悲乎」、「可不哀邪」、
　　「不死奚益」、「大哀乎」、「人之生也，固若是芒乎」，一連串刺痛人心的修辭，
　　卻又反映出鐵的實相，可謂《莊》書反諷幽默筆調之外的另類風光。莊周著，
　　郭慶藩輯，〈齊物論〉，《莊子集釋》，頁56。

同一性是個先驗的事實，那麼豈有轉動的可能？換言之，「我」的實相、「取」的本質，恐怕不會是先驗的事實，而是經由後天慣性所建構出來的，建構的關鍵就在於語言的團聚效應。亦即語言不間斷的命名活動，讓生命之流圍繞著一個中心迴旋，久而久之，漩渦中心便經由「我」之名而似乎有了「我」之實，更久之，「我」之實有感似乎內化成先驗存在的事實。然莊子和巴特一樣，要深觀這個「我」的漩流實相，假使我們有能力細微地觀察這個「非彼无我，非我无所取」的現象，那麼將發現：「取」來自於「我」的習性和妄見，而「我」實乃由一連串的「彼」所構成的（非彼无我）。所以解碼之鑰，便又轉到「彼」的說明。

從文獻的前後脈絡看，「彼」之一字，實為前文所有身心知情意一連串活動的「概括」總名，實際內容並不指涉一個實體物般的「彼」之對象，「彼」只是對一連串紛紛前來、又紛紛離去的不連續身心情狀之現象描述：其中我們看到的是自己和他人同樣繁然淆亂、來去無蹤的各式知情意波動，例如知見的樣貌（大知小知的差異）、話語的樣貌（大言和小言）、白天的意識樣貌（其覺形開、與接為搆）、晚上的潛意識樣貌（其寐也魂交），但不管是白天看似理性的意識還是夜間非理性的潛意識，這些都是一些剪不斷、理還亂的力量鬥爭與矛盾之流，這些知見相軋和話語競辯的「日以心鬥」，展現出「縵者，窖者，密者」各式各樣的心理活動片斷。這些心理能量之流的隱顯交纏現象，對莊子來說，都不免帶有憂虞悔吝的特質（憂虞為小恐惴惴，悔吝為大恐縵縵）。[35] 另外，若從意志的表現來看，一樣沒有定相、只是

---

35 「憂虞悔吝」是借用《易經》占卜的語言說，因為人生落入吉凶禍福的得失較慮之中，便不能免之。另外可參見《易傳》對吉凶悔吝失得憂虞的說明。朱熹，《周易本義》（臺北：大安出版社，1999 年），頁 236。

不同意志力表現的意象來去，有時強而有力若機栝箭發般自是非他、有時固執不化如必勝必守之盟誓、有時軟弱無力恍若秋冬荒蕪枯槁、有時則沉溺淪落無能自拔、有時則封閉堵塞如燈盡油枯而毫無生機。

總言之，「我」不過是一連串各式各樣不連續性的生命之流（「彼」）所構成的。這個生命之流的「彼」之實相，〈齊物論〉正觀之、深描之，可實實在在地看到一幅沒有核心、沒有實體、沒有同一，一切只是來去無蹤、變化不息的差異之流：「喜怒哀樂，慮嘆變慹，姚佚啟態；樂出虛，蒸成菌。日夜相代乎前，而莫知其所萌。」情緒之流、話語之流、觀念之流、意志之流，事實上，它們既可以說圍繞著一個核心轉（有我之現象），也可以說並沒有任何實體核心在捆束著它們（無我之實相），它們只是萌生又消逝，找不到來源、也沒有歸宿。換言之，莊子並不認為這樣的生命之流背後，有任何實體自性而不變動的「真君」或「真宰」在統一著它們，而我們之所以誤以為有這樣的生命主宰，實為語言命名所虛構出來。用巴特的話說，我們堅持用「亞哥號艦艇」這一名號創造出自我不變、永久長存的真君假相，如此才掩蓋了生命之流的變化實相。

莊子要人們認清並接受生命流變、無有固定的差異實相，並沒有任何同一性而不變的本質之我作為真君真宰；若勉強要說生命有真君真宰，那個能觀看生命之流、接受變動實相的覺知性，才是能帶領我們給出生命真實、自由、快樂的君宰。[36] 但我們依然不可隨名起執地將這樣的君宰隱喻給實體化。

---

36 關於真君、真宰的文獻，參見莊周著，郭慶藩輯，〈齊物論〉，《莊子集釋》，頁55-56。

五、巴特要在權力之中活出權勢之外：無所不在與永久長存的權力揭露

巴特因愜意而接下講座，使其快樂的理由除了法蘭西學院曾留下他所熱愛的風格人物之印記，也因這座學術高院事涉「權力」與「權力之外」。[37] 如何說？法蘭西學院是最高榮譽的學術機構，同時也就隱含權力的滲透，不管從容易觀察到的機構組織所擁有的權力支配，或是從較不易覺察的嚴格學術話語之生產規定的微觀權力說。巴特一方面期許並讚揚這個學術權力機構仍對異議者留下生機，另一方面也要大無畏地入權力之穴來批判權勢而活出權勢之外。對巴特言，法蘭西學院是弔詭性的存在，一方面它位居最高科層機構的學術頂端，因此必挾帶權力的勢能；另一方面這個組織為自身留下自我治療、批判的空隙，亦即權勢的防腐。[38] 巴特所以願入權力之室，是因為他自覺可以發揮空隙的活化功能；而治療、批判、活化的空隙功能，並不一定遠離權力，也可以身居權力之中來活出權力之外。由此看，巴特投入法蘭西學院若不為榮譽而為快樂，這種快樂實有知識分子的見識在，因為快樂事涉批判所帶出的解放自由感，不斷在權力之中進行消除權勢的張力遊戲。

巴特告別大半輩子在大學體制外質疑權力的異議身分，現在隨順傅柯推薦而登學術殿堂、入權力之室。他深刻體認到人無所

37　「今天我感受到的另外一種快樂由於更起作用，因此也就更為重要，這就是我走進一處我們可以嚴格地稱作『權勢之外』（hors-pouvoir）的學府時所感到的那種快樂。」羅蘭‧巴特著，李幼蒸譯，〈法蘭西就職講演〉，《寫作的零度》，頁4。

38　羅蘭‧巴特著，李幼蒸譯，〈法蘭西就職講演〉，《寫作的零度》，頁4。

逃於權力的本質，因為從空間來說，權力具有無所不在的擴張性，就算人企圖逃到看似沒有權力支配（政治關係、倫理關係）的空曠之地，從巴特看來，人依然沒有逃出權力如來佛的手掌心。為何？因為權力的病毒就滲透在人自身的話語、姿態中，一切人為符號莫不反映出語言結構的權力本質。在這裡我們看到，巴特和傅柯一致的觀察和體會，權力總是幽微暗生，它早已透入一切文明符號中，人一開口、舉手、投足便可能都是權力開顯。以此微觀，權力便幾乎像空氣，要找到一個真空般的烏托邦境地，便顯出思想的太單純和不可能。從此，巴特接受絕望的事實並領悟真正生機，那便是：人既無法逃離到權勢之外的空地，便只能在權力之中不斷覺察它，才有機會全面對抗、批判它，也才終有一絲機會在權力之中活出權勢之外的自由空隙。[39]

先前已約略點出，巴特對權力本質的洞察事關「話語」。權力無處不在地滲透在話語之中，構成巴特所謂「權勢的話語」現象。此威勢不只顯而易見在政治支配領域，更存乎習焉不察的一切處（國家、階級、集團，甚至學校、家庭）、一切作為（教學、輿論、時裝、演出、遊戲、運動），甚至打著對抗權勢口號的解放運動都被權力所宰控推動。[40] 一切都有可能被權力滲透而偽裝變形，在權力話語的支配下進行現實與理想的鬥爭，它們都成了權力意志的蔓延。

巴特型的知識分子必得對權力的支配性，有最敏感的覺察

---

39 巴特這個觀點，不可輕易和郭象「聖人雖在廟堂之上，然其心無異於山林之中」這一類迹冥圓的說法類同。因為巴特深刻洞曉權力的細微，並由此展開最徹底的奮鬥，絕不是郭象那般將權力合理化的非批判立場。莊周著，郭慶藩輯，《莊子集釋》，頁28。

40 羅蘭・巴特著，李幼蒸譯，〈法蘭西就職講演〉，《寫作的零度》，頁5。

力，並走向永無止盡的戰鬥。如何說？因為權力本質既寄生在話語的意識型態中，那麼從究竟說，權力病毒便呈現出「無處不在」和「永久延續」這兩個驚人的本性：

> 如果說權勢在社會空間內是多重性的，那麼在歷史時間中它反過來就是永存的：它在這裡被驅趕或耗盡，又會在別處重新出現，永不會消失；如果為了消滅它而去發動一場革命，不久它又會死灰復燃，會在新的事件中重新發展。它這種無處不在、永久延續的原因是，權勢是一種超社會有機體的寄生物，它和人類的整個歷史，而不只是和政治的和歷史學的歷史聯繫在一起。在人類長存的歷史中，權勢於其中寄寓的東西就是語言，或者再準確些說，是語言必不可少的部分：語言結構。[41]

權力無處不在，因為人類歷史只是人為符號所綿延的歷史，而一切符號都離不開權勢話語的充斥和開顯。在此，巴特逼顯出一個看似悲觀的事實：權力在空間中布滿而不可能清除殆盡，在時間中永續而不可能中止斷除，正因為文明本身是語言符號的象徵與交換過程，所以必也是權力的層累變形過程。人類的歷史文明不可能脫離話語符號，不同文化只是不同話語符號的表現形式；而權力不只表現在話語符號的明顯意指上，推動權力支配的核心更在於一切符號必不可少的「語言結構」。人類歷史文明只是語言結構不斷複雜化的繁衍過程。正如巴特所洞察的，權力的本質就來自語言結構，那麼這就代表著由話語符號所層累互文的人類文明，就必然帶有權力病毒的異化本質。如此一來，權力的批判便同時意味著文化批判、文明治療，最後也都要集中在語言結構的洞察和鬆綁。

41　羅蘭‧巴特著，李幼蒸譯，〈法蘭西就職講演〉，《寫作的零度》，頁5。

也因為文明本質具有權力複製的病毒，使得權力無處不在並永續經營。這一令人難堪的事實，促使巴特不同一般政治戰鬥型的知識分子那樣直接、那樣圖快、那樣渴望一場（暴力）革命可以終結權力而換來純淨真空的烏托邦。對巴特言，知識分子任重道遠，必須對權力的侵蝕滲透有最真誠的戒慎恐懼（尤其對自我身心的侵蝕），然後在一切處（慎獨自己的起心動念處和一切符號作用處）進行永無止息的覺察、遠離、批判、解放的戰鬥遊戲。因為人和文明的本質一樣都被語言結構和權勢話語所逼迫而動，就像人不可能離開空氣一樣，也無所逃於語言的開顯與遮蔽，因此人只有在權勢話語的事實中覺察之、空隙之、活化之。這樣的文化批判、語言活化是一個不可中斷的解構歷程，對應於權力的永久延續性，權力批判也將永久持續地被巴特型的知識分子堅持下去。[42] 這裡我們看到巴特快樂面容的另一番宏偉氣象，可貴的是巴特型的知識分子，其快樂和莊嚴是同一精神活水的不同氣象。[43]

六、既無所逃於權力廚房，那麼便得學會庖丁解牛的技藝

權力無所不在，莊周一樣體會甚深。如果說〈逍遙遊〉揭示了道家快樂哲學的自由深度，那麼〈人間世〉便宣告道家的快樂必得落實在人間，必須有能耐在複雜的人際關係中，得出

42　所以巴特感嘆說：「有些人期待我們知識分子會尋找機會致力於反抗權勢，但是我們真正的戰鬥卻在別的地方，這將是反抗各種權勢的戰鬥，而且它不會是一種輕而易舉的鬥爭。」羅蘭・巴特著，李幼蒸譯，〈法蘭西就職講演〉，《寫作的零度》，頁 5。

43　巴特這種即快樂即莊嚴的知識分子，破除了底下的二律背反魔咒：「你要當快樂的豬，還是痛苦的蘇格拉底？」巴特這種思想為莊嚴的知識分子拯救了快樂，可謂莊子知音。

自由快樂。換言之,「天池」之「遊」不是飄乎九萬里高空的無人之境,那只是有能力遊乎空際的空間隱喻,並不真指莊周企圖魂飄蕩於真空際、靈停駐於烏托邦。豈不聞〈天下〉篇莊周自道:「與天地精神往來而不敖倪於萬物,不譴是非,以與世俗處。」[44] 萬物、世俗甚至是非之地,都是精神所必然要遭遇並得在其中自由往來之實際處。人便居存在這一具體的物質(萬物)、人間(世俗)、符號(是非)世界中,想逃離它而得一絕對空無的清淨地,在莊周看來,不免不切實際因而顯出思想的太簡單。

活在自然物質的世界中,這是生命存在的命與限,然而道家眼中的自然萬物卻是一個「自化」、「互化」而又共成「大化」流行的敞開交換世界,因此物質的命限中,又有著解開「物結」、「有封」而走向氣化感通、一體交融的自由可能。[45] 然而人必活在世俗、符號這一人間世的文化世界中,又何嘗不是一種命與限,在這命限中尤其處處顯出關係的限定、糾纏、難解,因此〈人間世〉假借仲尼重言要我們正視難以自由的悲觀事實,並思考如何從事實出發而贏得自由的機會:

> 天下有大戒二:其一,命也;其一,義也。子之愛親,命也。不可解於心;臣之事君,義也,無適而非君也。無所逃於天地之間,是之謂大戒。是以夫事其親者,不擇地而安之,孝之至也;夫事其君者,不擇事而安之,忠之盛也。自事其心者,哀樂不易施乎前,知其不可奈何而安之若命,德之至也。[46]

---

44 莊周著,郭慶藩輯,〈天下〉,《莊子集釋》,頁 1098。

45 對此,參見拙文,〈論先秦道家的自然觀──重建一門具體、活力、差異的物化美學〉,《文與哲》第 16 期,頁 1-44。

46 莊周著,郭慶藩輯,〈人間世〉,《莊子集釋》,頁 155。

「無所逃於天地之間」，便是莊子對事實的承認。而「大戒」更顯出面對人倫（父子為例）社會（君臣為例）所帶來的情感（愛）和價值（義）的「戒慎恐懼」：其中有承擔，更要有省察。莊子不是要我們逃脫割斷這些關係，而是要在這些莫可奈何的網絡中，隨時隨地能安身立命。這樣一顆不離文化符號羅網而又可以自由出入的心，便是莊子歌頌的「德至」莊嚴。

　　然而談何容易？對莊子言，事君事親等人倫社會實踐，絕不僅是一項單純的行為，這些行為的恰當與否、合不合理和有無價值等判斷是分不開的，和整套歷史時空的符號規定鏈結扣合一起，亦即，人們的行為實踐實際上是被由語言結構所設定的話語模組所決定。對善於觀察文化符號、省察自身的莊子言，所有的行為都不會是簡單的生物作為，而是文化符號下的象徵活動。人既無逃於符號決定的關係限定，那麼自由而快樂的社會實踐又如何可能？換言之，「大戒」還必然要涉及覺察和批判的能力，否則就不會有難能可貴的自由快樂之「至德」。

　　我們所認為的理想、單純、美好，這些想法和行為背後，經常配帶著難以覺察的潛意識前見，這些前見是被文化符號所規定而內化成的。莊子一針見血地點出這些行為被「成心」所推動，誰都不會沒有成見，甚至人的一生幾乎總是在語言符號內化的成心成見中矛盾衝突、彼此強迫、勞苦重擔、茫茫昧昧，而終至油盡燈枯。試看底下人生實相，豈有快樂自由可言：

> 與物相刃相靡，其行盡如馳，而莫之能止，不亦悲乎！終身役役而不見其成功，苶然疲役而不知其所歸，可不哀邪！人謂之不死，奚益！其形化，其心與之然，可不謂大哀乎？人之生也，固若是芒乎？其我獨芒，而人亦有不芒

者乎？夫隨其成心而師之，誰獨且无師乎？[47]

莊子洞觀甚微，令人難堪。因為你我皆是劇中人，莫不被成心推動而忙碌終生。人並不是自己人生的掌權者，權力的支配者是那出入無時卻又固執不化的成心。而成心的內核或實相為何？前面已然分析，它一方面是各式各樣飄忽不定的能量流，另一方面它被語言符號所建構而實體化為固執的心。換言之，成心便是人們難以控制、而它反過來控制人們的那一連串奔流難定、又固執不化的勢能。從莊子的道眼予以觀照，所有行為實踐背後的成心知見，便是真正權力的細微而根深處；而我們一廂情願地相信自己出乎純粹的理想，很可能只是一種包裝，例如〈人間世〉顏回企圖救衛的德行背後，莊子借仲尼之口反倒卸下理想包裝而露出隱晦的權力馬腳：「且若亦知夫德之所蕩而知之所為出乎哉？德蕩乎名，知出乎爭。名也者，相軋也；知也者，爭之器也。二者凶器，非所以盡行也。」[48]總之，由語言符號所內化的意識型態之成心，便是推動人生的最有權勢者，人反倒成了權力的傀儡，成為爭權奪勢下的皮影。

莊子如此正視人間倫理關係、挖掘背後的成心支配，要我們戒慎恐懼於權力的細微與根源，當然不是為了導向虛無主義或語言決定論。在筆者看來，莊子的立場如同巴特，認為死亡事實（語言結構之牢籠）的正視正好足以重啟再生契機（語言遊戲之自由），而權力的無所不在也正好考驗人們覺察和戰鬥的能耐。總之，莊子在知其不可奈何、無所逃於符號天地的事實下，開出

47　莊周著，郭慶藩輯，〈齊物論〉，《莊子集釋》，頁56。
48　莊周著，郭慶藩輯，〈人間世〉，《莊子集釋》，頁135。

了「入遊其樊而無感其名」[49]之花，這便開啟了巴特所謂「在權力之中而活出權勢之外」的先見之明。

這種能深入其「樊」（人間世的籠）卻能無感其「名」（語言結構的勢）的「遊刃有餘」能力，最精采莫過於〈養生主〉「庖丁解牛」。牛者，人間世之隱喻；牛體骨肉間的錯綜複雜，乃語言符號滲透下的人倫關係之糾纏與僵化；[50] 廚房這一空間已然是充斥無所不在的權力支配之「權力廚房」；[51] 文惠君和庖丁的君臣相稱則是權力階級的具體化象徵。而庖丁呢？既可能是權力的壓迫者與被壓迫者（技未進於道的一般庖丁，相刃相靡者）；也可能是批判、治療權力，且能在符號關係中遊刃有餘的遊戲者、快樂者、知識分子（技進於道的高級庖丁，遊刃有餘者）。

本章旨在強調權力廚房和語言的親密關係，如梁惠王屬君、庖丁屬臣，庖丁所遇對象名為牛，而牛身之內的複雜位置關係，亦莫不被語言符號的命名組構而成。這些名稱隱喻了人間世的權力關係，正好透過語言名實的符應與支配而得落實。然而庖丁既無所逃於君臣的權力關係，以及隨之而來的一連串人間世符號羅

49　莊周著，郭慶藩輯，〈人間世〉，《莊子集釋》，頁148。「樊」即樊籠，指涉人間世，它是由名言符號所編織而成。陶淵明〈歸園田居五首〉有：「久在樊籠裡，復得返自然。」〔晉〕陶潛著，楊勇校箋，《陶淵明集校箋》（上海：上海古籍出版社，1999年），頁73。

50　王夫之早就點出牛體結構的複雜性和「名」的關係：「大名之所在，大刑之所嬰，大善大惡之爭，大險大阻存焉，皆大軱也。而非彼有必觸之險阻也，其中必有間矣。」「名者眾之所會，不遊其間而入其會，則雖不蘄言而必有言，不蘄哭而必有哭之者矣。」王夫之，《莊子通·莊子解》，頁32、33。

51　大部分學者都從美學技藝和身心關係的角度詮釋庖丁解牛，但法國莊子學家葛浩南又從權力批判角度來詮釋，並有「權力廚房」的提出，亦增添新意，此說暗合王夫之。關於葛浩南的觀點，參見龔卓軍，〈庖丁手藝與生命政治——評介葛浩南《莊子的哲學虛構》〉，《中國文哲研究通訊》第18卷第4期，頁90-91。

網，要如何從中養出人生的自由快樂？莊周透過庖丁之寓，告訴我們要有無厚之刃、要能技進於道、要能遊刃於空隙。庖丁技進於道地遊刃於牛體之間，正告訴我們不要奢求抽離牛體之外，只能在語言結構和權勢話語充斥的符號界之中來遊戲，尤其要能磨出一把「無厚之刃」（亦即能覺察語言唯名無實的虛構性），在語言結構之間找到留白、空隙、斷裂等活路，如此「依乎天理，批大郤，導大窾，因其固然……彼節者有閒，而刀刃者无厚，以无厚入有閒，恢恢乎其於遊刃必有餘地矣」。[52] 可見，庖丁之刃仍是一把語言之刀，只是這把智慧之刀能理解自身的非實體性（故無厚），所以才能在一切語言符號的錯綜複雜關係中，不落名以定形的意識型態固著中（以神遇而不以目視），看見權力廚房的妄大、穿梭牛體樊籠的迷宮，常保語言遊戲語言的遊牧姿態（莫不中音，合於桑林之舞）。[53]

巴特曾經提醒我們，語言結構和話語權勢具有無處不在和永續長存的生命力，所以知識分子必得維持時時自覺、一生戰鬥的莊嚴姿態。莊子化身的庖丁亦如此警惕，對於無所逃於符號交織的糾纏命運（每至於族），千萬不可輕率以對（見其難為），要戒慎恐懼（怵然為戒），如此才能在話語權勢的虎口上悠然動刀

52　莊周著，郭慶藩輯，〈養生主〉，《莊子集釋》，頁 119。

53　筆者將這把「遊刃」詮釋為以語言遊戲語言的解構之刃，呼應了法國哲學家、社會學家波德里亞（Jean Baudrillard）的觀點，他曾在名著《象徵交換與死亡》中用「易位書寫」來詮釋庖丁解牛：「它在身體中以易位書寫的方式前進——這也就是說，它不是從一個詞項到另一個詞項地前進，不是一個一個地經過那些像依附功能句法的詞滙一樣關聯的器官，不是像笨拙的屠夫和意指語言學家所做的那樣。這裡的意義之刃是另外一種樣子：它擺脫了顯在的身體，追蹤身體之下的身體。這就像易位書寫一樣，易位書寫的模式分散並消解最初的詞項和語料。」〔法〕波德里亞著，車槿山譯，《象徵交換與死亡》（南京：譯林出版社，2006 年），頁 188-189。

（視為止、行為遲，動刀甚微），以便在語言結構撒下網羅時趁隙溜出（謋然已解，如土委地），最後才能享受這難得的自由與歡快（為之四顧，為之躊躇滿志），並且永遠要憂患權力病毒藉由虛榮死灰復燃，故要「善刀而藏之」以備不時之需。[54]

七、巴特看出語言結構的法西斯主義，從此走向符號的離心遊戲

文明是語言符號的增生層累所成就，就此言，巴特和卡西勒觀點一致。差別在於，卡西勒主要從正面積極的意義看待語言符號的開顯功能，巴特主要從批判的遮蔽面來揭露語言符號背後的權力運作。卡西勒視人是「符號的動物」，人類文化現象都是符號化活動的體現，不同的符號形式所開顯出的意義和成就，具有彼此不可取代的價值，而卡西勒的恢宏莊嚴就在積極而全面地肯定人文價值。巴特的省察視角在於，由語言符號看待文化的構成雖是根源，但語言魔力卻帶著權力滲透的異化本質，所以文化要持續有活力地開展下去，反而要進行文學符號學的批判和治療。而癥結關鍵便在於直指權力和語言結構的共生關係。

卡西勒反對將語言視為工具，反對素樸實在論所主張的：以

54　為何文惠君聞庖丁解牛之經驗描述，卻能領悟出：「善哉！吾聞庖丁之言，得養生焉。」若從本文的詮釋角度來解釋，原因在於：文惠君領悟到的是人在錯綜複雜的人際網絡、名言符號的矛盾衝突中，應效法庖丁「遊刃有餘」的藝術風格之存在方式，如此才不落入傷人與被傷的能量耗損。換言之，人的精氣虛耗而不利於養生，很大部分來自人在人間世的權力名位的網絡中，落入〈齊物論〉所謂「相刃相靡」的困境，因此如何能看清人在關係脈絡的語言、權力之糾纏，如何從中轉出庖丁的遊戲能力，應該也符合精氣不損的養生管理之道。在筆者看來，莊子的養生和哲學修養是有關的，他並非走向一條純粹道教式的養身。

人類認知和語言形式去符應外在的客觀對象。卡西勒接受康德在
知識論上的哥白尼式革命轉向——「知性為自然立法」——認為
我們不該在外在世界尋找真理根據，應轉向人類心智活動形式來
尋找實在依據。換言之，人類心智並非再現外在事實的白板，知
識也非外部對象的單純模本。對卡西勒而言，人類心智具有獨立
的創造性力量，它依據語言符號的不同形式創造出不同領域（如
神話、藝術、歷史、科學等）的意義實在。卡西勒看待文化採積
極正向的態度，而不同語言符號的心智力量，正好開顯屬於自身
領域的存在和意義，彼此間又可互補，以彰顯人類文化的豐富多
元向度。[55] 卡西勒繼承康德知性主動立法的主張，但更進一步指
出知性立法的能力，實為語言符號的功能。換言之，卡西勒將康
德的知識論討論，透過語言形式的落實，推擴到文化符號學的廣
度來。

　　然而從巴特的後結構主義立場看，不免認為卡西勒過於樂
觀。巴特正是在同意卡西勒的觀點之處（語言形式具有決定存
在的力量），讀出了另類消息。卡西勒一針見血指出，心智精神
的辯證法則正是透過語言形式來展現，並由語言形式的力量才決
定、建構了確定的、有組織的存在。一言以蔽之，是語言形式的
魔力讓人類從混沌未分、流動不息的狀態，轉向清晰有別、穩定
固著的狀態。關鍵處便在名言符號的介入，這一介入，正顯示人
的精神創造、符號權能：

　　　　靠著學會給事物命名，兒童並不只是在他原先的關於現成
　　　　經驗對象的知識中加上了一張人為記號的目錄表，而毋寧
　　　　是學會了構成了那些對象的概念，學會了與客觀世界打交

55　卡西勒著，于曉等譯，《語言與神話》（臺北：桂冠圖書，1994 年），頁 9-10。

道。從此以後，這個兒童就站在更堅實的地基上了。他那
含混模糊、波動不定的知覺以及朦朧的情緒，都開始採取
了一種新的姿態。可以說，這些知覺和情緒圍繞著作為思
想的一個固定中心和焦點的名稱而具體化了。……想要說
話的渴望和熱情，並非出自單純的要學習或使用名稱的欲
望，而是標誌著企圖探知並征服一個客觀世界的願望……
對成人來說，客觀世界作為言語活動的一個成果，已經具
有了一定的樣態。在某種意義上，言語活動決定了我們所
有其他的活動。我們的知覺、直觀和概念都是和我們母語
的語詞和言語形式結合在一起的。要解除語詞與事物間的
這種聯結，是極為艱難的。[56]

卡西勒雖了解語言符號的設定、限制等確立、固定作用，也深刻
理解命名活動的分類作用，將使人類從具體、情感、感通的狀
態，進入抽象、客觀的定形世界；但卡西勒既不奔赴神祕主義
式的否定或超越語言傾向，[57] 也不走向語言懷疑論者的反文明傾
向。相反地，卡西勒一方面歌頌人類語言符號的創造功能，另一
方面相信不同符號形式可以產生互補，以促使文明不掉入單向度
的貧乏異化。對比來看，巴特雖也不走向神祕主義式的反語言、
超語言進路，但巴特卻帶有語言懷疑論者的味道，但這並未使他
走向反文化，而是採取另一種迂迴的批判、治療方式來救贖、活
化文化。

　　巴特心心念念的是，語言結構的權力本質。卡西勒所謂語言
的限定、確立等客觀化作用，在巴特眼裡，正好呈現人類自我膨

56　卡西勒著，甘陽譯，〈語言〉，《人論》，頁 195-196。

57　卡西勒指斥宗教和神祕主義渴望追求一種亞當語言、共同語言、真正語言的同
　　一性黃金年代，正因為恐懼人類語言符號所帶來的差異分裂。卡西勒著，甘陽
　　譯，〈語言〉，《人論》，頁 191。

脈和法西斯特質；人類命名活動必然帶來的分類作用，在建立秩序的同時，權力的支配中心必然圈限出等級範疇；而原來只是人為約定俗成的暫時意義之劃定，行之既久，則內化成自然先驗般的價值神話。換言之，語言符號必然挾帶的陰影本質：權力支配與意識型態的宰控和暴力，才是巴特面對語言與文化的首要關懷，由此才萌發出他的文化批判、知識分子的莊嚴與快樂。他強調的正是卡西勒所輕易放過的語言暴力：

> 語言是一種立法，語言結構則是一種法規。我們見不到存在於語言結構中的權勢，因為我們忘記了整個語言結構是一種分類現象，而所有的分類都是壓制性的：秩序既意味著分配又意味著威脅。……同樣，語言按其結構本身包含著一種不可避免的異化關係。說話，或更嚴格些說發出話語，這並非像人們經常強調的那樣是去交流，而是使人屈服：全部語言結構是一種普遍化的支配力量。……語言結構運用之語言既不是反動的也不是進步的，它不折不扣地是法西斯的。因為法西斯主義並不阻止人說話，而是強迫人說話。[58]

語言結構的法西斯霸權，才是巴特全力以赴要去圍捕或擺脫的「非對象」，因為它並非外在於人，而已是人的自我構成本身，也因為它已內化為人的存在自身而非對象物，因此難以覺察。卡西勒並非沒有意識到語言符號的力量，但從巴特的橫眉冷眼看去，卡西勒急於肯定語言力量對存在的組織和確立，卻不那麼留意符號網絡對人自身的反控和套牢。在巴特的懷疑論眼光下，一切盡是語言符號的天羅地網，人看似撒網的自由者，實乃深陷網羅中心，既強迫自己也壓迫他者。如此一來，語言權杖的可怖之

58　羅蘭‧巴特著，李幼蒸譯，〈法蘭西就職講演〉，《寫作的零度》，頁 5-6。

極，不在於禁止人說話，反而是一再強迫我們不斷進行符號羅網
的無盡編織。如此循環下去，卡西勒所謂作為符號動物的人之創
造性，在巴特看來，便落入被語言結構決定的網羅複製者。在這
裡，人之圖像不再是創造與自由，而是束縛與勞苦。天羅地網
下，人只是被語言結構所生產的話語機器而已。人在語言結構的
「看似主人實為奴僕」的詭譎狀態，巴特強調的是奴僕姿態的悲
哀，卡西勒則欲突顯主人身分的高貴。

　　卡西勒和巴特都一樣注意語言結構在分類過程中，造就一連
串的秩序確定，但巴特卻同時看到陰影和暴力，因為秩序所帶出
的階層性價值區分和排列，必然在突顯某物位置的同時，犧牲
和壓制了它物而使其邊緣化為「他者」，成為克莉斯蒂娃（Julia
Kristeva）所謂的「卑賤體」（abject）。[59] 可見，命名指涉、分類
活動是一種支配的權力動作，它的允許充滿著威脅的色彩。循此
而觀，人類所謂的話語交流，背後常挾帶一股自己都未必覺察的
暗流，這暗流一方面逼迫自己說話，同時要與人爭勝而使其屈服
於我的話語秩序。話語不單純是溝通的工具，而是屈服他者的征
戰利器。如此一來，人與人透過話語而來的交流關係，便常常異
化為爭強鬥勝的利害關係。這種彼此被語言結構推動的話語纏
鬥，自己不會止息下來，因為它有一種話語增生話語的權力邏輯
在運作，結果便是大家一起落入「以是其所非而非其所是」的彼
此競逐、互相強迫的語言法西斯命運，大家繼續在支離破碎的符
號中載浮載沉。作為符號動物的人，便被束縛在法西斯權力網的
中心而動彈不得，因為在巴特看來，每次符號、形容詞的使用都

59　〔法〕克莉斯蒂娃著，彭仁郁譯，《恐怖的力量》（臺北：桂冠圖書，2003 年），
　　頁 3-4。

必然藏身一個怪物，它善於種種「固定形式」（stereotype）[60] 的捆綁技倆。

　　這個怪物影武者，讓人和自身、人和人、人和萬物的關係，全部落入固定的檔案秩序中，語言結構將一切關係組織定位成資料庫，使得一切皆成為權力支配的分類空間（檔案不只存在於政府機構，人的自我主體也可看成是一個檔案管理中心，如達利〔Salvador Dali〕畫作《人形胸膛的抽屜》所示）。在此，巴特帶著濃厚傅柯意味的口吻說：「入檔——我被作成檔案，定位到某個地方（知性的），或是有種性階級之分的住所（或是社會階級）。有個獨一無二的內在教條與此相抗衡：非場域（不定的住所）。非場域比烏托邦更勝一籌。」[61]

　　巴特此話，分成兩個部分或兩層次說。第一個層次便是人被固定形式這一怪物編織成檔案夾，不管是人的知性處境或是社會處境，其實都在權力布局的空間中被定位。第二個層次涉及人在權力空間的定位中如何安身立命？如何反抗？如何自由？對此，巴特以格言式的警句話頭，猶如禪宗直指本心般地指出抗衡之道在於「非場域（不定的住所）」。「非場域」並非指涉一個逃避權力、話語之外另一純淨空間，彷彿那裡有一烏托邦式的極樂淨

60　羅蘭・巴特著，李幼蒸譯，〈法蘭西就職講演〉，《寫作的零度》，頁 7。巴特在《文之悅》也提到：「它欲掙脫、沖決形容詞的限制——形容詞是語言之門，經此，意識型態與想像物便汩汩而入。」屠友祥譯註得好：「形容詞的修飾與限制，亦即將生成之物固著住、予以界定、命名，不免有著虛構、人為、偽。虛構是意識型態形成的條件。……而沖決限制，就是承認生成，承認生成是一切，以巴特的話說，便是『就是這樣！』直接顯現以生成中的『它是』、『這是』。」羅蘭・巴特著，屠友祥譯，《文之悅》（上海：人民出版社，2009 年），頁 16-17。

61　羅蘭・巴特著，劉森堯譯，〈非場域〉，《羅蘭・巴特論羅蘭・巴特》，頁 57。

土；巴特的「非場域」並未抽離權力空間之外，它反而是在無所不在的權力話語中活出權勢之外。這個看似悖論的表達，透露出巴特對權力的真正洞察和面對能耐，巴特對抗權力、贏得自由的姿態。這是深入權力內核來覺知照見它的支配性、固著性、膨脹虛妄性，同時產生一種「在其中又不在其中」的遊戲狀態，此狀態近乎佛教所謂「應無所住而生其心」，或莊子所謂「入遊其樊而無感其名」。其重點不在空間的遠離，而在心的覺知與不住，如此產生的浮遊境界便是「不定住所」的「非場域」。

　　巴特反對神祕主義式的烏托邦解決之道，那種渴望徹底活在語言之外的純淨想望，巴特認為是不切實際的，因為他發現：「遺憾的是人類語言沒有外部，它『禁止旁聽』。」而神祕主義渴望越出語言之外來逃避權力追捕，巴特毫不留情地認為這是「求諸不可能之事」。[62] 他認為唯一踏實的道路只有一途：「正是在語言內部，語言結構可能被抗拒和使本身偏離正軌。」[63] 所謂不入虎穴焉得虎子，在一切語言說出的虎牙嘴邊，展現逃離吞噬的技藝。人不可能不說話、不運用符號（就算神祕主義者也很快就要回到日常的語言世界），[64] 否則文化便要崩解。因此語言符號的增

62　羅蘭‧巴特著，李幼蒸譯，〈法蘭西就職講演〉，《寫作的零度》，頁 7。巴特一再強調他和神祕主義的距離：「這並不是一個把語言粉碎在那種不可言傳的神祕的沉默腳下的問題，而是斟酌它的問題，是把旋轉著的言語的陀螺──它把那種使人沉溺其中的符號替代的衍化作用囊括到它自己的旋轉之中──加以阻遏的問題。」羅蘭‧巴特著，孫乃修譯，〈揚棄意義〉，《符號禪意東洋風》，頁110。

63　羅蘭‧巴特著，李幼蒸譯，〈法蘭西就職講演〉，《寫作的零度》，頁 8。

64　據詹姆斯所歸納出來的神祕主義核心特點，「頃現性」（transiency）便是其中之一，這種現象反映出任何神祕一體的高峰經驗，都只能發生在短暫片刻中，隨即要回到生活語言的世界，參見威廉‧詹姆斯著，蔡怡佳、劉宏信譯，《宗教經驗之種種》，頁 458。

生繁殖現象是去除不了的、也不應該去除。巴特乃從懷疑論進一步走向了語言的遊戲論，遊戲便是在話語權力之中活出權勢之外的覺知和策略：「我不滿於重複已經說過的東西，不滿於安然地為符號所奴役；我說話，我斷言，我反駁著我所重複的東西。」[65]

不滿於話語重複、不滿於符號奴役，正因為話語的本性就是重複、就是奴役。話語的固著習性自然會驅迫人們重複話語，這便是語言符號結構具有的權力本質，人只要起心動念、開口吐露，便有一個支配欲要求固定對象，這種「斷言」便和價值神話、意識型態一同呈現。[66]而自由之道便在於說話、斷言的同時，採取自我反駁的語言解離語言之策略。這種語言遊戲姿態對巴特而言，便是他所謂的文學力量，由文學力量展開的文本空間，才有可能在權力空間之中活出權勢之外：[67]

> 對我們這些既非信仰的騎士又非超人的凡夫俗子來說，唯一可做的選擇仍是，這種躲躲閃閃，這種輝煌的欺騙使我們得以在權勢之外來理解語言，在語言永久革命的光輝燦爛之中來理解語言。我願把這種弄虛做假稱作文學。[68]

如此一來，文學便成為對抗權力的法器，文本空間便成為了權勢之外的自由土地，文學寫作者便成為捍衛自由的知識分子、文化批判與拯救者。巴特自稱凡夫俗子，多少帶有對神祕主義式想

65　羅蘭・巴特著，李幼蒸譯，〈法蘭西就職講演〉，《寫作的零度》，頁 7。

66　所以巴特強調：「在語言中必然出現兩個範疇：斷定的權威性和重複的群體性。」羅蘭・巴特著，李幼蒸譯，〈法蘭西就職講演〉，《寫作的零度》，頁 6。

67　庖丁解牛的遊戲空間便呈現一種易位書寫的文學空間，其中充滿空隙的餘讓空間，這裡才有活出權勢之外的自由可能。關於「餘讓」與「批判」的密切性，可參見夏可君，〈莊子思想的餘讓姿態與批判的可能性〉，莊子與跨文化批判研討會（臺北：中研院中國文哲研究所，2010 年 6 月）。

68　羅蘭・巴特著，李幼蒸譯，〈法蘭西就職講演〉，《寫作的零度》，頁 7。

望的嘲諷意味，他選擇棲居的身影是文學姿態。然而耐人尋味的是，巴特對文學（家）形象的描繪帶有自嘲、解構的幽默色彩──躲躲閃閃、輝煌欺騙、弄虛做假──這種在語言的權力之中遊戲權力、自我顛覆，甚至對自我說出的斷言不斷革命、去勢的遊玩技藝，便是文學本色。一言以蔽之，文學的力量和策略便在於遊戲的解離、顛覆的活力。所以巴特這種看似毫無莊嚴相的文學（家）身分，其實隱含著對權力、話言、自我有著最戒慎恐懼的反駁能力；看似輕浮嘲弄的口吻之中，隱藏著極銳利而不妥協的頑強監督。[69] 這裡自然讓我們想起莊子，一樣戲稱自己只是「以謬悠之說，荒唐之言，无端崖之辭」。[70] 當然必須留意的是，巴特這種文學的弄虛做假，雖不離於修辭但絕不只是修辭，因為修辭遊戲只是覺知權力、活化語言的寫作風格之外顯，然而沒有內核的領悟就不可能真正產生遊戲的解構力量，甚至將淪落為虛無的修辭遊戲。

八、莊子說：與其落入是非二元的爭辯耗損，莫若以明而走向兩行之道

《莊子》也不認為語言是單純的交通工具，它帶有侵逼競逐的本質，〈人間世〉說過：「名也者，相軋也；知也者，爭之器也；二者凶器，非所以盡行也。」[71] 人的知見實為一偏之見，限於

69　巴特認為：「一位作家（我用這個稱呼不是指一種功能的所有者或一種藝術的僕人，而是一種實踐主體，應當稟賦監督者的頑強，他位於各種其他話語的交匯處，與各種學理的純粹性相比，他的地位是輕浮）。」羅蘭・巴特著，李幼蒸譯，〈法蘭西就職講演〉，《寫作的零度》，頁 12。「輕浮」是因為他對語言擁有反諷的遊戲能力，故能不落固著、浮遊其中。

70　莊周著，郭慶藩輯，〈天下〉，《莊子集釋》，頁 1098。

71　莊周著，郭慶藩輯，〈人間世〉，《莊子集釋》，頁 135。

一端而不自知便是成見，成見來自以成心為師的固執心態；而成心又來自名言符號的內化。因此，語言結構所拼貼的成心，成心所發用的成見話語，皆不免有傾軋爭奪的權力傾向，《莊子》警告我們面對這些爭權奪勢的凶器，不要以為它總可以暢行無阻；其實它更常落入風波不斷的危地：「夫言者，風波也；行者，實喪也。夫風波易以動，實喪易以危。」[72] 名言話語的交流傳遞哪裡只是純粹的中介，它總是無法控制地引生風波，造成難以意料的牽動，結果便是實情的遺失或扭曲，終至導向不可測知的危境。

　　《莊子》並不相信所指意義有先驗本質性，認為它僅是人的能指符號所約定俗成的一端之見，所謂：「夫言非吹也，言者有言，其所言者特未定也。」[73] 人是符號動物，所以人的語言活動當然不同於生物現象（非鷇音）或物理現象（非風吹），但符號使用者所決定的意義內容，卻也不是先驗本質或絕對客觀，它總是屬人之符號約定下的暫時產物（特未定）。然而符號形式的決定作用，不管它的具體約定形式有多少種可能，基本模式總不離語言結構的二元形式，換言之，文化符號的反省還是要直指核心，亦即語言結構的法西斯本質。

　　語言結構所產生的命名、分類活動，皆建立在分別（割）、限定（封）的作用上，這些都是差異化（分）的產物，最基本的差異化活動便是「二元對立」（彼是方生）。《老子》「始制有名」、「大制不割」，《莊子》「道未始有封，言未始有常」，想說的便是：文化的建制（制）來自名言符號（名）的階層網絡化，而語言的本質便在於切割分別（割），否則層級秩序無法綿密網

72　莊周著，郭慶藩輯，〈人間世〉，《莊子集釋》，頁 160。

73　莊周著，郭慶藩輯，〈齊物論〉，《莊子集釋》，頁 63。

羅，而《老子》渴望的小國寡民（大制）是一個文化符號沒有那麼嚴密細緻的狀態（樸），因為那代表著權力初始的素樸之狀。而《莊子》也認為宇宙萬事萬物原本是整全而敞開的，但由於語言符號的命名和分類之介入，使得事物被規定出封閉性的本質（封），而這都是「名以定形」的語言權力所造就的確立（常）。

更重要的是，有關語言活動一連串的權能現象：割、常、分、定、制，道家認為可以回歸語言二元結構來分析。如《老子》第二章：「天下皆知美之為美，斯惡已。皆知善之為善，斯不善已。故有無相生，難易相成，長短相形，高下相傾，音聲相和，前後相隨。」基本上《老子》已指出任何一個概念名相的成立，皆離不開對比概念的襯托，因此看似相反、相對的兩個名相，實乃相生相成而共構為一。對於語言相對又相生的二元結構現象，《莊子·齊物論》分析得更透徹：

> 物无非彼，物无非是。自彼則不見，自知則知之。故曰彼出於是，是亦因彼。彼是方生之說也，雖然，方生方死，方死方生；方可方不可，方不可方可；因是因非，因非因是。是以聖人不由，而照之於天，亦因是也。是亦彼也，彼亦是也。彼亦一是非，此亦一是非。果且有彼是乎哉？果且无彼是乎哉？彼是莫得其偶，謂之道樞。樞始得其環中，以應无窮。是亦一无窮，非亦一无窮也。故曰莫若以明。[74]

這段精采文獻，不只揭露語言二元結構的輪迴命運，更處處指示面對之道。所有事物皆被「彼／是」的二元名相所劃分和規定，因此無一事物不被符號所命名，而名言標籤化的同時，一

74　莊周著，郭慶藩輯，〈齊物論〉，《莊子集釋》，頁 66。

定被分類在「彼／是」的其中一端；而每當事物被語言結構所圈定，自然會產生以自己一端視角作為觀看中心，結果便落入只看見自己而看不見對方（自彼則不見，自知則知之）。然而《莊子》告訴我們，其實彼、是看似矛盾相對，其實相出相因，任一方的肯定都正好建立在另一方的否定上。這種語言二元結構的相反相成現象，就像蹺蹺板的二端，一上必然一下，兩端實為一體。這種兩端而一體的語言結構，《莊子》透過方、因、亦這三個字，來說明兩端之間的同時性、相因性、同構性：「方生方死，方死方生；方可方不可，方不可方可。」「因是因非，因非因是。」「是亦彼也，彼亦是也。」

莊子洞察語言結構的兩端一體性，並非出自純粹觀察語言現象的客觀興趣，其關懷在於：一則揭露人如何陷泥在權勢話語的鬥爭中，二則指示人如何逃出語言二元結構的輪迴宿命。就前一點，由於語言結構的二元切割特性，加上一端之見的自我中心主義之偏蔽，必然產生立場中心和觀點偏蔽而來的爭議，其結果將落入是非無窮循環的鬥爭，對此，莊子說得極傳神：「彼亦一是非，此亦一是非。」「是亦一无窮，非亦一无窮也。」換言之，人人都成為是非人，而且是是非非的話語權勢爭議，將會是一場無窮無盡的龍爭虎鬥、唇槍舌劍。在此語言結構的天羅地網中，莊子和巴特所見一同，語言法西斯逼使人們不得不說話，不得不在話語權勢的逼迫下繼續爭奪話語權。

從莊子犀利的眼光看去，人們所謂真理和理想之宣傳，恐怕也難逃權勢話語的爭奪，因此儒、墨看似高貴的理想言行，並非沒有權力陰影在背後推動：「故有儒墨之是非，以是其所非而非

其所是。欲是其所非而非其所是，則莫若以明。」[75] 不僅儒墨不離權力支配，甚至整個先秦學術思想的發展，都肇因於話語權的爭奪所導致的膨脹，在〈天下〉篇看來，各家各派皆不免陷泥自我中心的一端偏見而彼此不能相見，導致符號世界的繁華與破碎：「天下多得一察焉以自好，譬如耳目鼻口，皆有所明，不能相通……天下之人各為其所欲焉以自為方。悲夫，百家往而不反，必不合矣！後世之學者，不幸不見天地之純，古人之大體，道術將為天下裂。」[76]

語言結構的二元性，不斷地縱橫編織，綿綿無盡地複製出天羅地網的符號界，而符號又不斷逼迫人們繼續訴說編織的故事，如此一來，語言的法西斯將人放置在符號網的定格中生存，人與人的交往成為符號關係的交換與競逐。這是支離破碎的存在方式，人被符號反控為話語機器，是符號決定並牽動我們的欲望，而不是欲望自身在流動。成語「朝三暮四」的底牌，原來早就暗示出人類欲望不由自主的嘲諷：「狙公賦芧，曰：『朝三而暮四。』眾狙皆怒。曰：『然則朝四而暮三。』眾狙皆悅。名實未虧而喜怒為用，亦因是也。」[77]

可見，狙對芧的喜怒，確實已被朝四暮三或朝三暮四的符號名相所決定。這種被符號勾牽的猴樣般人生哪裡還有所謂相通、整合、純一的大體之美？用前面的話說，早已不存在自由和快樂。這種「自是非他」的符號權力中心主義，行之既久，總以一端為普遍，以後天為先驗，結果產生一連串符號暴力的結果，使

75　莊周著，郭慶藩輯，〈齊物論〉，《莊子集釋》，頁 63。
76　莊周著，郭慶藩輯，〈天下〉，《莊子集釋》，頁 1069。
77　莊周著，郭慶藩輯，〈齊物論〉，《莊子集釋》，頁 70。

得個體掉入「其行盡如馳」的自我耗損，文明掉入集體捆束的天羅地網。後者如諸子百家「各得一察焉以自好」導致「道術將為天下裂」的局面，正是集體進入符號複製而不得自由的狀態。至於前者則如好辯善辯者惠施的一生：「今子外乎子之神，勞乎子之精，倚樹而吟，據槁梧而瞑。天選子之形，子以堅白鳴！」[78] 惠施一生為辭鋒爭勝而存在，在好友莊周看來，不禁為之傷感；惠施勞精外神為「堅白」一偏之見而爭鳴，不免成為話語權勢的犧牲者，斯有何樂！莊子渴望的是人魚相忘之「樂」，而惠施所愛的卻是魚樂與否之「辯」。[79] 嗚呼！惠施實為人生茫昧的隱喻，然豈惠施獨茫？而我不茫乎？

如何止茫？〈齊物論〉指出「止辯」是其中藥方之一：

> 既使我與若辯矣，若勝我，我不若勝，若是也，我果非也邪？我勝若，若不吾勝，我果是也，而果非也邪？其或是也，其或非也邪？其俱是也，其俱非也邪？我與若不能相知也，則人固受其黮闇。吾誰使正之？使同乎若者正之？既與若同矣，惡能正之！使同乎我者正之？既同乎我矣，惡能正之！使異乎我與若者正之？既異乎我與若矣，惡能正之！使同乎我與若者正之？既同乎我與若矣，惡能正之！然則我與若與人俱不能相知也，而待彼也邪？[80]

「辯」論爭勝的無益、耗損、遮蔽、荒謬，莊子講得實在明

78　莊周著，郭慶藩輯，〈德充符〉，《莊子集釋》，頁 222。

79　莊子重點在：「鯈魚出遊從容，是魚之樂。」惠施重點在：「子非魚，安知魚之樂？」雖然後來有了一場短暫而錯誤的美麗之辯，但莊子終是很快地回到人魚相忘之樂的「本」，不願掉入話語權勢的爭辯。莊周著，郭慶藩輯，〈秋水〉，《莊子集釋》，頁 606-607。

80　莊周著，郭慶藩輯，〈齊物論〉，《莊子集釋》，頁 107。

白。因為辯論結果的勝敗不等於是非對錯的確立，那通常只顯示出兩方爭奪話語權的技巧和力量優劣而已；但辯論終是想要透過勝敗輸贏來定奪是非對錯，但既然它不離力量大小的勢力對峙，那麼其結果又要如何過渡到價值判斷的取捨上？到底是我對你錯、你對我錯，還是兩者皆對、兩者皆錯，莊子認為都無法透過辯論而得到確認。那麼，假使找第三人來公證，就真的存在絕對客觀的公正者嗎？他沒有自身的話語前見嗎？既有前見（不管先偏向你和我，或對兩者都不理解而偏向其他）又如何能起公平裁判？若假設他沒有前見，那麼沒有前見又如何理解你我的話語（可見莊子認為人不可能沒有話語前見）？如此一來，公正法庭的設計也沒有辦法真正解決問題。總之，這都是因為人無所逃於立場的遮蔽，欲以一偏之見取代另一偏見，與其說是正義的實現，不如說是權力的爭奪。可見，語言結構所延伸的話語活動，常不能離開爭、辯、勝的權勢運作！

然而莊子洞徹語言結構、話語權勢等權力本質，並對論辯採不信任態度，種種看似語言懷疑論的立場，並不是為了導向虛無主義和文明否定論。如前所說，〈齊物論〉在揭露語言二元結構的同時，預留了逃逸路線、活口生機。活路便在去中心主義的位移、包容等能力，而這樣的能力必須建立在對語言結構的權力本質有甚深的理解，所謂「莫若以明」、「照之以天」，便是能夠觀看語言結構和符號演繹的權力本質，然後因洞察而有了因應之道：「彼是莫得其偶，謂之道樞。樞始得環中，以應无窮。」[81]「環中」便是符號羅網的中空、留白、間隙之地。[82] 在這裡，才

81　莊周著，郭慶藩輯，〈齊物論〉，《莊子集釋》，頁 66。

82　巴特曾遊歷日本東京，並將此符號帝國視為一個處處充滿空無、間隙的文本來遊歷。他特別提到一個觀察：對比於西方城市中心代表真理而填充滿滿，東京

能如庖丁一般得到「以無厚入有閒」的遊刃能力，使得彼／是的二元結構不再是絕對僵化的二端，甚至變成可以相互轉化視角，所謂「和之以是非而休乎天鈞，是之謂兩行」[83] 這種不被固定視角綁死、不死守單行道的活化策略，促使人們在天羅地網中進行語言結構的變形、顛覆與再活化運動，這便是「以應无窮」的遊戲能力。筆者曾經指出庖丁解牛示現的是一個易位書寫的文本空間，在這個空間中雖然依舊充斥著語言結構、權勢話語，但庖丁已鍛造出一把「以語言遊戲語言」的無厚遊刃，就是這把刀使得我們穿梭在語言的空隙中來去自如。這把能「以應无窮」的解構之刀，它表現出的話語形式，巴特將之稱為躲躲閃閃、輝煌欺騙、弄虛做假，莊子則稱之為：謬悠之說、荒唐之言、無端崖之辭。可以說，就在這個文本空間和文學話語形式上，莊子和巴特又莫逆於心地再度相遇了。

九、結論：巴特與莊子在文學力量與文本空間中的旦暮相遇

一位是當代法國後結構主義巨匠（優雅的巴特），一位是先秦中國道家哲學大師（逍遙的莊子），兩者如何橫跨古今、東西的時空障礙，產生有意義且趣味的相遇、對話？透過筆者上述的閱讀與詮釋，兩者便有了互文性的交會。對巴特不陌生的學者，定會發現快樂在巴特的思想和文本裡，是深刻的即哲學即存在之

天皇所居卻是個空無的中心：「它的存在，不是為了炫耀權力，而是為了以它那種中心的空洞性來支持那整個的城市運動，迫使車輛交通永遠要繞道而行。由此可知，這些想像出來的事物以迴環成圈的方式展現，繞著空洞的中心迂迴兜轉，循環往返。」羅蘭‧巴特著，孫乃修譯，〈市中心，空洞的中心〉，《符號禪意東洋風》，頁47。

83　莊周著，郭慶藩輯，〈齊物論〉，《莊子集釋》，頁70。

命題，它和身體的實踐密切相關，[84] 而巴特的文學書寫與文本創造，就是本於歡怡的呈現之道。[85] 而莊子強調的逍遙之樂，是東方讀者極熟悉的美感經驗，如魚樂之辯、相忘江湖便是眾所皆知的公案；而詩哲合一的《莊子》是卮言遊戲的示現，它圓通無礙地體現了莊周在語言結構中庖丁解牛的技藝與逍遙，甚至因此被金聖歎評為天下第一才子書，影響中國文藝美學甚深。可以說，進入巴特和莊子所開顯的文學氛圍、文本空間，就是歡快、自由的藝術體驗。筆者認為這樣的閱讀經驗，早在巴特和莊子的預期和設計之中了，如何說？首先，兩者都不可以膚淺而單純的快樂主義者視之，他們對身體歡醉之強調，蘊藏自由和本真的洞見，而這淵源自由和真實而來的歡醉，有著批判和治療的轉換機制；為達到這種美學式的救贖效果，兩人的關鍵洞察顯然都集中在語言和文本。

巴特認為人的不真和驕慢，來自主體自我的虛妄和膨脹，所以他延續法國後結構主義者的主張，認為主體同一性的堅執是妄想，真實的主體現象乃是一不斷裂解的差異歷程，因此巴特不願製造時間因果謹嚴的編年體傳記，那既不真實也是譫妄的自我迷

84　關於巴特的快樂與身體的討論，參見拙文，〈論道家的逍遙美學——與羅蘭‧巴特的懶惰哲學之對話〉，《臺大文史哲學報》第 69 期，頁 1-37。

85　正如蘇珊‧桑塔格在評論巴特時指出的：「晚期寫作中這些表現力甚強的形式只是揭示了他的一切作品中暗含著的一種欲望：巴特渴望對斷言性表達具有一種優先性關係，這就是藝術具有的快樂性……因此巴特不斷把教授比作表演，把閱讀比作色情，把寫作比作勾引。他的聲音越來越富個人色彩，越來越充滿了『個人氣質』，如他自己所說的那樣。他的思想藝術越來越明顯地成為一種表演，正像許多其他偉大的反系統論家一樣……巴特的全部作品都是對戲劇性和遊戲性的一種探索，是以各種巧妙的方式邀請人們品味風韻，邀請讀者以歡悅的態度對待思想。」蘇珊‧桑塔格，〈寫作本身——論羅蘭‧巴特〉，羅蘭‧巴特著，李幼蒸譯，《寫作的零度》，頁 224-225。

戀，故《羅蘭・巴特論羅蘭・巴特》實為解構「巴特」名相所可能帶來的實體化自戀。[86] 由於主體受到語言與權力的交纏誘蔽，無法反思自身的裂變過程，因此搏聚成為語言和權力漩渦下的情結皺折；為了破除主體虛妄和權力膨脹所帶來的不真和不快，巴特著力於主體、語言、權力的批判治療。筆者認為巴特在後結構主義潮流的殊勝處，並不在於哲學思想的反省（就這一點，傅柯、德希達、德勒茲要比巴特精采宏大），而在於他能將這樣的哲學洞察徹底落實為文學語言、文本空間的實際操作（德希達和德勒茲亦嘗試文本操作，但論徹底性和技藝性，仍以晚期巴特最精采）。巴特從符號學到文學符號學的陶醉轉向，尤其是在文本空間的創造實踐上，徹底地展現了在權勢之中活出權勢之外的能耐、在語言符號之中躲躲閃閃、輝煌欺騙、弄虛做假的遊玩技藝。在此，巴特真將文字魔力、文學力量的「隱喻」功能發揮得淋漓盡致，[87] 他能洞觀符號的唯名無實性（在此，文學符號學可視為否定性的符號學），並由此將符號虛構而成的文本視為空集

86　因此蘇珊・桑塔格指出巴特：「越來越欣賞一種類似於神祕的清瀉作用的寫作觀。他承認，不只是思想系統（他的思想處在一種融化狀態），而且連『我』都必須加以拆除（巴特說，真正的知識有賴於摘除『我』的假面具）。不在的美學（空的記號、空的主題、意義的消除）是偉大的非個人化構想的全部意旨，它也是唯美主義者美好趣味的最高姿態。」蘇珊・桑塔格，〈寫作本身──論羅蘭・巴特〉，羅蘭・巴特著，李幼蒸譯，《寫作的零度》，頁 242。

87　巴特指出：「隱喻在其自身轉動，但卻是按照一種離心的運動在轉動：意義在向著無限噴濺著碎屑。」羅蘭・巴特著，懷宇譯，〈阿爾桑保羅多：修辭學家與魔術師〉，《顯義與晦義》（天津：百花文藝出版社，2005 年），頁 136。活的隱喻不可實體化，而是能自我活化地離其自己，而敞開一種多義的想像空間，如此便能產生無限的豐盈意蘊，關於道家的詩性隱喻，參見拙文，〈從《老子》的道體隱喻到《莊子》的體道敘事──由本雅明的說書人詮釋莊周的寓言哲學〉，《清華學報》新第 40 卷第 1 期；〈神話・變形・冥契・隱喻──老莊的肉身之道與隱喻之道〉，《臺大中文學報》第 33 期。後兩文皆收入拙著，《當代新道家──多音複調與視域融合》。

合，這樣的文本空間實乃處處留有隙縫、[88] 無一不是通道的自由空間（在此，文學符號學又轉否定為一種肯定的符號學，因為「它活動於死亡之外」）。[89] 換言之，權力的支配和逼迫的語言法西斯之死亡魅影，已經在這種文學力量和文本空間中被調伏了，因此死亡的況味轉化為重生之芬芳。

　　同樣地，早於巴特二千多年的莊子，其實也在從事近似的批判救贖運動，道家從來就主張人的主體自我是由文化符號所羅織出的「有為」產物，而人所以不能得到自然、無為的本真逍遙，正因為語言二元結構的符號反控所造成的僵化。因此真正的真實自由之道，在於契入無名之道、變化之流，也只有透過喪我、無為、自然，「真人」才能有逍遙之復歸；換言之，道家認為文化（周代禮樂）、道德（儒家仁義）其實都離不開語言符號的有為操作，其間實挾帶意識型態的僵硬和權力宰控。所以道家為復歸人的本真自然，便不得不有一連串的治療批判運動，其中也正好集中在主體、語言的解放上。而莊周繼承了老聃的思想，但《莊子》在解放主體、活化語言的表現上，比《老子》體現得更徹底更美妙，《莊子》的文本空間就是卮言這一語言遊戲的落實，所以在《莊子》一書中，我們看到的不是傳記式的莊子，而是拼貼、裂變、虛構、戲仿的莊周身影、人物劇場，而《莊子》一書

88　文本空間的隙縫所帶來的寫作和閱讀快感，巴特有一巧妙的隱喻，來說明這種找出符號間隙的快樂：「身體的最動欲之區不就是衣的開裂處麼？……兩件衣裳的解接處，兩條邊線之間，肌膚閃現的時斷時續，就是這閃現本身，更確切地說：這忽隱忽現的展呈，令人目迷神離。」《文之悅》，頁 13。

89　〈法蘭西就職講演〉的最後部分，便集中在如何從「符號學」轉入「文學符號學」，其中的「文學」充滿著文字的遊戲、解構、批判的力量，藉由這種既不將符號的虛構性給實體化，進一步將此虛構性的遊戲發揮到極致，創造出了處處有隙縫的自由通道，便成為他心中的文本空間。羅蘭·巴特著，李幼蒸譯，〈法蘭西就職講演〉，《寫作的零度》，頁 19。

的製作或拼貼，可視為氣化流行和語言遊戲的技藝朗現。

　　《莊子》這一文本空間，可以庖丁解牛這隱喻來想像，那阻塞不通而筋肉相連、骨節縱橫的牛體，其實便是語言結構和符號網絡的橫樑豎架，一般的庖丁必然被迫在符號的權力軌道下循規蹈矩，結果在成規成矩的規訓之下，僵硬不通、衝突不斷、刃靡耗損；而莊周要我們訓練出一把無厚之刃，遊走入骨節空隙之間的餘地。在筆者看來，這是一把卮言之刀，一把以語言遊戲語言的刀，能將符號視為空符號的利刃，如此一來，庖丁便能在符號牛體之中遊移、易位而自由無礙，可見庖丁解牛為我們具象地開顯出一個自由而歡快的文本空間之隱喻。筆者將這把「遊刃」詮釋為文學力量所具有的以語言遊戲語言的解構之刃，將「牛體」詮解為自由無礙的文本空間，相呼應於法國哲學家、社會學家波德里亞的觀點，他曾在名著《象徵交換與死亡》中透過「無的空間」、「易位書寫」來詮釋庖丁解牛：

　　　　莊子的屠夫卻認識空無的連接和空無的結構，身體是通過這種空無構成的（「批大郤，導大窾……」）。他的刀不是穿越實體的實體，這把刀本身就是空無（「而刀刃者無厚」），而且連接著空無（「恢恢乎其於遊刃必有餘地矣」）。它在身體中以易位書寫的方式前進——這也就是說，它不是從一個詞項到另一個詞項地前進，不是一個一個地經過那些像依附功能句法的詞彙一樣關聯的器官：不是像笨拙的屠夫和意指語言學家所做的那樣。這裡的意義之刃是另外一種樣子：它擺脫了顯在的身體，追蹤身體之下的身體。這就像易位書寫一樣，易位書寫的模式分散並消解最初的詞項和語料。[90]

90　波德里亞著，車槿山譯，《象徵交換與死亡》，頁 188-189。

　　總之，對筆者言，後期巴特所創設的文本和《莊子》一書，都可視為歡醉的文本空間之實踐策略，他們都自覺這種文本空間中的修辭技藝，既是忠於流變式主體的呈現（因此不會失真），也比較可能鬆動閱讀者僵滯的主體習性（因此可帶來自由怡悅）。由於臺灣和大陸已有若干學者注意莊子和德希達解構主義的對話可能，[91] 近年來法國亦興起莊子學研究（臺灣與大陸亦有學者關注此一現象），[92] 但注意到巴特和莊子的可對話者，似乎仍未有見。筆者曾比較過巴特懶惰哲學和莊子逍遙美學中的身體與美學意涵；而本章則嘗試進到兩者的快樂觀、語言觀、權力觀的對話，並歸結在文學力量和文本空間的遊戲實踐上。由於這個課題既是〈法蘭西就職講演〉一文的後半部重點，更是巴特晚期著作的精華所在。而有關《莊子》的文學性和文本特質的討論，也是一個有待重探的好課題，兩者都需要在更精細而複雜的對話上來討論，限於文章篇幅，本章僅能先將終點目標指出來。至於細緻的對話，筆者已著手另一專文〈《莊子》的文學力量與文本空間──與羅蘭・巴特「文之悅／醉」的互文性閱讀〉來加以討論。

　　最後，本章所採取的研究詮釋態度，主要在於巴特與莊子的「跨文化批判」之互文對話與撞擊，並非採取「比較哲學」的方式，因為比較哲學通常預設兩種比較對象的思想內容具有本質

91　早期參與討論的學者如奚密、廖炳惠、廖朝陽等，相關資料可參見廖炳惠，〈洞見與不見──晚近文評對莊子的新讀法〉，《解構批評論集》，頁 53-140。近來則有大陸學者夏可君透過德希達和南希（Jean-Luc Nancy）來詮釋莊子，《幻像與生命──《莊子》的變異書寫》（上海：學林出版社，2007 年）。

92　如畢來德、葛浩南、樂唯、余蓮，基本資料請參見《中國文哲研究通訊》第 18 卷第 4 期「自我技術與生命機制：法語莊子研究專輯」。近年來中研院文哲所何乏筆先生亦組織幾次有關法國莊子學研究的工作坊，筆者亦曾參與其中。另參見畢來德著，宋剛譯，《莊子四講》。

性，因此多少落入靜態性的客體比較，而非動態性的互文生長，正如長年從事「跨文化批判」的德國學者何乏筆所指出的：「比較研究的局限性乃在於無法脫離己者與異己的邏輯及相關的『理解』詮釋學。就此，比較哲學是否以文化的相似性或文化的對比性為焦點是次要的：兩種方式都無法充分回應跨文化哲學的動態發展。」[93] 跨文化批判的思路帶有濃厚的後結構主義對本質主義的批判洗禮（這契合莊子與巴特的思維方式和態度），因此才透過跨文化的文本或思想之對話，走向差異生長的動態發展。對本文而言，也是希望古代、東方的莊子與現代、法國的巴特相遇後，能繼續發揮它的現代活力、繼續生長出它介入當代思想議題的批判力道。儘管如此，筆者認為莊子與巴特有一項可能的精微差異是要被正視或有待研究的，那便是莊子語言遊戲的卮言觀預設著氣化流行的力量變化觀，而巴特的文學遊戲觀到底有沒有繼承一套力量的本體論（如德勒茲差異的重複之力量觀），倒是很耐人尋思。

（本文發表於《臺大中文學報》第 37 期，2012 年 6 月；
後經增補潤修）

93　何乏筆，〈跨文化批判與當代漢語哲學〉，《修養與批判——跨文化視野中的晚期傅柯》（待出版）。

第七章

《莊子》的文學力量與文本空間——
與羅蘭・巴特「文之悅／醉」的互文性閱讀

一、貶謫哲學／重返文學：文哲一體新景觀

　　《莊子》的書寫風貌，到處充沛著神話想像、奇幻虛構、重言的搬弄借用、寓言的故事新編、卮言的圓通無礙。在《莊子》的書寫技藝中，可發現大量的語言創造現象：新辭的鑄造、文類的混合，處處自我解構的設問、反駁與顛覆。這些目不暇給的修辭手段、顛覆策略，如何看待？一部思想之作，通常不是為了精確傳達所指意蘊？為何《莊子》的表達卻經常出現自我遊離、模糊、位移的現象？彷彿《莊子》思想要逃離思想，逃離語言表述成概念命題時的穩定性。如此一來，語言的定位與精確似乎產生自我凹陷、貶謫，它們不再是能指／所指間的密合邏輯（如一般哲學、科學的敘事模式），反而允許語言保持流動不定、模糊多義的「隱喻」狀態。[1] 這種允諾語言之際進行高速交換的流通現象與效果，雖可能讓《莊子》的哲學精確性貶值，但同時也

1　關於道家的書寫與隱喻的關係，參見拙文，〈神話・變形・冥契・隱喻——老莊的肉身之道與隱喻之道〉，《臺大中文學報》第 33 期；〈從《老子》的道體隱喻到《莊子》的體道敘事——由本雅明的說書人詮釋莊周的寓言藝術〉，《清華學報》新第 40 卷第 1 期，現皆收於拙著，《當代新道家——多音複調與視域融合》第五章和第六章。

造成了它的文學豐富性飆升。或者說，它讓哲學向文學位移而產生文／哲交融的風格。從郭象以來，《莊子》主要被玄學思潮設定為哲學文本來閱讀；[2] 爾後道教注莊傳統又將其設定為宗教文本，[3] 大抵上到宋代劉辰翁採取隨文評點的閱讀方式，才特別注意《莊》書的散文藝術、美學特徵、小說性格；[4] 民國以來，將《莊子》視為哲學文本的閱讀群則又占據了學界主流；[5] 雖亦有從美學與藝術精神角度來談莊，[6] 但仍較缺乏從文學角度深論《莊子》文本之大義者。[7]

　　《莊子》這種「哲→文」位移所產生的交融現象，是本文所著迷並嘗試扣問的課題。由此筆者想進一步探討《莊》書自覺的書寫策略，其所彰顯的文學力量和文本空間，到底有何深意？尤其他和自由、創造的關係為何？和權力批判、意識型態解放的關

2　郭象《莊子注》主要從儒道調合的玄理哲學角度解莊，參見莊周著，郭慶藩輯，《莊子集釋》。

3　成玄英的《莊子疏》，主要是從佛教和道教融會的重玄學角度疏解《莊子》。

4　方勇，〈劉辰翁的《莊子南華真經點校》〉，收於氏著，《莊子學史》第二冊（北京：人民出版社，2008 年），頁 184-189。劉辰翁所注意到的《莊》書文學性，從本文立場看，僅觸及《莊》書文學的外核，還未進入深層內核，若以巴特觀點看，最多只能觸及「文之悅」，還未能達至「文之醉」，底下將有論述。

5　牟宗三順郭象注莊觀點而加以現代哲學概念之細緻化，這種現代哲學性格的讀莊方式，隨著學術的嚴格化傾向，已是主流。牟宗三，〈向、郭之注莊〉，收於氏著，《才性與玄理》，頁 168-230。另外牟宗三對《莊子》採哲學典式型閱讀，參見牟宗三講述，陶國璋整構，《莊子齊物義理演析》（臺北：書林出版公司，1999 年）。

6　如徐復觀，《中國藝術精神》，頁 45-143；顏崑陽，《莊子藝術精神析論》。

7　黃錦鋐雖著〈莊子之文學〉，但顯得隔靴搔癢，難入三昧，尤其將《莊子》視為「隱逸文學」，則錯失《莊子》文學性格中的批判大義。參見氏著，《莊子及其文學》（臺北：東大圖書公司，1984 年），頁 45-57；比較能觸及《莊子》文學之大義者，聞一多和林順夫皆算是，見氏著，〈莊子〉，《聞一多全集》第二冊「古典新義」，頁 275-290；氏著，〈第一編《莊子》的文學解讀〉，《透過夢之窗口》，頁 1-134。

係又是什麼？筆者認為，《莊子》書寫風格的文學探討背後，當有修辭之外的遊戲弦音有待被聆聽，一旦我們能從修辭的文學風采，深入到語言顛覆與創造的文學力道，那麼我們將更能理解它脫冕哲學／加冕文學的謀略，而使文學與哲學的邊界模糊化以復歸「道／言」一體流變的本色。而《莊子》書寫風骨的文學力量及其創設的文本空間，關鍵便在：流變所帶來的破壞與創造這雙重力量的同體異用。

　　為使《莊子》這部文／哲合一的經典文本產生古典新義的語域效果，本文採取的閱讀策略，乃將其放在當代法國思潮之「後結構主義」對語言批判的脈絡中，尤其以羅蘭・巴特對文學與文本的創造性洞見來作為互文性對話。希望用「跨文化批判」的方法取代比較哲學，以利進行持續性的思想流變運動與語言自由創造的生長性閱讀。[8] 換言之，本文採取的詮釋態度，主要在於巴特與莊子的「跨文化批判」之互文對談與撞擊，而非採取「比較哲學」的方式，因為比較哲學通常預設兩造被比較的思想對象各具本質性，因此大都採取靜態式的客觀比較，而非動態性的互文生長。正如從事「跨文化批判」的德國學者何乏筆所指出的：

> 比較研究的局限性乃在於無法脫離己者與異己的邏輯及相關的「理解」詮釋學。就此，比較哲學是否以文化的相似性或文化的對比性為焦點是次要的：兩種方式都無法充分回應跨文化哲學的動態發展。[9]

8　「跨文化批判」概念主要吸收自何乏筆，尤其近來他亦將此方法運用到法國莊子學的研究領域，可謂與筆者的關懷有相契處。參見何乏筆，〈跨文化批判與當代漢語哲學〉，《修養與批判——跨文化視野中的晚期傅柯》。

9　何乏筆，〈跨文化批判與當代漢語哲學〉，《修養與批判——跨文化視野中的晚期傅柯》，頁 16。

跨文化批判的思路建立在濃厚的後結構主義對「本質主義」的批判洗禮（所以這種方式特別契合莊子與巴特這種解構式的思維態度），因此希望超越比較哲學看似嚴謹的客觀主義立場，著重在跨文化文本或思想的相互過渡，以走向差異生長的動態發展。可見跨文化批判著重在思想的動態未來性，而非兩種過去式思想客體的靜態比較。對本文而言，正是希望古代、東方的莊子與現代、法國的巴特，在筆者跨文化閱讀後能遇合出思想的未來性。尤其讓《莊子》繼續發揮它的現代活力，生長出它積極介入當代議題的批判力道，亦即所謂「當代新道家」的可能性。[10]

　　本文所以將《莊子》放在「後結構主義」脈絡來重新審視，絕不在標新立異，而是發現兩者對語言的反思態度之契近性，尤其對語言結構的權力批判、意識型態之解構，及語言虛構的活化與妙用之力量，都有相契的洞見與關懷，因此才引發筆者嚴肅以對的興味。對《莊子》採取後結構主義視域之閱讀策略，也正好是目前法國莊子學的發展趨勢，他們藉此大大闡發《莊子》對權力之批判與虛構之活力，和筆者近年來的關懷相互呼應。[11]但法國學者所以從當代法國跨文化地閱讀東方古典《莊子》，自有其結構／後結構、現代／後現代的西方文化如何繼續生長的焦慮，而筆者所以從東方古典《莊子》跨文化地尋找當代法國同道，也

10　「當代新道家」是筆者多年來的關懷所在，其內涵參見拙著，〈自序：走向當代新道家〉，收於《當代新道家——多音複調與視域融合》。

11　如畢來德、葛浩南、樂唯、余蓮，基本資料請參見《中國文哲研究通訊》第18卷第4期「自我技術與生命機制：法語莊子研究專輯」。近年來中研院文哲所何乏筆組織幾次有關法國莊子學研究的工作坊，此舉對《莊子》的當代詮釋，尤其跨文化批判的意義很重要。筆者亦曾參與工作坊，並發表〈身體、氣化、政治批判——畢來德《莊子四講》與〈莊子九札〉的身體觀與主體論〉，收錄於《中國文哲研究通訊》第22卷第3期「畢來德與跨文化視野中的莊子研究專輯」（上），頁59-102。

另有自身「當代新道家」的現世、本土關懷在。

　　其次，本文選擇後結構主義視域來嘗試讀莊、解莊，還因為後結構主義的思想巨匠（如傅柯、德希達、德勒茲、巴特）都清楚意識到，哲學概念的表象活動已近乎死亡，[12] 唯有書寫能重新找回它的戲劇性張力，才能復活書寫的力量，因此他們都呼籲哲學與文學邊界的拆除，也親身實踐文學活語對哲學死句的滲透與拯救。正如德希達解構了哲學與文學的邊界（透過亞陶〔Antonin Artaud〕），企圖關閉表象，來重新打開另一種既古老又新穎的戲劇性語言：

> 這種新型戲劇寫作將不再占據作為詞的標記的那種有限的位置，它涵蓋的將是這種新語言的整個場域：不只有語音文字及言語的轉譯，而且還有象形文字，即語音要素與視覺、圖像和造型要素相配合的那種文字。[13]

這種看得見表情、聽得見聲音、感受到如在目前、動人心魄的戲劇性文字，不正是《莊子》處處閃現的靈光嗎？這種書寫不再字字斟酌概念的定性定位之有限位置的標記，而欲使文字回復隱喻的流動、交換。如此一來，語言的位置不再有限，而是不斷促成思想運動的位移，而這種戲劇性的文字遊戲一開啟，便展開文學力度對哲學邊界的踰越。從此角度看，法國後結構主義的破壞與創造之路，與《莊子》的文化批判與治療活化之道，可以跨文化地互取對方精華，而又各自用心於自身的思想運動。

12　所謂「哲學終結」（表象的死亡），是海德格首先提出，並由此轉向另一種帶有濃厚詩意美學的「沉思之思」，參見海德格著，孫周興選編，〈哲學的終結和思的任務〉，《海德格爾選集》（下），頁 1242-1261。

13　〔法〕德希達著，張寧譯，〈殘酷劇場與表象的關閉〉，《書寫與差異》（臺北：麥田出版公司，2004 年），頁 472。

　　最後，本文特別從後結構主義大師群中挑選羅蘭‧巴特作為
對話對象，主要還考量一個判斷：筆者認為在後結構主義的巨匠
中，巴特在書寫氣質上最相契《莊子》。雖然巴特在思想廣度的
恢宏和深度的細緻，都不如傅柯、德希達和德勒茲，但若就誰能
將後結構主義對語言的反思徹底落實為書寫風格，巴特則又是其
中第一人。[14] 假如後結構主義對語言的反思終究是要實踐在語言
和文本的操作上，那麼巴特便可視為後結構主義的一座頂峰。巴
特是遊戲語言、逃逸語言、創造語言的大師，他自覺將後結構主
義對語言的哲學洞見，樂此不疲地發用為文學的遊戲與文本的創
造（正所謂「文之悅／醉」）；由此，筆者極有興味地持續讓巴特
和莊子產生彼此生長的對話，目前已完成兩篇文章，[15] 本文則要
將對話的觸角，延伸到文學力量與文本空間這兩個二合一的議
題來。

14　後結構主義者幾乎都意識到差異書寫的實踐必要，只是徹底的程度有別而已，
　　筆者個人認為巴特在這點上最究竟，也最契合《莊子》書寫技藝。筆者引兩段
　　傅柯的話，即可證明後結構主義者的共通書寫立場：「我從未想同樣的事物，
　　因為對我而言，我的書作為一種經驗，即作為最充實意義下的經驗。經驗乃是
　　一種使自己轉化的事物。……我寫作是為了改變我自己，而且為了想之前沒有
　　想過的事物。在此意義下，我是一位實驗家。」「對尼采、巴塔耶、布郎修而
　　言，經驗的作用在於將主體從自身拔除，使主體不再是他自身，或將之推到它
　　的毀滅或解體之上。這是一種去主體化的事業。一種將主體從其自身拔除的界
　　限經驗觀念，這就是尼采、巴塔耶和布郎修的閱讀對我的重要性，而我一直將
　　我的書（無論多麼無聊，多麼博學）視為要將我從我自身拔除的直接經驗，而
　　且使我避免一直作為同樣的人。」轉引自何乏筆，《修養與批判──跨文化視野
　　中的晚期傅柯》，頁 152、153。
15　拙文，〈莊子與羅蘭‧巴特的旦暮相遇──語言、遊戲、權力、歡怡〉，《臺大
　　中文學報》第 37 期，頁 1-50；〈論道家的逍遙美學──與羅蘭‧巴特的「懶惰
　　哲學」之對話〉，《臺大文史哲學報》第 69 期，頁 1-37。

二、謬悠、荒唐、無端崖：虛位、漂浮、差異化的書寫策略

　　《莊子》開篇〈逍遙遊〉，若從哲學角度看，涉及「自由」的心靈之美如何可能之超越課題，然而〈逍遙遊〉的描述，卻起手於奇幻而怪誕的魚、鳥變形神話之想像虛構。據〈逍遙遊〉自述，「鯤化鵬徙」來自於齊諧志怪之書的新編改寫，即對齊國地方神話的重新想像。嚴肅哲理與荒誕神話的理事合一，學者或許見怪不怪而習以為常了，反正《莊子》的幽默是一貫風格，只要撥開神話外衣，直探逍遙的哲學諦理，便是讀者撥雲見日的理性方針，不必迷離於神話虛構之外衣。但如果不想錯過這個怪異現象的內裡——嚴肅的哲學課題／奇幻的神話虛構合謀共生——那麼此事也許仍另藏玄機。

　　神話的想像與虛構，在《莊子》書中絕不少見，單是〈逍遙遊〉一篇，至少就還有更奇幻迷離的情節，所謂「藐姑射之山，有神人居焉，肌膚若冰雪，淖約若處子。不食五穀，吸風飲露；乘雲氣，御飛龍，而遊乎四海之外……之人也，物莫之傷，大浸稽天而不溺，大旱金石流土山焦而不熱」。[16] 一再出現的神話構設與鋪排，難道不是莊子自覺的書寫策略？若是，則一再重返的虛構旋律豈不會降低所欲傳遞的哲學主調？思想之嚴肅性、精確性、可信度，不會被天馬行空的怪誕情節給沖淡？莊子為何一再自毀其精確思想之前程，甚至一再將自己的觀點或命題給遊移、徘徊、甚至顛覆掉？

　　讀者總是一再看到那些不怎麼確定的自我設問語氣，單以

16　莊周著，郭慶藩輯，〈逍遙遊〉，《莊子集釋》，頁 28-31。

〈齊物論〉為例，就可以讀到頻繁出現的徘徊口氣：「果有言邪？其未嘗有言邪？」[17]「亦有辯乎？其无辯乎？」[18]「果且有成與虧乎哉？果且无成與虧乎哉？」[19]「今我則已有謂矣，而未知吾所謂之其果有謂乎？其果无謂乎？」[20]「庸詎知吾所謂知之非不知邪？庸詎知吾所謂不知之非知邪？」[21] 等等。〈齊物論〉堪稱是《莊子》最具哲學深度和理論表述的篇章，依然處處可見神話情節（如乘雲氣、騎日月而遊乎四海之外的神人情節就是，而莊周夢蝶也是美麗的神話新編），以及遊移不定的文字風格；假使我們可以同意先排除《莊子》書寫者是個不可知論者（所以自我懷疑甚至矛盾反而是可被理解和接受的邏輯合理性），[22] 那麼我們便得要認真思考：《莊子》刻意「不認真」對待其所表述出來的語言，它的「不認真」到底有何「真意」？《莊子》如此「遊戲」語言，「遊戲」到底藏有什麼「玄機」？

　　《莊子》的書寫者從不隱藏其遊戲語言的態度，甚至很坦白地承認其書寫風格就在於不認真和荒謬性。此舉正由〈逍遙遊〉肩吾對連叔的質問中呈現出來：「吾聞言於接輿，大而无當，往而不返。吾驚怖其言，猶河漢而无極也；大有逕庭，不近人情焉。」[23] 而近乎人情之思維模式的惠施（卻缺乏詩性感通和神話想

17　莊周著，郭慶藩輯，〈齊物論〉，《莊子集釋》，頁 63。

18　莊周著，郭慶藩輯，〈齊物論〉，《莊子集釋》，頁 63。

19　莊周著，郭慶藩輯，〈齊物論〉，《莊子集釋》，頁 74。

20　莊周著，郭慶藩輯，〈齊物論〉，《莊子集釋》，頁 79。

21　莊周著，郭慶藩輯，〈齊物論〉，《莊子集釋》，頁 92。

22　筆者反對「不可知論」這種太過表面的論斷，它將造成真人與真知的落空，對道家哲理的損害，不言可喻。學界雖少有人採這極端主張，但《莊子》的徘徊語句也可能容易造成這種淺解，所以重點還是在於如何深解這種自我質問的反思立場。

23　莊周著，郭慶藩輯，〈逍遙遊〉，《莊子集釋》，頁 26-27。

像能力），同樣也曾以類似方式質疑莊周天馬行空式的話語方式和內容，不切於實用和實際：「今子之言，大而无用，眾所同去也」。[24] 而〈天下〉篇更明言莊周與《莊》書對「說、言、辭」的態度和立場：

> 莊周聞其風而悦之，以謬悠之說，荒唐之言，无端崖之辭，時恣縱而不儻，不以觭見之也。以天下為沉濁，不可與莊語，以卮言為曼衍，以重言為真，以寓言為廣。……其書雖瓌瑋而連犿无傷也。其辭雖參差而諔詭可觀。[25]

細心的讀者，必會注意到〈天下〉這一篇重要文獻，在評述莊周學術風格的總精神時，幾乎用了一半篇幅在描述其「三言（寓、重、卮）」的書寫風格和文字特徵在於謬悠虛遠、荒唐無畔、無端無崖、恣縱放任、不偏片儻、不觭一見、不端莊語、奇特瓌瑋、連犿混融、參差不定、奇異諔詭。這確實很令人驚訝與困惑，《莊子》之道的表述竟然呈現出如此「恢恑憰怪」而參差不齊的語言風貌上（亦即差異而千變萬化的語言流變風格上）。

《莊子》自述對語言遊戲、不莊之姿態，不禁讓讀者聯想起巴特晚年在〈法蘭西就職講演〉一文中，一再宣揚的「玩虛弄假」態度：

> 我不滿於重複已經說過的東西，不滿於安然地為符號所奴役；我說話，我斷言，我反駁著我所重複的東西。……對我們這些既非信仰的騎士又非超人的凡夫俗子來說，唯一可做的選擇仍是，這種躲躲閃閃，這種輝煌的欺騙使我們得以在權勢之外來理解語言，在語言永久革命的光輝燦爛

24 莊周著，郭慶藩輯，〈逍遙遊〉，《莊子集釋》，頁39。
25 莊周著，郭慶藩輯，〈天下〉，《莊子集釋》，頁1098-1099。

之中來理解語言。我願把這種弄虛做假稱作文學。[26]

一位作家（我用這個稱呼不是指一種功能的所有者或一種
藝術的僕人，而是一種實踐主體，應當稟賦監督者的頑
強，他位於各種其他話語的交匯處，與各種學理的純粹性
相比，他的地位是輕浮）。[27]

他把符號當作一種有意的圈套加以玩弄，他對此加以玩味
並使別人也加以玩味和領悟其媚力……它偏愛的對象是各
種想像的文本……它們都玩弄著一種似真的表面性和真實
的不確定性。我想把「符號學」稱作這樣一種運作的過
程，按照這一過程有可能（甚至有必要）把符號當作一塊
彩色的面紗，甚至當作一種虛構物來加以玩弄。[28]

而巴特居然把這種輕浮、閃躲、把玩、虛構、不定的文字技藝，
視為「文學（符號學）」的深層本懷。

荒誕不經、輕浮不莊的語言遊戲、符號把弄，之所以讓晚年
巴特視為文學之道，乃因為只有經由這種文字技藝的實踐，方能
解構語言結構的法西斯主義，[29] 而使「主體」臻至「悅／醉」合
一的自由、快樂之境：

26　羅蘭・巴特著，李幼蒸譯，〈法蘭西就職講演〉，《寫作的零度》，頁 7。
27　羅蘭・巴特著，李幼蒸譯，〈法蘭西就職講演〉，《寫作的零度》，頁 12。
28　羅蘭・巴特著，李幼蒸譯，〈法蘭西就職講演〉，《寫作的零度》，頁 19。
29　巴特如是說：「語言是一種立法，語言結構則是一種法規。我們見不到存在於
語言結構中的權勢，因為我們忘記了整個語言結構是一種分類現象，而所有的
分類都是壓制性的：秩序既意味著分配又意味著威脅。……同樣，語言按其結
構本身包含著一種不可避免的異化關係。說話，或更嚴格些說發出話語，這並
非像人們經常強調的那樣是去交流，而是使人屈服：全部語言結構是一種普遍
化的支配力量。……語言結構運用之語言既不是反動的也不是進步的，它不折
不扣地是法西斯的。因為法西斯主義並不阻止人說話，而是強迫人說話。」羅
蘭・巴特著，李幼蒸譯，〈法蘭西就職講演〉，《寫作的零度》，頁 5-6。

諸多整體語言之間的雜亂達礙已不再是種懲罰，經由種種群體語言的同居，交臂迭股，主體遂臻醉境：悅的文，乃是幸福怡然的巴別（Babel），通向成功的巴別。（悅／醉：自術語來說，仍然搖曳不定，我吞吞吐吐，含含糊糊。無論如何，終歸存在著模糊的幅度；區分將不是精確不移的分類的根據，眾聚合體將晃搖不穩，意義可移易，取消，變換，話語呈斷片狀。）[30]

《聖經‧創世紀》第十一章記載：「耶和華在那裡變亂了天下，人人分散在全地上，所以那城名叫巴別，就是變亂的意思。」亦即耶和華用多元而差異的語言來破除人心的同一性，令人心和語言一樣多元而混亂。而巴特則重新解釋這段神話，他反而要肯定語言差異（非同一）的隱喻多義立場。誠如屠友祥譯注巴特此話所言：

眾語言共居，無支配，無鬥爭，永遠處於既定的普遍規則之外，身為語言，卻擺脫了語言律則的規約，存在矛盾，但矛盾無法納入秩序，不合乎名理，也就是不去安排、解決矛盾。前面那個斷片「肯定」是對不定不決的肯定，這「變亂」則肯定亂，在亂中擺脫限定，獲取欣快。實則都屬偏離的運作。[31]

若以巴特之眼來閱讀文本不莊的書寫風格，那麼《莊子》文字技藝、文學之道的關鍵，一樣在於「擺脫限定，獲取欣快」這八字真言上，亦即「自由」與「喜悅」。然而即自由即喜悅之境，對《莊子》言，當不能離開真人（非主體）對「芴漠无形，變化无常」的氣化（道之流變）參與，而參與方式若表現在語言

30　羅蘭‧巴特著，屠友祥譯，〈二、巴別〉，《文之悅》，頁4。
31　羅蘭‧巴特著，屠友祥譯，〈二、巴別〉，《文之悅》，頁7。

上，便不得不呈現氣化無常的文學風貌，也就是能「應於化而解於物」的卮言遊戲。[32] 卮言無端無際、圓轉無礙地漫延流動，它在語言的限定之中不斷造成偏離作用，如此才使得自由的間隙一再被敞開出來。

三、環中是第三條路：解構「此亦一是非，彼亦一是非」的語言法西斯主義

巴特直言：看似玩虛弄假、躲躲閃閃的輕浮態度，實來自「洞見」而有的「策略」。「偏離運作」的策略，是為了「擺脫限定」，也就是要逃逸「語言結構」迫使人以「同一性」重複既定思維與言說的法西斯霸權。即對符號結構的穩定性加以搖晃甚至捨棄，[33] 以使藏身在定名、分類下的意識型態，[34] 也跟著恍兮惚兮地一起崩塌下來。如此，主體也就臻至「非同一性」的「悅／

32　卮言的分析可參見楊儒賓，〈有沒有「道的語言」——莊子論「卮言」〉，楊儒賓等，《中國文學新境界——反思與觀照》；其實《莊子》的寓言也是一種圓通無礙、氣化流行的語言形式，參見莊敦榮，《莊子說道——論其寓言中的氣化與語言》（嘉義：中正大學中國文學研究所碩士論文，2010 年）。

33　「只要文字、命題、觀念等成為一種穩定狀態，成為老套之時（老套的意思指的就是穩定），他即加以捨棄。」羅蘭・巴特著，劉森堯譯，〈真實與可靠性〉，《羅蘭・巴特論羅蘭・巴特》，頁 70。

34　「文的活潑，乃是其醉的本意：恰在此處，它超出要求，凌越絮呷，藉此，它欲掙脫、沖決形容詞的限制——形容詞是語言之門，經此，意識型態物與想像物便汩汩而入。」羅蘭・巴特著，屠友祥譯，〈五、活潑〉，《文之悅》，頁 16。巴特一再想逃脫「形容詞」對主體的捆綁和餵養：「當一個形容詞以純粹老套姿態進入一個語言之時，這時意識型態之大門必將大開，因為意識型態經常是離不開老套的。」羅蘭・巴特著，劉森堯譯，〈形容詞是欲望的證言〉，《羅蘭・巴特訪談錄》，頁 220；「他無法忍受自己的意象，他為被定名所苦。他認為人類之間的完美關係，定位在這個意象的空隙之間：抹除人與人之間的形容詞。」羅蘭・巴特著，劉森堯譯，〈形容詞〉，《羅蘭・巴特論羅蘭・巴特》，頁 49。

醉」之境,並由於人遊牧在語言法規的權力空隙之中,使得語言之間的隱喻交換不斷產生新語境而照亮了新思維,如此方有自由創造可言。而偏離策略要不墮入空洞虛無,前提必得有貨真價實的「洞見」,亦即看清語言「結構」所導致的權力支配。

所謂語言結構便是結構主義所著迷並認定的人類普遍思維方式之基礎:二元對立的分類方式。[35] 所以巴特從早期的結構主義者蛻變為晚期的後結構主義者,關鍵便在於從二元對立的著迷到二元對立的顛覆之轉向。[36]

語言結構的二元對立性,其實也是〈齊物論〉的「物論」所在。熟悉《莊子》義理者,都知道〈齊物論〉要旨之一在於洞察、批判、包容、超越「物論」。而「物論」是指人這個語言符號使用者(言者),在使用符號去認知指涉事物的同時(有言),必然將語言結構特有的二元分類方式強加在事物身上,結果產生一連串「是非對立」的排中現象。因此《莊子》繼承《老子》第二章「天下皆知美之為美,斯惡已;皆知善之為善,斯不善已。故有无相生,難易相成,長短相較,高下相傾,音聲相和,前後相隨」的洞見,進一步分析人類這種美醜傾軋、善惡鬥爭的倫理

---

35 結構主義與二元結構的分類關係,李維史陀(Levi-Strauss)的神話語言分析便是典範。參見〔英〕愛德蒙・李區(Edmund Leach)著,黃道琳譯,《李維史陀》(臺北:桂冠圖書,1998 年)中精要的分析。

36 「有一陣子,他對二元對立很著迷;二元對立成為他熱愛的對象。他不眠不休一頭栽進這個概念裡頭。……把他帶離符號學的,首先是愉悅(jouissance)的原則:放棄二元對立的符號學再也引不起他的興趣。」羅蘭・巴特著,劉森堯譯,〈愛上一個概念〉,《羅蘭・巴特論羅蘭・巴特》,頁 61-62。關於晚期巴特對語言結構的二元對立之批判,及前期結構主義到晚期後結構主義的轉變和差異,拙文,〈論道家的逍遙美學──與羅蘭・巴特的懶惰哲學之對話〉、〈莊子與羅蘭・巴特的旦暮相遇──語言、遊戲、權力、歡怡〉做過較詳細的分析。

價值意識型態，其關鍵便出自語言結構的「彼／是」對偶性：

> 物无非彼，物无非是。自彼則不見，自知則知之。故曰彼
> 出於是，是亦因彼。彼是方生之說也，雖然，方生方死，
> 方死方生；方可方不可，方不可方可；因是因非，因非
> 因是……是亦彼也，彼亦是也。彼亦一是非，此亦一是
> 非。[37]

「物无非彼，物无非是」之「物」，已是人類符號認知眼光
下的「物論」。而作為認知主體（我）的心識狀態，《莊子》又稱
之為「知」。這種人類中心主義的語言符碼之認知活動，〈齊物
論〉又將其批判為「成心」之知。所以「物論」的「是非」並不
來自事物的先驗本質，而是來自語言主體的成心構作：

> 夫隨其成心而師之，誰獨且无師乎？奚必知代而心自取者
> 有之？愚者與有焉。未成乎心而有是非，是今日適越而昔
> 至也。是以無有為有。[38]

只要是人，必都因為語言符號的習得而內化成思維慣性，而有了
「自我觀之」的特定時空模型之認識型態，這便是成見之意識
心。成心造就了一套套：美／醜、善／惡……的劃分範疇，也因
此成就了屬於它自身的分類秩序、價值標準，而出現了所謂正
處、正味、正色這一類中心價值。

由語言分類而來的定性、定位，是由符號所建構和成就的實
在和意義，然而《莊子》卻在這裡同時看到了：符號成就埋藏著
符號暴力的危機。原本萬物在人類未命名前，沒有肯定也沒有

---

37 莊周著，郭慶藩輯，〈齊物論〉，《莊子集釋》，頁66。
38 莊周著，郭慶藩輯，〈齊物論〉，《莊子集釋》，頁56。

否定之標籤印記，它只是在其自己的「Ｘ」狀態（無所謂正／不正，一切俱只是無名之隱喻），一旦符號植入便有了美醜、善惡的價值等級，結果便落入：肯定（是）與否定（非）的相對相成（彼出於是，是亦因彼）之鬥爭辯證（方可方不可，方不可方可），而大家都變成了成心成見下的是非人（彼亦一是非，此亦一是非）。有了是非的等級秩序、價值標籤，就代表了原來未被限定、裁縮的「無限物」，現在則因為「名以定形」的語言建構，成為有名分本質的「限定物」，而萬物都在名言網絡分際下成為「物論」之對象，也就有了它特定的邊界和常性。對此，〈齊物論〉以嘲諷語氣來加以批判：「夫道未始有封，言未始有常，為是而有畛也，請言其畛：有左，有右，有倫，有義，有分，有辯，有競，有爭，此之謂八德。」[39]「八德」一說帶有嘲諷周文道德名分倫序的符號暴力之意味，此「德」當屬《老子》所謂「下德不失德，是以无德……失道而後有德」的「下德」。這樣意味的八德倫義秩序，也因為限定性（封）、規則化（常），而造成僵化的教條界域（畛）。結果人們便在這二元對立的規矩框架中自我裁抑、相互競爭，〈人間世〉所謂：「德蕩乎名，知出乎爭。名也者，相札也；知也者，爭之器也。二者凶器，非所以盡行也。」[40]

語言結構的法西斯霸權之危險，還不只在於它營建了一個「成／毀」並立的等級秩序，如〈齊物論〉所謂：「无物不然，无物不可。故為是舉莛與楹，厲與西施，恢恑憰怪，道通為一。其分也，成也；其成也，毀也。」[41]語言的切割作用（分），確實

---

39 莊周著，郭慶藩輯，〈齊物論〉，《莊子集釋》，頁83。
40 莊周著，郭慶藩輯，〈人間世〉，《莊子集釋》，頁135。
41 莊周著，郭慶藩輯，〈齊物論〉，《莊子集釋》，頁69-70。

使得原本無大小、無美醜的絕對肯定（道通為一）的「X」世界，渾沌被鑿破而劃分成左派與右派的對立世界。而肯定左派（成也）則必然否定右派（毀也），同理亦然。這種左派與右派成毀並生的狀態，絕不是價值多元的和平樂園，反而是你死我活的權力鬥爭場域。因為不管是左派還是右派，通常都會各自將一己的價值標準給真理化、絕對化、實體化，它們在各自語言符號的成心成見下，只看見單一固著的分類方式，又把這種分類方式給先驗本質化，結果便將原本只是各自一偏之見的立場差異，擴張為正邪不兩立的真理戰爭。對此，〈齊物論〉將其嘲諷為：「故有儒墨之是非，以是其所非而非其所是。」[42] 而〈天下〉篇又將這儒墨是非的鬥爭，擴大解釋為先秦諸子百家的鬥爭：

> 天下大亂，賢聖不明，道德不一，天下多得一察焉以自好。譬如耳目鼻口，皆有所明，不能相通……悲夫，百家往而不反，必不合矣！後世之學者，不幸不見天地之純，古人之大體，道術將為天下裂。[43]

以莊周之道眼看來，先秦諸子「多得一察焉以自好」的百家之盛，其實是話語權爭奪戰的混亂局面，而百家都是「一偏之見」下，不能自覺自制的「是非人」。若用巴特的話說，諸子百家都是語言法西斯逼迫下，不能不如此繼續爭說下去的語言人質。

　　成心／知見／名分／秩序／倫理／傾軋／鬥爭，在《莊子》看來，其實都是語言二元結構下自然產生的是非邏輯。然而《莊子》並非要完全取消語言的二元結構，因為這將導致語言的完全

42　莊周著，郭慶藩輯，〈齊物論〉，《莊子集釋》，頁63。
43　莊周著，郭慶藩輯，〈天下〉，《莊子集釋》，頁1069。

否棄；[44]《莊子》的立場毋寧說是：首先要自覺地照察無所不在
的語言法西斯主義，以促使語言結構所藏身的意識型態被暴露出
來；其次進行永無止盡的遊戲、逃逸、創造的語言技藝，亦即本
文所謂文學力量之顛覆與創造運動。前面這個照察語言二元魔咒
的工夫，便叫做「莫若以明」、「照之於天」，而後者又叫做「道
樞環中，以應无窮」的境界。兩者其實也是二而一的體用：

> 欲是其所非而非其所是，則莫若以明……是以聖人不由，
> 而照之於天，亦因是也。……果且有彼是乎哉？果且无彼
> 是乎哉？彼是莫得其偶，謂之道樞。樞始得其環中，以應
> 无窮。是亦一无窮，非亦一无窮也。故曰莫若以明。[45]

「莫若以明」之「明」，乃是明察物論是非的「彼／是」之
相偶結構；而「照之於天」則試圖從彼／是相偶的平面對立邏
輯中，找出一個超然的制高點，以產生不落兩邊的超越態度。
「天」所隱喻的「超然態度」，並不指攀援一個完全擺脫語言、
沒有語言的形上高度，而是能在語言二元之環中不斷發現「間
隙」，這便是所謂「道樞」之「環中」，也唯有如此，方能「以
應无窮」。也就是對無窮是非進行無盡地批判、治療、活化、妙
用，以達至〈天下〉篇所謂「不譴是非，以與世俗處」的圓通、
深閎之境界：「其應於化而解於物也，其理不竭，其來不蛻，芒

---

44 關於《莊子》並不走向完全否定語言，最終走向既批判又活化語言的道路，筆
   者暫時稱為「隱喻大開」之路，參見拙文，〈從《老子》的道體隱喻到《莊子》
   的體道敘事──由本雅明的說書人詮釋莊周的寓言藝術〉，原刊《清華學報》
   新第 40 卷第 1 期；〈神話・變形・冥契・隱喻──老莊的肉身之道與隱喻之
   道〉，原刊《臺大中文學報》第 33 期。兩文皆收入拙著，《當代新道家──多
   音複調與視域融合》。

45 莊周著，郭慶藩輯，〈齊物論〉，《莊子集釋》，頁 63-66。

乎眛乎，未之盡者。」[46]

　　莊子自覺要策略性地逃逸二元對立的僵化魔咒，從中不斷找到二元對立之外的第三種可能，活化是非邊界之僵化而使兩端可以流通、交換。對此〈齊物論〉稱之為：「是以聖人和之以是非而休乎天鈞，是之謂兩行。」[47]可見莊子不是要取消是非，更不是要完全棄絕語言，而是讓是非兩端可以相通相達而彼此溝通對話，如此才能找到鬥爭之外的第三條路。這個可以包容、超越並活化「是非兩行」的第三條道路，便是「照天」、「環中」、「道樞」等隱喻所暗指的「空隙」。但真正落實這個「彼是莫得其偶，謂之道樞」的「空隙」態度，必須表現在實際操作的文字技藝上，如此方能有庖丁遊刃的飄逸路線。

四、無何有之鄉與夜總會：語言遊戲中的烏托邦

　　巴特為逃逸語言法西斯主義的強權，也不斷在找尋所謂「第三項」「中性」的烏托邦空間。在這一空間中，價值的統馭（二元分類下的「物論」之好壞等意義標籤）將被淨化或掃除：

> 一方面，「價值」統馭、決定、分類，把好的擺一邊，壞的擺一邊：這個世界有效地展現意義，因為所有一切已經放在有趣和無趣的選項中。另一方面，所有的反對都是可疑的，意義令人疲倦，他想自此休息。「價值」曾武裝一切，現在卻被解除武裝，它被吸入一種烏托邦：不再有反對，不再有意義，甚至不再有價值，而這種掃除行動，一

46　莊周著，郭慶藩輯，〈天下〉，《莊子集釋》，頁1099。
47　莊周著，郭慶藩輯，〈齊物論〉，《莊子集釋》，頁70。

乾二淨。[48]

價值、意義是由人類的語言符號所建構出來的，離不開二元對立結構，其中好／壞被擺在一邊一國，因此這是一個價值中心（有趣）與價值邊緣（無趣）井然有序的等級世界。一切反動的、次級的邊緣事物，幾乎都因符號暴力被視為可疑而被剝奪趣味；而這種由符號標籤所武裝安立的意義網羅，巴特卻說它令人疲憊不堪。很簡單，這些價值其實已淪為價值神話，它控制人們成為意識型態的桶中腦。所以巴特也企圖從「此（好的、有趣的）亦一是非，彼（壞的、無趣的）亦一是非」的二元擺盪中逃出，他想找一處淨土可以休息，那裡不再有被符號暴力犧牲的代罪物，不再有意義、價值神話的管控機制。[49]

巴特掃除行動、一乾二淨所建立的烏托邦，令人想起〈齊物論〉的道樞之地，那批判、包容、超越、活化「兩行」的環中空隙。用〈逍遙遊〉意象說，《莊子》烏托邦的逍遙樂地，在於那超出「有用／無用」（惠施的價值武裝）的「無何有之鄉」，那裡的存在事物都因為逸出「有用／無用」的框架，回到單純的在其自己，沒有一物被高估，同時也沒有一物被低估，這便成就了

---

48 羅蘭・巴特著，劉森堯譯，〈價值的擺盪〉，《羅蘭・巴特論羅蘭・巴特》，頁177。

49 「顯然，他在夢想一個可以免除意義的世界（如同免除兵役）。」羅蘭・巴特著，劉森堯譯，〈意義之免除〉，《羅蘭・巴特論羅蘭・巴特》，頁107。而巴特的《神話學》一書，其實正為了解構時代流行的意識型態、價值神話：「我討厭目睹自然和歷史在每個環節中混淆視聽，我要一路追蹤，在每一件『想當然耳』的情節之中，鎖定意識型態的濫用，而它們在我的眼裡，正潛伏在某個角落。一開始，神話的概念對我而言，似乎就是要解釋這些冒牌事實的幾件事例……神話就是一種語言。」見氏著，許薔薔、許綺玲譯，《神話學》（臺北：桂冠圖書，2000年），頁iii。

「無用之大用」的烏托邦:「今子有大樹,患其无用,何不樹之於无何有之鄉,廣莫之野,彷徨乎无為其側,逍遙乎寢臥其下。不夭斤斧,物无害者,无所可用,安所困苦哉!」[50]

　　沒有暴力者也沒有受害者的烏托邦隱喻,巴特又將之稱為「中性」姿態之地,或者遊離乎二元對立的「第三項」可能道路。它就好像〈逍遙遊〉「彼是莫得其偶」的環中,「照之以天」的非平面性位置:

> 所謂中性並非主動和被動的折衷,而是一種非道德的來回擺盪,簡言之,二元對立的相反。如同價值,中性與社會的掃除力量互相吻合,掃除繁瑣哲學中的二元對立問題,並呈現它的不真實。……中性的姿態:白色寫作、文學劇場的去除──亞當的語言──愉悅的無意義──光滑的──空,無縫緣的──散文──含蓄──「人」的空缺,如非取消,至少不可定位──社會形象的缺乏──判斷、控訴的暫緩──位移──拒絕「擺姿態」──細膩的手法──偏移──愉悅:對炫耀、控制及威嚇的迴避、挑戰,或嘲笑等。[51]

　　「中性」或「中性的姿態」,不可被理解為「折衷」態度,因為「折衷」並不能超越二元對立,反而只是鄉愿姿態。真正的中性姿態就如〈齊物論〉超越「有左有右,有倫有義,有分有辯,有競有爭,此之謂八德」的「非道德」狀態,此乃是自由穿梭、來去自如的遊戲情狀。巴特這種「非道德的來回擺盪」之「非折衷」與「真自由」,也可以視為〈山木〉篇底下的註腳:「材與不材之間,似之而非也,故未免乎累。若夫乘道德而浮遊

50　莊周著,郭慶藩輯,〈逍遙遊〉,《莊子集釋》,頁40。
51　羅蘭‧巴特著,劉森堯譯,〈中性〉,《羅蘭‧巴特論羅蘭‧巴特》,頁167-168。

則不然。无譽无訾,一龍一蛇,與時俱化,而无肯專為;一上一下,以和為量。」[52] 巴特的「中性」主張批判了二元對立,並呈現意識型態的神話虛矯。然後巴特更隨興列舉出各種中性的可能姿態:如文學書寫的遊戲掃除、無意義的純粹愉悅、人類主體中心主義的虛位化、自我同一性自戀的淡泊、判斷的懸擱、漂浮位移的遊牧能力、各種價值武裝的拆卸與嘲諷等等。

耐人尋味的是,巴特竟然將〈逍遙遊〉「無何有之鄉」的烏托邦之地,透過中性姿態的無所不在,將「無何有」之夢鄉隱喻帶回人間世來,甚至帶回到「夜總會」這人聲鼎沸的吵雜之地來:

> 這老夜總會成了半缺席的地帶。在這空間裡,到處是身體,而且互相之間的距離都很近,這很重要。但是這些身體,無名無姓,動作細微,讓我產生一種懶散、輕鬆、飄浮的感覺:每一個人在你身旁,卻沒有人跟你要求什麼。雖然常兩方兼得:在夜總會裡,別人的身體從不會轉變為有「身分」(公民的、心理學的、社會的等等);對我而言,他們只是在散步,而不是跟我說話。……一種具有觸發句子功能的身體。現在,在我語言的創造和餵養它的飄浮的欲望之間,是一種醒悟,而不是訊息。總之,夜總會是一種中性的地方:這是第三項的烏托邦,偏離一組過純的對立詞組:說話/閉嘴。[53]

---

52 莊周著,郭慶藩輯,〈山木〉,《莊子集釋》,頁 668。巴特這種「非道德的來回擺盪」之自由與批判精神,注解了〈大宗師〉所謂:「泉涸,魚相與處於陸,相呴以濕,相濡以沫,不如相忘於江湖。與其譽堯而非桀也,不如兩忘而化其道。」莊周著,郭慶藩輯,〈大宗師〉,《莊子集釋》,頁 242。

53 羅蘭‧巴特著,劉森堯譯,〈擦身而過的身體〉,《羅蘭‧巴特論羅蘭‧巴特》,頁 179-180。

　　巴特嚮往的烏托邦屬於中性之地，它是偏離硬二元論的「第三項」。有趣的是，〈逍遙遊〉的「無何有之鄉」描述，其實還涉及一種未顯化的「身體」情狀，所謂「彷徨乎无為其側，逍遙乎寢臥其下」，便隱藏著另類主體意味的另類身體。[54] 而巴特「第三項烏托邦」則將這另類主體下的身體情狀加以顯題化；簡言之，那便是近乎「無名無姓」的主體與身體，亦即當定名主體和身分身體被淡薄化之後的「慵懶」、「閒散」姿態。[55] 他藉由「夜總會」的身體經驗，描述這種身心狀態有益於「活的語言」之生產：活的語言涉及活的身體（欲望而歡怡的身體），此時的語言方具有如泉始達、如火始燃的力量，故可超脫語言常軌和意識型態的硬束縛。可見，巴特的中性、第三項所隱喻的烏托邦空間，並不是沒有語言之處的神祕界，而是本文前面一再指出的漂移、

54　《莊子》一書各種或顯或隱的多重身體之豐富面向，請參見拙文，〈《莊子》身體觀的三維辯證──符號解構、技藝融入、氣化交換〉，《清華學報》新第 42 卷第 1 期；收於本書第五章。

55　巴特一直嚮往另類主體與身體的懶惰境界，甚至認為東方禪境和道家無為，就是他所欲觸及的懶惰烏托邦：「有一首禪詩，很簡單，卻令我著迷不已，這首詩說明了我所嚮往的懶惰境界：靜靜坐著什麼都不做，看著春天來了，草慢慢長了出來。這首詩譯成法文之後，形成為很有味道的一種錯格形式，一種語法結構上的斷裂，這裡的主體並不是靜靜坐著的人，也不是春天，這種結構上的斷裂指出了懶惰的狀態，主體的位置被剝奪了，我們看不到『我』的位置，這是真正的懶惰，在這樣的時刻裡，已經沒有必要說出『我』的存在了。」「我說過『做什麼才好』，這正是形成我們生活中思慮重重的經緯，好比佛家所說的『業障』，也就是說，有許多的因會不斷促使我們去行動和去反應，煩惱因此而孳生。『業障』的相反是『涅槃』，一個人如果不時為『業障』所苦，那麼他可以期待並追求『涅槃』，懶惰因此也可以說採取了一種空無的姿態。真正的懶惰在本質上是一種『不作決定』的懶惰，是一種『在那裡』的懶惰……既不參與，也不離開，就是『在那裡』。……我認為道家思想中即存在有一種『什麼都不做』的懶惰哲學，亦即所謂的無為。」羅蘭·巴特著，劉森堯譯，〈我們敢於疏懶〉，《羅蘭·巴特訪談錄》，頁 436、437。

浮動的「應無所住」之位。「無住之位」乃是遊戲之位移,[56] 它不斷自我逃逸以讓出空隙、尋得新位,如此便是在語言世界之中找到自由的烏托邦。筆者認為〈人間世〉所提及的:「入遊其樊而无感其名……絕迹易,无行地難。」[57] 便可以用巴特的「非場域」(不定住所)來加以註腳;所謂烏托邦不是在彼岸、也不否棄名言,而是在名言之樊中,能無感其名、能不定住所。

烏托邦不在遠方也並不虛幻,不必流浪到他方才能找到歸宿,它的立腳處就在語言網絡中。[58] 烏托邦的開啟與否只在於它能不能不斷打開語言網絡,造就一個語言高速交換的差異流動;這便又再度呼應了「得其環中,以應无窮」的兩行之道,原來「環中」就在「兩行」高速而無窮的交換場所中發生妙用。結果巴特和《莊子》的烏托邦之地、無何有之鄉,都回到了文字之地、書寫之處的無窮差異中。[59] 不管是政治夜總會的權力場(如

---

56 巴特的「非場域」一概念,可以再次將烏托邦的空間隱喻還原回來:「入檔——我被作成檔案,定位到某個地方(知性的),或是有種性階級之分的住所(或是社會階級)。有個獨一無二的內在教條與此相抗衡:非場域(不定的住所)。非場域比烏托邦更勝一籌。」羅蘭・巴特著,劉森堯譯,〈非場域〉,《羅蘭・巴特論羅蘭・巴特》,頁 57。

57 莊周著,郭慶藩輯,〈人間世〉,《莊子集釋》,頁 148-150。

58 巴特批評那種渴望徹底活在語言之外的純淨想望是不切實際的,因為他發現:「遺憾的是人類語言沒有外部,它『禁止旁聽』」;而神祕主義渴望越出語言之外來逃避權力追捕,巴特毫不留情地認為這是「求諸不可能之事」他認為唯一踏實的道路只有一途:「正是在語言內部,語言結構可能被抗拒和使本身偏離正軌。」羅蘭・巴特著,李幼蒸譯,〈法蘭西就職講演〉,《寫作的零度》,頁 7-8。

59 「烏托邦(傅立葉的說法):在這個世界中,所有不同皆不再互不相容。」羅蘭・巴特著,劉森堯譯,〈排斥〉,《羅蘭・巴特論羅蘭・巴特》,頁 105。可見「得其環中,以應无窮」的道樞烏托邦,並非要統一言論或取消言論,反而包容了無盡差異的物論兩行。

〈人間世〉所描繪），還是廚房夜總會的屠宰場（如〈養生主〉所描繪），還是巴特所描繪的酒吧夜總會的遊樂場，都可能從中找到第三條空隙之路、中性之地，從中滋長出活的身體和活的話語。

五、弔詭之夢：書寫是為了「改變主體」並創造「夢的文本」

書寫《莊子》者顯然透過神話思維、詩性隱喻、寓言敘事、插曲斷裂、格言警句、插科打諢、自我質疑等等方式，來打破同一性思維慣性（成見之封）、意識型態牢籠（有蓬之心），以驅逐自我的自戀化、文本的封閉化、語言的實體化，結果造就了巴特嚮往詩化之「夢的論述」：

> 所有的論述皆是「詩化的」（其中沒有價值判斷），如果論述中的文字導引概念：你喜歡文字，你臣服於文字之下，你便脫離了以符旨為主的律則，以傳意為主的寫作。此乃不折不扣夢的論述。[60]

巴特這種「夢的論述」令人想起巴舍拉（Gaston Bachelard）「夢想的詩學」，而我們亦可暫將「莊周夢蝶」這個神話詩性隱喻，另類解讀為有關《莊子》文本的書寫與閱讀的暗示，它邀請書寫者和閱讀者都共同進入主客交融的「夢之文本」。

書寫者不但自身要有高度自覺，並且也還要有高超的文字技藝和操作發明，以創造一個由語言拼盤所構成的文本烏托邦。在

---

60 羅蘭・巴特著，劉森堯譯，〈什麼樣的推理〉，《羅蘭・巴特論羅蘭・巴特》，頁193。

這烏托邦中，如巴特言，「作者已死」（寫作時已實踐了主體的取消而裂變為語言之流），也期待將來的讀者能在這文本烏托邦中重生另類悅／醉主體和身體；誇張一點說，理想的寫／讀關係乃在於無作者也無讀者，大家都只是參與了相續不斷的語言之流，都只是在氣化流行的卮言運動中，虛構了一個穩定與不穩定之間的暫時主體，自己與自己將「不一亦不異」地繼續裂變下去。

然而這並非取消主體而導向虛無主義，只是取消先驗本質的實體性主體，仍願承認歷史所建構的暫時主體，而強調這個歷史主體是被語言構作，且將會差異化地演變下去：

> 為了打破根源，他首先徹底使「自然」成為文化：沒有自然事物，不存在任何地方，只有歷史。然後他將此種文化（他相信班甫尼斯特所說，所有文化都是語言）重新置於論述的無止盡運動中，一層疊著一層（而不是生殖），好比是疊手遊戲一般。[61]

換言之，除了這個語言之流的層疊互文之遊戲所暫時構作的歷史文化主體外，根本沒有任何不變動的根源作為托體或發動者。[62]了解這一點，非但不導向虛無主義，反而興發了綿綿無盡的語言

61　羅蘭‧巴特著，劉森堯譯，〈根源的背叛〉，《羅蘭‧巴特論羅蘭‧巴特》，頁176。

62　巴特這一點和傅柯相契或者受到傅柯的啟發，亦即反對「先驗主體」，但同意「歷史主體」。據何乏筆的研究，傅柯的主體觀乃從對主體概念的尖銳批判以及「去主體化」的讚美，發展到晚期另類的主體化概念；而這個另類的主體化，據德勒茲的詮釋，乃是「無同一性的主體」，而主體化所形成的「域內」只是「域外」的皺摺而已。而何乏筆則認為這個力量的皺摺可以發展出倫理風骨甚至倫理學。不管如何，語言文化構作下的歷史主體是存在的，但皺摺所團聚的點，沒有實體不變的硬核，所以依然是力量之流。參見氏著，《修養與批判——跨文化視野中的晚期傅柯》，頁56、126、132、153。

遊戲、文化創造之書寫生機。

〈齊物論〉有一難解的弔詭夢論：

> 夢飲酒者，旦而哭泣；夢哭泣者，旦而田獵。方其夢也，
> 不知其夢也。夢之中又占其夢焉，覺而後知其夢也。且有
> 大覺而後知此其大夢也，而愚者自以為覺，竊竊然知之。
> 君乎，牧乎，固哉！丘也與女，皆夢也；予謂女夢，亦夢
> 也。是其言也，其名為弔詭。萬世之後而一遇大聖，知其
> 解者，是旦暮遇之也。[63]

其實弔詭之夢的解答之鑰，在於看清主體同一性的虛妄：不
管是飲酒作樂的主體，哭泣傷感的主體，還是田獵狂熾的主體；
也不管是夢中的主體，甚至夢中之夢的主體，還是醒來的主體
——誰都免不了「物化」流變的命運。常人總直覺好似有一實體
（我）在統一著夢／覺更迭的主體流，然對莊周而言，那只是被
名言實體化所欺騙的假相，實情只有一個，那便是只存在裂變不
息的主體之流。而真正覺悟者之主體，也是「亦夢也」般如幻如
化的主體之流；不但凡人的主體如夢如幻，看清凡人如夢如幻
的真人主體也依然如是，這便是所謂「弔詭」。而真知並勇於接
受主體裂變之實相，才是「大覺」，那麼不管日常還是作夢的主
體，皆同為名言妄執之產物，本相都是變化常新。唯有觀照主體
自我的變化流行之實然，方能參與弔詭而不迷，甚至遊戲其間而
歡怡，莊周便是這樣的智者。而千年後遲遲來到的巴特，或許正
是莊周所期待相見的「萬世之後而遇一大聖」：

> 然而，今天主體已不可同日而語，「主體性」已回到螺旋

---

[63] 莊周著，郭慶藩輯，〈齊物論〉，《莊子集釋》，頁 104-105。

的另一個位置：解構、分化、偏離、沒有依靠。[64]

> 今天談到一個分裂的主體時，並非為了認識其簡單的矛盾以及其雙重假設，這是一種繞射，在投擲中散落開來，不再存在主要核心部分，亦不再存在意義的結構：我並不自我矛盾，我是離散……首先，你以為你找到你的位置，可是，慢慢地，好像雕像分裂了，好像一個浮雕腐蝕了，整個形式分散瓦解了……你變成了無法分類，不是因為個性過強，但因為你悠遊於整個光譜的邊緣……「一切皆在我們之中，因我們就是我們自己，永遠都是我們自己，但每一分鐘都在變化。」[65]

也因為不斷裂變、差異的主體之流動，主體的演化、成長、豐富的快樂才是可能的。這也是為何〈寓言〉篇讚揚孔子能實踐「化」的精神：「孔子行年六十而六十化，始時所是，卒而非之，未知今之所謂是之非五十九非也。」[66]是非對錯還不是重點所在，關鍵處在於無止盡地使主體變化、參贊變化，生命才能豐饒下去。而主體流變的豐饒過程，是不能避開語言之流的，不，也只有參贊語言流通交換的互文歷程，主體的豐富流變才真正落實。這或許才可以解釋為何莊周和巴特都要樂此不疲地書寫、說故事，因為他們都親身在實踐著傅柯嚮往的箴言：「我寫作是為了改變我自己！」[67]

64　羅蘭·巴特著，劉森堯譯，〈受辭「我」，主辭「我」〉，《羅蘭·巴特論羅蘭·巴特》，頁216。

65　羅蘭·巴特著，劉森堯譯，〈分裂人格〉，《羅蘭·巴特論羅蘭·巴特》，頁182-183。

66　莊周著，郭慶藩輯，〈寓言〉，《莊子集釋》，頁952。

67　轉引自何乏筆，〈越界與平淡〉，《中國文哲研究通訊》第20卷第4期（2010年12月），頁43-59。

　　如是，莊周和巴特兩智者在千年後的「我閱讀」中相遇，可視之為莊周所期待的相遇。如此，筆者歌頌兩者在文學力量、文本空間中，有了一場超越時空的「且暮遇之」。對《莊子》言，重點在「入遊其樊而无感其名」，而巴特則強調「在權勢之中活出權勢之外」，兩者都認為人無所逃於錯綜複雜的符號編碼，人的自由快樂之道並不在於逃離語言之外，而是在語言之中遊戲語言的庖丁解牛之能耐。巴特所歌頌的文學符號學之否定性力量，實相契於莊周卮言遊戲之去固定化作用，兩者都認為透過語言遊戲所拼貼而成的文本空間，實乃處處留下空隙、可以遊刃有餘的流通管道。在此權力受到離散、語言得以解構、自我找到自由。

六、為女妄言，女且妄聽：理想的書寫與理想的讀者

　　如果莊周和巴特的書寫，都是為了改變自己，或者呈現自己在語言之流中的浮沉自在與千姿百態；那麼循此便可理解，為何兩人的書寫都自然帶有「遊牧」的「反系統」、「非結構」性格。因為這是忠於主體裂變的語言風格，是理想書寫的必然命運，它總要裂解自身，以便產生更多可能、更多快樂，而遊乎無窮。換言之，理想的書寫為了繼續創造，就不得不自我否棄。順此，差異化的空間便能不斷被打開。

　　這個自我拆除、顛覆、去偶像化的隨說隨掃態度和方式，便解釋了「不可與莊語」的因由。原來這是理想的書寫者，自然會有的自我「脫冕」動作，它藉此來破壞文本被權威化和封閉化，以避免文本之死。為使文本能如活物般不斷地「曼衍」下去，就只好讓作者主體退位、讓作品權威倒塌，以便邀請閱讀者加入更

多的參與。[68] 弔詭的是,「不可與莊語」的策略,正來自最莊嚴的洞見。

　　破壞話語一再重複對人的思維慣性之宰控,以及由此所暗生的意識型態之牢籠,當是為了破壞後的創造思維之釋放,而契機便在於新話語的出現、新語句的位移,以調動新的觀看、生成新的意蘊。這些都是莊周和巴特所自覺採取的策略,樂此不疲的技藝。這種看似荒誕不經、位移滑動的語言遊戲,正是《莊子》搏結不正經與正經、認真與不認真的弔詭性。〈齊物論〉的真人長梧子說:「予嘗為女妄言之,女以妄聽之。」[69] 從某角度說,理想的書寫者便是妄言者,而理想的讀者則是妄聽者,妄言與妄聽渾然一體,共同在一「非實體」、「虛位化」的文本空間中莫逆於心地遇著,一起參與語言的創造遊戲。然而妄言／妄聞的說／聽之間,卻仍然深藏著真實不虛的語言遊戲之真理。此正又是〈齊物論〉所批示的暗語真諦:「夫子以為孟浪之言,而我以為妙道之行也。」[70]

　　「謬悠之說、荒唐之言、无端崖之辭」的宣稱,看似孟浪之言而虛假無用,但它卻又是妙道流行的真實朗現。所以我們又可將《莊子》一書視為由寓言、重言、卮言所創設的語言迷宮,而真人(可包括書寫者和閱讀者)自然可在迷宮中自由穿梭而自在

68　「自負的陷阱:讓人相信他接受他所寫的一切都是『作品』,使得隨和偶然的寫作變成了超越而統一的神聖的產品。『作品』這個字眼已經屬於想像界。寫作和作品之間的確充滿對立矛盾(『文本』是一個崇高的字眼,不能讓人接受此一差別),我從不斷的以及無所為而為的寫作中得到極大樂趣,好像不停在生產,在無條件散播,不斷散發誘人的精力。」羅蘭・巴特著,劉森堯譯,〈從寫作到作品〉,《羅蘭・巴特論羅蘭・巴特》,頁 173。

69　莊周著,郭慶藩輯,〈齊物論〉,《莊子集釋》,頁 100。

70　莊周著,郭慶藩輯,〈齊物論〉,《莊子集釋》,頁 97。

玩樂。或者說《莊子》必須被看成是書寫者在撒下語言之網的同時，從中遊離出來的逃逸路線，即它同時是一本迷宮指南之書。《莊子》曾貶抑自己是一本謬悠、荒唐、无端崖的「無用」之書，果其然也？果不其然也？看來《莊子》既不故弄玄虛也並非謙遜，它其實是對《莊子》文學風格的如實描述。[71] 因為不如此對待語言、不如此對待自身話語的生產，便有落入語言實體化的危機；正如巴特強調「固執地轉移」一般：[72]

> 我寫我自己的東西絕不會是最後的定論，我越是「誠懇」，就越能夠被詮釋。在以前作家的眼中，他們只相信一條定理：真實性。他們訴求的是「歷史」、「意識型態」、「潛意識」。我的作品坦率面向五花八門的未來。（不如此，又能怎樣？）[73]

《莊子》也必須堅持地一再轉移書寫者的自我占有。而好的閱讀者，也必須如南郭子綦聞天籟般，先有一番「喪我」的工夫，以便融入作者退位（沒有怒者）所為我們敞開的文本氣象，而千姿百態的語言之流正豐饒地開顯自身，如所謂：「夫吹萬不同，而使其自己也，咸其自取，怒者其誰邪？」[74] 若把《莊子》文本視為道的遊戲，那麼在作者已死之後，理想的讀者為了聆聽

---

71 「在一文內，為何統統是這般言詞的排場呢？語言的豪奢屬過多的財富、揮霍的費用、純粹的損耗麼？……今日作家是乞者、修士、和尚之殘存的替代者麼：不生產，卻依然得到供養……這並不是因為作者所生者（他不生產什麼），而是由於他所消耗者麼？……恰是文的純粹無用，方是有用的，一如互贈禮品的炫財冬宴。」羅蘭・巴特著，屠友祥譯，〈十三、交換〉，《文之悅》，頁30。

72 「顯然，文之悅是令人憤慨的：這倒並不是因為它不合道德準則，而是因為它離題、散逸、漂移。」羅蘭・巴特著，屠友祥譯，〈十二、右派〉，《文之悅》，頁29。

73 羅蘭・巴特著，劉森堯譯，〈清晰明白〉，《羅蘭・巴特論羅蘭・巴特》，頁153。

74 莊周著，郭慶藩輯，〈齊物論〉，《莊子集釋》，頁50。

並參與語言遊戲的大道，那麼他也必須進行一番主體的轉移，以便讓語言之流可以穿透他，領他一同參與語言天籟的遊乎一氣。

　　沒有誰是語言的擁有者，書寫者和閱讀者都只是語言貨幣的暫時使用者，而且一再促進活絡交換的語言經濟，使得文本得以持續生產。這一切恍若語言豐年祭般，共同歡慶成一近乎無限的文本嘉年華：

> 只有當他看向無限之時，眼睛才不必調適，同樣，如果我能夠在一個文本中看到無限，我則不必自我屈折。[75]

> 多些，多些，再多些！多一個別的詞語，便多一份別的歡樂。整體語言結構經每一種群體語言之悅的急流的推進而於他處重構自身。他處，在何處呢？在詞語的樂園。[76]

　　呈現「去中心化」的「流變」氣象，這是《莊子》唯一的道。氣化流行之道當它具體化在文本空間時，便徹底展現為氣化流行的文本。[77] 這種氣化文本，若從「無」（虛）的角度說，必然呈現不斷掃除固著、穩定、封閉的去符號實體化運動；若從「有」（實）的角度說，則呈現各種語言、文類的多元差異之符號交換遊戲。這種無、有互滲、虛、實為一的景觀，便開顯出《莊子》這一氣韻生動、眾聲喧譁的文本。而這也是巴特晚期所渴望並實踐充滿差異之流的「百科全書」式的「反結構」文本，那多元書寫而近乎「瘋狂」的寫作：

75　羅蘭・巴特著，劉森堯譯，〈適應〉，《羅蘭・巴特論羅蘭・巴特》，頁170。

76　羅蘭・巴特著，屠友祥譯，〈四、邊界〉，《文之悅》，頁12。

77　相對於氣化流行的「活的文本」，另一種則是巴特所謂：「死人的文本：冗長單調的文本，一個字都不能更改。」羅蘭・巴特著，劉森堯譯，〈可預見的論述〉，《羅蘭・巴特論羅蘭・巴特》，頁189。

> 我想像一種反結構的批評，這種批評不尋求作品的秩序，
> 反而尋求其混亂；為了如此，只要認為所有作品皆像百科
> 全書：每一文本有否可能透過許多不一致的題材（學問或
> 感性），把這些題材藉由其互相接近的修辭方法（換喻和
> 連詞省略）加以呈現出來，有否此種可能？作品像百科全
> 書，則可把混雜的題材照單全收，此即作品的反結構方
> 法，它的陰暗及瘋狂的多元寫作。[78]

　　瘋狂的多元寫作，當然並非失心瘋狂，而是書寫的自我差異
化之極致隱喻。而也就是這種百科全書和狂放多元的特質，使得
《莊子》呈現不同文類拼貼共生的奇妙景觀，讓我們在閱讀《莊
子》時，就彷彿在品嚐一盤顏色爭彩、風味殊異的水果拼盤。又
或者說，《莊子》好似在為讀者送上一道道滋味不同的佳餚，它
了解讀者不喜愛持續同一口味的食物，所以他的菜單計畫富有
變化（故採文類混淆拼貼手法），並且為了不讓讀者消化不良，
不宜有長篇大論式的大菜上場（所以傾向片斷式書寫）。如此一
來，讀者便在品閱過程中，不斷被誘發出豐饒又新鮮的閱讀欲
望。[79] 而這也幾乎是大家讀《莊》的共同經驗。

78　羅蘭‧巴特著，劉森堯譯，〈多元書寫的作品〉，《羅蘭‧巴特論羅蘭‧巴特》，
　　頁 188-189。

79　「我根據的法則是我能如何使用這個字來決定：這是一種依賴未來的成效的期
　　待，如同胃口一般，這種欲望搖動著語言的固定儀表板。」羅蘭‧巴特著，劉
　　森堯譯，〈字的色彩〉，《羅蘭‧巴特論羅蘭‧巴特》，頁 164。「『老套』的另一
　　個代名詞就是疲乏。老套便是開始令我感到疲乏的事物。其解毒劑在《寫作的
　　零度》中早已提出來：語言的新鮮。」羅蘭‧巴特著，劉森堯譯，〈疲乏與新
　　鮮〉，《羅蘭‧巴特論羅蘭‧巴特》，頁 111。

七、水可以裝壺蘆外面：想像虛構對意識型態的顛覆力量

　　語言二元結構迫使人在特定的分類秩序下進行思維，所以與其說是人在思想，倒不如說是語言在決定人的思想。換言之，意識型態是語言重複老套的必然產物。而語言的覺察和活化同時也是意識型態的解毒劑，解藥便在將同一性重複所形成的語句和思維（例如寫實、實證、實用一類的法律契約式語句）給予「變形」，以釋放新鮮的形象，而「想像」就是造就「變形」的動力來源。這可以說明為何《莊子》善於活用神話的想像思維，尤其表現在莊周和惠施的對話脈絡裡，一再看到莊周妙用神話想像和素材，來打開惠施實用性的意識型態之僵局。不管是壺蘆和大樹的有用／無用之辯，還是魚樂與否之辯，莊周都選用神話世界常見的原型意象素材（如洪水創世神話的壺蘆，通天神話的宇宙樹，還有魚鳥同體的變形神話等等），[80]更重要的是利用了神話思維的高度想像力之特質，以便打開惠施固執而僵硬的「有蓬之心」（被茅草堵塞而不再流通的成心）。

　　惠施對於壺蘆和樹木的觀看方式，總預設固定化的「規矩繩墨」。在他單一視點的透視法焦距下，壺蘆總是只能將水裝在裡頭而成為容器之用，樹木總是要合乎木匠的實用尺度方是有用之材，一旦不合乎他的效用尺度，這個物便被他宣判死刑：「無用之物」。既是「無用之物」便可否棄，如特大壺蘆因不合惠施之用而被掊碎，如特大樗樹因不合木匠之用而被捨棄為散

80　《莊子》一書經常出現的神話原型和變形意象，參見拙文，〈道家的神話哲學之系統詮釋——意識的「起源、發展」與「回歸、圓融」〉、〈神話、《老子》、《莊子》之「同」「異」研究——朝向「當代新道家」的可能性〉，《莊子靈光的當代詮釋》，頁 165-225、227-269。

木。然而對莊周言，壺蘆和大木不管是合乎有用的標準（所以中道夭折），還是不合乎用的尺度（有時正好得其天年，但有時一樣不免迫害），都是被暴力對待。關鍵處在於人的名言符號之分類方式，總是強加在壺蘆和大木之上，而且一旦行之久遠且習以為常，便將符號的後天歷史設定內化為腦中的先天價值，如此一來，萬物在人的「名以定形」下，彷彿都有了想當然爾的「本質」。本質主義的思維便是意識型態的來源，而聰明善辯如惠施者，在莊周眼中仍然處處挾藏價值神話的牢籠。

而莊周解其桎梏的手法，常借用神話素材和想像思維。一則神話世界的物觀大不同於惠施實用主義的物觀，它們都是分享著連續性靈力而可相互變形轉化，神話之物總不停留在表象，而敞開於力量的變形轉換。因此造就神話想像思維能高度流動的原因，就在於它的存有連續、靈力流變的世界觀，這種世界觀也是導致卡西勒所謂「語言魔力」、「基礎隱喻」的正因。從這個角度看，神話的虛構和想像，其實傳達了另類的真實。

莊周正是善用神話虛構的語言魔力，來破除惠施對「物」的意識型態和語言的邏輯實證態度。例如莊周暗示惠施說：水不只可以裝在壺蘆裡面，水也可以裝在壺蘆外面。顯然這是對壺蘆向來被視為容器之物的老套思維，加以變形並給予新的脈絡，將它改變成浮載身體的腰舟：「何不慮以為大樽而浮乎江湖！」[81] 以便能逍遙在江湖之上而得到更快樂的妙用。又如莊周告訴惠施說，樹不只可以當成匠工的木材用，大樹更可以是讓人進入白日夢的清涼菩提之用：「何不樹之於无何有之鄉，廣莫之野，彷徨乎无為其側，逍遙乎寢臥其下。」

81　莊周著，郭慶藩輯，〈逍遙遊〉，《莊子集釋》，頁37。

　　莊周這種在惠施「定型化思維」的眼光下，看似不正經的玩笑，好似隨意杜撰的虛構想像，其實正好扮演了批判和解放的真實功能。它一下子便解開惠施的僵局，重新讓語言活過來，使我們又重新遇見一個新世界，而有了新鮮的樂趣和欲望。莊周這種善用神話思維的虛構魔力，正可產生出巴特所謂的「美學」中介功能：

> 意識型態：重複和堅實的事物。……因此，意識型態（或反意識型態）之分析只要重複和堅實化，便可使此種分析自己成為一種意識型態的物體。怎麼做呢？有一種解決的辦法：美學。在布萊希特的作品中，意識型態的批評並不直接展現（不然，他會用同一語言不斷反覆加強他的述說），而是透過美學的中介。反意識型態所使用的虛構不是寫實的東西，卻能公正。這也許是我們社會中美學的角色：提供一種間接但及物的論述的規則。[82]

　　確實，事物經由這看似「無用」的美學觀看下，居然產生出「無用之大用」的奇妙效果。不只壺蘆、大樹，還有蝴蝶、游魚，甚至宰牛、骷髏、屎溺等常人眼下的卑賤物，都因為美學的距離和想像，有了新的生命和姿態。所以對莊周而言，刺穿意識型態的最佳武器，有時確如巴特所言，不要再用和意識型態同樣類型的語法和命題、一樣嚴肅而僵直的態度去談它，那只是重複了意識型態的堅實詭計。不如改用完全異質的美學虛構、距離和變形，如此一來，或許才真正能突破寫實的僵局，觸及未被發現的新事物。由此，我們在莊周神話虛構的荒誕外衣之裂縫，看見批判解放的生機。

82　羅蘭‧巴特著，劉森堯譯，〈意識型態與美學〉，《羅蘭‧巴特論羅蘭‧巴特》，頁 131-132。

八、「支離」其形、其德，還有支離「文本」：插科打諢的轟然力量

　　《莊子》還有個極強烈的特點是幽默──笑的力量。隨意翻閱便可發現，處處穿插引人發笑的爆點，或者幾個甘草人物突然從莊嚴的背景中跑出而引發對比趣味（如〈逍遙遊〉在美麗而壯觀的鯤化鵬徙之高潮場景中，突然安排蜩與學鳩這兩隻帶有阿 Q 精神的甘草角色，來諷喻常人的鄙俗）；或者在描述神聖真人的超凡境界時突然來段黑色幽默而令人會心一笑；[83] 又或者在探討極為險峻的政治權力鬥爭中如何安身立命時，也一再出現絕佳的幽默小故事，令緊張氣氛一掃而空；[84] 又或者以令人淡淡一笑的幽默作為文章的總結；[85] 或者連續來個寓意極深的美麗幽默故事，以突然結束文旨；[86] 或者如隨興般偶然出現一段令人捧腹大笑的意外公案劇；[87] 或者一句美麗或幽默的話頭警句突然打入心

83　如〈齊物論〉長梧子在描述聖人「參萬年歲而一成純」的高妙境界時，突然跑開而岔出一位美女麗姬的滑稽小故事，結果在她遠嫁異國王儲而享盡榮華富貴後，才後悔嫁前哭鬧實在可笑，藉此反問或警告人們，無人知道死後是何情景，但人卻總擔心恐懼死亡在先，是否一樣可笑！

84　如〈人間世〉蘧伯玉一開始極為認真地教導顏闔要如何戒慎恐懼地輔導衛靈公太子，講著講著，便跑出三個令人捧腹大笑的故事，一是螳臂擋車、二是養虎技藝、三是拍馬屁技巧，三個故事化解了政治的肅殺之氣，可說發揮了用屁股對準政治老爹的嘲諷技倆。

85　如〈逍遙遊〉莊周最後放牛吃草、人睡臥樹下的風光，輕鬆地開了氣憤難平的惠施一個玩笑，卻引發人們對閒雲野鶴的嚮往。

86　如〈齊物論〉分析完辯論實為話語權之爭奪外，並不能達到任何溝通或者公正評判的效果後，居然以兩個和前文近乎沒有任何連續性的小喜劇來結束文旨，一個是影子和罔兩的行動荒謬劇，另一則是莊周夢蝶的仲夏夜之夢喜劇。

87　如〈齊物論〉在極為嚴肅分析物論二元結構的脈絡中，突然跑出「朝三暮四」這個逗人大笑的猴戲，卻又產生強烈疑情的公案效果。

中讓人回味無窮、尋思良久；[88] 也有可能一開頭就來個顛覆性十足的新喜劇。[89]

上述各種類型的插科打諢式現象，熟悉《莊子》的讀者，自然會發現所在多有，不勝枚舉。這些令人大笑、微笑、苦笑，又或者啼笑皆非的各式插科打諢，總能帶出閱讀的狂歡效果。產生出巴赫金所謂狂歡節慶的廣場式話語效果：

> 狂歡節世界感受的語言，這種世界感受與一切現成的、完成性的東西相敵對，與一切妄想具有不可動搖性和永恆性的東西敵對，為了表現自己，它所要求的是動態的和變易的、閃爍不定、變幻無常的形式。狂歡節語言的一切形式和象徵都洋溢著交替和更新的激情，充溢著對占統治地位的真理和權力的可笑的相對性的意識。獨特的逆向、相反、顛倒的邏輯，上下不斷易位、面部和臀部不斷易位的邏輯，各種形式的戲仿和滑稽改編、降格、褻瀆、打諢式的加冕和脫冕，對狂歡節語言來說，是很有代表性的。[90]

脫冕高貴（正典）／加冕低賤（非正典）的顛覆遊戲，造成二元僵化的中心與邊緣的倒置，在狂歡的新邏輯中，國王成了乞丐，乞丐成了國王。在狂歡的大喜劇中，侏儒、醜怪、俗語、鄙

---

88 如〈齊物論〉在批評名家「指非指」、「白馬非馬」的主張後，突然神來一筆「天地一指也，萬物一馬也」的哲詩般警句；如〈逍遙遊〉在連叔描述完神人「大浸稽天而不溺，大旱金石流土山焦而不熱」的神奇境界後，突然轉出「宋人資章甫而適諸越，越人斷髮文身，无所用之」這三句話頭，但已然構成另類的反諷劇。

89 如〈馬蹄〉起始於對伯樂號稱善治馬，卻總害死一半以上的馬匹，作為重新顛覆伯樂形象的批判黑喜劇。

90 巴赫金著，李兆林、夏忠憲譯，《拉伯雷研究》，頁 13。

賤反倒成為廣場舞臺的中心。[91] 這就好像在〈德充符〉這一另類舞臺上，真正主角是屬於殘缺不全、醜陋無比的人（如兀者王駘、申徒嘉、叔山無趾，如醜人哀駘它、闉跂支離無脈），而對話的對象正好都是禮教中最有德行或最有權勢之人（如仲尼、鄭子產、仲尼、魯哀公、衛靈公）。〈德充符〉是一場重新設計的狂歡廣場，在這一場不可思議的醜人舞臺劇上：有用與無用、中心與邊緣、美儀與醜態的話語位置完全對調過來，智慧之道的話語權居然重新轉換到殘疾人身上。這可是支離疏在〈人間世〉大獲全勝的新烏托邦國：

> 支離疏者，頤隱於臍，肩高於頂，會撮指天，五管在上，兩髀為脇。挫鍼治繲，足以餬口；鼓筴播精，足以食十人。上徵武士，則支離攘臂而遊於其間；上有大役，則支離以有常疾不受功；上與病粟，則受三鍾與十束薪。夫支離其形者，猶足以養其身，終其天年，又況支離其德者乎！[92]

《莊子》的幽默，插科打諢之高超與效果，支離疏之例可算經典之一。支離疏的文脈當是為了顛覆有用／無用的意識型態，讓有用者墮入「膏火自煎」的塵牢，讓無用者昇上「得其天年」的自在。但本文更著重的是「支離」在書寫活動上的策略性。如果說「支離」其「形」其「德」，讓人脫離了意識型態的勞苦重擔。那麼「支離」其「文」，又會如何？上述所謂「插科打諢」便是對「文」的「支離」策略，也是「支離」其「文」所產生的「文之悅／醉」效果。這裡我們再度接上了巴特的洞察：

---

91 《拉伯雷研究》一書，到處充斥這種狂歡顛倒的洞見分析，甚為可觀，請自參考。

92 莊周著，郭慶藩輯，〈人間世〉，《莊子集釋》，頁 180。

《歌劇之夜》實在是一個文本的真正精品……每一段插曲（以及其他主戲）等都可以看成是文本所進行的邏輯顛覆的標誌，如果說這些標誌都很完美，那是因為這些標誌有喜劇效果，引人發笑，而這因為笑最後能使闡說的闡說性質消失。這之間釋放隱喻、象徵、標誌於詩之狂熱的東西，以及展現出邏輯顛覆之力量的，正是「荒唐怪誕」，此即傅立葉在其範例中所謂的「輕率冒失」，完全無視於修辭上的禮貌要求。隱喻的未來，其邏輯的走向將是插科打諢。[93]

我對細節、片段，以及局部樣本一向就有偏好，我不擅於完成一種「構圖」，我不懂如何製造「大塊文章」……那麼，當我記下這些片段時，這些片段是否毫無組織可言？不會的：這些片段就像是一種反覆循環的樂念（情歌或情詩），每一片段自成一體，但卻又為其隔鄰的一種間隙——作品只是由文本之外所組織。最了解且擅於運用片段的人也許是舒曼在魏本之前——他把片段稱為「間奏曲」，他在某作品中大肆發揮間奏曲的效能，結果他創作了許多「插入」的東西：插在什麼和什麼之間呢？一組中斷的東西到底代表什麼意義呢？片段有其優點：一種高度的濃縮，不是思想，不是智慧，也不是真理，而是一種音樂。[94]

　　《莊子》每一篇文章中，幾乎都會設計類型不一的「插科打諢」之曲幕或間奏曲，它既可視為一篇文章的斷裂點、休息處，也可視為文學力量釋放的轟然之地。它既是一篇文章中的怪異文

93　羅蘭・巴特著，劉森堯譯，〈標誌／插科打諢〉，《羅蘭・巴特論羅蘭・巴特》，頁98。

94　羅蘭・巴特著，劉森堯譯，〈片段的循環〉，《羅蘭・巴特論羅蘭・巴特》，頁118-119。

類，也是文章的天外一筆。它既爆破了意識型態的價值等級，讓自我壓迫和他者迫害可以暫時喘口氣；也讓新式的思維能量得以鼓動出來，讓文本可能產生權威化的自我封閉被一再地轟開。這也是為什麼許多閱讀者都共同發現《莊子》文本的音樂現象，[95] 若將《莊子》文本視為音樂隱喻，那麼這些一再出現的插科打諢式的片段語句，就好像一首音樂演奏中循環反覆出現的間奏曲般，既帶來間斷感也帶出聆聽高潮，它在差異的重複中，造成文本不斷新陳代謝。

九、巴特文學符號學的文學力量與文本空間：〈法蘭西就職講演〉的再分析

　　對巴特言，文學力量、寫作實踐、文本空間實為三位一體。巴特不把文學視為一組組或一套套作品生產，而是與話語權力摔角又能保持美麗姿態、自由快樂的實踐技藝。寫作成為實踐蹤跡，一種徹底與語言結構纏鬥不休的遊戲藝術。哪裡有語言，哪裡便有權力，同時也就需要寫作實踐帶出文學力量來抗衡權勢話語。結果文學力量和寫作實踐便具體化為一個文本空間，也就是文學力量在其中自由穿梭、歡怡躍動的空間。巴特渴望創造的文本空間雖然依舊布滿話語，卻時時留下空隙、處處允諾生機，就在這文本空間中，巴特實踐並落實：在權力之中活出權勢之外的高超技藝。對巴特來說，檢驗一個文本空間是否彰顯文學力量，

95　例如楊儒賓、林順夫、畢來德皆有《莊子》文本類似音樂的看法。楊儒賓，〈卮言論──莊子如何使用語言表達思想〉，《漢學研究》第 10 卷第 2 期（1992 年 12 月），頁 152；林順夫，〈以無翼飛者──《莊子‧內篇》對於最高理想人物的描述〉，《中國文哲研究集刊》第 26 期（2005 年 3 月），頁 7；畢來德著，宋剛譯，《莊子四講》，頁 98-99。

重點不在話語的內容，主要在於話語的姿態，亦即形式風格：

> 我可以不加區別地使用文學、寫作或文本這些字眼。文學
> 中的自由力量並不取決於作家的儒雅風度，也不取決於他
> 的作品的思想內容，而是取決於他對語言所做的改變……
> 我打算指出，在這裡起決定作用的是形式。[96]

可見文學力度不在於生產一連串有組織的話語文本，那非自
由創造，而是被語言法西斯推動的再複製。文學力度在於有能力
逗弄語言，進而對語言結構的決定作用給予變形，這種在語言圈
圈中回過頭去玩耍語言的能力，自然會表現出形式的變形（文類
的再創和混融），也就是對語言結構所編織的固態文本給予空隙
化、流動化、斷裂化，形成解構式的「醉的空間」、「醉的文本」
（或譯為「享受的文本」）。[97] 由此一來，文本形式便是徵兆，它

---

96 羅蘭·巴特著，李幼蒸譯，〈法蘭西就職講演〉，《寫作的零度》，頁 8。譯文中
  的「本文」（texte）一律改為「文本」，以符合臺灣讀者的閱讀習慣。巴特在文
  學實踐一再強調他是形式主義者，這裡的形式主義實乃語言風格與文類拼貼混
  合的語言新形式之創造活動。

97 巴特區分了「歡愉」（plaisir）和「享受」（jouissance）的差異，簡言之：「歡愉
  是一種自我和主體的肯定，肯定自我存在舒服、愉悅和自在的價值之中……反
  面看，享受是閱讀或陳述的一種方式，透過此一方式，主體並不自我肯定，反
  而迷失了，感受到某種費力，這就是享受。……我們所熟悉以及所喜歡的文本
  大多會是屬於歡愉的文本，只有極少數才是屬於享受的文本——而且這少數的
  文本也極可能同時是歡愉的文本。這樣的文本可能未必讓你感到歡愉，可能冒
  犯你，但是一旦豁然開朗，你開始感到被滲透，你感到有了改變，你迷失了
  ……享受的文本如必須是帶有某種模糊曖昧性，必須能夠撼動我們，不僅在意
  象和想像方面，而且也在語言方面，大大地撼動我們。」羅蘭·巴特著，劉森
  堯譯，《羅蘭·巴特訪談錄》，頁 263-264。另外屠友祥則將其譯為「悅的文」
  與「醉的文」，參見羅蘭·巴特著，屠友祥譯，《文之悅》，頁 18。就筆者看
  來，《莊子》這一文本便是典型的「享受（醉）的文本」，但它同時也是少數能
  統合「享受的文本」與「歡愉的文本」於一身。亦即能在帶我們主體迷失之醉
  忘過程中，產生逍遙之樂。

象徵作者面對權力的姿態到底是自由還是奴役？文本到底是一個
牢籠迷宮（死句）、還是處處空隙的遊刃之地（活句）？形式便
成為不折不扣的預兆。

　　對於文學力量，巴特在〈法蘭西就職講演〉一文，有過較為
集中的討論，本文底下試著闡述其文學力量觀，以便作為閱讀
《莊子》文學觀的總結。巴特曾透過三種角度來闡述：

（一）文學語言對（科學）知識的戲劇化轉變效果

　　知識要求專業的客觀精確性，表達知識的語言也必然傾向抽
象形式。相較來說，科學語言的表達希望盡量去除主體而走向純
粹陳述，文學語言則強調主體涉入的陳述行為。科學與文學語言
的區分只是暫時的，巴特不認為科學表達真能完全去除主體而臻
於純粹陳述。科學話語深信自己可達到絕對客觀性，這無疑是科
學主義的神話，巴特嘲諷說：「我最常碰到的三種狂妄自大：科
學、主流意見、激進分子。」[98]他讓文學和科學語言對照起來，一
則為突顯科學語言的貧乏無表情，另一則質疑科學語言的獨斷
性，最後更為呈現文學語言帶來的穿透和妙趣。相較於科學語言
無表情的抽象符號，文學語言的風格陳述乃將主體的力度帶入，
使得旁觀冷然的客觀認識導向了存在情感的戲劇性參與，因此文
學語言帶來巨大光量，使得主客界線被衝破，語言不再是表達客
觀實在的載體工具，反而：

> 語言文字是被作為投射、爆發、震動、機件、趣味而表達
> 的。寫作使知識成為一種歡樂。……寫作存在於任何其中
> 字詞饒有趣味的文本裡……對知識來說，一切要想如其所

98　羅蘭・巴特著，劉森堯譯，〈狂妄自大〉，《羅蘭・巴特論羅蘭・巴特》，頁54。

是，就應具有其基本成分——字詞之妙趣。正是字詞的趣味性才使知識深刻和豐富。[99]

文學語言不但不妨礙知識傳遞，反而促使知識的深刻度和豐富性。這裡有巴特對實在論真理觀的懷疑，科學不再是對外部真實對象的純粹發現，科學一樣不離話語的建構。正如康德的知識論哥白尼革命、卡西勒的語言形式決定實在，巴特同樣將科學拉回人類話語所形構的知識來看待，因此當科學宣稱自己是唯一有效的普遍性話語時，這不免是未經批判的自大狂妄，甚至淪為最固著的權力話語形式。[100]因此巴特要將文學語式重新滲入知識，將知識從認識論式的旁觀冷酷，轉為具改變存在的戲劇張力。如此一來，文學語言的介入，一則讓寫作成為歡怡的實踐，再則使讀者可捲入知識的力量世界。[101]文學的話語風格促成知識變化為力量，就在這點上，巴特極推崇歷史家米歇萊（Jules Michelet），因為米歇萊的歷史書寫讓我們見證文學寫作可以復活歷史知識的力量，顯然這不會是實證史學下沒有任何風格韻味的冷式白描，而是充滿文學張力的招魂書寫。

（二）文學語言不是再現或模仿世界而是改變世界

因為語言和現實不可能存在對應關係（兩者必分裂），所以不應堅持語言模仿或再現實在的妄想。而認清再現的不可能性這

99　羅蘭・巴特著，李幼蒸譯，〈法蘭西就職講演〉，《寫作的零度》，頁 10。

100　巴特毫不客氣地說：「科學不是永恆的，它們是一些在交易所（即歷史交易所）中起伏不定的價值。」羅蘭・巴特著，李幼蒸譯，〈法蘭西就職講演〉，《寫作的零度》，頁 14。

101　同樣的原理，巴特曾這樣說：「倘若讀此句子、此故事或此詞語，我悅，則以其寫於悅中之故。」羅蘭・巴特著，屠友祥譯，《文之悅》，頁 9。總之，寫作實踐所創造的文學空間，可以召喚或轉化讀者的存在狀態。

事實，巴特認為從此可突顯文學價值。其文學價值可從兩面說，一是文學語言不再是實在對象的奴婢，它有獨立生命甚至造就了世界，巴特認同馬拉美（Stéphane Mallarmé）的語言（烏托邦）功能可以為人們創造世界，甚至由此讀出馬拉美作品中的政治涵義：「馬拉美說的『改變語言』與馬克思所說的『改變世界』是同時出現的。」[102]

　　巴特的文學力量、寫作實踐，帶有政治意味。其政治是指無所不在的權力滲透，所以政治批判和權力話語的批判密切相關。巴特雖未積極投入政治革命運動，卻常在政治革命分子、激進分子、理想主義者身上看到最富政治宰控的陰影，這反映出他對政治和權力的無所不在、微細蔓延的特質，有透徹的覺察。[103] 巴特時代雖到處充斥社會的、文化的、藝術的、性的解放口號，但它們也可能同時在說一種「普遍的話語」：那帶有威脅性的權勢話語。[104] 因此文學介入政治的方式看似迂迴卻更細微，巴特曾觀察到這樣有趣的現象：「我在寫《神話學》一書之際，傲慢的論說一概來自右派，現在我們卻已經可以看到，傲慢的論說逐漸在左派裡滋生蔓延。」[105]

　　傲慢的論說可寄生右派，也可轉移左派。巴特雖不直接投身右派打擊左派／左派打擊右派的政治運動，但他對兩者都可能存

102　羅蘭・巴特著，李幼蒸譯，〈法蘭西就職講演〉，《寫作的零度》，頁 11。

103　巴特區分「政治」和「政治有關的」，他雖然對實際參與「政治」運動相當保留，但對於「與政治有關的」一切卻極為敏感而不放過，因為舉凡一切與思想有關及一切行為和言論之所繫者，都離不開「與政治有關的」這一範疇。參見羅蘭・巴特著，劉森堯譯，《羅蘭・巴特訪談錄》，頁 277。

104　羅蘭・巴特著，李幼蒸譯，〈法蘭西就職講演〉，《寫作的零度》，頁 16。

105　羅蘭・巴特著，劉森堯譯，《羅蘭・巴特訪談錄》，頁 279。

在的傲慢論述，一樣覺察一樣批判。對巴特言，這便是微型的政治介入，揭露右派和左派的話語權力並批判之，實已在從事政治氛圍的改造了。

文學語言除了具有改變世界的政治能量和涵義外，巴特亦強調文學觸及了倫理問題。所謂倫理問題，既關涉自身（欲望多元）的關係，也關涉他人（差異多元）的關係。文學語言最反對單語主義，反對以一種語言壓迫其他語言，人和人之間應容許並鼓勵多種話語的眾聲喧譁，沒有一種語言擁有特權禁止他者發聲；人與人之間的多元交流就表現在話語差異上，只有促進一種語言以上的多音複調，才可能達成良好的交往關係，而非權力宰控下的異化倫理。

一樣重要的是，文學語言的多樣性可帶出欲望的多樣性，如此才有多一點生機流動的自由和快樂。社會常由話語的統一或壓抑，對主體的欲望之流給予單面化或模式化，從此人便與欲望自體異化疏離。巴特認為重新拯救生命活力，便需要鬆解欲望自體去選擇說話的多元空間。而文學寫作正是不斷釋放多元空間的高超技藝，它以「固執於轉移」的方式去抗拒各種定型話語：

> 簡言之，固執就意味著不顧一切地維持轉移和期待的力量。而這正是由於文學固執地認為寫作被引向轉移之途了。因為權勢攫取寫作的享樂……於是轉移可以意味著：走到不為人們期待之地，或者更徹底地說，離棄你所寫的（但不一定離棄你所想的），當合群的權勢在對其加以利用和役使之時。[106]

106　羅蘭・巴特著，李幼蒸譯，〈法蘭西就職講演〉，《寫作的零度》，頁 12-13。

　　巴特脈絡的「固執」不是確定了什麼，而是「固執」於永不妥協地去「轉移」語言操作必然留下的固著習性，頑強地轉移話語形式（包括自己已然說出、寫下的軌跡）。如此堅毅而毫不折扣地從事轉移並離棄已然的陳見故跡，終將達到人們不能預期之地（權力就隱藏在期待處），這裡，巴特允諾人們來到「語言的無政府之地」。此處，便是文學發揮它遊戲三昧的戲劇樂土。巴特指出尼采和齊克果（Søren Kierkegaard）都曾經來到這「不可能領域中」，所以才能達致文字遊戲、玩弄假名的戲劇化極限。[107] 文學語言的轉移遊戲，既來到語言的無政府主義狀態，同時也就開展出里克爾（Paul Ricoeur）的語言豐年祭之詠唱，[108] 實踐著德希達所謂「一種語言以上」的解構許諾。[109]

（三）文學語言具有遊戲符號的能力

　　文學語言的轉移與離棄的遊戲堅持，將巴特帶向文學的第三種力量，也是這種力量，促使他從「符號學」位移到「文學符號學」。並從中確信嚴格的符號學力量：「在於玩弄符號，而不是消除符號，這就是將符號置於一種語言機器裡，這種機器的制動

107　以上所論參見羅蘭·巴特著，李幼蒸譯，〈法蘭西就職講演〉，《寫作的零度》，頁 12-13。

108　「語言正在慶祝豐年祭。這豐盈的確是被指定配置在一結構裡，但是嚴格地說，語句結構並不創造任何東西。它與我們文字的多樣性合作，產生我們所說的象徵性交談的意義效果，而我們文字的多樣性本身，是得自隱喻歷程與語意領域的限制行動協力完成的結果。」〔德〕里克爾著，林宏濤譯，《詮釋的衝突》（臺北：桂冠圖書，1998 年），頁 103。里克爾一樣認為語言豐年祭不是抽離了語言結構，而是在語言結構中保留模糊多樣的隱喻空隙。

109　「『如何給解構下個定義？』答曰：『不可定義！但勉強可說：「哪裡有一種語言以上的體驗，哪裡就存在著解構。」』」德希達著，張寧譯，《書寫與差異》，頁 29。

器和安全栓都丟掉了。」[110]巴特再次強調不是消除符號而是玩弄符號。是在權力之中活出權勢之外，而不可能有完全取消語言結構和權力支配的真空之地。問題不出在符號，而出在人有沒有覺察空隙和遊戲變形的能力。因此巴特希望透過文學力量帶入戲劇性，促使符號學的規制器和安全閥被鬆動，找出位移空隙、容許高度流動，遊刃有餘地去玩味符號，促使符號在有限的封閉系統中，進行無限位移、重組而釋放新鮮生機，如此方有悅／醉可能：

> 悅／醉：自術語來說，仍然搖曳不定，我吞吞吐吐，含含糊糊。無論如何，終歸存在著模糊的幅度；區分將不是精確不移的分類的根據，眾聚合體將晃搖不穩，意義可移易，取消，變換，話語呈斷片狀。[111]

換言之，文學符號學正是不斷解放意識型態的技藝，也是人類文明不斷活化所必要的治療設計。巴特不像索緒爾（Ferdinand de Saussure）那般嚴格區分語言結構和話語，是因為他的關心在於這兩者同樣「沿著同一權勢軸在滑動」，而「語言結構流入了話語，話語又回流語言結構」，這一混融現象更證明了權力支配它們並使其循環交纏。所以他企圖將語言學重新放回符號學原本的具體化情境（因為符號學接收了語言的不純部分，即語言學棄而不顧的成分，但對巴特言，這些沉渣剩餘正是權力的滋生變形物），而符號學又位移為文學符號學（所以調動文學力量來破除了符號的權力固著），而這便是有關權力批判和社會解放的學問和實踐。一言蔽之，文學符號學是帶有情感的實踐運動，它批評

110　羅蘭・巴特著，李幼蒸譯，〈法蘭西就職講演〉，《寫作的零度》，頁13。
111　羅蘭・巴特著，屠友祥譯，《文之悅》，頁4。

社會、治療文化，使得價值神話的意識型態，從先天自然本質還
原成人為、時代的符號約定物、虛構物，並由此走向解離符號固
著的創造與歡怡。[112]

十、《莊子》對巴特深層文學力量的迴響：修辭、遊戲、欲望、批判

如〈齊物論〉所示，《莊子》亦不認為人（言者）的思想
（知）可以指涉任何絕對客觀的真實對象，因為認知活動離不開
話語建構（有言），而語言並非中介性修辭工具（言非吹也），而
是能決定並設定所指內容。由於思想認知活動離不開語言，而語
言符號必涉入文化視角與主體前見（成心成見），所以知識必屬
後天符號設定而非先驗本質之物（其所言者特未定也[113]），人除
非不思考，否則思想和表達的同時便黏著語言主體的色彩（非我
无所取[114]）。總之，知（思想認知）、言（語言話動）、我（主體
自我）三者處於相即相入的交纏關係，作為符號動物的人自然要
遭遇：語言符號／認知意義／自我內容的共構關係。這三合一的
相接相構，很容易將人捆束其中而終身役役，所以〈養生主〉警
惕人們：「吾生也有涯，而知也无涯。以有涯隨无涯，殆已；已
而為知者，殆而已矣。」[115]

既無所逃於符號網羅這一命運，便考驗人面對符號的態度和

112　以上分析根據羅蘭・巴特著，李幼蒸譯，〈法蘭西就職講演〉，《寫作的零度》，
　　　頁 14-16。另外，巴特贊成馬拉美「語言本身是虛構的工具」一觀點，而且正
　　　因其虛構性，故可不斷更新。（頁 20-21）
113　莊周著，郭慶藩輯，〈齊物論〉，《莊子集釋》，頁 63。
114　莊周著，郭慶藩輯，〈齊物論〉，《莊子集釋》，頁 55。
115　莊周著，郭慶藩輯，〈養生主〉，《莊子集釋》，頁 115。

能力。《莊子》採取的方式，首先是深刻理解符號本性，然後從中演化出遊戲符號的能力。這種玩味符號的能力，便呈現出《莊子》文字魅力、寫作風格，這也是最容易被讀者看到的文學層次。單就《莊》書這一文學層次言，我們就可接收到迷人的文字魔力，它絕非僅是抽象觀念的表達工具，相反地，讀者可以強烈感受到正是《莊子》的文字策略、修辭風格，才造就了思想的力度和深度，也因為文學性修辭所召喚出的戲劇張力，《莊子》思想內容才能啟悟讀者、招魂存在，而不落入抽象概念的糟粕拼湊。如此看來，《莊》書的文學性首先表現在語言風格與思想內容的一體性，深刻思想和動人寫作在此呈現為同一事。透過文字魔力的氣氛營造，讀者入其內而敏感於存在轉變而興發強烈動能，如此才可能使思想具有實踐性，文學具有政治性，達到巴特嚮往於馬拉美（文學）語言具有「改變世界」的力道。總之，《莊子》所以能激發熱情、召喚自由、帶出歡怡、引爆批判，首先必得歸於修辭力量所打開的文本氣氛。

　　《莊子》變化莫測的修辭魔力、多元差異的語言遊戲，也同時帶來生命復活、欲望解放。這個問題，可透過《莊子》論「情」來加以說明。〈德充符〉的文末聚焦在有情與無情的討論，文脈中的「情」首先是被批判超越的對象，理想的生命情態乃是：「有人之形，无人之情。」然而《莊子》並非要取消人的生命力，因為它所謂「人之情」是指被語言符號捆束下的固著情態，此「（人）情」乃與「是非」（符號成見）糾結纏綿，已然成為被符號宰控的異化情態。所以〈德充符〉要解離的是符號對情的固定化，而非原始生命情態的流動自身，故曰：「无人之情，故是非不得於身。」《莊子》的重點在於鬆解是非符號的壓抑，絕不是禁絕生命欲望自身。

　　正如〈齊物論〉指出「此亦一是非，彼亦一是非」、「是亦一无窮，非亦一无窮」生命的欲望情態一旦落入語言成見的二元模型和擺設中，生命處境便被導引成支離破碎狀，而每一破碎的欲望情態又都被某種是非符號所規定，《莊子》反對的正是由「二元是非」決定的「人之情」。因為它遠離了原初生命情態的完整性、直接性，墮入文化規訓的破碎、延遲。故〈德充符〉言：「有人之形，无人之情。有人之形，故群於人，无人之情，故是非不得於身。眇乎小哉，所以屬於人也！謷乎大哉，獨成其天！」[116]

　　上述之「人」，便是透過語言符號規訓過程下的文化社會人，此時生命情態必然被是非知見所設限，只被允許單向度的表達方式，生命力量和活動方式趨於最小的可能性（眇乎小哉）。所謂的「天」，並非主張人可以脫離文明而擁有純粹的自然狀態，因為《莊子》既強調「有人之形，故群於人」，就表示人無所逃於文化處境、社會群體這一事實，亦即人無所逃於語言符號所建構的意義網絡（如父子君臣之愛與義）；《莊子》要我們從「人」向「天」位移，毋寧只在強調，人如何在人間世的符號網絡中盡量達到最大的自由和快樂，也就是如何使生命之流不被「固定形式」規訓成僵化的機器，以恢復生命流動的較大可能性。而「人」向「天」位移，所達致的天人一如的生命情態，[117]其欲望較為流動、可以變形，它順隨當下處境而自然流露活潑躍動，如此便稱之為「謷乎大哉，獨成其天」！

116　莊周著，郭慶藩輯，〈德充符〉，《莊子集釋》，頁 217。

117　如〈大宗師〉所強調：「知天之所為，知人之所為者，至矣。」莊周著，郭慶藩輯，〈大宗師〉，《莊子集釋》，頁 224。

　　惠施質疑莊周：「人而无情，何以謂之人？」「既謂之人，惡得无情？」但對莊周言，他並非否定生命本身的欲望情態，藉批判所要解放的是生命欲望情態的流動化、多元化、自由化，亦即天所自然賦予人的最大可能性。莊周清楚知道，他並非否定惠施所強調的：人一出生自然便擁有的生命欲力，只是他認為惠施對生命情態被語言符號規訓的危機（可能性被本質化、極小化這一件事），並沒有深刻地反省，甚至勞精費神地終生為堅白論而爭鳴，成為好惡內傷其身的受害者。莊周要反叛被一種符號占據，允諾更自然流動的欲望情態，希望由此解放生命多元差異的最大可能。莊周回答惠施：「吾所謂无情者，言人之不以好惡內傷其身。」可見莊子所要「無（解放）」的「情」是被符號固著而單一化的「是非好惡之情」，而非「常因自然」的「情」。[118] 可以說，莊周眼下的情（生命欲望或情態）有兩種：一是被符號規訓的好惡僵化之情，另一是在符號網絡中卻能保有最大流動和變形的自然之情。前者是生命力度和形式的極小化（眇乎小哉），後者是力度和形式的極大化（獨成其大）。對這兩種情態的辯證關係，魏晉玄學家王弼將其重新表述為：「聖人之情，應物而無累於物者也。今以其無累，便謂不復應物，失之多矣。」[119] 大抵可以澄清惠施的誤解，然而透過王弼「應物而無累於物」的理解模式，再度印證所謂在權勢之中而活出權勢之外。莊周正是要在人文符號網絡中活出最大的自由可能，在人文的規訓中活出最多元的逍遙情態。

118　莊子和惠施的對話，參見莊周著，郭慶藩輯，〈德充符〉，《莊子集釋》，頁220-222。

119　〔三國魏〕王弼著，樓宇烈校釋，〈何劭王弼傳〉，《王弼集校釋》（臺北：華正書局，1992年），頁640。

　　然而如何可能活出「獨成其大」、「常因自然」的最大自由和快樂的生命情態？這便考驗行者有無庖丁解牛般「以無厚入有間」的能力。也就是要能在是非好惡的二元相對相生的符號網絡中，找出空隙、裂縫的通道（彼節者有閒 [120]），也只有在這通道中才得以自由無礙（遊刃必有餘地 [121]），才得以保養生命活力歡快常新（是以十九年而刀刃若新發於硎 [122]）。[123] 正如筆者上述曾論證過，〈養生主〉這把智慧遊刃仍是語言利刃，是一把了解語言結構然後在話語權勢的火爐中千錘百煉的無厚之刃；可見這種自由歡快的生命情態並非棄絕了語言，而是重新和語言達成自由關係。這種以語言遊戲語言的庖丁姿態，便是不斷超越一種語言以上的能力，找出符號空隙的能力，顛覆符號僵化的位移能力，將符號框架變形的能力，以至於到達多元而差異化的語言無政府主義之極樂。

　　用〈齊物論〉的話說，要讓所有的符號都像萬物般擁有開顯自身的平等權，彼此千差萬別（吹萬不同）卻都可自由自在地吹奏自身，以形成眾聲喧譁卻又彼此交響的天籟。天籟不存在單音的極權獨大，而是無窮差異的聲響共融，所以「齊」「物論」並不是要以唯一的「大符號」吞噬眾多「小符號」，結果形成單語主義的獨裁暴力。[124] 莊周一生都在為掃除話語強權而奮鬥，因此

120　莊周著，郭慶藩輯，〈養生主〉，《莊子集釋》，頁 119。

121　莊周著，郭慶藩輯，〈養生主〉，《莊子集釋》，頁 119。

122　莊周著，郭慶藩輯，〈養生主〉，《莊子集釋》，頁 119。

123　巴特有一巧妙比喻來說明找出符號間隙的快樂：「身體的最動欲之區不就是衣的開裂處麼？……兩件衣裳的解接處，兩條邊線之間，肌膚閃現的時斷時續，就是這閃現本身，更確切地說：這忽隱忽現的展呈，令人目迷神離。」羅蘭・巴特著，屠友祥譯，《文之悅》，頁 13。

124　關於〈齊物論〉同時包含：萬物（物化）和語言（物論）的差異多元這兩方

〈齊物論〉之「齊」，實為不齊之齊，它容許並鼓勵所有的話語都保有「咸其自取」「使其自己」的平等權，然後又自化互化而形成多音複調、差異多元的符號流通之極大化。〈齊物論〉稱這種保有「一種語言以上」，而能進行視角轉化的「非單行道」態度為：「和之以是非而休乎天鈞，是之謂兩行。」對語言二元結構的僵化給予鬆綁（彼是莫得其偶），即是「兩行」，「兩行」便能找到符號間隙的通道；而這個來去自如的通道實又發自「空的中心（無的中空）」，故曰：「得其環中，以應无窮。」「環中」便是虛無之地，那裡正是進行隨說隨掃（去一切實體化）的發源地。可見能否找到以語言遊戲語言的能力，也就涉及人有無能力將語言符號視為唯名無實（虛無名言）、將主體自我視為語言虛構（喪我忘己[125]），這便又回到了〈逍遙遊〉所謂的「至人无己，神人无功，聖人无名」。「虛」、「無」、「中空」便是帶領人們穿梭符號界的一把神明之劍、無厚之刃，它真正帶來了逍遙之樂。

以上這種不斷以語言治療、批判、活化、遊戲語言的精神，才是《莊子》更深層的文學性所在。因為它已經超越了修辭的文字玩味，進入到語言結構、話語組織的顛覆、變形甚至破壞。以巴特的話說，這種顛覆和破壞可以帶來「醉」，但不一定帶來舒適，有時甚至帶來知性的擺盪、懸擱、迷茫等不適感。[126] 換言

面主張，可參見拙文，〈論先秦道家的自然觀——重建一門具體、活力、差異的物化美學〉，《文與哲》第 16 期，頁 1-44；亦收於本書第一章。

125 所以〈人間世〉強調顏回最後之所以能達至「入遊其樊而無感其名」的關鍵，是因為他達到了「未始有回也，可謂虛乎」的能力。莊周著，郭慶藩輯，〈人間世〉，《莊子集釋》，頁 148。

126 《莊子》行文常出現一種自我質疑、兩端擺盪的語言風格，它刻意造成閱讀者知性的「不確定感」，但此「不確定感」雖是《莊子》所渴望帶給讀者的「醉」（另類的享受），但一般讀者卻產生了知性上的不適或痛苦。而這些或

之,《莊子》的文學力量更要從修辭魔力的氛圍鑄造,進入到語言結構、文本空間的重新創造,只有在這一新的文學空間、文本空間中,才能復活自由創造的活力,而讀者要享受這樣的自由狂歡,必得通過重重文本空間的迷宮考驗;一旦我們能在《莊子》設計的文本迷宮中遊刃有餘,那你也便是了解《莊子》深層文學性的庖丁了,而我們將一起在文字設下重重的權力法規中,漂浮遊刃於錯綜複雜的空隙而得自由。[127]

十一、巴特與莊周在文本中旦暮相遇:氣韻生動的文本與 庖丁解牛的空間

巴特體認權力無所不在、一切莫不有政治陰影,因為語言結構和權勢話語交纏互滲而猶如塊莖擴散。所以文學符號學的著力處便選擇在根源處,透過對話語姿態最敏感的覺知,對語言形式最活潑的遊戲,使權勢話語得以隨說隨掃,如此才有了活出權勢之外的語言技藝。巴特選擇了最徹底的戰場——哪裡有話語,哪裡就有文學技藝的實踐。作為一個寫作者,終日終身與高密度話語為伴是他的命運,這裡有著最細緻綿密的權勢話語在偽裝、在偷渡,但這也是巴特得以和權力進行徹底對抗、盡情遊戲的道場。如果有所謂巴特型的烏托邦空間的話,那麼文本空間所展現出來的符號遊戲之風光便是所在地:

快(悅)或不快(醉)的感受,都是《莊子》所要帶來的。

127 「文之悅並不一定是輝煌型,英雄式,強毅類。我的悅可適切地取漂移的形式。無論何時,我不關注整體了,漂移便出現了……無論何時,社會語言、社會言語方式支撐不住我,漂移便出現了。如此,漂移的另一個名稱該是:難御——甚或是:輕浮。」羅蘭·巴特著,屠友祥譯,〈十、漂移〉,《文之悅》,頁25。

如果我所談論的符號學又回到文本，這是因為在各種小權勢的和諧一致的整體中，文本似乎是非權勢的標誌本身。文本自身包含了無限逃避合群的言語（那些聚合的言語）的力量，甚至當言語企圖在文本中重新形成自己的時候，文本永遠延擱下去，這種幻影的運動正是我在談論文學的時候企圖去描述和辯護的。它延擱到了別處，即未被分類的、非其正常位置的地方，我們甚至可以說，它離開了政治化了的文化的形式法則。尼采對此說道：「那種形成概念、種類、形式、目的、法則……的強制性；這是一個同一性的世界。」文本輕微地、暫時地揭開了那個沉沉地壓在我們集體性話語上面的普遍性、道德性、非——區別性（in-difference）的罩子上。[128]

文本對巴特有終極性意義，既是批判社會、政治、文化與自我的戰場，同時也是遊戲、歡怡、自由的樂土。莊子要「入遊其樊而无感其名」，巴特亦要以最微觀的方式，檢視每一遣詞用字的權力姿態，以促使話語集合體呈現權勢之外的風光。如何達致此境？這種權勢之外的文本有何特質？誇張地說，它是一個空集合的文本，因為它是由空的符號遊戲所拼貼而成。這是何意？

巴特主張我們應創造出一種文本，在這文本中的：「記號應當最好被看作（或被重新看作）是空的。」[129] 因為語言記號原本是生命欲望之流的開顯，而生命之流變化莫測，語言符號也應無所住地呈現無自性的運動。當然這需建立在一個觀看基礎上：看得見生命流變、看得清語言的同一性權力，並有能力落實為語言技藝的符號遊戲。依此，符號的權力特質才能從它唯實論的自性化

128　羅蘭・巴特著，李幼蒸譯，〈法蘭西就職講演〉，《寫作的零度》，頁17。

129　羅蘭・巴特著，李幼蒸譯，〈法蘭西就職講演〉，《寫作的零度》，頁17。

傾向，被掏空為唯名無實的空符號。巴特澄清說，將符號視為空性，只是對符號的實體性之否定，並不是否定符號本身：

> 我在這裡提出的符號學是否定性的，不是因為它否定了記號，而是因為它否定了如下看法，即認為有可能賦予記號以肯定的、固定的、非歷史性的、非具體性的，或乾脆說，科學性的屬性。[130]

如果錯認巴特要否定的是符號本身，那麼就落入巴特自己所反對的極端神祕主義陷阱。否定性的作用是為了對治符號的實體化慣習，亦即語言符號一經重複使用後所內化而成的遍計所執性。[131]由文學符號學所拼貼的文本，一樣充斥豐富的符號姿態（所以巴特不可能否定記符的使用本身），但這些符號意象卻沒有內核、彷彿只是剎那間留下又將轉瞬即逝的姿態，這些符號在「住與不住之間」擺出了美妙姿態（在此巴特又肯定或善用了符號）。由此，巴特以其弔詭性的姿態說：「這種否定性的符號學也是一種肯定性的符號學，它活動於死亡之外。」[132]一針見血地說，否定的是符號的實體化、遍計執之習性，一旦這個業習被覺知而照見，那麼反而會導向符號的大遊戲，如此便走向文學符號學之大肯定。

只有通過否定性符號學的過程，才能重新走向肯定性的符號學，一旦至此，文學符號學家便會是一個藝術玩家：「符號學家簡單地說來就是一種藝術家，他把符號當作一種有意的圈套加以

130　羅蘭・巴特著，李幼蒸譯，〈法蘭西就職講演〉，《寫作的零度》，頁17。
131　這裡利用了佛教「遍計（所）執性」一名，因為唯識學洞察到虛妄唯識、遍計執性、名言種子之間有親密關係。
132　羅蘭・巴特著，李幼蒸譯，〈法蘭西就職講演〉，《寫作的零度》，頁19。

玩弄，他對此加以玩味並使別人也加以玩味和領悟其媚力。」[133]
而符號藝玩家所把玩的空符號，將可無止盡地進行拼貼、重組、
改裝，他就像是一個欲望充沛、玩興無盡的孩子般，手上把玩著
各種顏色的符號虛構物，[134] 如此一直遊戲下去的符號拼貼、拼貼
符號，將創造出一種自我解構、無法定義的陶醉文本，或者用東
方山水美學意象說，「氣韻生動」的文本。

　　這種文本的創造，一方面是權力的大批判，同時使寫作實踐
者告別死亡、重新再生，再度打通生命活力的任督二脈。巴特由
此導向「行年六十而六十化」的回春境界：

> 我必須周而復始地再生，使我比現在更年輕。米歇萊是在
> 五十一歲時開始他的新生的：新的作品和新的愛情。我在
> 比他年長的時候，也進入了一種新生，今日它是以這個新
> 處所，這個新的熱情接待為標誌的。[135]

　　這裡，我們看到了巴特以自己寫作的實踐經驗為證，《戀人
絮語》這一文本空間的創造，復活了它在六十花甲老人的青春
活力。

133　羅蘭‧巴特著，李幼蒸譯，〈法蘭西就職講演〉，《寫作的零度》，頁 19。

134　巴特曾以孩子在母親身邊玩耍為例，巧妙點出語言遊戲的圖像，孩子來來去
　　去，給媽媽帶回一片石子、一根絨繩，然後一個天長地久的午後時光就此綿
　　延下去。巴特更強調：「遊戲場內的石子、絨繩最終不如由它們所構成的滿
　　懷熱忱的贈予行為本身重要了。」羅蘭‧巴特著，李幼蒸譯，〈法蘭西就職講
　　演〉，《寫作的零度》，頁 21。可見除了快樂，也是贈予。巴特要創造歡怡的文
　　本，並無機地贈予人們。另外，我們也再度看到了巴特和母親深情意象的片
　　段。

135　羅蘭‧巴特著，李幼蒸譯，〈法蘭西就職講演〉，《寫作的零度》，頁 22。最後
　　這篇演講稿結束在這句話：「毫無權勢，一些知識，一些智慧，以及盡可能多
　　的趣味，我的話完了。」（頁 23）

　　民國以來,《莊子》一書多被視為哲學著作,然而中國思想
(子學)的經典,幾乎沒有一本著作像《莊子》對文學影響至
深,可以說,中國思想範疇沒有一本著作的文學性格像《莊子》
這般濃郁芬芳。《莊子》顯然是一本文學與哲學合一的風格著
作,問題是,這種文哲合一的文本特質,該如何理解?筆者認為
透過與巴特的對話,可以現代的方式來敞開《莊子》的文學力量
和文本空間。這一文本空間,正如在庖丁解牛身上看到的,並非
只是充滿實體的空間,反而是到處留有間隙、裂縫的空間。從某
意義說,它甚至可被視為空無空間:

> 莊子的屠夫卻認識空無的連接和空無的結構,身體是通過
> 這種空無構成的(批大郤,導大窾)。他的刀不是穿越實
> 體的實體,這把刀本身就是空無(而刀刃者无厚),而且
> 連接著空無(恢恢乎其於遊刃必有餘地矣)。[136]

所謂從「見牛」到「未見全牛」再到「未見牛」,如此「以神遇
而不以目視」,乃能「以无厚入有閒」。牛體寓言正可視為《莊
子》文本的隱喻,其中語言結構和符號網絡被技藝高超的庖丁視
為「唯名無實」的虛構性,是虛構而非實體,因此符號的內核是
空心而非實在,語言結構是人為而非先天。由如此清明覺知之神
來引導,便可在錯綜複雜的符號網絡中遊刃有餘。

　　正如巴特強調的「固執地轉移」一般,[137]《莊子》也必須如
實呈現「去中心化」的「流變」氣象,這氣化流行之道,當它具

136　波德里亞著,車槿山譯,《象徵交換與死亡》,頁 188。
137　「一個故事愈是以合乎規範、妙語連珠、不施狡點的方式,用恰到好處的口吻
　　來講,便愈是易於傾覆它,破壞它,翻轉來閱讀它(薩德讀塞居爾夫人)。這
　　種傾覆,成了一種純粹的創作,奇妙地化育了文之悅。」羅蘭・巴特著,屠友
　　祥譯,〈十七、翻轉〉,《文之悅》,頁 35。

體化為文本空間時，便展現為氣化流行的文本。如上所言，氣化文本若從虛無角度說，必然呈現不斷掃除固著、穩定、封閉的去符號實體化運動；若從實有角度說，則呈現各種語言、文類的多元差異之交換遊戲。而虛實互滲的畫面，便開顯出《莊子》氣韻生動、處處留白的文本。對於這種文本空間，巴特曾在《羅蘭・巴特論羅蘭・巴特》這一解構式文本中，巧妙地以「立象以盡意」的畫面來隱喻兩種不同類型的文本空間：法律文件式、科學式的書寫與文本，和令人陶醉的文本。以畫之意象來類比，巴特嚮往的文本遠離西方的寫實主義、近於抽象派；藉巴特之巧思，筆者亦可用中國山水畫來象徵《莊子》文本，它必不會是工筆畫，而是傳神寫意的潑墨山水，正如山水畫那多重視角遊移的非單點透視空間，[138] 我們亦可仿造巴特「立象盡意」的遊戲巧思，將《莊子》文本空間視為一幅氣韻生動的山水畫。其中呈現出見山不是山又是山、見水不是水又是水，在水墨氣化一片中若有分、若無分地共成一天籟交響，這便是筆者眼中的《莊子》文本空間。

十二、永未完成的結論

《莊子》的文字魅力、書寫風格，是最容易被讀者接受到的文學層次，單就文本修辭這一外核層次言，讀者就可感染迷人的文字魔力，正是這文字策略、修辭風格所釀造的氣氛，造就了思想力度的穿刺，存在深度的襲捲。《莊子》經營文字當不在指涉客觀所指之意蘊，堆使文字如冰塊般砌疊與人無涉的天外道書，

138　中國山水畫的多元視角與遊興空間，參見葉維廉，《道家美學與西方文化》，頁 1-3、9。

那種冰清玉潔的精確符號所磚疊成的哲學象牙塔，棲居著不溫不涼的概念偏執狂，絕不會是幽默快意的莊周。從這個書寫手勢看來，莊周遠於哲學（科學）而近於文學（藝術），就好像神話遠於哲學（科學）而近於文學（藝術），道理是一樣的。[139]

　　《莊子》用火在說話、在書寫。它契通天道流變之偉力，燃燒不可滯固乾涸之精氣，烹煉古往今來之文字，使大道（真理）、真人（主體）、文字（語言）三者氣化為「一」。「一」者，無主亦無客之文本遊戲（以差異的重複而樂此不疲），作者在此已然殉道於文本，讀者在此亦將殉身於文本，而文本的創造性火焰卻永不歇息，只要人們繼續縱身躍入莊周所點燃的文本之火。[140] 如此一來，又可將《莊子》視為一本復活青春之書。它渴望：用文字創造快樂、用文字嘲諷世人、用文字點醒人心、用文字畫出道路、用文字揭露茫昧、用文字刺穿虛假。換言之，文字在莊周手上，幻化成一把庖丁手上的火焰之刀，它帶來了生機（自由性）、也帶來了毀滅（批判性）。而身為讀者，其用心當不只在於得到超然的見識，更要從中燃起身心熱力，就在渴望中我

139　關於神話契於文學、藝術而遠於哲學、科學，參見卡西勒對神話思維的深刻洞見，卡西勒著，于曉譯，《語言與神話》；卡西勒著，甘陽譯，《人論》。另外，關於道家思維和神話思維的契近與差異，參見拙文，〈道家的神話哲學之系統詮釋──意識的「起源、發展」與「回歸、圓融」〉、〈神話、《老子》、《莊子》之「同」「異」研究──朝向「當代新道家」的可能性〉，皆收於《莊子靈光的當代詮釋》。

140　〈八、身體〉：「文的舞臺上，沒有腳燈：文之後，無主動者（作者），文之前，無被動者（讀者）；無主體和客體。」〈十九、戀物〉：「作者死了：其公民身分，其含具激情的個人，其傳記性角色，業已消失了；令人敬畏的作者身分，文學史、教學及興論對其敘述有證實和補充的責任，這些都被抹去了，不再籠罩其作品了。然而在文之內，我於某一點上對作者有欲：我需要他的形象，一如他需要我的形象。」分別出於羅蘭‧巴特著，屠友祥譯，《文之悅》，頁21、37。

們與莊周之魂魄又旦暮相遇，如此閱讀《莊子》便可視為重新點燃身體精氣神的活動。[141] 用尼采的話頭說，莊周用「肯定生命」的方式創造了《莊子》這一永未完成的文本，而真理之道並不深藏在文字之外、文本之後，《莊子》文本的文字表現和風采之千變萬化，便是大道流行的直心呈露。〈知北遊〉說，道可以在螻蟻、在稊稗、在瓦甓、在屎溺，那麼「無所不在」的道，自然也存在於《莊子》的文字之道、書寫之道。《莊子》用文學力量所創造的文本空間，也正是道的流變之空間化示現。

（本文發表於《文與哲》第 20 期，2012 年 6 月）

141　〈八、身體〉：「解剖學者和生理學家眼中的身體，科學所觀察或討論的身體：這是語法學家、批評家、詮注者、文獻學者眼中的文（是已然存在的文）。然而我們也可有一種醉的身體，純粹由性欲關係構成，全然有別於前述那種身體：這是另一類劃分，另一類命名；如此，關於文：它僅僅是語言之火的尚未截止的登錄（那些生動的火，忽隱忽現的光，搖曳不定的形姿，一如種子，播撒於文內……）文具人的形式麼，是身體的某種象徵、重排麼？是的，然而是我們的可引動情欲之身體的某種象徵、重排。文之悅不可簡化為語法學家的工作對象（已然存在之文），一如身體之悅不可簡化為生理需要。文之悅，這是我的身體追尋其自己之理念的時刻。」〈三、絮咿〉：「你寫的文必須向我證明它欲與我交媾。證據存在；此即寫作。寫作是：語言之種種醉境的科學，語言之《欲經》。」分別出於羅蘭‧巴特著，屠友祥譯，《文之悅》，頁21、10。

氣化流行與人文化成——

《莊子》的道體、主體、身體、語言、文化之體的解構閱讀

一、前言:「以道觀之」的省察視域

　　對《莊子》「體」一概念的討論,首先可從基源性的「道」開始著手,因為道家的核心關懷皆「法道」而來,道之存有實為老、莊之學的價值根源。如海德格以「存有」(Sein)作為基礎視域,從而綜攝人的此在(Da-sein)之基本關懷,並彰顯人作為「存有守護者」的殊勝。老莊則以道作為基礎視域,從而統攝了人的基本關懷,並突顯人對道的守護與體法。如《老子》二十五章:「故道大,天大,地大,王亦大。域中有四大,而王居其一焉。人法地,地法天,天法道,道法自然。」其中人(王)的宏大意義,不在人類主體的獨我膨脹,反而在於敞開沖虛之「玄德」來體法天地大道。在《老子》看來,人之莊嚴在於「以其終不自為大,故能成其大」(第三十四章)。人畢竟是渺小短暫的有限物,其宏偉性並不來自封閉的主體(我),而在於敞開主體(沖虛無我)而歸入浩瀚大道與萬物之流。一方面體法無為之大道,一方面守護物化之大順。如此方能以存有整體的「以道觀之」,來超越個人渺小與人類中心的「自我觀之」。

　　這種「人法道」的「玄德」精神,也是《老子》第三十七

章和第六十五章所要傳達的：「道常无為而无不為，侯王若能守之，萬物將自化。」「玄德深矣，遠矣，與物反矣，然後乃至大順。」「道」無為而讓開自身，卻呈現萬物自化的豐盈世界，而人（侯王）若能體法守護「無為而無不為」的大道精神，這種深邃宏遠的沖虛玄德，將使人返歸天地萬化之流而與之無礙（大順）。這種玄德思維，將「人」（主體）的眼光從自我中心的焦點觀看（以我觀之），調轉到「天」（道體）的宏大鏡頭來流觀，此時他將重新看見一幅物化大順的美妙景觀（以物觀物）。這種由「人」向「天」的視角解放，正如《莊子》在〈德充符〉提及的（人）小、（天）大之辯：「眇乎小哉，所以屬於人也！謷乎大哉，獨成其天！」[1]

　　從「天」的廣角長鏡頭開顯的世界，讓我們想到了〈逍遙遊〉的景觀。那深海巨鯤「化」為藍天大鵬時，遨遊天池之際，見浩瀚景觀而大嘆：「天之蒼蒼，其正色邪？其遠而无所至極邪？其視下也，亦若是則已矣。」[2] 若人能跟隨鵬鳥高飛而轉換到天之視野時，人將得到一種新領悟：那便是無邊無際、無窮無盡的宇宙，也是人的歸依處。而耐人尋味的是，以往人們總欣羨邈遠天際的浩瀚無際，現在從天的角度回看人間世，人間居然也同樣是「遠而无所至極邪」！這樣的領悟也就意味著，「人」原本認定的渺小設限，透過了對「天」的認同與釋放，居然有限而無限了。這也是本文一開始就要引出的廣角視域，老莊對人文的批判和治療，離不開「以道觀之」的浩瀚鏡頭。[3]

1　莊周著，郭慶藩輯，〈德充符〉，《莊子集釋》，頁 217。

2　莊周著，郭慶藩輯，〈逍遙遊〉，《莊子集釋》，頁 4。

3　另一種對比的觀點則是《荀子》，它反而要質疑並批判《莊子》「蔽於天而不知人」（〈解蔽〉），本文將嘗試從《莊子》的角度來回應這種批評。

二、從「道體」到「體道」的詮釋轉向與後續發展：牟宗三與海德格

　　道家不停留在主／客二元的知識論思維和效用立場（惠施近之），而是溯源回前主客的存有論思維和生活體驗（莊周契之），因此跨越了應然／實然的二分模式，突顯出方東美所謂「價值中心的存有論」（value-centric ontology）特質。據此，人法地、法天、法道、法自然這一類天人參贊的體驗視域，未必適合以知識論模型的判準來質疑，如陳康所認為的，《老子》混淆了「存有」與「應然」的異質性。[4]道家的世界觀，不同於亞里斯多德脈絡的客觀存有論，較契近於海德格「在世存有」的基本存有論思維。[5]道之存有所開顯的自然萬有世界，並非純粹擴延對象物所堆砌成的外部世界，而是物我共在、主客涵融的有機歷程。同時，存有開顯為世界（道敞開為天地萬物），人對存有的敞開與回應（人以玄德體法天地大道、守護芸芸萬物），其中天／人、物／我之際，因人的參贊領會而親密無間，釀成了意義的世界觀、價值的存有論。

　　然這種帶有人之體驗意味的存有世界，將人之視域與天之視域參合共論的觀點，是否意味道家將人的價值寄託在形上的超驗本體，以保障現象界的存在意義？類似西方哲學中的本體／現

4　關於方東美的「價值中心的存有論」和陳康所謂「存有與應然的異質性」，以及相關討論，參見袁保新，《老子哲學之詮釋與重建》（臺北：文津出版社，1997年），頁 26-52。

5　袁保新，《老子哲學之詮釋與重建》，頁 152-167；另參見拙文，〈當代學者對《老子》形上學詮釋的評論與重塑——朝向存有論、美學、神話學、冥契主義的四重道路〉，《清華學報》新第 38 卷第 1 期；收錄於《當代新道家——多音複調與視域融合》，第一章。

象兩層區分，是否適用於道家的道／物關係、天／人模式？隨著
西方形上學的崩塌與解構，本體／現象二元的形上學模型大抵已
不再有效。假使老莊的道論被理解為類似於西方形上學的結構，
那麼所謂天人視域的統合觀點，亦將受到嚴格挑戰。由於老莊的
世界觀來自「以道觀之」，因此為釐清上述疑問，或可先從「道
體」這一帶有形上學意味的概念著手討論。

　　將「體」提至「道」的脈絡與層次來加以觀察，是諸多學者
常採取的做法，因此而有「道體」觀念出現，乃至「形上道體」
的主張。道與體的連結，較早或出自王弼。根據湯用彤的研究，
他認為王弼注《老》、注《易》的大貢獻，主要在於應用本體論
來取代漢代的宇宙論，尤其通過「體外無用」、「用外無體」的體
用論模式，超克了漢代體／用二分的兩層世界觀。[6] 由此，湯用
彤認為王弼所理解的《老子》之道乃是「全體大用」之道，是本
體不離現象的道體，而非離開現象萬物之先、之上、之外，另有
一超驗而永恆不變之道體。

　　湯用彤雖極力表揚王弼體用論之功勞，但王弼在注《老》
脈絡中，透過體／用、本／末、母／子、一／多等等群組概念
來表述道／物之間的辯證統合關係時，卻也時常流露「貴無」、
「崇本」、「統宗」、「會元」之傾向。雖然其終極目標在於「崇本
舉末」、「守母存子」，以使「名教」能本於「自然」而無礙。但
由於王弼認為孔子才是徹底「體無用有」之聖人，老子只是「說
無」而未能真正「體無」；[7] 換言之，孔子才真正實踐了「崇本舉

6　湯用彤，《魏晉玄學論稿》，《魏晉思想》（臺北：里仁書局，1984 年），頁 68。
7　王弼的說法是：「聖人體無，無又不可以訓，故不說也；老子是有者也，故恆
　　言其所不足。」語出王弼著，樓宇烈校釋，〈何劭王弼傳〉，《王弼集校釋》，頁
　　639。其中聖人，正是漢代以來的孔聖傳統。

末」的體用論，而老子不僅只說無、未體無，且多少流於「崇本息末」之片面。[8] 王弼主張「無物妄然，必由其理」，而「名教」倫理若要不落入有為之妄然，便要有本於「自然」之理體。而真能體自然者，則又必須用之於名教，如此自然與名教方能構成體用不二之圓環無端。問題是，王弼藉由體用不二的辯證邏輯，雖企圖揚棄「離用之體」的抽象之病，但仍未能完全避開細微的本體／現象二元論之陰影。不管是道／物之間，或者自然／名教之間，體用論雖運用了一種辯證形式來使其不二，但「道體」這一概念，似乎總是很難完全避開它的獨立性、先在性等超驗嫌疑。

至於「形上道體」這一複合辭，來自於道／體／形上，這三個概念的結合。「形上」則源自《繫辭傳》的「形而上謂之道，形而下謂之器」。順此，「形上道體」便容易和「形下器物」形成對比性的一組概念，而老莊的道／物、無／有之間的關係，也就很容易被理解為形而上／形而下的兩層世界。尤其當日本人用「形上學」一概念翻譯西方的 "meta-physics" 時，就很自然地將西方形上學的本體／現象二元論帶入。而當《老子》的道論被放到形上學的範疇時，其內涵便很容易被理解為相應於西方 meta-physics 的本體論（ontology），且對舉於形而下的現象物理世界。民國以來，西方的概念術語、思維方式、學術議題，大量進入東方渴望急速現代化的學術進程中，因此也自然產生了「洋格義」的互文現象。[9] 例如民國以來研究道家的哲學學者，當他們將老

8　「《老子》之書，其幾乎可一言而蔽之。噫！崇本息末而已矣。」王弼著，樓宇烈校釋，《老子指略》，《王弼集校釋》，頁 198。

9　「格義」是魏晉時代梵、漢跨文化交流時，一時無所逃的語言互文現象；而「洋格義」則是現代西方、東方跨文化交流時，一時無所逃的互文現象。「洋格義」一說，來自林鎮國對西方近現代學者對東方「中觀學」的詮釋過程中，所帶入的西方視域之研究現象的介紹和反省，這一概念也同樣可用來考察民國以來，

莊之道理解為形上實體、本體之道時，便經常預設著西方形上學思考的前見，自覺或不自覺地透過本體／現象的二元框架，來理解老莊的道論以及道／物關係。

例如方東美從道體、道用、道相、道徵四個面向來詮釋《老子》，其中「道體」便屬第一義。而唐君毅以道之六義來解老──貫通異理之道、形上道體之道、道相之道、同德之道、脩德或生活之道、作為事物及人格心境狀態之道，其中「形上道體」一說，亦屬六義中之核心義。其實「道體」一說，並未出現在《老子》、《莊子》文本中。至於「形上道體」或「形上實體」之說，據袁保新研究所示，屬於民國以來學者受到西方形上學思考影響下的產物。袁先生指出：「當代老學中，傾向於將『道』理解為形上實體之學者，為數頗眾，如錢穆先生、嚴靈峰先生，甚至徐復觀先生、勞思光先生、方東美先生亦有類似傾向。」[10] 其實不僅上述諸位名家，接續前賢的許多研究道家的學者，如陳鼓應、劉笑敢等，也都將道家之道視為具有客觀創生萬物的「形上實體」意味。[11] 可見將道家之道視為類似西方形上學的本體、實體，可謂自西學東漸以來，研老、治莊的現代學者，經常共享的格義視域與集體前見。

東方學者對道家之道的西方形上學詮釋視域。參見其〈中觀學的洋格義〉，收入氏著，《空性與現代性》（臺北：立緒文化，1999 年），頁 181-210。

10　袁保新，《老子哲學之詮釋與重建》，頁 59。

11　「老子第一個把道當作客觀的實在。……顯然，老子的道是世界之本原，莊子作為先秦道家的集大成者，也繼承了道的這一意義。」「道既是世界的起源，又是萬物的依據，這說明在老莊那裡，道既有宇宙論意義，又有本體論意義。」「莊子的道是世界的根源和依據……道是絕對化的構想的產物……道是超驗的實體……道是中國哲學特有的關於世界本根的設想，是超越物質世界的抽象的絕對的思想觀念，是絕對化的觀念性實體。」劉笑敢，《莊子哲學及其演變》（北京：中華社會科學出版社，1988 年），頁 104、105、110。

　　不管是「道體」或「形上實體」之說，由於道在老莊的文獻脈絡，涉及道、物之間的「生化」關係，因此一旦將西方形上學的概念和思考挾帶進來，那麼二元論的思辨系統便會入侵老莊的道論，使得老莊的道／物（生化）關係，理所當然地被套上本體論／宇宙論這一類的思考模型。民國以來的洋格義潮流中，牟宗三算是其中異數；弔詭的是，他是經由西學的反省才重新強調回歸東方的實踐傳統。尤其他從康德對西方獨斷形上學的批判中深受啟發，認定西方形上學屬於思辨理性的產物（僅能成立「思辨的形上學」），由於缺乏經驗內涵故無法相映道家式的「實踐形上學」。所以他要從抽象而超驗的「道體」之說，哥白尼式地革命轉向於「體道」的實踐之說，希望藉此落實道之經驗內涵與價值意蘊。換言之，他認為道必須透過工夫這一實踐論，才能貞定其體驗性。就這一點來看，牟宗三在民國以來的洋格義風潮與西學集體視域中，具有突出的轉向意義。他強調不應以形上實體這一類的實有形上學來詮解道家，反而應該自覺迴避思辨形上學的糾纏，回歸實踐形上學的入路來重解老、莊的道之文獻。

　　例如，他一律將《老子》那些看似表述實有道體的形上姿態語句，一一重新解讀成所謂「主觀境界形上學」內涵。他首先使「道體」完全被收攝在「體道」脈絡來理解，其次將體道內涵解釋為主體心靈的藝術境界，解消了「道生之」被誤解為形上道體的實有創生說，完全轉向為藝術心靈對「物之在其自己」的超然靜觀。牟宗三進一步指出，《老子》的形上語句或許形式上還帶有形上道體的實有姿態，而《莊子》便完全將「道體」轉化為「體道」的主體藝境來說之。[12] 對於《莊子》從「道體」轉向

12　上述牟先生的有名觀點，參見牟宗三，《才性與玄理》；《中國哲學十九講》，第五、六、七講。

「體道」這一特質，治莊學者大多有所注意，而類似於牟宗三的主張，尤可以徐復觀做代表。雖然徐復觀仍認為《老子》之道具有形上實體意味，卻也主張《莊子》將形上實體之說完全消融為人生境界，尤其走向藝術人生而大大開啟了中國藝術精神的心靈世界。[13]

由上追溯可知，從道體（客觀思辨）到體道（主體體驗）的實踐回歸，揚棄了形上實體這種「理體中心主義」（logocentrism）的本質思維，轉從藝術體驗的角度來落實體道內涵。據筆者的觀察，牟宗三所理解的道家藝術體驗傾向唯心、靜觀，它一方面剝離了身體的具體參與，另一方面也偏向主體靜照而遠離動態的物化歷程。[14] 從筆者看來，牟宗三為跳出西方客觀思辨的形上學，因此將道全然收納為「道心」，又用道心的沖虛玄德來說明所謂的靜觀美學，使道心成為完全抽離於身體之外的純粹智心。且又強調智心所對照開顯的境界具有濃厚的靜態性：

> 此沖虛玄德之為宗主實非「存有型」，而乃「境界型」者。蓋必本於主觀修證，所證之沖虛之境界，即由此沖虛境界，而起沖虛之觀照……此沖虛玄德之「內容的意義」完全由主觀修證而證實，非是客觀地對於一實體之理論的觀想……以自己主體之虛明而虛明一切。一虛明，一切虛明。而主體虛明之圓證中，實亦無主亦無客，而為一玄冥之絕對。[15]

道家重觀照玄覽，這是靜態的，很帶有藝術性的味道，由

13　徐復觀，〈中國藝術精神主體之呈現〉，《中國藝術精神》，頁 45-136。

14　參見拙文，〈論先秦道家的自然觀──重建一門具體、活力、差異的物化美學〉，《文與哲》第 16 期，頁 1-44。

15　牟宗三，《才性與玄理》，頁 141。

此開中國的藝術境界。藝術境界是靜態的、觀照的境界。……在靜的工夫之下才能「觀復」。由虛一靜的工夫使得生命虛而靈、純一無離、不浮動，這時主觀的心境就呈現無限心的作用，無限心呈現可以「觀復」，即所謂「夫物芸芸，各復歸其根，歸根曰靜，是謂復命。」這些都是靜態的話頭，主觀的心境一靜下來，天地萬物都靜下來了。[16]

　　牟宗三對道家「體道」的藝術境界之理解方式，從「體」的角度說，雖突顯了實踐的體驗性，卻因為遺忘了身體的參與，帶有主體主義的意識哲學嫌疑。再從「道」的角度說，他雖解消了形上道體之弊病，卻因為將道完全收納為主體之「道心」，遺忘了「道動」、「道用」的「緜緜若存，用之不勤」的開顯活力，結果無法讓道家的藝術體驗與存有開顯統合為一。換言之，牟宗三從道體走向體道的詮釋轉向，雖具有解構「理體中心主義」的功效，卻由於極端地往心靈境界走，壓縮了道家式存有論之開展可能。由此看來，老莊之道雖不宜用西方的形上實體來理解，但當牟先生試圖從「客觀實有形上學」之一極，擺盪到「主觀境界形上學」的另一極時，卻依然未能揭露老莊道論的全幅內涵，而犯有某種意味的「存有遺忘」。[17]對於這一點，我們或可借用海德格的存有論角度來省察，觀察道家詮釋的進一步發展方向。

　　後牟宗三時代的若干學者，一方面強烈認知客觀思辨的實有形上學之弊病，另一方面也企圖超越牟宗三的主觀境界形上學。

16　牟宗三，《中國哲學十九講》，頁122。
17　以上對牟宗三的反省，請參見拙文，〈牟宗三對道家形上學詮釋的反省與轉向——通向「存有論」與「美學」的整合道路〉，收入拙著，《當代新道家——多音複調與視域融合》，第二章。

而超越之道的詮釋策略之一，則重新借助海德格的基本存有論來與道家的自然之道相對話。眾所周知，海德格一則強烈批判西方形上學，再則海德格頗受道家思維的啟迪，[18] 加上他的基本存有論超越了康德近代哲學的知識論進路，種種契近的呼應因素，促使學界利用海德格詮解道家存有論的新契機。[19] 海德格曾批判西方形上學思考的結構表現為：「存在──神──邏輯學機制」（onto-theo-logical constitution），其中對「存在」的探討，從亞里斯多德以來便轉向「實體學」，結果對「存在者整體」的思考成為了「第一實體」的追究，並用「第一實體」來作為存有者的「充足理由」之終極「根據」，後來再和神學中的超驗實體結合起來，構成一套「由果推因」、「由因釋果」的「存在──神──邏輯學機制」。[20] 海德格認為將「存有者整體」（亦即「存有自身」）視為「實體」，由於忽略「存有學的差異」，結果導致「存

18　張祥龍，〈海德格爾與道及東方思想〉，《海德格爾思想與中國天道》（北京：生活・讀書・新知三聯書店，1996 年），頁 439-456；熊偉，〈道家與海德格爾〉，《自由的真諦──熊偉文選》（北京：中央編譯出版社，1997 年），頁 140-143；蕭師毅，〈海德格與我們《道德經》的翻譯〉，*Heidegger and Asian Thought*, ed. by G. Parkes (Honolulu: University of Hawaii Press，1987), pp. 93-104。　賴賢宗，〈海德格論道──一個文獻學之考察〉，收入《思與言》第 42 卷第 2 期（2004 年 6 月），頁 229-265。〔德〕奧特・波格勒（Otto Poggeler），〈東西方對話：海德格與老子〉，收入〔德〕萊因哈特・梅依（Reinhard May）著，張志強譯，《海德格爾與東亞思想》（北京：中國社會科學出版社，2003 年）；〔英〕格瑞漢・帕克斯（Graham Parkes），〈黑森林上空升起的太陽：海德格與日本的關聯〉收入萊因哈特・梅依著，張志強譯，《海德格爾與東亞思想》；孫周興，〈老子對海德格的影響〉，刊在《哲學與文化》第 20 卷第 12 期（1993 年）。

19　參見拙文，〈當代學者對《老子》形上學詮釋的評論與重塑──朝向存有論、美學、神話學、冥契主義的四重道路〉，《清華學報》新第 38 卷第 1 期，亦收於《當代新道家──多音複調與視域融合》。

20　參見海德格著，孫周興選編，〈形而上學的存在──神──邏輯學機制〉，《海德格爾選集》（下），頁 829-833。

有遺忘」之危機（亦即將「存有」當成「對象物」來思考）。而晚期海德格更徹底放棄以「存有」作為「存有者」的本源根據，主張「存有」與「存有者」相即的「存有學隸屬」，強烈主張「存有」「自然湧現」（Er-eignis）為「存有者的存有」，亦即展現為世界的世界化歷程。換言之，「自然湧現」一說，乃以「離據」（Ab-grund）思維取代了「根據」思維。[21]

利用海德格與道家進行互文對話，雖未必能跳脫洋格義的嫌疑，卻有幾點重要意義值得注意：由於海德格深刻批判西方形上學思考背後的「存在──神──邏輯學機制」，使得實體學（將存有給存有者化）、神學（透過第一因來解釋存有者整體之根據）、邏輯學（否定無能生有，故在邏輯上要肯定充足理由以解釋源頭之因），三者合一的西方形上學系統無所遁形。然海德格批判西方形上學，意不在完全取消形上學，而是要以基本存有論來取代思辨的實有形上學。海氏的基本存有論批判西方形上學用實體觀點理解存有，忽略了「存有學的差異」（即存有與存有者的差異），又將「存有」當成第一實體，而造成「存有」的「存有者化」，這便是他所謂的「存有的遺忘」。因為「存有」不能被表象為任何的對象物，它具有「無」之特性，而「無」不再指「有」之闕如，而是使「有」得以開顯現身而自身卻隱蔽不顯的

21　陳榮灼喜用晚期海德格的「離據」，來發明道家的「自然」，據陳氏分析，早期海德格因保有將「存有」當成「存有物」的根據傾向，所以未能完全跳出西方形上學的糾葛，直到後期轉向之後，才完全體會「沒有離開存有物的存有」，此時便強調「自然湧現」的「離據」，是表達存有與存有物相即不二的最佳方式。參見陳榮灼，〈王弼與郭象玄學思想之異同〉，《東海學報》第 33 卷，頁 123-138；〈道家之「自然」與海德格之「Er-eignis」〉，《清華學報》新第 34 卷第 12 期。

奧藏。[22]

　　海德格突顯「存有」的「無」之性格，主要是為了對治「存有」被實體化、對象化之危機。但是海氏的基本存有論並非要完全取消掉形上學，其中存有之奧藏（「無」之不現身）終要不斷開顯為「存有者之存有」（「有」之現身站出），而這種「存有」不離於「存有者」的「自然湧現」之開顯結構，便是海德格所謂的「存有學隸屬」。可見存有學差異是要強調存有的非實體性格，而存有學隸屬則要強調存有的非先驗性。前者避開了西方實體學的危機，後者避開了本體／現象二分的危機。因此，可以說海德格以基本存有論，一方面宣判了「西方形上學」的死刑，但另一方面卻又復甦了「存有自身」的可能性。

　　另外，海德格的基本存有論也批判了表象、對象化思維的限制，強調根源性的沉思與泰然任之等等帶有體驗意味的詩性思維，強調聆聽存有自發湧現時的敞開之必要，這一點和牟宗三扭轉客觀思辨而朝向藝術體驗的實踐轉向，有其類似性。但是海德格能將存有體驗與藝術真理扣合起來，一方面超越了美學的主體化之限制，一方面更將藝術經驗的存有論深度給十字打開。這便超越牟宗三只將老莊之道視為主體道心，遺忘了道作為存有開顯的豐饒，也使得牟宗三所理解的道家美學，帶有濃厚的主體化傾向。

　　海德格批判西方形上學而轉出的存有論思維，若用來和道家對話，可能有幾點值得正視：一者，不適宜再將老莊的道視為道

22　關於海德格對「無」的探討，參見海德格著，孫周興選編，〈形而上學是什麼？〉，《海德格爾選集》（上），頁 135-153。

體，因為道體之說容易帶上「實體」意味，容易讓道成為了對象物（不管是第一實體或者造物實體，它們皆屬獨立先在的實體物）。換言之，應該認真考慮海德格的「存有學差異」和「存有遺忘」，它們對思考「道」的「無」之向度的意義。二者，不宜再將老莊的道／物、無／有關係，視為西方形上學的因果根據關係，否則道（無）將上昇為超驗而先在的本體世界，而物（有）將塌陷為形下而後出的現象世界，而形上／形下便區隔為兩層世界，其中關係只能透過前因／後果法則來連結。換言之，我們應該認真考慮海德格的「存有學隸屬」對思考老莊的道／物、無／有關係的意義。三者，海德格「自然湧現」的「離據」主張，對思考道家的「道法自然」亦有呼應，亦即道的無為敞開而讓萬物自賓自化、自生自長，使得道的運動開顯為天地萬物自生自長的具體化世界。而這一物化世界並非純是外部對象物堆疊而成的客觀世界，而是天人、物我共在共融、互滲相參的「在世存有」。四者，道家的體道內涵若從藝術體驗角度來揭露，這種美學藝境與其採取牟宗三的主體道心說，不如採取海德格式的存有與美學、真理與藝術的統合之道。

由這幾點看來，海德格與道家的互文對話，有助於在牟宗三對「道體」的解構詮釋，朝向「體道」的實踐轉向之基礎上，進一步跨越牟宗三「道心」說的意識哲學之限制，朝向「道行」（存有開顯）與「道心」（藝術體驗）的融貫。

由上分析可知，臺灣學者在海德格對西方形上學的批判啟發下，可以回過頭來檢視先前使用西方形上學概念與思考的困境與危機，並重新思考道家的道、物關係，並逐漸放棄形上道體這種帶有超驗性、實體性的概念，轉而正視道的活動性、歷程性、具體性、物質性。可以說，這裡有一種從超驗之道，回歸具體之物

的「轉向」意味。學者在面對西方語彙與視域的東漸過程中，必然要迎向跨文化的遭遇，因此也無所逃於洋格義的即開顯、即遮蔽的對話命運，如先前因西方形上學的影響而規定了形上道體的觀看視域，如今又透過海德格的啟發而解蔽了形上道體的偏見，再次重新反思存有之道的豐富意義。[23]

三、道體的初步解構：《老子》的「道沖而用」與「有無玄同」

綜合上說，牟宗三解構了《老子》之道的實有姿態，形上道體被他以主觀境界給取代。進一步，「道生物」的「生」之意涵，被他轉化為主體藝術心境（「沖虛玄德」），以靜觀照鑑而朗現物之在其自己，如此成就了他頗負盛名的「不生之生」一觀點。即實有形上學的道體創生萬物，被他扭轉為主觀體道心境的朗照實現說。由此一來，道家之「道」被理解為純粹「道心」，而「道法自然」亦全被理解為主體心境的「任其自然」。牟宗三所理解的道家式的藝術境界，大抵可以純粹意識的主體主義美學視之。

他為了避免道家落入西方思辨形上學的危機，小心翼翼將

---

23 用海德格存有論來詮釋老莊之道，是否又再度落入洋格義？海德格的基本存有論旨在解構西方形上學，除了試圖挖掘古希臘的原初存有體驗，也經常從東方的古文化裡尋求相應的思想資源，尤其海德格數度表示其思想和《老子》的近似性，並時而直接引用老莊思想以發揮其存有思想。海德格的基本關懷、思維進路、核心觀念等，和道家頗有相契的氣質在，所以運用海德格來幫助老莊之道的當代性詮釋，就算無法完全迴避洋格義的嫌疑，但與早期不自覺透過西方形上學來詮解道家的洋格義，其意義與內涵亦不可同日而語。對於海德格和道家的學術史關係之考辨，請參見萊因哈特‧梅依著，張志強譯，《海德格爾與東亞思想》。

《老子》帶有實有姿態的語句，透過詮釋暴力而給予掃除淨空，卻在解構體道為道心的主體化過程中，掉入另類的「存有遺忘」。道家所具有的海德格意味的存有開顯活力，被牟宗三的主體詮釋學給隱蔽了。在筆者看來，解構道體的實體性、先驗性，不必然要走向純粹的主體心境，從而忽略沖虛玄德（道心）乃是敞開於存有開顯（道行）的體驗。真人沖虛玄德之明照，並非獨立、封閉於存有開顯之外，甚至唯有在存有之道「自然而然」地開顯為萬物共在的世界時，真人玄德方能「任其自然」地守護之、聆聽之。

回到《老子》本身，道總是同時貫通兩個面向而一起說，一是存有之道的開顯活力，另一則是沖虛玄德對道的敞開聆聽。前者可稱之為「自然而然」的「道用」開顯，後者可稱之為「任其自然」的「玄德」守護。對於《老子》，超主客的玄德並非純粹的心靈意識，而是身心一如的具體狀態，並且與天地萬物血肉交織地共在於世（Being-in-the-world）。它並非獨立先在於萬物的孤明主體，反而必須在道「自然而然」開顯為萬物流行的世界脈絡中，才能發揮它「任其自然」的敞開與回應。由於牟宗三將道完全收攝在「沖虛玄德」這一面，相較忽略了「沖虛道用」另一面，結果使其主觀境界有流於主體主義之嫌。

沖虛道用的存有開顯，就表現在活力與差異的自然萬物之中，此即物化之多元差異與運動歷程。就此而言，「道」並非指涉任何超越性實體之名詞，而是對世界無止無盡、無始無終的運動歷程之容狀，它並非遙指一實體物，而是對宇宙浩瀚偉力之運化歷程的隱喻。《老子》之道的動詞化現象，呈現在「用」、「動」、「行」等等語詞的表達中。「道體」一說（《老子》不曾使用過），卻容易讓原本屬於動狀詞的運動之道，走向名詞性的

實體之道,甚至「隨名起執」而誤以為真有一先在的本質實體之道。較早應用體／用概念詮解《老子》的王弼,雖透過體用不二、本末有無、崇本舉末的模式,一方面企圖說明《老子》道／物的不二關係,另一方面將之運用在政治領域而嘗試調節名教與自然的二元衝突。儘管如此,王弼畢竟先肯定一「無形無象」的道體,作為生化之母體、本源,然後再透過「母子相守」、「本末一貫」的辯證統合方式,希望避開本體／現象割裂的難題。然而這樣的體／用概念和辯證思維,是否完全可以避免「理體中心主義」的幽靈?是否忠於《老子》的「道用」、「道行」之歷程性、活動性思維?為回答這些問題,筆者有必要回到《老子》文獻本身,來進行考察:

> 道沖而用之,或不盈;淵兮似萬物之宗。(第四章)

> 天地之間,其猶橐籥乎!虛而不屈,動而愈出。(第五章)

> 綿綿若存,用之不勤。(第六章)

> 反者,道之動;弱者,道之用。天下萬物生於有,有生於无。(第四十章)

> 道生一,一生二,二生三,三生萬物。萬物負陰而抱陽,沖氣以為和。(第四十二章)

> 大盈若沖,其用不窮。(第四十五章)

> 道生之,德畜之,物形之,勢成之。(第五十一章)

道「沖」,便多少暗指道的非實體性;「沖」者,虛也、無也,這都是對道的實體性之否定。用隱喻來說,道的非實體性就猶如橐籥中空一般,具有「虛而不屈,動而愈出」的特性。可

見，沖虛、空無對道的實體性之否定，除了說明道並非一般實體
對象物，也由此導向道的活動歷程性。《老子》的動而愈出、用
之不勤（盡）、用之不盈、其用不窮等等說法，都直指道是一持
續不斷的作用開顯之運動歷程。而且「道之動」、「道之用」的活
動歷程，並不必然要預設一個趨之動、使之用的先在道體，然後
再由道體發起道用。從上述的文獻看來，道就是指道動、道用、
道生的活動本身。王弼將道區分為「體」和「用」，然後再以體
用不二來統合本體與作用的理解模式，未必最貼合於文獻的解讀。

　　由此觀之，道完全就是運動之道、作用之道、生化之道，而
且非實體性的虛無之道用，直接就開顯出一個充盈萬物的世界，
亦即沖虛之道動開顯為一個生機勃發的萬物世界。對於這個運動
不息、開顯不已的道用歷程，《老子》特別喜用「水」之隱喻來
讚頌。道行就猶如一股無窮無盡的活水般，它總是生生不息地蘊
化萬有之生命形式，並使其保有生機活力。沖、盈、淵，皆在容
狀水之流動德性。水雖無實體，卻能長保流動之生機活力，滋潤
萬物而使其不枯竭。如《老子》第三十四章言：「大道氾兮，其
可左右。萬物恃之而生而不辭，功成不名有，衣養萬物而不為
主。」

　　有些學者可能也會提出文獻，質疑上述對道體的「非實體
化」之解構觀點。例如《老子》第二十五章也曾說：「有物混
成，先天地生，寂兮寥兮，獨立而不改，周行而不殆，可以為
天下母。吾不知其名，字之曰道。」而《莊子・大宗師》也曾如
此描述：「夫道，有情有信，无為无形；可傳而不可受，可得而
不可見；自本自根，未有天地，自古以固存；神鬼神帝，生天生
地；在太極之先而不為高，在六極之下而不為深，先天地生而不

為久，長於上古而不為老。」[24] 上述老、莊文獻所描述的道，不就
是典型的客觀實有、先於天地萬物的形上實體嗎？筆者向來認為
老莊這類似乎帶有形上實體意味的「道體」觀點，其實是來自神
話思維影響下的陳跡。雖從這些命題可以看出老莊道論和創世神
話的連續性關係，卻不宜將這些命題視為上古創世神話的同一性
翻版。

　　哲學中的形上學探求，通常轉化自上古的創世神話，例如形
上學在探討萬物起源時，經常會肯定一個最根本性的存在體（第
一因），就是源自創世神話的思維，而創世之前的描述，通常就
以一個超越而先在的神聖體或母體物稱之，而形上學便將其轉化
為獨立先在的第一實體。由先在的神物或母體，經由一創生或生
化的開天闢地過程，才產生眼前這一充斥雜多萬物的現象世界。
因此，若循此脈絡來看，則《老子》的道／物關係，便幾乎是創
世神話的母／子、因／果關係的翻版。如此一來，道便可視為先
在的客觀實體，它既獨立於萬物而為其終極根據，並具有生化萬
物的母體般功能。[25] 然此種神話敘述模式，很容易轉變成形上學
的形上／形下兩層世界觀，因為它本身就具有創世前／創世後的
神話敘事模型。由於老莊深受神話思維的啟發，因此在道／物關
係的表述上，或許保留了少許母／子創世神話的表述遺跡，但筆
者認為更需注意的是，老莊和神話的斷裂與差異，亦即老莊對神
話思維的突破。例如在道／物關係的表述上，我們該如何看待上
述兩種看似矛盾的文獻？一者，強調道的「無」性以突顯道用、

24　莊周著，郭慶藩輯，〈大宗師〉，《莊子集釋》，頁 246-247。

25　例如楊儒賓先生便從《老子》和大母神神話的親密關係，來論證《老子》之道
　　的實有和生化性格，參見楊儒賓，〈道與玄牝〉，《臺灣哲學研究》第 2 期，頁
　　163-195。

道動的非實體性和活動性。另一則看似殘留道的先在性格和實體性格，也就是道的形上實體性和客觀實有性。

筆者認為若從老莊和神話的差異性來著眼，應將《老子》第二十五章和〈大宗師〉這一類文獻看成是隱喻之權說。因為老莊雖然還保有少數與創世神話類似的表述姿態，但它們的實質內涵皆已被轉化，亦即創世神話所保有的形上／形下二元結構，其實已被《老子》轉化為「無＝有」、「同出而異名」的一元世界觀。其中，神話母體的「實體性」已經由「無」一概念而被解構化；而創世母體的「先在性」、「獨立性」又被「無＝有」、「玄同」的關係給解構化，從此使得道轉化成為「即無即有」的妙用歷程。此即《老子》第一章的「玄同」精神：「无，名天地之始；有，名萬物之母。故常无，欲以觀其妙；常有，欲以觀其徼。此兩者，同出而異名。同謂之玄，玄之又玄，眾妙之門。」

「無＝有」的「同玄」或「玄同」關係，到底和神話的母／子兩層世界觀，或者是後來的體／用論模式，究竟有何差異？首先，神話系統的生化母源具有實體性和獨立先在性；而王弼式的體用論雖然透過體用不二模型，企圖避免兩層世界的困境，但仍可能挾雜實體性意味，甚至細微的二元論傾向。而《老子》的「無＝有」玄同模式，一方面透過「無」的「不可見性」而解構了道的實體化、對象化之弊病，另一方面亦透過「有」的「可見性」來完全落實道行運動的具體化開顯。可以說，道的「無之妙用」就自然湧現為一個「有之徼向」的萬物世界；其間並不需要預先存在一個獨立的「無之本體」，然後再承體起用而產出充斥萬物的現象世界。換言之，創世神話的前因後果關係，已被《老子》轉化為「無＝有」的「玄同」關係。所謂「玄同」關係，套用海德格的概念說，便是指解構了以道為因、以物為果的「根

據」思維，使得「道法自然」的「有無同出謂之玄」的關係，成為了「離據」思維下的存有隸屬關係。

如此一來，「道＝物」的玄同關係，便脫出創世神話的母／子生化模式，以及形上學的本體／現象之二元論架構，脫離出海德格所謂「存有──神──邏輯學機制」。道只是沖虛道行之隱喻，而道行旨在描述一個「無＝有」、「隱＝顯」之間不斷交換的力量作用之運動歷程。其重點在於不可見性和可見性之間的持續交換之力量，而不是在這個運動作用、交換歷程之上、之外，肯定一個先驗超然的第一因或推動者。故《老子》第二十五章強調：「吾不知其名，字之曰道，強為之名曰大。大曰逝，逝曰遠，遠曰反。」道之為道，實乃具體化為一個「大──逝──遠──反」的循環往復之浩瀚宏大之力量運動，如此「周行而不殆」的結構，便呈現在「無（不可見性）有（可見性）同玄」的交換模式。又或者說是「萬物負陰而抱陽，沖氣以為和」的氣化交換模式。

陰、陽沖氣的交換運動，或者無、有玄同的交換運動，亦或不可見性、可見性的隱顯交換運動，其具體化便表現為「萬物並作」與「歸根曰靜」同時交替的世界循環。如《老子》第十六章言：「致虛極，守靜篤，萬物並作，吾以觀復。夫物芸芸，各復歸其根。歸根曰靜，是謂復命。復命曰常。」當真人能致虛守靜地以沖虛玄德來「觀復」，那麼一方面可以觀照萬物（有）自然而然地湧發其豐富的差異生機，即所謂「夫物芸芸」的可見性之向度；[26] 另一方面亦可以觀照萬物也自然而然地歸返於不可見

26　《老子》第三十七章：「道常无為而无不為，侯王若能守之，萬物將自化。」《老子》第六十五章：「玄德深矣，遠矣，與物反矣，然後乃至大順。」

性，即所謂「復歸其根」、「歸根復命」的向度。也就是這種「無＝有」、「隱＝顯」的力量交換之循環，才使得道之動、道之用可以交替不斷地進行差異化的重複與循環。故《老子》第四十章又言：「反者，道之動；弱者，道之用。天下萬物生於有，有生於无。」反者，乃循環反復之意；弱者，乃道無為而讓開於萬物自賓自化而不為主宰。而「天下萬物生於有，有生於无」則可以扣合第一章「無有玄同」來解讀，亦即「天下萬物」乃屬於可見性的有之彰顯，然可見性之有終將復根歸命於不可見性之無。如此一來，它仍然在於強調「無＝有」交換的循環結構，而非肯定一獨立先在的「無」之本體。

由上可知，道實為沖、虛、無為之道，它完全體現出動、用、生等等活動性作用。沖虛等描述，正可以解消道之實體化性格；無為則解消了道的獨立先在的主宰性格，呈現道的「讓開」、「交付」等「自然（而然）」性格。至於「自然」乃指道之無為、敞開，同時讓給萬物「自賓」、「自化」、「自生」、「自長」，亦即讓萬物有性（可見性）與無性（不可見性）自然而然地交相循環。如此一來，道之運動作用歷程，便也可用「自然」來描述甚至收攝，此即所謂「道法自然」。順此觀點，道生、德畜、物形、勢成，也不過是對這一自然而然的「無＝有」循環反復的宏偉現象，所給予的另一種描述而已。一言蔽之，道動、道用便是對這一「夫物芸芸」與「歸根復命」的自然循環歷程之容狀或歌頌。

對於《老子》這一自然而然的豐盈開顯與回歸奧藏的交換歷程，《莊子》一方面將其深化為「氣化」流行，另外更從「物化」的多元差異與千姿百態來描述。如此統合氣化與物化這兩面描述，給予《老子》無有玄同的結構進一步十字打開。基本上，

「氣化」較偏向於不可見性來立說，「物化」較偏向可見性來描述。亦即：物化傾向於描述「夫物芸芸」那充滿差異風格的有性，而氣化則傾向描述「歸根復命」那返回物我同根的氣化之無性。氣化即道之運動的不可見性，而物化即為道之運動的可見性，但兩者依然是隱顯循環的玄同關係。

　　《老子》亦曾提及「萬物負陰而抱陽，沖氣以為和」，但對於「氣化」描述，卻點到為止，不及深論。《莊子》才真正將道動、道用、道生、道沖等概念，落實到「氣」的脈絡來重新解讀，如此更能消解道的形上實體性格，讓道完全成為動態化的運動歷程，因此才有了氣化和物化相互交換的詮釋循環。底下便直接回到《莊子》的文獻本身，來看看它如何解構道體為氣化流行的作用歷程。

四、道體的徹底解構：《莊子》的「氣化流行」與「物化差異」

　　許多學者都注意到，《老子》出現較多看似客觀表述「道體」的語句（如第一、十四、二十一、二十五、四十、四十二等章句），《莊子》則明顯轉向「體道」的實踐描述。[27] 如〈逍遙遊〉在描述道之內涵時，其實是透過體道（逍遙）經驗來傳達：「乘天地之正，而御六氣之辯，以遊无窮者，彼且惡乎待哉！」這類係屬真人體驗（境界）者，必須立基在消除有待的主體轉化工

27　除了上述〈大宗師〉那一段：「夫道，有情有信，无為无形……自本自根，未有天地，自古以固存……」的表述，看似純粹客觀描述道體之外，《莊子》一書，幾乎都是真人與道論同時兼及的敘述方式。莊周著，郭慶藩輯，〈大宗師〉，《莊子集釋》，頁 246-247。

夫：「故曰，至人无己，神人无功，聖人无名。」[28]〈大宗師〉的
女偊，在回答南伯子葵有關聖人之道與聖人之才時，其實也在描
述工夫轉化與體道境界的匹配關係：

> 吾猶守而告之，參日而後能外天下；已外天下矣，吾又守
> 之，七日而後能外物；已外物矣，吾又守之，九日而後能
> 外生；已外生矣，而後能朝徹；朝徹，而後能見獨；見
> 獨，而後能无古今；无古今，而後能入於不死不生。[29]

　　徐復觀根據這種表述差異，認為這是《莊子》自覺將《老
子》的形上學性格、宇宙論走向，往主體收攝並轉向內在的藝
術精神來落實。[30] 從牟宗三的觀點看，他也認為《莊子》將《老
子》帶有客觀實有形上學的表述姿態，全部還原為實踐形上學
的主體境界。徐、牟兩位名家見解，有一定文獻根據。但倘若
將《老子》分散各處的工夫論章句，如第二章：「聖人處无為之
事，行不言之教。」第四章：「挫其銳，解其紛，和其光，同其
塵。」第五章：「多言數窮，不如守中。」第十章：「載營魄抱一，
能無離乎？專氣致柔，能嬰兒乎？滌除玄覽，能无疵乎？」第
十六章：「致虛極，守靜篤。」第二十二章：「不自見故明，不自
是故彰，不自伐故有功，不自矜故長。」第四十八章：「為學日
益，為道日損。」等等穿插各章句中的工夫文獻，和看似客觀論
道的語句合併觀之，那就未必適宜將《老子》道論語句看成無關
實踐的純粹思辨命題。反而應該考慮是否可將兩者（即工夫文獻
和道論文獻）打成一片，並試圖重講《老子》道體與體道的詮釋
循環。倘若對《老子》採取這種詮釋態度，那麼《老子》與《莊

28　莊周著，郭慶藩輯，〈逍遙遊〉，《莊子集釋》，頁 17。
29　莊周著，郭慶藩輯，〈大宗師〉，《莊子集釋》，頁 252。
30　徐復觀，《中國人性論史》（先秦篇），頁 363。

子》的道論，就不會是實有形上學（老）與實踐形上學（莊）的立場差異，而是表述方式的差別。當然，表述形式的差異，也可能具有某種突破意義，如《莊子》透過寓言的人物情境，往往在對道進行描述前，都會出現南郭子綦這類人物形象，經由「形槁木，心死灰」的喪我實踐，最後才揭露體道的天籟境界。《莊子》這種先工夫、後境界的表述，明確連結主體轉化與體道經驗的表述，確實對《老子》的道論性格與體道方向，具有朝向身心轉化與體驗的明確化效果。

其次，牟宗三和徐復觀雖都注意《莊子》的實踐性格，也都強調《莊子》的藝術精神之主體內涵。但這是否意味《莊子》的體道內容，純是牟宗三所理解的主觀境界之道心，不涉及任何類似《老子》的道沖、道動、動用這一類存有開顯的自然湧現之作用？就此，筆者認為牟宗三的主體道心說，無法充盡《莊子》的道論與體道內涵，因為《莊子》雖解構了形上道體而明顯走向體道敘述，但並不因此就完全走入無涉存有開顯的純粹道心。《老子》雖亦強調真人沖虛玄德這一道心內容，但道心玄德並不能取代道動、道用的存有開顯，甚至唯有道動、道用的「自然而然」之湧現作用了，真人的道心玄德才能「任其自然」地「觀之」、「守之」、「法之」。可見，《老子》的觀復美學或藝境並非純就主體意識的一心來講，而是存有開顯（道動道用）與觀復美學（道心玄德）的冥合為一。換言之，沖虛玄德的觀復之美，必然還要建立在道動、道用的存有開顯之前提，亦即「夫物芸芸」的物化湧現之上。

其實《莊子》的體道內容，亦承續了《老子》道動、道用的存有開顯性格，如〈齊物論〉強調道就是生成變化之歷程，所謂

「道行之而成」，[31]只有在行行復行行的運動歷程中，道才成其為道。「道行」一說，化除了〈大宗師〉那種看似獨立先在的抽象道體，強調唯有在「行」的動態歷程狀態，才能落實道之為道的持續湧現特徵，「行之而成」一說，徹底彰顯了道的動狀屬性。對於「道行」的非實體性、運動性、交換性、循環性，《莊子》尤其善以「氣化」這一變化流行的世界觀來特寫。可以說，體道就是真人身心參與氣化流行、融入生成變化的世界脈動。如〈逍遙遊〉在描述真人逍遙無待時，便涉及氣之變化：「乘天地之正，御六氣之辯（變）。」〈大宗師〉在描述真人超越死生二元，也涉及遊乎一氣的體驗：

> 彼方且與造物者為人，而遊乎天地之一氣。彼以生為附贅縣疣，以死為決㾴潰癰，夫若然者，又惡知死生先後之所在！假於異物，託於同體；忘其肝膽，遺其耳目；反復終始，不知端倪；芒然彷徨乎塵垢之外，逍遙乎无為之業。[32]

　　「乘天地之正，而御六氣之辯」，大概就是「遊乎天地之一氣」。而六氣與一氣都涉及「氣」之流行與變化，也和《老子》「萬物負陰抱陽，沖氣以為和」的二氣說，可以相通。例如《莊子》亦有陰陽二氣的說法，如〈在宥〉篇提及：「我為女遂於大明之上矣，至彼至陽之原也；為女入於窈冥之門矣，至彼至陰之原也。天地有官，陰陽有藏，慎守女身，物將自壯。」[33]〈天運〉也提及：「調理四時，太和萬物。四時迭起，萬物循生；一盛一衰，文武倫經；一清一濁，陰陽調和，流光其聲；……其卒無

31　莊周著，郭慶藩輯，〈齊物論〉，《莊子集釋》，頁 69。
32　莊周著，郭慶藩輯，〈大宗師〉，《莊子集釋》，頁 268。
33　莊周著，郭慶藩輯，〈在宥〉，《莊子集釋》，頁 381。

尾，其始無首；一死一生，一僨一起。」[34] 可見，六氣說和二氣說都曾出現於《莊子》，二者甚至可以統合而並行不悖。如〈在宥〉篇提及：「天氣不和，地氣鬱結，六氣不調，四時不節。今我願合六氣之精，以育群生。」[35] 然而不管是六氣之精氣說，還是陰陽二氣的調合說，其實都是建立在「氣」這一流動、循環的遊行概念上，亦即皆可統攝在「遊乎一氣」，這一更普遍性的氣化論表達上。「遊乎天地之一氣」就是真人轉化「以我觀之」，經由「喪我」而融入天地萬物的氣化流行之一體世界中。而「遊乎天地一氣」與「御六氣之辯」等等遊御氣化的流變境界，也就是真人體合「道行」流變的存有開顯，只是《莊子》將「道行」，重新透過「氣化」來描述。

另外，相應於遊氣的境界，則有所謂「聽氣」的工夫。此如〈人間世〉所謂：「无聽之以耳而聽之以心，无聽之以心而聽之以氣。聽止於耳，心止於符。氣也者，虛而待物者也。唯道集虛。」[36] 能夠「聽之以氣」便能「虛而待物」，超越與物相待的主客對立。它一方面能使主體的耳（感官）與心（認知）對物的焦點化作用打開（虛），另一方面在這種虛損、喪我工夫下融入道行之沖虛流行。而所謂道行沖虛，也就是「遊乎一氣」的變化流行。由上，不管是真人的聽氣工夫，還是遊氣境界，其實都不離存有開顯的氣化流行世界。因此〈應帝王〉要說：「汝遊心於淡，合氣於漠，順物自然而無容私焉，而天下治矣。」[37]「遊心於淡」就是讓我心之「私」淡薄虛損之工夫，而「合氣於漠」則是

34　莊周著，郭慶藩輯，〈天運〉，《莊子集釋》，頁 502。

35　莊周著，郭慶藩輯，〈在宥〉，《莊子集釋》，頁 386。

36　莊周著，郭慶藩輯，〈人間世〉，《莊子集釋》，頁 147。

37　莊周著，郭慶藩輯，〈應帝王〉，《莊子集釋》，頁 732-733。

讓真人能參入浩瀚廣漠的氣化流行。從而達至「天地與我並生，而萬物與我為一」的「順物自然」之境界，那麼天地萬物便會自顯無為而自然的韻律，生機勃發而無窮無盡。可見，遊心於淡、合氣於漠，乃是對存有開顯的守護、氣化流行的參贊。而這一涵容天地萬物的氣化流行，可謂一「大公」世界，其「治」乃出於無為而治的自然韻律，而非主體私心的有為干預。

從最初的「道行」，到後來的遊氣、御氣、聽氣、合氣，可以特別注意氣和化、通、順等概念的密切相關性。如〈知北遊〉說：「人之生，氣之聚也；聚則為生，散則為死。若死生為徒，吾又何患！故萬物一也，是其所美者為神奇，其所惡者臭腐；臭腐復化為神奇，神奇復化為臭腐。故曰：『通天下一氣耳。』聖人故貴一。」[38]何止人的死生來去，包括天地萬物的死生來去，皆不過是氣的聚散交換所造成的循環現象。也正是這不斷運動的氣之流動，才能同時造就生命的可見性之出現（神奇）與不可見性之回歸（腐朽），兩者相互之間的「復化」循環。這一「臭腐復化神奇，神奇復化臭腐」的輪轉，也同時造就了一個「通天下一氣」的「通氣」世界。這一復化、通氣的世界，同時成就了連綿而整體的存有連續之「一（體）」世界。所謂的「一」是就復化、通氣這一存有開顯的整體連續而言，因此氣聚產生的神奇與氣散所產生的腐朽之形色差異，從這一存有連續的浩瀚廣大角度觀之，暫時的差別相便被超越而產生一種「以道觀之」的「齊物」達觀。例如人對死生二元差別的計慮分別，便被轉化為「萬物一也」、「死生若環」的連續變化之一體。此如〈齊物論〉所謂：「恢恑憰怪，道通為一。……凡物无成與毀，復通為一。

---

38 莊周著，郭慶藩輯，〈知北遊〉，《莊子集釋》，頁381。

惟達者知通為一。」[39]「達者」乃是達於道者，達於「道通為一」者，故能從氣之聚散所造成的殊異性之恢恑憰怪、表面性之成毀現象，進一步調整私我視域，改從復化、復通、通達的整體性來觀照。或者將身心融入遊氣、合氣、通氣的氣化流行中，隨順自然而然的大順韻律，以解開人的二元分別所帶來的取捨之苦。此即〈養生主〉所謂：「適來，夫子時也；適去，夫子順也。安時而處順，哀樂不能入也，古者謂是帝之縣解。」[40] 氣化流行的大順韻律，不是人的主體私意可以安排或違逆的（哀樂不能入），而人的來去只能融入並信託這一大公的變化偉力（安時而處順），然後在看似有生有死的來去之中「而後能入於不死不生」。[41]

對於遊乎一氣、通達無礙的道行，其所開顯之大順世界，《莊子》亦經常透過「化」一概念來描述。例如〈人間世〉在轉化主體之耳聽、心聽，而上達至「徇耳目內通而外於心知」[42] 時，既談到了「聽之以氣」、「虛而待物」，同時也談到「鬼神將來舍，而況人乎！是萬物之化也」[43] 這一類融入「萬物之化」的「物化」狀態。〈大宗師〉在談及忘仁義、忘禮樂的坐忘工夫，而達至「墮肢體，黜聰明，離形去知，同於大通」[44] 時，亦提及「同則无好也，化則无常也」[45] 的「同」「化」狀態。它們皆是指

39　莊周著，郭慶藩輯，〈齊物論〉，《莊子集釋》，頁 70。

40　莊周著，郭慶藩輯，〈養生主〉，《莊子集釋》，頁 128。

41　女偊在描述「朝徹」、「見獨」工夫時，便提到對生死二元的超越：「朝徹，而後能見獨；見獨，而後能无古今；无古今，而後能入於不死不生。」莊周著，郭慶藩輯，〈大宗師〉，《莊子集釋》，頁 252。

42　莊周著，郭慶藩輯，〈人間世〉，《莊子集釋》，頁 150。

43　莊周著，郭慶藩輯，〈人間世〉，《莊子集釋》，頁 150。

44　莊周著，郭慶藩輯，〈大宗師〉，《莊子集釋》，頁 284。

45　莊周著，郭慶藩輯，〈大宗師〉，《莊子集釋》，頁 285。

融入一個沒有個我偏私好惡、變化無常卻大順常通的世界。

　　「化」在《莊子》書中，經常可和氣、通、達、順等關鍵用語，一併合觀。[46] 有時《莊子》亦單獨突顯「化」這一動狀字，如〈大宗師〉的子犁要子來之妻，在面對丈夫的臨終關懷時，要安詳寧靜而「無怛化」。「怛」者驚動也，「化」則是用來描述臨終者將要由生入死的變動、轉化狀態。相對於消極面的「無怛化」，積極面則可以超然燕處地「觀化」。此如〈至樂〉所謂：「生者，假借也；假之而生生者，塵垢也。死生為晝夜。且吾與子觀化而化及我，我又何惡焉！」[47]「觀化」便是寧靜淡泊地觀照死亡所帶來的微妙轉變之化機，而這樣的生命遷變現象（化），其實隨時隨地、時時刻刻都可能親臨吾身（及我）。

　　由於《莊子》認為人的死生現象，乃氣之流動交換的必然結果，屬於無所逃、也不必逃的存有開顯之命運：「死生，命也，其有夜旦之常，天也。人之有所不得與，皆物之情也。」[48] 與其貪生怕死地拒斥必然到來的（變）化之事實，不如寧靜安詳地任順（變）化之常道，猶如接受夜旦循環交替之恆常般，完全信任順隨「化」所帶來的不可測之力量交換與賦形運動。這便從觀化而能進入「安時而處順」的任化了。如〈大宗師〉的子輿在面對自己臨終時的任化心境：「浸假而化予之右臂以為雞，予因以求時夜；浸假而化予之右臂以為彈，予因以求鴞炙；浸假而化予之尻

46　萬化、造化、物化。基本上，《莊子》的化字，經常與死生的描述脈絡相伴出現，熟悉神話與《莊子》的關係者，自然很容易看出《莊子》的「化」乃承襲自變形神話，而「氣」則和變形神話背後的瑪納（mana）世界觀有密切關係。

47　莊周著，郭慶藩輯，〈至樂〉，《莊子集釋》，頁616。

48　莊周著，郭慶藩輯，〈大宗師〉，《莊子集釋》，頁241。

以為輪，以神為馬，予因而乘之，豈更駕哉！」[49]

　　可見，「化」涉及浩瀚廣漠而不可測知，只能安之、順之的宏大偉力。它一方面將生命帶向不可測的命運變化，[50]另一方面也是湧現萬物的氣化偉力。如〈至樂〉所謂：「天无為以之清，地无為以之寧，故兩无為相合，萬物皆化。」[51]天地無為相合是指：天氣、地氣（陰陽二氣）自然而然地推動著「萬物皆化」的芸芸世界。可說萬物既來自於「化」，又終將歸於「化」。或者說，萬物皆是「化」之動力所變現出的可見性存在，而一旦時機成熟，萬物又終要回歸「化」之偉力的不可見性那一面向。「化」和「氣」可說異名同實，亦可相互指涉，因為氣聚、氣散的「通氣」循環，其實和形生、形滅的「變化」流轉，皆在描述一個變動不居、循環反復的世界觀。也因此我們可以連結「氣」與「化」，並強調《莊子》道行觀點在繼承《老子》道動、道用的基礎上，更進一步推向「氣化」流行、變動不居的世界觀。

　　由於「（變）化」或「（氣）化」這一浩瀚偉力，是造就萬物流轉交換、循環反復的動能，因此又有「物化」、「萬化」等說法。如〈齊物論〉莊周夢蝶寓言，最終便結晶在「物化」之多元差異上：「周與胡蝶，則必有分矣。此之謂物化。」[52]而〈大宗師〉則有「萬化」之說：

49　莊周著，郭慶藩輯，〈大宗師〉，《莊子集釋》，頁 260。

50　「雜乎芒芴之間，變而有氣，氣變而有形，形變而有生。今又變而之死。是相與為春秋冬夏四時行也。人且偃然寢於巨室，而我噭噭然隨而哭之，自以為不通乎命，故止也。」莊周著，郭慶藩輯，〈德充符〉，《莊子集釋》，頁 212。「死生存亡，窮達貧富，賢與不肖毀譽，飢渴寒暑，是事之變，命之行也。」莊周著，郭慶藩輯，〈德充符〉，《莊子集釋》，頁 615。

51　莊周著，郭慶藩輯，〈至樂〉，《莊子集釋》，頁 612。

52　莊周著，郭慶藩輯，〈齊物論〉，《莊子集釋》，頁 112。

特犯人之形而猶喜之。若人之形者，萬化而未始有極也，
其為樂可勝計邪！故聖人將遊於物之所不得遯而皆存。善
妖善老，善始善終，人猶效之，又況萬物之所係，而一化
之所待乎！[53]

「化」和「氣」兩概念，在《莊子》中，既解釋了變化的同
一性，也解釋了變化的差異性。例如「通天下一氣」，旨在強調
萬物聚散都離不開「氣之流行」這一體變化的總原理，並要真
人「聽之以氣」而任隨「遊乎一氣」，認同「天地並生，萬物為
一」的同一性。另外，它亦透過陰陽二氣、甚至六氣的聚散運
動，而生化出恢恑憰怪、千差萬別的萬物風貌。同理，「化」既
指萬物的形變生滅，終究不離「化」之偉力的命運之手，萬物來
自於化，終歸於化。然而「化」之偉力的示現，卻也具體地呈
現出「萬化」的多元差異之風姿，此即呈現「周與蝶必有分」的
「物化」豐盈。因此「化」和「氣」一樣，既解釋了萬物只能任
隨變化這個同一性的必然命運，但也解釋了眼前萬物形色的差
異性。

由上可知，不管是從「氣」或者「化」去說明《莊子》眼中
的世界，它們都觸及「同一」與「差異」的綜合，或者「常」與
「變」的統一。因此〈德充符〉強調：「死生亦大矣，而不得與
之變，雖天地覆墜，亦將不與之遺。審乎无假而不與物遷，命物
自化而守其宗……自其異者視之，肝膽楚越也；自其同者而視
之，萬物皆一也。」[54]「命物自化」其實就是「物化」，也就是豐盈
多元的「萬化」世界，由此可彰顯出「肝膽楚越」的差異視域。

53　莊周著，郭慶藩輯，〈大宗師〉，《莊子集釋》，頁 243-244。

54　莊周著，郭慶藩輯，〈德充符〉，《莊子集釋》，頁 189-190。

而「守其宗」便是從「萬物皆一」的「齊物」角度來觀照，因此萬變不離其「宗」。「宗」便是指不只看見或認同暫時「可見性」的萬化「差異」，應該還要照見差異中的同一、變化中的不變。問題是，《莊子》氣化流行脈絡下的同一、不變，應如何理解？

　　所謂「守宗」、「不與之變」、「不與物遷」、「萬物皆一」，是否意指在道行、氣化、物化、萬化的流變世界之外、之上，另外肯定了一個超越變化的宗本、形上道體、或者不變動的本體世界來作為依靠呢？筆者認為《莊子》所謂「變化中的不變」，不宜再透過現象／本體二分的模式來理解，《莊子》並非企圖超越氣化這一變化世界觀之外，再次另尋一個永不變動的形上宗本、同一性道體來作為依歸。剛好相反，筆者認為《莊子》唯一認同的只有眼前這一氣化流行、變動不居的世界，因此所謂「不與之變」、「不與物遷」並非與「氣化流行」相矛盾、相背離。其實它還是站在「氣化流行」這一宏大的存有開顯、力量循環的道行前提上，然後為突顯真人玄德、超然觀照的不隨物轉，所造成的「悖論」表達現象。

　　如何說？亦即物化的來去交換、循環變動，雖是氣化流行所顯現的萬象豐盈，而人的死生亦正如物化之聚散來去般，自然而然地遷變不居、一體循環。然而由於一般人「自我觀之」而「貪生惡死」，總是計執個我私心而對生滅來去妄增判斷，不能以超越個我眼光而站在宇宙運動循環本身，「以道觀之」來看待生滅、來去、聚散的整體自身。假使人能「喪我」而隨順「天籟」的大順變化，那麼萬化的遷變也只是「差異與同一」的重覆循環，它本身只是正在進行著不增不減的力量交換之遊戲。同樣從「以道觀之」來觀照人生，那麼人的死生來去之遷變，亦可以被重新體會為「不死不生」、「不來不去」的「復化」遊戲。這正

是〈大宗師〉女偊所要描繪的「攖寧」境界：「而後能入於不死
不生。殺生者不死，生生者不生。其為物，无不將也，无不迎
也；无不毀也，无不成也。其名為攖寧。攖寧也者，攖而後成者
也。」[55]「攖」者，意指來去、死生的變動相，可能給人帶來的迷
惑或撓亂。「寧」者，意指能在這遷變的萬物差異相之中，找到
不來不去、不死不生的寧靜。更重要的，這個「寧」的超然觀照
並不離開「攖」的物化遷變。所謂「攖而後成」，正是在肯定氣
化流行、物化差異的豐盈前提上，才能真正成就變動中的常寧。
可見，所謂「變化（攖）中的不變（寧）」，絕非否定了氣化聚
散、物化交換的變化開顯，而是指真人在面對存有開顯的物遷流
變時，能放下個我藏私心態和計執眼光，轉從宇宙角度看宇宙、
從世界自身看世界。那麼儘管氣化流行不息、物化交換不已，眼
前「道行之而成」的變化遊戲，總是在差異的重複、重複的差異
中，亙古不變地進行它自身不增不減、萬古長新的變化遊戲。總
而言之，來來去去中的不來不去，生生滅滅中的不生不滅，不斷
變化中的亙古不變，這些詭辭表達，終究都要建立在氣化流行、
變動不居這一前提上。

　　由此，我們也同時可以理解〈知北遊〉的「外化而內不化」，
意不在肯定一個不變化的實體中心：「古之人，外化而內不化
……與物化者，一不化者也。安化安不化，安與之相靡，必與之
莫多。」[56]「外化」談的是氣化流行、物化交換的存有開顯之日新
日成。而「內不化」並非意指有一絕對不變動的道體（或本質同
一性的主體）作為靜止的推動根據，而是就真人「以道觀之」的

55　莊周著，郭慶藩輯，〈大宗師〉，《莊子集釋》，頁 293。
56　莊周著，郭慶藩輯，〈知北遊〉，《莊子集釋》，頁 765。

超然寧觀而言。「外化」便是指「物化」的夫物芸芸之變動，而「一不化者」則是真人能從「齊物」的整體（一）角度來觀照變化來去，那麼便能獲得不落個我得失的計慮。可見「一不化者」便相應於「內不化」。而「安化安不化」正和所謂「攖而後寧」類似。真人必須安於「化」、「攖」之中，並且從攖化的變動與差異中，獲得「不化」之「寧」。

上述看似悖論難解，實因為它統合了：「道行之而成」的存有開顯之生成變化，與真人「以道觀之」的「攖中之寧」。而真人之所以能獲得安寧，並非否定了變化而企圖藏身在變化之外。正好相反，真正的寧靜唯有完全交託、信任變化的宏大命運，真人才能因參與變化、認同變化之大公，解放了固我藏私的焦慮和不寧。而這也正是〈大宗師〉大力士寓言的精神所在：

> 夫藏身於壑，藏山於澤，謂之固矣。然而夜半有力者負之而走，昧者不知也。藏小大有宜，猶有所遯。若夫藏天下於天下而不得所遯，是恆物之大情也。……故聖人將遊於物之所不得遯而皆存。善妖善老，善始善終……[57]

藏舟於壑、藏山於澤，正是一般人個我私心的渴望，那是企求在變化無常的遷流之外，另尋一個永不改變的超驗實體或形上烏邦托。這種自以為的固我藏私之想望，以為真能跳出變化之外而依傍一永不流逝的本體世界，其實是一種理體中心主義的形上幻影。而《莊子》透過「有力者」這一大力士來隱喻變化的浩瀚偉力，它時時刻刻、當下現前地持續展示它偷走一切的能耐。「夜半」正暗示出它總在無聲無息中不斷發生作用，「負之而走」更直指它殘酷無情而毫不保留地帶走一切，「昧者」則是指

57　莊周著，郭慶藩輯，〈大宗師〉，《莊子集釋》，頁 243-244。

人人普遍皆有固我藏私而不願接受事實的鴕鳥心態。然而再怎麼高超的躲藏技巧，自以為「藏小大有宜」，以為設立一個形上世界在永恆不動變的彼岸世界，就可以超越變化力士的侵襲而永得安寧嗎？對《莊子》而言，這仍然是不切實際，亦即終要美夢落空（「猶有所遯」）。可見《莊子》不在這一變化流行的世界之外，另覓不變化的藏身處，而是認為眼前氣化流行、物化不息的世界才是唯一真實世界。而真人的歸依處則是「藏天下於天下」，也就是唯有依止託付給變化自身，放下個體小我的增減損益，融入變化循環的不增不減、萬古常新的流變中，如此方是「物之大情」、方能「遊於物之所不得遯而皆存」。換言之，若能從「齊物」眼光觀照變化來去，那麼真人便能從變化的實情中找到寧靜的心。以及從氣化流行、物化交換的來去遷變中，找到它不來不去、不死不生的永恆感。

由上可知，《莊子》對死／生的超脫之道，並非在「變化」之外另尋一抽象而「不變化」的烏托邦，而是就死生循環的變化自身，以變化觀變化，然後認同「通天下一氣」的永恆變化自身。其實，變化無常就是〈天下〉篇的莊周，所歸依與超然之所在：「芴漠无形，變化无常，莫足以歸，死與生與，天地並與，神明往與！芒乎何之，忽乎何適，萬物畢羅，莫足以歸，古之道術有在於是者。莊周聞其風而悅之。」[58] 弔詭地，正因為真人能認同氣化流行之宏大天命（自其同者視之），能放下萬物各別差異的個體命限（自其異者視之），反而能從私我的固藏憂慮中超脫出來（不見其所喪、視喪猶遺土），而取得某種意味的寧靜永恆感（不與之變、不與之遺、不與物遷）。要再三強調的是，這種

58　莊周著，郭慶藩輯，〈天下〉，《莊子集釋》，頁1098。

融入變化的恆常感，乃是與變化合一的恆動之常，並非超越變化
而有一永不變動的道體可依止長住。可見《莊子》對死亡的超
越，一樣得建立在道動、道行這一沖氣為和、物化交換的存有開
顯之流變上。

五、「造化無主」與「變化常新」

敏感的學者，必然會注意《莊子》亦偶爾出現「造化」或
「造物者」等說法。例如〈大宗師〉：「偉哉夫造物者，將以予為
此拘拘也！」「嗟乎！夫造物者又將以予為此拘拘也！」「偉哉造
化！又將奚以汝為？將奚以汝適？以汝為鼠肝乎？以汝為蟲臂
乎？」「夫大塊載我以形，勞我以生，佚我以老，息我以死。故
善吾生者，乃所以善吾死也。……今一以天地為大鑪，以造化為
大冶，惡乎往而不可哉！」[59] 然而造物者、造化等說法，只是氣
化、物化的另一種描述，並非要在氣化、物化之上，另外肯定一
個超越性的造化實體或造物神格。我們不宜將造化、造物者等概
念，誤解為氣化、物化背後的推動者，以為《莊子》設立了作為
創造萬化背後的根據或第一因。上述文獻中的大塊、造物者等說
法，只是寓言敘事下的方便隱喻，不必將隱喻使用給予實體化，
以為它實際肯定了天父地母般的生化實體。

其實造化或造物，只是對於氣化之偉力的讚嘆，因為氣化流
行的聚散歷程，產生物化豐盈的可見性世界，因此「氣」「化」
之循環反復的力量遊戲，正開顯為夫物芸芸的萬有世界。可見氣
化本身就是造物歷程，但我們卻不宜據此而說，萬物背後（或其

59　莊周著，郭慶藩輯，〈大宗師〉，《莊子集釋》，頁258、259、261、262。

上）另有一推動的超驗本體作為造物者。一言蔽之，氣化便呈現為物化交換的造物歷程，而造物者只是對氣化歷程的一種隱喻權說。因此也可說，氣化即是物化，物化即是氣化。「造物者」之「者」，容易被位格化或實體化，順此也容易「隨名起執」而被語言幻影所惑，以為物化世界之外另有一造物主，作為萬物的本體之因、動力之因，如此一來，便又落入本體／現象二分的形上學思考之泥沼中。本文強調，《莊子》唯一肯定的就是眼前這一氣化流行、物化交換的世界，而且世界本身就是一自本自根的運動循環歷程，它並未在永恆變化的世界外肯定一道體作為推動者，否則便和「道法自然」的主張相衝突。

　　《老子》「道法自然」的內涵，筆者曾有專文探討，它特別強調道的讓開、虛位、無宰、無為，並突顯了萬物自賓、自化、自生、自長。因此，「道法自然」解構了道作為造物主、推動者、主宰者這一類先驗本體論式的形上學思考方式。道只是在描述「夫物芸芸」的大、逝、遠、返之力量運動和循環歷程，並不是物化芸芸背後的超驗根據。筆者認為「道法自然」的主張，已然將《老子》的道論帶向一門具體、活力、差異的物化世界。同樣，《老子》這樣的觀點也被《莊子》所繼承並消化為「氣化＝物化」的交換遊戲。如〈齊物論〉南郭子綦對體道所給予的「天籟」描述，就在於：「夫吹萬不同，而使其自己也，咸其自取，怒者其誰邪！」[60]

　　「吹萬不同」就是指眼前這一物化萬有的差異世界，而聆聞天籟顯然就是身心參與、體合這一「吹萬不同」的物化世界，也就是體驗「天地與我並生，而萬物與我為一」。體道者並未超然

60　莊周著，郭慶藩輯，〈齊物論〉，《莊子集釋》，頁50。

遠離於物化世界之外，而是融合於「天地萬物之中」而「與物相遊」。所以天籟境界正呈現出「吹萬不同」的「物我交遊」上，而不是強調遊於「萬物之外」的抽象之同一。所謂的「一」乃是萬化共融、物我相吹的豐富交融與連續，而不是指單純的形上同一性。而天籟的音樂隱喻正傳達出多音交響與祕響旁通，天地萬化之間雖彼此共融為一和諧整體（一），但其間乃充盈著形形色色、自吹自奏的差異風格之多音複調（多）。可見，這個「天地並生，萬物為一」的天籟境界，實乃肯定了吹萬（天地萬物）的雜多差異，此「一」（和諧整體）乃是「多」（差異風格）的共鳴，是徹底容納了差異的「多中之一」，甚至由於差異才能不斷促成變化流行的永未完成性。不管是「遊乎一氣」、「萬物與我為一」、「通天下一氣」，其中的「一」，都不是取消物化多元的形上同一，而是物化多元在氣化交換、通氣連綿的循環狀態中，共在、共感、互通、呼應，成為一連續性、同時性、共在性的世界化運動。因此，這個遊氣、通氣的氣化世界，實乃同時表現為多元差異的「夫物芸芸」，亦即物化的自使自取、自然而然的動態循環世界。

其次，〈齊物論〉強調在天籟境界中，每一物皆保有自使、自取的差異風格的同時，並沒有任何超越的「怒者」在它們背後推動。「怒者其誰邪？」的質問，便可視為是對「造物主」（推動者）的否定。可見，天籟境界的「使其自己，咸其自取」之說，和《老子》「道法自然」如出一轍，都涉及道的虛位、讓開（解構了道體、造物者的幻影），突顯出萬物自使、自取、自化的開顯動力。

對於〈齊物論〉天籟說，隱含對「造物主」的否定，郭象注解可算有十字打開的功勞。他精準抓住了《莊子》造物者只是隱

喻虛說，非但不能將其實體化為宰物役物的造物怒者，郭象甚至
要透過天籟的「使其自己」，極端化地推出「自生獨化」的主張：

> 夫天籟者，豈復別有一物哉？即眾竅比竹之屬，接乎有生
> 之類，會而共成一天耳。無既無矣，則不能生有；有之未
> 生，又不能為生。然則生生者誰哉？塊然而自生耳。自生
> 耳，非我生也。我既不能生物，物亦不能生我，則我自然
> 矣。自己而然，則謂之天然。天然耳，非為也，故以天言
> 之，以天言之，所以明其自然也，豈蒼蒼之謂哉？而或者
> 謂天籟役物使從己也。夫天且不能自有，況能有物哉？故
> 天者，萬物之總名也，莫適為天，誰主役物乎？故物各自
> 生而無所出焉，此天道也。[61]

> 物各自然，不知所以然而然，則形雖彌異，其然彌同也
> ……夫天地萬物，變化日新，與時俱往，何物萌之哉？自
> 然而然耳……凡物云云，皆自爾耳，非相為使也，故任之
> 而理自至矣。萬物萬情，趣舍不同，有若真宰使之然也，
> 起索真宰之眹迹，而亦終不得，則明物皆自然，無使物然
> 也。[62]

> 若責其所待而尋其所由，則尋責無極，卒至於無待，而獨
> 化之理明矣……世或謂罔兩待景，景待形，形待造物者。
> 請問：夫造物者，有邪無耶？無也？則胡能造物哉？有
> 也？則不足以物眾形。故明眾形之自物而後始可與言造物
> 耳。是以涉有物之域，雖復罔兩，未有不獨化於玄冥者
> 也。故造物者無主，而物各自造。物各自造而無所待焉，
> 此天地之正也。[63]

61　莊周著，郭慶藩輯，〈齊物論〉，《莊子集釋》，頁50。

62　莊周著，郭慶藩輯，〈齊物論〉，《莊子集釋》，頁55-56。

63　莊周著，郭慶藩輯，〈齊物論〉，《莊子集釋》，頁111-112。

　　對郭象言，天、天籟、造物者，都只是虛名，並沒有任何形
上本體的實謂被指涉，故不能「循名責實」而誤以為萬物背後真
有主宰（真宰）。郭象根據〈齊物論〉「使其自己，咸其自取」的
文獻，邏輯上則透過「無不能生有」與「有亦不能生有」的雙重
否定，然後推論出第三種：「物各自生」、「物各自造」的「獨化
於玄冥」一說。郭象完全否定了「責其所待」、「尋其所由」的思
維方式，認為《莊子》絕非將天籟、天道視為萬物背後的超越根
據，這對確認《莊子》並非西方式的本體／現象二元論，實有補
強之功。然而儘管郭象能直接指出天籟便是眼前當下、變化日新
的天然世界，並非有一怒者獨立於變化而推動變化，但郭象似乎
太過於強調萬物的「（內在）自生」與「（個別）獨化」，結果使
得物物之間的獨立區隔性太過突出，反而不太彰顯物物之間的交
融、互滲的「互化」作用。

　　對《莊子》而言，萬物皆是氣之聚散所示現的遊戲，並呈顯
可見性與不可見性的交換景觀，任何事物皆沒有永恆不變的實體
性，它們都持續在活動的變化狀態中湧動自身、同時也敞開自
身。故「物化」之意，便指每一物皆湧現自身而又敞開自身於：
「變動而化」、「變化而動」的流變整體之中。然而郭象雖極力將
每一物「湧現自身」的「獨化」意義給予特寫，但對於物物之間
也同時「敞開自身」的「互化」意義卻相對隱沒。如此一來，便
很難說明物物之間的交融共振、祕響旁通，也很難說明氣化、物
化的差異重複、循環交換的動力模式。可以說，郭象反對將眼前
變化世界、世界變化的動力因，推源於世界之外的造物本體，而
要將動力來源還原回每一個體生命的「自性」，但卻不太突顯每
一個體都不是封閉的獨我個體，而是氣化聚散的暫時性、敞開性
的個體。所以個體與個體之間、物物之間，既各各自使自取，卻

又彼此互化共融，如此才能成就一多相即、多音複調、祕響旁通的整體流變世界。[64]

　　相較而言，郭象太過強調「獨化」（自吹），而減殺了「互化」（相吹），因此很難完全彰顯出氣化、物化的相即相入之全幅妙境。從《莊子》看來，眼前這一變化流行的世界動力，並不來自外在的抽象實體或位格大神，世界自身就是動力來源，那是因為世界是一氣化聚散、物化交換的世界化運動，它總能在循環往復、差異重複中，日生日成地運動變異、新新不已地更替下去。可見，世界動力的來源在於氣化交換，而氣化便是萬物彼此間互相敞開，既「自化」又「互化」地共成一「萬化」的更新世界。

　　郭象注莊的特色之一，還在於他頗能關注並突顯「變化日新」，然而假使能使獨化觀，通向互化共成、萬化共鳴的氣化流行，那麼他對「變化日新」的洞見，或許才能更加落實。不管《老子》「反者道之動」所呈現的「大逝遠反」、「夫物芸芸」，還是《莊子》「道行之而成」所呈現的氣化流行、物化交換，它們皆在描述眼前這一聚散循環、差異重複的流變世界。[65] 換言之，

64　對於這種萬物自化與敞開互化，所成就的氣化流行之宇宙運動歷程，宋灝曾經透過雲門《行草》舞蹈系列實踐的具體藝術案例來加以揭露，其觀點與筆者這裡的觀點相當契近：「換句話說，因為舞者個體全然跟從超越了其個人存在之宇宙，亦即無名無相生化大流，所以可以斷定，這種奇妙的舞蹈操作方式，擁有整個周遭時空框架，它等於是藉由『任運同轉』方式所發揮的一個『回應活動』。……也許剛好是因為每個舞者都憑藉自然回應式的任運，擔負整個流變發生，而且還全然浸淫其中，所以此流動『整體』的中央核心也就消失了。運行之宇宙『整體』所指涉的，已不再像存有論視域中的物體一般；此『整體』分散而不集中。」宋灝，〈當代文化與實踐──以雲門舞集為例〉，《思想》第9期「中國哲學──危機與出路」，頁7-8。

65　如《老子》第七十七章：「天之道，其猶張弓與！高者抑之，下者舉之；有餘者損之，不足者補之。」所謂高往下流動、有餘運補不足，這便可視為對天道

這是個不斷差異重複、也不斷交換更新的世界，世界之為世界乃在於它是一個「世界化」的有機歷程。所以《莊子》的氣化、物化、變化的世界觀，也就是一個不斷可以持續創造、自我更新的世界觀。變化導致日新，日新又促成變化，如此變化日新、日新變化，乃能成就一個氣韻生動、變化無常的宇宙。比如〈天下〉篇莊周自述其道所說的：「其應於化而解於物也，其理不竭，其來不蛻，芒乎昧乎，未之盡者。」[66]「解物」便是能將「與物結之」的封閉性給敞開出來。而「應化」便是融入氣化、物化之流行交換中。而「不竭」、「不蛻」的無盡，其實便和〈逍遙遊〉「乘天地之正，而御六氣之辯，以遊無窮者」相呼應。如此一來，真人便能參贊眼前這一變化又日新、無窮又無盡的生生世界。對於本文的立場來說，流行變化是世界常新的奧祕與實相，那麼對《莊子》而言，體法天道的個我生命與文化生命，其創造而常新的關鍵又何嘗不是在於變化流行呢！因此，下文我將轉換問題視域，延伸到個我與文化的角度，來看看《莊子》的氣化流變觀，如何提供我們思考個體創造與文化創造的生機。

六、空虛、流變、多元、日新的「非主體之主體」

對於儒家，人存在之價值基礎主要奠基在道德主體性，例如牟宗三強調：「開闢價值之源，挺立道德主體，莫過於儒。」[67]就牟先生言，儒家對人文社會的實踐關懷，實源自「內在真實的主體性」之不容已的推擴，其內在真實便是所謂的道德性；牟先

循環運動的一種描述。

66　莊周著，郭慶藩輯，〈天下〉，《莊子集釋》，頁 1099。

67　牟宗三，《中國哲學十九講》，頁 62。

生認為東方儒釋道三教對比於西方的重客體性，都具有重「主體性」（subjectivity）特質，只是儒家更進一步將人的主體規定為道德主體性，並由此「開闢價值之源」。[68] 牟宗三主張只有重視主體性才能真正觸及道德、宗教等人生實存課題，而西方哲學發展到康德、黑格爾（G. W. F. Hegel）雖亦強調主體主義之面向，但真正能充盡「主體主義」之莊嚴者，還是只有儒家的道德理想主義可以當之。牟先生還進一步說，徹底的主體主義乃表現出主觀性（道德主體）與客觀性（形上道體）的統一。[69]

　　儒家的道德主體必然要在人與人之間的倫理關係來呈現，因此道德心性要具體化在恰當合宜的禮尚往來之身儀舉措中，此便涉及「攝仁歸禮」的禮教身體之踐形，如孔子所謂「一日克己復禮，天下歸仁焉」。孔子一方面要為周文「禮儀三百，威儀三千」找來仁作為主體之本，故而強調：「禮云禮云，玉帛云乎哉？樂云樂云，鐘鼓云乎哉？」[70]「人而不仁，如禮何？人而不仁，如樂何？」[71] 此又是「攝禮歸仁」，賦予外在行為一內在真實的道德主體性。另一方面則要將價值之源實現出來，亦必須體現在行為矩度上，亦即將道德心性展現在禮文形式的身體活動與待人處事之矩度上，而呈現「非禮勿視，非禮勿聽，非禮勿言，非禮勿動」[72] 的修養。可以說，儒家的「道德主體性」和「禮文身體性」，這二者處於身心一如、內外不二的關係。當然，儒家亦有透過其道德主體的擴充遍潤過程，而能有踐仁知天、盡心知性

68　牟宗三，《中國哲學的特質》（臺北：臺灣學生書局，1987年），頁8-9。

69　牟宗三，《中國哲學的特質》，頁11-12。

70　朱熹，〈陽貨〉，《論語》，《四書章句集注》，頁250。

71　朱熹，〈八佾〉，《論語》，《四書章句集注》，頁82。

72　朱熹，〈顏淵〉，《論語》，《四書章句集注》，頁182。

以知天的形上體悟，以牟宗三的概念說，道德主體的內在性又具有超越性，使得道德主體能遙契形上道體。

　　本文主旨不在探討儒家的主體性和身體性，而是藉由儒家和道家的對話，以呈現《莊子》的主體觀和身體觀之特質。如果暫時撤開孔老誰先誰後的歷史爭議，轉從概念發生的邏輯角度說，大體上可以承認老莊有諸多思想，正是針對儒家而來的批判轉化和調適上遂。例如對於道德主體和禮教身體這兩點，老莊都呈現出和儒家頗為不同的思考進路。相較而言，儒家的道德主體和禮文身體，具有較高的同一性、穩定性、規範性，而老莊則呈現支離性、解構性、流動性等特徵。

　　道家並非全不講道、德，但講法卻與儒家有所不同。如《老子》第三十八章：

> 上德不德，是以有德；下德不失德，是以無德。上德無為而無以為，下德為之而有以為……故失道而後有德，失德而後仁，失仁而後義，失義而後禮。夫禮者，忠信之薄而亂之首。

對《老子》而言，經由「體道」而來的「上德」，具有對儒家所標榜的仁義禮智等德行的批判性，因為這些具體德行對《老子》言只能屬於「下德」，必須歷經一種「去病」（不）的手續，否則無法通達「上德」；尤其儒家視為一切秩序規範的依歸之「禮」（周文），《老子》卻看出它同時代表人原本淳厚的本性因受裁剪而漸趨輕薄，而且禮的外在規範也同時導致內在壓抑與衝突。換言之，《老子》看到繼承周文的儒家，其道德和禮教的價值觀可能衍生的異化。

　　對於《老子》，體道而來的「上德」，並不突顯強烈意志的主

體性意味，反而具有將主體（我）的有為給予放開、稀釋、淡泊、柔軟的消融味道。可以說，上德和下德的分辨，關鍵便在「無為」和「為之」這兩種不同的主體狀態。「為」在《老子》的脈絡裡，經常和「執」連成一體，如「為者敗之，執者失之」（第二十九章）的說法。兩者都預設了以「自」為中心的主體狀態，換言之，「為」、「執」、「自」大抵皆預設一種主體同一性的固我感。因此，《老子》的「無為」便經常和「去自」、「不自」的主體轉化之修為有關。而《老子》對體道真人的上德描述，也因此經常出現虛懷、退讓等虛位性的容狀修辭。其中顯例便是透過「不」對「自」（主體固我中心）的解離：「是以聖人抱一為天下式。不自見故明，不自是故彰，不自伐故有功，不自矜故長。」（第二十二章）相反地，以「自」為中心的主體固執與膨脹，必不能相應於道法自然的無為讓開：「自見者不明，自是者不彰，自伐者無功，自矜者不長。其在道也，曰餘食贅行。」（第二十四章）

　　簡言之，從「有為」到「無為」，便涉及從「自」到「不自」的「去主體化」之「虛損」工夫。這種「淘空自我」的工夫，如《老子》第四十八章言：「為學日益，為道日損，損之又損，以至於无為。」「為學」是一種以「自」為中心的主體狀態，並且不斷由主體中心擴大並積學其內涵；而「為道」則是「去自」的非固我中心狀態，它正好逆返主體的膨脹而虛之、損之，以至於敞開虛靈、虛明狀態。正如〈人間世〉「心齋」工夫所要達至的「虛室生白，吉祥止止」的「唯道集虛」狀態。也因為這種虛懷敞開、虛室生白的不自、去自之「去主體狀態」，所以上德的道德關懷不是呈現「以自為中心」的善惡（二元）裁判，而是以全然傾聽、包容的回應方式，去感通他人的處境，而表

現出《老子》第四十九章的玄德之善:「聖人无常心,以百姓心為心。善者吾善之,不善者吾亦善之,德善。」可見《老子》的「上德之善」並非善惡二元對立下的善名一端,而是不輕易裁判善惡而包容感通的「慈柔」。也就是這種虛懷無自的「去主體(而虛敞)狀態」(上德無為),才能夠不以「自」我中心而封閉成「常心」之執,樹立一己的倫理標準而強加在他人身上(下德為之)。反而能去己見、無常心,轉化主體有為之宰控(有以為),以打開封閉、讓出空間來傾聽(無以為);這種去除主動有為而轉成被動無為的「非主體」(或新主體)狀態,對《老子》而言,反而可以成就一種更根本的倫理關懷,他稱其為「無棄」態度:「是以聖人常善救人,故无棄人;常善救物,故无棄物。」(第二十七章)這種無棄的全體接納與包容,對《老子》而言,可以真正成就對他人關愛的慈柔倫理學。這樣的道德關懷並非建立在主體意志之強加給予,反而解構了主體中心而敞開一種虛位、退讓的「空虛」,然後「虛而待物」地「以百姓心為心」來「回應」。對這種「空虛」的玄德之「回應」狀態,《老子》經常使用水、谷等意象來隱喻,如「為天下谷,常德乃足,復歸於樸」(第二十八章)、「上德若谷」(第四十一章)、「上善若水,水善利萬物而不爭」(第八章)。

由上看來,《老子》「去自」、「無我」的「去主體化」,蘊含著不同於牟宗三所謂道德意志主體的儒家倫理學,而展開另類的無棄、慈柔之倫理關懷。亦或者說,《老子》這種虛懷若谷、海納百川的無棄倫理關懷,奠基在一種「去自」的主體虛位化工夫,並由主體之虛位而更能感同身受地回應他者,就像不帶主觀意志的似水柔情般,隨一切生命處境之所需而柔軟地回應之、潤澤之。同樣的「去主體化」之「回應」精神,也處處表現在《莊

子》中。

如〈齊物論〉之南郭子綦，要上達聆聞天籟之氣化流行，必先經歷近乎「大死一番」的去主體化過程。即「形槁木」、「心死灰」的「荅焉喪耦」之歷練，而南郭子綦就將這種支離、清掃的工夫稱為「喪我」。也就是將一般人由感官形體與成心認知所糾集而成的主體我之封閉中心，加以虛化、敞開，才能融入氣化流行、物化天籟的遊戲交融中。這種從「自我觀之」轉化為「以道觀之」，便涉及「我」的虛化而退位給「道」，如此真人才能以虛懷之靈臺回應物化交融、氣化流行，這種天籟境界就被〈大宗師〉稱之為「遊乎天地之一氣」。可見《莊子》這種「遊」的「逍遙」狀態，必建立在主體我的虛位化，如此一來，真人才能敞開一方空虛之靈臺，令萬物「咸其自取，使其自己」地來去遊戲自如。這亦證諸〈逍遙遊〉談及大鵬鳥之無待逍遙，遊戲乎「乘天地之正，而御六氣之辯」前，必先有「至人無己，神人無功，聖人無名」的「去主體化」之工夫。己、功、名便是團聚人的主體同一性之依待，而「無待」便是「化除」此等「依待」，讓真人全然敞開於天地六氣的變動而回應之。

同樣地，有名的心齋、坐忘等工夫，關鍵都在對治主體我的封閉與壅塞：

> 回曰：「敢問心齋。」
> 仲尼曰：「若一志，无聽之以耳而聽之以心，无聽之以心而聽之以氣！聽止於耳，心止於符。氣也者，虛而待物者也。唯道集虛。虛者，心齋也。」
> 顏回曰：「回之未始得使，實自回也；得使之也，未始有回也；可謂虛乎？」
> 夫子曰：「……聞以有知知者矣，未聞以无知知者也。瞻

> 彼閱者，虛室生白，吉祥止止。……夫徇耳目內通而外於心知，鬼神將來舍，而況人乎！是萬物之化也……」[73]

就工夫言，「無聽之以耳」相應「形槁木」，「無聽之以心」呼應「心死灰」；而從「使自回也」到「未始有回」，便契合於「喪我」。就體道經驗言，〈齊物論〉南郭子綦的「聞天籟」，相應於〈人間世〉顏回的「聽之以氣」，亦即〈逍遙遊〉的「御六氣之辯」，〈大宗師〉的「遊乎天地之一氣」。然而要逍遙乎氣化流行、遊戲乎物化交融，必得將主體我的封閉、滯塞，給予「虛」化，因此我們看到整個心齋工夫的精神都重複圍繞在「虛」。如「聽之以氣」涉及「虛而待物」，而整個心齋的工夫與境界也都集中在此，如所謂「唯道集虛。虛者，心齋也。」而顏回從主體我的「實自回也」，到「未始有回」的去主體狀態，就是「可謂虛乎」所導致的效果。這種從主體我的成見（知），到去除主體我的敞開（無知），也應用了「虛室生白」的空間隱喻，這種敞開（闋）、虛空（虛）的靈臺狀態，不只讓自身處於寧靜吉祥的淡泊狀態（吉祥止止），也同時能感通、回應一切的存在（包括鬼、神、人及萬物）。可見，心齋猶如清掃工夫，將占據靈臺的主體我之滯塞給予清空，使靈臺回復虛空、流通的開敞明朗之境，讓真人能即感即應於一切存在處境。而由上述：鬼神、他我、萬化，均可安舍於我之靈臺。可見虛位化的「去主體」狀態，隱含一種類似《老子》慈柔、無棄的倫理意味。「心齋」的主體掃除工夫與境界如上，坐忘又是如何？

> 顏回曰：「回益矣。」仲尼曰：「何謂也？」
> 曰：「回忘仁義矣。」曰：「可矣，猶未也。」

---

73 莊周著，郭慶藩輯，〈人間世〉，《莊子集釋》，頁 147-150。

他日，復見，曰：「回益矣。」曰：「何謂也？」
曰：「回忘禮樂矣。」曰：「可矣，猶未也。」
他日，復見，曰：「回益矣。」曰：「何謂也？」
曰：「回坐忘矣。」仲尼蹵然曰：「何謂坐忘？」
顏回曰：「墮肢體，黜聰明，離形去知，同於大通，此謂
坐忘。」
仲尼曰：「同則无好也，化則无常也。而果其賢乎！丘也
請從而後也。」[74]

　　〈大宗師〉這段坐忘工夫，可看成〈人間世〉心齋的「差異
重複」之描述。重複處在於：「墮肢體」同於「无聽之以耳」（形
槁木），「黜聰明」同於「无聽之以心」（心死灰）；而「喪我」
的「槁木死灰」，則被表達為「離形去知」。坐忘工夫的一連串修
辭：墮、黜、離、去，明確傳達出對「主體我」的解構精神。而
心齋的「聽之以氣」、「虛而待物」，現在則在坐忘脈絡被表達為
「同於大通」。可見，主體我的清掃淨空，讓真人靈臺無遮無蔽
地十方打開，既讓我參贊於氣化流行，也讓物化生生交融於我，
〈齊物論〉稱此為「天地與我並生，而萬物與我為一」，而〈大
宗師〉則稱之為「同於大通」。這種將主體虛化、敞開的「喪我
之我」（去主體化的新主體），所成就的「同於大通」（融通於大
化），才可能超越個人主體我的「私好」與「常見」，轉為對他人
採取無私無我的感同身受之態度，轉為對變化隨順日新的「回
應」能力。尤為值得注意的是，顏回坐忘工夫的「去知」與「離
形」，正好也對應於「忘仁義」和「忘禮樂」。換言之，坐忘工夫
涉及對儒家的道德主體（仁義之知）與禮教身體（禮樂之形）的
雙重轉化。《莊子》刻意透過一場顏回與孔子的虛擬戲仿手法，

74　莊周著，郭慶藩輯，〈大宗師〉，《莊子集釋》，頁282-285。

企圖對儒家的仁義禮樂等價值觀背後的機制，進行一番重新的清掃與淨空，如此而可視為《莊子》對儒家的道德主體、禮文身體的治療與批判，並試圖從中為倫理尋找更為基礎性的回應模型。

對儒家的道德主體我與禮教身體我的批判治療、反省溯源，也使《莊子》從同一主體與僵化身體的解構批判，走向了「變化的主體」和「流動的身體」。從上述可知，「喪我」之「我」，與「天地與我並生，而萬物與我為一」的「我」，是兩種不同層次、不同意義的「我」；前一個「我」是本文所謂的「主體我」，後一個「我」則是「去主體化」後的「無我之我」。對於《莊子》，「無我之我」既不具有實體性，也不具有同一性，它在敞開、通達於氣化流行、物化交融的不斷變化情境中，總是使「無我之我」不斷地跟著變化流動，並在持續性的流變中進行差異的交換作用。換言之，「天地與我並生，萬物與我為一」的「無我之我」，不會具有靜態的同一性本質，他總是在變化通達的活動歷程中，進行著差異化的豐盈作用。可見這種去同一性的封閉固我，所朝向的豐盈差異化的無我之我，也可被視為一種多元流變、不斷延異的日新主體。[75]

---

75 就此而言，筆者和畢來德的主張有同有異。就主體的立場而言，他底下的看法和本文很接近：「在《莊子》這裡，我們看到的概念是不同的。我們所謂的『主體』和『主體性』，在其中呈現為一種在虛空與萬物之間來回往復的過程。而在二者之間，是前者——虛空或混沌——居於根本的位置。我們是憑藉這一虛空才具備了變化和自我更新的能力，使得我們能夠在必要的時候重新定義我們與自我、他人及事物的關係。」畢來德著，宋剛譯，《莊子四講》，頁110。然而和畢來德不同的地方在於，筆者認為這種虛空而流變的日新主體狀態，其實和氣化流行的世界狀態實乃相應，然而由於畢來德對形上學的擔憂與對氣論的抗拒，使得他的立場停留在對於日新主體的描述上。參見拙文對他的批評反思，〈身體、氣化、政治批判——畢來德《莊子四講》與〈莊子九札〉的身體觀與主體論〉，收錄於本書第四章。

　　除了心齋、坐忘等喪我工夫，對封閉而滯塞的主體我進行解構清掃，亦可從若干寓言，讀出《莊子》對主體同一性的虛妄之批判。我們再從〈齊物論〉底下與主體我相關的爭議文獻談起：

> 喜怒哀樂，慮嘆變熱，姚佚啟態；樂出虛，蒸成菌。日夜相代乎前，而莫知其所萌。已乎，已乎！旦暮得此，其所由以生乎！非彼无我，非我无所取。是亦近矣，而不知其所為使。若有真宰，而特不得其眹。可行己信，而不見其形，有情而无形。百骸，九竅，六藏，賅而存焉。吾誰與為親？汝皆說之乎？其有私焉？如是皆有為臣妾乎？其臣妾不足以相治乎？其遞相為君臣乎？其有真君存焉？如求得其情與不得，無益損乎其真。[76]

　　〈齊物論〉這段帶有存在主義情調的人生感懷，正放在南郭子綦「喪我」與「聞天籟」之後。可以說，對比於真人的喪我工夫與天籟逍遙，常人總在「大知／小知」、「大言／小言」的爭辯與競爭中，掉入「與接為構，日以心鬥」的夾縫，身陷「小恐惴惴，大恐縵縵」的耗損傷害中。〈齊物論〉對常人這種存在處境的悲哀，除了發出一連串「不亦悲乎」、「可不哀邪」、「可不謂大哀乎」等感傷外，更重要的是，如何揭露這種身陷網羅圈圈的苦痛原由。對比於南郭子綦的天籟逍遙，關鍵在於喪我工夫轉化了主體我的成心成見之封閉與滯塞；相對而言，常人緊緊困在「大恐／小恐」擺盪中浪生浪死的癥結，就是因為「自我中心」的主體牢籠在作祟。常人或許難以自我覺察，一切認知觀點（知）與話語交鋒（言），背後都預設了一個閉封中心、固牢己見的「我」，亦即由「我」而認知，由「我」而發言，由「我」而勝負，由「我」而榮辱。對〈齊物論〉而言，它洞察到一般人這個

76　莊周著，郭慶藩輯，〈齊物論〉，《莊子集釋》，頁51-56。

帶有中心性、實體性的「我」，讓人「固而不通」、「執而不化」，因此掉入「相刃相靡」的彼此折損。要終結自傷又傷人的惡性邏輯，便要將自我中心的主體給轉化、鬆綁，如南郭子綦的「喪我」。而喪我工夫的前提便是，徹底認識到主體同一性自我其實是由成見所造成的幻象，或者說根本就不曾存在一個永不流變的實體自性之主體我。而這便是上述引文的前後脈絡之問題氛圍。

對《莊子》而言，若從人的情感表現狀態這一面，來觀察人的主體現象，就會發現它其實是一種情感狀態不斷轉換的變化之流，如所謂「喜怒哀樂，慮嘆變慹，姚佚啟態」。而這些情緒背後並沒有不變的托體來作為它們的起源地，它們只是如「樂出虛，蒸成菌」般，不斷生起又不斷消散的情緒之流。換言之，什麼是「（情感）我」，對〈齊物論〉而言，「喜怒哀樂，慮嘆變慹，姚佚啟態」，這些情感現象的不斷來來去去的流變歷程，便構成了「（情感）我」之代名，而假若離開了這些生命現象的流變，根本也沒有「我」的主體實核在。可見所謂的「我」，正是由這些生命流變現象所暫時攝取而構成的，如所謂「非彼無我，非我無所取」，其中的「彼」，很可能就是指「喜怒哀樂，慮嘆變慹，姚佚啟態」那些生命現象之流，而那些流變現象暫時構成了「我」之認同（取），但這樣的認同（我取），常人卻過度將其執實而封閉化、僵滯化了。常人錯誤地以為這些生命流變現象背後有一個「同一性自我」存在，更誤以為這個同一性自我可以永遠躲藏在變化之外，此即所謂的「真君」或「真宰」。筆者認為一般學者以為《莊子》肯定一個不變性、實體性的真我，這是錯解《莊子》，《莊子》真正的意思應該是質疑並解構了「真君」、「真宰」的存在。對《莊子》而言，在一切皆流的氣化流變世界中，所有的生命現象都恆常處在變動與交換中，不可能具有一個永不

變動、恆常固我的真君或真宰存在，否則就違背了變化這一最基本的世界觀。除非我們對所謂真君與真宰的理解，就是指一種「去主體後的日新主體」，也就是流變、多元、差異、日新的創造性新主體。

而《莊子》以人的生理現象為例，就像人的身體是由百骸、九竅、六臟等等機能現象，共同構成一有機而變化的生命機能，它們同時性地共在並共構（賅而存焉）了人的身體機能之流動現象，而《莊子》反問我們說，我們真的可以獨立於這些機能之外，超然地尋求一個「主控」全局的君宰嗎？對《莊子》言，這種在現象流變之外尋覓一超然的推動者，終究是尋覓不得的，不管是要為物化流變的世界尋找造物者，還是要為人的身心流變尋找真宰，都將落入形上學的迷途幻影中。然而雖然沒有永不變動的君宰作為人的生命之根據，但生命依然總是在流變的差異現象中，持續變化地表現出豐富而真實的生命現象。換言之，不去肯定真君真宰這種實體性，來作為我們生命現象的超越根源，未必會導向生命實踐的無體無力，反而更有可能引導生命迎向持續變化與豐富創新的差異未來性。

歷來對上述文獻的解讀，總存在肯定真君與否定真君的二種極端立場。本文站在《莊子》變化、氣化這一終極性的世界觀，認為真君真宰的解讀必須要能回應《莊子》這一基本立場，否則將造成自我立場的矛盾。再者，本文認為《莊子》否定真君或真宰，並不因此導向虛無主義，因為本文所謂真君真宰是就主體同一性而言，也就是預設了主體我之實體性；倘若我們另將真人「喪我」後的「無我之我」、「非主體的主體」理解為真君或真宰，那麼本文也就不必反對，只是要強調這種「無我之我」的君宰，仍然不可以理解為實體性、同一性，一樣必須被理解為不斷

變化、迎向差異的流變而日新之多元化主體。所以，假使〈齊物論〉上述文脈被理解為肯定了真君與真宰，那麼它的真正意語仍然在於，它肯定了一個虛位化、敞開化而能不斷變化、持續豐盈的虛室靈臺，這樣的虛位化之靈臺才使生命迎向十方的「大通」之境。總之，《莊子》不肯定一實體化、同一性的真君，真人「喪我」、「無己」後的「無我之我」，此種「非主體的主體」（「無知之知」），絕不在流變之外肯定一永不變化的超驗真體。對此，我們可從〈齊物論〉對弔詭夢寓的詮解，再次得到印證：

> 夢飲酒者，旦而哭泣；夢哭泣者，旦而田獵。方其夢也，不知其夢也。夢之中又占其夢焉，覺而後知其夢也。且有大覺而後知此其大夢也，而愚者自以為覺，竊竊然知之。君乎，牧乎，固哉！丘也與女，皆夢也；予謂女夢，亦夢也。[77]

　　《莊子》首先注意到一種類似心理學的「補償現象」。正在作夢中的主體狀態（不管「夢飲酒者」或「夢哭泣者」），經常出現和白天意識的主體經驗處於矛盾或顛倒的對比狀態（所謂「旦而哭泣」或「旦而田獵」）；這種「旦／夢」對立的分裂現象，表面看似悲／欣不相及的兩極，但《莊子》多少暗示我們，其實兩者有如蹺蹺板兩端循環擺盪的力量邏輯，白日過度亢奮的欲望主體，居然也可是夜夢萌生悲哀的原由；反之亦然。其實這種醒／夢顛倒的混亂現象，古往今來的人們，大概都曾有過類似經驗；若放在〈齊物論〉的脈絡看，它其實可和「朝三暮四」與「朝四暮三」，這種「成虧顛倒」、「喜怒為用」的現象相扣合。因為在《莊子》看來，人原本就不是一種恆定的主體，其欲望之流原本

77　莊周著，郭慶藩輯，〈齊物論〉，《莊子集釋》，頁 104。

就不斷在情境中與物交接而流蕩隨轉，而旦醒與夜夢這兩個看似截然有別的「意識」與「潛意識」狀態，其實彼此間還是有其隱晦難明的力量通道，當一方過度表現時，另一方就經常以反作用力的方式來補償。然而對於《莊子》，不僅夢中的情緒流變現象如「樂出虛，蒸成菌」一般，其實日常生活中的情緒流變不也一樣來去無蹤嗎？

換言之，順著旦／夢的顛倒或補償現象之描述，《莊子》真正要反思的是日常狀態與作夢狀態的「主體性」問題。或者說要反思日常意識中的我和作夢潛意識中的我，這兩個欲望主體的「我」有何不同？通常一般人，會直覺地認為只有日常意識的我才是真實，夢中我只不過是虛假不實的幻象，換言之，「夢」便意識著不真實的虛妄，因此夢中我便也被直覺地視為如夢如幻的假我。然而《莊子》卻要我們深思一種「夢主體」的存在感受現象，所謂「方其夢也，不知其夢也」的現象。亦即當人們還處在夢中的狀態時，那種真實存在的臨場感受，其實和日常意識主體的存在感是難以區分的。如此一來，假使我們宣稱日常意識之臨場經驗具有一真實主體在遭遇種種經歷，那麼又為何不能肯定作夢狀態中的人也具有類似的主體性？

由此可見，所謂真實／虛妄之間的分野，若從心理感受的存在強度來說，實在難以絕對區分。假使我們宣稱日常意識的「喜怒哀樂，慮嘆變熱，姚佚啟態」之流變，背後具有一承擔流變的主體性；那麼一樣具有同樣強度的夢世界之流變現象，為何背後不能同樣預設有一經歷夢中流變的主體呢？反過來說，假使我們否定夢中世界具有任何穩定的主體性意義，那麼是否也就意味著日常意識所直覺的主體性，有可能也是一種錯覺的預設？在筆者看來，〈齊物論〉這段夢寓文獻，可能是要透過對「夢」現象的

反思，對日常意識的主體性進行一番對照省察。那麼我們就可能發現且醒和夜夢的主體狀態，其實頗為一致，它們一樣流變不居、一樣處於「樂出虛，蒸成菌」的無根狀態。如此一來，如果顛倒過來而說「人生如夢（非實）」，其實也有它的道理，甚至有它的經驗基礎。因為若就主體總是在遷流不居、流變不止的實相角度來說，從夢主體的現象來感受和省察，其實更容易讓我們產生這種「一切皆流」的夢幻領悟。

　　耐人尋味的是，〈齊物論〉還提及「夢中夢」現象，顯示了潛意識能量的幽深奧藏：「夢之中又占其夢焉，覺而後知其夢也。」若說作夢主體經常是醒覺主體的補償之變形反映，而兩者的主體狀態一樣流變不定地飄浮來去，那麼夢中夢的主體又如何？對《莊子》來說，不管是作夢還是夢中夢，雖然總會有醒來之時，而「醒」看似帶出不同空間的異質轉換，就好像「夢」或「夢中夢」似乎進入不同異質空間一樣，但《莊子》真正的興趣應在於，這些看似進出異質空間中的「我」之本質，到底有何不同？如上已知，常人用虛／實二分的成見，會直覺地預設：現實空間之我比夢中空間之我，還要真實可靠；同理類推，夢中我或又比夢中夢的我，還要可靠，然而《莊子》顯然要打破這種未思的成見預設。若以存在感受而言，這三種狀態的心理強度其實難以區分，所以看似異質空間內的不同欲望主體和事件狀態，便也難以虛／實二分。從《莊子》看來，這些欲望主體的具體內容雖然總在變形中而有所不同，但其中的「主體性」狀態，有一點卻都是一致的，它們一樣遷流不住地延異下去。醒著的我／作夢的我／夢中夢的我，這三者之「我」，一樣在時間流變中持續不定地變化著。換言之，看似三重異質性的主體，其實只不過一再印證：常人以為的主體同一性其實是一種幻覺，真正的主體狀態總

是在「如夢」的流變中「差異化」地延異下去。

《莊子》透過上述難解的夢寓文獻，要處理的是常人未及深思，卻總是早已預定的一種「主體同一性」成見，經由夢對覺的逆向反省，正好弔詭地揭露出日常意識的成心成見，進而打破先驗主體性的迷思。上述夢寓文獻，還未結束，它還有最後高潮有待分析。因為《莊子》除了提及夢與夢中夢，它也提到了覺與大覺，而所謂大覺應該是指真人的覺悟狀態。假使我們說從夢中我到醒來時的我，具有較高度的覺醒意味，意即更清晰而穩固的主體狀態；那麼「大覺」對比於「覺」，也就意味著真人那種破除常人迷惘的「真正大覺悟」狀態。若以虛／實二元觀來看，常人的醒覺主體狀態還是處於迷惘的虛假中，似乎唯有真人大覺者的醒覺主體才能得到所謂終極真實。如此一來，大覺者真人的所謂真實主體狀態，不就可以視之為真君或真宰嗎？順此，大覺者的真君、真宰之主體，是否意味著最終可以超越「如夢如幻」的流變？是否終能入於永恆不變而同一性地固我常存呢？常人以為的大覺或者真君真宰之主體，正是這種實體性的永恆常存之先驗主體，然而筆者認為《莊子》的真人，最後還要破除這種終極真實的絕對主體我。以下試分析之。

對比於意識層次的醒覺狀態，《莊子》特別提出「大覺」一說：「且有大覺而後知此其大夢也，而愚者自以為覺，竊竊然知之。」並認為唯有「大覺」，方能洞悉「大夢」之實相。對比於常人成心知見的「自我觀之」，「大覺」的觀看位置則相應於「照之以天」、「以道觀之」。一般人「自以為覺」、「以我觀物」而有虛／實、主／客的二元判斷，卻不免落入以成心為師的前見蒙蔽。若能真從「大覺」視角來全景敞視：虛（夢與夢中夢）／實（醒）的疆界，將發現不管是被視為實體的現實我，還是夢與夢

中夢的虛幻我，它們都進入「弔詭」難分的渾沌狀態。《莊子》
從「大覺」者的眼光出發，顛覆了常識以現實事件事物為實體的
預設：「君乎，牧乎，固哉！丘也與女，皆夢也。」一般人（如
「丘」和「汝」兩人）以為現實生活中帶有實務性的事件（如
「君乎」、「牧乎」兩事），構成了真實可靠的世界（「固哉」）；但
從「大覺」的眼光看去，它們實和夢空間的夢事件一樣，都帶有
夢感（非實體性）特質（「皆夢也」）。

　　所謂「夢感」，並非指涉現實世界和夢中世界一樣空洞虛
無，而是強調兩者都必然隨著力量流變而遷流不息地再變化下
去，就如同夢空間的流動般。因此《莊子》的「皆夢也」、「亦
夢也」，並非帶來虛無感，而是要帶來「變化常新」的遊戲感。
一般人或許會以為，《莊子》唯一肯定的「實感」、「實體」只有
「大覺」這一主體，白日意識主體和潛意識欲望主體雖然皆是虛
妄如夢，但大覺的清明主體則是不變不壞、可依可靠之實體。然
而令人驚異的是，《莊子》在弔詭之夢的寓言中，顯示出它並未
肯定一「大覺」主體，來作為實體實感的超越依據，否則它不會
強調「予謂女夢，亦夢也」。換言之，所謂的大覺主體（「予」所
象徵的覺悟主體之發言位置）仍然不能脫卻上述所謂的「夢感」。
或者說，真人仍然處在「夢感」的處境或領受之中。原來不僅夢
是流變，醒來也不離流變，甚至覺悟後也仍然在流變中。而《莊
子》居然禮讚這種「一切如夢」的流變領受，並命其為「弔詭」，
它期待後世能有真正的知音出現而解開弔詭：「是其言也，其名
為弔詭。萬世之後而一遇大聖，知其解者，是旦暮遇之也。」[78]

　　《莊子》顯然要人們認真去思考：眼前這個經常作夢的

78　莊周著，郭慶藩輯，〈齊物論〉，《莊子集釋》，頁104-105。

「(現實)我」,和夢中夢見自己在作夢的那個「(作夢)我」,以及領悟到現實我與作夢我都一樣帶有「如夢」特性的「(覺悟)我」,這多重主體(我)看似層次有別,但它們卻一樣不離「變化」所帶來的遷流不住之幻化感。《莊子》期盼能遇上大聖知音來解開這個「一切如夢」的「弔詭」,如果有人能解開「人生如夢如化」的流變奧祕,也就能超越旦/暮、古/今的時空隔限,能和莊周心心相印、共享大化流行的祕密了。「一切如夢如化」所逼顯的弔詭,若要得其深解,筆者認為必須扣緊《莊子》「一切皆流」的氣化流行、物化交換的變化世界觀,以及由此而來的「去主體化」之非同一性思維。總之,對比於儒家的道德主體,《莊子》強調虛懷敞開的「去主體之(新)主體」,這種主體虛位化所產生的回應能力(呼應海德格的「泰然任之」〔Gelassenheit〕),[79] 一則讓人善於傾聽與納受,再則讓人迎向流變而參與差異的豐盈。換言之,去主體化的封閉,乃為了導向流變、日新、差異、多元的主體創造性,而這種將意識主體敞開於大化流行之中,在《莊子》也還涉及主體讓位給身體的課題。

七、支離、流動、氣化的身體

對比於儒家的禮教身體,《莊子》首先出現一種支離的身體形象,並從社會身體的支離而走向流動的身體觀。前文曾提及

---

79 宋灝亦強調這種「去主體化」的「回應」能力,他從《莊子》庖丁解牛之身體回應方式,去解讀《莊子》與書法身體模擬實踐的連通性,並注意其中隱含一種逆轉收回的平淡轉化之倫理關懷,而他也將其和海德格的「泰然任之」相比擬。其實宋灝所謂的「遜讓」、「等候」之「回應」方式,可以在《老子》和《莊子》身上,找到更完整而複雜的印證和補充,而關鍵涉及意識主體讓位於身體自身。參見宋灝,〈書法與身體模擬〉,書法與當代哲學/美學學術研討會,頁肆 1- 肆 60。

「喪我」的主體轉化工夫，涉及「心死灰」（去知）、「形槁木」（離形）兩向度。而〈大宗師〉的坐忘工夫，更直接點名，前者涉及對道德主體的「忘仁義」轉化，後者涉及對禮教身體的「忘禮樂」轉化。「支離」概念，來自〈人間世〉一位虛擬人物「支離疏」，透過他而談及「支離其形」和「支離其德」的雙重解放。[80] 上一節大體描述了《莊子》對道德主體的虛位化，以及《莊子》從「同一性主體」走向「流變性的差異主體」與「多元性的日新主體」。底下轉從禮教身體的支離化來探討《莊子》的氣化身體。〈田子方〉曾描述一齣孔子見老聃時的視覺震撼，其中涉及身體感知的習性與顛覆：

> 孔子見老聃，老聃新沐，方將被髮而乾，熱然似非人。孔子便而待之，少焉見，曰：「丘也眩與，其信然與？向者先生形體掘若槁木，似遺物離人而立於獨也。」老聃曰：「吾游心於物之初。」[81]

對於孔子，人的身體容貌與服飾，皆需禮文的節制與整飾。因此一個人的身體姿態和衣服配置，自然會在人們慣常的文化框架之視覺經驗中，直接呈現相應的文化符碼之象徵性。而孔子所以詫異於老聃的身體形象，甚至產生怪異的不適感（眩與），主要是因為老聃暫時抖落了人們習以為常的符號象徵性。「新沐」、「被髮」，具有解構、消除、無形式的意味，將加諸在人們身上的符號物、整束物給卸下時的原樸狀態。更深一層說，孔子眼光中「似非人」的老聃姿態，絕對不只是一般沐洗後、束髮前而暫時尚未禮服化的身體而已。從行文的脈絡看，老子接客並不照

80　莊周著，郭慶藩輯，〈人間世〉，《莊子集釋》，頁 180。

81　莊周著，郭慶藩輯，〈田子方〉，《莊子集釋》，頁 711-712。

一般禮數來，所以孔子看到了「衣冠不整」（甚至可能略帶「裸露」意味）的老聃，但這種暫時表面性的衣冠不整甚至裸露的身體，應該也不至於讓孔子產生那麼強烈的「眩與」、「非人」之異物感。因為暫時卸下服飾甚至沐洗裸露之身體樣貌，每個人都經常會有觀看自身的類似經驗，但很少人會對暫時卸下衣冠的赤裸自己（甚至他人），產生太強烈、太持久的異樣感受。這並非只是因為時常看見而習慣，而是因為這種暫時赤裸的身體，在人們的直覺感受中，仍然還是一種禮教的身體。因為人們從社會文化所浸染的禮文身體，不只呈現在一套套衣服形制上，更銘刻在人們的身體內部中，使人們的舉手投足無一不是呈現禮教身體的矩度和儀態。因此，孔子看到的老聃身體並非只是暫時脫卻禮飾的表面裸體。孔子看到的老聃是一種真正徹底的赤裸，亦即所謂「形體掘若槁木」。「掘若槁木」的形體，不只是暫時將衣飾的象徵性符碼給脫掉，而是更為徹底地將已然銘刻在身體內部的規訓給釋放。對道家而言，真正赤裸而原樸的身體，必須轉化已然內化甚深的符碼化之身體習性，並非只是衣冠不整或者不穿禮服就可得之。這個問題就類似魏晉名士劉伶之流，他們的赤祖裸身並非真能脫卻禮教身體的規訓，反而是在「禮教／反禮教」的二元結構中的一種身體表演。[82] 而這種刻意暴露在眾人眼光下的「反禮教」之身體表演，仍然還不是老聃「掘若槁木」的在其自己之原樸身體。

「形體掘若槁木」，其實可視為禮教身體的大死一回，死去的那個形體必須直指那已然內化甚深的肉身符碼，而非只是衣飾

82　關於魏晉士人的身體表演現象，參見鄭毓瑜，〈身體表演與魏晉人倫品鑑——一個自我「體現」的角度〉，《漢學研究》第 24 卷第 2 期（2006 年 12 月），頁71-103。

符號。也唯有徹底解放了甚深習染的規訓化身體，才可能產生出孔子眼前這個不可思議的身體氣氛：「遺物」、「離人」、「立獨」。遺物、離人，標舉出老聃已相當徹底脫卻了人們眼下慣常的符號習氣，已不太容易再被人們習常的形式給歸類套枷。它支離並逸出了符號與象徵，彷彿存活在「絕對在其自己」（立獨）的自信與自在之中。這也扣合了老聃回應孔子時所說的：「吾游心於物之初。」「游」具有逍遙意味，而老聃正是逍遙自在於「物之初」。據〈齊物論〉，「物之初」其實就是「夫道未始有封，言未始有常」的「初始」狀態。「道未始有封」亦即「通天下一氣」的「同於大通」，此時萬物皆自化、互化為一氣化流行的天籟交響。「言未始有常」亦即名言符號之是非標籤尚未強加銘刻在萬物身上，使得萬物處在「無物不然，無物不可」、「咸其自取，使其自己」的無名狀態。

　　由上可知，「形體掘若槁木」著重在對禮教身體的內化規訓之解放，因為禮教化的身體很容易將人們原本自然流動的生命力，過於固定化地規訓成一套標準行為模式。如〈田子方〉溫伯雪子對魯國君子的嘲諷：「『中國之民，明乎禮義而陋乎知人心。』昔之見我者，進退一成規，一成矩，從容一若龍，一若虎，其諫我也似子，其道我也似父，是以嘆也。」[83] 魯國君子的「明乎禮義」表現在何處？它就體現在「進退一成規，一成矩，從容一若龍，一若虎」的肉身姿態上。君子在言語分寸、舉止進退之間所示現的規矩與儀容，可謂徹底將儒家道德主體的仁義價值完全銘刻在身體記憶中。然而對於溫伯雪子，魯國君子這種對禮教身體的過分僵化執守，也可能掉入缺乏自我反思（「陋知人

83　莊周著，郭慶藩輯，〈田子方〉，《莊子集釋》，頁705。

心」）之弊。亦即太容易於從外在學習一套行為規範，並透過重複使習慣內化在身體記憶中，長久下來，便將這種後天規訓認定為先天自然。這對《莊子》而言，顯然對人性與文化的互動關係，缺乏深刻的反省觀察。

　　然而禮教身體的支離，並非《莊子》的終極目標，它只是要從禮教的規訓框架中，釋放更自由、更多元的身體可能性。正如解構主體同一性是為了走向差異化的多元主體性。同樣地，支離禮教身體也是為了敞開更有活力的流動性身體。若回到真人「游心於物之初」的身體氣象來說，「形體掘若槁木」之後，乃為了將身體帶向「物之初」的「遊」之狀態。這便涉及神人「遊乎天地之一氣」、「御六氣之辯」的流動、敞開之「氣化」身體。而這種將身體從社會符碼的象徵網絡中鬆開，並融入「通天下一氣」的「同於大通」之境，身體會呈現與物交感、物我冥合的暢通、感應狀態：「淒然似秋，煖然似春，喜怒通四時，與物有宜而莫知其極。」[84] 這種支離後再生的身體，像是徹底打開門戶的身體，讓我與四時節氣、天地萬物能內外無礙地交相感通，而大量減少限制與阻礙。身體在此似乎沒有了邊界，或者說身體與世界交織在難分難解、無窮無盡的浩瀚中：「體盡无窮，而遊无朕；盡其所受乎天，而无見得，亦虛而已。」[85] 「體盡无窮」是指將身體敞開並迎向世界而交付無窮浩瀚（天），此時的身體柔軟隨順（無朕）、十字打開（虛），同時性地與物化之流共在，並隨時參贊而回應之。對於上述這種虛而能應、敞開而流動的氣化身體，〈刻意〉篇有更為具體的描述可以參考：

84　莊周著，郭慶藩輯，〈大宗師〉，《莊子集釋》，頁 230-231。

85　莊周著，郭慶藩輯，〈應帝王〉，《莊子集釋》，頁 307。

> 故曰，夫恬惔寂漠虛无无為，此天地之平而道德之質也。
> 故曰，聖人休休焉則平易矣，平易則恬惔矣……故曰，聖
> 人之生也天行，其死也物化；靜而與陰同德，動而與陽同
> 波；不為福先，不為禍始；感而後應，迫而後動，不得已
> 而後起。去知與故，循天之理。[86]

> 精神四達並流，无所不極，上際於天，下蟠於地，化育萬
> 物，不可為象，其名為同帝。純素之道，唯神是守，守而
> 勿失，與神為一；一之精通，合於天倫。[87]

　　對於《莊子》，真正的「道德之質」才能參合「天地之平」。
其中天／人相參的關鍵就在於：恬淡、寂漠、虛無、無為。當人
能透過心齋、坐忘而「喪我」，使得主體的宰控意志、身體的有
為造作，得到雙重的虛無化之後，人便能回歸「平易恬淡」的虛
懷、敞開狀態。而〈刻意〉篇描述這種「同於大通」的氣化身
體，幾乎是全然柔軟而隨化任運的被動回應狀態：「生也天行，
死也物化」、「靜與陰同德，動與陽同波」、「感而後應，迫而後
動」。這是一種「去主體化的氣化身體」，真人將其身體交付無窮
無盡的氣化韻律，在與萬化體合為一的「平易恬淡」狀態中，
不斷隨機感通地做出回應。因此這種氣化身體又是能契合當下情
境，而做出「泰然任之」的回應之「無為身體」。這種去除「知
與故」的主體性干擾的精氣化身體，[88] 乃能「循天之理」、「合於

86　莊周著，郭慶藩輯，〈刻意〉，《莊子集釋》，頁 538-539。

87　莊周著，郭慶藩輯，〈刻意〉，《莊子集釋》，頁 544-546。

88　《莊子》書中的所謂「精神」（或者神）不適宜理解為西方身心二元論模式的意
　　識或精神，它必須放在《莊子》氣化世界觀與氣化身體觀脈絡下，才得以善
　　解，簡言之，它是一種身心一如的氣化流動狀態，詳細論證可參見拙文，〈《莊
　　子》精、氣、神的工夫和境界──身體的精神化與形上化之實現〉，《莊子靈光
　　的當代詮釋》，頁 119-166。而畢來德的《莊子四講》則認為「神」只純在描述

天倫」。而循天理、合天倫又呈現氣化流行的動態世界觀。而氣化身體由於參與了氣化世界，因此跟著一起走向「四達並流，无所不極，上際於天，下蟠於地」的天地之流。對《莊子》言，這種柔軟而敞開的氣化身體、無為身體，已將社會性符碼的規範身體給予鬆解敞開，由此走向與宇宙連綿相感的流動身體。[89]

八、流變之文：氣化流行的卮言書寫與氣韻生動的文本空間

　　道家的「道」，向來都被認為「不可表述」，從《老子》第一章開始，「道」和「名」似乎便具有背反關係。「道」似乎只能在沉默中被冥契體證，一旦落入言說，「可道」之「道」，則已非「常道」自身了。這種道／言二律背反的理解模式，類似禪宗的「言語道斷」，名言活動總被視為遮蔽了道的開顯。因此，《老子》也常強調：「處无為之事，行不言之教。」（第二章）「多言數窮，不如守中。」（第五章）「无名之樸，夫亦將无欲。」（第三十七章）對於語言的反省批判，《莊子》亦所在多有，不遑多讓於《老子》，單以〈齊物論〉觀之，便可找到許多類似《老子》第二章的分析：「天下皆知美之為美，斯惡已；皆知善之為善，斯不善已。故有无相生，難易相成，長短相較，高下相傾，音聲相和，前後相隨。」只是〈齊物論〉進一步透過儒墨各

　　高級機制的身體狀態，完全和氣無關涉，筆者並不同意，請參見拙文對他的批評與回應，〈身體、氣化、政治批判──畢來德《莊子四講》與〈莊子九札〉的身體觀與主體論〉，收入本書第四章。

89　關於《莊子》的身體觀之全幅面貌，可參見拙文，〈《莊子》真人的身體觀──身體的社會性與宇宙性之辯證〉，收入《莊子靈光的當代詮釋》，頁85-116；〈《莊子》身體觀的三維辯證──符號解構、技藝融入、氣化交換〉，《清華學報》新第42卷第1期，頁1-43。

自「以是其所非而非其所是」的爭辯傾軋，分析出「彼是方生之
說」的二元結構性：

> 物无非彼，物无非是。自彼則不見，自知則知之。故曰彼
> 出於是，是亦因彼。彼是方生之說也，雖然，方生方死，
> 方死方生；方可方不可，方不可方可；因是因非，因非因
> 是。[90]

《莊子》深明語言莫不藉由二元結構來進行區分活動，而人
們在使用語言時，也就經常被語言結構所推動而落入一端立場、
一偏知見。由於缺少反身覺察語言和知見的共構性，以及如何被
成心知見所圍蔽，因此經常身陷「是亦一無窮，非亦一無窮」的
話語爭勝與立場擴張。[91] 然《莊子》對儒墨是非的分析與揭露，
是否因此走向完全拒斥語言或者排拒話語交流呢？

其實只要思考《莊子》這一文本是多麼巧妙地活用語言，
以及莊周和惠施諸多妙趣橫生的對話，大抵就可排除《莊子》
會採取否絕語言的極端立場。善解〈齊物論〉的「莫若以明」、
「照之以天」，它並非取消語言活動而守寂在「絕對沉默」中。
它只是要人們反身性地省思一己立場和語言知見的共構關係，
同時將自己「有蓬之心」的觀看位置給予暫時懸擱，從超越的
置高點（天）或中心點（環中），轉移視角並換位思考其他位置
的觀點。那麼就可能暫時擱置或虛位一己的定點偏見，從而在
「彼／是」二端之間來回換位與溝通交流，將「以是其所非而

90　莊周著，郭慶藩輯，〈齊物論〉，《莊子集釋》，頁 66。

91　《莊子》對語言結構與成心知見的權力分析與批判，請參見拙文，〈莊子與羅
　　蘭·巴特的旦暮相遇──語言、遊戲、權力、歡怡〉，《臺大中文學報》第 37
　　期，頁 1-50；亦收於本書第六章。

非其所是」的儒墨是非，轉化成豐富彼此的差異對話。這或許才是〈齊物論〉採取的積極姿態：「和之以是非而休乎天鈞，是之謂兩行。」[92] 換言之，語言活動是不可取消的，要消除的只是太過固我中心的爭勝心態，而最後要朝向的則是彼此跨域、互文交流的「兩行」。若能如此，是非意氣的相爭便轉化成意義交換的豐盈。據此，〈齊物論〉批判的是語言使用者所產生的人病，但「除病不除法」，不可連同語言自身也一併完全抹去。反過來說，若能恰當或善巧地使用語言，那麼語言妙用是否也可意味「兩行」的實踐？或者說促進了意義的差異化之豐年祭？

　　不可否認，〈齊物論〉曾觸及沉默中的冥契，以及言說對冥契境界的破壞。如所謂：

> 天地與我並生，而萬物與我為一。既已為一矣，且得有言乎？既已謂之一矣，且得无言乎？一與言為二，二與一為三。自此以往，巧曆不能得，而況其凡乎！[93]

　　上述疑問句所反問的：「既已為一矣，且得有言乎？」用肯定式的命題來表達便是指：當真人深處「天地與我並生，而萬物與我為一」的「冥契一體」經驗時，其實是沉默無言的。而「既已謂之一矣，且得無言乎」則在強調當人們用語言去表述「天地並生，萬物為一」的宣稱時（已謂之一矣），同時也就掉到「言語道斷」的處境。因此，〈齊物論〉要指出「無言之體一」與「有言之謂一」，其實已是兩種不完全相同的存在處境（一與言為二）。

92　莊周著，郭慶藩輯，〈齊物論〉，《莊子集釋》，頁 70。

93　莊周著，郭慶藩輯，〈齊物論〉，《莊子集釋》，頁 79。

　　然而《莊子》的最終立場，並不停留在絕對冥契的沉默中。相反地，我們甚至可以發現一種：道與言並存的弔詭現象，甚至「以言顯道」的《莊子》饒舌現象。[94] 相對《老子》五千言之格言體，《莊子》十萬語這一豐碩文本，可謂充滿諸多巧妙的語言技藝，寓言、重言、巵言等風格化的語言運用更迭不休。神話想像、故事虛構、重組、新編，各類文體層疊拼貼。《莊子》文本猶如語言萬花筒，各種語言隱喻的妙用十字打開，在這一開放式的文本空間中，不斷地交換、融合又增生，產生驚奇連連的思想圖像，既啟發人們心思之活潑，也帶來閱讀的歡怡，而這些都屬於《莊子》妙用語言的饒舌現象。然而，一方面強調冥契體驗的超語言性格，另一方面卻又呈現妙用語言的饒舌現象，兩者如何並存？或者說，《莊子》這些饒舌現象，是否自違其體道立場？

　　解開這個爭議論已久的問題關鍵，恐怕在於要先把握何謂《莊子》之道。若依前文，《莊子》之道並非超驗的實體之道，而是氣化流行、物化交換的力量流變歷程。而一般性的語言使用所以無法貼近道或忠實反映道，主要因為語言符號在二元結構的概念運作下，很容易傾向對象物的靜態、單義指涉，因此在表象思維的對象化活動中，停留在物相之輪廓軌跡，遠離或錯過物化的內勢運動。換言之，道是不斷運動變化的力量歷程，而概念語言總指向事物表象與運動形跡，難以貼近或者直顯變化之自身。而《莊子》比《老子》對語言採取更為積極性的思考，就在於它肯定並發現「流變的語言」（亦即巵言）之可能。而這種不斷活化、轉化、遊戲自身的語言運動模式，或許有可能直顯力量運

94　關於《莊子》的冥契內涵與語言饒舌的內在關係，拙文有較詳細的分析，〈神話‧變形‧冥契‧隱喻──老莊的肉身之道與隱喻之道〉，原載《臺大中文學報》第 33 期，頁 1-44，後收於拙著，《當代新道家──多音複調與視域融合》，頁 289-336。

動自身。如此一來，《莊子》便可能肯定了「以言顯道」的「道言」積極性。就是這種重新發現氣韻生動的流動式話語，使得《莊子》積極奔向語言的創造妙用，並結晶出《莊子》文本的饒舌現象。

仔細閱讀〈齊物論〉，可以發現《莊子》經常將「道」、「言」並列而論。如：「道惡乎隱而有真偽？言惡乎隱而有是非？道惡乎往而不存？言惡乎存而不可？道隱於小成，言隱於榮華。」[95] 而〈齊物論〉的「道＝言」並列，其結構已不同於《老子》「道可道，非常道；名可名，非常名」的「道／言」背反結構，至少已經帶入相當重要的差異。如何說？在〈齊物論〉的「道＝言」並列陳述中，一方面《莊子》肯定「道」在未被「真／偽」、「成／毀」給裂解之前，「道」其實是無所不在的（道惡乎往而不存）。另一方面，《莊子》也強調在掉入「是／非」「榮／辱」的語言二元僵化之前，存在著一種「惡乎存而不可」的語言活動方式。據此，我們是否可以說，這種「未隱」之前而「惡乎存而不可」的語言運用方式，便是《莊子》積極肯定的「道言」模式？這種「惡乎存而不可」的語言活動，是否可以說：非但未必遮蔽了道，反而可以開顯道之流變呢？

可想而知，什麼樣的語言活動可以開顯氣化流行之道？一言以蔽之，這種語言必然也要呈現氣化流行的韻律，而足以擔當氣化韻律，必也會呈現流動的話語形式。我上述的觀點與推論，可以從〈天下〉篇找到相應佐證。〈天下〉篇是對先秦學術流派的總評，有關莊周學思的描寫正放在老聃（包括關尹）之後，仔細閱讀〈天下〉篇對莊周的陳述，可發現幾個值得注意的重點。第

95　莊周著，郭慶藩輯，〈齊物論〉，《莊子集釋》，頁63。

一，它所描繪的莊周之道與老聃所體會的道，具有精微差異。老聃與關尹所體道的核心精神在於「淡然獨與神明居」、「主之以太一」；和莊周相較，可以發現莊周所體會的道具有更活潑而流變的特質。老聃則具有較濃厚的「守宗」、「主一」之靜態意味，大體上老聃與關尹非常強調精神的內斂收攝，較不突顯氣化流行的動態世界。莊周似乎自覺地要將內斂含藏的精神給十字打開，使精神融入氣化流行的世界運動中，也就是莊周並不停留在「守宗」、「主一」的意識狀態，而要將身心開展於宏大而充滿動能的變化世界。此可視為對老聃的精神宗本之再度超越或十字打開：「其於本也，弘大而辟，深閎而肆，其於宗也，可謂稠適而上遂矣。雖然，其應於化而解於物也，其理不竭，其來不蛻，芒乎昧乎，未之盡者。」[96]

　　顯然地，莊周將老聃主一於宗本的神明意識，調適上遂而解放到「宏大而辟，深閎而肆」的物化世界。並在無窮無盡的變化之流中，進行「應於化而解於物」的遊戲參贊。這也是〈天下〉篇在描述莊周之道時所強調的：「芴漠無形，變化无常，死與生與，天地並與，神明往與！芒乎何之，忽乎何適，萬物畢羅，莫足以歸，古之道術有在於是者。莊周聞其風而悅之。」[97]

　　莊周所體悟的道，不只是一種住守內在渾沌的精神境界，它具有十足的存有開顯之世界化性格。亦即道乃呈現為「變化無常」的力量運動，所有的萬物都在物化交換而任隨流轉，真人的精神也要積極參贊融入這一氣化流行、物化交換的存有開顯之浩瀚天地。換言之，莊周自覺將老聃「澹然獨與神明居」的冥契意

96　莊周著，郭慶藩輯，〈天下〉，《莊子集釋》，頁 1099。
97　莊周著，郭慶藩輯，〈天下〉，《莊子集釋》，頁 1098。

識（住渾沌），給十字打開並從而湧入眼前「變化無常」的動態世界中。認為這個由差異化的萬物所共融的氣化世界，才是他的歸依處（渾沌流出）。也因為這種轉向差異化、具體化、動態化的豐盈世界，使得莊周比老聃具有更強烈、更濃厚的入世性格。此亦可證諸〈天下〉篇的莊周姿態：「獨與天地精神往來而不敖倪於萬物，不譴是非，以與世俗處。」[98]由此可見，莊周企圖統合「與天地精神往來」而又「與萬物相遊」，「既不落入是非兩邊」而又「與世俗處」。這是一種統合「無分別」（同一）與「分別」（差異），也綜合「逍遙」與「世俗」的圓教模式。莊周這種圓教模式特別突顯世界性和人間性的綜合，使得真人精神可以落實在具體的萬物和人文世界中。[99]

〈天下〉篇對莊周的描述，除了關於老、莊之道的精微差異外，它還用了一半篇幅在描述莊周的書寫風格。令人驚訝的是，其中對莊周書寫風格的刻劃，在一般人看來，似乎與莊嚴大道呈現風馬牛不相及的怪謬現象。因為它強調的竟是「不莊」的荒謬書寫風格：

> 以謬悠之說，荒唐之言，無端崖之辭，時恣縱而不儻，不以觭見之也。以天下為沉濁，不可與莊語，以卮言為曼衍，以重言為真，以寓言為廣。……其書雖瑰瑋而連犿无傷也。其辭雖參差而諔詭可觀。[100]

98　莊周著，郭慶藩輯，〈天下〉，《莊子集釋》，頁 1098-1099。

99　關於《老子》偏向「住渾沌」，《莊子》走向「不住渾沌」，請參見拙文，〈道家的神話哲學之系統詮釋——意識的「起源、發展」與「回歸、圓融」〉、〈神話、《老子》、《莊子》之「同」「異」研究——朝向「當代新道家」的可能性〉，《莊子靈光的當代詮釋》。

100　莊周著，郭慶藩輯，〈天下〉，《莊子集釋》，頁 1098-1099。

　　很難想像，莊嚴的大道流行，如何可能透過「謬悠」、「荒唐」、「無端崖」的語言形式來表述？對於道家，語言不是向來就被視為具有本質缺陷嗎？《老子》認為嚴肅的語言活動都未必可以貼近常道，那麼莊周這種既不嚴肅、又不認真的荒唐之言、不莊之語，豈不離道更遠？若此，莊周為何要採取自毀前程的書寫形式？

　　〈天下〉篇對莊周的學術性格之描寫，一半落在他所領悟的「道」之風格，另一半則落在他所採取的「言」之風格。在筆者看來，這個半道、半言的綜合描述並非任意，而是別有用心。如此一來，關鍵便在於：「變化無常之道」與「謬悠不莊之語」，兩者間到底有何連結？對此，可從三言中的「卮言」得到最為核心的解答之鑰。

　　莊周將老聃的「太一神明」之道，更為積極性地領悟為「變化無常」之道。假使《老子》的道之所以不可道，主要在於「澹然獨與神明居」是一種沉默狀態，而一旦走向語言活動，便可看成是對沉默當體的破壞，因此為了守宗、主一的冥契狀態之純粹性能被保護，自然要對語言活動採取更為保守甚至抑制的態度。一旦《莊子》自覺地選擇走出沉默的精神冥契，朝向擁抱氣化流行的變化世界，那麼原本帶有更多內向意味的「澹然神明」，也就打開了「與物相遊」、「與世俗處」的世界性。這一方面使得《莊子》回到更為具體的物化世界，另一方面也更加肯定流變的氣化世界。然而面對眼前這個轉瞬即逝、變化常新的流通世界，《莊子》又要如何重新面對語言活動呢？或者說，有沒有一種可以相應於「變化常新之道」的「道言」？筆者認為莊周不僅對老聃之道給予調適上遂，亦同時將語言活動給調適上遂了。調適之道便在於，將容易落入二元僵化的語言結構給予不斷自我轉化與

換位，盡量讓語言在同一性的複製模式中，進行離心化、差異化的自我解構。以促使語言不斷地交換、延異、增生，以保障語言的活化流動。換言之，面對變化無常之道，也只有採取變化無常之語言活動和書寫策略，如此才有可能呈現〈齊物論〉「道行之而成，物謂之而然」的「道＝謂」相應狀態。既然變化無常之道總在「行」的運動歷程來展現自身，那麼我們在描述（謂之）變化中的事物時，是否也應該採取與時俱變的話語形式？對於《莊子》而言，這種與時俱變的流動式話語，便是所謂「卮言」。

〈天下〉篇曾說「以卮言為曼衍」，成玄英疏解：「卮言，不定也。」[101] 而「曼衍」大抵是指：「散漫流行，不拘常規。」[102] 可見，卮言屬於流動不定、隨物應變、變化常新、逸出常規的語言遊戲。而〈寓言〉篇進一步說：「卮言日出，和以天倪，因以曼衍，所以窮年。……非卮言日出，和以天倪，孰得其久！萬物皆種也，以不同形相禪，始卒若環，莫得其倫，是謂天均。天均者天倪也。」[103]「日出」，成玄英疏：「猶日新也。」[104] 這可解釋成不斷日新又新地運用卮言，也可解釋為卮言可以帶來日新又新的效果，二義皆可且相通。至於「天倪」，成疏則曰：「自然之分也。」然何謂自然之分？成疏則語焉不詳。其實「天倪」便是指變化無常的力量運動與和諧韻律。唯有當人的話語活動隨物應變而曼衍流行，才可應合萬物變化無常的自然韻律，如此真人也才可能在語言遊戲之中逍遙一生，也使得語言活力可保歷久彌新。卮言這種循環無端、變化不定的變形語言、語言變形，其實就是

101　莊周著，郭慶藩輯，〈天下〉，《莊子集釋》，頁 1100。

102　莊周著，陳鼓應註譯，《莊子今註今譯》，頁 904。

103　莊周著，郭慶藩輯，〈寓言〉，《莊子集釋》，頁 949-950。

104　莊周著，郭慶藩輯，《莊子集釋》，頁 497。

為了呼應萬物之間，總在「物化」交換中不斷地循環流轉（以不同形相禪，始卒若環）。其間沒有固定不變的關係（莫得其倫），這種循環往復而進行著「差異重複」、「重複差異」的和諧運動歷程，便是所謂天均或天倪。總而言之，卮言完全是為了呼應天均或天倪之道，兩者可以連結起來，關鍵都在流變。

如此一來，〈天下〉篇為何要強調莊周書寫風格在於虛遠而隨性（謬悠之說）、廣大而不著邊際（荒唐之言）、任運而不落轄域（無端崖之辭），這些看似怪誕不莊的修辭活動（說、言、辭）？原來這是自覺採取的策略。它消極上為防止觀點的私我化與轄域化，所謂「恣縱而不儻，不以觭見之也」；[105] 積極上更為促進語言活動的自我更新與持續流動，所謂「應於化而解於物也，其理不竭，其來不蛻」，[106] 因為語言（名）的一般活動，具有王弼「名以定形」的確定性與固定化作用，故「名」通常具有對物的裁減、限縮、定位等等抽象化、概念化作用。[107] 這種表象、對象化的語言活動，也同時讓原本流動不居的世界之世界化經驗，轉化為海德格所謂的客觀世界圖像。亦即原本流動的氣化世界現在被語言打撈上岸而擱淺為符號世界，如此一來，流動世界漸趨穩定化、靜態化。這種語言的客觀化作用過程，為人類創造了一幅單點透視的客觀世界圖像，然而卻也可能以失去活水源

105　莊周著，郭慶藩輯，〈天下〉，《莊子集釋》，頁 1098。

106　莊周著，郭慶藩輯，〈天下〉，《莊子集釋》，頁 1099。

107　「指義行為，是從原來沒有關係決定性的存在事物裡，決定一種關係，提出一種說明。原來的存在事物，在我們做了選擇與決定之前，是無所謂『關係』的。也可以這樣說，它們的關係是多重的：觀者從不同的角度去接觸它們，可以有多種不同的空間關係，多種不同的理解與說明。換言之，指義行為亦包括和事物接觸後所引發出來的思考行為。這種行為，基本上是對直現事物的一種否定，一種減縮，一種變異。」葉維廉，〈語言與真實世界〉，《比較詩學》，頁 88。

頭為代價，使原本身體與世界交織、物我交感互化的「深度存有世界」，逐漸被遺忘。[108] 就海德格言，世界圖像的來臨代表著對「存有開顯」的遺忘；而就《莊子》言，代表著「氣化流行」的擱淺。[109]

既不願擱淺在語言結構網羅中，卻又不得不使用語言，《莊子》在近乎悖論的兩難中，自覺地創造出語言遊戲、遊戲語言的策略。巵言策略既是對存有流變的忠實回應，也是對語言異化的治療拯救。由此重新肯定一種可以「應化解物」的語言，使得存有與語言之間可以同拍共振，而非二律背反。這種可以開顯存有的流變巵言，也就成為可以參贊流變之道的道言。換言之，變化之道本無所謂莊不莊嚴，它唯一不變的特性就在「變化無常」；同樣地，流變之言也本無所謂莊不莊語，它唯一不變的任務就在於「應化解物」。亦即差異化地打開自己，使得語言可以更新語言，讓書寫帶向更多書寫。如此才可能上達「其理不竭」、「其來不蛻」、「未之盡者」。

從巵言的流變精神來看《莊子》一書，會發現它近乎一種「氣韻生動」的開放性文本。用山水畫比擬，它處處呈現多重視角（遊觀）的遊戲性。《莊子》從來就不以單一主體（作者中心論）的單點視角做單語宣稱，反而帶有多音複調的眾聲喧譁特

108　關於「世界圖像的時代」與「存有的遺忘」，可參見海德格著，孫周興選編，《海德格爾選集》（下），頁 883-923。

109　「氣化流行」是一種主客相泯、物我相遊的流動狀態，《莊子》經常透過魚與水的意象來隱喻這種「存有開顯」悠遊之境，例如：「泉涸，魚相與處於陸，相呴以濕，相濡以沫，不如相忘於江湖。與其譽堯而非桀也，不如兩忘而化其道。」「魚相忘乎江湖，人相忘乎道術。」莊周著，郭慶藩輯，〈大宗師〉，《莊子集釋》，頁 242、272。

性。《莊子》這一流動而開放的文本，幾乎看不到莊周自傳式的同一性人格之自戀書寫（最多偶見莊周片斷式素描），亦即莊周的主體同一性在《莊子》文本中，被卮言的書寫方式給離散了。我們看到的是語言流變交織成萬花筒般的遊戲空間，而莊周身影在這眾聲喧譁的文本空間中，隨著各種寓言的故事新編、重言的搬弄借用、神話的想像虛構之書寫技藝，如偶爾隨機出現的煙火或插曲，而非主宰《莊子》這一文本的絕對意志。隨著莊周主體的解構與離散，代換出各種虛實人物的陸續登場，各種話語觀點的大鳴大放。甚至連各種動物、植物、蟲魚鳥獸，乃至髑髏、屎溺等穢物，那些長期被人類剝奪話語權的「非人」（連影子，甚至影子的影子都有話可說），都跟著一起粉墨登臺，擠下人類而成為舞臺的發話主角。《莊子》文本，不但沒有絕對自戀的作者主人公（莊周），也不只單為人類搭設舞臺，有時甚至完全成為萬物合唱的天籟嘉年華。《莊子》文本可謂是「物化」大廣場，廣場上沒有任何一種物類遭到歧視，有時反而顛倒過來，那些在人類成見眼光下的「他者」──醜者、殘者、卑賤者、俗民者──反而重新站上舞臺中心，優雅自在地唱出自身的美麗和風采。如此一來，原本社會預設的種種意識型態之成見，反而在狂歡式的文本廣場中，全都被重啟調查與翻新。原本的主角變丑角，丑角搖身為主角，一上一下之間，打開了長久以來的意識型態僵局、創造了價值重估的流變，也在各式各樣的嘲諷歡笑中釋放了抑鬱。[110] 一時之間，《莊子》這一文本空間，彷彿變成馬戲團般的歡樂劇場。

110　關於《莊子》一書所充滿的雅俗顛覆策略與價值重估，並可以和巴赫金的狂歡廣場文化相對話，請參見拙文，〈論《莊子》的雅俗顛覆與文化更新──以流動身體和流動話語為中心〉，《臺大文史哲學報》第 77 期；亦收入本書第五章。

　　《莊子》這整個文本空間，其實就是「厄言日出」的景觀與歷程。原被視為天經地義的價值系統，一旦重新換置到另一脈絡來移位思考，價值觀背後的成心成見立即浮現，意識型態的固著與僵化便頓失先驗根據地。也因為厄言流變的交換、位移作用，使得各種「有蓬之心」被疏通而重新打開，結果讓「一偏之見」的單音獨唱，轉化為「無物不然，無物不可」的天籟交響。由上看來，厄言的流變不居絕非只是純粹修辭遊戲，其內核隱含對語言／成心／知見所共構的權力與意識型態，進行不斷的治療與轉移工作。可以說，「厄言」所成就的是沒有固定中心的流動景觀，其中道體消融為氣化流行，主體消融為多音複調，文體離散成話語流動的拼貼重組，文本展現為眾聲喧譁的合唱。沒有單一中心，三百六十度圓轉的舞臺，讓萬物盡情圓舞與合唱。就在這近乎「怪誕」的文本空間中，我們看到「變化無常之道」與「應化解物之言」，具體地結合成各種狂歡戲劇，並帶來價值重估的流變更新，而這都是厄言的文學力量所帶來的「變化」效果。[111]

九、《莊子》式的人文化成：統合結構與非結構的文化更新

　　牟宗三有一種觀察先秦諸子起源的「周文疲弊」說，是就整個周代禮樂文化的封建制度之崩盤危機，來思考諸子百家的回應之道。例如，儒家是一種人文主義立場，因此在承繼周文的前提上，試圖為已然塌陷的樂禮客觀制度尋找主體性基礎，如透過道德主體（仁）來為人文建制（禮樂）重新樹立價值基礎。相對

111　關於《莊子》的文學力量與文本空間，以及可能發揮的權力批判效果，參見拙文，〈《莊子》的文學力量與文本空間——與羅蘭·巴特「文之悅／醉」相對話〉，《文與哲》第 20 期，頁 42-94。

而言，牟宗三認為道家將周文視為桎梏人性的虛文，所以周文建制既已疲弊崩解，那麼正好返歸自然情性。這種理解方式和唐君毅類似，認為道家趨向「超人文」立場，還是不能肯定人文，其「回歸自然」的主張，則和「人文化成」的儒家立場，有相當的對立性。[112]

　　一般經常以人文主義、自然主義，作為儒、道思想的標籤，並多少預設自然／人文之間的衝突矛盾，甚至二律背反。如此一來，道家似乎不具備人文意味，只是一味超離人文。這種理解道家的方式，雖不能說全無根據，但顯然過於簡化而流於表層。首先，道家對人文的批判治療，確實是它顯著的特徵，但批判治療到底是為了徹底瓦解人文？還是可以活化人文？這便是一個有待釐清的課題。首先，老、莊對此，或許亦有細微別異在，可稍做釐清。

　　《老子》第三十二章言：「始制有名，名亦既有，夫亦將知止，知止所以不殆。」王弼指出：「始制，謂樸散始為官長之時也。始制官長，不可不立名分以定尊卑，故始制有名也。」[113]「制」，廣義言，涉及人文建制的客觀規範，具體言，即《老子》當時的禮樂封建之周文建制。從《老子》看，人文莫不透過名言符號來建立管理模式、社會規範，即所謂「始制有名」，王弼所謂「始制官長」。而透過語言的名實符應之支配作用，人文社會的種種尊卑位置、價值階序，才得以井然有序地被確立。《老子》透過對周文的觀察省思，認為語言符碼化的人文建制過程，

112　牟宗三，《中國哲學十九講》，頁45-68。
113　王弼，《老子王弼注》，收入王弼等，《老子四種》（臺北：大安出版社，2008年），頁28。

同時也產生種種異化的扭曲現象。首先是生命整體性的裁剪與破裂，而「始制有名」便以「樸散」為犧牲代價。《老子》這個觀察，其實和〈天下〉篇有契同之處：「天下多得一察焉以自好……道術將為天下裂。」[114] 原本「天地之純」、「古人大體」的渾沌整全之「一」，從此落入諸子偏執的「一端之見」，產生「儒墨是非」的百家衝突。由此看來，老、莊在面對人類文明建制的符碼化過程，一開始就先特別敏感於語言可能帶來的遮蔽和暴力。而且從《老子》第二十八章來看：「樸散則為器，聖人用之則為官長。故大制不割。」《老子》已洞悉「名器」的使用，其實也是一種權力支配（官長）作用。所以不管是「不割」或者「知止」，都隱含《老子》對語言權力化的過度濫用之治療。

　　《老子》對語言符號與權力支配的共構之洞察，是有所根據的。只要看看中國從最早擁有文字的殷商時代開始，符號資本一開始就只能掌控在少數的統治者（巫）手中，換言之，只有巫聖一類的官長才能擁有語言魔力。正如人類學家張光直指出的：

> 因此，要辨認殷商和周代早期占有歷史知識的階級或階層，就要弄清當時誰掌握了文字；這些階層產生的歷史，也就是文字誕生的歷史。[115]

> 甲骨卜辭和青銅銘文證明：商代確有專職者能運用文字對歷史和人間事務進行歸納，並握有為統治者的利益而作指導的權力。[116]

114　莊周著，郭慶藩輯，〈天下〉，《莊子集釋》，頁 1069。

115　參見張光直，〈文字──攫取權力的手段〉，《美術、神話與祭祀》（臺北：稻香出版社，1995 年），頁 91。

116　參見張光直，〈文字──攫取權力的手段〉，《美術、神話與祭祀》，頁 94。

　　從早期歷史來看，語言和權力的官長階級總相伴而生。甚至可說，擁有語言便擁有權力，包括支配宗教祭祀、國家體制、社會階級與價值規定的權力分配。因此，《老子》第二章看似純粹對語言二元結構的剖析，其實也和周文建制的符號支配系統的權力批判相關。對《老子》言，周文最為得意的「禮制」系統，反而被視為亂源：「夫禮者，忠信之薄而亂之首。」因為從上對下、由外而內的分類與規範，一者總是為權力階級而服務，二者總是將生命之流強制性地裁縮在僵硬的框架中，而造成破裂與矛盾。而《老子》對人文建制的批判，一開始就深入到對語言的權力批判，並揭露兩者間的微妙關係。葉維廉底下見解深得其旨：

> 它們的撰寫原是針對商周以來的名制而發。名，名分的應用，是一種語言的析解活動，為了鞏固權力而圈定範圍，為了統治的方便而把從屬關係的階段、身分加以理性化……道家覺得，這些特權的分封，尊卑關係的訂定，不同禮教的設立，完全是為了某種政治利益而發明，是一種語言的建構，至於每個人生下來作為自然體存在的本能本樣，都受到偏限與歪曲。老子從名的框限看出語言的危險性，語言的體制與政治的體制是互為表裡的。道家對語言的質疑，對語言與權力關係的重新考慮，完全是出自這種人性危機的警覺。所以說，道家精神的投向，既是美學的也是政治的。[117]

　　據王國維、徐復觀研究，周代的「禮」已漸從商代巫儀的「豐」（事鬼神），調整為禮樂文化的封建制度，並和統治階級的身分象徵、倫序定位密切相關。從「豐」到「禮」的轉變，雖非全然否定周禮仍挾纏古宗教痕跡，但更強調「禮儀三百，威儀

117　葉維廉，〈道家美學、中國詩與美國現代詩〉，《道家美學與西方文化》，頁 1。

三千」的身分規範與儀態象徵，與商代的巫文化相較起來，呈現出周「文」更理性化、階序化的特徵。這尤其從禮文名稱的繁雜細瑣，可見一斑，而愈複雜的人文建制，也意味需要更多「名實相符」的語言規範。《禮記》曾以「先事鬼神」與「尊禮尚施」，來區分商／周的文明特徵，根據孔穎達對「尊禮」的疏解：「尊禮尚施者，謂尊重禮之往來之法，貴尚施惠之事也。……唯用爵列尊卑，或賞或罰也。」[118] 可見周人「禮尚往來」與身分象徵的社群交換活動有關，更和尊卑賞罰的權力支配有關。周禮既是身分認同的貴族標幟，也是管理統御的政治支配原則，這尤其表現在周人「尊尊」、「親親」這兩組不同關係的政治、倫序模型中。[119] 然而對《老子》言，這種「始制有名」的文明建制，完全立基在語言分類與規範權柄上，誰擁有命名權力，通常也意味著擁有支配權。

　　這也是為何《老子》要指出，「名」和「利」的關聯性，「爭名」和「奪利」具有孿生關係。因此，一般人歌頌與追求的聖賢美德、仁義美名、難得美貨等等，在《老子》看來，都可能因為過分「名牌化」的標榜，反而製造了鬥爭競逐的壞土壤，掉入爭名奪利的惡邏輯。如《老子》第十八章言：「大道廢，有仁義。智慧出，有大偽。六親不和，有孝慈。國家昏亂，有忠臣。」而《老子》開出的藥方，不但不再歌頌仁義孝慈等美名，反而要裁撤過分標榜名牌所帶出的刻意誇大之高行。因此《老子》第三章、第十九章要反其道而行：「不尚賢，使民不爭；不貴難得之貨，使民不為盜；不見可欲，使民心不亂。」「絕聖去智，民利百

118　戴聖編，鄭玄注，孔穎達疏，〈表記〉，《禮記》，《十三經注疏》，頁916。

119　關於親親、尊尊與周代禮制的國族宗法關係，參見牟宗三精要的說明，《中國哲學十九講》，頁57-60。

倍；絕仁棄義，民復孝慈；絕巧棄利，盜賊無有。」《老子》這種減損名言符號過度濫用的療方，旨不在取消價值而歸入虛無，否則也不會強調民利百倍、民復孝慈、盜賊無有等終極功效。[120]《老子》批判周文禮制的符號濫用與擴張，主張「名亦既有，夫亦將知止，知止所以不殆」、「聖人處无為之事，行不言之教」，其中的「知止」、「無為」、「不言」，不必將其理解為全然否定或取消名言。更貼切的理解方式或許是指：一方面要批判並治療符號被過度濫用，另一方面則要有節制而恰當其分地使用名言。正如《老子》第二十九章言：「是以聖人去甚，去奢，去泰。」甚、奢、泰，三者都有過度無節的泛濫意味，而三者對比於「止」，若放在《老子》回應名言的脈絡來解讀，前三者便意指過分消費並濫用語言。因此所謂「去」便是「去除」過度濫用之「病」，以朝向恰當其分地「知止」之節用模式。換言之，去除的還是語言被不當使用的榮華豪奢之病，而不是去除語言本身。

　　對於「名」與「利」的交爭結構，《莊子》的批判與療癒態度，也有類似《老子》處。例如〈人間世〉言：「德蕩乎名，知出乎爭。名也者，相札也；知也者，爭之器也。二者凶器，非所以盡行也。」[121] 原本出於自然的渾樸淳良德行，一旦被過度標榜的賢名給標籤化，那麼德行也就可能不那麼平實純真了(已蕩)。而擁有賢／不肖、善／不善等等二元知見，也很容易讓人競逐賢善等名牌人生。如此一來，看似美善之名所鼓勵的美善之行，

120　這也是為何牟宗三要強調道家並不在「實有層」方面，一味否定仁義聖智等德性德行，而是更有策略性地在思考如何在「作用層」上面，將德性德行更自然、更好地流露出來。參見牟宗三，《中國哲學十九講》，頁 127-154。對牟先生這個「作用的保存」觀點，雖然仍有討論的空間，但至少反映出道家並非一味而簡單化地否定人文價值基礎。

121　莊周著，郭慶藩輯，〈人間世〉，《莊子集釋》，頁 135。

也就成為人人相互傾軋、鬥爭的名器利器。《莊子》也看到了這種名／利交爭的危險性（凶器），並勸告人們不要誤信它們的萬能，以為它們可以無往不利。

〈齊物論〉一針見血地指出，人通常都難逃以片面知見為師，所謂：「夫隨其成心而師之，誰獨且无師乎！」[122] 片面成見來自單向而又固執的「自我觀之」。而人何以陷泥定點視域與片面看見，關鍵處還是在於人心知見已被語言符號的結構網絡所束縛，而人一出生一有名字，便已在社會符碼中，甚至還未出生便有符碼在預定人生。因此〈齊物論〉花了極多篇幅在揭露「儒墨是非」之價值競爭，和「彼是方生」的語言結構之共生關係。然而《莊子》暴露成心封閉／是非競爭／名言結構，三者間的共生性，並由此批判語言符碼與意識型態的共構，並非要極端走向取消語言。〈齊物論〉的「照之以天」、「得其環中」，或是指超越固定端點的全景觀照狀態，不然就是指超越對立邊見的中心融合狀態。而這種面對語言偏見的超越，並非意指超越到語言外部的空靈烏托邦，反而是不斷溝通兩邊、促成兩邊交換，以便融合出差異的第三種可能性，這才是〈齊物論〉的「兩行」精神。一旦讓語言二元結構（兩）的對立性，能相互交換與移動（行），那麼也就意味語言結構所承載的價值階級將被重估，並走向差異化的價值流動。我們不僅看到〈齊物論〉客觀地分析並打開「兩行」的語言流動觀，《莊子》這一文本到處都在實踐「價值流動」的「兩行」策略。尤其對周文建制長期來的貴族價值系統，進行「上／下」顛倒、「雅／俗」位移、「美／醜」重扮、「死／生」重估等等。一方面進行價值成見的批判與治療，另一方面產生價

122　莊周著，郭慶藩輯，〈齊物論〉，《莊子集釋》，頁 56。

值重估與活化。所以在《莊子》書中，原本被低估、忽略、排斥、厭惡的種種邊緣事物，如容貌醜惡者（哀駘它、支離疏）、俗民賤業（庖丁解牛、痀僂承蜩、輪扁斲輪）、天生畸零人（闉跂支離無脤、甕㼜大癭）、受刑傷殘者（王駘、申徒嘉、叔山無趾）、低賤汙穢不潔的事物（如屎尿、髑髏）、不祥的動物（牛之白顙、豚之亢鼻、有痔之人）、無用之散木大瓠……。這些原本在名言符號標籤、社會價值網絡中，相對處於邊緣卑下的人事物，幾乎都在《莊子》這一文本空間中，被重新加冕為主角而可為自己發言。原本身處社會價值中心的人事物，反而被脫冕為配角、甚至丑角。如此看來，語言符號在《莊子》文本中並未被取消，反而一再被「兩行」的話語策略所實踐，從而敞開了創意思維和價值更新。

　　《莊子》這種在語言之中不斷活化語言的「卮言」流動與「兩行」策略，不但沒有取消語言，反而促進語言與價值的高速流通現象。然而《莊子》這種回應語言的積極態度，和上述《老子》的「知止」態度，似乎仍有精微而重要差異值得注意。亦即《老子》雖不必要被理解為全然反對語言、取消語言，但是道／言之間的緊張性，卻一直存在《老子》的主張中。所以《老子》對語言運用有著更為保守不安的危機心態，因此未像《莊子》那樣積極發展「道言」，亦即與「變化之道」同步氣化流行，而能「應物解化」的卮言。老、莊這兩種面對語言的一闔（登語言之堂卻戒慎恐懼）、一開（入語言之室而遊刃有餘）態度，一方面正好相映於〈天下〉篇對老聃和莊周兩種體道的細微差異，即老聃「澹然獨與神明居」（傾向精神安定），莊周「應於化而解於物」（傾向變化無常），另一方面也可能開顯出兩種不同回應人文的態度。簡言之，《老子》在批判治療人文之後具有更多「原始

素樸」的意味，故結晶在「小國寡民」的簡樸生活上。而《莊子》在批判治療人文之後，大步走向「文化更新」的語言觀，因此可以更積極地迎向另類的「人文化成」之道。

因為人文的特徵在於語言符號的運用，一旦取消語言也就意味著取消了人文。而人文的危機也在使用符碼的過程，容易將自己和世界同時束縛在語言結構所編織的圖像中，反而成為語言羅網的囚徒。在這一點上，老、莊同時都認為透過語言所展開的人文世界，本身就是一種即開顯即遮蔽的命運結構，而一開始面對周文疲弊的歷史機緣，老、莊都特別從遮蔽面去批判語言暴力與文明陰影，但也正是在這種批判語言、治療人文的共法立場上，老、莊卻又各自走向了它們差異化的發展。而在後出轉精的《莊子》身上，我們看到它在《老子》「知止」的保守態度上，調適上遂地昇華出更積極、更無畏的回應語言之能力。正是在這個差異點上，《莊子》比《老子》更有機會去曲成人文，或者在不斷批判治療中走向文化更新。換言之，從《莊子》氣化流行的世界觀來看，它也可以強調「人文『化』成」，只是《莊子》脈絡下的「人文化成」之「化」，重點不像《荀子》那樣強制透過禮文的規範來「馴化」人的自然生命力，而在於生命不斷地流動與更新之「變化」。對於《莊子》，浩瀚如「天地」，渺小如「個人」，廣大如「人文」，其生機活力都一樣在於不斷地氣化流行、變動不居。正如《莊子》筆下孔子的「行年六十而六十化」一樣，一種剛健的人文發展，就像一個剛健的個體生命，只有在不斷地變化、創造與更新的歷程中，人文才不致處處擱淺在意識型態的牢籠羅網，此即《莊子》式的人文「化」成。它要積極肯定的是文化要不斷自覺地變化更新，便要有創造性的日化、日新、日成的卮言流動和價值交換。這種不斷跨域的語言融合與文化交流，才

能打破中心主義的固著與僵化，讓人安居在新鮮活力、豐富多元的跨文化之中。而這樣不斷在差異化之中豐富彼此的文明之道，[123] 才能回應氣化流行的宇宙之道，成為可以開顯道的文明。既然《莊子》肯定有可以開顯道的道言，某個意味說，其實也就肯定了可以有開顯道的人文。只是這個開顯道的人文化成，可能有它不同於儒家的視域和理路。

可以用〈田子方〉一則與運動變化密切相關的寓言，來呼應上述《莊子》式的「人文化成」之洞見。因為對於變化日新的觀點，《莊子》不只限於氣化的世界觀之描述，它其實共通於一切萬有生命（包括世界、個我、文化、語言）的創造實相。而〈田子方〉這一則與變化生成密切相關的寓言，可以說明流動變化將帶來差異，而加入差異又促成循環更新：

> 顏淵問於仲尼曰：「夫子步亦步，夫子趨亦趨，夫子馳亦馳；夫子奔逸絕塵，而回瞠若乎後矣！」
> 夫子曰：「回，何謂邪？」
> 曰：「夫子步，亦步也；夫子言，亦言也；夫子趨，亦趨也；夫子辯，亦辯也；夫子馳，亦馳也；夫子言道，回亦言道也；及奔逸絕塵而回瞠若乎後者，夫子不言而信，不比而周，无器而民滔乎前，而不知所以然而已矣。」
> 仲尼曰：「惡！不可察與！夫哀莫大於心死，而人死亦次

123　從《莊子》的流變世界觀看來，任何文化皆必然在時間之流中，持續性地延異下去，也自然要與異文化產生遭遇，文化或許根本沒有絕對的本質或實體性，所謂中體與西體等說法，只是反映人類某一歷史階段的國族主義之危機焦慮，根本沒有絕對不可變動的文化實體，如東／西文化一旦開始交流，就必然進入相互差異化的生長歷程，而跨文化的生長便將隨著語言的流動而流動，而語言的互文流動愈是豐富而活潑，文化的更新就可能愈有動力。總之，文化差異應該只能突顯風格特色，而非妨礙文化流動。

之。日出東方而入於西極，萬物莫不比方，有目有趾者，待是而後成功，……吾一受其成形，而不化以待盡，效物而動，日夜无隙，而不知其所終；薰然其成形，知命不能規乎其前，丘以是日徂。吾終身與汝交一臂而失之，可不哀與！女殆著乎吾所以著也。彼已盡矣，而女求之以為有，是求馬於唐肆也。吾服女也甚忘，女服吾也亦甚忘。雖然，女奚患焉！雖忘乎故吾，吾有不忘者存。」[124]

　　文中顏回的困惑、挫折，在於為何處處跟隨孔夫子的人生腳步走，卻始終不免「失之交臂」？從實踐的軌跡形相來看，顏回算是好學不已，如「夫子步，亦步也；夫子言，亦言也；夫子趨，亦趨也；夫子辯，亦辯也；夫子馳，亦馳也；夫子言道，回亦言道也」，模仿者顏回猶恐不及地緊緊跟隨著老師的典範。然而顏回終究不免大嘆：「夫子奔逸絕塵，而回瞠若乎後矣！」而《莊子》假借孔夫子之口，說出癥結正在「失之交臂」。

　　這個寓言，類似〈大宗師〉「夜半有力者負之而走」那個大力士隱喻。顏回緊守老師的行住坐臥，一一忠誠地模仿這些事項，原以為自己已能緊緊看守、模仿、緊隨老師的一切了，心中暗以為「謂之固矣」。沒想到，孔子好像通曉大力士（變化力量之隱喻）的祕法，轉眼間「奔逸絕塵」而遠如天邊一朵雲，留下顏回在原地而大嘆「瞠乎其後」。在筆者看來，《莊子》假扮的孔子，正深諳於力士的變化之道，因此能忠於日新又新的每一當下之再創造，使得跟隨故跡的模仿者，永遠與他「失之交臂」。換言之，這是一個有關創造與更新的寓言故事，而關鍵正在坦然接受流變與差異，並從中獲取創造的祕密。正如郭注、成疏所指出：

124　莊周著，郭慶藩輯，〈田子方〉，《莊子集釋》，頁 706-709。

> 人之生，若馬之過肆耳，恆無駐須臾，新故之相續，不舍
> 晝夜也……吾所以見者，日新也，故已盡矣，汝安得有
> 之！
> 孔丘顏子，賢聖二人，共修一身，各如交臂；而變化日
> 新，遷流迅速，牢執固守，不能暫停，把臂之間，欻然
> 已謝，新既行矣，故以失焉。若以失故而悲，此深可哀
> 也。[125]

「奔逸絕塵」可用來形容孔子「恆無須臾」、「變化日新」的
創造力。而「失之交臂」則點出顏回掉入「牢執固守」、「失故而
悲」的困乏。可見，孔子創造力之祕密在於持續地創造，從不因
先前的創造而停住其中，因為創造力的當下實現之後，在時間的
流動上已成為前「故」。然而時間從不停止其流動，因此生命的
實踐總還要在當下須臾之流，繼續其「新」創。換言之，「故」
與「新」之間，永遠是有「差異」的，我們無法將已故的同一性
照搬到未來，因為它背離時間的流變祕密，更錯失日新的創造
之機。

而顏回的困惑便在於，為何他窮盡一切努力，幾乎將觸及老
師身影之際，突然間才驚異夫子竟又「奔逸絕塵」而遠去，令他
永遠「失之交臂」。「失之交臂」絕不只是客觀距離的問題，而在
於是否掌握與錯失「創造力」這個大祕密的「差異」問題。孔子
和顏回的差異在於，孔子深曉「故」、「新」之間永遠都必須帶出
「差異」。也是這個「差異」可以讓生命持續變形與更新，否則
將停留在前刻同一性自我的固著不化。所以「奔逸絕塵」正暗示
孔夫子已開啟源源不絕、持續創造的內勢動能，因此他總能在看
似休歇的片刻後，持續奮起而再創運動景觀。而「失之交臂」則

125　莊周著，郭慶藩輯，〈田子方〉，《莊子集釋》，頁710。

暗示顏回的困境，因為他的行為模仿只是再現孔子已故陳跡，並未開啟自身的差異化動能。亦即他還未接收到時間流變的祕密，那條時時刻刻、日新更替的黃金定律、差異原理。

所以我們看到《莊子》假仲尼之口，苦口婆心慰藉、開導顏回的重點，正在於創造的「永未完結性」。它既指向世界氣化流行的無窮無盡，也指向主體生命的創造不息，亦可以指向人文生命的歷久彌新。正如「日出東方而入於西極，萬物莫不比方」，一切存活於天地間的可見性萬物（有目有趾者），都應該效法太陽不斷運動的態勢。因為太陽不斷移動正也彰顯了時間的差異祕密，而剛健不息的太陽運動（日日反覆出東入西的運行不息）正在時間流變的差異中，持續於每一當下而燃燒其創造的生命熱能。可見《莊子》透過孔子之口所說出的「效物而動，日夜無隙，而不知其所終……丘以是日徂」，已明白指出重點不在於像夸父追日般地競逐日影（就像人文不只是對過去既有的制度與形式的承續），而必須在自身中找到自我燃燒的太陽（人文必須保有不斷自我更新、變化形式的內在創造力）。正如郭象和成玄英注疏所言：「不係於前，與變俱往，故日徂。」「徂，往也。達於時變，不能預作規模，體於日新，是故與化俱往也。」[126]

太陽的運動實相絕不在於「出東入西」的運動軌跡而已，更在日新又新的與時俱化。也就是在「日夜無隙」的時間流動中，永不停止、永未完成地朝向「效物而動」。太陽精神的隱喻在於太陽不斷能在時間中差異化地超越自己，而這個差異化的超越才是孔子想要啟迪顏回的日徂精神，也是開啟人文的未來性之所在。通達於「以是日徂」的孔丘，其實踐絕不只在於「步、言、

126　莊周著，郭慶藩輯，〈田子方〉，《莊子集釋》，頁 709。

趨、辯、馳、言」等顯教事相，更在於日夜無隙的差異化動能、與時俱化的創造力。所以孔夫子精準地指出顏回盲點在於：「女殆著乎吾所以著也。彼已盡矣，而女求之以為有，是求馬於唐肆也。」[127]

顯然在通曉時間流變與差異祕密的孔子看來，顏回的問題就在於困死固著（殆著）在已往時間中逝去的孔子故跡（吾所以著），不了解已往的創造已完成在已往之當下時間與過往形式（已盡矣）。這些光榮歷史是無法被同一性地複製於未來的，如果一直想要將美麗的過往帶到眼前的當下或者即將的未來，孔子警告顏回說：這就好像有人總是在空曠的市場（唐肆）尋找馬匹一般，荒謬悲哀。這其實是在暗諷顏回，因為這和孔子「奔逸絕塵」之後，顏回再也找不到孔子身影的挫折是一樣的道理。

孔子的實踐是個「永未完成」、「永不終結」的運動，因此他總是能持續「奔逸絕塵」下去。而顏回停留在孔夫子以往的歷史行為中，尋找他下一步仿效的動作，如同一個人在無人的市集裡找尋馬似的，荒涼無助。顏回未能真正洞悉太陽或者奔馬的時間與運動之祕密，因此總是找不到老師的身影，總與老師「失之交臂」，而孔夫子總是走向屬於自己「永未完成」的未來性與差異性。也正因為顏回還緬懷過去的歷史時間和同一自我，而孔子走向未來時間和差異流變，因此兩者的創造性永遠存在本質差異，所以並未能在同時性的「當下」相知相遇，故顏回有「失之交臂」的疏離感。

最後，孔夫子安慰顏回說：「我想學你的陳跡是不可能的，

127　莊周著，郭慶藩輯，〈田子方〉，《莊子集釋》，頁 709。

你要學我的陳跡也是不可能的，即使這樣，你也不必憂患，雖然過去的陳跡已經過去了，但那沒有過去的還存在著哩！」[128]換言之，顏回若要與孔子旦暮相遇，只有拋下過往的歷史陳跡與故我，奔赴他自身的未來可能性。那麼才能與孔子心心相印、莫逆一笑地重逢於每一當下的創造性，並且永遠向「永未完結」的差異未來，保持敞開的新鮮心境。上述這個寓言，可以重新作為《莊子》式的「人文化成」之隱喻解讀。一言以蔽之，關鍵必須勇於擁抱「變化」之「化」，也唯有如此，「人文」才能在既有的故跡之上，治療可能的異化，打開差異的新機，迎向那「永未完成性」的未來之「化成」。

十、結論：儒、道人文觀的差異兩行

「體」在《莊子》，核心義須以「道」來收攝，如以本體論層面說，則謂「道體」，如以工夫論層面說，則謂「體道」。然《莊子》之道乃「無逃乎物」，「道體」實為氣化流行的運動歷程，故必開顯為物化流行之自然世界。「道」實為「道行」之隱喻，不必給予永恆變化的力量運動一超驗的「實體化」之奠基，以為「行」之外，另有一能「使之行」的「本體」先在。換言之，「道」即為「道行」，而道行即為「氣化」，故本文反對將道／氣分裂為本體／現象的二元。本文從「氣」、「化」、「行」等角度來還原「道」的運動歷程性，解構了形上學（meta-physics）

---

128 「吾服女也甚忘，女服吾也亦甚忘。雖然，女奚患焉！雖忘乎故吾，吾有不忘者存。」這段話，其重點在於成玄英所謂的：「夫變化之道，無時暫停，雖失故吾而新吾尚在，斯有不忘者存也，故未始非吾，汝何患也！」莊周著，郭慶藩輯，〈田子方〉，《莊子集釋》，頁 711。另外這段話的白譯，參見黃錦鋐，《新譯莊子讀本》（臺北：三民書局，2008 年），頁 287。

模式的「道體」說，將「體」還原回氣化之隱喻和虛說。然而這並非取消了宇宙生化的活力，而是反對競逐氣化之上的本源實體。這種對「道體」的解構讀法，連帶地影響並決定《莊子》對「主體」、「身體」的看法，本文亦由此說明《莊子》氣化世界觀下的另類主體觀和身體觀。其次，亦將變化之道延伸至《莊子》如何回應人文化成，關鍵便在於語言，亦即《莊子》對文化符碼的批判治療與創造活化上。

「文」從《莊子》的思想看來，首先可指氣化流行之賦形運動歷程，即「氣化」具體為「物化」之可見性形式風格，因此道行便又展現為千差萬別的「物化」之「文」。「文」（萬物之風姿）首先具有存有論的意蘊（即道之顯現）。而這樣意義的「文」，其實便是自然（物自身）世界的風格物，屬於「道之文」（可類比於海德格所謂「存有必開顯為存有物的存有」）。這種原初性的「文」，《老子》透過「道法自然」來呈現，而《莊子》則以「天籟」、「物化」來呈現。其次，「文」可指涉和「人」有關的名言、文字、書寫活動，以至書寫活動所匯集的「文本」，最後可廣指人類語言符碼所積累和延伸而成的「文化」。本文主張《莊子》之道，乃為一具體之道，必呈現為物化之自然世界，而人存活在自然世界中，又必因人是使用符號的動物，擁有語言存有的基本特質，如此遂使自然世界同時轉化為人文意義的自然。這種人文意義的自然，到底是「以人害天」的異化？還是「天人相參」的綜合？這便觸及儒道之間、自然與人文之間，其關係該如何對話的古老課題。本文認為將《莊子》放在自然／人文二律背反立場，視其為「蔽於天而不知人」（如《荀子》所批評），這是簡化而片面的看法。因為不管將之視為反人文或超人文，都弱化了《莊子》的複雜性與創造性思維。然《莊

子》的自然若亦不能不是某種人文意義的自然，那麼它到底和儒家的人文主義有何差異？由於《莊子》秉持氣化流行的世界觀，並由體道經驗而展開巵言的語言遊戲，這種巵言觀建立在對語言的即開顯即遮蔽的雙向觀照上。因此一方面批判語言容易偏執化為意識型態的遮蔽面，同時藉著批判來重新活化語言之解蔽妙用，使得人的語言交換活動能同步於道之流變運動。這巵言語言觀便隱含《莊子》式的文化觀，亦即人類文化的活力和生長，必須建立在「人文化成」之「化」的「永未完成性」、「永續開放性」。換言之，本文亦藉由「文」所關涉的語言、書寫、文本、文化等相關討論，試圖探討不全同於儒家的《莊子》式另類人文化成。

　　歷來常以「自然主義」稱呼道家的立場或主張，且因「自然」／「人文」對舉，以致向來被標籤為自然主義的道家，想當然爾被視為「反對」人文，並趨近於回歸「原始」與「隱逸」，好像神話初民般與鳥獸同群，或者中國文人的隱逸山林。這種理解，雖非全無根據，如老、莊對文明進程、道德、語言總不乏批判力道，又對小國寡民、渾沌素樸歌頌有加。從此一抑一揚現象來看，老莊似乎簡單明瞭走向去「彼」（人文）取「此」（自然）的單向退返之道。然而將自然／人文割裂為二，以徹底反對人文方能復歸自然的二元論思維模式，這並非善解道家之自然，尤其不能善解《莊子》「入遊其樊而無感其名」、[129]「以與世俗處」的遊乎「人間世」立場。唐君毅曾以「超人文」理解《莊子》，雖不視《莊子》為「反人文」，但對比於孔子重禮樂之本、孟子重禮樂之原、荀子重禮樂制度之效而言，《莊子》看

129　莊周著，郭慶藩輯，〈人間世〉，《莊子集釋》，頁148。

似「以天為宗」的主張，仍要被歸為「尚自然而薄人文的超人
文思想」。筆者認為，唐先生此說，只抽取《莊子》的單一向度
（只偏取「以天為宗」），並未全幅把握《莊子》面對人文的雙向
態度（莊周實乃以自身方式統合了天人，所謂：「知天之所為，
知人之所為者，至矣……庸詎知吾所謂天之非人乎？所謂人之
非天乎？」[130]）又因為對雙向圓通立場把握不夠周全，造成對《莊
子》「（菲）薄」人文的深刻意義不夠同情理解。遂不能由此「薄
（文化批判）」通向彼「厚（文化更新）」之生機。本文試圖說
明，《莊子》對人文的「（菲）薄」不在單純反對人文，以退回原
始或超入神祕，而在於批判治療以走向創造更新。而《莊子》式
的人文「化」成，此「化」乃建立在批判治療而通向變化再生。
唯有對人文基礎——語言結構——所派生的權力支配和意識型態
加以揭露，才可能從話語暴力與價值神話的批判中，一再走向活
化語言、顛覆權力的文明永續生長之路。

　　本章企圖講明，《莊子》對人文的菲薄絕非全盤反對人文，
而是對人文陰影與暴力的戒慎恐懼。由於深解人文與語言的共
生關係，深解語言符號的二元結構性，為使人文所設定的價值
規範不致僵化為等級暴力，為使人在人文世界活出自在、真情而
不斷保有創造活力，乃不得不走向一條「即破壞即創造」的更新
之路。總之，《莊子》對人文的批判集中在語言治療，但批判語
言符碼所導致的價值神話，並未使《莊子》走向否棄語言的純
粹神祕主義，或退回反智論的原始主義。《莊子》的終極立場，
在於語言的批判治療中永續地活化語言，而活化語言之路將使
《莊子》以另一種創意方式活化了人文。由此可將《莊子》視為

130　莊周著，郭慶藩輯，〈大宗師〉，《莊子集釋》，頁 224-225。

以另類於儒家的方式參贊了人文。本文認為必須同時把握《莊子》對人文的批判治療與永續活化的兩面圓通之循環，才能善解《莊子》人文「化」成之巧思。《莊子》顯然認為「人文」基礎的「語言結構」必須不斷被打開，批判治療正是為了重新敞開已然僵化的「結構」。只有「結構」被「反結構」的破壞力量給重新打開和調整，「結構」的秩序和穩定才能繼續差異化地生長下去。可見《莊子》對人文的立場並非單向地反對結構而擁抱非結構，而是認識到人文本身就是或者必須是結構與反結構的辯證生長，才能持續不斷地生生不息下去。[131] 用《莊子》「化」的概念說，天道（道體）物化不已，人文之道也必須法天地、法自然之道，天地自然實乃氣化流行不已，故人文亦必須在連續性和穩定性之間不斷加入「變化」、「革新」之活力。如此一來，「人文」才能在「活化」、「變化」中，對抗腐敗而永續生長。[132] 筆者認為

131　所謂「反結構」也就是「差異」的來源。然本文不只主張面對外部「他者」時才能產生差異，應將差異視為內元本有的動力，如此一來，同一性的結構與差異性的非結構之共在辯證，方能打開生生不息的空隙與自我活化。本文所謂《莊子》的文化更新論，及其結構與非結構之辯證模型，較詳細的討論，可參見拙文，〈論《莊子》的雅俗顛覆與文化更新——以流動身體和流動話語為中心〉，《臺大文史哲學報》第 77 期。另外，將「差異」收攝為「內元」來討論，受到法國學者米龍（Alain Milon）的啟發，參見氏著，〈論文化交織〉（la souillure du métissage），文與體：跨領域對談學術研習營（臺南：國科會人文處與臺南藝術大學合辦，2012 年 6 月 25、26 日）。

132　這樣的觀點和宋灝透過雲門《行草》所要傳達的「即自然即人文」的活動文化觀相似：「從無相湧出來之『自然』，在這個舞臺表演中便歸屬於文化形象的範圍以內。這樣看來，『文化』所指的，並不是人所造成的形象體系。如同生命一般，這樣的『文化』是有機的：它是通過連續不斷的生長歷程，由文化本身的核心所生產的勢態。易言之，不管群舞也好，獨舞也好，都不等於是一臺發功的表演機械。此舞所表現的，是如同植物自然成長一般的文化活躍生理本身，將『文化』無窮無盡改換形態的成長動態呈現出來。」宋灝，〈當代文化與實踐——以雲門舞集為例〉，《思想》第 9 期「中國哲學——危機與出路」，頁 9-10。

　　《莊子》這種人文「化」成態度，應視為儒家偏向建構結構的人文主義，不可或缺的對照與彌補。也唯有儒家同情理解《莊子》這種遊乎結構與反結構之間的辯證立場，或許才能反思儒家式的「人文化成」之特點與盲點。如此一來，儒、道兩者的人文化成觀之差異對話，或可視為當今時代重新開啟的儒道兩行。

（本文發表於《文與哲》第 22 期，2013 年 6 月；
後經大幅增補改寫）

參考書目

一、原始文獻

〔春秋〕左丘明著,〔晉〕杜預注,〔唐〕孔穎達疏,《左傳》,《十三經注疏》,臺北:藝文印書館,1955 年。

〔春秋〕左丘明著,〔晉〕杜預注,〔唐〕孔穎達疏,《春秋左傳正義》,《十三經注疏》,臺北:藝文印書館,1982 年。

〔戰國〕文子著,王利器,《文子疏義》,北京:中華書局,2000 年。

〔戰國〕列子著,楊伯峻,《列子集釋》,臺北:華正書局,1987 年。

〔戰國〕莊周著,陳鼓應註譯,《莊子今註今譯》,臺北:臺灣商務印書館,1998 年。

───,〔清〕郭慶藩輯,《莊子集釋》,臺北:華正書局,1985 年。

───,王叔岷,《莊子校詮》,北京:中華書局,2007 年。

〔戰國〕墨翟著,〔清〕孫詒讓,《墨子閒詁》,北京:中華書局,2001年。

〔漢〕司馬遷著,韓兆琦編著,《史記箋證》,江西:江西人民出版社,2004 年。

〔漢〕董仲舒著,〔清〕蘇輿義證,鍾哲點校,《春秋繁露義證》,北京:中華書局,1992 年。

〔漢〕戴聖編,〔漢〕鄭玄注,〔唐〕孔穎達疏,《禮記》,《十三經注疏》,臺北:藝文印書館,1982 年。

〔三國魏〕王弼著,樓宇烈校釋,《王弼集校釋》,臺北:華正書局,1992 年。

王弼等，《老子四種》，臺北：大安出版社，1999 年。

〔三國吳〕韋昭注，上海師範大學古籍整理組校點，《國語》，臺北：
　　里仁書局，1981 年。

〔晉〕陶潛著，楊勇校箋，《陶淵明集校箋》，上海：上海古籍出版社，
　　1999 年。

〔宋〕朱熹，《周易本義》，臺北：大安出版社，1999 年。

———，《四書章句集注》，臺北：大安出版社，1996 年。

〔清〕王夫之，《莊子通·莊子解》，臺北：里仁書局，1984 年。

袁珂校注，《山海經校注》，臺北：里仁書局，1982 年。

二、近人研究

（一）中文專著

〔德〕何乏筆，《修養與批判——跨文化視野中的晚期傅柯》（待出
　　版）。

方勇，《莊子學史》第一冊，北京：人民出版社，2008 年。

史作檉，《聆聽原始的畢卡索》，臺北：典藏藝術家庭股份有限公司，
　　2006 年。

牟宗三，《中國哲學的特質》，臺北：臺灣學生書局，1987 年。

———，《才性與玄理》，臺北：臺灣學生書局，1985 年。

———，《中國哲學十九講》，臺北：臺灣學生書局，1983 年。

牟宗三講述，陶國璋整構，《莊子齊物義理演析》，臺北：書林出版公
　　司，1999 年。

余英時，《中國知識階層史論》（古代篇），臺北：聯經出版公司，1993
　　年。

呂錫琛，《道家道教與中國古代政治》，湖南：人民出版社，2002 年。

李明輝，《孟子重探》，臺北：聯經出版公司，2001 年。

林順夫，《透過夢之窗口》，新竹：清華大學出版社，2009 年。

邱天助，《布爾迪厄文化再製理論》，臺北：桂冠圖書，2002 年。

唐君毅，《中國人文精神之發展》，臺北：臺灣學生書局，1988 年。

夏可君，《幻像與生命——《莊子》的變異書寫》，上海：學林出版社，
　　2007 年。

徐復觀，《中國人性論史》（先秦篇），臺北：臺灣商務印書館，1988 年。

———，《中國藝術精神》，臺北：臺灣學生書局，1988 年。

袁保新，《老子哲學之詮釋與重建》，臺北：文津出版社，1997 年。

高宣揚，《福柯的生存美學》，北京：中國人民大學出版社，2005 年。

張光直，《美術、神話與祭祀》，臺北：稻香出版社，1995 年。

———，《中國青銅時代》第二集，臺北：聯經出版公司，1994 年。

張亨，《思文之際論集——儒道思想的現代詮釋》，臺北：允晨文化出
　　版公司，1997 年。

張灝，《幽暗意識與民主傳統》，臺北：聯經出版公司，2000 年。

陳來，《有無之境》，北京：人民出版社，1991 年。

陳榮灼，*Heidegger And Chinese Philosophy*，臺北：雙葉出版社，1986
　　年。

莊敦榮，《莊子說道——論其寓言中的氣化與語言》，嘉義：中正大學
　　中國文學研究所碩士論文，2010 年。

勞思光，《新編中國哲學史》（一），臺北：三民書局，1987 年。

馮友蘭，《中國哲學史》，香港：開明出版社，1963 年。

湯用彤，《魏晉玄學論稿》，《魏晉思想》，臺北：里仁書局，1984 年。

黃錦鋐，《新譯莊子讀本》，臺北：三民書局，2008 年。

———，《莊子及其文學》，臺北：東大圖書公司，1984 年。

黃俊傑，《孟子》，臺北：東大圖書公司，1993 年。

楊國榮，《莊子的思想世界》，北京：北京大學出版社，2006 年。

楊寬，《戰國史》，臺北：谷風出版社，1986 年。

楊儒賓，《異議的意義——近世東亞的反理學思潮》，臺北：臺大出版中心，2012 年。

———，《當代新儒學的關懷與超越》，臺北：文津出版社，1997 年。

———，《儒家身體觀》，臺北：中央研究院中國文哲研究所籌備處，1996 年。

———，《中國古代思想中的氣論與身體觀》，臺北：巨流圖書公司，1993 年。

楊儒賓等，《中國文學新境界——反思與觀照》，臺北：立緒文化，2005 年。

葉維廉，《道家美學與西方文化》，北京：北京大學出版社，2002 年。

———，《歷史、傳釋與美學》，臺北：東大圖書公司，2002 年。

———，《比較詩學》，臺北：東大圖書公司，1988 年。

劉笑敢，《莊子哲學及其演變》，北京：中國社會科學出版社，1988 年。

聞一多，《聞一多全集》第二冊「古典新義」，臺北：里仁書局，1996 年。

劉康，《對話的喧聲——巴赫汀文化理論述評》，臺北：麥田出版公司，1998 年。

賴錫三，《當代新道家——多音複調與視域融合》，臺北：臺大出版中心，2011 年。

———，《丹道與易道——內丹的性命修煉與先天易學》，臺北：新文

豐出版公司，2010 年。

———，《莊子靈光的當代詮釋》，新竹：清華大學出版社，2008 年。

顏崑陽，《莊子藝術精神析論》，臺北：華正書局，2005 年。

（二）外文譯著

〔巴勒斯坦〕薩伊德（Edward Wadie Said）著，單德興譯，《知識分子論》，臺北：麥田出版公司，2004 年。

〔日〕石田秀實著，楊宇譯，《氣‧流動的身體》，臺北：武陵出版有限公司，1996 年。

〔日〕西田幾多郎著，何倩譯，《善的研究》，北京：商務印書館，1997 年。

〔日〕湯淺泰雄著，馬超等編譯，《靈肉探微——神祕的東方身心觀》，北京：中國友誼出版公司，1990 年。

〔日〕鈴木大拙著，劉大悲譯，《禪與生活》，臺北：志文出版社，1971 年。

〔日〕藤野岩友著，韓基國編譯，《巫系文學論》，四川：重慶出版社，2005 年。

〔法〕余蓮（Jean François Jullien）著，林志明譯，《功效論——在中國與西方思維之間》，臺北：五南圖書，2011 年。

———，卓立譯，《勢——中國的效力觀》，北京：北京大學出版社，2009 年。

〔法〕克莉斯蒂娃（Julia Kristeva）著，彭仁郁譯，《恐怖的力量》，臺北：桂冠圖書，2003 年。

〔法〕波德里亞（Jean Baudrillard）著，車槿山譯，《象徵交換與死亡》，南京：譯林出版社，2006 年。

〔法〕高更（Paul Gauguin）著，郭安定譯，《諾阿‧諾阿——芳香的

土地：畫家高更在塔希提島的土著生活》，北京：中國人民出版社，2004 年。

〔法〕梅洛龐蒂（Maurice Merleau-Ponty）著，龔卓軍譯，《眼與心》，臺北：典藏藝術家庭股份有限公司，2007 年。

〔法〕傅柯（Michel Foucault）著，洪維信譯，《外邊思維》，臺北：行人出版社，2006 年。

〔法〕德希達（Jacques Derrida）著，張寧譯，《書寫與差異》，臺北：麥田出版公司，2004 年。

〔法〕德勒茲（Gilles Deleuze）著，董強譯，《感覺的邏輯》，桂林：廣西師範大學出版社，2007 年。

───，楊凱麟譯，《德勒茲論傅柯》，臺北：麥田出版公司，2003 年。

〔法〕羅蘭・巴特（Roland Barthes）著，屠友祥譯，《文之悅》，上海：上海人民出版社，2009 年。

───，懷宇譯，《顯義與晦義》，天津：百花文藝出版社，2005 年。

───，屠友祥譯，《S/Z》，臺北：桂冠圖書，2004 年。

───，莫渝譯，《偶發事件》，臺北：桂冠圖書，2004 年。

───，劉森堯譯，《羅蘭・巴特訪談錄》，臺北：桂冠圖書，2004 年。

───，李幼蒸譯，《寫作的零度》，臺北：桂冠圖書，2004 年。

───，劉森堯譯，《羅蘭・巴特論羅蘭・巴特》，臺北：桂冠圖書，2002 年。

───，許薔薔、許綺玲譯，《神話學》，臺北：桂冠圖書，2000 年。

───，孫乃修譯，《符號禪意東洋風》，臺北：臺灣商務印書館，1994 年。

〔波蘭〕馬林諾斯基（Bronisław Malinowski）著，朱岑樓譯，《巫術、科學與宗教》，臺北：協志工業出版公司，1996 年。

〔俄〕巴赫金（Mikhail Mikhailovich Bakhtin）著，李兆林、夏忠憲譯，《拉伯雷研究》，石家莊：河北教育出版社，1998 年。

———，白春仁、顧亞鈴等譯，《詩學與訪談》，石家莊：河北教育出版社，1998 年。

〔美〕卡勒爾（Jonathan D. Culler）著，方謙譯，《羅蘭‧巴特》，臺北：桂冠圖書，2001 年。

〔美〕史泰司（Walter Terence Stace）著，楊儒賓譯，《冥契主義與哲學》，臺北：正中書局，1998 年。

〔美〕史華茲（Benjamin Isadore Schwartz）著，程鋼譯，《古代中國的思想世界》，南京：江蘇人民出版社，2004 年。

〔美〕坎伯（Joseph Campbell）、莫伊爾（Bill Moyers）著，朱侃如譯，《神話》，臺北：立緒文化，1995 年。

〔美〕詹姆斯（William James）著，蔡怡佳、劉宏信譯，《宗教經驗之種種》，臺北：立緒文化，2001 年。

〔美〕愛蓮心（Robert E. Allinson）著，周熾成譯，《嚮往心靈轉化的莊子》，南京：江蘇人民出版社，2004 年。

〔英〕李區（Edmund Leach）著，黃道琳譯，《李維史陀》，臺北：桂冠圖書，1998 年。

〔英〕哈里森（Jane Ellen Harrison）著，劉宗迪譯，《古代藝術與儀式》，北京：生活‧讀書‧新知三聯書店，2008 年。

〔英〕特納（Victor Witter Turner）著，黃劍波、柳博贇譯，《儀式過程——結構與反結構》，北京：中國人民大學出版社，2006 年。

〔英〕博藍尼（Michael Polanyi）、〔美〕浦洛施（Harry Prosch）著，彭淮棟譯，《意義》，臺北：聯經出版公司，1986 年。

〔瑞士〕畢來德（Jean François Billeter）著，宋剛譯，《莊子四講》，臺北：聯經出版公司，2011 年。

───，周丹穎譯，《駁于連──目睹中國研究之怪現狀》，高雄：無境文化，2011 年。

〔瑞士〕榮格（Carl Gustav Jung）著，劉國彬、楊德友合譯，《榮格自傳》，臺北：張老師文化出版社，2001 年。

〔德〕卡西勒（Ernst Cassirer）著，于曉等譯，《語言與神話》，臺北：桂冠圖書，1994 年。

───，甘陽譯，《人論》，臺北：桂冠圖書，1994 年。

〔德〕本雅明（Walter Benjamin）著，許綺玲譯，《迎向靈光消逝的年代》，臺北：臺灣攝影工作室，1998 年。

〔德〕里克爾（Paul Ricoeur）著，林宏濤譯，《詮釋的衝突》，臺北：桂冠圖書，1998 年。

〔德〕叔本華（Arthur Schopenhauer）著，任立、孟慶時譯，《倫理學的兩個基本問題》，北京：商務印書館，1996 年。

〔德〕舍勒（Max Scheler）著，倪梁康譯，《倫理學中的形式主義與質料的價值倫理學》，北京：生活‧讀書‧新知三聯書店，2004 年。

───，陳仁華譯，《情感現象學》，臺北：遠流出版公司，1991 年。

〔德〕海德格（Martin Heidegger）著，孫周興選編，《海德格爾選集》（上）（下），上海：生活‧讀書‧新知三聯書店，1996 年。

〔澳〕文青雲（Aat Vervoorn）著，徐克謙譯，《岩穴之士──中國早期隱逸傳統》，濟南：山東畫報出版社，2009 年。

〔羅馬尼亞〕伊利亞德（Mircea Eliade）著，楊素娥譯，《聖與俗──宗教的本質》，臺北：桂冠圖書，2001 年。

───，楊儒賓譯，《宇宙與歷史──永恆回歸的神話》，臺北：聯經出版公司，2000 年。

───，宋立道、魯奇譯，《神祕主義、巫術與文化風尚》，北京：光明日報出版社，1990 年。

三、單篇論文

〔日〕小川侃，〈氣與吟唱——「身」的收縮與舒張〉，《臺灣東亞文明研究學刊》第 5 卷第 1 期，2008 年 6 月。

〔日〕坂出祥伸著，盧瑞容譯，〈貫通天地人之「一氣」——其自然觀與社會秩序觀〉，收於楊儒賓主編，《中國古代思想中的氣論及身體觀》，臺北：巨流圖書公司，1997 年。

〔日〕森鹿三著，鮑維湘譯，〈中國古代的山岳信仰〉，收於游琪、劉錫誠主編，《山岳與象徵》，北京：商務印書館，2004 年。

〔日〕湯淺泰雄，〈「氣之身體觀」在東亞哲學與科學中的探討〉，收於楊儒賓主編，《中國古代思想中的氣論及身體觀》，臺北：巨流圖書公司，1997 年。

〔法〕葛浩南（Romain Graziani），〈莊子的哲學虛構〉，《中國文哲研究通訊》第 18 期第 4 卷，2008 年。

〔英〕帕克斯（Graham Parkes），〈黑森林上空升起的太陽：海德格與日本的關聯〉，收於〔德〕萊因哈特‧梅依（Reinhard May）著，張志強譯，《海德格爾與東亞思想》，北京：中國社會科學出版社，2003 年。

〔美〕安樂哲（Roger T. Ames）、郝大維（David L. Hall）著，彭國翔譯，〈《道德經》與關聯性的宇宙——一種詮釋性的語脈〉，《求是學刊》2003 年第 2 期。

〔俄〕巴赫金（Mikhail Mikhailovich Bakhtin），〈陀思妥耶夫斯基詩學問題〉，收於白春仁、顧亞鈴等譯，《詩學與訪談》，石家莊：河北教育出版社，1998 年。

〔瑞士〕畢來德（Jean François）著，宋剛譯，〈莊子九札〉，《中國文哲研究通訊》，第 22 卷第 3 期，2012 年 9 月。

〔德〕何乏筆（Fabian Heubel），〈（不）可能的平淡 —— 試論徐復觀《中國藝術精神》的當代性〉，徐復觀學術思想中的傳統與當代國

際學術研討會，臺北：國立臺灣大學人文社會高等研究院，2009年。

———，〈養生的生命政治──由于連莊子研究談起〉，《中國文哲研究通訊》第 18 卷第 4 期，2008 年 12 月。

———，〈修身‧個人‧身體──對楊儒賓《儒家身體觀》之反省〉，《中國文哲研究通訊》第 10 卷第 3 期，2000 年 9 月。

———，〈跨文化批判與當代漢語哲學〉，《修養與批判──跨文化視野中的晚期傅柯》。

〔德〕宋灝（Mathias Obert），〈書法與身體模擬〉，書法與當代哲學／美學學術研討會，高雄：明宗書法藝術館，2012 年 5 月。

———，〈當代文化與實踐──以雲門舞集為例〉，《思想》第 9 期「中國哲學──危機與出路」，臺北：聯經出版公司，2008 年 5 月。

———，〈生活世界、肉身與藝術──梅洛龐蒂、華登菲與當代現象學〉，《臺大文史哲學報》第 63 期，2005 年 11 月。

〔德〕波格勒（Otto Poggeler），〈東西方對話：海德格與老子〉，收於萊因哈特‧梅依著，張志強譯，《海德格爾與東亞思想》，北京：中國社會科學出版社，2003 年。

方萬全，〈莊子論技與道〉，《中國哲學與文化》第六輯「簡帛文獻與新啟示」，桂林：廣西師範大學出版社，2009 年。

方勇，〈劉辰翁的《莊子南華真經點校》〉，《莊子學史》第二冊，北京：人民出版社，2008 年。

王國維，〈殷周制度論〉，《觀堂集林》，臺北：河洛圖書，1975 年。

余英時，〈軸心突破和禮樂傳統〉，《二十一世紀》第 58 期，2000 年 4 月。

———，〈唐、宋、明三帝老子注中的治術發微〉，《歷史與思想》，臺北：聯經出版公司，1989 年。

———，〈反智論與中國政治傳統——論儒、道、法三家政治思想的分野與匯流〉，《歷史與思想》，臺北：聯經出版公司，1989 年。

李明輝，〈《孟子》知言養氣章的義理結構〉，《孟子重探》，臺北：聯經出版公司，2001 年。

杜正勝，〈形體、精氣與魂魄——中國傳統對「人」認識的形成〉，《新史學》第 2 卷第 3 期，1991 年 9 月。

杜維明，〈身體與體知〉，《當代》第 35 期，1989 年 3 月。

———，〈試談中國哲學中的三個基調〉，《中國哲學史研究》1981 年第 1 期。

林素娟，〈喪禮飲食的象徵、通過意涵及教化功能——以禮書及漢代為論述核心〉，《漢學研究》第 27 卷第 4 期，2009 年 12 月。

林順夫，〈解構生死——試論《莊子・內篇》對於主題之變奏的表達方式〉，《透過夢之窗口》，新竹：清華大學出版社，2009 年。

———，〈以無翼飛者——《莊子・內篇》對於最高理想人物的描述〉，《中國文哲研究集刊》第 26 期，2005 年 3 月。

林鎮國，〈中觀學的洋格義〉，《空性與現代性》，臺北：立緒文化，1999 年。

夏可君，〈莊子思想的餘讓姿態與批判的可能性〉，莊子與跨文化批判研討會，臺北：中研院文哲研究所，2010 年 6 月。

張光直，〈文字——攫取權力的手段〉，《美術、神話與祭祀》，臺北：稻香出版社，1995 年。

———，〈商代的巫與巫術〉，《中國青銅時代》第二集，臺北：聯經出版公司，1994 年。

張亨，〈「天人合一」的原始及其轉化〉，《思文之際論集——儒道思想的現代詮釋》，臺北：允晨文化出版公司，1997 年。

張祥龍，〈海德格爾與道及東方思想〉，《海德格爾思想與中國天道》，

　　北京：生活・讀書・新知三聯書店，1996 年。

莊萬壽，〈虞人與莊子〉，《國文學報》第 20 期，1991 年 6 月。

陳榮灼，〈道家之「自然」與海德格之「Er-eignis」〉，《清華學報》新 34 卷第 12 期，2004 年 12 月。

───，〈王弼與郭象玄學思想之異同〉，《東海學報》第 33 卷，1992 年 6 月。

勞悅強，〈人間如森林──《莊子》內篇中的政治辯說〉，《東亞莊學國際學術研討會論文集》，屏東：屏東教育大學中文系，2012 年。

黃俊傑，〈中國哲學身體觀研究的三個向度〉，《哲學動態》2007 年第 11 期。

───，〈「身體隱喻」與古代儒家的修養工夫〉，《東亞儒學史的新視野》，臺北：臺大出版中心，2004 年。

───，〈中國古代思想史中的「身體政治論」──特質與涵義〉，《東亞儒學史的新視野》，臺北：臺大出版中心，2004 年。

───，〈古代儒家政治論中的「身體隱喻思維」〉，《東亞儒學史的新視野》，臺北：臺大出版中心，2004 年。

───，〈傳統中國的思維方式及其價值觀──歷史回顧與現代啟示〉，《東亞儒學史的新視野》，臺北：臺大出版中心，2004 年。

───，〈中國思想史中「身體觀」研究的新視野〉，《中國文哲研究集刊》第 20 期，2002 年 3 月。

───，〈中國古代儒家歷史思維的方法及其運用〉，收於楊儒賓、黃俊傑編，《中國古代思維方式探索》，臺北：正中書局，1996 年。

楊儒賓，〈有沒有「道的語言」──莊子論「卮言」〉，收於楊儒賓等，《中國文學新境界──反思與觀照》，臺北：立緒文化，2005 年。

───，〈和辻哲郎論間柄〉，儒學思想在現代東亞國際研討會，臺北：中央研究院中國文哲所籌備處，1999 年。後收入楊儒賓，《異議的

意義——近世東亞的反理學思潮》，臺北：臺大出版中心，2012年。

———，〈論孟子的踐形觀〉，《儒家身體觀》，臺北：中央研究院中國文哲研究所籌備處，1998年。

———，〈新儒家與冥契主義〉，《當代新儒學的關懷與超越》，臺北：文津出版社，1997年。

———，〈卮言論——莊子如何使用語言表達思想〉，《漢學研究》，第10卷第2期，1992年12月。

葉維廉，〈言無言——道家知識論〉，《歷史、傳釋與美學》，臺北：東大圖書公司，2002年。

———，〈道家美學、中國詩與美國現代詩〉，《道家美學與西方文化》，北京：北京大學出版社，2002年。

———，〈道家美學·山水詩·海德格〉，收於鄭樹森編，《現象學與文學批評》，臺北：東大圖書公司，1991年。

———，〈語言與真實世界〉，《比較詩學》，臺北：東大圖書公司，1988年。

廖炳惠，〈巴克定與德希達〉，《解構批評論集》，臺北：東大圖書公司，1995年。

———，〈洞見與不見——晚近文評對莊子的新讀法〉，《解構批評論集》，臺北：東大圖書公司，1995年。

熊偉，〈道家與海德格爾〉，《自由的真諦——熊偉文選》，北京：中央編譯出版社，1997年。

劉紀蕙，〈虛空：作為心靈機制穿越的拓樸空間——思考畢來德的莊子〉，若莊子說法語：畢來德莊子研究工作坊，臺北：中央研究院中國文哲研究所，2009年12月1日。

鄧育仁，〈隱喻與情理——孟學論辯放到當代西方哲學時〉，《清華學報》新38卷第3期，2008年9月。

鄭毓瑜，〈身體表演與魏晉人倫品鑑——一個自我「體現」的角度〉，《漢學研究》第 24 期第 2 卷，2006 年 12 月。

蕭師毅，〈海德格與我們《道德經》的翻譯〉，*Heidegger and Asian Thought*, ed. G. Parkes, Honolulu: University of Hawaii Press, 1987。

賴賢宗，〈海德格論道——一個文獻學之考察〉，《思與言》第 42 卷第 2 期，2004 年 6 月。

賴錫三，〈氣化流行與人文化成——《莊子》的道體、主體、身體、語言、文化之體的解構閱讀〉，《文與哲》第 22 期，2013 年 6 月。

———，〈《孟子》與《莊子》兩種氣論類型的知識分子與權力批判——「浩然之氣」與「平淡之氣」的存有、倫理、政治性格〉，《清華學報》新第 43 卷第 1 期，2013 年 3 月。

———，〈論《莊子》的雅俗顛覆與文化更新——以流動身體和流動話語為中心〉，《臺大文史哲學報》第 77 期，2012 年 11 月。

———，〈身體、氣化、政治批判——畢來德《莊子四講》與〈莊子九札〉的身體觀與主體論〉，《中國文哲研究通訊》第 22 卷第 3 期，2012 年 9 月。

———，〈《莊子》的文學力量與文本空間——與羅蘭·巴特「文之悅／醉」相對話〉，《文與哲》第 20 期，2012 年 6 月。

———，〈格格不入的鵷鶵與入遊其樊的庖丁——《莊子》兩種回應政治權力的知識分子姿態〉，莊子講莊子工作坊，臺義：中正大學哲學系，2012 年 6 月。

———，〈莊子與羅蘭·巴特的旦暮相遇——語言、遊戲、權力、歡怡〉，《臺大中文學報》第 37 期，2012 年 6 月。

———，〈《莊子》身體觀的三維辯證——符號解構、技藝融入、氣化交換〉，《清華學報》新 42 卷第 1 期，2012 年 3 月。

———，〈莊子的死生隱喻與自然變化〉，《漢學研究》第 29 卷第 4 期，2011 年 12 月。

———，〈論惠施與莊子兩種差異的自然觀〉，《臺灣東亞文明研究學刊》第 8 期第 2 卷，2011 年 12 月。

———，〈牟宗三對道家形上學詮釋的反省與轉向——通向「存有論」與「美學」的整合道路」〉，《當代新道家——多音複調與視域融合》，臺北：臺大出版中心，2011 年 8 月。

———，〈後牟宗三時代對《老子》形上學詮釋的評論與重塑——朝向存有論、美學、神話學、冥契主義的四重道路〉，《當代新道家——多音複調與視域融合》，臺北：臺大出版中心，2011 年 8 月。

———，〈神話‧變形‧冥契‧隱喻——老莊的肉身之道與隱喻之道〉，《當代新道家——多音複調與視域融合》，臺北：臺大出版中心，2011 年 8 月。

———，〈從《老子》的道體隱喻到《莊子》的體道敘事——由本雅明的說書人詮釋莊周的寓言藝術〉，《當代新道家——多音複調與視域融合》，臺北：臺大出版中心，2011 年 8 月。

———，〈道家的逍遙美學與倫理關懷——與羅蘭‧巴特的「懶惰哲學」之對話〉，《當代新道家——多音複調與視域融合》，臺北：臺大出版中心，2011 年 8 月。

———，〈道家的自然體驗與冥契主義——神祕‧悖論‧自然‧倫理〉，《當代新道家——多音複調與視域融合》，臺北：臺大出版中心，2011 年 8 月。

———，〈論先秦道家的自然觀——重建一門具體、活力、差異的物化美學〉，《文與哲》第 16 期，2010 年 6 月。

———，〈陸西星的男女雙修觀與身體心性論——內丹男女雙修的批判性反思〉，《丹道與易道——內丹的性命修煉與先天易學》，臺北：新文豐出版公司，2010 年。

———，〈陸西星的丹道與易道〉，《丹道與易道——內丹的性命修煉與先天易學》，臺北：新文豐出版公司，2010 年。

———，〈《莊子》對形上學思考的批判與存有論進路的指點〉，《莊子靈光的當代詮釋》，新竹：國立清華大學出版社，2008 年。

———，〈《莊子》精、氣、神的工夫和境界——身體的精神化與形上化之實現〉，《莊子靈光的當代詮釋》，新竹：清華大學出版社，2008 年。

———，〈神話、《老子》、《莊子》之「同」「異」研究——朝向「當代新道家」的可能性〉，《莊子靈光的當代詮釋》，新竹：清華大學出版社，2008 年。

———，〈道家的神話哲學之系統詮釋——意識的「起源、發展」與「回歸、圓融」〉，《莊子靈光的當代詮釋》，新竹：清華大學出版社，2008 年。

———，〈《莊子》真人的身體觀——身體的社會性與宇宙性之辯證〉，《莊子靈光的當代詮釋》，新竹：清華大學出版社，2008 年。

———，〈西田幾多郎《善的研究》之存有論詮釋——認識之真、倫理之善、藝術之美、宗教之神的一體觀〉，《中正大學中文學術年刊》第 8 期，2006 年 12 月。

龔卓軍，〈庖丁手藝與生命政治——評介葛浩南《莊子的哲學虛構》〉，《中國文哲研究通訊》第 18 卷第 4 期，2008 年 12 月。

索　引

國家圖書館出版品預行編目(CIP)資料

道家型知識分子論：《莊子》的權力批判與文化更新／賴錫三著.
--初版. --臺北市：臺大出版中心出版：臺大發行, 2013.10
面； 公分. --（臺大哲學叢書；7）
ISBN 978-986-03-8163-4（平裝）

1. 莊子　2. 研究考訂　3. 老莊哲學

121.337　　　　　　　　　　　　　　　　　　102019490

臺大哲學叢書 07
道家型知識分子論──《莊子》的權力批判與文化更新
作　　　者　賴錫三

叢書主編　林正弘
總　　監　項　潔
責任編輯　蔡忠穎
文字編輯　林冠妏、阮慧敏
封面設計　張瑜卿
內文編排　黃秋玲

發 行 人　楊泮池
發 行 所　國立臺灣大學
出 版 者　國立臺灣大學出版中心
法律顧問　賴文智律師
印　　製　卡絡實業有限公司
出版年月　2013年10月初版
　　　　　2015年5月初版二刷
定　　價　新臺幣500元整

展 售 處　國立臺灣大學出版中心
　　　　　臺北市10617羅斯福路四段1號
　　　　　電話：(02) 2365-9286　　　傳真：(02) 2363-6905
　　　　　臺北市10087思源街18號澄思樓1樓
　　　　　電話：(02) 3366-3991~3轉18　傳真：(02) 3366-9986
　　　　　E-mail：ntuprs@ntu.edu.tw　　http://www.press.ntu.edu.tw

　　　　　國家書店松江門市
　　　　　臺北市10485松江路209號1樓　電話：(02) 2518-0207
　　　　　國家網路書店　　　　　　　　http://www.govbooks.com.tw

ISBN：978-986-03-8163-4
GPN：1010202029